西方经济社会思想名著译丛 ／韦森 主编

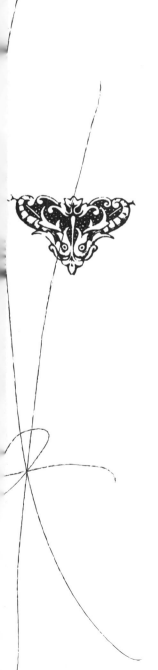

Lex, Rex
法律与君王
论君王与人民之正当权力

〔英〕撒母耳·卢瑟福／著
李　勇／译
谢文郁／校

复旦大学出版社

译丛总序

韦森

探索中华民族的振兴富强之路,建设一个现代民主法治国家,已成为近代以来无数中国知识分子和社会有识之士长期追寻的一个梦想,亦有无数志士仁人为之付出过艰苦卓绝的努力。通观晚清以来中国社会变迁的过程,可以发现,中国社会现代化的一个主旋律是思想启蒙和思想解放。这一思想启蒙过程的一个重要组成部分,是中国学界从西方翻译出版了大量包括马克思主义经典著作在内的近现代科学和社会科学的学术思想名著,以至于在某种程度上我们不得不承认,晚清和民国以降中国社会的现代化过程,实际上变成了一个对西方近现代以来的自然科学和社会科学的某些理论和一些普世价值的转译、继受、改造以及对象化(embodiment)的过程。

经历了晚清君主立宪、辛亥革命、新中国1949年建立和1978年以来的改革开放,中华民族目前正处在21世纪伟大历史复兴的一个节骨眼上。改革开放以来中国社会的迅速市场化,既为经济增长提供了强大的动力,亦带来了诸多社会问题和挑战。未来中国向何处去?《中华人民共和国宪法》第五条所确定的建设一个"法治国家"的社会目标如何实现?在数千年的历史长河中经历了无数次战乱和王朝更替,中华民族如何才能在21世纪型构出一个既能确保经济稳定增长、社会长治久安、人民康乐幸福,又公正和合理的制度安排?这均是当今中国社会所面临的一些重大理论和现实问题。面对这些亟须回答的重大理论和现实问题,一些社会共识正在中国社会各界内部慢慢形成,这其中包括:现代市场经济体系的良序运作需要相应的法律制度,而良序运作的法制必须由一个宪政民主的政制框架来支撑。换言之,只有现代市场经济体制与宪政民主政制下的良序法律制度相结合,才会构成一个现代法治社会或曰法治国家。

然而,为什么现代市场经济的运作自然要求民主与法治?到底什么才是一个"法治社会"或"法治国家"?一个现代法治社会的存在和运作的法理及伦理基础又是什么?要恰当认识这些问题,就要求中国学界在当今中国与国际社会互动发展的动态格局中,能明辨出人类社会运行的一些基本法则和人类社会的一些普世价值。要做到这一点,广泛阅读并理解西方近现代以来在各学科内部不断出现和形成的一些经典名著,尤其是在经济学的社会选择理论和福利经济学与伦理学、政治学、法学等相近学科交叉领域中的一些经典文献,是一个必要前提。从这个角度来看,译介国际上已经出版的与这些重大理论问题有关的一些经典文献,无疑是一项基础性的理论工作。

基于上述考虑,笔者和一些学界的朋友、同事、身边的几个学生,与复旦大学出版社的编辑同仁一起,共同策划了这套译丛。我们希望,通过这套丛书的陆续翻译出版,能在译介中汲取并型构思想,在思想中反思现实,进而在东西方文化与思想观念的差异的审视中,以及在东西方社会制度演化变迁的不同路径的比较中,来认识和把握人类社会发展的一般趋势。有了这个宗旨,在选编这套译丛时,我们基本上打破了——或曰已超越了——目前已形成的一些现有学科划分的界限,不仅选取了西方一些经济学名家的著作,也选取了国际上法学、伦理学、政治哲学、社会学、人类学、史学等其他学科中一些名家和大师的经典作品。我们希望,通过把这些名著翻译为中文,使国内学界和广大青年学子能对西方近现代和当代的一些著名思想家对现代市场运行的基本条件以及对其政治和法律制度基础的理论阐释有所了解。只有通过这样一些基础性的工作,我们才能较恰当地认识一个现代社会的公平、正义、合理和效率原则,才能理解那些确保市场运行和经济可持续增长的法治制度的法理和伦理基础。通过这样一个过程,我们才有可能期望社会各界逐渐形成在未来中国社会发展道路选择上的一些"重叠共识"。

为了达至这一目标,我们把这套丛书设计为一个相对开放的体系:其一,既不囿于某一学科,也不限于任一流派,并对不同学科、不同学术观点、不同政治主张,甚至不同政策见解,完全持一种包容和开放态度;其二,我们会随着对国际上哲学社会科学经典文献认识的增宽和加深,以及随着对国外哲学社会科学新近发展动态的把握,不断把西方学术思想中的一些新的和真正的精华引介到中文中来,从而期盼未来中国的学术思想界能大致与世界同行同步探索,共同推进人类经济社会思想探索的前沿边界,并为未来中国的经济社会发展探寻深层的学理和思想基础。

"大学之道,在明明德,在亲民,在止于至善。"(《礼证·大学》)在21世纪中华民族伟大复兴的历史契机面前,让我们以一种开放的胸襟、开阔的视野和海纳百川的宽容心态,来广泛汲取人类各文明社会中业已形成并积累、发展起来的思想精粹,努力明辨已被世界上绝大多数社会所接受和认同的一些人类社会普世价值,明天道,育新民,开心智,共同呼唤中华民族在21世纪的新思想启蒙和精神复兴。值此,我们由衷地希望,经由复旦大学出版社的这套"西方经济社会思想名著译丛"的出版,能汇集编者、译者和出版者的共同努力,涓滴汇流,增益于未来中国的法治化市场经济体制的型构与建设。

2008 年 6 月 12 日晨谨识于复旦园

王权困境和卢瑟福问题

(代序)

谢文郁

中国思想界在谈论西方宪政思想的来源时,往往追踪到霍布斯、洛克、卢梭。这种追踪使读者有一个错觉,好像社会契约论和三权分立这些想法都是一些智者能人凭空想出来的,是一种创造性新观念,并不需要传统的支持。相反,它是革命性的,是要打破传统束缚的。这种错觉仍然在中国思想界中盛行。这里且不追究霍布斯和洛克的相关著作中是如何提出社会契约论和三权分立理论的。我想追问的是,欧洲中世纪以降确立了根深蒂固的绝对王权观念和血缘王权继承制。这种传统观念和制度对人的思想是约束性的。那么,人们是凭什么放弃它们的?在现实生活中,人不可能简单地割断自己的传统去建立一种新的意识形态。任何一种和传统不相关的想法,一定会受到传统的强烈对抗。当然,在和强大的传统对抗中,如果这种新颖的想法未能通过解释和说明而消解这种对抗,那么,它就无法在这个社会中形成共鸣。我们注意到,在霍布斯的《利维坦》(1651)出版的前几年,卢瑟福出版了他的《法律与君王》(1644)一书。这本书在英国内战期间强有力地支持国会对抗国王,是国会的思想武器。就论证思路而言,卢瑟福完全依据圣经,从人的自卫合法性出发,彻底否定绝对王权观和血缘继承制。卢瑟福的论证是在圣经传统中进行的,因而在国会拥护者那里得到了广泛的共鸣。这一段思想史在中国学术界基本上是被忽略的。我将借助以下的文字,简略地追踪一下《法律与君王》的写作背景和思路,展示传统的力量,呈现经典文本解释力在思想史发展中的关键性作用。传统是不能被否定的。但是,传统是在解释中发挥作用的。归根到底,思想史的发展乃是对传统经典文本的不同解释之间的较劲。

一

17世纪中叶,英国社会进入了一个经济发展、政治混乱、思想活跃的时代。我们知道,伊丽莎白一世期间(1558—1603),英国成为一个欧洲强国。这个强国地位导致了英国的海上贸易得到迅速发展,从而在经济上造就了一股新兴经济力量。马克思称这股新兴力量为资产阶级[①]。不过,从另一个角度看,因为和欧洲大陆的贸易来往密切,英国人深受当时在欧洲大陆仍然如火如荼的宗教改革运动的影响。

---

① 参阅马克思:"评基佐'英国革命为什么会成功'",载于《马克思恩格斯全集》中文版第1版第8卷。马克思认为,英国革命是资产阶级革命。国内历史学界似乎仍然流行这种说法。在这种说法中,英国革命的宗教性就被忽略了,以至于卢瑟福这样的宗教界人物在这场革命中的领军作用也鲜有人提及。实际上,这场革命的宗教诉求大于经济诉求。

1534年,英国国王亨利八世设立英国国教(主教制,但设立国王为教会最高元首)。不久就出现了一批信徒,追求在英国彻底清除罗马天主教的影响,使英国成为一个完全的新教国家。史称他们为清教徒。伊丽莎白一世主政期间,清教徒在人数和力量(包括经济和政治)上都得到了极大的发展。就实际人群而言,上述那股新兴的经济力量在宗教信仰上主要由清教徒组成(也有人称他们为"新贵族")。无论如何称呼这股力量(资产阶级、清教徒或新贵族),有一点是可以肯定的,那就是,他们的出现打破了原来的社会力量的平衡,导致了现有社会制度的失序。

卢瑟福的《法律与君王》乃是这股力量在政治上的诉求。为了对这本书的写作背景有更多的认识,体验其中的生存关注并追踪作者的思想回应,我先将这段历史的几个重要事件简述如下。

伊丽莎白一世去世后,詹姆士一世(1603—1625)继位,称为斯图亚特(Stuart)王朝。詹姆士一世继位前就曾经匿名发表过一部著作:《自由君主之真正法律》(*True Law of Free Monarchies*,1598)。这部著作鼓吹君权神授,认为王权是绝对的,既不受其他外在权力约束,也不受国内议会和臣民的制约;进一步,他强调,君主因上帝授权之故,永远不会做错事,称为"君王无过论"。需要指出的是,詹姆士的"君权神授"和传统意义上的"君权神授"不是一回事。中世纪以来,在罗马教皇制度下,君权神授指的是,世俗王权必须得到罗马教廷的加冕。教皇作为神在地上的代理人,是世俗王权之授权者。英国国教建立后,国王的王权不再依靠罗马教皇,反而在名义上是教会元首。但是,实际上,随着清教徒在国会中的力量日渐强大,国王在做决定时往往要受到国会的限制。显然,詹姆士的这部著作是有针对性的。面对新教徒的压力,詹姆士希望通过强调君权神授来维持王权。

詹姆士一世在位期间,君权神授论在理论上并没有受到什么突出的挑战。1625 年,查理一世继位,开始时,继续采取君权神授论。一直到 1640 年,英国国会开会前都要重申君权神授论。不过,查理一世在位期间,国会中新教徒利用君权神授论,采取清君侧策略,不断打击并清除那些与国王合伙的大臣,使得国王身边没有大臣帮手,无法任意而行。国王虽然仍然至高无上,但是所有决议都必须通过国会。很快地,国王在和国会的权力斗争中就处于劣势。原因并不复杂。国会,特别是下院,主要由一批掌握钱财的新贵族(同时也是清教徒)组成。国王的活动经费必须通过他们的决议;遇到额外的开支,更是需要他们的支持。通常地,当他决定要进行一些重大政治军事活动而需要筹集资金时,国会就利用这种相互制约的关系,对国王进行约束。此时,君权神授论已经无助于维护君权。简单来说,君王拥有绝对权力,一旦缺乏大臣的支持,等于没有任何权力。

为此,查理一世于 1642 年 6 月 21 日公布了《回复国会的十九条文》[①]。这个《回复》重新提出并论述了混合政体说,认为人间有三种政体,即绝对君主制、贵族制、民主制。他进而谈到,这三种政体各有利弊。绝对君主制容易导致暴政,贵族制容易导致党争分裂,民主制容易导致暴力无序。同时,君主制有利于全国一致,外可以集中力量抵制侵略,内可以保障秩序维持统一;贵族制有利于国内精英团结,群策

---

① 原文为 King's Answers to the Nineteen Propositions,收集在 J. P. Kenyon, ed., *The Stuart Constitution: Documents and Commentary*, Cambridge University Press, 1986. p. 18。

群力，共谋公益；民主制有利于保障自由、激励勇敢、资助勤劳①。

当然，查理一世放弃绝对君主论而主张混合政体说，其目的当然是为了争取绝对王权。表面上，混合政体说是要让贵族制和民主制都占有一定的地位。但是，在政治实践中，如何规定国王的权限就是关键所在。查理在《回复》中对王权做了如下限定："国王依据法律行使政府管理全权；有权订立和约，册封贵族，任命国家事务官吏、法官及要塞城堡指挥官；有权招募军队征战国外，抵御外侵和防止内乱；有权没收财产或实施大赦。国王在此秩序下享有权柄，维护法律和保障臣民自由和财产；使权势者敬畏而防止党争分裂；威慑平民并制止混乱和暴力而维持秩序。"②这些限定名义上是规定君王职责，实际上则是加强了王权。就历史进展而言，《回复》公布后，国王的权力大增，从而导致国王与国会之间的张力绷得更紧，最后引发国王与国会之间的战争，史称英国国内战争（1642—1646）。

卢瑟福生活在这个时代（Samuel Rutherford，1600—1661）。1638年，卢瑟福受命于苏格兰长老教会而出任圣安德鲁大学（the University of St. Andrews）新学院（the New College）的神学教授。

---

① 政治思想史上，混合政体的想法和传播由来已久。柏拉图在《理想国》中分析了四种政体：君主制、寡头制、贵族制、民主制。亚里士多德在此基础上分析了它们的利弊，认为最好的政体是君主制、贵族制、民主制三者合一的政体。希腊政论家波利比斯（Polybius）认为当时的罗马共和国便是混合式的政府：执政官（君主制）＋元老院（贵族制）＋平民院（民主制）。西塞罗主张混合政府应该和法治原则结合起来。文艺复兴时，马基雅维利、吉阿诺提（Giannotti）和奎夏第尼（Guicciardini）都讨论过混合政体，甚至认为这是一种理想政体。参阅 Kurt von Fritz, *The Theory of Mixed Constitution in Antiquity*（《古代的混合宪法理论》），纽约，1954。英国的政治思想界一直深受混合政体说的影响，尽管其中出现了詹姆士一世的绝对君主说。

② 作为一种政治理论，混合政府说在英国政治思想界发挥了持续的影响。1688年的"光荣革命"之后，人们继续谈论混合政府说，甚至有人认为，英国的君主立宪制其实就是一种混合政府。

这使他有时间深入思考苏格兰—英格兰的社会和教会所面临的问题。卢瑟福属于清教徒。清教徒是一批较为激进的新教徒。他们希望英国的宗教改革更加彻底,在神学和教义上坚守加尔文主义,在组织上完全消除罗马天主教的影响;而在政治上,他们则反对绝对王权。1644年,被长老会罢黜的若斯主教马克斯韦尔在牛津大学出版社出版了一本题为《基督教君主的神圣王权》(Sacro-Sancta Regum Majestas)的书,又名:"圣经赋予基督教君主神圣而高贵的宗教裁判权,这是古老的遗风,也是理性的要求。"马克斯韦尔宣称,他拥有充分的圣经根据来证明君王的高贵权力完全来自神,因而王权是绝对的。这本书使用了大量圣经故事和说法,认为绝对王权的根据就在圣经里。对于清教徒来说,圣经的权威是绝对的,是他们为人处世的根据所在。因此,如果他们无法从圣经出发,在神学上回应马克斯韦尔的论证和说法,那么,他们在政治上就无法抗拒国王的权力。考虑到在英国国教体制中,国王也是教会的最高元首,这样,如果国王要干涉教会事务,那也是理所当然的。

于是,如何界定王权就至关重要。如果王权来自神因而是绝对的,那么,任何反对国王决策的言行都是对抗神的主权。如果王权不是来自神,那么,它来自何处?对于清教徒来说,不回答这个问题,就无法和国王对抗。

二

卢瑟福大概是在同一年(1644)内完成《法律与君王》的写作的。

就其直接动机而言,卢瑟福是要批驳马克斯韦尔。从马克斯韦尔的书的副标题就可以看到,圣经是他的立论根据。卢瑟福在写作时必须回应马克斯韦尔提出的所有圣经证据,给出完全不同的解释。在争论中,我们可以读到,同一个圣经故事,在马克斯韦尔的引用中是支持绝对王权,而在卢瑟福看来乃是否定绝对王权。争论的双方都在引用圣经,都在指责对方把圣经理解错了。特别地,他们都是在敬虔中引用圣经的。和中国清代古文经学"六经注我"中的情感倾向完全不同的是,尽管他们在解释圣经时出现严重分歧甚至对立,他们坚持各自的解释,认为只有自己的解释才符合神的旨意,因而是正确的。

就思维方式而言,这里涉及了一个十分重要的解释学问题。追踪这个解释学问题可以帮助我们更加深入地理解这场争论。人们在阅读一本书时,一般地都预设了这本书的本义。换句话说,无论如何阅读和解释,只有一种正确的理解,即本义。如果出现两种不同的理解,那么,在这种预设中,必然地,这两种理解至少有一种理解是错误的。长期以来,在圣经阅读和解释这个问题上,基督教教会形成了一个传统,即通过大公会议来解决各种理解上的争端;一旦做出决议,即形成所谓的权威解释。在权威解释的规范下,人们的圣经阅读和理解方向就被规定了。任何违反这一规范的阅读和理解都属于异端或具有异端倾向。

宗教改革运动中,路德面临一个极为尴尬的困境:一方面,他坚持自己的基督信仰,认为自己的想法和决定都来自神的话语(圣经);另一方面,他拒绝接受罗马教会的权威,认为教皇和主教们都不是信徒的祭司,而每一位信徒自己就是祭司,可以直接领受神的旨意。显然,路德无法在罗马教会传统中继续做他的基督徒。当他被教皇开除教籍之后,路德就面临这样一个问题:如何坚持自己的基督信仰呢?为此,路德开始全面反击罗马教会权威,认为基督徒身份在于神的恩典,在于他的信心,在于他相信圣经是神的话语。这便是所谓的唯独恩典、唯独信心、唯独圣经。路德认为,这三个唯独乃是真基督徒的根本原则。

我们可以这样分析路德的三个唯独。首先,路德要求所有基督徒回归圣经权威。恩典一词指示着神的启示;圣经作为神的话语便是神的自我启示;对此,人只能在信心中认定圣经的绝对权威。恩典、圣经、信心三者是互为前提的。三个唯独的原始含义是:这三者乃是基督徒的生存起点。基督徒相信圣经是神的话语并从中领受神的恩典。具体落实到他的生活,信徒就必须通过圣经,而不是通过教皇和主教,和神直接发生关系。因此,直接阅读圣经就是领受恩典的唯一途径。正是在这一推论中,路德把自己的大半精力和时间放在德文圣经翻译上。从此,各种文字的圣经翻译成为一种潮流。

其次,路德提出了圣经阅读的平等解释权。圣经作为神的话语是在信心中认定的。信徒在信心中阅读圣经,并在阅读中领受神的话语。这个领受过程乃是一个阅读并理解圣经的过程。或者,理解圣经就是领受神的话语。不过,不同的人在阅读同一段圣经时可能会产生不同的理解。这些不同的理解,在路德看来,只要阅读者是在信心中阅读圣经,那么,他的理解就是从神而来的恩典。在理解并解释圣经这一点上,每一位信徒都处于平等地位。特别地,教皇并不是权威的圣经解释者。他说:"我们不应让'自由之灵'(如保罗在《哥林多后书》3:17所称)被教皇的胡编乱造吓到。相反,我们应当大胆地向前走,依据我们对《圣经》的信心理解,去检验他们已经做过的和没有做过的。我们要迫使罗马主义者放弃他们自己的解释,接受更好的解释。"①于是,路德把圣经的阅读和解释权平分给每一位信徒。

路德的这种做法导致了圣经解释的多元化。而且,这种多元化具有实在性,是不可消除的。人们往往会在本义预设中追求消除解释多元化。然而,这种努力是徒然的。在路德看来,信徒在信心中阅读,所得到的理解一定是来自神的。因此,每一位信徒的圣经理解都是从神而来的恩典,因而具有绝对性。当然,神在此时此地让信徒有如此这般的理解,其中必有神的旨意和安排。实际上,同一位信徒,只要是在信心中阅读,那么,在不同时候也会对同一段经文有不同的理解。信徒的圣经阅读和理解是在一个不断更新变化的过程中的。但是,在每一个固定的时间段中,信徒只有一种理解。既然如此,信徒就应当坚持自己的理解,因为它来自神的恩典,具有绝对性。

卢瑟福对路德的这一思路有深入的把握。在处理马克斯韦尔的言论中,卢瑟福的批评呈现了卢瑟福对圣经经文的深度熟悉和真诚依赖。他相信,在他的圣经阅读中,马克斯韦尔对圣经经文和故事的引用充满了漏洞,根本就无法支持他提出的绝对王权这一命题。相反,圣经的经文和故事恰好是反对绝对王权的。不过,在阅读卢瑟福的论证时,一方面,读者可以感受到卢瑟福的解释具有相当重的说服力;另

---

① 引自路德:《路德三檄文和宗教改革》,李勇译,上海人民出版社,2010年,第39页。

一方面,读者也会感受到一定程度的困惑:当双方都依据圣经时,凭什么说对方是错的。我们试对如下争论进行分析,也许可以感受到他们之间的这种争论。

卢瑟福提出坏君王问题并以此否定绝对王权。如果君王拥有绝对王权,那么,一旦出现坏君王,人民就要遭殃了。因此,这些坏君王不能拥有绝对权力。不过,他的对手并不这样认为。在"问十八"中,卢瑟福是这样提出问题的。马克斯韦尔谈到,以色列人的历史中出现了很多坏君王。但是,"坏君王是神对人类罪的惩罚,人民除了耐心忍受别无他法"。也就是说,即使出现坏君王,这并不意味着君王丧失了绝对王权;他仍然拥有绝对王权。对于人民来说,除了忍耐顺服,什么也不能做。原因在于,君王的绝对性来自神的主权。神允许坏君王,通常是因为人民犯罪了,所以要使用坏君王来惩罚他们。如果从神的绝对主权这个意义上进行推论,马克斯韦尔的观点是可以接受的。神的主权要求信徒相信神的主权。其思路是这样的:每一件事的发生都有神的旨意;君王是神所立的;因此,如果所立君王是邪恶的(对臣民苦毒),那么,一定是因为人民背离了神,所以神借助于坏君王惩罚他们。

我们来看看卢瑟福的回答:"因以色列民的罪,亚述人来攻打他们,乃是神的一种惩罚(《以赛亚书》10:5)。但是否就由此推出:以色列民奋起反抗亚述人就是非法行为了呢?……因以色列的罪,亚玛力人出来攻打他们;西拿基立因犹太人的罪攻打玛拿西;亚撒的敌人因亚撒和以色列民的罪而与之对抗。难道摩西与以色列民,玛拿西与亚撒面对外敌来犯除了祷告与忍受外什么都不能做了吗?用武力抵制外敌是非法的吗？我不敢苟同。饥荒是神对一个国家惯用的惩罚手段（《阿摩司书》4：7—8）。此时，难道我们不应该通过自己劳动找寻面包吗？难道除了哀求每日之面包外就什么也不能做了吗？这个观点太荒谬。"

不难看到，卢瑟福并不是进行简单的神学推论。他承认，王权来自神。神是爱。因此，王权就其职能而言是爱人，是服务于人民的。正是在这个意义上，他要求读者关注人的生存。人的生存是有底线的。即使当事人因为犯罪而受到神的惩罚，当事人在生存上仍然会进行挣扎！不难看到，他这里强调的是人的生存底线。当人因犯罪而受惩罚时，人仍在生存中。生存是在判断选择中进行的，是在选择中做事，在做事中生存。正是人这种生存上的底线，决定了君王不拥有绝对王权。当国王的所作所为冲击并危害人民的生存底线时，人不可能完全被动地忍受顺服而束手待毙。相反，人会拼死反抗。这个生存底线就是对绝对王权的限制。

从神学上看，马克斯韦尔的推论似乎更加正确。但是，马克斯韦尔给出的神学推论无视人的现实生存，简单地认为人在接受神的惩罚时只能忍受顺服、无所作为。然而，卢瑟福认为，我们必须从人的生存出发。人在生存中，即使是顺服神的惩罚，这并不意味着除了祷告外只能消极无为。他们仍然会挣扎和抗争。当然，他们在挣扎和抗争中会认识到神加在他们身上的惩罚，进而在神面前认罪悔改。但是，他们的挣扎和抗争在生存上是自然的、属于人的本性的。既然如此，国王的王权就不可能是绝对的。国王在人民没有犯罪的情况下侵犯人民，人民的奋起反抗是出乎本性的、理所当然的。人民犯了罪，神要借助坏国王来惩罚人民,人民起来抵抗国王也是出乎本性的,尽管他们最后要来到神面前认罪悔改。所以,没有绝对的王权。我们看到,卢瑟福的神学是建立在人的生存基础上的神学。

卢瑟福呈现了一种在信心中的现实生存(或称信心生活)。信心是一种信任情感。人在信心中把自己的生存交托给所信任的对象或主体。这种交托要求信徒顺服在神的主权中。神的主权是绝对的,主宰着信徒的生存。在信心中,无论神加给信徒什么后果(在他们的判断中可以是好或坏),他们都充满平安、感恩和敬畏。但是,在卢瑟福看来,这并不表明他们在现实生活中必须忍受顺服王权(作为一种现实的力量),并在面临压迫时放弃抵抗。在信心中,信徒可以决定与这股现实力量对抗,也可以决定对它忍受顺服。无论做哪种决定,只要这决定是在信心中做出的,他们就可以过一种敬虔的信心生活。

卢瑟福从人的生存(或本性)出发否定绝对王权,并且为苏格兰人抵抗查理一世的战争威胁这一行为进行辩护,强调自卫战争的合法性。我们阅读书中的所有争论,可以发现两个基本点:坚持圣经的绝对权威(仔细回应对手所引用的圣经经文和故事,并加以重新解释)和强调人的生存和本性。他的圣经知识是丰富而全备的,其解释力也具有十分强大的说服力。同时,他对人的生存和本性的观察和体验也是深入的。比如,在"问十三"论点七中,他指出:"那出母腹的是如此天然因而是永恒的,不会和人类社会相冲突。但是,君主制和人类社会相冲突。"这种对人的生存和本性的坚持是新教神学的基本原则。加尔文在《基督教要义》一书的开头就强调,对神的认识和对人的认识乃是基督教神学的两条相互渗透的基本原则①。卢瑟福的神学具有浓重的加尔文主义色彩。

三

卢瑟福的这部著作不仅仅是神学争论。值该书出版之际,英国国内政治动荡。查理一世和国会的争执已经进入了战争状态。查理一世虽然在《回复》中同意采取混合政体,但是仍然坚持君权的绝对性。而且,以马克斯韦尔为代表的一批保皇派著书立说,从圣经出发宣传绝对王权。卢瑟福的这部著作出版,对于国会的拥护者来说,犹如让他们获得了一副坚硬的护身甲,可以抵挡保皇派在圣经和神学上的攻击。该书出版后,国会议员几乎人手一册。卢瑟福对绝对王权的批驳,从圣经和神学的角度看,很好地落实了路德-加尔文的神学思路,具有巨大的解释力和说服力。抽掉绝对王权论的圣经和神学基础,等于抽掉它的立论根基。自此之后,保皇派在为国王的绝对权柄进行辩护时发现自己底气不足了。

王权当然来自神;因此,王权是有权威的。但是,卢瑟福认为,它不是绝对的。就现实社会而言,王权是社会稳定和秩序的主导力量。没有王权,社会就进入混乱。这一点是一个共识。卢瑟福不是一个无政府主义者。实际上,他在行文中反复强调,尽管王权不是绝对的,但是王权的权威必须得到应有的敬畏。不过,这个敬畏是建立在君王遵

---

① 参阅加尔文:《基督教要义》,第一卷第一章。

循神的诫命和秩序的基础上。如果君王违反神的旨意，侵犯人民的生存，这个敬畏就无法建立起来。他说："人若是抵制王之为王的职位权力，那他就是在抵制主的权柄，在抵制神的诫命与神圣制度。人如若是抵制那为王之人，且这人在发布违反神的命令，并残杀无辜百姓，那么，他便不是在抵制神的诫命，而是抵制撒旦与罪恶的诫命。人非正义地发令与残暴统治的权力并非来自神。"（"问二十九"主张一、3）

卢瑟福的这种说法触及了一个根本的政治学问题：人民在政治生活中的地位和作用。对于一个现存的君王来说，他的权力是神所赋予的。神爱他的子民，让君王来管理、喂养、保护他们。这是神的诫命。如果君王没有遵守这一诫命，反而欺压、虐待他们，不顾他们的死活，那么，君王就等于放弃了神所赐予的身份和使命。在这种情况下，人民反抗君王就不是违抗神的旨意，而是对抗一个作为人的暴君。在卢瑟福的这种说法中，君权神授论不但不赋予君王以绝对权力，反而要对王权进行限定。

从神学上看，如果神在立王问题上的主权是绝对的，那么，神会采取什么样的立王方式呢？显然，神不会凭空立王。保皇派的人认为，神可以按照血缘关系立王。君王必须是王族成员。卢瑟福列举并分析了很多圣经中的例子，努力说明一件事，神并不是在血缘关系中立王。比如，扫罗王和大卫王，他们的出身都很低微。王权是神给予的；把王权给予谁也是神的主权。能够拥有王权的人除了个人的能力之外，更为重要的是，神通过人民来立王。也就是说，一个人能否被立为王，需要得到人民的认可和拥护。在"问四"中，卢瑟福这样提问："君王是否独一地、直接地来自神？而非来自人民？"进而在回答中写道：

> 国王的职分本身是否源于神？我认为，它并非在形式制度意义来自人民，好像人民通过理性行为而设计如此权力似的；而是神赋予这种权力。它仅仅是在根本意义上来自人民，如一个没有政府的社区当然可以设立一个国王或任命一位贵族。问题在于如何规定这个人：为什么是这个人而不是那个人被授予国王的职位？为什么是此人而非彼人，是此家族而非彼家族，单单地直接从神而来，被选为王位？或者，这事由人民来定，并且是他们的自由选择？
>
> ……
>
> 首先，所有受造者从根本上说都有自卫权力，以保卫自己避免暴力侵害；正如狮子有锋利的爪子，有些野兽则既有坚固的额角还有锋利的爪子。人被造为理性之物，群居于社会；他们必定以一种更为理性、更加高尚的方式使自己避免暴力侵害，即将这保护权交付给一个或者多个统治者，通过治理的方式保护自己。其次，就民事权利而论，如果所有人都生而平等——没有人出母腹便头戴王冠手握权杖，社会却将这王冠与权杖给了此人而非彼人——那么，这权力就必留在这个群居社会中。不过，人民并不在形式上手握这权力，否则就人皆为王了。但是，我们不能就此说这权力高于人民、在人民之上，或低于人民、在他们之下。这权力必定实际地掌控在人民手中。若它既不形式上属于人民，也不实际地

掌控于人民，那么，人或者由人组成的群体将如何让渡这项权力呢？再次，上层贵族无法否定城市拥有选择或设立下级地方官员及其职位的权力；大城市联盟有权设立更高级别的管理者；王权不过就是联合的最高级别的权力；它由诸多下级法官汇聚成更大的法官。最后，我们便称之为君王。结论：封某人为王的权力来自人民。

在卢瑟福的论证中，我们看到这一点，从圣经和神学的角度看，神是通过人民，而不是通过任何其他方式，来立王的。其论证的起点是人的自卫权力——人的生存本能。政治权力的目的是保护人的生存。如果政治权力侵犯人民的生存，那么，人民本能地拥有权力反抗它。这种自卫权力与人的生存同在。与这种自卫权力对抗的政治力量不可能得到人民的支持。或者说，只有顺应这种自卫权力的政治力量才能得到人民的支持。因此，政治力量的兴衰取决于是否得到人民的支持。既然如此，作为最高政治力量的象征的王权也必须建立在人民的支持这一基础上。人民支持谁，谁就可以做统治者（无论是下级、上级，还是君王）。从这一角度看，卢瑟福归根到底就要论证人民自卫权力的绝对性。

按照这种思路，神在立王一事上是根据人民的意愿来选择君王的。究竟谁才能被选呢？——每个人都可以成为君王。血缘和家族在选王一事上不应该成为决定性因素。倒是能力、人品、威望等，可以使一个人成为众望所归的领袖。但是，关键的因素是，这个人必须被人民接受而成为君王。值得注意的是，卢瑟福并没有对这里的"接受"

进行具体设计。投票选举是一个重要的接受形式;停止反抗也算是一种接受形式。长老(地方领袖人物)的集会决定也可以算作是一种接受形式。不过,无论采用哪种形式,立王都是通过人民来实现的。因此,立王权在于人民。

卢瑟福从圣经和神学的角度否定绝对王权,以及与此相连的王位血缘继承权,这等于在政治学上打开了潘多拉盒子:采取什么形式建立王权或选择政治领袖?没有绝对王权的政治是如何运作的?卢瑟福并没有展开这方面的讨论。但是,一旦他的自卫理论被接受,人们就必须回答一个没有绝对王权的政府是如何产生和如何运作这样的问题。在英国政治学界,从此无法安宁。我不想在这里追踪此后的英国政治发展。简单地勾画一个大概的线索也许可以帮助读者感受一下卢瑟福自卫理论在英国政治思想史的地位和作用。

1651年,也就是卢瑟福的《法律与君王》一书出问世七年后,霍布斯(Thomas Hobbes,1588—1679)出版了他的《利维坦》[①]。一般认为,这是近代政治思想史上一部开创性著作。霍布斯在该书中提出社会契约论,认为,人类有两种存在状态:自然状态和社会状态。从自然状态进入社会状态的关键环节是人与人之间为了避免战争求得安全而进行契约,各自交出一部分权利给选举出来的人把握,从而形成政府,结成社会。霍布斯指出,人在自然状态中拥有所有的权利,包括侵犯他人生命安全的权利。因此,自然状态中的人与人之间是一种战争状态。人有侵犯他人的权利,同时也不可避免地受到他人侵犯。当

---

① 霍布斯:《利维坦》,黎思复、黎廷弼译,商务印书馆,1985年。

然，面对他人侵犯，人自然地拥有自卫权。侵犯权和自卫权是一种权力的两个方面。在社会生活中，侵犯权已经交出，自卫权不显露。交出侵犯权是一个契约行为。如果他人不遵守这个契约而行使侵犯权，那就等于契约遭受破坏。于是，被侵犯者就会启用自卫权。可见，自卫权永远存在于人的生存中。不难发现，尽管霍布斯没有提起卢瑟福的自卫理论，但是，前者的思路是遵循后者的。不过，霍布斯直接关心的是政府的形成过程。他在《利维坦》的第三部分，从人和神的关系认真地探讨了无政府状态中建立政府的圣经基础问题。这是在绝对王权的废墟上建构政府论。不难指出，这种谈论方式只能在卢瑟福从圣经出发彻底否定绝对王权之后才是可能的。

英国光荣革命（1688）之后，洛克（1631—1704）出版了他的《政府论》（1690）①。就写作动力而言，洛克的《政府论》是针对菲尔麦（Robert Filmer，1588—1653）的《先祖论，或论国王的自然权力》（1680）②。菲尔麦和卢瑟福是同时代人。此时，英国内战已经破坏了旧有的社会秩序。如何恢复社会秩序是每一位政治思想家的当属重任。菲尔麦属于保皇派。我们指出，绝对王权论在卢瑟福的论证中已成废墟。但是，菲尔麦仍然坚持认为，绝对王权是恢复秩序的唯一途径。他的《先祖论》通过追踪《圣经》的相关论述，坚持认为绝对王权是《圣经》的基本教导。不过，有一点需要指出的是，他的书是在他死后才出版的。我猜想，在当时英国的政治思想界，鼓吹绝对王权已经没有市场。菲尔麦生前没有出版他的《先祖论》，可能是受到了这种同行

---

① 洛克：《政府论》，叶启芳、瞿菊农译，商务印书馆，（上篇）1982年，（下篇）1964年。
② Robert Filmer, *Patriarcha, or The Natural Power of Kings*, Dodo Press, 2008.

压力。洛克在《政府论》的开头谈论菲尔麦时使用的语调和用词都在指称着这种同行压力。洛克谈道:"要不是由于罗伯特爵士的书的题名和献词的严肃、他的书的封面上的图画和出版后各方的称赞,使我不得不相信作者和出版者全都是认真的话,那么,我对这一篇论文也会像对任何企图使人们相信自己是奴隶而且应该是奴隶的其他论文一样,真的会把它看作是为尼罗撰写颂词的那个人在又一次炫耀聪明,而不会把它看作是严肃的、郑重其事的论著。"[1]洛克当然不会停留在对卢瑟福的论证中。社会秩序和稳定已经是一个严重的现实政治问题。一个没有绝对王权的政府应该如何运作?我们知道,洛克在《政府论》的下篇对政府组织进行深入分析讨论,提出了三权分立的说法,对西方政治发展起到了奠基性的作用。就英国政治思想史发展而言,从卢瑟福到洛克是一个连续的过程。

四

对于中国读者来说,卢瑟福关于绝对王权问题的圣经和神学论证似乎有点多余。"五四"运动以来,中国思想界大量谈论霍布斯、洛克以及卢梭的社会契约论,彻底地摧毁了绝对皇权观念。在这种语境中,卢瑟福的论证似乎显示不出足够的思想力量。然而,就思想史而言,没有卢瑟福的论证,英国政治的出路只有两条:回归绝对王权;或者在绝对王权观念的主导下纷争不已。就人的思想实际运行而言,只

---

[1] 洛克:《政府论》,叶启芳、瞿菊农译,商务印书馆,(上篇)1982年,第一章第一节。

要绝对王权的说法仍然主导英国政治思想界,英国就不可能出现社会契约论,就不可能谈论三权分立的政治治理。这一点需要我们的特别注意。

在中国思想史上,孟子对王权问题进行过讨论①。孟子反对"天子"的血缘世袭制,认为,王者必须是在道德和才能上的贤能者。他以尧让位于舜为例,提出了一种禅让方式来解决王位问题。这个方式有三个步骤。首先,"天子能荐人于天"。在任领袖在政治上的地位高于一切人,但在他之上还有"天"(所以说是"推荐")。但是,天意是通过天下之人来表达的。从这个角度看,他只能向天下之人推荐候选人。我们说,这是一种政治上的民本理念。其次,"使之主事而事治,百姓安之"。候任王者必须在实际工作中接受考验。这个过程是验证候选人的治理能力的过程,也包括候选人能力的进一步培养。与此同时,候选人因此有机会和地方官员及百姓进行密切交往,让人对他的德性和能力有直接的认识。最后,"天子诸侯朝觐者,不之尧之子而之舜;讼狱者,不之尧之子而之舜;讴歌者,不讴歌尧之子而讴歌舜"。候任王者的德性和能力还需要得到地方官员的正式认可。这种认可不是一种口头或文字上的认可(如投票),而是通过行动来表达的,即愿意把那些和自己切身相关的事务交由他来处理。

然而,孟子的这个想法并没有得到进一步落实。在实际进程中,特别是汉朝之后,王位血缘继承制反而得到了普遍的认可。如果出现昏君或庸君现象,那就只能通过改朝换代的方式来解决。血缘继承和

---

① 参阅《孟子·万章上》,第 5 章。

改朝换代这两种王位问题的处理方式是水火不相容的,从而在中国历史发展中形成所谓"合久必分,分久必合"的政治模式。中国思想界在王位问题上的失语状态对中国政治来说是致命性的。

卢瑟福的自卫理论是基于圣经。对于基督教占主导地位的英国社会来说,圣经就是它的传统,是人们思想的根据。在这种环境中,离开圣经,任何思想都是无根的、零散的、缺乏底气的,因而无法得到社会的认可。卢瑟福的自卫理论是对圣经的一种解释。在当时的环境中,这种解释引起了广泛的共鸣,因而释放了一种强大的解释力。作为一个对比,马克斯韦尔的绝对王权论,虽然也是从圣经出发,其解释力却实在令人沉闷。这是两种解释力之间的对抗。传统是在解释力的竞争中释放能量的。从这个角度看,卢瑟福依据对圣经经文和故事的解释而建构起来的自卫理论,乃是一种继往开来的理论。因此,如果我们对卢瑟福的圣经和神学论证缺乏体会,我们就不可能在深层意义上把握西方近代政治思想的发展线索。

不同文化间的交流,归根到底,乃是文本之间的交流。"五四"运动以来引进的西方社会契约论,在当今的中国学术界已经成为一种主导性的话语。鉴于社会契约论在西方政治治理上的成功,人们希望引入这种理论,使之成为中国政治治理的主导性理论。不幸的是,近百年来,虽经几代人的努力,这套政治理论仍然无法进入中国的实际政治治理中,远远未能得到中国社会的共鸣和认可。这一点是值得我们反思的。直到今天,社会契约论不过是一些所谓的学者所乐于谈论的话题;在文本上,它只有一些翻译著作,以及一些鹦鹉学舌的介绍性文字。特别地,它没有得到中国传统文化的经典文本的支持。缺乏文本支持的思想观念,终于不过是昙花一现。

人是在文本中思想的。就目前中国思想界流行的西方社会契约论来看,它未能提供足够的文本根据。它只是简单地处理中国文化传统中的经典文献,并企图直接否定这些文献的合理性。也就是说,它与中国传统之间的关系是一种你死我活的关系。中国的思想不可能脱离过去几千年来留下的文本。除非社会契约论能够在处理中国传统文化的经典文本时提供一种强有力的解释力,否则,它不可能在这种你死我活的对抗中生存下来。

文本和文本的解释掌握着最终的话语权。

题　　解

　　本书论及苏格兰王国进行必要的自卫战争之缘由，为他们亲爱的英格兰弟兄提供援助与帮助而进行远征的必要性。这里要宣示苏格兰人民的无辜与纯洁。同时，本书要对那本名为《基督教君主的神圣王权》(Sacro-Sancta Regum Majestas)的煽动性小册子给出全面反驳。该册子以 J. A. 之名发表，实由那被革除教籍的教皇主义教士约翰·马克斯韦尔(John Maxwell)①所写。它还包含了巴克利(W. Barclay)②、格劳秀斯(H. Grotius)③、阿尼索斯(H. Arnisaeus)④、斯巴拉多(Spalato)大主教安东尼奥·多米尼斯(Ant. De Domi)⑤，以及眼下那些反地方权力的保皇党、《主教要义》(Ossorianum)一书的作者弗恩(Dr Ferne)⑥、西蒙(E. Symmons)⑦、亚伯丁(Aberdeen)的等博士提供的关于圣经理解的混乱。为此，圣·安德鲁大学(The University of St. Andrews)神学教授——撒母耳·卢瑟福牧师，列出四十四个问题，并逐一回答。

　　"你们若仍然作恶，你们和你们的王，必一同灭亡。"(《撒母耳记上》12：25)⑧。

---

　　① 约翰·马克斯韦尔(John Maxwell, 1590? —1647)，爱尔兰蒂厄姆(Tuam)大主教(1645—1647)，受教于圣·安德鲁大学(the University of St. Andrews)，1611年获硕士学位，一生担任多地主教职分，包括若斯主教(Bishop of Ross, 1633—1638)、基拉拉主教(Bishop of Killala and Achonry, 1640—1645)；拥护英国国教，1638年12月13日被拉森的联合大会(the General Assembly at Glasgow)革除教籍，他也是最早签署格拉森联合大会成立的人之一。一生著作颇丰。1647年死于蒂厄姆。马克斯韦尔的《基督教君主的神圣王权》是卢瑟福在本书中主要攻击的对象。译者会根据行文在必要的地方添加注释，以及正文中的必要注释，文中不再一一标出。**以下注释，除了表明原书注释之外，均为译者注。**

　　② 威廉·巴克利(William Barclay, 1546—1608)苏格兰法理学家；著有《反君主制》(Contra Monarchom)；《国家与王权》(De Regno et Regali Potestate)；《论教皇之权力》(De Potestate Papae)等。本书主要以《反君主制》为攻击对象。

　　③ 胡果·格劳秀斯(Hugo Grotius, 1853—1645)，荷兰国际法学家、哲学家、神学家、剧作家、诗人，以《战争法权与和平法权》(De jure belli ac pacis libri tres, 1625)一书影响于世。

　　④ 荷林·阿尼索斯(Henning Arnesaeus, 1570—1636)，德国伦理学家、哲学家、政治理论家、医生；留下一些政论文。本书的引文都来自他的《论权威原则》(De Auctoritate Principum in Populum Semper Inviolabili, 1612)。

　　⑤ 安东尼奥·多米尼斯(Marco Antonio Dominis, 1566—1624)出生于克罗地亚，在意大利接受教育，后在意大利的耶稣会士中教数学、逻辑、修辞学、哲学等学科。

　　⑥ 亨利·弗恩(Henry Ferne, 1602—1662)，先后在牛津大学与剑桥大学三一神学院学习，后在剑桥大学任教；1662年成为切斯特主教(Bishop of Chester)。在世期间，作为保皇党的骨干，写了一些小册子。卢瑟福在本书攻击的著作即是亨利·弗利写的《主教要义》(Ossorianum)，在行文中只指出章节，不提书名。我们在翻译时补上。

　　⑦ 爱德华·西蒙(Edward Symmons, 1607—1649)，英格兰教会中一名饱受争议的牧师，英国王室支持者，著名的保皇党人；著有《忠心臣民之信仰》(A Loyal Subjects Beleefe)与《军中布道》(A Military Sermon)两书闻名。《忠心臣民之信仰》是卢瑟福的评论对象，但在行文中往往只有章节没有书名。我们在翻译时补上。

　　⑧ 本译文所引用之《圣经》经文以和合本为准。

目　录

撒母耳·卢瑟福的一生 /001

作者序言 /001

| 问一 | **政府是否由神的律法来确立？** /001
政府如何源于神。——民事权力的基础直接来自神。

| 问二 | **政府是否授权于本性之律？** /003
公民社会在根本上（in radice）是本性的，在方式上（in modo）是自愿的。——政府权力与由如此这般的行政官员掌管的政府权力，两者是不同的。——公民顺服在形式上并非出于本性之律。——我们接受法律裁判并非一开始就是本性的。——有统治者的政府，此乃第二自然法。——家族统治与政治之差异。——统治者之政府属于第二自然法；家族统治与公民政府的不同。——公民政府是本性的结果。

| 问三 | **王权与政府形式是否来自神？** /008
从四个方面的理解君王来自神。——王权受神圣制度的保障。——三种政府形式在分类上与在本质上都是没有差别。——每一种形式都来源于神。——政府如何是人的制度①。

| 问四 | **君王是否独一地、直接地来自神？而非来自人民？** /015
君王如何来自神，又如何来自人民。——王权以三种方式存于民。——王权如何从根本上存于民。——人民立王。——任何形式的政府都来自神。——政府如何是人定的。——人民造就了王。——造王与选王并无区别。——大卫形式上不是王，因他是神膏的。

| 问五 | **是否那位著《基督教国王的神圣王权》的教士②已然证实了神就是君权的直接设立者？且王不是民众所能选立的？** /022
在抽象意义上，王者这个职分直接出自神，但是，王由民造。——在选立王这件事上，人民不仅仅是默许，而是采取了实际行动。——立何人为王由民

---

① 《彼得前书》2：13。和合本译文："你们为主的缘故，要顺服人的一切制度，或是在上的君王。"

② "这位教士"指的是马克斯韦尔。关于此人，前面注释中有介绍。

作主。——神以某种特殊方式立王,但不能由此推出,立王与民无关。——《箴言》(8:15)①表明王由民立。——尼布甲尼撒②,以及其他异教王,他们在犹大国中没有从神而来王者头衔。这和他们在其他王国中的地位是不一样的。

问六 **鉴于神的统治及其对戴王冠之人的指定,君王是否彻底地来自神?除由人民在形式上确认之外,与人民完全无关?** /036

神不会在一种纯粹特定动作中规定政府形式,但会认可某种形式。——最高统治权并非仅仅来自民意承认。——虽然神在立王上会给予特别恩典,但不能因此推出民不立王。——这位教士仅仅在大卫、所罗门、耶稣基督等事件上对预言的分析是正确的,如同对那些亵渎的异教王的分析一样。——这位教士把所有异教王都等同于受拯救之恩的圣洁油膏中的君主了。

问七 **这位教皇主义教士是否在理性上证明了王的选立与最后确定都与人民无关?** /049

君王之个人美德并非神所立制度和任命的唯一理由。——最高统治权什么情况下为民所有,什么情况没有。——社会没有将他们的权利与自由交给统治者,包括他们积极行事、消极受难、暴力抵抗等权力。——在民唾弃王时,神松开和君王的纽带。这是对这位教士的驳斥:神是间接地、非直接地给予和拿掉王权的。——人民对君王与统治者之臣服即有天然因素也有自愿因素;兽类与万物对人之屈服纯属自愿行为。——对《创世记》第九章五节的"流你们血的人"等经文的讨论。

问八 **这位教士是否以理性之力证明了人民不能掌管任何统治权力?** /061

任何社会都有积极与消极之统治权力。——民众政府并非所有人都是统治者的政府。——从本性来讲,人民对三种政府形式平等,他们并不天然地居于某种政府之下。——这位教士否认他的父教皇是敌基督者。——由人民选出的坏王并不能证明我们错了,因人的恶性,由神选出的王也有坏的。——这位教士谴责查理认可了苏格兰现在改革的所有进程。——最高法官乃是神的恩典显著表达,不会妨碍民立君王。——在立王上,民非消极因素,如洗礼的水一样,乃是恩典给予之行动。

问九 **最高统治权来自人民,并依然以某种形式留在人民那里,在必要情况下,人民可以收回这一权力,这是否可能?** /070

人民如何顺服于君权。——暴君权力不出自神。——人民不可能放弃本性的自卫权力。——国会的权力。国会拥有君王之上的权力。——法官与君王之区别。——人民可以收回他们的权力,并非因为他们不会犯错,乃是因为他们无法坦然地毁灭他们自己,而某人会这样做。——犹太最高法院没有惩罚大卫、巴示拔、雅各等人,这仅仅是历史事实,而非法律。——受造物都有顺服之本性,政府也必是天然的;而对这种或那种政府形式的选择则出于自愿。

---

① 和合本译文:"帝王借我坐国位。君王借我定公平。"
② 参阅:《列王纪下》,第24章。

| 问十 | 王室出生是否就等同于有了神圣的膏礼? /081

八个论证。——王权不能父传子。任何家族或个人都可被选为王,但这头衔对两者来说都是有条件的。神对大卫家的特殊应许(《诗篇》89)不能成为以出生定王位的基础。——如果神以出生来定王位,那么,以征服得到王位的王者头衔就必定是非法的。——保皇党宣扬征服是王冠上的合法头衔,这已清楚地表明他们对查理及其王室的背叛。——只有财产,而非荣誉与王权,能由父传子。——暴力征服不能规定被征服民族从良心上视这征服者为合法的王。——纯粹的王室出生不如神圣膏礼重要,没有人民的选举,不能立任何人为王。——如某人因其出生而继承了国家,那他就可以把国家卖了。——王冠是国家的继承财产,而非现任君王或上任君王所有的遗产。——以出生定王位是以色列的一个特有现象。——选一个家族坐王位,这从原初目的上解决人民自由选举的问题。——选一个家族坐王位是合法的。

| 问十一 | 是一个生而为王者有资格为王,还是一个由人民自由选举而成王的人更有资格为王? /092

选举产生的王更接近最初的王(《申命记》17)。——如人民可限制君王,他们就可限制王的权力。——社会没有惩罚自己的正式权力。——从几个方面考量,世袭的王比选出的王是好还是坏。

| 问十二 | 国家是否能以征服之名合法易手? /095

征服有两重意义上的权力。——征服后得到了人民的同意,它就变成一种合法的头衔。——对我们而言,征服并不能代表神的认可意志。——纯粹的暴力压制与统治行为相反。——嗜血征服者非受佑之人,不能仅凭自己而成王。——强势之力量不等于法律与理性。——父亲不能让出未出生子女之自由。——为父之人对子女没有生杀大权。以色列与大卫对迦南人、亚扪人等的征服如不是在神圣应许之下,便是非法的。

| 问十三 | 王室权威是否来自本性? 这如何可能? 论"人人生而自由"以及君权如何与本性相对立。 /102

七种上下关系。——生死大权只能来自明文法律。——先在之统治权与结果性的统治权。——君臣关系非天然关系。——人生而居于政治关系中。——奴隶制度违背本性的四种理由。——从民事顺服来讲,人生而自由(不考虑本性关系,如孩子与妻子对父母与丈夫的关系)对其论证的七个观点。——政治统治如何是必要的,又如何是符合本性的。——父母奴役孩子属反自愿行为。

| 问十四 | 立某人为王是有条件的还是绝对的? 是否有使君王和臣民都受约束的契约? /109

如保皇党所宣扬,君王对人民负有本性义务,而非民事义务。——圣经与理性告诉我们,君王受契约之民事性的捆绑,证明它的八个论点。——如没有契约条件,契约一方将永远不能进入契约;如契约条件不被履行,契约的另一方也就可以脱离契约。——人民与各首领都有义务在其位置上维持公正

与信仰,与君王同。——只要君王将假信仰强加给人民,在这种情况下,他们就等于没有王。——契约给君王与人民一种相互性的强制权力,即使这世上没有他们之上的人来强迫他们履行其职责,但他们相互强制。——契约不仅约束君王如何做人,还约束他如何做王。——偶尔的几件暴政行为不会剥夺王权。——即使没有明文契约(尚未获得认可)仍然有王职之本分对君王加以约束;这是本性的、默认的、隐含的契约。——如君王是被造的绝对王,这显然违背圣经与王职本分。——人民是作为典押品给予君王的,并非可任由君王处置的私人物品。——如没有契约使君王受制于民,君王便不能行买、卖、借等事。——犹大人的誓约(《历代志下》15)约束了君王。

问十五　王是否是那唯一的父,还是类推出来的父? 还是只能部分地被称为父? /122

亚当不因是父亲而统治全世界。——君王如父,仅是一种不恰当的隐喻;对此的八点论证。

问十六　因为他是王,就可以对人与物的占有与霸占? /127

君王不拥有对民众的主人式统治权;民众并非君王之仆人。四点论证。——君王之于人民不是对理性动物的统治。——君王不能像处理自己财物那样放弃他的国家和人民。——因暴力而放弃自由是没有约束力的——无知放弃,就其乃非自愿行为而言,没有约束力。——民众财产不属于君王。八点论证。——说民众财产属于君王的四种含义。

问十七　王是否是固有的受托人? 是否拥有作为导师、丈夫、赞助人、牧师、首领、父亲等的管理权而非主人般的统治权? /135

君王是教导者而非父亲。——无论在哪种意义上说,自由社群成员都不能被合适地称为年幼者与小学生。——君权也能等同于婚姻里的夫权。——君王是监护人和仆人。——王权唯独来自神(从内在关系与终极意义上看,并非谈论它的运用)。——无论是在客观意义上,还是在主观意义上,君王都是人民的仆人。——实际上,神与人民在同一行为中选立君王。——仅在隐喻意义上,君王才是人民的头,而非实质意义上,也非在单独意义上。六点证明。——他仅有受托之权力。

问十八　王的法律是什么? 他的权力又有哪些? /141

巴克利笔下的王权与王职差别巨大。——何为"君王样子"? 从古代、现代、新教和天主教的释经家说起。——哭喊(《撒母耳记上》8)对暴君不是必要的补救,在耐心与信心中的祷告也不是。——对暴君的抵抗与耐心忍受并不矛盾。——王法并非一种许可法,如离婚法。——王法(《撒母耳记上》12:2—24)不等于暴君之法。

问十九　王的尊严与权力是否都在人民之上? /151

在何种意义上,君王在人民之上;在何种意义上,人民在君王之上。——工具次于目的如何为真。——君王次于人民。——教会之为教会比王之为王卓越。——君王是神给人民的礼物,人民肯定比礼物有价值。——人民是不朽的,君王是可死的。——君王仅是王国之工具,而非王国之目的或创造者。工具的两种必要区分。——如没有罪,就没有王。——君王当为他的子民奉献生命。——贯彻始终的原因要比结果重要。——人民比君王重要。——即使人民不可能限制王权,他们必须给予王权。——人民在一种行为中立王,四点论证。——即使承认神直接立王,也不能就此得出结论,只有神才能废王。——人民指定在他们之上的王,这就保留了立王的原权力。——工具次于目的,君王作为王是一种工具。——作为工具之王,同时作为人,是在人民之下的。——发誓不自卫等于发誓自杀。——不能让渡的权力;人民不能将其全部权力不可回收地给君王。——人民保留收回已经给予国会的权力,若它被滥用。——当普通司法被腐蚀时,苏格兰议会法庭就是合法的了。——人民之原权力衍生王权。——君王是受托人,是一个终身租客,而不是一个主人或继承人。——最高统治权如何居于人民。——生死大权如何在民众那里。——没有统治者的社会依然是一个政治有机体。——法官与神类似。

问二十 下级法官本质上是否是法官?是否与君王一样都是神的直接代理人?他们只是君王的部下和代理人吗? /169

下级法官与君王一样都是神的直接代理人。——下级法官的良心直接顺服于神,而非王,即使君王发出相反的命令也无用;如世间的王要他离开,他不会执行审判,也不会只是有条件地解救那受压迫之人;无论君王愿意与否,他都会顺服那万王之王。——下级法官是国家的佣人,而非王的佣人。——君王不能作为个人并以自己的善意设立法官;但他可以王者之公正行为,指派下级法官,借着他从人民那里得来的权力;是人民立他为最高法官。——君王任命下级法官不受原权力的阻碍;而这些下级法官在本质上与任命他们的君王也一样,君王之任命的权力从人民那里借来的。——以色列的法官与以色列的王的区别非本质性的。贵族制与君主制一样符合本性,同为正当之统治形式。——下级法官在一定程度上依赖君王,但只是在执行(in fieri)上,而不是本质事实(facto esse)上。——国会源起于君王,但法官不是。——君王不能立或废法官。——无世袭之法官。——下级法官比君王更具必要性。

问二十一 人民与国会在国家中拥有怎样的权力?又拥有哪些在君王之上的权力? /183

神指派长老为法官。——国会在君王缺席时可以召集和审判。——国会本质上是法官,他们既在良心上并不依赖君王之特别指示而给出判决,也不匆忙判决(不在早上审判)。——不义之审判等于无审判,甚至是犯罪。——国会和君王协助法官,不仅仅是建议者;十一点论证。——下级法官不是君王的信使与专员,他们是公共管理者。——古犹太人的君主制是混合型的。——法律的执行权更多地属于君王,而法律的立法权更多地在国会那里。

问二十二 君王的权力是绝对的吗?是否依赖或受限于神最初立王的模式? /191

保皇党宣称王权是绝对的,如奥斯曼土耳其王。——君王不享有绝对之权力。九点论证。——为何君王是活的法律。——作恶之权力不从神而来。——保皇党承认作恶之权力非来自神,但对人实施惩罚这样的作恶之权则由神而来。——如果君王在神的设立上是绝对的,则君王在最初意义

（actu primo）上就是瘟疫，而人民就是奴隶。——王权之绝对性有悖正义、和平、理性与法律。——也违背了君王之作为弟兄的关系。——一个被迫害的落难女子可以抵制王。——绝对的君王一开始就暴露了他的暴君身份。

问二十三 君王是否有王室特权？是否有法律上特赦权力？其他一些反对绝对君主的理由。 /204

特权可从两方面来理解。——法律之上的特权是无限权力的装饰。——三重内涵：1. 权力；2. 公义；3. 恩惠。——纯粹的恩惠行为也可能是流血的行为。——巴比伦王的誓言不能以他那绝对权力之命令捆绑犹大的子民。——绝对君王在残酷行为上也是绝对的，与恩泽行为相同。——仆人不会被禁止自卫（《彼得前书》2：18—19）。——君王仅仅在物质上是国会的主，而非形式上的主。——不完全遏制君王的理由是让他们远离暴行。——君王有足够权力去行善，但没有绝对权力去作恶。——流无辜之人血的权力不在神所给予的王权之内。——因为君王是公共人物，所以他缺乏许多臣民所拥有的特权。

问二十四 在人民与法律面前，君王有何样的权力？如何区别君王与暴君？ /218

人类法律是理性的，也是惩罚性的。——君王不能独一地享有所有这些权力。——君王是否在国会之上审判国会？——君王对国会的附属关系与协调关系并存。——三种形式的政府你中有我，我中有你；不能说其中一种占主导地位，完全没有其他两种形式的参与。——为王者不能犯错；但君王总会犯错，因而他不是神和本性想要的压迫解救者。——在必要的法庭上，人民可审判王。——如暴君显而易见，人类法律不能对此含糊其辞。——整个民族、教会与信仰比个人更需要得到保障。——法律关于君王的制约必须是强制性的，而人民需要道德约束。——在绝对意义上宣誓为王，作为誓言，它是非法的，因而没有义务约束。

问二十五 最高法律在君王之上有何强制力量？人民安全法称为"人民福利"。 /229

人民之安危比君王重要；君王需要寻求百姓的益处，而非自己的益处。——保皇党要的不是王，而是暴君。——君王之安全如何等同于百姓之安全。——出于人民之安全，君王可以打破法律之条文与表述的字面要求。——君王在法律和理性之上的权力，与在爱尔兰和英格兰流无辜人之血，两者不可比较。——独裁者之权力不能引证任何法律之上的特权。

问二十六 君王是否在法律之上？ /242

从四个方面讲，法律都在王之上。1. 在立宪上；2. 在方向上；3. 在权限上；4. 在联制（相互制约）上。——在何种意义上君王有全权。——君王在道德律法之下；在基本法之下；不在他自己强加的惩罚之下，并非其地位高贵，而是实际上彼此不相容。——君王能否以及如何惩罚自己。——君王如违法以极恶之方式行事，那他就在法律的联制下，七点证明。——加冕君王是认定他为正义之王，若后来证明他是暴君，则加冕是有条件的，出于无知,并且出于非自愿,因而在法律上不负有义务。——保皇主义者承认可以对暴君免冠。——人民如何是主权的宝座——讨论《诗篇》第五十一章,"我向你犯罪,唯独得罪了你"等。——谈谈以色列不对法老用兵。——犹大不在居鲁士下自行解救。——没有君王同意的约之合法性。

问二十七　君王是否是律法独一、最高、最终的解释者？ /263

他不是法律最高与独断的阐释者。——他的意愿亦非法律本义。——他也不是法律之独一和唯一的司法阐释者。

问二十八　为正当抵御君王的嗜血使者,臣民和国会为此兴起的战争是否合法？ /268

问题的性质。——如君王是绝对的,则高级法官可审判下级法官,视之为犯错者而非法官。——就制度的神圣性而言,限制法官权力的约都属非法。——抵抗在一些情况下是合法的。——自卫战争之合法性的六点论证。——其他相关问题。

问二十九　在自卫战争中,能否对君王这个人作如下区分：作为一个人,对百姓实施恶毒的暴政；作为君王,拥有来自神与人民的王权？ /276

具体上的君王人格与抽象意义上的王者职分,两者合二为一,对君王合法使用其权力的辨析(《罗马书》13)。——非正义的命令并不因此造就更高权力。——可以抗拒作为个人的君王,但不能抗拒王位,十四点论证。——答复保皇党和教士的反对意见。——这场争辩中所说的君王人格和其抽象意义上的王位是什么意思；我们并不排斥具体中的人格与王职的统一性,我们仅指滥用权力之个人；我们可以依据圣经杀死作为个人的某人,但爱他如儿子、父亲、妻子。——我们为法律顺服王,而非为王而顺服法律。——丧失习惯性的忠诚与丧失实际上的忠诚,两者的区别。——《约翰福音》(19：10)彼拉多钉死基督之权力并非从神而来的法律权力,六个论证反驳保皇党。

问三十　消极顺服是否是一种手段,其中我们所依据的是神圣诚命中的良心？抵抗的工具？逃跑是抵抗？ /293

《彼得前书》(2：18)讨论。——耐心忍受伤害和抵抗伤害在同一人中并存。——基督在许多事上的不抵抗都是稀少的与非凡的,且不是对我们的指导原则。——我们领受苦难要么只是相对的,如宁愿选择受难也不愿否认真理；要么只是一种态度,如耐心忍受。——在法律规定的自卫行为中,剥夺对方性命或冒犯对方行为都不算谋杀。——相较于生命,我们对财富与肢体有较大支配权(截肢除外；截肢是小死)。——关于非自卫的误杀。——自卫战争不可能不冒犯人。——自卫性战争与侵犯性战争。——逃跑是抵抗。

问三十一　从神的律法与本性之律角度看,以暴制暴的自卫是否合法？ /306

人之自卫是本性的,但方法必须是理性与正义的。——自卫之方式。——

自卫中的暴力再侵犯是最后的补救。——在发生宗教迫害时，一个民族实际上是不可能逃跑的；因此，他们可以自卫地抵抗。——保护生命与下级目标。——在自卫没有紧迫性的情况下，我们能让自己做再侵犯行为，同样理由，大卫不会在扫罗睡觉时或在山洞中杀他。——大卫不杀扫罗因扫罗是神所膏的。——可以抗拒那不纯洁、无名义、缺良心等的君王。——从普遍本性和特殊本性看自卫的合法性，多个论证。——法理学家的说明。——自爱，爱邻居的尺度，要求自卫。——本性使人成为自己的法官与执政官，执政官缺席时，可采用暴力。——自卫如何是合法的。——君王车舆开进这两个国家意味着什么，自卫战争的充足理由。——自卫战争与侵犯性战争在事件和意图上的不同，而不是在本性和种类上，也不是在实际上。——大卫不杀扫罗及其下属这件事对我们杀君王帮手没有指导作用（这里不考虑自卫问题）这是两回事。

问三十二　圣经能否证明自卫战争的合法性，考虑大卫、以利沙、八十勇士抵抗乌西雅等事件？　　　　　　　　　　　　　　/319

大卫有保障地兴起军队进行自卫，抗拒他的王扫罗之不义暴行。——大卫并没有侵暴扫罗和他的部下，无意建立专制独裁政府，颠覆法律与宗教，灭绝那些敬拜以色列的神与反对偶像的人，而仅仅是在追捕一个人；这与苏格兰和英格兰当下的情况差异极大。——大卫事件不是特别事件。——以利沙的抗拒表明自卫战争是有保障的。——八十祭司勇士对乌西雅的抵抗也证明了这点。——以色列民对约拿单的营救也属同样事件。——立拿人的背叛亦是如此。——约押毁城是要取叛徒示巴首级；亚比利城自卫而抵抗大卫的将军约押。

问三十三　《罗马书》(13：1)有没有反对自卫的合法性？　　　　/330

君王有不同界定，《罗马书》第十三章。——对《罗马书》第十三章经文的讨论。

问三十四　保皇党是否令人信服地证明自卫战争之非法性？　　/336

答复保皇党的反对意见。——《出埃及记》(22：28)"不可毁谤神"等经文的阐释。——《传道书》(10：20)。——《传道书》(8：3—4)："王的话本有权力"等。——《使徒行传》(23：3)"你这粉饰的墙，神要打你！"等。——保罗时代的皇帝依据他们的法律并非绝对的。——对"我们没有自卫抵抗的实例，先知也从未抱怨过君王之不抵抗"等说法的回答。——先知谴责士师（审判者）（法官）时，谴责过不抵抗之罪，他们不为被压迫者行审判。——犹太人臣服侵略暴君尼布甲尼撒，这不能说明我们要顺服暴政。——基督对恺撒之顺服与自卫战争无关。

问三十五　早期教会殉道士的受难是否是对自卫战争之合法性的否定？　　　　　　　　　　　　　　　　　　　　　　　　　　/351

德尔图良既没有在我们的立场上，也没有在保皇党的立场上来谈论该问题。

问三十六　战争权力是否仅属于君王？　　　　　　　　　　　　/355

下级法官之权柄并不亚于君王之权柄。——人民当行仁慈，也应当抵御外敌以保卫自己，教会与后代，即使君王禁止他们如此行。——现今，对于苏格兰和英格兰国家来说逃跑是非法的,神的法要求人民保卫自己的国家。——国会权力是君王之上的原权力。

问三十七 苏格兰人民帮助在英格兰受压迫的弟兄、国会以及新教徒反抗教皇主义者与教士是否合法?现在,他们武装起来抵抗他们,杀死他们,且阻止本该由英格兰王阻止的天主教的建立,这是否合法? /361

帮助相邻的国家与民族是合法的,对此有不同看法。——埃及的法律惩罚那些不帮助受压迫者的人。

问三十八 君主制是否是最好的政府形式? /367

君主制是否是最好的政府有不同看法;这些看法各有优缺点。——绝对君主制是最坏的政府。没有权力作恶比有权利作恶要好些。——混合体是最好的政府。——君王与国会都没有反对法律与理性之权力。

问三十九 君王究竟有没有法律之上的特权?或者,这种特权就是"最高司法权"(jura majestatis)? /373

三重意义上的最高权力。——何为"最高司法权"。——君王并不出于他们的绝对权力而授誉;授誉是根据法律许可、正义以及详查。——关于王的法律(《撒母耳记上》8:9—11)。——王与法官之别。——君王的法律(《撒母耳记上》8:9—11)没有许可法,如离婚法。——君王对臣民之财产有何样的管辖权。

问四十 人民是否有在君王之上的权力?这权力是否以君王之誓言,他立的约或其他方式确立? /382

依君王之契约与承诺,人民有君王之上的权力。——如契约与承诺遭到破坏,就会有法律上的联制,即使不是事实上的。——没有上下级关系的地方可以相互惩罚。——阿尼索斯所论的三种契约。——宣誓为王和被人民接受为王,此王非彼王。——法兰西王的誓约。——胡果·格劳秀斯的人民可控告、惩罚或废黜王的七种情况。——君王乃国家之尊贵器皿,四个基础。——盟约有其附属的誓约。——在契约中,王不过是在契约中的一个个体。——王权直接来自神,并由人民赋予君王。

问四十一 在合法性防卫问题上,这位教士是否把我们捆绑于耶稣会教义? /394

最高统治权就其原始和根本意义而言在人民那里,此乃本源;教父、古代博士、知名圣人、律师等在耶稣会士与教士出世前就这么教导了。——这位教士认为教皇是基督的代理人。——耶稣会关于王的说法。——我们的教义认为君王不是人民的代理人,这仅是这位教士的污蔑。——这位教士将拥有权利对基督教会行世间最血腥之暴行,这本质上就是王权。

问四十二 所有基督徒的王是否都依赖于基督?并可被称为基督的代理人? /406

神为何要在他之下设一个代理人，而非中保。——王并非教会的头。——如君王是那个代理人，他就是次中保，次救赎者，替我们向神献祭的次祭司。——君王不是混合性的人。——教士否认君王要顺服福音。——君王不能依王者特权来指定对神崇拜的宗教庆典与人类仪式。——这位教士给了君王一种最高的、独立的、任意的统治教会之权力。——在各种方式上，在教会事务与民事事务上，君王顺服教会与教会顺服君王的互换，这是再荒唐不过了，就像是说，亚伦的祭司教导并谴责成了暴君亚哈的摩西；或摩西惩罚那变成顽固拜偶者的亚伦。

问四十三　**苏格兰王是否成了一位绝对君王，拥有在国会与法律之上的特权？苏格兰的法律、君王在加冕仪式上的誓言、君王信仰的宣誓等都会给出否定答案。**　　　　　　　　　　　　　／417

依据苏格兰古代与现代的基本法与决议，国会之一贯实践，苏格兰王在国会之下。——苏格兰王在其加冕仪式上的誓言。——基于詹姆士六世的个人品质给予他的虚假的绝对权力，这不能成为苏格兰王拥有绝对权力的根据。——依法律与惯例而产生的苏格兰王居于法律与国会之下，这也证明了选王之基本法，这从大部分历史学家与苏格兰国会之决议能证实。——加冕誓约。——詹姆士六世在其加冕礼上宣誓，并在《詹姆士六世国会第一次会议》等处得到确认等。——君王如何在所有案件中是最高法官。——苏格兰国会之权力。——苏格兰教会之信条，得到屡次国会决议之授权；在最高执政官受到邪恶谏臣之误导时，这给了所有改革教会之自卫战争的确切合法性。——这一点在其他改革教会信条中证明了。——《罗马书》第十三章，如我们的信条所解释那样。——不仅仅撒克逊的信条（如天特主教会议所显示的）还有瑞士、法兰西、英格兰、波西米亚等地信条都如此证明了。——威廉·罗德（William Laud）等教士是苏格兰、英格兰、爱尔兰三国之国会、人民和基本法的敌人。——苏格兰国会为规范与限制王权，并为其设立界限。——苏格兰王在国会之下，无权否定国会之决议。

问四十四　**对上述理论的大致概括；另外，简短的回答一些散落的问题。前面的学说一般来说可以不那么严格地归为二十二个问题。**　　　　　　　　　　　　　　　　　　　　　　／437

君主制与其他政府形式之比较。——王权如何符合本性。——执政官之为执政官如何符合本性。——绝对性如何不是神的荣耀之光。——不能因为基督与其门徒在某些情况下没有抗拒，就说抗拒是非法的。——加冕礼并非（神圣）仪式。——人可限制他们不曾给予的权力。——国家不应该是年幼者或小学生。——相较于受托人、奴仆与孩子对他们的长者而言，臣民不能受他们的王更多的约束。——被动服从是否违背本性。——乌西雅是否被拉下了王位。——白痴与小孩不是完全的王；小孩只是在未来意义上可以为王。——否定在非法事情上的被动服从（且没有对王不敬）甚于否定在同一件事上的积极顺服。——君王不得出卖或变卖他领土的任何部分。——在某些情况下，人民可在无君同意下召集会议。——在何种意义上，人民当偿还君王之债务。——补贴国家应得的，而非君王的。——海洋、港口、城堡、民兵、传媒等如何属于君王，又如何属于国家。

撒母耳·卢瑟福的一生①

人最显著之处在于形象总会打上他所处时代的烙印。他若处在和平年代,一切就会按部就班,并且鲜有党派间的争论和斗争。人民的智慧也不会在社会的争吵与斗争中激起,将静谧长眠。但是,和平年代却是实用技艺发展的契机,它们在本性科学与人文科学的每个分支学科上都会取得长足的发展;无论是在认识与文学领域中,还是在进步与发现领域里。这是一个文明国度想要的。但是,我们反观"国家和平"实现后的时代,像读历史书的一章去读它们,就会发现这些时代显得单调而无趣。一个人如只留下了他的出生与死亡时间,以及他的埋葬地点这些信息,他的故事就不会吸引我们,更别说引起我们的情感共鸣了。相反,在那些政治混乱、内战频发和迫害常在的年代,公众的静谧与平静将被打破;民众会被身边所发生的牵动神经的事件激起;每个人都必须要表明自己的立场。此时,个人的个性特征便真实地表露无遗了:有软弱的,有胆小的,也有犹豫不决的;有些人

---

① 这篇小传的作者无从考证,应该是本书的编者。

会沦为保守,而那些有勇气和胆识的人则会挺身而出。

人类历史上,两股相对立的势力一直处于斗争中,即谬误对真理的压制与真理对谬误的斗争。一边是谬误,他极尽迫害之能事,残暴地压制真理,以铲尽万物之美德;另一边是真理,她用高贵的勇气和端庄的坚韧抵抗着愚昧与迫害,以维持她品性的纯美。在过去四千年的历史长河里,她与迷信、拜偶、偏执以及所谓的道德准则进行殊死拼搏,才得以宣示她的正义。然而,她的仇敌们拒斥理性争辩,只用冷剑面对。每个年代,谬误总能获得大多数的支持者,而真理却只是掌握在少数人手中。但是,她往往在紧要关头克敌制胜,有时只是在横卧断头台的那一刻得以翻转。在这个世界拥抱她所宣示的真理之前,柴薪在炽热的火焰中燃尽,断头台用烈士的鲜血染得无比深红。回首过往,在我们国家的文明与宗教历史中,我们注意到天主教与改革宗之间的激烈争斗,也看到了正确与错误那令人生畏的冲突,还有真理花费了巨大的努力才挣脱枷锁——这是将人民长时间禁锢在精神奴役与愚昧中的枷锁。同样,我们也看到,几乎在整个17世纪下半叶里,新教长老制度(Presbytery)与天主教主教制度(Episcopacy)之间的斗争。他们中的一方在反动与偏执精神的鼓动下,践踏我们国民的宗教权利与荣誉,尽其所能将人民再次带入罗马教廷的铁血统治之下;而另一方则以高贵的勇气坚韧勇敢地站起来,为了真正信仰的振兴,走在迫害、暴虐与压制的最前端。从苏格兰的第一个殉道士汉密顿(Hamilton)开始,为着这事业,许多高贵的灵魂在真理的神坛上献祭,最后得到了最大的自由。

之前,他们默默无闻。迫害给他们带来名声,也追逐他们走向天堂。

撒母耳·卢瑟福(Samuel Rutherford)于1600年出生在罗克斯堡郡(Roxburghshire)的尼斯贝特(Nisbet)教区。青少年时期的他一直处在父母的悉心照料之下。我们很难对其出身进行准确的评价。里德(James Reid)提到他"出身名门"①；而伍德罗(Wodrow)却说他来自一个"社会地位低微，但正直的家庭"②。综上，情况很可能是这样：他父亲虽然从事农业劳动，但是却维持着得体的社会地位；要不然，他不可能让他儿子接受这样好的教育。很小的时候，他便展露了过人的天赋。于是，老卢瑟福夫妇认为他是天生的牧师。

1617年，卢瑟福进入爱丁堡大学学习；在学校里，他就在他所修学科中崭露头角，仅仅花费了四年的时间，他便拿到了硕士学位；1623年，卢瑟福击败三个有力的竞争者，被选为学校董事(the Regents of the College)之一。在这一时期，他所展现出来的才能得到了他同时代人的充分赏识。我们知道在专业知识领域之外，校董事会还向他们（评判员）展示了撒母耳·卢瑟福先生在心智与德性上令人尊崇的能力。对此，评判员非常满意，并宣示授予他人文学教授(Professor of Humanities)头衔③。卢瑟福干了两年董事后便离职了。之后，他全身心投入神学研究，师从安德鲁·拉姆齐(Andrew Ramsay)。

这个时期的苏格兰教会几乎完全掌握在主教制度之下的主教们手中。詹姆士一世(James Stuart，1566—1625)继承英格兰王位后，主

---

① James Reid, *Memoirs of the Westminster Divines*, Banner of Truth, 1983.
② 英文版的注脚不规范。这个出处没有给出。即使那些给出的注脚，也是大概的，没有页码。我们在翻译时尽量补上。但有些出处很难寻找，只好作罢。不另说明。
③ Crawford's History of the University.——原注。不过，Crawford的这本书找不到了。

教制度四处开花。他授权并给予这项事业发展所需的全部协助。那些不遵循教会政府决议的长老会成员遭到了残酷的镇压,这些决议原是针对他们的。许多人被捕入狱,个人财产被充公;其他人遭到流放;不少人被送上了断头台或刑场。1625年,詹姆士一世逝世。他的儿子查理一世继承王位。人民期望自己的委屈会得到倾听,过失将得到补偿。但是,事与愿违。对此,史蒂文森(Andrew Stevenson)说道:"父亲的疯狂在他继任者的疾病里埋下了祸根,儿子完全沿着父亲的脚步前行。"①詹姆士一世推行国王领导教会原则,并且在一种绝对意义上要求教会对国王绝对无疑地服从。这些东西都移植给了他的儿子,不幸的是还移植得相当成功。作为詹姆士一世的继任者,查理一世毫不含糊地执行了这些政策,这便给他统治时期的英国带来了巨大的混乱与动荡,也为他自己带来了不少灾难;它们让他的统治不再顺畅,也促成了他悲惨的结局。

1627年,卢瑟福成为福音的传道人,在肯谬尔(Kenmure)的约翰·戈登(John Gordon,即后来的肯谬尔子爵)的帮助下,他被指派前往柯库布里(Kirkcudbright)的安乌斯(Anwoth)教区服侍。这表明他并不是通过国教任命程序而正式走马上任的。从小就与长老会密切接触的卢瑟福表现出了对主教制的极度厌恶之情,也从不向主教权力低头。在那个年代,主教权力是一个很难回避的问题。据史蒂文森的记载:"直到1628年,只有为数不多的传道人借助权势被委任为牧师。在这为数不多的几个人中,我们猜想卢瑟福先生就是其中之一,因为

---

① Andrew Stevenson, *The History of The Church and State of Scotland*, Vol. Ⅰ,(该书约出版于 1637—1652 年间)General Books, 2012.

他是在教会之门对那些真挚的传道人没有完全关闭的时候被授予圣职的。"从其他研究卢瑟福的专家那里我们也能得出同样的结论。在这里,他履行着从他神圣呼召而来的义务,鞠躬尽瘁,并且效果显著。他习惯于凌晨3点起床,然后将他所有的时间都用在教众的属灵需求与个人的宗教义务上。他并不只为他自己教区的居民服务,也为周围其他教区的教民们提供帮助。利文斯顿(Livingston)对此说道:"卢瑟福就是那个地区所有基督徒的一剂强大的强心剂,也是约翰·威尔士(John Welsh)先生牧养的接班人,那个时候的他正在柯库布里服侍。"

1630年,卢瑟福的妻子在经历了一场痛苦而漫长(13个月)的疾病后逝世了。这发生于他们婚后的第5年。这给卢瑟福带来了沉重的打击。爱妻的离世似乎成了卢瑟福悲痛的根源,因为他在痛失爱妻之后的很长时间都会经常性地在信件中提及此事。丧妻之剧痛使他患上了热病,长达3个月。受此影响,他变得憔悴至极,休养相当长时间后,他才能重拾他的神圣使命。

约翰·戈登,即肯谬尔子爵,长期以来是卢瑟福的朋友兼资助者。卢瑟福对他抱以最高的敬意。子爵于1634年8月身染重病,并于第二年的9月去世。卢瑟福为此悲痛不已。他在子爵弥留的最后几个月里一直陪伴其左右。肯谬尔是一个禀赋和蔼与气质虔诚的贵族。可以想象得出,他在与卢瑟福交往的过程中一直非常愉悦。卢瑟福后来有很多著名的"信件"都是写给肯谬尔夫人的。

就在此时,阿米尼教义(the doctrines of Arminius)开始在圣公会(Episcopalians)教众那里大规模散播。其教理得到了坎特伯雷的大主教(Archbishop of Canterbury)罗德(Laud)的支持。在苏格兰,这些教理也得到了许多教士的附和。他们以若斯主教（Bishop of Ross）马克斯韦尔（Maxwell）为首，给予那些拥护此教义的人在教会中以优先权。卢瑟福对这些危险教义的传播极为焦虑，并且竭尽全力去反对和驳斥这些教义。1636年，他写成了题名为《为神恩辩护》（*Exercitationes Apologetice pro Divina Gratia*）一书。此书开篇便言明献给肯谬尔子爵。但是，该书直到他去世后18个月才得以出版。他的这项工作极大地冒犯了政府，结果他被传唤到了宗教高等事务法庭（High Commission Court）受审。该庭由加洛韦的主教（Bishop of Galloway）托马斯·西德赛夫（Thomas Sydserff）掌管。他是一个亚米尼教派教徒。审判于1636年6月在威格顿（Wigton）举行。卢瑟福在此次审判中被免去圣职。西德赛夫早已对卢瑟福恨之入骨，并且不满足于对卢瑟福的这次惩罚。同年的7月，他再次将卢瑟福传唤到宗教高等事务法庭受审。这次的审判地点是爱丁堡，被控以"分裂者"（non-conformity）之罪，因为他的讲道与佩斯信条（the Perth Articles）不符；也因为他写了这本名为《为神恩辩护》的书。他们认为这本书对苏格兰教会产生了坏的影响。但事实是，该书的论点击中了亚米尼主义的要害，并大大地侮辱了英国国教的教士阶层。所以，西德赛夫主教再也无法对容忍他了。在这次审判中，还有许多对他虚假错误和夸张的指控。为了维持自己的清白，卢瑟福对这些指控一一给予了反驳。罗恩（Lorn，肯谬尔夫人的哥哥）和许多其他的正义之士竭尽所能帮助他。但这正是西德赛夫主教的恶毒之处。他发誓如果他们不遂了他的愿，他将写信给国王。经过三天的审判，对卢瑟福的惩罚为：剥夺他的牧师职分；禁止其在苏格兰的任何地方讲道；为不得罪君王，将其软禁在阿伯丁郡(Aberdeen)首府直至1636年8月20日。卢瑟福接受了这次审判,这种严酷与不公的惩罚并没有将他打倒。他在一封信件中这样写道:"我要去国王在阿伯丁郡的宫殿。无论是语言、笔墨还是心智都无法表达我的喜悦。"

在阿伯丁的监禁时期,卢瑟福写下了许多著名的"信件"。那时候,苏格兰很少有村落民众图书馆;就算有,里面藏书也极为有限。那个时代,主教制与亚米尼主义的言论统治着阿伯丁郡。所以,那些博学多才的乡绅们不会对卢瑟福的到来表现出多少善意。他们完全赞同他们的大东家罗德的观点,并对长老会充满敌意。这也正是卢瑟福被押往阿伯丁郡的原因。在那里,卢瑟福一开始便受到冷遇。他的对手们竭尽所能教唆人们与他对立。对此,他自己说道:"人们视我为怪人,认为我所从事的事业是恶的。"但是他的清白与所从事的事业之真理性最终还是被人知晓了。他的声望也与日俱增。对此,乡绅们十分担忧。他们期望能将卢瑟福放逐到海外。他们与卢瑟福进行过几场辩论。卢瑟福表现得游刃有余。他说道:"在这里,我屡次卷入与那些大乡绅们的唇枪舌剑当中,特别是与巴伦博士(Dr Barron)论礼仪以及与亚米尼教徒间的辩论。这里所有的一切都败坏了。但是,感谢神,这一切对真理丝毫未伤。我的信心也没有动摇。"

这个时期,巨大的混乱与骚动笼罩着整个苏格兰。查理一世早就想让苏格兰长老会接受英格兰教会的祈祷书(Service-book)与教义。1636年4月,在有失妥当考虑的情况下,他着手准备实施他的这一宿愿:令罗德大主教、贾克森(Juxon)主教,以及雷恩(Wren)主教等人专门为苏格兰教会编撰一本祈祷书。这样一本祈祷书很快便成型。除了一些细微的改变之外,它几乎与英格兰教会使用的祈祷书一样。即使是那些修改,也仅仅是使用了罗马弥撒书(the Roman Missal)的同义词。1637年,国王发表了一项公告,要求苏格兰人严格遵循新的崇拜仪式,也公布了爱丁堡使用新的崇拜仪式的日期。这是一个全国都必须遵守的新规定。可以想象,苏格兰人愤怒的情感被提到了一个至高处。他们勇敢地站起来反对这种侵犯他们信仰自由的专横,并且表现出了一种矢志不渝的抵抗精神。查理一世很快就意识到了他将缰绳拉得太紧了。但为时已晚了。他们毫无保留地只能接受一种真正自由、没有约束的长老制崇拜仪式。接下来发生的一连串的事件导致了国民盟约(the National Covenant)的重建以及主教制度的废止。

趁着这一混乱局面,卢瑟福冒险离开了阿伯丁郡的监禁之地,于1638年2月前往他在安乌斯(Anwoth)所侍奉的教区。时隔18个多月,他再次回到他的教民身边。但是他在那里的服侍并没有多久。我们知道,就是在这一年,卢瑟福积极投身于推动格拉斯哥的伟大的誓约改革活动。同年,他被选为柯库布里(Kirkcudbright)长老会的联合大会(the General Assembly)委员。该委员会于1638年11月21日在格拉斯哥成立。委员会要求他就早前在宗教高等事务法庭被指控的罪名进行了说明。经研究,他与几个与他有着相同经历的人得到了有利于他们的重新"审判":他们被选为联合大会的组委会成员。不久,联合大会做出一项决定,将卢瑟福调往格拉斯哥工作,任圣安德鲁大学(the University of St. Andrews)新学院(the New College)的神学教授。考虑到将他的天赋与才干发挥到最大限度,委员会授予他圣安德鲁大学的教授职位。此时的卢瑟福表现出了对安乌斯的极大留恋。

他曾以"身体不适与心智匮乏"为由拒绝离开。加洛韦县（Galloway）也提交了几份申请期望挽留卢瑟福。但这一切努力都无法改变现实。委员会绝对地维持对卢瑟福的调任。1639 年 10 月，卢瑟福再次调任为圣安德鲁大学的牧师，成了罗伯特·布莱尔先生（Mr. Robert Blair）的同事。

1643 年在威斯敏斯特（Westminster）召开的联合大会（the General Assembly）上，卢瑟福再次被任命为委员。他的同僚包括亚历山大·亨德森牧师（Alexander Henderson）、罗伯特·贝利牧师（Robert Baillie）、乔治·吉莱斯皮牧师（George Gillespie）、罗伯特·道格拉斯牧师（Robert Douglas），以及卡西利斯伯爵（the Earl of Cassilis）、梅特兰领主［Lord Maitland，即后来的劳德戴尔公爵（Duke of Lauderdale）］、沃利斯顿（Warriston）的阿奇博尔·德约翰斯顿先生（Sir Archibald Johnston）等诸位长老。卢瑟福在这次委员会上表现突出，发布了几部富有争议且具有实际效用的作品。就是在这一时期，他写下了远近驰名的《法律与君王》。该书是为了回击若斯的主教（此时已被罢免了主教职分）所写的题为《基督教君主的神圣王权》(*Sacro-Sancta Regum Majestas*) 一书。这本书于 1644 年在牛津大学出版，又名："圣经赋予基督教君主神圣而高贵的宗教裁判权，这是古老的遗风，也是理性的要求"。这位教士竭尽其能，证明君王高贵的宗教权力完全来自神；所以，我们当对王意完全服从。《法律与君王》一书极力反驳了这位教士著作中所有野蛮荒谬的观点。即使以现代标准来看，书中的有些论点都符合现代民主。卢瑟福详尽阐述了他关于基督教经典、古代教父们以及经院学者们作品的个人见解。该书一出版便引起了轰动。格思里主教(Bishop Guthrie)说道,委员会成员"人手一本撒母耳·卢瑟福先生新近出版的著作,尊崇不已。布坎南(Buchanan)的论著①原被当作神谕看,现在,卢瑟福著作出现后,它在反对绝对君主制这事上就显得力气不足了,而卢瑟福的《法律与君王》才是真正的思想"。

卢瑟福非常渴望再次回到苏格兰。鉴于他不济的身体状况,他向委员会提交了允许他离开的申请。不过,他的申请直到委员会完成使命后才被批准,因为卢瑟福的工作对他们而言实在是太重要了。卢瑟福直到1647年才再次回到他的故乡。这次返回苏格兰,他再次得到了他在圣安德鲁大学的工作,并且于同年的12月被任命为新学院(Principal of the New College)的院长,接替年迈退休的豪伊博士(Dr Howie)。1651年卢瑟福被选为圣安德鲁大学(Rector of the University)的教区牧师。这是当时苏格兰教会的牧师所能达到的最高位置。卢瑟福作为一位学者与神职人员的名声现在已经传遍海内外。1649年,另外一项提案在联合大会获得通过,即调卢瑟福前往爱丁堡大学的神学院担任教授。与此同时,他收到了一份特别的邀请,前往哈尔德韦克大学(the University of Harderwyck)负责该校的神学与希伯来语的教学。他还收到了乌德勒支大学(the University of Utrecht)的邀请。对这两所大学,他心仪很久了。考虑到当时所在的位置,他对于苏格兰教会实在是太重要而无法让自己离开这个国家。

---

① 指的是布坎南的《论苏格兰政治》(*De jure regni apud scoots*),该书出版于1579年。此书在苏格兰和英格兰具有深远的影响。

从查理一世去世到王位恢复的这段时期,为了重申苏格兰教会的权力,卢瑟福积极投身到这场争夺战中。此时,克伦威尔(Cromwell)篡夺了王位,英格兰的独立摇摇欲坠。1658年克伦威尔被处死,查理二世复辟。1651年苏格兰国会(The Scottish Parliament)召开,国家盟约再次恢复。国会自1638年以来发布的所有关于核准长老会体制的法令全部取消。长老会制被废止。人们的权力被打碎,自由遭践踏。这之后直到1688年伦威克(Renwick)殉难的整个时期,到处弥漫着骇人听闻的迫害与血腥。可以想象,卢瑟福在这种情形下不可能逃避迫害。他的《法律与君王》被政府视为"谩骂王权与滋生叛乱"的书籍。政府下令由刽子手在爱丁堡将其全部焚烧。圣安德鲁与伦敦的情形也是如此。政府发出了一项公告,如果有人拥有《法律与君王》这本书却不将它交由国王的专业人士处理,那么他将被视为政府的敌人。卢瑟福个人被剥夺了在大学与教会的一切职分,其个人财产被充公;他被监禁在自己的房子里,并且被传唤到爱丁堡国会去接受叛国罪的指控。不难想象,在他不能不服从这些命令的时候,他的命运是多么凄惨。在此之前,他已被传唤到了一个比这世间法庭要高得多的地方接受审判了。由于身体虚弱,加上心智活动过于频繁,在那个年代的斗争与论战中,他的身体已明显透支。虽然还不到年迈,他的健康状况却每况愈下。1661年的3月20日,卢瑟福在几个基督徒朋友的陪伴下走完了他的人生,享年61岁。毫无疑问,他的生命是永恒的。他留给世间最后的话是:"荣耀永居神的国度。"

为了纪念卢瑟福,一块刻着"卢瑟福纪念碑"的石质纪念碑在1842年4月28日这一天树立起来,建在安乌斯教区的博兰农场(the farm of Boreland)与他以前布道的地方相距仅约半英里。这块纪念碑为花岗石制品,从底部到顶部高 60 英尺,基座为 7 平方英尺,有 3 排台阶将其与地面相连。

至于卢瑟福的性格特征,以及他的天赋与虔诚在这里就不再多言了。所有知晓他作品的人,都会在一件事上不知所措,那就是:不知道该去敬佩他学识的渊博和推理的深邃,还是去敬仰他基督信仰里的魅力。我们列出他著作的目录,该目录原本附在这个城市里一位才华横溢的先生所做的回忆录①上。这本书在严谨的研究和细致的分析的基础之上编撰而成,如果有人对知晓像卢瑟福这样一位学识渊博、正直诚实并且信仰虔诚的人有兴趣,那么这是一本值得详细品味的书籍。

卢瑟福生平所著如下:

Exercitationes Apologeticæ pro Divina Gratia:Amst.,12mo.,1636.

A Peaceable and Temperate Plea for Paul's Presbyterie in Scotland:Lond.,4to.,1642.

A Sermon preached to the Honourable House of Commons,January 31,1643. *Daniel vi. 26*:Lond.,4to.,1644.

A Sermon preached before the Honourable House of Lords,*the 25th day of June 1645*.

Luke vii. 22 - 25. Mark iv. 38 - 40. Matt. viii. 26:Lond.,

---

① Thomas Murray, L. L. D, *Life of Samuel Rutherford*, Edinburgh, 1827.

4to., 1645.

Lex, Rex; or the Law and the Prince; a discourse for the just prerogative of king and people: Lond., 4to., 1644.

The Due Right of Presbyteries, or a Peaceable Plea for the government of the Church of Scotland: Lond., 4to., 1644.

The Tryal and Triumph of Faith: Lond., 4to., 1645.

The Divine Right of Church Government and Excommunication: Lond., 4to., 1646.

Christ Dying and Drawing to Himself: Lond., 4to., 1647.

A Survey of the Spiritual Antichrist, opening the secrets of Familisme and Antinomianisme: Lond., 1648.

A Free Disputation against Pretended Liberty of Conscience: Lond., 4to., 1649.

The Last and Heavenly Speeches, and Glorious Departure of John Gordoun, Viscount Kenmuir: Edin., 4to., 1649.

Disputatio Scholastica de Divina Providentia: Edin., 4to, 1651.

The Covenant of Life opened: Edin., 4to., 1655.

A Survey of the Survey of that Summe of Church Discipline penned by Mr Thomas Hooker: Lond., 4to., 1658.

Influences of the Life of Grace: Lond., 4to., 1659.

Joshua Redivivus, or Mr Rutherford's Letters, in three parts: 12mo., 1664.

Examen Arminianismi, conscriptum et discipulis dictatum a

doctissimo clarissimoque viro,D. *Samuele Rhetorforte*,SS. *Theol. in Academia Scottae Sanctandreana Doctore et Professore*:Ultraj. ,12mo. ,1668.

作者序言

人若只是单纯地质疑,那他必定是谦恭与怨恨的仁慈。这乃是在血舌所进行之不义审判下的真正殉难!基督、先知和主的使徒进入天堂时就带着对叛徒、煽动家和颠覆世界等质疑:关于他们叛逆恺撒的谴责乃是基督圣杯里的调料。本书作者倒想亲饮那杯中之物。他才是我们受荣耀的先驱:若那良心向主而信誉可嘉者都不能伴随圣徒进入天堂,作者更愿与前者为伴,而不愿与后者为伍。走向基督的真理并非背叛恺撒。作者在选择中认定,真理就是接近基督,而不是那可朽君王的超验无边的权力。

教皇制和背叛行为在不列颠已经大大地向前迈出了一步。政府之独裁专制无限膨胀,已冲破了法律界限。此刻,它站在浪尖,带领这片汪洋直奔想象中的权力之绝对的最末端。这无疑是历史的倒退:一个赤裸裸的真理是,教士如未驯化的莽牛闯进了基督的羊群中,发出惊骇巨响。他们战车的轮子与渴望鲜血的"变乱之女"(巴别之女)齐头并进。女儿长在母亲的血液里,主教制度必会验证那句话:有其母必有其女。为什么教士现在还没有遭到惩罚？他们的惩罚与他们的血统无关。他们真正的灾难会如拉克坦提斯（Lactantius）所说的那样："荣耀的目的并不会幸福。"他们遭受惩罚的原因在于：（1）由于对利益与名誉的渴望，他们转舵驶向了受控制的港湾；就算他们到了紫金教会，也不过是用泥土砌成的。（2）谎言更能作用于人的心灵。这并不是因为它本身无法被拒绝，而是因为人在接受谬误上比接受真理更不具抵抗力。人的想法就在这世界的肥沃胚胎内，有着征服本性，与世界站在一起，有效地支配着教士及其跟随者。

导致我们时代的病态还有另外一个原因。神降下了异端，产生了无神意识与自保意识，这反过来又导致异端；正如云在循环圈中生雨，雨生气，气成云，云下雨等。罪在这悲哀时代弥漫，循环往复。

审判逼近不列颠。重中之重乃是刀剑审判。锋利无比者乃是民众之剑。但愿这就是罗马的民众之剑，如诗所云："走啊！向往那不义的胜利！"[①]我期望这场战争是基督的胜利，巴比伦的溃败。

作者的写作动机不是闲得无事，不像那位被革除教籍的对手，如特拉索（Thraso）[②]那样自吹自擂。我的笔驱动我去写作。此道上已有多人行走，我只是在这个时代添加新见证。

---

① 原文没有英译，没有出处。原文是：Belle geri placuit nullos habitura triumphos。这应该来自拉丁诗人卢坎（Lucan）的诗句。

② 特拉索（Thraso）是一部名为《阉人》[作者为罗马喜剧作家特伦斯（Terence）]喜剧中的反角，描述了一位懒散、自吹的士兵。马克斯韦尔以这个士兵为主题，写了一部著作，攻击长老会制度。卢瑟福用这个比喻反用在马克斯韦尔身上。不过，在英语文学界，这个比喻并不流行。

我没时间去核查这位教皇主义教士所作之序言。我只是就他在序言中的苦毒,他的那些恶意,以及他在《认识特拉索的出身和性格》(*agnosco stylum et genium Thrasonis*)①一书中证明长老会治理和君主制以及其他政府形式相冲突的努力,进行一些评论。

1. 他认为王权不在任何教皇或长老的共约权力(co-active power)②之下;王权是不能监管或剥夺的。长老制认为,君王处于基督管教的共约权力之中。先知与牧师是基督的使者,手握神国的钥匙。他们可打开神国的大门,让那信神的王子进来;而若背离基督,他们就将他们拒之门外。基督之法面前,无人例外③。如果国王的罪[如《约伯记》(20:23—24)④中所描述的那样]可以通过教会力量来赦免,如教士与神父赦免王那样,那么,我们看到,那松开他们的手就可以捆绑他们了。然而,长老从不将王从王位上拉下来,篡夺王权。教士啊!你的父,就是那教皇,已经废黜许多的王!如你所言,从神圣的角度而言,他的权力与你的权力只有程度上的差异。

2. 若基督所制定的神圣等级倾覆了,君权将如何?——驳斥:(1)你们教士以前在罢免君王时应该很清楚;(2)我想基督没有立此秩序。

3. 教冠不倒,王冠稳固。——**驳斥**:这样一来,只有敌基督教士

---

① 这里指的是马克斯韦尔的一部著作。
② 共约权力(co-active)是卢瑟福强调的一种重要政治权力,是反对君王绝对权力的关键观念。共约权力,就本书所及而言,包括宗教势力和人民权力对君王的制约;但不是强调"制约",而是强调"共治"。这种权力在后来的宪政政治中鲜有涉及。不过,我们在洛克的三权分立思想中仍然能够发现这种观念的延续。
③ 参见:《马太福音》16:19,18:15—16;《哥林多后书》10:6;《耶利米书》1:9。
④ 《约伯记》(20:23—24):他正要充满肚腹的时候,神必将猛烈的愤怒降在他身上;正在他吃饭的时候,要将这愤怒像雨降在他身上。他要躲避铁器,铜弓的箭要将他射透。

的支柱,而没有王权的支柱。历史告诉我们,教士已经将王冠与王杖踩在脚下了。

4. 清教徒难道没有专断地认为,王位不是神赋权柄下的创造,而只是神的许可而已?如此,他们就可以在强求中对罪人进行鞭笞!——**驳斥**:任何从地狱出来的不洁之恶灵都不能说出更黑心的谎言了!我们坚持王是教会的保育之父(nurse father)此乃神圣不可侵犯的法则。君王权力来自神。但是,依这教士的理论,对所有下级法官与神在世间的代理人,根据神圣律法,我们都不该服从了!依据第五条诫命①,他们都是我们的父,是真理之代表,是世间民事之教皇。在教士们看来,他们倒是应该放松和解开神圣法律对百姓的约束!

5. 他言论中充斥着对长老的谩骂,表现出了敌基督教士的劣根性;没有援引过任何圣经言语。这不过是一个怨愤之徒的撒泼,发假誓,维护教皇制度,拥护索齐尼主义(Socinianism)②,对人良心施加的暴行,对国家神圣性的破坏已经使他离弃神的呼召与基督阵营等。他被革除教籍是应得的。

6. 除君王、牧师与先知外无人是受膏的,那么,王是否比牧师与先知有更大的义务来维持这份受膏呢?君主制下的教会比其他形式下的教会更美丽与广阔,也最受神喜悦,受神的话赞美。——**驳斥**:牧师与君王一样都要维护人民之权力与真正的教会。但是,作为官廷

---

① 《出埃及记》(20:12):当孝敬父母,使你的日子在耶和华——你神所赐你的地上得以长久。
② 索齐尼主义是一位叫索齐尼(Faustus Socinus,1539—1604,属于波兰兄弟会成员)的改教者提出来的。此人在神学思想上深受意大利的重洗派影响。重洗派起源于苏黎世,被路德宗和加尔文主义者宣判为异端,并受到军事上和政治上的镇压。

寄生虫的教士，他们是君王的产物。他们的出生就是为了荣耀他们的王，唯一能做的就是炫耀这荣耀。塔西佗早已言明了其中要旨：我更想要称赞首领而带来的好处①。诚然，教会在很大程度上居于王之下，却非完全地居于其下，因他们有神的样子并有热心。除非这位教士敢说，以色列与犹大行压迫的王，以及对征战羊群之滴血号角都不是王。基于他对王的忠诚，他这篇文章的余下部分基本上是阿谀奉承，他称颂了奥蒙德侯爵（the Marquis of Ormond）以及他在与叛军签订的停火协议上所表现出来的绝顶睿智。这位假先知该叫苦了。这些叛军是黑暗之光，是对主的事业与子民的邪恶背叛；而休战是以出卖数以万计的新教徒的性命为基础的，其中有男人、女人以及还在吃奶的孩子。

这位受诅的教士还写了一篇专文反对苏格兰长老会制政府，里面充斥着大量的谎言、诽谤与谬误。

1. 第一个谎言就是：按照规定，选出的长老可以工作，但无法得到圣经与基督教义的认可（《提摩太前书》5：7）。

2. 第二个谎言：执事只参加教会委员会，却与牧师共同管理教会。

3. 我们从来不使用或很少使用小绝罚，即禁止领受圣餐。

4. 苏格兰教会判决仅限于金钱上的惩罚，以革除教籍威胁那些不支付罚金的人；拒绝接受任何无法支付金钱之人的悔罪；民事

---

① 普布里乌斯·克奈里乌斯·塔西佗（Publius Cornelius Tacitus，约公元55—120年，罗马史学家）。这句话的拉丁文，*Libentius cum fortuna principis, quam cum principe loquuntur*，引自塔西陀的《罗马史》，第一章第一节。

罚金仅限于醉酒、通奸与亵渎神灵。这些罪在教士那里已经习以为常了。

5. 污蔑说,主事长老拥有和牧师等同的讲道权。

6. 长老会和联合大会由平信徒组成。布坎南(Buchanan)与梅尔文先生(Mr Melvin)都是神学博士,他们可以教教这个混蛋约翰·马克斯韦尔教士。

7. 长老会追随者乃是圣职行窃者,就像先知后裔,把讲道当作历练他们法庭才能的机会。

8. 爱丁堡的长老会拥有监管权,掌管教会大小事务;他们写信给地方教会,知会他们所听到的关于教士们以及他们的那些反基督和他的教会的可恶计划。

9. 君王必须将其王杖交予长老会保管。王杖是国王的神圣职能;除了基督之教令外,它不在任何司法体系之下。但是,如果可朽的君王亵渎神灵、残杀无辜、张扬欲望之神甚于我主(通常这些都是教士所为)基督的代理人就要说:"王使以色列遭殃;我们拥有天堂的钥匙,如果王如此行,可以不为王开门。"

10. 詹姆士一世说苏格兰长老会与君主制度间的差别如同上帝与魔鬼间的差别。这话说对了。不过,詹姆士一世是邪恶之王;在别处,他都说错了。

11. 长老会出于他们的骄傲而拒绝接受詹姆士一世的尊敬使者。这是谎言。他们基于最高的关注无法给出当下的答复,因为王在伺机废黜长老会。

12. 说所有犯罪案件包括民事案件在内都由长老会教会审理,这是谎言。他们只审理公开罪行①。说他们寻找秘密罪行、使无辜者蒙羞、拆散家庭,这是恶意中伤。但是,对于那些公开的罪行,如圣·安德鲁大学的罗马教士斯波茨伍德(Spotswood)与其女儿的乱伦;布瑞奇(Brichen)的罗马高级教士怀特福德(Whiteford)通奸,他的私生子在一名妓女的怀抱中在格拉斯哥的聚会上哭闹;他们要审理这些罪行。至于高级委员会(the high commission)用可恶谎言蒙蔽无辜者而使他们觉得违背了本性之律,这种罪行他们不管。

13. 长老会不禁止合法买卖,但禁止勒索与不公正诉讼;对基督徒有害的东西,圣经也会禁止的②。

14. 长老会不是废除诉讼法,而是要反对不义不公之法,如以赛亚所说③的那样;他们不允许冒犯神圣节日(如这些教士所行)。

15. 我们不知道什么体制上的教皇以及圣洁的神父,只知道笨狗、游民和令人反感、邪恶、变节了的教士。

16. 我们的仲裁者无统治权;当这教士说"我们教会所有事情都由公众意见决定"时,他是要使自己成为统治者!

17. 诚然,我们没有诸如这教士在弥撒中所行的祝圣仪式;但是,我们有基督和使徒所行的使我们成圣的仪式。

---

① 参见:《马太福音》:(18:15—17):倘若你的弟兄得罪你,你就趁着只有他和你在一处的时候,指出他的错来。他若听你,你便得了你的弟兄。他若不听,你就另外带一两个人同去,要凭两三个人的口作见证,句句都可定准。若是不听他们,就告诉教会。若是不听教会,就看他像外邦人和税吏一样。
《帖撒罗尼迦后书》(3:11):因我们听说,在你们中间有人不按规矩而行,什么工都不作,反倒专管闲事。
《提摩太前书》(5:20):犯罪的人,当在众人面前责备他,叫其余的人也可以惧怕。
② 《哥林多后书》(6:14):你们和不信的原不相配,不要同负一轭。义和不义有什么相交呢?光明和黑暗有什么相通呢?
③ 《以赛亚书》(10:1):祸哉,那些设立不义之律例的和记录奸诈之判语的。

18. 若有人要变卖教会财产，长老会就会谴责他；如果有人掠夺麦芽、餐食与牛肉，我们认为这是不合法的，就好像新教士向主教奉献500马克不合法一样。现在，无论何人去掠夺[如詹姆士一世通过邓巴伯爵(the earl of Dunbar)以下流方式在冒牌会议中购买主教职位那样]，他们要么是属于主教制内的人，要么是背弃誓言的主教。这些个人错误在长老会看来都是该谴责的。他们都是主教制下复制出来的人。

19. 主教制中的人主要做这种事：掩盖垂死之人的罪，而让他丧失灵魂。虽然也有长老这样做，但人的错误不会妨碍神的真理。问题在于，教士们总是反对长老，因为后者在谴责罪行上十分严厉。他们行恶，所以恨光。这位教士其实是在指责他们在纪律上的玩忽职守。

20. 这位撒谎的撒旦一直在说，长老会孕育和培养了贪婪、争斗与暴力；原因就在他们违背詹姆士一世意志而革除杀人犯的教籍。按照他的说法，先知孕育了暴力；因为先知疾呼反对亚哈王，就是那杀拿伯的凶手①。于是，神的子民必须二者居一；或者，去反对对伤害的伤害。

21. 不能说长老会篡夺了神圣与世俗之双剑。他们所谴责的罪也是民事权柄所谴责和惩罚的。否则，以利亚也可以说是搅和以色列国的民事事务了，因为他的预言抵制偶像崇拜者残杀主的先知②，这罪行也是民事权柄要惩罚的。事实是这样的，1637年的格拉斯哥联合大

---

① 参见：《列王纪上》(21: 1—18)，亚哈王为得到拿伯的葡萄园将其杀死的故事。
② 《列王纪上》(18: 13)：这项罪也该由民事管理当局来判罚。耶洗别杀耶和华众先知的时候，我将耶和华的一百个先知藏了，每五十人藏在一个洞里，拿饼和水供养他们，岂没有人将这事告诉我主么？

会谴责了那些主教,乃是因为他们作为牧师,又是国会、管理机构以及秘密法庭国库、法院以及不合法的宗教高等法庭的主人,主管罚款、监禁,行使权柄。

22. 他无知地说,地方分会只是最高长老会挑选出来的附属机构;其中,牧师与博士们根据他们的地位和职分并没有参与地方分会工作的资格;而且,他们也根本没有机会在那里发表看法和提供意见。

23. 说一些主要长老统治一切,这也是谎言。在主教制内确实是一些人分别地控制教区。虽然人会滥用权力,但这不能证明长老会与君主制度不协调。这位教士击败了教区内的君王,用更高明的手段反君主制;因为他凭借自己的意志统治一切。

24. 像R·布鲁斯先生(R. Bruce)这样一位好人,一个对神忠贞的仆人,一个受到所有人尊敬与爱戴的人;他的苦难、热诚与圣洁,他富有成效的牧养工作为基督拯救了数以千计的灵魂。詹姆士一世抛弃了他,在神面前起誓污蔑他蓄意篡夺王位(这位教士将亵渎美化为国王的一项美德)。詹姆士一世宣称他在苏格兰找不到一位正直的牧师来担任主教之职,所以,他被迫提拔一些虚伪的恶棍为主教。我们知道,他曾说过且亲手写道:R·布鲁斯先生抵得上他的半壁江山。这是否证明了长老会与君主制度相冲突呢?詹姆士一世提拔的那些恶棍主教们才更与君主制冲突啊!

25. 他对R·布鲁斯先生的诽谤,在斯波茨伍德(Spotswood)那份谎话连篇的稿件中被摘引了下来。这篇报告除了对詹姆士一世撤销对几个嗜血主教的放逐令发发牢骚外并没有做其他纠错。这与教士们在光天化日之下所犯下的乱伦、通奸、亵渎、假誓、酗酒、渎神、破坏安息等罪比较起来不可同日而语。

26. 我们的联合大会就是基督的殿①，它由牧师、博士、弟兄、长老组成。

27. 他们无权终止基督和他的仆人的关系。

28. 说君王无权干涉联合大会的开会时间和地点乃是谎言。不过，王权不是用来摧毁基督的自由之殿，而是帮助与协助他们。

29. 说我们联合大会要废除法律法规、强制詹姆士一世的工作，威胁开除其教籍使之臣服，继而强迫国王、法官、乃至众人臣服，这全是谎言。我们不会强迫贫困乞丐的良心。委员会是会犯错误的；它不能束缚法官的灵魂。委员会的权力在于牧养，无条件地服从基督的律法；若世俗国会法律违反了基督的道，委员会有权宣布它们无效，就像皇帝②强令淫乱与嗜血时要加以制止一样。联合大会难道不该在大会上禁止这些东西吗？若教士们有这样的权力，我想他们也会撤销国会于1641年在苏格兰发布的法令。君王陛下亲自出席这场三国议会，就废止国会的这些决议以及在苏格兰设立主教的法令进行了协商。主教将他们自己立为在君王与法律之上的独立王；他们自己如此行动却把污水泼给长老会与联合大会。

30. 委员会成员来自各区域，其中两位来自爱丁堡。这出于考虑到爱丁堡教会的规模，并非出于它高于其他区域；他们并非来自各区域的遣送，而是由这个区域的教会遣送和授权。因此，他们代表教会

---

① 《使徒行传》15。
② 《使徒行传》(25：21)：但保罗求我留下他要听皇上审断，我就吩咐把他留下，等我解他到该撒那里去。

坐在议会中。

31. 我们在学术与牧养上都需要博士。这是写在纪律书文上的。

32. 他们坚持认为（我相信这是符合神的道）如国王拒绝改革宗教，那么下级法官、牧师委员会和其他教会人士就要来改革。如果国王没去亲近巴力之子，而是尽其职责洁净神殿，以利亚和他的人也就不会起来做事，斩杀众巴力祭司①。宗教改革是个人行为，但人人有份，包括那些独居者。

33. 君王拒绝，他们还是可以宣誓立约，并自己来建造神的殿②。他们若受压迫，便可相互帮助共同抗敌。受压迫者之自卫与义务并不会捆绑良心，而君王必须完全接受本性之律的制约③。

34. 这位教士指责我们的改革，因它违背了那位天主教女王的意志。这只是表明他对教皇制的敬仰，以及对新教的憎恶。

35. 他们因这女王的专横而罢免了她，又立她儿子为王；这些将在下文中予以澄清。

36. 圣·安德鲁堡(the Castle of St Andrews)里执行的对那位恶贯满盈主教之处决，乃是由于他违反了神的律法与人为法律。另外，在1637年的爱丁堡，出于个人目的，他强行推行弥撒。这无法构成反

---

① 参见《列王纪上》(18)：讲述以利亚在迦密山杀尽崇拜巴力的假先知的故事。
② 《历代志下》(15：8)：亚撒听见这话和俄德儿子先知亚撒利雅的预言，就壮起胆来，在犹大、便雅悯全地，并从以法莲山地所夺的各城，将可憎之物尽都除掉；又在耶和华殿的廊前，重新修筑耶和华的坛。——原文标示的出处为《历代志下》(15：9)可能是卢瑟福所使用圣经版本与我们现在所使用的和合本排列有不一致的地方，这里统一根据和合本圣经排列进行引用。
③ 《耶利米书》(22：3)：耶和华如此说，你们要施行公平和公义，拯救被抢夺的脱离欺压人的手，不可亏负寄居的孤儿寡妇，不可以强暴待他们，在这地方也不可流无辜人的血。《箴言》(24：11)：人被拉到死地，你要解救；人将被杀，你须拦阻。《以赛亚书》(1：17，58：6)：学习行善，寻求公平，解救受欺压的，给孤儿申冤，为寡妇辨屈。我所拣选的禁食，不是要松开凶恶的绳，解下轭上的索，使被欺压的得自由，折断一切的轭吗？

对长老会的理由。相反,长老会教义使我们这些行为合法化。

37. 这位教士称那位基督的仆人为苏格兰教皇。他从他的布道文字中无法摘引到属教皇的或不合适的东西。他知道,他要杀死的人就是那要摧毁教皇和主教们的人。

38. 对这世俗的教士而言,将那些肥硕的修道院院长与主教赶走就是流血的异端。新教的信条(the Confession of Faith)也就成了教皇制强大阻拦。纪律书文是神的仆人们在禁食与祷告中花费二十年写成的,期间听取了大量来自改革教会的建议和想法,在这位主教看来,它不过是消极的信仰和狂想。说双方在法律上都同意在苏格兰建立圣公会制,这纯属谎言。

39. 梅尔文(Melvin)所教导的乃是异端。他说,在圣经中,长老和主教的职能相同;修道院院长与副院长则不在神的书中。律法在哪里?这就是长老制与君主制冲突的证据?

40. 詹姆士一世没有按照神的话安排了一个不合时宜的节日;神的愤怒降临在这片土地;为此,教会没有按照神的话来安排禁食①。这教士认为,这是异端!天啦!这也能证明长老制与君主制不相容?

41. 大会是要审定教义的正统性的。这有什么问题?——显然,对于组织性教会来说,秘密法庭与国王未被授权来审查教义正确与否,如罗马皇帝不能制定教规一样②。

42. 吉布森(Gibson)和布莱克(Black)两位先生在讲道中反对詹

---

① 《以赛亚书》(22:12—14):当那日,主万军之耶和华叫人哭泣哀号,头上光秃,身披麻布。谁知,人倒欢喜快乐,宰牛杀羊,吃肉喝酒,说:"我们吃喝吧!因为明天要死了。"万军之耶和华亲自默示我说:"这罪孽直到你们死,断不得赦免!这是主万军之耶和华说的。"
② 参见《使徒行传》15。

姆士一世保护主教们的专横,他对教皇主义者的同情,以及其他显明的罪;并在大会上的赦免。这就使长老会与君主制相对立了吗?这只能证明长老会与某些君主的邪恶格格不入。教士们喜欢那些对亚哈王阿谀奉承的四百个假先知①,而那些审判国王和法庭之罪的人们,在苏格兰与英格兰的教士把他们监禁,或放逐,或穿鼻,或烧脸,或割耳等。

43. 那些召开 1603 年的阿伯丁大会(the Assembly of Aberdeen)的人是属神的。事实上,他们站在基督法庭(Christ's Prerogative)立场上对抗詹姆士一世禁止所有大会的决定。君王可以在有效控制下禁止全部大会,以抗拒神的话和圣礼,抗拒教会纪律。

44. 他们不会因微小错误或琐事将人驱除出教会,用这个说谎者的话说:我们的教规正好与之相反。

45. 我们的委员会从不给国王指定助手;但詹姆士一世还是个孩子的时候,那些当权者就指定了那个腐坏堕落的教皇主义者做他的同伴,即伦若克斯(Lennox)的埃斯米公爵(Esme Duke)。这教士居然赞扬他是一个尊贵的、令人尊敬的人,拥有禀赋惊人的才能。

46. 1637 年的格拉斯哥大会投票否决了高等宗教法庭的决议,因为这个决议没得到教会认可。虽说宗教高等法庭是教会司法机构,但它把自己当作牧养教理的法官,剥夺他们的权力,妨碍现有的合法教会司法机构之自由。

---

① 《列王纪上》(16:33,18:18—19):亚哈又作亚舍拉,他所行的惹耶和华以色列神的怒气,比他以前的以色列诸王更甚。以利亚说:"使以色列遭灾的不是我,乃是你和你父家,因为你们离弃耶和华的诫命,去随从巴力。现在你当差遣人,招聚以色列众人和事奉巴力的那四百五十个先知,并耶洗别所供养事奉亚舍拉的那四百个先知,使他们都上迦密山去见我。"

47. 大会还是禁止约翰·格雷厄姆(John Graham)这位神职人员使用不公正法令为好。这是在牧养上可耻的压迫。

48. 虽然贵族、议员和城市议员在宣称真理是成为长老,从而成为大会成员,但是,这绝不是要把教会变成议院,也不是要把国家送上绞首架。作为组织内成员,我们同意接受地区分会的制约①。这样和君主制是否协调?

49. 总会组委会成员是这样的人:(1)能肩负一种临时性的、纯粹的司法职责;(2)由总会任命并服从于总会;(3)他们在神的话里得到的保障和地方分会的使者相同②。

50. 大家都知道12月17日的历史性毁谤:首先,神职人员企图废除詹姆士一世,并写信给约翰·L·汉密尔顿侯爵(John L. Marquis of Hamilton),预立他为王,因为詹姆士一世背离了真宗教。这本是撒旦的圈套。斯波茨伍德(Spotswood)与这位教士把它说出来了。我就期待历史真相为世人知晓。我们国家的那些圣洁牧师们与教授们挑战政府,为此而承受痛苦,为了罪的问题而争权;但他们绝不是为了权力和职分。在对立的另一方,他们只关心俗世事情。他们的

---

① 《使徒行传》(15:22—23):那时,使徒和长老并全教会定意从他们中间拣选人,差他们和保罗、巴拿巴同往安提阿去;所拣选的,就是称呼巴撒巴的犹大和西拉。这两个人在弟兄中是作首领的;于是写信交付他们,内中说:"使徒和作长老的弟兄们问安提阿、叙利亚、基利家外邦众弟兄的安。"

② 《使徒行传》(15:22—27):那时,使徒和长老并全教会定意从他们中间拣选人,差他们和保罗、巴拿巴同往安提阿去;所拣选的,就是称呼巴撒巴的犹大和西拉。这两个人在弟兄中是作首领的;于是写信交付他们,内中说:"使徒和作长老的弟兄们问安提阿、叙利亚、基利家外邦众弟兄的安。我们听说,有几个人从我们这里出去,用言语搅扰你们,惑乱你们的心(有古卷在此有'你们必须受割礼,守摩西的律法'),其实我们并没有吩咐他们。所以我们同心定意,拣选几个人,差他们同我们所亲爱的巴拿巴和保罗往你们那里去。这二人是为我主耶稣基督的名不顾性命的。我们就差了犹大和西拉,他们也要亲口诉说这些事。"

神就是这个世界。其次,所谓的长老会与君主制之间不协调,乃是对绝对君主制的反抗。结果是,好像有一股力量在反对国会,反对双方的地方分会,反对所有君王与国家都要遵守的法律和福音。愿主赐下和平与真理!

问一

政府是否由神的律法来确立？

我将君主权力分为如下几种形式来讨论，即君王的作者或动因，组成元素或被统治者，形式或权力，政府的目的和结果，以及一些抗拒性的例子。

这个问题要么指向广义上的政府，要么就指具体形式的政府，如由一人统治的政府叫君主制政府，由少数人士统治的政府叫寡头制政府或贵族制政府，而由社会民众把持的政府则叫民主制政府。对此我们只是对政府职位制度的不同以及对各职位人事任命的差异而给出的区分。直接受本性之光普照的东西是符合本性之律的，因而也是授权于神的法。谁能否认本性之律就是神的法呢？

广义上的政府权力必出自神。因为：第一，"在上有权柄的，人人当顺服他，因为没有权柄不是出于神的。凡掌权的都是神所命的"（《罗马书》13：1）；第二，神命令顺服，良心便顺服于诸权力，如"所以你们必须顺服，不但是因为刑罚，也是因为良心"（《罗马书》13：5），"你们为主的缘故，要顺服人的一切制度，或是在上的君王"（《彼得前书》2：13）等。唯有神能藉神的律法使良心顺服，如人行那僭越之事，便叫人自责与受罚。

结论：归根到底，所有民事权力都直接源于神。第一，人受造为社会动物，生活于此世就要受制于人。由此而得，神必定将这种权利放入人的本性之中,正如亚里士斯多德教导我们的那样①。第二,既然神与本性设计了政治与人类和平,那么,神与本性就必定给予人类以一种完成这种计划的力量。这种力量就是指政府权力。这样,我看不出我们的约翰教士、马克斯韦尔教士,或那位革除了教籍的罗斯的教士,在阿尔马主教(J. Armagh)②的名义下,有什么理由诬陷我们,说我们缺乏在完美之上的权威,却幻想一种更加完美的高级政府;没有君王,没有法律,只有个样子(nec rex, nec lex, justo posita)③。他也许可以用这种说法来指责那些巴西人(the Brazillians)。根据莫利纳(Molina)④的说法,他们认为,单个的人拥有剑的权力去为自己的不公待遇而复仇!

---

① 亚里士多德,《政治学》第一卷第二章。
② 这个阿尔玛主教估计是指 James Ussher(1581—1656),一位温和的加尔文主义者。
③ 马克斯韦尔:《基督教君主的神圣王权》第一章,第一条。
④ 莫利纳(Luis de Molina,西班牙神学家,耶稣会修士,1535—1600)。原注:tom. 1, de justit. disp. 22。译者认为,这本著作应该指 De Justitia et jure《论正义》共 7 卷,1593 年出版)。出处为:第一卷,争论:第 22 条。莫利纳是 16 世纪的重要神学家。他的《论正义》涉及法律、正义等问题。

问二

政府是否授权于本性之律？

社会群体组织起来乃基于本性本能。同样,公民社会从根本上讲也是以本性与自愿之方式联合起来而存在。如不以理性为基础,政府的政治权力并不属于某一个人。但是,假设人是捆绑在社会里的,或者一个家庭并不能容纳整个社会,那么他们就必须自愿融入公民社会。虽然是以联合到一个政治有机体的方式[①];正如柏丁(Bodine)[②]与苏亚雷斯(Suarez)[③]所言,神将制定法律的权力作为一种从本性而流溢出来的财富赐予人,神的这种赐予与创造无异,并不是一种神的特殊行为或者赠与。它是神从本性中造就的,而不是在联合为一个政治有机体时造就的。这种联合并非出自神的新创造。

接下来,我们要讨论政府权力与由行政官员所掌控之权力

---

① 参见《创世记》(10:10,15:7):他国的起头是巴别、以力、亚甲、甲尼,都在示拿地。耶和华又对他说:"我是耶和华,曾领你出了迦勒底的吾珥,为要将这地赐你为业。"
② 柏丁(Joannes Bodinus,1530—1596,法国法学家和哲学家),《共和国六论》(*De republica libri sex*,Frankfurt,1609),第1卷,第6章。
③ 苏亚雷斯(Francisco Suárez,1548—1617年,西班牙法学家、哲学家、神学家),《论法律》(*De Legibus*,1612)第3卷,第3章。苏亚雷斯生前出版的著作:*De Deo Incarnato*(1590);*De Defensio Fidei*(1613)。他的其他著作都是后人编辑出版的。葡萄牙的耶稣会在1619—1655年出版了他的其他10卷书。卢瑟福引用的 *De Legibus* 和 *De Regno*(论王国)应该来自此。

间的区别。我们在自卫时以暴制暴,此乃那原始无罪本性的流露。但是,我们发展权力,并交给某个或某些领导人,以此进行自卫,这就更多是道德而非本性。孩子为反对来自父亲的暴力而寻求帮助属本性。为此,我认为博学的瓦斯奎乌(Vasquius)议员说得很好①,领地、帝国、王国、司法区都产生于国家之派生和现行法律,而非纯本性之律。这是因为:第一,法律认为②,本性之律不会允许把优劣加在受造之物上。就本性而言,一只野猪统治另一只野猪、一头狮子统治另一头狮子、一条龙凌驾于另一条龙之上是没有道理的。人生而平等自由。由此可以证明,在本性中,说一个人必须凌驾于另一个人之上成为国王或者领主,就并非出自理性了。因此,这位麦克斯韦尔教士教导我说,所有的人对人的审判权实际上都是人为的;进而除去子女对父母的顺服以及妻子对丈夫的顺从,由那与生俱来之本性所产生的奴役性把我们解放了。法律说③:一切执政原则都是国家派生法(De jure gentium secundarius est omnis principatus)。第二,圣经也说得很清楚,当扫罗和大卫上升而在他们弟兄之上为王、成为主之子民的领袖时,并没有归之于本性(国王和乞丐都同样出自泥土),而是归之于在本性之上的神圣奖赏与恩赐行为④。

第一,保皇党并不一定会否认政府乃本性产物;他们只是认为政府完全来自神;王权也直接地来自神,且仅来自神。我们认为,屈服于政府并不是属于本性的。把我们的自由交给一个君王或几个统治者也有悖于本性。我们为此付出很多,这也就证明了政府并不仅仅是本性产物。因此,通过行政管理的方式表现出来的政府权力不是自然权利。他们的主张只

---

① 瓦斯奎乌(Ferdinandus Vasquius,1512—1569,西班牙律师、神学家),《问题解答》(Illustrium controversiarum,1599),第1卷,第1章,问题28、29。

② 同上书,第2卷。

③ Dominium est jus quoddam. lib. fin. ad med. C. de long. temp. prest. 1, qui usum fert.——原注

④ 参见《撒母耳记上》(13:13):"撒母耳对扫罗说:'你做了糊涂事了,没有遵守耶和华你神所吩咐你的命令。若遵守,耶和华必在以色列中坚立你的王位,直到永远。'"《诗篇》(78:70—72):"又拣选他的仆人大卫,从羊圈中将他召来,叫他不再跟从那些带奶的母羊,为要牧养自己的百姓雅各和自己的产业以色列。于是,他按心中的纯正牧养他们,用手中的巧妙引导他们。"

是一种诡辩而已。通过交出我们的自由而形成某种政府是反本性的。不过,否定不能推出否定;非人不能推出非动物。同样的道理,就前面所言,我在一个政治社会中,要受到某执行官和某法律的管制;就结果而言,在此条件下,我接受惩罚。然而,显然地,没有人就其本性感觉而言会乐意接受法律惩罚作为惩罚。本性不会教导人或推动他的灵魂,同意让他的生命成为刀下鬼,让他的鲜血飞溅。这种特殊情况除外:当一个人身体受到感染性疾病侵袭时,他会同意医生切开他的血管或者切除某一肢体,以防疾病吞噬整个身体与生命。这不是本性要求,而是冷血理性;它遇事时要处理恰当。因此,社会群体在本性的感受和指导下接受政府领导,使自己免受暴力侵害,但他们的直觉不会使他们自觉服从由行政官员掌控下的政府。当本性良知(natural conscience)深思熟虑后接受了某些好法律后,鉴于"凡流人血的,他的血也必被人所流"(《创世记》9:6),他就默认了他的血可以被人流。这种认同是因果性的、默许的、有条件的,如他对自己弟兄行暴后所受的惩罚。但是,这种认同无论怎么说都不是始于纯粹本性。我想,理性必须认同这一点。前提一旦确定,理性受到这一不可逾越、不可抗拒之光的持续性压力,不得不从。但是,从本性情感出发,那就是自爱与自卫行为。正由于此,大卫可以指责那个自己拥有很多羊却用他贫穷邻居唯一的羊来招待他客人的富人,却不谴责自己,尽管大卫自己也深陷这种错误当中(《撒母耳记下》12:1—7)。然而,这并不妨碍,在统治者手中的政府根基于自然第二律中。律师们称此律为"第二自然法则"(secundario jus naturale)或"万民派生法则"(jus gentium secundarium)。柏拉图认同此律;所有健全的判断都认同此律。以暴制暴被认为是合法的,理由在此。这也是行政所特有的。

第二,我们不以漂亮的理由去为那种观点辩护,即政治社会、统治者、城市或者公司都有它们的根源,并且源于本性派生律。原因有二:首先,据本性之律,家庭政治(family-government)最具合法性。对于亚当而言,虽然没有限制性法规,但他仍然有权利对其家庭进行统治,并且惩罚不当行为。但是,如泰讷(Tannerus)①的说法②和我要证明的那样,神的意志并不是一种王权或皇权。我这样说也是根据梭托(Soto)③、莫利纳(Molina)④以及维多利亚(Victoria)⑤的理论而来。一个家庭凭什么拥有统治和惩罚过失的权力,一个社会也就凭同样理由拥有同样权力。我们可以把社会组成看作不是家庭,而是单个的人。惩恶的权力并不在家庭的某个成员中,也不在所有成员中;这个权力的存在乃是他们在一个家庭里,而不是单独的一个一个人。不过,这种看法不是一一对应。家长式统治,或者家庭中的父亲权力,与统治者在诸家庭之上的政治权力,两者有本质上的差异。前者在类上是由本性之律来保证的,而后者则是有限定性法律,因而只是在一般意义上受到本性之律的保证。

其次,按照这种想法,神根据本性之律直接指定了政府存在,并且间接地根据一个社群的本性之光来决定这个社群应有一个或多个统治者,那么,圣经的观点就可以很好地由本性殿堂(the school of nature)引导出来:(1)这些权力都出自神⑥,所以本性之光教导我们要顺服这些权力。(2)反本性之光就是反神的法令。(3)神授予当权者以剑是为了惩罚恶行,我们不必惧怕。(4)不必称誉当政者的善行。(5)不必因为他的工作

---

① 亚当·泰讷(Adam Tanner,拉丁文为 Tannerus,1571—1632)奥地利数学家、哲学家、耶稣会士。他的著作包括:*Defensionis ecclesiæ libertatis libri duo*(1607);*Anatomiæ confessionis augustanæ*(1613),Universa theologia scholastica(1626—1627 年)。卢瑟福在下面引用他的著作时,给出的出处不明。译者无法追踪。

② Ad Tannerus, m. 12. tom. 2, disp. 5. de peccatis, q. 5. dub. 1. num. 22.——原注

③ 梭托(Domingo de Soto,1494—1560),《论正义》(*De justitia et jure*,1553)第四部分,第 1 条。梭托是西班牙多明我会神学家,著有:*Summulae*(1529);*De ratione tegendi et detegendi secretum*(1541);*In dialecticam Aristotelis commentarii*(1544);*In Ⅷ libros physicorum*(1545);*De natura et gratia libri Ⅲ*(1547);*De justitia et jure libri Ⅹ*(1556);*Comment. in Ep. ad Romanos*(1550);*De justitia et jure*(1553),*In Ⅳ sent. libros comment*(1555—1556)等。

④ 莫利纳:《论正义》(*De Justitia et jure*),争论:第 22 条。

⑤ Victoria in relect. de potest civil. q. 4, art. 1.——原注

⑥ 《罗马书》(13:1):在上有权柄的,人人当顺服他,因为没有权柄不是出于 神的。凡掌权的都是 神所命的。

而称赞他。因此,我完全赞同格沃威斯(Govarruvias)①、梭托(Soto)②、苏亚雷斯(Suarez)③等人的观点,即政府权力直接出自神,而这权力归给谁这事则间接出自神;神通过人民意愿而间接地给予,即给予这个或那个统治者。在我看来,巴克利(Barclaius)也表达过同样的观点④:人民只看到总代理权(Quamvis populus potentiæ largitor videatur),等等。

---

① 这里的格沃威斯估计是指 Diego de Covarrubias(1512—1577 年),律师、主教、政治家。这个格沃威斯据说在反对奴役本地居民反面立场明确。他的父亲 Alonso de Covarrubias 是一位著名建筑师;他的弟弟 Antonio de Covarrubias 则是大学法学教授。原注:Govarruvias, tr. 2, pract. quest. 1, n. 2, 3, 4. 译者无法追踪出处。
② 梭托:《论正义》,第四部分,第 1 条。
③ 苏亚雷斯:《论王国》(*De Regno*),第 3 卷第 4 章,n. 1, 2。
④ 巴克利:《反君主制》(*con. Monarchoma*) l. 3, c. 2。

问三

王权与政府形式是否来自神？

"王权来自神"可以从以下四种意义上来讲：

第一，通过承诺，神"对他们说：'万军之耶和华以色列的神如此说：我必召我的仆人巴比伦王尼布甲尼撒来，在所藏的石头上我要安置他的宝座。他必将光华的宝帐支搭在其上'"（《耶利米书》43：10）。并且神也将他立为普世的王，让万民都服侍他①。虽然说他只是一个不公义的暴君，但对众王来说，他的剑便是他最好的标志。

第二，在纯粹许可的意义上讲，王权确实来自神。神给予君王管理人民的权力并且指定了一种在人是善的政府，但并没有将某种形式固定下来。正是在这种意义上，有些人就认为通常所说的王权来自神。其实不过是人的编造，非法的，且与神的话相悖，正如罗马教廷那些邪恶的种目繁多的庆贺进贡也来自神一样。我们并不教导这样的事情。就让这位教士②去赦免他的

---

① 《耶利米书》(27：6—8)：在我将这些地，都交给我仆人巴比伦王尼布甲尼撒的手，我也将田野的走兽给他使用。列国都必服事他和他的儿孙，直到他本国遭报的日期来到。那时，多国和大君王，要使他作他们的奴仆。"无论哪一邦，哪一国，不肯服事这巴比伦王尼布甲尼撒，也不把颈项放在巴比伦王的轭下，我必用刀剑、饥荒、瘟疫、刑罚那邦，直到我藉巴比伦王的手，将他们毁灭。这是耶和华说的。"

② 参阅《基督教君主的神圣王权》(Sacro-Sancta Regum Majestas)，c. 1, q. 1, p. 6, 7。

问三 王权与政府形式是否来自神？

老师贝拉明(Bellarmine)①和其他的耶稣会会士吧！让他们去支持罗马教义,我们与此无关！贝拉明说,政治权力总体上是由神圣法律所授予的,但其具体形式却与神圣权力无关(在这里他首先指的是君主)。它由民族或者国家法律所规定。因此,政治权力的具体组织形式直接源于人民选举;他接着说,它与那些和国家法律相关的事情并无区别。对贝拉明而言,君主制度只是一项人类发明,与马克斯威尔先生的牧师袍子属一类东西,并且费恩博士(Dr. Ferne)②也持这种观点。

第三,从特定指派上讲,某个国王确实可以说来自神,如神指定扫罗为以色列王。但此后再无这样的事。

第四,君王职分按照神圣制度而受命于神,而不是由神直接任命。因为:一、显而易见,亚伦的祭司职位是按照神圣制度而得到,神将祭司资格限定在亚伦家族、身体无缺、能够胜任这些条件中。二、我们接受牧师职分既是根据神圣律法也是依据神定下的制度,因为圣灵已给出了它的条件(《提摩太前书》3:1—4);因此我们可以这样说,王权根据神圣制度所立,那是因为神铸造了王:"你总要立耶和华你的神所拣选的人为王。必从你弟兄中立一人,不可立你弟兄以外的人为王。"(《申命记》17:15)"没有权柄不是出自神的。凡掌权的都是神所命的。"(《罗马书》13:1)三、权柄必须由神来任命,我们也因为良心的缘故而顺服这当权的,但这种顺服并不是因为对惩罚的恐惧;而是对当权者都该如是(《罗马书》13)。四、抗拒王权就是对抗神。五、他因着我们益处而成为神的仆人。六、他佩戴神的剑是为了罚恶。七、主分明说过:"敬畏神,尊敬君王"(《彼得前书》2:17);"你们为主的缘故,要顺服人的一切制度,或是在上的君王,或是君王所派的臣宰,因为他们都是来自神"(《彼得前书》

---

① 参阅贝拉明(Bellarmine, 1542—1621)《争论问题》(de locis)第5卷第6章第5条: Politica universe considerata est de jure divino, in particulari considerata est de jure gentium. 贝拉明是著名的耶稣会神学家,主要著作有:*Disputationes de Controversiis Christianae Fidei adversus hujus temporis hereticos* (1586—1589); *Dottrina Cristiana breve* (1598), *Dichiarazione più copiosa della dottrina cristiana* (1598);以及一些释经著作。

② 费恩(Henry Ferne, 1602—1662),英国主教,发表过一些政论文章。

2：13—14)①；"你要提醒众人，叫他们顺服作官的、掌权的"(《提多书》3：1)。第五条诫命也教导我们要像顺服父母一样顺服于君王。因此，权柄属于神，对神的道德律法而言，我们需要永久地顺服。八、国王与官员也属于神，他们只是神在此世的代理人与助手(《诗篇》82：1、6、7，《出埃及记》22：8，4：1)。因此，他们的职分也必是对神合法的服从。九、根据他们的职分，他们是神子民的喂养者(《诗篇》78：7—72)，是这个世界的盾牌(《诗篇》47：9)。十、当一个地方缺乏神诸如此类的委任命令时，那就要受神的大审判(《以赛亚书》3：1—3，6，7，11)。他们履行职责就是那天地的正义之神的行为，不仅在承诺中，还根据神在他的话中所启示的旨意。他们的判断并不是人的判断，而是神的审判②。他们的王位也是神的殿③。正如杰罗姆所说的那样④，惩罚那谋害之人和渎神之人并不是虐杀，而是对那善的律法的执行与服侍。如果说从职分上讲，国王是活的法律，并且该法律的付诸实施也是神所命令的，那么，正如道德律法是由神圣制度而来，那些神的执行人就必定是那些受法律保护的神圣者(custos et vindex legis divinæ)，他们也必定是神的律法的保管者、维护者以及执行人。巴西尔⑤(Basilius)就认为君王的职责在于协防恶势力的攻击(Ut opem ferat virtuti, malitiam vero impugnet)⑥。当保利诺(Paulinus Treverensis)撒丁岛的鲁斯弗(Lucifer Metropolitane)，狄奥尼修斯(Dionysius Mediolanensis)与其他几位主教受命于君士坦丁大帝著

---

① 此处的经文卢瑟福引用的是 KJV 版本，与我们现在使用的和合本译本有所出入，此处经文根据 KJV 英文翻译而来。

② 《历代志下》(19：6)：对他们说："你们办事应当谨慎，因为你们判断，不是为人，乃是为耶和华；判断的时候，他必与你们同在。"

③ 《历代志上》(22：10)："我儿啊！现今愿耶和华与你同在，使你亨通，照他指着你说的话，建造耶和华你神的殿。"

④ 杰罗姆(St. Jerome，340—420)，古代重要教父，著述甚丰，并在翻译圣经上有突出贡献；还留下大批有关神学争论的著作。英文版给出的出处是：Jerome in l. 4, Comment. in Jerem. 译者无法追踪。

⑤ 又称"圣·巴西略"(S. Basilius，330？—379？)，也称为"恺撒利亚的巴西尔"，"伟大的巴西尔"；古代教父中首先承认耶稣身上的感官情绪是真实而圣善的；在反对"二位一体"，将圣灵提升到与圣父、圣子同等地位等方面立下汗马功劳，留下大量书信，晚年所著的《论圣灵》(On the Holy Spirit)影响巨大。后人收集他的书信达 366 封。

⑥ 巴西尔，书信 125。

书以反对亚他那修所倡导的理论时,他们说"王国是神的,而不是皇帝的";正如亚他那修所言①,欧帕图斯②(Optatus Milevitanus)③的努力是有助于神事业的,这里与保罗一致"我们为异教的王祷告"。伊皮凡纽斯(Epiphanius)④说⑤行政统治的真正目的在于根据神所造之宇宙的良好秩序来进行管理(ut ad bonum ordinem universitatis mundi omnia ex deo bene disponantur atque administrentur)。

但是,有人反对说,如王权来自神的律法,那么任何其他形式的政府就都不合法了,且与神的律法相对立;因此,应该将寡头(贵族)政治与民主政治斥为不合法。

驳:如果寡头政治与民主政治都不来自神,正如我所要证明的那样,结果会很好。据我判断,它们在本质上并无差别。从社会伦理与神学上而言,它们仅在政治与绝对意义上有区别。寡头政治仅仅是扩散与扩大了的君主政治,而君主政治也仅仅是浓缩了的贵族统治,区别仅在于同一只手紧握拇指与其他四指或者将五指全部伸开。无论神在何处委任了一位君王,他绝不就是就绝对地任命了这个人为王,也没有使他成为唯一完全独立的天使;而是在委任他的同时也委任了其他法官。他们可依据神的律法来审判(《历代志下》19:6),而不是君王行使审判权(《申命记》17:15)。从道德义务来讲,君王的良心与下级法官的良心都要顺服于那万王之王的神。此乃良心的协调,也是一种主附关系。审判权并不在下级法官那里,即使有君王的命令与指示也不行。审判权既不是君王的,也不是任何凡人的,而是主的(《历代志下》19:6—7)。

---

① 亚他那修(Athanasius,296—373,亚历山大里亚教区主教),重要的古代教父,参与了"三位一体"教义的制定。原注:epist. ad solitar. 这里的出处应该是指亚塔那修的第53封信。
② 又称圣·欧帕图斯(St. Optate),生卒年代不详,4世纪北非Milevi地区的主教,一生致力于抵抗多纳徒主义。
③ Optat. Melevitanus, lib. 3.——原注。参阅 Work of St. Optatus, tr. O. R. Vassall-Phillips, London: Longmans, Green, and Co., 1912, 第三卷。
④ 这个伊皮凡纽斯应该是指 Epiphanius of Salamis (310—403),沙拉纽地区的主教。
⑤ 伊皮凡纽斯的主要著作为 Πανάριον(普通希腊文,意思是"医疗箱"),后被译成拉丁文 Adversus Haereses (Against Heresies)。英文原注:Epiphanius, lib. 1, tom. 3, Heres. 40,指的是该书的第40项。

三种政治形式均来自神。并不是说，选它们中任何一种都无所谓，对神而言都一样。否则的话，社会与君王便被弃置在黑暗的角落了。它们中任何一种形式被选中只是偶然的。神选择某种政治形式后并没有指定某人来统治。理由很简单。第一，群体认可统治者并非是一种绝对中立的行为，而是一种道德行为。说群体不确立自己的统治者，我认为这是违反第五条诫命的。第五条诫命要求有某种形式的统治。第二，是否该由政府并不由人的自由意识决定，因为是否服从自然法庭并不是人的自由意志能够决定的事情，自然法庭实则是神的法庭。这个法庭判定，松散的社会群体将会使得人类蒙受损害。这是不委任政府的必然结果。我们知道，在社会群体的实践活动中没有任何道德行为是中立的。因此，从群体的天资与禀性上来讲，社会群体更倾向于君主制，而不是民主制或寡头制。就此而论，君主制似乎是得到了神的授权或者是最近似于神指令的。它规定人的自由意志并使之选择君主制而非民主制或者寡头政治，尽管所有这三种政治型式都来自神。当独身与婚姻都是符合神诫命时，身体的素质与禀性会对它们进行选择。因此，不能说民主制和寡头制是非法的体制，或是人的伪造；也不要认为追求民主制的人群必定会生活在罪里。

有人说，彼得不是说任何制度都是人的制度吗？① 既然都是人的东西，那么君主制就不是神的法令了。

驳：利维图斯（Rivetus）②说，"我们称一条法令是人的法令，并不是说它是人的创造，也不是说它是神的法令，而是表明该法令的所指（respectu subjecti）"③；皮斯卡托（Piscator）也认为"这并不是因为人是政治统治的有效因素，而是因为人就是政治管理者"④；丢大图斯（Diodatus）说道，"服从的国君、行政长官或者统治者是由人民产生的，或者说来

---

① 《彼得前书》(2：13)：你们为主的缘故，要顺服人的一切制度，或是在上的君王。
② 安德烈·利维图斯（Andreas Rivetus，1572—1651），法国胡格诺派（Huguenot）神学家。
③ Rivetus in decal. Mand. 5, p. 194. ——原注
④ Piscator in loc. ——原注。大概是指 Johannes Piscator (1546—1625)，德国宗教改革神学家，主要做圣经翻译和教义编写工作。译者无法追踪出处。

问三 王权与政府形式是否来自神？

自人民"①；同理，欧库美纽斯（Oecumenius）讲道："人的宪法，乃由人性倾向决定，在人的投票中产生（quod hominum dispositione consistit, et humanis suffragiis creatur）。"②在迪迪穆斯看来，通过宪法，"人民控制总统"③。而卡耶坦纽斯（Cajetanus）④与伊斯提纽斯（Estius）⑤认为："所有受造者都是当权者（这里的受造者乃是我们的福音对象）。"但是，我在这里将"受造之人"加以突出是为了赞美人对统治官员服从的价值，但人这样做只是为了神。因此，比特兰图斯（Betrandus Cardinalis Ednensis）说："对所有的当权者都应当顺服，即使他们是异教徒或无神论者"⑥，里拉奴斯（Lyranus）⑦补充说"尽管他们只是人，但神的形象依然在他们那里闪耀"。正如罗利奴斯（Lorinus）所言⑧，叙利亚人不是也带领我们顺服那些当权者及其继承人吗？与人的发明或梦境不同，这法令从本质上来说不是人的法令。从主观上讲，这法令确是人的法令，因为它由人来执行。就客观意义或者就目的而论，它是为着人的益处，特别是为了那外在的人的和平与安全。教会的执事也是为着人灵性的益处。正如杜兰德（Durandus）所说的那样："统治权力就建制上看是属神的，但就其获得与使用而言则是属人的。"⑨因此，我们可将政治官员的任命归于人的法令：一些官员被任命来保护人的生活与日常事务；一些则负责打击罪犯，保障人的生命与安危；另外一些专门

---

① Diodatus, annot. ——原注
② 在欧库美纽斯（Oecumenius）名下有一些关于《启示录》的注释。一说他为特雷卡地区主教，其写作生涯大约为公元990；一说他在小亚细亚地区写作，时间在6世纪末。所引文字英文版没有给出出处。
③ 迪迪穆斯不知指谁？原文是希腊文，意思是"双胞胎"。英文没有注释。
④ Cajetanus, officium regiminis, quia humanis suffragiis creatur. ——原注。应该是指Thomas Cajetan（1469—1534），意大利主教，持反路德和宗教改革的观点。
⑤ Estius in loc. ——原注。应该是指Willem Hessels van Est（拉丁语为Estius，1542—1613），荷兰人，保罗书信注释家。
⑥ Betrandus, tom. 4, Bib. ——原注
⑦ 里拉奴斯（Nicolaus Lyranus，1270—1349），圣方济会教师，中世纪最有影响力的圣经释经家之一。
⑧ Lorin. in. ——原注。应该指的是Joannes Lorinus（1559—1634），法国耶稣会士，圣经注释家。译者无法追踪出处。
⑨ 这里指的是Durandus of Saint-Pourçain（1275—1332），多明我会会士，法国哲学家和神学家。引文出自"De origine jurisdictionum"（1506）。

用来保障人的生命财产安全;还有一些官员被任命来进行海上贸易,而同时也有负责陆地贸易的;这些人根据这些决定或人的法令被称为地方治理官员。

问四

君王是否独一地、直接地来自神？而非来自人民？

经过如下的一些考量后，这个问题的答案将会呈现得再清晰不过了：

第一，首先要问：国王的职分本身是否源于神？我认为，它并非在形式制度意义来自人民，好像人民通过理性行为而设计如此权力似的；而是神赋予这种权力。它仅仅是在根本意义上来自人民，如一个没有政府的社区当然可以设立一个国王或任命一位贵族。问题在于如何规定这个人：为什么是这个人而不是那个人被授予国王的职位？为什么是此人而非彼人，是此家族而非彼家族，单单地直接从神而来，被选为王位？或者，这事由人民来定，并且是他们的自由选择？教会牧师与博士之职分只能出于基督；但究竟是约翰还是托马斯成为牧师或博士，则取决于人的意志与选择，即长老与人民的意志与选择。

第二，从三种方式上讲，人民手握王权。第一，人民从根本上地、实际性地掌控王权，这点最为重要。第二，人民有选择性地给予王权。通过自由让渡的方式，人民将王权赋予某个人，并让这个人来对他们进行管理。第三，给予王权的有限性。只有如下的三种权力还在人民手中时，他们才给予王权：（1）人民会很细致地对王权的配给给予衡量，他们会不多不少地配出王权；

(2)人民可以有节有制地为王权执行者指定界限与方向;(3)人民给出王权的条件一旦消失,王权将再次收归于人民。对于第一点,我想已然明了:首先,所有受造者从根本上说都有自卫权力,以保卫自己避免暴力侵害;正如狮子有锋利的爪子,有些野兽则既有坚固的额角还有锋利的爪子。人被造为理性之物,群居于社会;他们必定以一种更为理性、更加高尚的方式使自己避免暴力侵害,即将这保护权交付给一个或者多个统治者,通过治理的方式保护自己。其次,就民事权利而论,如果所有人都生而平等——没有人出母腹便头戴王冠手握权杖,社会却将这王冠与权杖给了此人而非彼人——那么,这权力就必留在这个群居社会中。不过,人民并不在形式上手握这权力,否则就人皆为王了。但是,我们不能就此说这权力高于人民、在人民之上,或低于人民、在他们之下。这权力必定实际地掌控在人民手中。它如既不形式上属于人民,也不实际地掌控于人民。如果这样,人或者由人组成的群体将如何让渡这项权力呢?再次,上层贵族无法否定城市拥有选择或设立下级地方官员及其职位的权力;大城市联盟有权设立更高级别的管理者;王权不过就是联合的最高级别的权力;它由诸多下级法官汇聚成更大的法官。最后,我们便称之为君王。

结论:封某人为王的权力来自人民。

第一,有权立王之人,必有权命某人为王。从对比行为中就能轻易推断出另一种行为。一个男人如果拥有娶某个女人为妻的权力,那么,完全可以推出,这个男人有结婚的权力。当以色列民立暗利而非心利为王,立暗利的儿子亚哈而非基纳的儿子提比尼为王之时(《列王纪上》16:8—34),不能因为这事会带来争端便认为以色列人当时所行使的权力是非法的。以色列民还立了所罗门为王,而不是比他年长的亚多尼雅为王(《列王纪上》1)。有人说,神特别地为所罗门设了君王职分也特意立所罗门为王,以色列民在此事无法插手,这纯属神之行为。

驳:这正是我们要说的,神借着以色列民、先知拿单、大卫王的仆人和整个国家高呼:"愿所罗门王万岁"(《列王纪上》(1:34—39))。由此才立了所罗门为王。这实质上是以色列民的行为。神乃所有受造物行为的始因。当人民选出某人为王时,国家就只能在神的指引下立此人为王。

问四 君王是否独一地、直接地来自神？而非来自人民？

在此，并没有两种行为：一种是神的，一种是人的。就是在这同一个行为中，神借着民众的自由选举与呼声立某人为王。人民在这行为中并非是消极的，而是通过带有国家权威的选择，使单个的非王的个人成为公众性的、授冠的王。正如经上所记："户筛对押沙龙说：'不然，耶和华和这民，并以色列众人所拣选的，我必归顺他，与他同住。'"（《撒母耳记下》16：18）"以色列人对基甸说：'你既救我们脱离米甸人的手，愿你和你的儿孙管理我们。'"（《士师记》8：22）"示剑人和米罗人，都一同聚集，往示剑橡树旁的柱子那里，立亚比米勒为王。"（《士师记》9：6）基列的长老回答耶弗他，说："现在我们到你这里来，是要你同我们去，与亚扪人争战，你可以作基列一切居民的领袖。"（《士师记》11：8）"犹大众民立亚玛谢的儿子亚撒利雅（又名'乌西雅'）接续他父做王。"（《列王纪下》14：21）"撒母耳对以色列众人说：'你们向我所求的，我已应允了，为你们立了一个王。'"（《撒母耳记上》12：1）"耶何耶大对他们说：'看哪！王的儿子必当做王，正如耶和华指着大卫子孙所应许的话。'"（《历代志下》23：3）

第二，神若规定了他的民立某人为王，也就暗示了人民有权立此人而非彼人为王。神既规范了人民如何选立王，人民也就有权立这人而非那人为王。道理已然明晰，神的律法不规定一种非正义（non-ens）纯粹的无，或一种非法权力。同样，神圣律法并不规定一种非法权力或非法行为，而是完全废除且禁止。至于人如何行动才不违背神圣律法，神从未对此做限定。神告诫忠诚，简单地禁止忤逆。人民若在立于己之上的君王比他们在选择先知上拥有更大的权力，那么，神在禁止他们选立如此这般之人为王时对他的子民这样说："在这些或那些人之外，我命令你们选立以赛亚与耶利米为你们之上的先知。"这证明了不仅仅是神，还有人民在立先知，是神与人民一起选立了先知。对此，我将在探讨神圣之人时再行讨论。不管人民是否同意，先知都直接被称呼为神的先知。先知是直接且唯独由神派遣而来，而非由人民。虽然神也特别地指定了一些人为王，且由他的先知为他们膏油；但直到人民承认他们为王后，他们才能事实上地被正式任命为王。如经上所示："若说：'我要立王治理我，像四周的国一样。'你总要立耶和华你神所拣选的人为王，必从你弟兄中立一人，不可立你弟兄以外的人为王。"(《申命记》17：14—15)神若是直接从民中委派王,并没有人民的参与行为,这里不就是对人民不公正之指控吗？人民无法说：对于立王之事,我们毫无权力可言；更不用说我们有权立以赛亚为先知,他可是见过神影像之人啊！行至何处神会嘲笑着说："立你的弟兄而非他人为你的王？"

第三,经上明言人民在神的指引下立王："示剑人和米罗人,都一同聚集,往示剑橡树旁的柱子那里,立亚比米勒为王。"(《士师记》9：6)"众百姓就到了吉甲那里,在耶和华面前立扫罗为王。"(《撒母耳记上》11：15)"我们不立谁做王,你看怎样好就怎样行。"(《列王纪下》10：5)如果耶户与众民都坚持一种天赋皇权原则,从而认定人民无权立王,想必神若非直接选定了王,人民在立王之事就连积极主动的影响力都丧失了,那么,上面的经文就显得荒唐了。经上又言："他们都诚心来到希伯伦,要立大卫作以色列的王。以色列其余的人也都一心要立大卫做王。"(《历代志上》12：38)由这段经文,拉瓦图(Lavater)①认为②,地方官员的选立也该采用这种方式,天降神谕,晓谕了王之职分；但是神并没有直接为这职分指定某人,仅指出他是人中那有极大天赋者。神的话已指明合法管理者所应有的资质："诚实无妄、恨不义之财的人"(《出埃及记》18：21 等)。这些人听讼的时候,即使是弟兄彼此争讼,都要按公义判断；审判的时候,不可不尊重他人(《申命记》1：16—17)。扫罗就是依据神的律法在各宗族中选出来的(《撒母耳记上》10：21)。民众不会选一个陌生人为王(《申命记》17：14—20)。安步林(Abulensis)塞瓦纽斯(Serrarius)③、科尼利厄斯(Cornelius à Lapide)④、桑切斯(Sancheiz)和其他一些天主教学者都认为,扫罗不仅仅先由撒母耳对其膏油(《撒母耳记上》10：1—2),而且还有两次是在民众面前受膏,一次是在米斯巴,一次是在吉甲,由以色列议会

---

① 路德维格·拉瓦图(Ludwig Lavater, 1527—1586),瑞士改革宗神学家。他的《论灵魂》(*De spectris, lemuribus et magnis atque insolitis fragoribus*, Leiden, 1569)在当时引用率甚高。
② Lavater com. in part 12, 38. Hodie quoque in liberis urbibus, et gentibus, magistratus secundum dei verbum, Exod. xviii. , Deut. I. , eligendi sunt, non ex affectibus. ——原注
③ 彼得勒斯·赛瓦纽斯(Petrus Serrarius, 1600—1669),伦敦出生的荷兰神学家。
④ 科尼利厄斯(Cornelius à Lapide, 1567—1637),比利时耶稣会士,释经学者。

问四 君王是否独一地、直接地来自神？而非来自人民？

为其膏油。撒母耳审判民众的声音如此重要以至于可立王，但撒母耳绝没有说自己示意的王就是正式的王。虽然他尊重扫罗，因他将是以色列的王（《撒母耳记上》10：7—8、17—19），但只有以色列各支派聚在一起开会，依据神的律法才能确立其为王（《撒母耳记上》9：23—24）。这是有据可寻的：首先，撒母耳叫以色列各支派到神近前来，并且选出了便雅悯支派来（《撒母耳记上》10：20）。神的律法规定只能在他们弟兄中立人为王，不能在外人中选。后因一些人拒绝立他为王，且彼勒的子孙（children of Belial）①蔑视他（《撒母耳记上》10：27）；因此，只有在扫罗王击败亚扪人后，扫罗才真正得到了众民的肯定（《撒母耳记上》10：10—11）。在吉甲，撒母耳将扫罗的加冕礼与国家会议对扫罗的选举重新进行，并且是在众百姓面前（《撒母耳记上》11：14—15）确立扫罗为王。其次，神在众支派中掣出便雅悯支派来。再次，神指出那个人，给出他的名字：基士的儿子扫罗，却将他藏于众民之中，让撒母耳对他膏油。这样做是让人民行使自己的职责立一位王。经文明确地讲到是民众立扫罗为王。殉道士加尔文（Calvin the Martyr）、拉瓦图和一些天主教学者，以及塞瓦纽斯、门多萨（Mendoza）、桑切斯、科尼利厄斯、尼拉若斯、雨果（Hugo Cardinalis）、卡图纽斯（Carthusius）、山科提斯（Sanctius）等人同时都得出结论：在神的指引下，人民立王。

我无法理解巴克利为何要将选王的权力与立王的权力区别对待。依他所言，选王的权力属于人民，但立王之权力属于神②。

驳：选立国王无非就是选择性地对此人，而非彼人，授予王冠。如果人民能这样做，那么，他们就在神的指引下立王。神只布置众王与列国；这对我们而言就足够了。就是因为没有人民的拥护，所以心利做不了王（《列王纪上》16：15—16）。撒玛利亚耶斯利的首领（《列王纪下》10：1—11）拒绝选立王，于是便没有王产生。人民的选举使亚他利雅成为王后；也是因为人民将王权转交给约阿施而使她不再为王后（《列王纪下》11—

---

① 和合本圣经中此处翻译为"匪徒"。
② 巴克利：《反君主制》，lib. 3，8. c. 3.。

12)。这里，我要问：除了举国上下的选举外，还有什么样的呼召能让某个族群中的一类人或者某个人执掌王权？现今，神已不再直接从天上下旨，也没有直接受圣灵感动的诸如撒母耳、以利沙那样的先知出现，前者膏大卫而抛以利押，后者膏所罗门而拒绝了亚多尼雅。我承认，王者治理国家的才能与英雄气概只能受赐于神，而非民众。这并非为王的充要条件，要不然现今坐在王位的国王就不都是王了，而很多其他人反而是王了。关于立王，如果有人说人民的选举只是神立王行为后的一种合宜的赞同行为，在某个特定家族中确立统治权力而非另一个家族是在人民的赞同之前，那么，就请他们向我们明示这种与人民的赞同决然不同的神造王的行为，我相信绝无诸如此类之行为。

因此，我认为：在这世上，已经没有了神之呼召或者教条将王权与某个家族或个人捆绑在一起；有的只是人民的自由选举权。因此，就要对这样的家族或者个人做出指示了：没有了神的呼召，也就没有执掌王权的权力。但是，王权可以通过人民的选举来获得。如若不然，我们只好说：当预言的膏礼与委任王权终止之时，这世上就没了合法的王。显然，这与圣经的记载相左(《罗马书》13：1—3；《彼得前书》2：13—17)。

现今这世上已没有神令将王权与特定家族或个人捆绑了，有的只是人民的选举权，这样说的原因如下：第一，没有人民的同意强行占有王权纯属王家抢夺，我们对此有目共睹；第二，现今，并无神直接的预言性呼召出现；第三，神赐予的帝王气质能使那些在年龄与智力上都还只能称为孩子的人成为合法的王，我想保皇党们对此不会反对；第四，这位教士先生所指定的国王职分已不能使人成为合法的王了，因为后果很严重。神指定那些应该为王的人为王，因此约翰·斯泰尔(John à Stiles)成了王；同理，大卫也成了王。由此可说，神子民的选举权才是那指令与神圣呼召，也因此现今的诸王才有了王权。我断定他们拥有从神而来的治理王国的礼物。

倘若没有以色列民的选举，神对大卫的直接任命与代表神圣权威的撒母耳膏油礼便可以使大卫成为以色列正式的王，那么，此时的以色列不是在同一时间内有了两个王吗？！依保皇党的理论，撒母耳给大卫行膏油礼之后，大卫就是以色列正式的王了，王并不需要从人民那里得到王权；

| 问四　君王是否独一地、直接地来自神？而非来自人民？

而大卫在自己被膏油之后还屡次称扫罗是神所膏油的，且是受圣灵感动的，我们与保皇党对此都无异议。一个国家同时出现两个拥有至高权力的君主，对于神的真理和健全理性来说，实属荒谬之极啊！这无异是说同时存在有两个独一的最高点或两个最大的无穷。合理的解释只能是这样：在撒母耳为大卫膏油与全以色列民在希伯伦为大卫加冕期间，大卫仅在执行他的国王职分。既然神立他为王了，因此他就必须肩负执行正义与审判、捍卫信仰等职责。对此，他没有推辞。依君王职责来说，大卫所行便是不义的了；作为王，他当砍下杀人犯扫罗的头颅，因扫罗杀了神的祭司；如此，扫罗就只是一个杀人犯，而大卫是唯一合法的王。如大卫已正式为王，他与以非利士人作战就是违背了神的呼召；国王在任何危险境地都不能违背神的呼召，不像飞行员可以在极端的风暴中弃盔而逃。神这样安排是为了警示我们：没有经过人民的选举，没有人能真正为王。撒母耳为扫罗行膏油礼后，在人民选举并立他为王前，他只是一个普通人而非王。同样，在大卫接受同样神圣权威性的膏油礼后，他依然只是一个人，而非以色列王，直到全以色列民在希伯伦立他为王。所罗门虽然得到神的钦点任命为王，但是在没有得到人民的选举之前他绝不是真正的以色列王（《列王纪上》1）。因此，我们能从人民的权力上看出点端倪来：这一权力能在神合法的呼召的带领下使一个不是王的人成为真正的王。此前，人非王，不得行使王权。我确信，神指定谁接掌王权，长幼之序不在考虑之列，亚多尼雅年长于所罗门，神却立了所罗门为王。那么，西蒙先生与那些法庭的先知们就必定在撒谎了。他们扬言，他们生而可以立王，并不需要人民的选举；人民的声音仅作起庆贺之用。

我想保皇党也不会否认，即使在贵族统阶级治的国家里也应该选出一位王来对国家进行管理，且这选出的王只有经人民选举后才能成为真正的王。如果六个人都有意愿当王，且都天赋超群，那是什么使他们中的一人为王呢？显然是神使人民选某个人为王。但不能借此说神直接给予王权；而是说，藉着神，众王得以治其国。君王之职分的确直接来自神。现在的问题是：是什么真正把王的职分与王权给予这个人，而非我们上面讨论的其余五人？答案是唯一的：神带领全民选立了这人而非他人为王。

问五

是否那位著《基督教国王的神圣王权》的教士已然证实了神就是君权的直接设立者？且王不是民众所能选立的？

考量1：我们这位被开除的教士这样说："通过天使与先知给出特殊指示来立王，大可说王不直接来自神。这样的时候并不多见，倒是也有一些，如摩西、扫罗、大卫等。但是，在没有从天而来的特殊指示或显现的情况之下，有些事情也可能是直接由神而来，并且可能是神特别的工。可以说，虽然对神职的委任来自教会和人，但是神的话、圣礼、捆绑与松开的权力却直接来自耶稣基督。如马提亚使徒的职分虽直接来自基督的命令，却由人来委任（《使徒行传》1）。灵魂被造及注入人体，并无任何由天而来的特殊指令，但本性却控制着人的躯体，处理事务，锻造躯身以与灵魂结合，也因此说父生子。"(c.2, p.19)。

驳：1. 第一，这位被开除的教士想通过这章的论述将我们变成那千夫所指之人。这篇论证使神成了君权的直接创始人。谁否定了这点呢？真正否认这点的并不是那些宣讲那为王之人是由人民选立的被立之王的人，而是那些否认人是直接由神选召而成为牧师与执事的人。虽然这种选召是通过由天而下的声音或先知与天使的执行而实现，这倒无妨，因为牧师与执事的职

问五　是否那位著《基督教国王的神圣王权》的教士已然证实了神就是君权的直接设立者？且王不是民众所能选立的？

分是直接来自神的。第二，他论证了神是君权的直接创造者。那又何妨？难道这就能推导出混乱的君主统治不该受到人民的抵制吗？难道君王就可以践踏一切法律吗？难道除了祈祷和眼泪外就没有反抗君王施暴的剑了吗？难道因为神是牧师与执事职分的直接创造者，就说反抗一位已经变成强盗了的牧师是非法的吗？如果这个推论成立，那么，牧师就在所有王法之外了。这正是耶稣会士的发明，除了祷告与眼泪之外，对付那行窃的教士们，我们别无他法。

2. 在这个标题之下，他说："王非民立"。如果他这里所说的"王"是指抽象意义上的"王"，即王族尊严，那我要问他在指责谁呢？至少不是我们。相反，矛头指向他的父贝拉明，因为贝拉明说过："君权在神的律法之上。"①如果他是指那成王之人并非人民所造所选的王，那么，他就将他自己置于所有宫廷学者们的对立面了。

3. 他说扫罗与大卫成王的呼召是"通过从天而来的特殊指示"，且这仅仅来自神。这显然不对。他们的王者职分（《申命记》17：14）来自神的诫命，正如杀拜偶者与祭司以及利未人的职分一样，并不是一项什么从天而来的特殊职分。这不过是神的诫命。如果他意指扫罗和大卫是神特殊启示而产生的王，这纯属谎言。除了接受过先知的膏油之外，扫罗与大卫与其他王并没有什么不同，都是由人民选举产生的，正如经上所明明记载的那样。如果在撒母耳第一次给大卫膏油之时，他就将自己置于王位之上，那他就犯罪了。他就该与他的主人，即先王扫罗，一同消失。并非仅有少数几个王是人民选立的，许多王都由人民选立；不！应该说所有以色列与犹太的王都是由人民来选立的。

4. 这位教士还宣称，君王得到的王者尊严"直接来自神，不需任何特殊启示"，正如一个人"虽然由众人选为牧师，布道的权力却是直接来自神"云云。在此，他说明不了任何事情，相反却证明了牧师之所以能被直接称为牧师，乃是因为神直接呼召并指定此人牧师的职分，正如神直接指定了布道的权力和使徒的职分，在创造活动中把灵植入身体。在我们这

---

① 贝拉明：《论平信徒》(de Laicis)，第 5 卷第 6 章第 5 点。

个没有非常启示的时代,我们看不到神如何直接地指派某人为王,如何指定某个家族为王族。神只是借由人民,即人民的自由选择这个中介,而不用先知膏油,来做这事。其实,这教士并不需要以使徒马提亚为例,也不必以任何普通牧师为例。一般牧师并不直接受命于神,因为牧师的职分直接来自神,而某人成为牧师则需通过教会来完成。

这教士辩称(c. 2, p. 20—23),我们可以从三层意义上说一个东西直接来自神:首先,它只能来自神,这种说法是任何凡人或人类祖先都无法企及的。如摩西、扫罗、大卫等人的权能;同理,使徒也是这样。其次,古代有过类似的先例,如由信徒来确定马提亚为使徒,但对他权力的确定则直接来自神。这正如一个人受洗后可得到罪的赦免和重生,而给他泼洒圣水却不能获得这样的效果。君王把权力赋予他的宠臣使之成为领主或爵士,最后却证实这人愚蠢不堪,那么,领主的荣耀就是直接来自君王的宠爱而不是君王。再次,某人若因某种平凡权利而获得完全且正当之权利,则这种权利之授予与确认直接来自神。

从上面第一层意义上讲,君权不来自神。在第二层意义上讲,君权是直接赋予君王的。虽然有一些人为的选举、继承、强制性征服的行为也会赋予人以权力,但这种介入性行为并不包含赋予君权的权力。如果受洗者并无什么前后不一致之处,那么,洗礼使之新生的权力就直接来自神,而不是来自水。在神圣秩序里,选派之事来自人,超自然行为的权能来自神。选举、继承、征服只能极为不合适地产生王。在第三层意义上,若说只有在神授予与确认之下君权才能说是直接来自神,这显然有悖于圣经①。要是那样的话,民众不是就可以喊着说:你是神的,你的权力来自地上。另外,保罗所说的"神的命"(《罗马书》13:1)就仅仅是"神的赞同与应许"。人有权力去设立或让人去追求王权;而神则赋予王权或者使某人占据王权。人可以将柴放入火中,但只有火才能使柴燃烧。

驳:第一,依据使徒职分以及那些给他们职分的设立,使徒直接且仅来自神。其中没有任何人行为的参与。他们与大卫王和扫罗王被授予王

---

① 《箴言》(8:15):帝王借我坐国位;君王借我定公平。

> 问五　是否那位著《基督教国王的神圣王权》的教士已然证实了神就是君权的直接设立者？且王不是民众所能选立的？

权的情形相左。大卫与扫罗是在米斯巴（Mizpeh）与希伯伦（Hebron）两地由以色列人正式选立为王。

第二，在第二层意义上，神通过激动人心而授予王权，这种授予事实上是在人那里实现的。形式上讲，人成了神。水本身与恩典无关，只有神的设置与应许才给予恩典；除非与耶稣会士一起做青天白日大梦，认为通过撒圣水这件行为就能给予恩典。如果你认为洗礼除增强脾性力量外，对病人并无治疗作用，那么，一个孩子或一个受洗孩子比一个其他孩子在阻止罪、减轻罪和反复罪上又能多做点什么呢？这种比较是无意义的。人民确实不能像王族那样高贵——那是神的光照。形式上虽不能，但根本上，在理性人的世界中，他们身上留下了权柄尊者的光照，通过这神圣设置，他们能够①把这高贵给予大卫，而非以利押（Eliab）。可以这样说，借着王的能力，是王之宠爱使某人成为领主。领主的荣誉主要来自王。

第三，人民的选举确实不能在形式上意味着王室尊严，但经上却明白地讲到是人民选立了大卫与扫罗为王；因此，归根到底，选举赋予了王族尊严。扫罗时代，大卫受膏并不能使大卫为王；他受膏后依然是个逃亡者。以色列民在希伯伦的选举才使大卫成为以色列王，使他与他的弟兄相区分，受王位，作为神的重要代理人。到底是神的怎样的直接行为使得我们这个教士痴人说梦地误以为除了他自己之外再无人是神圣的！王权通过这种行为被系统性地赋予那成王之人：除了选举之外，其他方式均是痴语。选举使大卫成王。王者禀赋确实直接出自神，但这在形式上并不产生王。所罗门看得真切："仆人坐马背上，王子步行在旁。"

第四，这教士之狡诈。我敢断言这并非他自己的创举。他窃取了斯巴拉多主教（安东尼奥·多米尼斯）的思想，却没有道明出处——"将某人推上王位确实是人的行为，将王权赋予某人却只能是神的直接行为；正如手将柴放入火中，而只有是火才能使柴燃烧一样。"把主体归于偶性与把偶性归于主体，这里有什么不同？王权是一个偶性，做王之人则是主体。

---

① 《申命记》（17：14）："到了耶和华你　神所赐你的地，得了那地居住的时候，若说：'我要立王治理我，像四围的国一样。'"

把柴扔入火中与把火引入柴中,只要在常识中,这是同一动作。当人民赋予某人王权的时候,实际上是将这个人推上了王位。于是,在这个人与王权之间建立了某种联合;这就意味着,将王权赋予这个人。

第五,第三层意义乃是这位教士所做之白日梦,与我们的信条无关。我们并不赞同国王的君权只有在神的授予与确认之后才生效。这种说法实则是:人民首先选立了王,神仅如播报员般通过后续的或稍晚的一句"阿门"来肯定人民所做的选举。如此,人就可以根据自己喜好来任意制造王,分配国家,而神只是恰当地核实并使之为善而已。神赋予某人王权,这与人民尊戴此人为王有差别吗?无法理解!人民通过选立王而将这个人尊戴为王;而神是通过人选举王的行为,更确切地说是通过对这种行为的引导而将王权传递给这个被选出的人。正如教会派遣一个人并授予其牧师职分,并不是根据神的指令而直接地把超自然布道能力灌输给他;这些超自然能力在他被按立时就已经在他身上了。有时候,神在一个人还不是王的时候就已给予这个人以超自然的统治能力。神在扫罗还不是王的时候就将他变为一个新人:"此后你到神的山,在那里有非利士人的防兵。你到了城的时候,必遇见一班先知从邱坛下来,前面有鼓瑟的、击鼓的、吹笛的、弹琴的,他们都受感说话。耶和华的灵必大大感动你,你就与他们一同受感说话;你要变为新人。"(《撒母耳记上》10:5—6)在撒母耳为他膏油之时他也还不是王,只是后来人民的选举才正式使他成为王。扫罗不能因撒母耳的膏油正式为王,也不会因着有灵进入他而在形式上为王。在以色列民与米斯巴选立他为王之前他只是一介平民。

经上早已用叙事的方式阐明了人民的权力:示剑人和米罗人,都一同聚集,往示剑橡树旁的柱子那里,立亚比米勒为王(《士师记》9:6)。同样的事情在《撒母耳记上》(11:15)中也有记载,以色列人立扫罗为王。在《列王纪下》(10:5)中有"我们不准谁做王"这样的记载。《历代志上》(12:38)中有"他们都诚心来到希伯伦,要立大卫作以色列的王"的描述。在《申命记》第17章,神将立王的权力三次给了人民。若说:"我要立王治理我"(《申命记》17:14),如果人民没有立王的权力,那么又何来"不可立你弟兄之外的人为王"(《申命记》17:15)这样的律法呢?《列王纪上》

> 问五 是否那位著《基督教国王的神圣王权》的教士已然证实了神就是君权的直接设立者？且王不是民众所能选立的？

(12∶20)中说到，以色列众人在会众面前立耶罗波安作以色列众人的王；以色列人也以同样的方式立约阿施为王，使他统治以色列地(《列王纪下》11∶12)。

第六，人民说：你是神的，你的权力来自地下。这教士反问道：又怎样呢？难道就此否定王权来自神吗？也不能就此推出民可反王啊！圣经对这两方面都进行过阐释：神荣耀大卫使之为王，且所有权力皆出自神。统治一个城市的领主的权力也当如是。人民立大卫为王，同样也是人民选这个人为领主。这其实是再洗礼派（Anabaptist）的论点：神将律法写在每个人的心间，并且教诲他们的孩子；书籍与人的工都是不必的。科学与律法之下的技艺都来自神。这样，人所运用的科学也就并不是出自人的自由意志、勤奋与研究。这教士赞扬君王从神那里获得他的王权，其方式如同说，约翰·斯泰尔是这个女人的丈夫。

教士：君王属于神；他们是神的，是至高者的儿女，是他的仆人，是他的公众代理人；他们的剑与审判代表着神。这里，他在抽象与具体意义上谈论王权；他们的权力、位格、工作都是神圣的缩影。因此，他们的权柄与位格既是神圣的又是不可侵犯的①。

驳：所有法官的集会②都属于神，是神的。神并没有说另外有一个君王集会。同理，使徒的职分与位格都是神的。并且，所有的天主教教士（正如他们所宣称的那样）作为使徒的继任者，他们也都是神的仆人。他们的服侍、言语、纪律约束都不是他们的，而是属于神的。法官的审判次于国王，但也是神的审判，而不是人的③。因此，依据这位教士的逻辑，所有的教士、市长、法官、警察、牧师都在一切法律之上、神圣不可侵犯。这是要赞扬君王吗？作为人的君王在哪里呢？那属于神的，在抽象意义上

---

① 《基督教君主的神圣王权》，第 24 章。
② 《诗篇》(82∶1,6)：神站在有权力者的会中，在诸神中行审判。……我曾说："你们是神，都是至高者的儿子。"
③ 《申命记》(1∶17)：审判的时候，不可看人的外貌，听讼不可分贵贱，不可惧怕人，因为审判是属乎神的。若有难断的案件，可以呈到我这里，我就判断。
《历代志下》(19∶6)：对他们说："你们办事应当谨慎，因为你们判断，不是为人，乃是为耶和华；判断的时候，他必与你们同在。"

的王权在哪里？正如经上所记："然而你们要死，与世人一样。"(《诗篇》82：7)

教士：从律法讲起，神已然规定了对他虔诚与崇拜的核心要义、主体内容以及仪式规范，也给出了虔诚与正义的秩序①；从这里可以看出王在起初之时就直接来自神，且与其他人相区分。"在他们之中立王。"②这里的"他们"是一个集合代词，指代所有人、每一个人。圣经并没有晓谕这个原则，即王大于个人。人是在抽象意义上被言说的，"神所拣选的人"(《申命记》17：15)——这条显白的诫命就完全地、特别地将人，所有人与每个人排除出去，也将所有可以想象得到的能够立王的力量排除在外。全能的主将这项权力完整地、全部地留给了自己。

驳：始于律法，却不成于传统。如神的话明了虔诚与敬拜的要旨，那么你荣誉的其他部分就是：神的教士指派了天主教所有仪式，作为虔诚的附加值。这是耶稣会士的教条。这远不能证明王是完全独立的，从而任命王成了完全是神的事情；显然，这是给予人民以任命王的权力。因为，立王于民之上，立此人而非彼人，乃是让人民任命王，而王次于并依赖于人民。神为了人民的福利而立王，并非要人民服从于王的福利。这本书该使这位教士蒙羞。他承认，在其他地方也有通过不合适的继承、选举和征战而产生王。依此逻辑，人民在某个时候也可以不适当地篡夺神位了啊！

教士：耶稣会士与清教徒扬言，神为犹太人选择了他们的王。这对犹太人而言是一种特权。苏亚雷斯、索托、纳瓦(Navarra)等人也持这样的说法。

驳：耶稣会士是这位教士的弟兄；他们高举同一旗帜。但是，我们与耶稣会士不在同一阵营。这位教士说：摩西、扫罗、大卫得到了神的特殊

---

① 《申命记》(17：14—15)："到了耶和华 神所赐你的地，得了那地居住的时候，若说：'我要立王治理我，像四围的国一样。'你总要立耶和华 神所拣选的人为王。必从你弟兄中立一人，不可立你弟兄以外的人为王。"

② 卢瑟福所使用的圣经版本与我们现在使用的和合本英文译文有差别，卢瑟福这里原文为"Set over them"，参见《申命记》(17：15)。

问五 是否那位著《基督教国王的神圣王权》的教士已然证实了神就是君权的直接设立者？且王不是民众所能选立的？

启示。当然，现今的王已经不再有这种启示了。犹太人拥有其他民族所没有的殊遇。神为他们指明了几位王，如扫罗与大卫。现今，神已不再这样行事了。我们有《申命记》(第17章)经文为据。

教士："帝王藉我坐国位"(《箴言》8：15)如果人民有权立王，那么就没有所罗门王，只会有亚多尼雅王。所罗门并没有说"属神的"，而是不那么肯定地说"藉我"，如藉着创造者、主权者、主事者，而坐上王位。"藉"(Per)就是藉着基督，而不是人民，不是大祭司、国家或者长老，——并非"藉我而生气"(per me iratum)，而是藉着我，在我的愤怒里，正如有些新教徒所宣称的那样。保罗"为着神的"(διαταγή τοῦ θεοῦ)，这是一条最高权威的、不可改变的律令。兴利纽斯(Sinesius)正是在"在我"和"藉我"这种意义上使用这个词。亚里士多德、卢西利厄斯(Lucilius)、阿庇安(Appian)、普鲁塔克(Plutarch)等人也如此。安德鲁博士(Doctor Andrews)也持这样的观点。这里的王是不确定，指所有的王：没有律法就无法突显王位。他们是具体地(in concreto)做王。只有给他们带上王冠的力量才能摘去他们的王冠。

驳：1. 不能将这点仅用于王；它同样也适用于议会。所罗门还加上了谋士、先生、王子、权贵、贵族，以及世间法官等。正是他们在藉着基督统治、治理这个世界，并为之伸张正义。那么，所有的郡长、郡守、市长、警察都是这教士所颂扬的神圣而不可抗拒的人。由此可推出：(1) 英格兰法官不是籍不列颠国王(作为他们的创造者、主因与决定性因素)进行审判的，而是直接受制于基督。当然，教区法庭也就不受教士的制约了。(2) 所有这些人以及他们的权力都是独立运作，直接藉着基督。(3) 所有下级法官都是"为着神的"。这种律令不可改变。因此，国王不能解除任何法官的职分，不能解散议会。一朝为法官，终生为法官。这位教士为君王所做的贫瘠辩护真是一文不值！

2. 依以色列律法，人民若有立王之绝对权力，他们大可选所罗门与亚多尼雅之外的任何一人为王。但是，神已明确启示给他们以律法了，即他们要选神所拣选的人为王(《申命记》17：15)。现今，神不再直接感动先知为某人膏油，如大卫、扫罗、耶户等人，也不再通过天启应许将王权给予某个家族,或头生子。因此,神首先选择了某个人,然后让人民将这个人立为王。出生的先后顺序已经不再是他们立王的准则了。如他们立所罗门为王,而不是年长的亚多尼雅为王。这也证明了神并没有为以色列国指定一种王的统治。他选择人,并不根据他个人情况,也不依据他是否为该族的头生子。现今,既没有圣经经文也没有神的律法将王者尊严给予某人或某家族。以神的话的方式给王位继承者授权,在这点上,这仅为犹太人的特权。我们再无这样的神的启示了。我们的时代没有受圣灵感动的撒母耳,就不会有"立大卫为王,或立这个人为王"预言;也没有诸如"要立这族的头生子为王"这样的神的话。所以,人民就必须根据神的诫命立合适的人为王(《申命记》17:14—15)。其他的诫命则规定了法官应该具备的品质①。

3. 在某种意义上君王确实是藉着基督做王。难道这就能推出他们不是藉着人民的自由选举来登上王位的吗?这教士这样辩解道:依据圣经,一个城市的市长是藉着神而伸张正义,因此它就不是藉着该市市民而成为一市之长的。这是牛头不对马嘴!我们并没有说王是藉着神的愤怒而坐王位!我们以神的大仁慈来批判一个国家的王或教会。但这本书却说不是!反而说,藉着神,国王与法官不仅仅进行统治与伸张正义,而且还通过组建教皇主义者军队来谋杀新教徒。"权力"一词在古希腊经典作家那里都不意指不可改变的权力。乌西雅是一位合法的王,但也被合法地从王位上赶下来了,并且直到死都"与耶和华的殿隔绝"(《历代志下》26:21)。解经家否认这段经文讲述的是有关暴君之事。对此,亚兰文(迦勒底文)的阐释是:强大的正义杠杆(Potentes virga justi)②。拉瓦图与丢大图斯说:"这里就证明了所有君王、法官与法律都来自那永恒之法

---

① 《申命记》(17:16—18):只是王不可为自己加添马匹,也不可使百姓回埃及去,为要加添他的马匹;因耶和华曾吩咐你们说:"不可再回那条路去。"他也不可为自己多立妃嫔,恐怕他的心偏邪;也不可为自己多积金银。他登了国位,就要将祭司利未人面前的这律法书,为自己抄录一本。
《历代志下》(19:6—7):对他们说:"你们办事应当谨慎,因为你们判断,不是为人,乃是为耶和华;判断的时候,他必与你们同在。现在你们应当敬畏耶和华,谨慎办事,因为耶和华我们的 神没有不义,不偏待人,也不受贿赂。"
② Aquinas, 12, q. 93, art. 3. 应该指的是阿奎那著作。译者无法追踪具体是哪一本。

> 问五 是否那位著《基督教国王的神圣王权》的教士已然证实了神就是君权的直接设立者？且王不是民众所能选立的？

(derivari a lege eterna)."这位教士愤怒到无语，挣扎着要证明所有权力，包括王权，都是属神的。他能用它来干嘛呢？他谈到（第30章），如果不的话，新教徒也说"人只能因信而称义"，即只有神才有权力。我们能在其中嗅出耶稣会士的气味。"因信称义"确实是新教徒的原则。这些天主教教士与耶稣会士却由此走上了另一条道，称义不仅仅因着信，还因着事功。所有权力都只来自作为创造者的神，而不是人。接下来呢？难道就能推导出在立某一特定的人为王而非他人这件事上，人民与民众无所作为？我们大可以将这教士的论断与保罗、所罗门的话语放一起，那便有："君权来自神，属神、藉着神，神的指派是不可变更的。"难道还有其他结论——除非立一个永生的人为王，否则这人与人民相关？只有神才能摘取王冠，同理也只有神才能将一个不称职的、被革除教籍的教士的职分与侍奉免除。问题是如何免除？难道就能表明人民与教会没有权力免去一个不称职的神职人员吗？即使是教士从神的道走向了撒旦也不行吗？只有作为教会头的基督才能将令人愤慨的教徒革除教籍吗？教会不能行这样的事吗？理论要正反使用都恰当才行。世间所有的教会都不能恰当地指定牧师，他们只指派那些有天赋并受神呼召的人。难道我们就能得出如此结论：除了藉着神从天而来的直接行为外，世间没有教会能剥夺一位牧师的职分？要是这样的话，这些天主教教士有哪里来的胆量在英伦三岛上革除、剥夺和监禁如此众多的牧师呢！放眼这位教士的理论，他整本书的论点都基于这点，即君权神授。王仅为神的创造。接下来呢？他享有的君权不能被剥夺。同理，神仅仅任命了亚伦一族为祭司；所罗门要罢免亚比亚他的祭司职分便无法可依了。这位教士可能赞同所有这一切。按他的说法，《罗马书》第十三章的内容会鞭笞折磨我们。但是，我认为，它更像是在鞭打那些宫廷的寄生虫。

我继续沿着这位教士的思路前行："神圣的君权要被保有；君王要得祈福；这样，我们便可过圣洁的生活。"（第3章）接下来呢？有权柄的都要受祷，包括议会在内。牧师也要受祷了，因为没有他们，宗教都不能存在。关于君王都应得到受祷，我们是否应该对此发问？或问我们到底有无这项义务？无论怎样，答案都不能是：王族的受祷直接来自神，而不是人！

教士：所罗门在《箴言》第八章先讲治理的确立,后论创造。因此,无统治是极坏的事。神在夏娃之前就将统治权放在亚当的身体里了;或者说在人来到这个世界之前就已经放好了。我们除了享受这统治的果实,并维护君王神圣权威不是侵害之外,又当如何呢!

驳：1. 摩西在《创世记》第一章中先讲创世再说王事。《创世记》第三章也先讲亚当获罪,然后才言说他必须通过受佑的劳作以赎救。因此,如若无罪,谁指望救赎!

2. 若在创造夏娃之前,神就已使亚当成为管理者,那么,任何人都是在他有儿子或妻子之前就已经被造成父亲或丈夫了。此乃这位教士的逻辑!他大可以这种方式证明他书桌上的两个鸡蛋变成了三个。

3. 如君权可侵,那就没有管理可言。确实,只要有王在的地方,君权都是不可侵犯的。那又如何?专断的统治并非统治。

4. 他暗讽寡头政治、民主政治与产生王的议会权力都是政治的混乱。此处,他仅论及君主制度,并没论说其他统治形式。

教士：服从王需要恩典①。神叫众民匍匐在大卫王的脚下。反王就是反神②。因此,王与神有亲密的联盟。

驳：1. 那么,教皇主义者与教士有大大的恩典,尽管他们喜欢在写作与布道中反对恩典。

2. 罗利奴斯啊!你的那些耶稣会弟兄们定会由此推出,你的王可以仿效大卫征服异教徒,用他手中的长剑来征服他自己的苏格兰与英格兰!

3. 独断统治与神无任何盟约;反而是对神与神的国忤逆。变节者哪有什么资格去评价抵抗对爱尔兰人残暴的自卫!

4. 顺服牧师、下级法官、主人需要很多恩典③。因此,在保皇主义者

---

① 参见《诗篇》(18：43)：你救我脱离百姓的争竞,立我作列国的元首,我素不认识的民必事奉我。
《诗篇》(144：2)：他是我慈爱的主,我的山寨,我的高台,我的救主,我的盾牌,是我所投靠的;他使我的百姓服在我以下。

② 参见《彼得前书》(2：17)：务要尊敬众人,亲爱教中的弟兄,敬畏神,尊敬君王。

③ 参见《歌罗西书》(3：22—23)：你们作仆人的,要凡事听从你们肉身的主人,不要只在眼前事奉,像是讨人喜欢的,总要存心诚实敬畏主。无论做什么,都要从心里做,像是给主做的,不是给人做的。

> **问五** 是否那位著《基督教国王的神圣王权》的教士已然证实了神就是君权的直接设立者？且王不是民众所能选立的？

看来，他们的权力直接来自神方面，比起人民立王来说，不会多于来自人。

教士：神对法老说，我叫你存立（《出埃及记》9：16）。以利沙在神的指引下任命了叙利亚王①。法老王、亚希米勒、希兰、哈薛、哈达等人并不比大卫、扫罗等人更不配王的称号。从《耶利米书》（27：6）可以看出，就德性而言，尼布甲尼撒也被尊称为"神的仆人"②。神称呼大卫是一位由称心而生的王。《以赛亚书》(45：1)中讲道："我耶和华所膏的居鲁士"，并且在他出生大约一百年前就已提到他的名字。同样，《以赛亚书》（44：28)论到居鲁士时，神的话："他是我的牧人。"《但以理书》(5：21)中讲到，神凭自己的旨意立人治国；帝国、诸侯、王族也不会凭着人订的决议所击倒，只为神的手和功而动。同样，神在《何西阿书》(13：11)说："我在怒气中将王赐你，又在烈怒中将王废去。"又借约伯的口说，他使君王坐宝座（《约伯记》36：7）等。

驳：这里是由七段经文组成的一整章，里面阐发的是我在前面反复讲过十次的一个简单的观点。1.《出埃及记》(9：16)讲的：我将你兴起来；保罗在《罗马书》第九章对这句话的解释是要证明，法老是满载神愤怒的器皿，最后按照神的绝对意志被摧毁了。这位教士却沿着亚米尼（Arminius）的路子，以他那叛逆心智将这句话运用到我们的王那里。这是在为王祈求吗？

2. 以利沙制定哈薛为王，但并没有立他为王。他只是预言说哈薛定会成为亚兰王。这样一位由神立的王，他手刃带病的君王，藉无辜人的鲜血篡夺王位。真替你羞耻！我绝不跟随我们这位教士如此这般制造出来的王！

3. 神若将给但以理（《诗篇》113：1，116：16）与摩西（《约书亚记》1：2）的"神的仆人"这般称呼也给了尼布甲尼撒，那是因为：在神，所有的王都是人。既然如此，为什么王权就不建立在顺服的基础之上呢？尼

---

① 参见《列王纪下》（8：13）：哈薛说："你仆人算什么，不过是一条狗，焉能行这大事呢？"以利沙回答说："耶和华指示我，你必作亚兰王。"

② 《耶利米书》（27：6）：现在我将这些地，都交给我仆人巴比伦王尼布甲尼撒的手，我也将田野的走兽给他使用。

布甲尼撒便不是神的仆人了,只是这世间的铁锤,是神子民的残酷征服者。所有异教王也被称为王。他们中的大多数又是怎么登上王位的呢?像大卫与希西家那样吗?神并不以他先知之手来膏他们,他们要么是通过人民的选举登上王位,要么是通过流血与抢夺而登基。后者并不能提供任何否认亚他利雅为合法王后的理由。她与亚比米勒都是合法的王族。他们的统治都是独立直接来自神,与许多异教王一样。可以看到,亚他利雅最后被以"血腥篡位者"名义杀害也是无比正义之事。这会促使耶稣会士的弟兄去刺穿那异教国君的胸膛。他们正是你视为受神之膏礼的正义之王,完全不顾尼布甲尼撒与这些王都是通过血腥抢夺、违背所有神的律法与人为法律而登上的王位。

4. 居鲁士是神所膏的王,也是神的牧人。他专横的统治只直接对神负责,僭越一切法律。这真是一个恶劣之极的结论!

5. 神在居鲁士出生前一百年就指定他为王了。神还不止提前一百年就亲自指定并且任命了犹大为使徒,也指定了基督进耶路撒冷会骑着的那头驴(《撒迦利亚书》9:9)。难道这位教士会凭借这点就将犹太和这头驴也认定为独立的王吗?

6. 神要将一国给谁就给谁。那会是怎样呢?这将足以证明王国也如国王一样是独立并且直接来自神的。神能给一个王国派遣一个王,也能给一个国王指定一个王国。可以肯定的是,他根据自己的意愿来指定谁为王。因此,他将先知、使徒与牧师的职分给那些他心怡的人;同样,也将残酷征服者的名给那些他认为应得的人。正是这个但以理口中的来自神的尼布甲尼撒,在许多国度里,他并不是正义的主,尤其是在犹大国。作为万王之王的主给了他王的头衔,那是基于主的善意;如果神不藉着他先知耶利米的嘴说出命令,他们也不会兴起,用剑来维护他们的人身与自由。这与以色列人用剑制服摩押(《士师记》3:30)一样是合法的。同样的道理,将他们从欺压以色列民二十年的迦南王耶宾解放出来(《士师记》4:6)。这教士现在却用这些事例来证明那些异教王与大卫、希西家等享有同样神圣的头衔,将他们设想为土耳其与西班牙征服与奴役之下的反叛者,用他们手中的剑捍卫他们的自由。他们所谓的以色列,救主为他们

> 问五 是否那位著《基督教国王的神圣王权》的教士已然证实了神就是君权的直接设立者？且王不是民众所能选立的？

兴起的以色列，并不符合任何自然律来维护他们的自由。这自由被强行从他们那里剥夺。从这些可以很简单地推出血腥征服者的暴政是直接来自并依赖于神。这些政权与其他那些合法的政权一样，包括尼布甲尼撒对神的子民的统治政权，都会遭到神的剪除（《耶利米书》1：6—7）。于是，神与神殿的复仇就落到了他那里（《耶利米书》1：16）等。诚然，神命令他的民顺服在巴比伦王的统治之下，服侍他，为他祷告，行与之相反的事就是叛逆。但是，这并不是因为巴比伦王是他们的王，乃是因为巴比伦王得了神的命，为神的民带上枷锁。基督也得了命令在十字架上受死（《约翰福音》10：18），难道希律王与彼拉多有任何权力将基督在十字架上钉死吗？断然没有！

7. 他扬言：王族，即使是异教的王族也不受任何人为条约的限制与处置，仅直接受制于神手与神功。人订的契约将一国给予一人，异教社会也做这样的事；因此，在契约基础上处置一国并不违背神手，用他神圣的自由来指定王室与君主。最后，这位教士说，神在他的愤怒中夺取了扫罗的王位；请你仔细啊！神做的仅限于此吗？扫罗作为一个受膏的王杀害了自己（《撒母耳记上》31：4），因此，神将他带走。我们也可因此起义，只要我们无法忍受我们的王自杀。至此，问题已经很清晰了。

问六

鉴于神的统治及其对戴王冠之人的指定,君王是否彻底地来自神?除由人民在形式上确认之外,与人民完全无关?

作为一位狂热的君主制度拥护者,弗恩博士认为,君主制度有明显的优越性,因为它是神首先在摩西那里确立的。不过,君主统治、贵族统治以及任何其他统治形式都不是神圣政治(jure divino)。"我们认为(他说①),权力本身,或者说君主制或贵族制中的统治力可以抽象地看作是来自其他统治形式的修改。它本身是一种隶属于神的旨意的流变状态(A flux)或者组建形式,是一种神圣权力(dixi)或者无言创造之律令。它在神的监督之下运行。"此乃对神委任的亏本大贱卖!照此而言,统治权没有神的任何授权。从形式上讲,这种政府只依神的旨意而存在于此世,如原罪,如一只从天空摔落到地上的麻雀。但是,神的话不仅规定了一个政府该如何,也规定了为人父母的该如何;不仅仅规定了政治统治者该如何行,也指定了王,也规定了寡头统

---

① 弗恩:《主要教义》,3,s.13。

| 问六 鉴于神的统治及其对戴王冠之人的指定,君王是否彻底地来自神?除由人民在形式上确认之外,与人民完全无关?

治中的掌权者该如何行①。如果君主制与贵族制权力都是从其他统治形式中抽象而来,并来自神,那么,反抗贵族政府、议会以及法官就与反抗王一样同属合法行为了。

我们且看看这教士关于"王来自人民仅仅指需要人民形式上的肯定"所给出的证明:"说以色列人(《申命记》17)要立王来治理他们,就像说圣人要审判世界(《历代志上》6)。就是说,人民认可基督的审判,接受、承认并尊重他为君王,但无需立他为王并赋予权柄;神已经选定和设定此人为王了。"

驳:1. 他在这里不厌其烦地证明示巴女王与推罗王只是承认、尊崇、屈服在所罗门王之下,而不是像其他以色列王族一样选立所罗门为他们的王。

2. 人民的尊崇和顺服与王法相关,而人民选立王却与该王的法律无关。如此,在人民正式选立他为王之前,他便已作为王给人民颁布法律,同时也作为王对人民发号施令。

3. 人民若准许与授权了一位由选举产生的王为他们的王,它的前设是:在人民授权他为王之前,他已是由神选立与派遣而来的王。请这位教士给我们举出一件神任命某个人为王的事件!今天这个时代,人民在六人中选一人为王之前,并没有那直接从天而降的启示说:这是你们的王。这也完整地证明了,神给那些以前没有王的民族选派了这六个人中的一个去做他们的王,乃是通过改变该国民的心来选立这个人为王,而非另外那五个的。

4. 神禁止以色列人立自己弟兄之外的人为王(《申命记》17)。这里,神首先假定他们可能立外邦人为王。如今,神将神的律法给予了那生活在有罪之国的人,神就提前假定了人那腐朽本性将做出与神的律法相悖

---

① 《罗马书》(13:3):作官的原不是叫行善的惧怕,乃是叫作恶的惧怕。你愿意不惧怕掌权的吗?你只要行善,就可得他的称赞。
《申命记》(17:14):到了耶和华你 神所赐你的地,得了那地居住的时候,若说:"我要立王治理我,像四围的国一样。"
《彼得前书》(2:17):务要尊敬众人,亲爱教中的弟兄,敬畏 神,尊敬君王。
《箴言》(24:21):我儿,你要敬畏耶和华与君王,不要与反复无常的人结交。

的事。如果神规定以色列人所立王这件事仅仅是以色列民对神所选定和派遣的王的一种形式上的确定,那就等于提前假设了神会派遣外邦之人做以色列合法的王,且以色列民被禁止去确认和同意这位神选定的人为王。因为以色列民立外邦人为王是绝对不可能之事(神是唯一的王的创造者),以色列民就仅仅确定与赞同外邦人为王。可想而知,如果神首先选定并指派了一个外邦之人为王,那么,决定这个王是邦内弟兄而非外邦之人的权力并不属于人民。立王,在神选定与指派了义人为王的情况下,人民仅仅只是确定与接受他为王;不管他是外邦人还是自己弟兄这些都不在人民的权力范围之内。这就是神所命的。此乃绝对不可能之事!我们来感受一下这位教士给所言的苍白逻辑:我是你的神耶和华。我从无中创世。只有我才选定和派遣你们的王,不管他是犹太人还是尼布甲尼撒,抑或外邦人。在我诅咒之苦中,我禁止你们选立一位你们自己的王,除非他是你们的弟兄。这都是些什么鬼话!我用全能来禁止你们成为创造者?!

5. 在此,我要重述我在前面讲过的道理:如果人民只是形式上赞同某人为王,而没有任何立王行为,那么,人民要接受命令立某人而非他人为王,此乃无稽之谈。

教士:所有那些必要立王之行为,无论是现实的还是想象的,都必须归于神。以第一位王为例,"现在你们所求所选的王在这里。看哪!耶和华已经为你们立王了"(《撒母耳记上》12:13)。在这里,人民的选举仅仅指对耶和华选定的王给予默许与接受,正如经上所说"你们所选"的这么简单!又如《撒母耳记上》(9:17)与《撒母耳记上》(10:1)中所记,神选定了扫罗为王,撒母耳作为先知与牧师给他膏油,对他表示尊崇与敬意,并将这一切都归于神,即已指派扫罗作为最高的统治者来管理他的民。同样的表述也出现在《撒母耳记上》(12:13)中:"耶和华已经为你们立王了。"这也就是《诗篇》(2:6)中的"我已经立我的君在锡安我的圣山上了"的意思。任何人与天使都不能染指立基督为王之事。在《申命记》(17)中,神已经言明只有他才是合适独一的王的指派者。承认或拒绝扫罗为王并不是以色列民的一种主观行为。人民的同意、确认与接受使神的工

问六 鉴于神的统治及其对戴王冠之人的指定,君王是否彻底地来自神?除由人民在形式上确认之外,与人民完全无关?

得以完全,从而使神愉悦。以一种更平和的方式,神让扫罗承担艰巨的任务,让他的子民更情愿地尊崇和顺服于他,没有任何怨言与唠叨。人民的默许也许会为王选立的庄严性及其加冕仪式的隆重性锦上添花,但并不能接近本质或真实的选立王行为。或者说,人民并不是选立王的必要条件。如果他们违反了正式法律,如世袭王的加冕仪式、主教的登基仪式等,那么,就只能将他们归入恶人行列了。《列王纪上》(3:7)中说:"你使仆人接续我父亲大卫做王。"《撒母耳记上》(16:1)也有"我在他众子之内,预定一个做王的"这样的话。《诗篇》(18:50)说他就是耶和华的王。《诗篇》(89:19)中也有"我高举那从民中所拣选的"此类记载。神为他们行了膏油礼(《诗篇》89:20),扶起他们说:"我让他做我头生的。"这个头生的要在他其他弟兄之上,也在他的所有弟兄之上,即使是千子相加也不及这头生的(《诗篇》89:27)。

驳:1. 照此说来,与王相较,那些下级统治者,也同样是神直接的代理人,也不可抵抗,因为神将那降到摩西身上的灵也直接降到了那些比摩西次一些的人身上,即七十长老(《民数记》11:14—17)。

2. 这教士不懂推理。如选立王的所有必要行为都只能归于神,与民众毫无关系,那么神就既选定了王,也确定(设计)了王。但是,经上说,前者才是神所为。如果所有行为都归结于神,神作为最主要的立王者以及王与王国的处置者,这一切与民众无关。在这种概念体系下,神就既选定了王,也确定了王。在他那里,大小前提都错。大前提如这教士一样荒谬。所有制造战争的必要行为都要显著地归于神,因为:(1)神为他的民而战;(2)神击退了所有敌人;(3)神屠杀巴珊王噩(《民数记》21:33—35);(4)神的战役;(5)胜利也是神的。由此推出:以色列人没有打过仗。所以,《申命记》第三十二章才会说——耶和华独自引导他的民(32:12)——耶和华在旷野中带领他们(32:10)——他们的卑躬屈膝与剑换不来他们的国。神成就了他们所行的一切(《弥撒亚书》26:12)。因此推出:不是摩西带领以色列民出埃及;以色列民也不是用自己的腿跑出旷野。同理,以色列民也从未射出一箭,也未拔出一刀。这个结论何等荒谬啊!神做这一切是作为受造世界首先的、显赫的、最重要的、有效的预定者。这位亚米尼教徒兼教皇主义者断然不会如此尊崇神。这个前设就是错的。以色列民立扫罗与大卫为王;如果以色列民无权力决定他们的王是犹太人,还是西古提人,还是埃塞尔比亚人,那么,神诫命以色列民只能在他们弟兄中立王就显得很荒谬了!在没有以色列民的参与下,若神独自选择了、决定了、任命了且最后在形式上确定了某人为王,即神独自完成所有核心行为立了王。神诫命以色列民不可立外邦人为王就实属荒谬!在这些行为中,若人民与确立王的核心行为无关,仅承认与默许某人为王,仅来修饰王权的庄严与加冕仪式的隆重;那么,便不会有选立为王的扫罗!(《撒母耳记上》9∶17,10∶1)撒母耳敬仰他并亲吻了他(《撒母耳记上》10∶1)。神给了扫罗王的尊严(《撒母耳记上》9∶17)。在这个预言性的膏礼之前,在撒母耳还实际上如王那样,做神在以色列的代理人之时,神就使他做了首位(《撒母耳记上》9∶22),尊他为王。如这教士能从撒母耳以君王之礼与敬待扫罗这件事上得到什么的话,那就是:在撒母耳膏扫罗,亲吻扫罗之前,扫罗就已然是正式的君王了。这必在他正式成为君王之前,在见撒母耳的面之前,他就已然是神委任的君王了。撒母耳将尊崇归于这个受神指派为最高统治者的人是对的。这是扫罗应得的,而非他已得的,如撒母耳请他坐了首席(《撒母耳记上》9∶22)。也可以得出,我们为扫罗进行选举并立他为王是错误的(《撒母耳记上》10)。因为在那之后,以色列民立王的要求被神斥责。这是对一种作为罪的欲望加以劝阻的行为:在那之后,扫罗被民众选出并立为王。撒母耳为他行膏油礼后,他依然只是一名凡夫俗子,并藏匿在众人之中(《撒母耳记上》10∶22)。

3. 由于这教士的无知与顽劣,我不明白他所说的《撒母耳记上》(12∶13)的表述和《诗篇》(2∶6)的说法乃是相同。这种说法肯定是错的。《撒母耳记上》(12∶13)中使用的希伯来文,其意思是"耶和华已经为你们立王了"。这种表述在《何西阿书》(13∶11)中是"我在怒气中将王赐你"。但是,这与《诗篇》(2∶6)"我已经立我的君在锡安我的圣山上了"的表述完全不同。希伯来语"我已立他为我的王"属此类表述。它们虽然一致,但也绝对不能说,人民毫无可能这样:命基督为他们的头[同样的表述曾

问六　鉴于神的统治及其对戴王冠之人的指定,君王是否彻底地来自神?除由人民在形式上确认之外,与人民完全无关?

出现在《何西阿书》(1:11)①中]仅表同意与相信他为王。断然不能由此说,在任命王的活动中,人民仅仅起形式上加以肯定的作用。同样的表述有时并不表明同样的行为。世上的法官用嘴亲基督(《诗篇》2:12),撒母耳也以同样的方式与行为亲吻扫罗(《撒母耳记上》10:1)。另外,那些拜偶者也用嘴亲吻了牛犊(《何西阿书》13:2)。同一个希伯来词语用在这三个地方。可以肯定的是:第一个吻是属灵的吻;第二个吻是崇敬之吻;第三个吻就是拜偶之吻。

4. 扫罗为王不能作为世间选立所有王的示范性标准。这教士可能忘了他曾说过,只有少数几个王是经从天而降的特殊启示而成为王的,如摩西、扫罗、大卫等。

5. 他说:接受或拒绝扫罗被如此这般地立为王,并非人能主观决定的。他想说什么呢?人民在神的律法(《申命记》17:14—15)之下立了神所拣选的人为王就没有道德上(morally)的主动性(主观性)?事实性(physically)地违反法律也属无主动性?作为专业的亚米尼教徒,我相信这教士不至于与摩尼教徒以及命定论者为伍吧!这教士必要对此进行说明,即以色列民接受扫罗为王要么不具有道德主动性,要么就不具有事实主动性。他们在立王之事上毫无作为。神独自完成立王的所有细节,包括选定与最后确认。如果以色列民在选立王这件事情上毫无作为或者根本插不上手,那么,为什么神会在《申命记》第十七章启示给他们一条法律以便他们立这个人而非那个人为王呢?经上记得很清楚(《撒母耳记上》10:27)那些匪类如何拒绝扫罗为王,以及以色列民如何与押沙龙密谋要将神选定的大卫拉下王位(《撒母耳记下》15)。如这教士认为这些匪类拒绝扫罗为王不是事实上的主观行为,那他定是在呓语。这些匪类已然拒绝了扫罗为王。他们就必然有这样行的事实性权力。如他说匪类拒绝扫罗为王的非主观行为是非法的,这倒不错。但是,能否由此推出:他们在立扫罗为王这件事上毫无作为呢?就因为他们以一种邪恶的方式立王是

---

① 《何西阿书》(1:11):犹大人和以色列人,必一同聚集,为自己立一个首领,从这地上去(或作"从被掳之地上来"),因为耶斯列的日子必为大日。

非法的，并且拒绝神拣选的人为王吗？下面是我由此推导出来的结论：（1）他们不能接受扫罗为王是因为他们在罪中遵循那与神的律法相违抗的邪恶律法。因此，他们无权来赞同与确认扫罗为王。这正好与这教士所说的相左。（2）这教士倒是证明了人的消极被动性，即在违背神的所有诫命这件事上无能为力。对这些匪类而言，违背神任何诫命都是邪恶的。

6. 神已言明选立某人为王对他而言是特殊且严格的（《申命记》17）。他拣选扫罗为王。那又怎样呢？难道就因为神通过对撒母耳显明他的意志而膏扫罗与大卫为王，我们就可以说"现今的人没有权力选立与任命君王"了吗？并因此说不是以色列民立扫罗为王？这种结论毫无意义，更非明智之举。

7. 说人民对王的赞同并不必要，完全是贝拉尔明与教皇主义者的论调。在他们看来，在使徒教会中选择牧者不是神圣律令所要求的，而是出于对牧师与信徒之间爱的协调。教皇主义者认为，如果教皇违背不列颠人民意志而任命一位教皇主义者为英国的头与王，他仍然是英国人的王。

8. 扫罗迫害大卫之时，大卫一直是以色列的王。他没有因未履行王的职责而犯罪。他的罪在于他想要一个仪式，以及以色列民的认可。对此，这教士说，这是王的庄严性与隆重性的要求，并不是王的必要性、真理与本质的要求。因此，王的加冕誓言以及民众的誓言也是仪式。这教士自己发过假誓言；发假誓言也是一种仪式啊！

9. 主教加冕如同教皇做王。使徒进入天堂，他们也必将分享宝座（《路加福音》22：29—30）。而这些天主教的教士们则连同他们的头——教皇一起加冕。

10. 世袭君王在他的加冕仪式之前就已然是王了。他所行在加冕仪式前后都有效。那么，他必冒着掉脑袋的危险承认：如果法律与议会是从王权那里得到有效性的话，威尔士的王子就是现在不列颠的王；并且他的所行体现王的尊贵性，不亚于不列颠王。

11. 我承认王拥有神赋予他们的高贵性，但是神在论及王时说"我要

问六 鉴于神的统治及其对戴王冠之人的指定,君王是否彻底地来自神?除由人民在形式上确认之外,与人民完全无关?

立他为长子"等(《诗篇》89:26—27)①——在所罗门那里确实如此(《历代志上》17:22②;《撒母耳记下》7:12③)。由基督完成,由圣灵对他说出④——是渎神的;因为神并没对尼禄、朱利安、迪奥克罗斯、伯沙撒、以未米罗达等这些合法的王说"我要立他为长子"等话。这些渎神的、拜偶者的王应该对神喊着说:"你是我的父,是我的神"等。这是一个很适合这位被逐出教籍之教士的神。关于君王在国家之上的神圣性,这里我暂不论及。这教士已将它搅乱了;但我们仍将洗耳恭听。

教士(p. 43,44):神只膏了伯利恒人大卫(《撒母耳记上》16:4)。可以肯定的是撒母耳对此先前并不知情。对此,神的话"用我的圣膏膏他"(《诗篇》89:20)。可以看出:(1)大卫是神膏的;(2)膏油是神的,与药店里买得到的膏油不同,也不同于牧师所使用的膏油,此膏油由圣灵传递而来,它是那真正的膏油。这种真实性并不亚于基督是那真正的葡萄树。但是,它与那些癫狂之人所说的救恩之油不同;它仅仅是神圣之油。从以下几点可以看出:(1)它的创造者,神;(2)王本身所具有的感化力,它使一个人成为神圣的王;(3)王的管理、功能、权力都是神圣的。

驳:1. 这教士先前说过,大卫被膏油是一件非同寻常之事;此时,他却将大卫膏油赋予了所有王。

2. 假定在以色列民在希伯伦选立他为王许多年之前,大卫就正式被选定与确定为王了,可见:(1)扫罗不是王,而是叛逆——在这教士看来。(2)大卫的膏油是干枯的,不能使大卫的位格成圣,亦不能使他的权成为圣洁。在膏油之后,他依然只是一个常人,称呼扫罗为他的王、他的主人,称自己为仆人。(3)毫无疑问,膏油是神的油;这教士进而将之归于圣灵。但是,他却否认这膏油的救恩性。他完全否认王权尊严的基础是超自然

---

① 《诗篇》(89:26—27):他要称呼我说:"你是我的父,是我的 神,是拯救我的磐石。我也要立他为长子,为世上最高的君王。"
② 你使以色列人作你的子民,直到永远;你耶和华也作他们的 神。
③ 你寿数满足,与你列祖同睡的时候,我必使你的后裔接续你的位,我也必坚定他的国。
④ 《希伯来书》(1:5—6):所有的天使, 神从来对哪一个说:"你是我的儿子,我今日生你。"又指着哪一个说:"我要作他的父,他要作我的子。"再者, 神使长子到世上来的时候(或作" 神再使长子到世上来的时候"),就说:" 神的使者都要拜他。"

的赋予,并认定这种说法是异端教义。由此:他说的膏油是由天而来,又不是由天而来。(4) 这教士的亲弟兄,教皇主义者们,就说给大卫膏的圣膏是救恩的膏油①,特别是里拉奴斯②,圣经拉丁译本注释(Glossa ordinaria)③,雨果·卡丁尼纳斯(Hugo Cardinalis)④等,以及他所敬仰的贝拉明,罗利奴斯,慕斯纽斯(Musculus)⑤,马洛拉图斯(Marloratus)⑥等人。如果这些人都是那癫狂之人(据这教士的理论),经上明确地记着这膏大卫的油就是那救恩之油,以一种特殊的基督形式(type of Christ)赐予大卫,他在民冥之中接受了圣灵,接受了神的膏礼(《诗篇》45:7⑦)。借此,所有他的"衣服都有没药、沉香、肉桂的香气"(《诗篇》45:8)。他的名弥撒亚如同倒出来的香膏(《雅歌》1:3)⑧。这膏油用敌人的头颅制成,"他的左手伸到海上,右手伸到河上"(《诗篇》89:25)。他就置身于那救恩的约中(《诗篇》89:26)⑨,他是"世上最高的君王"(《诗篇》89:27)。神与他的约异常坚定,并且延续到他的后代(《诗篇》89:28—29)⑩。他的王国永恒"如日之恒一般"(《诗篇》89:36)。如果这教士依据一己私愿,援引丢大图斯与安斯沃斯(Ainsworth)⑪的说法,认为大卫的膏油是由撒母耳来浇灌,基督的膏油由圣灵来浇灌,且引经文为证(《撒母耳记上》16:1、13:14;《路加福音》15:18、21;《约翰福音》3:34),那么,朱尼

---

① Aug. in locum, unxi manum fortem, servum obedientem ideo in eo posui adjutorium. ——原注

② 里拉奴斯(Lyranus):Gratia est habitualis, quia stat pugil contra diabolum.

③ 圣经拉丁译本(Vulgate)是罗马教会的标准译本,其中加入了一些注释。直到宗教改革之前,这是圣经阅读和理解的唯一权威。

④ 原注:Hugo Cardinalis, Oleo latitiæ quo præ consortibus unctus fuit Christus, Ps. Xlv。译者无法追踪出处。雨果·卡丁尼纳斯是13世纪的一位多明我会主教。

⑤ 慕斯纽斯(Musculus)不知指谁。当时有两个慕斯纽斯:一个是Andreas Musculus (1514—1581),德国路德宗神学家;一个是Wolfgang Musculus (1497—1563),德国改革宗神学家。

⑥ 马洛拉图斯(Augustinus Marloratus, 1506—1562),法国新教改革家,在法国的鲁昂(Rouen)进行新教改革;失败后被控诉叛国罪而执行死刑。

⑦ 你喜爱公义,恨恶罪恶,所以神,就是你的神,用喜乐油膏你,胜过膏你的同伴。

⑧ 现在所使用的和合本圣经的这节经文为:你的膏油馨香,你的名如同倒出来的香膏,所以众童女都爱你(《雅歌》1:3)。

⑨ 《诗篇》(89:26):他要称呼我说:"你是我的父,是我的神,是拯救我的磐石。"

⑩ 我与他立的约,必要坚定。我也要使他的后裔,存到永远,使他的宝座,如天之久。

⑪ Ainsworth, Annot. ——原注

> 问六 鉴于神的统治及其对戴王冠之人的指定,君王是否彻底地来自神?除由人民在形式上确认之外,与人民完全无关?

厄斯(Junius)①和莫里纽斯(Mollerus)②也与他们沆瀣一气。现今,这教士在宫廷道场上为许多干枯的王族涂抹这恩典之油。这些人在本质上毫无疑问与大卫一样是王。这样一来,他肯定比这些人聪明:因为发现本丢·彼拉多这个名字出现在使徒信经,所以他是好人。当然还包括:他认为暴君尼禄(Nero the tyrant)、叛教者朱利安(Julian the apostate)、尼布甲尼撒、以未米罗达(《列王纪下》25:27)、哈薛等,所有西班牙的王,没有疑问,也包括还有伟大的土耳其王(the Great Turk)等,这些人都是《诗篇》(89:19—20)中提到的用恩典之油所应膏的君王。而且,这些王都要将他们仇敌的头颅作脚蹬(《诗篇》110:1),都比世上君王高贵(《诗篇》89:27),在与神的约中也都坚固(《诗篇》89:28)了!

教士:君王的一切号召与行为都可以归于神。王冠是属神的(《以赛亚书》62:3③;《诗篇》21:3④)。在帝国的铸币之上就有一只手将那王冠戴到他们头上。他们从神手中接过王冠之时,异教徒居然说他们是"神之加冕"(θεοστεφεῖς)。这如《诗篇》(18:39)所言,你曾以力量束我的腰,使我能争战(剑就是力量的标志)。这也见于《士师记》(7:17)⑤,他们的权杖就是神的权杖(《出埃及记》4:20,17:9)⑥。我们知道有两根权杖:一根是摩西的;一根是亚伦的。亚伦的权杖也有效,因为神造了这两者。他们的审判就是神的审判(《历代志下》19:6⑦)。他们的宝座也是属神的,父称呼他们为**神圣的步骤与尊严**(sacra vestigia, sacra majestas),称诫命(divalis jussio)。律法说他们的善是神圣的东西(res sacræ)。因此,那些新理论家(new statists)将王说成是人民的派生物。这即使不是渎神,也

---

① Junius Annot. in loc. ——原注
② Mollerus Com. ib. ——原注
③ 你在耶和华的手中要作为华冠;在你 神的掌上必作为冕旒。
④ 你以美福迎接他,把精金的冠冕戴在他头上。
⑤ 盼咐他们说:"你们要看我行事:我到了营的旁边怎样行,你们也要怎样行;我和一切跟随我的人吹角的时候,你们也要在营的四围吹角,喊叫说:'耶和华和基甸的刀。'"
⑥ 摩西就带着妻子和两个儿子,叫他们骑上驴往埃及地去;摩西手里拿着神的杖。摩西对约书亚说:"你为我们选出人来,出去和亚玛力人争战。明天我手里要拿着 神的杖,站在山顶上。"
⑦ 对他们说:"你们办事应当谨慎,因为你们判断,不是为人,乃是为耶和华;判断的时候,他必与你们同在。"

是辱没了王,是最低俗非理性物中的最低俗论断,是最庸俗、最平民的论调。

驳:从头到尾,这教士就这一个观点,即神最为特殊与显著的创造就是创造了王。由此,王不来自民众,王的选立亦不需要民众的赞同。我们不能这样推论:神最特殊与显著的工是派遣基督到人世,背负我们的本性,因而他不是来自大卫家。这是一个无效的结论。这是最显著的动作:"那是你给我的身躯";因此,他不是属于大卫家,在血缘上不是来自亚当,除了罪,他不像我们当中的任何一位。这个逻辑既专横又自负。我们知道许多事情都仅属于神,都是特殊的、令人敬仰的神工,如派遣基督拯救世人,赐予以色列民那应许的迦南地,带以色列出埃及与迦勒底地,赐予犹太人与外邦人福音等。但是,我们是否可以说:神完全没有借助人、那完全脆弱的人来成就这些事情?

1. 这教士如何证明所有的王冠标志都归于神呢?——因为大公教会应该是神手中的华冠与冕旒(《以赛亚书》62:3);教会就是基督心中的印章。还有什么?杰罗姆、普罗科庇乌斯(Procopius)、西利尔(Cyrillus)都有理由这样说:啊!锡安山、教会,尊贵的祭司职分、神圣的人们。然后,他这样坚定地谈论他的国家与教会:"为了锡安的缘故,我舍弃我的和平"等。

2. 神将精金做的王冠戴在大卫头上(《诗篇》21:3)。他由此推出,朱利安、尼禄等所有非拣选的王都成了由人民选举与确立的王了。他实不该得出这样的结论。亚兰文经文用它来指弥赛亚王统治。丢大图斯说这是指基督王国;安斯沃斯则认为这王冠是基督胜利的标志。亚他那修(Athanasius)、优西比乌(Eusebius)、奥利金(Origen)、奥古斯丁(Augustine)和迪迪穆斯等人则将它与基督以及基督的国联系起来进行阐释。这教士却将之扩展到世间所有的王。那些渎神的拉比,特别是拉比所罗门(Rabbin Salomon)否定这里所言乃指基督。还有什么能佐证这些王的王冠是神赐予的呢?如尼禄、朱利安等人,我坚信没有。朱利安会为神的拯救而欣喜吗?是神给尼禄贪婪的心吗?神赋予了这些异教王以永恒生命吗?对于这些经文,解经家都会认为它指在基督到来之前大卫

问六　鉴于神的统治及其对戴王冠之人的指定,君王是否彻底地来自神? 除由人民在形式上确认之外,与人民完全无关?

宝座的永恒性,以及由基督带来的胜利与永恒的生命,正如安斯沃斯强力阐释的那样。神赐予大卫这王冠,是不是还有另外的原因? 神是否以此来使以色列民的心卑微,真诚地来到希伯伦立大卫为王呢(《列王纪上》12:38)? 神还给予以色列五谷与新酒(《何西阿书》2:8)。这教士与再洗礼派教徒是不是就由此推出:神给予五谷与新酒不是通过人耕种与务农的方式给予的。

3. 异教徒也都认为他们的王具有神圣性。这教士却眼瞎了,没法从异教徒的著作中读出,他们在教导人民立王。

4. 神通过扫罗对大卫的迫害来以力量束大卫的腰;击杀歌利亚也出自这一目的。神使他成为战场上勇猛的人,挣断钢锁。因此,神把剑给王而使之为王。他们却认为剑不是从人民那里来。这是贫乏的逻辑。

5. 这教士告诉我们,基甸也享有神非凡卓越的权力(《士师记》7:18)。那我可以说,俄立与西伊伯也有这同样的权力(《士师记》7:25),因为他们也是王族。要说的话,到时教士的权力不来自人民。

6. 摩西与亚伦的权杖都是神奇的。这表明祭司也属神,他们自身也是神圣的。对此,我只能看到,我们的教士崇拜圣徒遗物:与以利亚的衣物、彼得的餐巾、保罗的影像相比较,在摩西权杖那里有更大的神圣性,因为他只使用权杖行神迹。他在此处带有极强象征性神学(symbolical theology)的味道。这是他从他的父耶稣会士那里借来的。对此没有争辩的必要,除非他说摩西是作为耶书仑的王来行奇迹。那么,为什么尼禄的、卡里古拉(Caligula)的、法老的以及所有其他王的权杖不能分开红海? 不能行奇迹呢?

7. 纵然君王从他们父王那里继承这或那的,但是,我们不认为这是恰当的继承:大卫下令要处死乌利亚,而英王下令杀害他在英格兰与苏格兰无辜臣民;这不是"大卫式公正"(divalis jussio),或神的命令什么的。不能做如此推论:无论王发出什么命令,即使是去杀害忠臣,都是神的命令,因而此王不是人民选立的王。

8. 他说新理论家辱没了王。从克雷尔(Crail)冒出来的一位可怜的新理论家——飞黄腾达了——可以把自己看作一位老理论家,比那些贵族以及著名律师在英格兰与苏格兰国家事务上要更专业。要是这样,倒是更具说服力。

9. 王不是"最低俗非理性物中的最低俗论断"(教士语)所指的那样。他大概是在谈论他自己的家族与血统。神称他们为他的子民,"神圣的祭司与被拣选之人"。《诗篇》(78:71)也教导我们,在神眼里,人民比个人重要。神拣选大卫是为了"雅各百姓和以色列产业"。这位教士立王的投票权永不会实现了。我们在英伦三岛以及其中的贵族乡绅中不会增加像变节教士那样的理性生物了。

问七

这位教皇主义教士是否在理性上证明了王的选立与最后确定都与人民无关？

这教士企图证明,人民不在场。这是枉然的。这里,我仅仅就前面还没有涉及的话题反驳这教士的说法。

教士: 1. 有谁比神更适合给人定规矩呢？他才是世界真正的、合适的王。2. 神才是天地间受造物的一切规矩和权力的直接创造者。3. 人在堕落之前已经直接得到了对其他受造物的管理与统治权力,《创世记》(1:28；9:2)已言明。因此,我们必须说,最高贵的管理(很明显是君主制)也必定直接来自神,与人的契约无关。

驳: 1. 第一个推论与我们所谈论的问题无关；神将管理众人的规则与权力给了一个人,便可以推论出神是直接授予权力吗？非也。

2. 如若这样,也可推出神直接确立了所有法官。于是,任何城市去选定它们的市长或郡长就是非法的了。

3. 第二个推论同样是张冠李戴。神是受造物的直接创造者,所以在没有受造物的赞同或者行为的参与下,神创造了比人高贵的天使,先于女人创造了男人,创造了在人管理之下的众兽,因为这完全没有人行为参与其中。因此,所有创造之下的工都是由神直接完成,如一国之政府。就一般意义而言,神在创造之下的大部分工都是通过一定的中介来完成。若如这教士所言，可以这样推论：神直接创造了人；于是人便可以不需要食物与休息便可存活。神直接创造了太阳；神给世界以光，却不需要太阳。立王是理性的行为；神已然给予人理性以管理自己；因此也就给予了人类社会理性的本能去指定一位统治者来管理自己。人被造之前并无理性行为；所以，人被造是否比野兽具有更大的权力这并不在他的全能范围之内。

4. 神给亚当这个人权力去管理其他受造物，是直接地给予。但是，我们不能由此说：神通过创造使某人成为王去统治其他人。

5. 至于为什么君主制与人管理其他受造物一样是直接来自神，光讲君主制的优点是不够的（假设君主制比其他统治形式更具优势）。如若这样，为人类救赎所做的工就要比兴起拿撒勒耶稣这事更加了不得了！它就可以在没有基督的道成肉身、受死、救赎的情况之下直接完成了（基督就将自己比成救赎的工，《彼得前书》1：11—12；《歌罗西书》1：18—22）。如若那样，与神直接创造人的工相比，神创造野兽与虫卵这些稍逊色一些的工，就应当是间接地完成的工！

教士：行神审判之人必须要从神那里接受行使审判的权力。王则是神践行审判的代理人。结论是不证自明的：如果牧师不从神那里接受某种权力，那么，神通过他们与人和解，也通过他们拯救人（《哥林多前书》5；《提摩太前书》4：16）就是不可想象的。摩西与约沙法设立下级法官（《申命记》1：17；《历代志下》19：6）。王不但自己审判，还叫他人审判。同样，王的权力来自神，因为王是神的仆人、天使、差役与牧师（《罗马书》13：6—7）。神才是那真正的、本质上的王，是王中之王，是主上之主（《提摩太前书》6：15；《启示录》1：5）。所有与之相联的王都是在相当或相似意义上称为王，而他才是那唯一的王。

驳：1. 当下所论之事绝无法推出"王由神直接选定与设立，其中与人的行为无关"这一结论。神通过牧师与人和解并拯救人，实则是通过人的行为来施行拯救。神通过人来鞭挞他的民就像用他的刀（《诗篇》17：13）、手、杆、棍（《以赛亚书》10：5）和他的棒一样。这是否就可以推出神是直接鞭挞他的民呢？这与教士所说的人民在选立王这件事上无所作

问七 这位教皇主义教士是否在理性上证明了王的选立与最后确定都与人民无关？

为，与恶人在鞭挞神子民上毫无作为等同吗？而这教士却认为，人民在立王上没有作为。

2. 我们可以借用这教士的一个观点：下级法官替神执行审判，而不是替王执行审判。据他的论点，神在他们中间通过直接干预而行使审判；于是，这些下级法官就不是神的管理者，不替神执行审判。但是，这个结论与真理相左，这教士的辩言也是。下级法官是神的直接代理者与助手，因而在神的意愿中，他们可以为善。

3. 神为王中之王，因而神就是万因之因（causa causarum），命中之命，乐中之乐。那又怎样！难道就可以由此推论出：他就没有在他的受造物中使其参与而成为某些事情之因？就因为神是光中之光，难道他就没有藉着太阳的参与而使天地得到照耀吗？神也不通过代代相承而间接地使生命得以延续？同样，神也不通过他的话而使他的圣徒为那不可言表的大乐与荣耀而欢笑？显然，这是讲不通的。包括君权在内的一切权力，以及德性都无限地来自神。所有在行为中体现出的权力与德性，与神相比，它们都只是相当或类似，作为意见，而不是真理。因此，这就必然得出：第二因根本不起作用。就如人民在立王这件事上不起任何作用一样。这教士就是这样说的。神在受造物中直接做完了所有工，因为做工权力与实际做工都来自神，而受造物在所有工中仅为神的工具。这教士反复以"权力来自神"为证明"现实的统治直接来自神"，即"得货财的力量是他给你的"（《申命记》8：18）。那么，是否也可由此推出：以色列人根本没有财产，或神并不通过他们和他们的劳作而间接地得到他们？事实显然并非如此。

教士：除神外，谁能给予王位呢？唯神能给予这职位所需之天赋与能力。现今，神将这能力直接给了这唯一的王，正如圣膏礼所表征的，以及俄陀聂成为约书亚之后的首位士师（审判者）那样。经上记载到："耶和华的灵降在他身上，他就做了以色列的士师（审判者）。"（《士师记》3：10）同样的道理也适用于扫罗与大卫。

驳：1. 神直接赋予某人做王的天赋，因而神在此刻就立他为王了。这样的推论不成立。统治才能和形式上立某人为王并非一回事。否则，尼禄、卡里古拉、朱利安就不是王；而那些通过征战和流血而登上王位的人才是真正的王。这便是这教士想要强调的。圣灵临到的俄陀聂（《士师记》3：9）又是什么呢？那些婴孩与未成年之人呢？还有那些对神赐予愚笨、迟钝之人也就不能是真正的王了。我们应该清楚：拥有王的天赋与被正式地称为一国之君是两码事。如果要立大卫为王，在撒母耳膏大卫之后，大卫就已经具有了成王的恩赐。穷扫罗一生，他既是王又非王。他对大卫的迫害就注定了他一辈子都是个背信弃义之人，所以说他非王；但他又绝对是王，因为他是神所膏立的王，正如大卫对他所说的那样。由此，神的灵临到了扫罗与大卫，但这与人民选立王毫无相悖之处。在新约时代，神的灵在基督的应许中给予了牧师，亦不能由此推出，指定牧师不能出于教徒与教会的意见。而这教士确认为，对王的选立与最终确认都只能来自神，而非人民。

2. 我认为，圣灵对统治者（士师（审判者）/法官）的浇灌并不意味着对王的选定与指派是单单且直接来自神。确有士师（审判者）由神直接兴起，且大部分士师（审判者）都以非常的方式兴起。另外，在犹太人时代，神以另一种方式做以色列的王，不同于做万邦的王，也不同于如今做基督徒王国的王。因此，在那时，以色列民对撒母耳的鄙视就是对神统治的一种抵制，因为神通过士师（审判者）彰显了自己，在日常政治事件中也不例外；正如神在安息日为他兴起武力一样，诸如此类的事情现今已不复存在。

教士：君权是神圣荣光中的一束，是一种权柄。无论将民众看作整体还是单独的个体，在他们那里都找不到这种光与权柄。如果将民众看作一个个的个体，它不可能存在于单个人中，如新教徒所宣扬的，人人生而自由平等。如果它不存在于单个群体里，它也不可能存在于作为整体的民众那里。社会契约的最大贡献仅仅是每个人对自己的自然权利的放弃；而且，社会契约本是他们幻想出来的人类作品与随意的拼凑。试问，从何处开始能将这庄严与权威给抹去？！另外，这契约规定的在平等的个体间的责任只是对背信（violation of faith）的一种尴尬展现。它甚至都不能被称为是对权威的挑战。它不过是对它所承诺的倒退或者违反，正如

问七 这位教皇主义教士是否在理性上证明了王的选立与最后确定都与人民无关？

它在国家间或者国家联盟那里展现的一样。本性、理性、良心、圣经都告诉我们,这种对君权的违抗不仅仅是对真理的背弃和对人与神间之约的破坏,而且,它正是《撒母耳记上》(10:27)①中所清楚地表述出的那种极大的违背与反抗。因此,当扫罗将牛切成块并发给全以色列人的时候,神使全以色列人惧怕,于是他们全都跟着扫罗出来了②。也如《约伯记》(11:18)所言,神若割断与王的纽带,王就失去了对人民的权威,使他们轻视他。神若用腰带捆住他们的腰,即表明了他加强了他们的权威,使民众敬崇他。异教徒说在王那里有些似神的(θεῖον τι)神圣东西。渎神的历史这样写:这种神圣的东西在亚历山大大帝那里是如此显而易见;它使得他的敌人闻风丧胆;它像一块威力巨大的磁石将他的部下聚成了最具活力的团体,使他那些最为干练的部下拥护他的指挥和命令,并为之卖命。有些历史记载,在一些紧急关头,在西庇阿(Scipio)③的眼睛里就闪烁着权柄的光芒。当摩西勇敢地数落法老之罪时,这种权柄使法老迫害的手战栗。摩西面对面亲口对神说话时,这权柄发射出来的耀眼的光芒使全以色列民惧怕,他们都不敢看那光(《出埃及记》34)。基甸毁了偶像巴力,正是这权柄使民众因此对基甸的愤怒得以抑制(《士师记》6)。地上的一些受造物也当畏惧人(《创世记》9)。那么,根植于人内心深处对君权的敬崇感是什么呢?神的诫命不可违背,同样王室那承自天上的权柄也不能撤销。

驳: 1. 理性有如此阴秽的一面,我还闻所未闻。幸好这只是谎言而已!这教士完全窃取自安东尼奥·多米尼斯(斯巴拉多主教)④等人。我可以很肯定地说,这个小偷在冠以他名的书里面没有一行字是他自己所写。可以看出,这是斯巴拉多主教观点的外泄,所有精髓都直接从那儿截

---

① 但有些匪徒说:"这人怎能救我们呢?"就藐视他,没有送他礼物。扫罗却不理会。

② 《撒母耳记上》(11:7):他将一对牛切成块子,托付使者传送以色列的全境。说:"凡不出来跟随扫罗和撒母耳的,也必这样切开他的牛。"于是耶和华使百姓惧怕,他们就都出来如同一人。

③ 卢瑟福这里谈到的西庇阿应该是指 Publius Cornelius Scipio Aemilianus Africanus Numantinus(公元前185—129年),另名:*Scipio Aemilianus* 或 *Scipio Africanus the Younger*。他是古罗马的著名将军和政治家,公元前146年在他的指挥下攻克迦太基;后成为元老院领袖。

④ Antonin. de Dominis Archiepis. de dom. lib. 6, c. 2, n. 5, 6, seq. ——原注

取,并且完全站不住脚!还是让读者对两者去做一个比较性阅读吧!我以名誉保证这教士是在粗鲁地窃取斯巴拉多主教。我要说:"君权是神圣权柄之光的一束(斯巴拉多主教这样说)并非要么是形式上的要么就事实上在人民手中。"说不是事实上在人民手中是错误的。关乎统治的有两件事情,它们要么置身其中,要么超乎统治。正如我们所知道的,这来源于国会的权柄。(1)统治来自天赋或恩赐(这位亚米尼教士将为此愤怒)。(2)统治的权威。天赋是一种超自然的事情,它并不存在于人的本性之中,所以说它也不在国王的能力范围内。王也只是会死的血肉之躯。这天赋只能是被接受,正如所罗门向神祈求这天赋那样。所有个体的人都有被动接受这天赋的能力。至于统治权威本身,它存在于在人类堕落之后还留有神形象的所有个体那里,这在《创世记》(1:28)①中已清楚地表述出来;而父亲、主人、国王在一定程度上来说,都通过神的指示而得到了相对于儿子、仆人与被辖之人的权威。但是,那个至高统治者的权威要更大。就人民而言,权威性的权柄并不必须是所有人都拥有(这在父亲与丈夫的权威那里显而易见)。它并不需要形式上被所有人掌握,因为所有人都生而相仿且平等。那些教皇主义者、索奇尼教派主义者(Socinian)、亚米尼主义者因他们的母教会把他们交付给了撒旦,指责新教徒。我们是新教的维护者。正如这教士对我们的指责那样,当这魔鬼抛弃我们去拥抱世界时候,我们成了《信仰公约》(*the Confession of Faith*)和《苏格兰国民盟约》(*National Covenant of Scotland*)的参与者。

2. 不是每个以色列人从本性上讲都可以成为士师(审判者)或国王,在他们那里也没有王室之光或管理的权力,甚至也没权力去向行议会的召开这样的事情,如在米斯巴立扫罗为王(《撒母耳记上》10:24—25),在希伯伦立大卫为王(《历代志上》11:12,12:38—39)。一个人单独并不能掌管天国的钥匙(这教士做梦都想要),由此推不出:在教会中的信徒集结起来也不拥有这一权力(《马太福音》18:17;《哥林多前书》5:1—

---

① 神就赐福给他们,又对他们说:"要生养众多,遍满地面,治理这地;也要管理海里的鱼、空中的鸟和地上各样行动的活物。"

| 问七 | 这位教皇主义教士是否在理性上证明了王的选立与最后确定都与人民无关?

4)。一个人不具有抵御万军之师的能力,由此推不出,两万人联合起来也不能抵御这万军之敌。虽然保罗一个人不能在教会会议上决断事务(《使徒行传》15),但这并不能推出,使徒们、长老们以及从不同教会聚会的弟兄在一起时,也不能在合法的教会会议中决断教会事务。各自为战的分散状态,没有人能够与联合能力抗衡。所以,没有下级统治者,没有人拥有贵族制统治者的光芒。但是,这并不能推出,所有这些人在一个城市和社会中联合起来组成一个政治实体,也没有权利选举下级或贵族级的统治者。

3. 这位教士的批驳极为荒谬。社会契约在选立王方面的唯一奉献(教士用语)仅仅是个人对自己自然权利的放弃(整个契约体系就是一个自愿奉献系统)。他们又有什么权柄会被剥夺呢?!这样说很好,如果这些放弃都是自愿的,这一行为就属于自愿行为,基于本性之律,即人群需要管理者,无论是一个还是多个。这属于自愿行为,且基于神的完全指示。政府是在一个人的管理之下呢,如君主制;还是在多个人的管理之下,如贵族制,这需要根据国家的需求与性质而定。契约完全属于自愿行为。在它里面,有本性之律做它的总原则;在它之上,有从神而来的指示,规定了应有如此这般的官员,包括了对君王与其他高级统治者的规定。没有这一契约,人类社会将分崩离析。

4. 选立官员时,个人并非真正放弃了他们的权利。当然,他们放弃了在共同体中对同伴行使暴力的权力,因而在道德上也不具有伤害他者的权力。这样,他们没有道德权力去伤害他人;这不是合适的权利和自由了。他们只有侍候和受约束的权利,没有暴力和伤害的自由。这教士将王室说成了纯粹的暴力机器,仿佛王室对他自己人民已经不再是正统的统治,也不具有独立的帝权;不再是家长式的统治,而成了主奴式的统治。

5. 这教士说:"这契约规定的在平等的个体间的责任只是对背信的一种尴尬展现。它甚至都不能被称为是对权威的挑战。它不过是对它所承诺的倒退或者违反。"作为平等的个体,称他们之间的背信为不顺服乃是不恰当。不顺服只存在于较高者与较低者之间。但是,平等个体选择了他们中的一员为他们的管理者或法官。他们的背信就既是违背真理,也是不顺服。就扫罗还是一个寻找失驴的个体而言,根据神的约,所有的以色列民都是与他平等的个体。每个人对他人都有义务。此时,任何以色列民对扫罗所做出的伤害之举都不能称为不顺服的行为,只是背信。但是,在以色列民选立扫罗为他们的王之后,并且宣誓对他效忠,这时,扫罗便不再是他们中平等的一员了。如果这个时候有人对扫罗行伤害之举,这就既是背信,也是严重的抗拒。假设在一座由议员组成的城市,成员间在个人尊严与职位上都完全平等,他们选举了他们中的某一成员为他们的市长与教区长;此时,若有人对这个被选出来的人做了错误的行为,这行为就既是破坏兄弟约定,也是严重抗拒那神为他们所立的人。

6.《撒母耳记上》(11:7)中说:"于是耶和华使百姓惧怕,他们就都出来如同一人。"神赋予王以权力,且这权力不存在于人民之中。确实如此,因为神将那分散在人民、在民众之中的权力集中转移给了王,这种转移借着神的命令来完成。然后呢?神便将这转移来的权力直接给予王,而中间不借着任何人民的行为吗?事实正好相反。

7. 神若割断了他与王之间的纽带,那就表明神抛弃王,使他们失去权威,置他们于人民的轻视之下。我要问:这话要证明什么呢?是要证明:神直接将这权力赐予了王,也直接夺走王的权柄与权威,中间不需要任何人的行为的参与吗?这全是无稽之谈!神并不直接剥夺王的权力,而是人民发现他们的劣迹后,通过人民对他们的憎恨与鄙视间接地剥夺他们的权力。如人民发现尼禄是嗜血的禽兽后,所有罗马人都谴责并鄙视他,于是,王的权威便从尼禄那里被剥夺了。在人民发现他践踏一切法律后,他的所有命令与法律,无论是神圣的还是人为的都一并被废止了。这都是借着人心蔑视他的权威来实现的。人民重新使用他们曾给予尼禄的权柄权力。这证明,神通过人的意愿间接地给予他以权威。

8. 这教士不仅谈论对王的蔑视,还鄙视那些贵族与伟大人物。他要证明世上的法官都不是人立的。

9. 这个异教徒说,君王那里有某种神圣性,如亚历山大大帝与西庇阿(Scipio)面对敌人那样。不过,这仅表明了王侯对于那些不是他们本国臣民的人有一种优越性。对于那些非臣民来说,他们是有一些神性的东

问七　这位教皇主义教士是否在理性上证明了王的选立与最后确定都与人民无关？

西。如果这种理论强而有力,如果神单单地不依靠人们就能给予这权力,同时也能单单地不依靠人们剥夺这权力,那么,君王就对所有的人无论是否为臣民,都是神圣的了。于是,所有对抗外族君王的战争都是不合法的,因为攻击或抵御他就意味着在抵抗在他之中的神圣权柄。而且,人逃离暴君也是不合法的,那等于你在逃离神。

10. 西庇阿并非王,因而那神圣权柄或多或少地存在于所有世上法官中。由此推出,神可以单单地直接从下级法官那里拿掉神圣权柄。由此推不出:君王当然不能将神圣权柄之光加给下级法官,因为神直接做这事。因此,国王拿掉法官的神圣性是非法的。这样做便是与神对抗、与议会对抗,岂不与那些反王的人无异!？西庇阿与恺撒都具有这神圣性,并且都直接来源于神,并不出自什么王！

11. 当摩西去见法老的时候,他并非王。他不拥有一国子民。法老是王。牛津的神学家(the divines of Oxford)便是这样界定法老的。因此,法老权柄在口头上和行为上都不能对抗。

12. 摩西在接受律法之后脸泛闪烁荣光,如先知一般,而非王。这从天而来的荣光难道也落在尼禄和朱利安脸上了吗？它是王权之光的一束。按照这教士的说法,它必定也照在他们脸上了。不过,这典型的王权之光①,在神的律法中丰丰富富地给予了,与那异教的王权相去甚远。

13. 我愿我们的王显现如此王权,打破他的女王与教皇主义者的形象和偶像。

14. 诺亚的恐惧以及那在约下与野兽共处的新生的人②,在这地上的野兽之上,这不能仅通过批准来完成,正如人民在这教士的意义上选立王一样;并非通过自由磋商的方式,如人民自由地将他们的权力转交给那将为王之人。在人之下的受造物选择人作为他们的管理者,将它们的权力转交给人,并不通过一种自由意识行为来完成。从本性上说,它们低于人

---

① 《哥林多后书》(3:7):那用字刻在石头上属死的职事尚且有荣光,甚至以色列人因摩西面上的荣光,不能定睛看他的脸;这荣光原是渐渐退去的。
② 《约伯记》(5:23):因为你必与田间的石头立约;田里的野兽,也必与你和好。

类。神一开始就使它们顺服于人①。这并不能证明王在本性上高于民。我这里指的是那成为王的本性。虽然神在所有主体那里置放了对王的恐惧与崇敬之心,由此他们才立他为王,但这不能由此推论出:是神直接把这权力与权柄给予了这成王之人,并不需要人民同意的中间环节。学生对老师有一种天然的敬畏之情。学生可能心甘情愿地成为老师的信徒,并给予这位老师凌驾于自己之上的权力。市民对城市的最高长官也天然地具有敬畏之情,并给予这位最高长官如此权力。仆人天然地惧怕主人,并自愿地将他的自由放于主人手中。仆人完全钟爱主人时,即使在古代犹太人那里这也不是什么稀奇之事。仆人受雇于主人并如此受束是一件极其平常的事。士兵自然惧怕长官,因而常常自愿认他们为长官。由此我们不能得出:如果不是神单单地直接给予这些人如此权力,城市长官、老师、主人以及战场上的指挥官就不会具有这些权力。相反,他们从他们的下属那里得到这些权力,后者自愿地认定他们的权力。

教士(论证7,第51、52条):这看似或事实上是一个无可争辩的观点。人没有掌管生死的权力,只有关乎生死的统治权力。《创世记》(9:5)②中说过,神说过凡流人血的神将要三倍追讨。神将这一权力给了他的代理人——王:即那流人血的,由人将他致死。在那个时代,人类除了君主制之外并无其他的政府统治形式。诺亚就是君王。如果诺亚的君权来自神,那所有的君权都应该来自神。它们是同一种东西。法学家认为,本质相同的事物是不可分的,不可能被分开或损坏。而且,如果每个人都拥有掌管生死的权力,神就不再是统治秩序的主了。

这教士煞费苦心地在圣经之外证明了一种统治制度的合法性出于圣经。

驳:1. 暂且认定这为一个无懈可击的观点。(1)它以谎言为基础,并且这种妄言独此一家。按照这种说法,"'由'、'归'或'通过'某人"这样的话语便意味着有一个统治者或仅有一位王。且这位王就是诺亚。没有

---

① 《创世记》(1:28):神就赐福给他们,又对他们说:"要生养众多,遍满地面,治理这地;也要管理海里的鱼,空中的鸟和地上各样行动的活物。"

② 流你们血、害你们命的,无论是兽、是人,我必讨他的罪,就是向各人的弟兄也是如此。

问七　这位教皇主义教士是否在理性上证明了王的选立与最后确定都与人民无关？

释经家这么说；即使在一般意义上也不能这么说。这里所指的统治者倒是可理解，但别说这里是指一位王。他的结论是无效的。经上说，那流人血的人将被人流血。难道就可以得出结论说这里只有一位统治者？显然不能！就更别说要有王的登场了！世上至今还没有这样的一位王。有人说贝鲁（Belus）是第一位王，就是那尼努（Ninus）的父亲，巴比伦的建造者。这个尼努就是世上第一座城的建造者。这城后来叫做尼尼微（Nineveh）。他也是亚述人（Assyrians）的第一个王。也有人说是昆塔斯（Quintus Curtius）①，还有说是其他人的。但是，严肃的学者们都认为除尼努之父贝鲁外，非宁录（Nimrod）莫属了。奥古斯丁②、优西比乌、杰罗姆③等人就这样认为，优西比乌说④宁录才是巴比伦的建造者。持这种看法的还有克莱蒙（Clemens）⑤，皮瑞纽斯（Pirerius）⑥和约瑟夫（Josephus）。加尔文（Calvin）说⑦诺亚一直活到了宁录的年代，经上就记载着"古实生宁录；他为世上英雄之首"（《历代志上》1：10）。这样的话，巴比伦就是他的王国开始。没有一位圣经作者，包括摩西在内，指明了在宁录之前有王的存在。因此，优西比乌⑧、奥罗修（Paul Orosius）⑨、杰罗姆⑩、约瑟夫⑪等人才说宁录是第一位王。还有托斯塔图斯（Tostatus Abulens）⑫，我们的加尔文与路德⑬，以及在位的慕斯纽斯以及安斯沃斯，都认定他就是巴

---

① Quintius Curtius, lib. 5. ——原注
② Aug. de civ. Dei, lib. 16, c. 17. ——原注
③ Hieron. in Hos. ii. ——原注
④ Euseb. lib. 9, de prepar. Evan. c. 3. ——原注
⑤ Clemens recog. lib. 4. ——原注
⑥ Pirerius in Gen. x. 8, 9, disp. 3, n. 67. Illud quoque mihi fit percredible, Nimrod fuisse eundem, atque enim quem alii appellant Belum patrem Nini. ——原注
⑦ Calvin Com. in Gen. ix. ——原注
⑧ Euseb. prolog. 1 Chron. ——原注
⑨ Paul Orosius, lib. 1. de Ormesta mundi. ——原注
⑩ Hieron. in traditio Hebrei in Gen. ——原注
⑪ Tostat. Abulens. in Gen. x. 9. ——原注
⑫ 约瑟夫（Titus Flavius Josephus, 37—100，犹太史学家），主要著作：《犹太战争史》(History of the Jewish War，公元75—79年问世)和《犹太古事记》(Antiquities of the Jews，公元93年问世)。其中，《犹太古事记》在本书引用较多。这里给出的出处"in Gen. x"，译者无法追踪。
⑬ Luth. Com. ib. ——原注

比伦王朝的开创者。我就奇怪了,诺亚怎么就成王了呢?诺亚时代还有什么君王制政府吗?就让这教士在那里独自梦游去吧!在那之前仅有家庭统治(family-government)模式存在。

2. 即使神设立了一种统治形式,说这统治形式就是唯一地指君主制是没有根据的。圣灵若要设立一种政策,它就要延续到末世,而不会像这教士所说的那样只限制在诺亚的年代。所有释经家有可靠根基认定这同一政策,即救主所说的"收刀入鞘吧!凡动刀的,必死在刀下"(《马太福音》26:52)。依他所言,荷兰那掌管生死权力的政体是非法的,因为他们的政府是贵族制的,并且他们没有王。因此,荷兰那些取恶者性命的行为都是犯罪行为。这多荒谬啊!

3. 我没目睹过地方是如何确立自己的地方管理制度的。加尔文①也没有对此做过论述。有释经家认为,地方统治的权力来自地方。这里的经文非常易懂:杀人者将为人所杀;要么落入治安官员之手,要么落入其他的杀人者之手。加尔文②、马洛他(Marlorat)等人是如此说的。马洛他说③:主并不是在讲事实或事件本身,而是指凶手的下场。很显然,并不是所有的凶手都会落入法网。就神的律法与人为法律而言,凶手应该死,即使有时候是一个凶手杀了另一个凶手。

4. 说君权是给王的,必定是直接给他,中间没有人民意向的参与。这个逻辑不通。

5. 掌管生死之权并非仅仅给予君王一人,也给予了地方治安官员。在个体捍卫自己生命之时,这权力还给予了个人。这位教士的其他观点都是一些老调重弹。

---

① Calvin Com. Quanquam hoc loco non simpliciter fertur lex politica, ut plectantur homicide. ——原注

② Calvin in lect. ——原注

③ Pirerius in Gen. ix. 3, 4, n. 37. Vatablus hath divers interpretations: In homine, i. e., in conspectu omnium et publice, aut in homine, i. e. hominibus testificantibus; alii, in homine, i. e., propter hominem, quia occidit hominem, jussu magistratus. Cajetan expoundeth מדאב contra hominem, in despite of man. ——原注

问八

这位教士是否以理性之力证明了人民不能掌管任何统治权力?

教士:神和自然徒然地赋予权力。社群从来就没有实际行使统治权力。因此,这个权力不可能掌握在作为社会主要组成的臣民群体中,也不可能在群体的每一个个体中。统治本质上要将统治者和被统治者进行区分。确切来说,在社群中不会自然地和恰当地形成权力。他们只有被统治或接受统治的能力(potestas passiva regiminis),如原始质料寻找形式一样。本性之律驱动所有人去顺服现实统治。这根植于每个个体之中,并非仅仅是一种自愿。本性告诉我们:对安全与社会而言,政府是必须的。对个体而言,由于堕落与自爱,需臣服于他者。对此,他们有一种本性上的厌恶和憎恨,即骨子里每个人都是自己的王。这种对政府的普遍欲求或倾向(appetitus universalis aut naturalis),如同追求真理的理解行为,如同意志总是寻求快乐。这种倾向并非自由行为。那些新理论家就另当别论了;他们丢弃了信仰,践踏了真理。他们自己把自己搞糊涂了,把那些本来是消极的东西,弄成真的像积极的合作性的动作和结果。众所周知,人不可能给予他并不拥有的东西。古代哲人会如此嘲笑:与形式联合在一起,质料就可以完美了、实现了,从而可以随意地抖掉那形式,与另一形式结合。他们会反驳说:妻子有权重拾她的自由，与其他男人结合。就是说，这种权力实际上在社群中，可以用来摆脱君主制。

驳：1. 这教士真应该感谢斯巴拉多主教为他提供了这一论点。他只差原文引用了。他之所以没这么做，是因为他担心他的剽窃行为被人发现。但是，斯巴拉多主教是在一种更精确的意义上确定这一观点的，凭这位教士的愚智无法全然理解。雅克·德·阿尔曼(Jac. de Almain)①、纳瓦努斯(Navarrus)②以及巴黎的博士们在巴黎地方议会(the Council of Paris)上就说过："政治权力直接来自神，但首先来自人民团体。"③社群将他们的权力给予这个或那个政府，并不是出于自由，而是出于本性的必要性。斯巴拉多主教与这位剽窃的教士必定认真读过此书。不过，这里谈论的不是在人民中的统治权力(vis rectiva)问题，而是政府权力的问题。这两者差异甚远。前者谈论的是统治权力和君主权柄问题。这种权力形式上并不在人民那里，但事实上属于人民。我们不能说，某主体事实上拥有某种权力，但暂时不用，然后就认定他事实上无此权力。这不是在谈论那事实上的权力，而是那形式上的权力。难道哲人没有说药草事实上可以发热吗？这教士却说，这药草的药力暂时没有启动，因而神的赐予是徒劳的——因为你用手去拿这药草时，它还没有发热！

2. 这教士因为他的教皇制情怀、他的索奇尼主义(Socinianism)和他的亚米尼主义(Arminianism)而被革除教籍。如今，他却与基督和他的教会对抗。我们没有改变信仰，但他确实改变了信仰。正是如此，他才会如此无理地抗拒这种公理："闲着的能力不能转换为动作。"生育的能力给予了活着的有感觉的生物。这能力没有闲着，即使所有活着和有感觉的生物没有把它转换为动作！看的能力给予了那些天生就能看或应该看的受造物。但是，并不能因为很多人是瞎子就说这能力闲着。"看"在很多方

---

① M. Anto. de domini. Arch. Spalatens, lib. 6, c. 2, n. 5, 6. Plebs potius habet a natura, non tam vim active rectivam aut gubernativam, quam inclinationem passive regibilem (ut ita loquar) et gubernabilem, qua volens et libens sese submittit rectoribus, &c.——原注
② Almain de potest et La. 1, q. 1, c. 1, 6, et q. 2, 3, 5.——原注
③ Nem. don jud. not. 3, n. 85.——原注

> 问八　这位教士是否以理性之力证明了人民不能掌管任何统治权力？

面被置于行为之中。因为这个在群体中的权力没有落实到行动中，但他们当中的一些人开始落实这个权力而去选择他们的统治者了，所以，这一权力没有闲着。我们不能说，它必须由所有人一起来落实这一权力，好像人人都是君王和统治者一样。问题的关键不在于人民中的统治权力，而在于政府的权力，即立王与选择统治者的权力。社群当然要作为一种自由、自愿与积极的力量来落实这一权力。因为，(1) 一群人移居印度或者任何无人居住的地方。他们拥有完全的自由去选择君主制、民主制或者贵族制度作为他们的政治制度。尽管人的本性会指导他们建立政府，但是，他们的本性不会决定他们选择何种政府形式。(2) 以色列曾用他们的自由意志改变了政府形式，也选立了民族的王。他们有自由意识，并且主动地行使这一权力，而不是像斯巴拉多主教所说那样，只有被统治的消极倾向。(3) 保皇党宣称在民主制或贵族制之下的民族有立王的自由，罗马人就是这样做的。他们有这样行动的主动权力。这样一来，这教士关于质料不能随意摆脱其形式、结了婚的妻子不能摆脱她的丈夫等比喻便无法成立了。巴克利、格劳秀斯、阿尼斯（Arnis）、布拉克伍德（Blackwood）以及所有的保王主义者到处宣传，在民主制与贵族制这两种政治制度之下的人民可以重拾他们的权力，也可以抛弃这两种制度选择君主制。如保皇党所言，君主制是最好的政府形式；他们会选择最好的。难道这是消极的被统治能力吗？(4) 如有十个人适合做一国之君，人民可以指定其中一人为王，将王冠戴在他头上，而拒绝其他九人。古时候，以色列民冠所罗门为王，而拒绝亚多尼雅。这是否不是一种出于自由、主动与选举权力的自愿行为？这装腔作势的教士大伤脑筋地去否定人民的自由行事，坚持人民只拥有像原始质料面对形式时的那种被动能力。

3. 诚然，人由于本性的败坏，厌恶像"为着良心的缘故，就如为主一样"而顺服于统治者。出于本性，人不能做真正的好事。但由此说人没有主动地屈服于上级的道德能力，有的只是消极的被统治能力，这是错的。这位教士显然自相矛盾。他先前说过："人天生对他们的君王有一颗恐惧与崇敬之心，即使是异教徒也是如此。"当然，我们天生有积极的道德能力去爱我们的父母与上级（虽然这在神的法庭上或福音意义上算不得善），并服从他们的指令；我们厌恶的只是统治者惩罚的条例。出于本能，异教徒们会制定道德上善的法律，且服从这法律。同样，他们也会在这法律之上设立国王与法官。这证明，人天然就有积极的政府管理能力。这教士将人与野兽又做了何样的区分呢？所有的野兽，包括狮子和老虎，都是被统治的。现在的问题是：如果人有一些天生的统治权力，而且在普遍恩典的帮助下来行使这一权力——这教士，包括耶稣会和亚米尼教派，却认为这是非本性的——这样一来，人实际上就把本性与恩典混淆了。无疑，我们去顺服我们的统治者与王，如同顺服于我们的院长、导师与父亲，这是自然的。而顺服于恶的暴君是出于本性，但承受恶的惩罚却并非出于本性。至于"人不可能给予他并不拥有的东西"这句话，是有道理的。但是，说人民没有权力选立他们的统治者，这种说法则是我们所反对的。这里的争论要说明，人民没有权力指定贵族制的统治者；同时，民主制的统治者也如王一样是神圣不可侵犯的。这位教士否定这一点：即使人民推翻了暴君与压迫者，他们也不能重获自由。而且，他还反对，根据奥古斯丁，人民可以推翻民主制而建立君主制！

教士：（p. 95、96）如果统治权从根本上内在于人民，那民主制或人民统治的政府就是最好的政府了，因为它最接近在人民中的原初和原本的权力源泉和溪流。而且，其他政府形式都是非法的了。如果统治权果真天然地根植于民众，那么，这权力便适用于社会的每一个体。这与他们那荒谬的旗帜相左，即"人人生而自由"（Quisque nascitur liber）。从本性而论，若人人生而自由，那些起初与他们选举出来的王立约的人，他们的后代便可以不受这契约的约束。同样，基于他们的天然权力与自由，他们会指定另一位王；这并不违背最初的契约。约书亚的后代与基遍人所立的约将他们时代以前的长者都包括其中，虽然在服侍的条件下，也会使他们父辈的统治归零。

驳：1. 这位教士当再次感谢斯巴拉多主教再次为他提供了这观点①。虽然他盗取了这一观点，但他却从未提斯巴拉多主教之名，以防别

---

① Spalatensis, p. 648.——原注

問八　这位教士是否以理性之力证明了人民不能掌管任何统治权力？

人发现了他的偷盗行为。他还从斯巴拉多主教那里盗取了许多其他观点，他却将它们弱化了，但这些偷来的东西并不受用啊！斯巴拉多主教说每个国家都应在该国家人民的统治之下运作，同时，据本性之律，这里的人民也是生活在最差的政府之下。这个结论无意义，因为由家庭组成的集体实际上不在任何政府之下，反而能任意选择他们政府的形式；一般的政府里并非所有人都是统治者，如是，只能带来混乱与无政府；如果所有人都是管理者，就没有被管理者与被统治者了。但在一般政府那里，许多管理者从人民中选出；如说这是最坏的政府，是没有根据的；如果君主制本身是最好的政府形式，同时人都处于罪中，君主制便有许多的不便。

2. 同样，并不会因为民主制最靠近民众立王的权力，我们就认为它是最好的政府形式。如果所有三种政府形式都基于人民的自由意识，那么，它们离人民自由选择的距离，要说远是一样远，要说近也是同样近。这一选择基于对国家最大安全的最大保护，也由于政府形式与城市或地区的政治团体无异。这一选择来自神的明确制定，是神确立了此而废弃了彼，但不是直接确立，而是通过人的自由意志间接确立。没有哪种形式比另一种形式本质上更接近于那源头。单纯地就形式上而论，民主制比君主制更接近于人民权力；可是并不能就此得出民主制要比君主制优越。如若不然，数字"四"就要比数字"五"、"十"、"一百"、"一千"、"一百万"更优越了；因为"四"更接近"三"。按照亚里士多德的理论，"三"是最初的完美数字。从本质上说，所有其他数字都一定程度地分有了"三"的本质属性。亚里士多德的该理论一直饱受压制，即人民有权选择自己的管理者。可以说，除了民主制政府或人民选出的政府是合法与无罪的之外，其他的政府都不是。（1）王的政府由神圣制度所确立，政府中的官员也有这样的神圣保障，有经文为证①。（2）如果选择政府形式的权力属人民，那就无所谓合法政府，只有受拥护政府。人们或者做此假设，当下政府有权选择政府形式。这就大错特错了。这种权力趋向和权力运作是相反的。两

---

① 《罗马书》13：1—3；《申命记》17：14；《箴言》8：15—16；《彼得前书》2：13—14；《诗篇》2：10—11；等等。

者是对立的、矛盾的。社群中的主权或政府在形式上不是自然而然的;对于个体而言,也不是自然而然的。人生而自由。没有人生而为君王或统治者。愿神的意志行! 这位教士也不要说别的了!

3. 先辈们最初与一个被选的王立约,这并不能由此推出,这些人的后代不能在选王上打破这一约定,使他们先辈的选择归于无效与空,而选择另一位王。先辈们的合法立约要是不去打破,就政府而言,它将束缚后代。但是,它不能剥夺后代的天赋去选择最合适的人为王的合法自由。

4. 斯巴拉多主教继续写道(这也证明了这位教士不是一位诚实的小偷):"如果本性之律规定民众有选择政府形式的权力,同样也规定人应当顺服于当下政府,要拒绝君主制与贵族制。"①奥古斯丁也说②:"人若利己而不利公,将国家出卖了;那么,义人就可以剥夺他们的自由,违背他们意愿而建立君主制或贵族制。"显然,这位教士(p. 97)与奥古斯丁都假设了人需顺服于当下政府。这不是关键所在。问题在于,斯巴拉多主教与这位教士都先假设了人在本性上必须顺服当下政府。奥古斯丁并没有这层意思。我们也否认人天然地就只能在某种形式的政府之下。奥古斯丁深思熟虑地想表达的是,一个有能的义人可以拿掉人已腐化的权力,为他们确立管理者;且将这管理权给予一些义人,多个或一个。奥古斯丁将此作为一个基础确立了,即人民有权选择他们自己的管理者(这点遭到了斯巴拉多主教与这教士的唾弃)。如果不是这样,一人又如何可能夺得众人的权力呢? 至于这位教士的第五个论点,其实就是第四个论点的延续,已无需多言。

教士(chap. 11):神已表明,人所立的王得不到神的护佑。第一位人所立的王是亚比米勒(《士师记》9:22)。他的统治仅维持了三年,非常接近一个敌基督者的存活时间了。他通过强力登上王位。神使恶魔降在他

---

① Spalato, 16. ——原注
② August. de lib. arb., lib. 1, c. 6. Si depravatus populus rem privatum Reipub. preferat, atque habeat venale suffragium cor ruptusque ab iis qui honores amant, regnum in sefactiosis conse- cleratisque committat; non ne item recte, si quis tunc extilerit vir bonus qui plurimum possit, adimat huic populo potestatem dandi honores, et in paveorum bonorum, vel etiam unjus redregat, arbitrium? ——原注

问八　这位教士是否以理性之力证明了人民不能掌管任何统治权力？

和示剑人中间。最后他便悲惨结局。耶罗波安也有这样的野心,将以色列引向罪。民众立他为王,他也如我们现在的这些改革家一样佯装改革:做了新的牛犊、建了新的祭坛、立了新的节期。他们将利未人赶出,在社会的垃圾中选一些人渣来做祭司等。基督的每件行为都是我们应遵守的教导。基督是天生的王。当人民选立他为王时,他拒绝了。他不会在两个弟兄间作判断。

驳:我不想一步一步地跟着这位教士。愿神怜悯!我在以下的章节中还会回应他。我亦不去揭发他对自己祖国的卖国言论,以及他对祖国管理者的不义之举。这些管理者都是受神指定的,且在这位蛊惑人心的变节教士之上。他经常在我们面前摆弄耶稣会的教条,而他自己却是路人皆知的保皇主义者。亚比米勒仅统治了三年,这符合一个敌基督者的统治寿命。这难道不是保皇主义的基础和原则吗?教皇不是敌基督者,因为教皇已延续了好多个世纪。教皇不是个体的人,而是一类人。用贝拉明、斯特普尔顿(Stapleton)、比卡努斯(Becanus)、耶稣会以及保皇党的话说,敌基督者是指作为个体的人,如一个天生的犹太人,他仅能统治三年半。但是:

1. 从教皇之位的传承出发,证明不了任何事;除非这位教士自己也承认他们教皇的那种坏传承也是始于此,因为教皇本身由教徒选出。像扫罗那样受神的呼召登上王位的王,在古时候的以色列和犹太有很多。一个不可否认的事实是,他们中的大多数都没有善终。他们的统治给人民与宗教都带来了破坏,如因为玛拿西的罪,使以色列民在天下万国中,抛来抛去(《耶利米书》15:4)。难道就可以说玛拿西不是合法的王了吗?

2. 这位教士给了我们两个非法登上王位的例子,告诉我们,他像所有博学的人一样怀疑耶罗波安是否是一个仅通过许可而继位的王,还是经过神的许可而继位的王。

3. 亚比米勒因为求神的呼召而受到诅咒。那时,以色列没有神通过超常方式兴起的王,只有士师(审判者)。神没有兴起他,他通过强力登上王位。于是,示剑人便以诡诈对付他。这教士该论点的前提是,所有对王的合法呼召是人民的声音。这是我们从来没宣扬过的观点。虽然这位教士竭力想为王找一个合理的头衔,但这不过是一个嗜血与抢夺的头衔罢了。

4. 亚比米勒并不是最初的王,只是一个士师(审判者)。在神的话的晓谕下,所有属神的受造物都尊扫罗为最初的王。

5. 耶罗波安有神的话与应许为王(《列王纪上》11:34—38)。据我微弱的分析,他并没有等到神许的时间和方式就去登上了王位。至于说他登上王位是非法的,原因在于他由人民选举而登位,这种说法需要分析讨论。

6. 这教士宣称以色列民的改革以及他们立新王与现今苏格兰的改革以及英格兰议会的成立相似,这属于污秽的诽谤:(1)它拒绝了王。王在议会中宣告,他们的程序是合法的。罗波安从没有承认过耶罗波安加冕礼的合法性。相反,他与神的指示背道而驰,对以色列发动战争。(2)论及以色列信仰往哪个方向转变也是错误的。对人民的诉求以及他们对所罗门统治的抱怨置之不理才是原因所在。(3)在这位教士与保皇党那里,宗教附属于政治。但在我们苏格兰却不一样,我们只谈论宗教改革;法律改革为能更好地服务宗教。这从我们的诉求、宣告与行事上足以表明。(4)我们并没有造牛犊,建新的神坛,制定新的节期。如我们公开声明那样,我们在努力用生命与财产去排斥这位教士的金牛犊、偶像、树木崇拜、祭坛崇拜、圣徒崇拜、节期、拜偶、弥撒等。他们有的只是耶稣会士、迦南人与拜巴力者的胡话,是要去反对约书亚的改革。这年头,对偶像崇拜而言,纯洁的崇拜与真理还真是新鲜,这本是相当久远的事!(5)我们并没有赶走神的祭司与利未人,在社会垃圾中选人渣来充当祭司;而是赶走巴力的祭司,如那革除教籍的教士以及其他一些变节者,从而恢复了神那些忠实仆人的地位。他们曾因新教信仰遭到排挤与驱逐。(6)基督的行为,如在海上行走,并不是对我们在字面意义上的指令。反而,基督拒绝做王才是对我们的直接指示。基督拒绝做王是否是因为人民没有选他为王呢?这显然不是原因所在(non causa pro causa)。他拒绝做王乃是因为他的国不在此世。他来是为了为人背负苦难,而不是统治人。(7)这位教士与那些法庭主子一道审判人的国,通过成为法院与

问八　这位教士是否以理性之力证明了人民不能掌管任何统治权力？

议会的主人而夺得人间的权力。他们拒绝了基督行为的教导,即论断弟兄。

教士：耶弗他通过与基列人定约而成为士师（审判者）,你们倒是能在这里找到一个人参与立王的例子。但是,神授权他为士师（审判者）与神授权基甸与撒母耳无异（《撒母耳记上》12：11）。所以,人所参与的任何行为对王权都不会有任何影响。它不可能削弱或废止王权。

驳：作为妓女私生子的耶弗他成为士师（审判者）,这与基甸成为士师（审判者）一样属非常之事。神已证实了,他会在敌人面前帮助他的子民。难道这就可以推出,这些敌人就不能成为神的代言人吗？他们不能因着给予神子民以仁慈而得到褒奖吗？《诗篇》（65：9—10）说,神为人预备了五谷,所以,云朵、土地、阳光、夏暖以及劳作就对五谷的长成没有了任何的帮助吗？这些在前文中已经讲过了。我们赞美这是神的特殊旨意,也是神的一项杰出与非凡的工。他转变民众的意志,使他们转向立这样一个人为王。他在本性上并非出于母腹就受冠为王,也不是世上最穷的牧羊人。同样,授予他政府中英勇与尊贵的职分也是一项神的恩典。所有这些又是什么呢？这就能排除人民的赞同吗？绝对不是。因此,超自然恩典的工,如爱基督甚于一切事物,以一种非凡的方式信基督,这些都可以归于神的恩典。在这些事情上,能否用这位教士的话来说人都是消极被动的呢？能否说人在这些事情上的作用与人对王权的作用无异呢？在这位教士看来,人的作用聊胜于无。我们坚决反对这种说法：洗礼的水在豁免人的罪上没有任何作用,因而人民在立王上也无任何作用。人民比王更珍贵和优秀。他们有管理自己的积极力量,能将自己带往人政的完美结局,在此才有人类社会的永恒安全与和平。这些道德原则会写在桌上,刻在人心上。那样的话,神的旨意下的王权给予一人。过去,它重金闪耀的王室恩典与王族天赋便散布到人间,因为人在选立王这件事上有一种后定（after-approbative）的权力,正如保皇党宣称的水无法造就恩典一样。

问九

最高统治权来自人民,并依然以某种形式留在人民那里,在必要情况下,人民可以收回这一权力,这是否可能?

这位教士陷入了巴比伦困惑(Babylonish Confusion)①,认为我们意见不一。他说,耶稣会士认为所有的统治权都在人民之中。关于新教,有人认为任何人都可以解雇他的王,做这事和杀死一条狼后获得奖励无别。有人认为这一权力在整个民众之中;有人认为在一个没有得到授权的集团中;他们一旦有需要(这种需要是幻想出来的)去改革教会与国家,就集合起来;有人认为在贵族及其同伴那里;有人认为在国王授权召开的内阁那里;还有人认为在更低一级的官员那里。

这位教士如果不是耶稣会士,他就不会去理会他的那些耶

---

① 巴比伦困惑(Babylonish Confusion)是17世纪神学界常用词。其意义并不完全一致。犹太人被掳至巴比伦。这件事对于犹太人来说是不可思议的。耶和华是他们的神,是不会抛弃他们的主。但现在,他们被打败,无法抗拒地被迫离开犹大地。以斯拉(公元前458年)和尼希米(公元前445年)先后带领一些犹太人回到耶路撒冷,要重修圣殿(参阅《以斯拉记》和《尼希米记》)。但是,对于大部分犹太人来说,耶路撒冷已经是很遥远的事了。要回耶路撒冷还是继续待在巴比伦,对于他们来说就是一种困惑。另一种说法,神为了洗涤犹太人的罪,放手让巴比伦王攻破耶路撒冷,毁掉圣殿,并把犹太人掳至巴比伦。也就是说,犹太人被掳至巴比伦对于犹太人来说是一种好事。这也是令人困惑的。

> **问九** 最高统治权来自人民,并依然以某种形式留在人民那里,在必要情况下,人民可以收回这一权力,这是否可能?

稣会士弟兄眼中的尘埃。对此,他除了抄袭巴克利的说法①之外没有说出任何东西,且不如巴克利说得好。我要做一点澄清。我们讲任何人都可以处死一个暴君,却不负罪名;这个极端的保皇主义者也是这样说的。如果他没有人民的授权,他就是窃权者。我们知道,无论是王个人还是王室,现今都没有那外在的合法呼召了;现在有的只是人民的呼召。除此之外的呼召都是不可见、不可知的。神不会命令我们顺服王,并把我们置于黑暗中不让我们知道谁是王。这教士把他的合法王冠呼召置于全能者之直接的、不可见的、精致的动作中,用洗礼中的洒水,如此,神指示撒母耳膏扫罗与大卫,而非以利押及其他弟兄。正是这教士的恶毒,而不是我们,在教导人去杀害一位合法的但也是残暴的王。自始至终,我们都坚称王权及所有权利的主体都是全体人民,理性之人天然地倾向组成社会。但是,伦理与政治主体,以及权力的法规和位置,是多样的。在苏格兰与英格兰,它指三国议会(the three estates of parliament);在其他国家,有些由该国的贵族或法官组成。这教士缺乏常识来反对我们的意见是混乱的。世上的国家都没有议会,但苏格兰有。它们没有警察、官员、牧师、议员,以及地方议员与国会的议员等,但英格兰有。事实上,有序召集的民众,包括全民地区的集体,有权去选立自己的管理者。依神的律法,贵族没有任何高居在下院与国会之上的特权。他们是法官,且是平等的法官。他们共同组成了神的会众。如果统治的所有权力(这位教士为了将所有人说成是王,他特意将此说成了"最高统治权")在人民那里,且人民还为自己预留了抵抗暴政的权力,那么,他们会习惯性地将之预留在他们的权力之中。根据这位教士的说辞,我并非不合时节地讨论合法抵抗暴政的权力。我要指出这句神学格言:暴政是撒旦的工,不属神。因为,无论是习惯性的罪还是实际上的罪都不属神;但那权力一定属神。从本性上讲,作为地方官员,他们要求恰当的职分,并使这职分善终,因为他是神的佣人,是与你有益的(《罗马书》13:4)。所以,压制人的伦理、政治、道德的

---

① 巴克利:《反君主制》,lib. 4, c. 10, p. 268, ut hostes publicos non solum ab universo populo, sed a singulis etiam impeti oedique jure optimo posse tota Antiquitas censuit. ——原注

权力都不属神，也不是权力，而是对某种权力的无耻叛离。它不再是出于神的了，只不过是一张犯罪的执照；来自人的犯罪本性和那条伊甸园的蛇。神在基督里已宽恕了罪，教皇却重新分配罪。如果抵制罪合法，那么，没有任何团体有权远离或转赠这项权力。谋杀他弟兄的权力不出自神；因而承受他弟兄被害的权力也不出自神。既然没有权力去自己受苦，它就更不可能来自神。我并不是谈论物理性权力。如果自由意志是神创造的，那么，付诸行动的物理权力，从神的律法来看是有罪的，但也是出自神的。

我来追踪这位教士（c. ix., p. 101，102）的话。——反对者中一些人说，如布坎南，国会无权制定法律，仅仅能够提供一个没有得到社群认可的议案（προβούλευμα）。还有人说，乡绅阶层和普通民众的权力完全在众议院（the House of Commons）的那些斗士和议员中。他们的命令具有不可更改性。如果普通民众不握有反对国会的权力，内阁（tables）与国会又如何能保持反对国王的权力？

驳：这无知的教士应该感谢巴克利。不过，巴克利不必回报，因为这教士根本没有理解巴克利的精意。对此，我的回答是：

1. 要是我们随便想想就能让国会堕落（这个常见），那么，人民在坚决抵制这位教士强行推行弥撒书一事上做得不错。地方议会议员们违背神和人为法律，硬是想把它加给苏格兰。因此，国会的所有决议都不可撤销这一点就被否决了。这位观察者认为，君王作为个人可以授权不让它们被撤销。这教士显然误解了他的意思。人家只是说，他们拥有法律权利，而君王的王权职分必须认可所有的好法律，无论国王和还是民众都不能反对。布坎南说，国会的决议并非法律，直到其正式颁布前都不能用来约束人民。法律正式颁布后，如人民保持缄默，那就表明认同其为必须遵循的法律。如果人民公开表示反对不公正法律，那它们就不是法律。显然，布坎南比这个愚昧的教士对苏格兰国会权力的理解要深刻得多。

2. 国会似乎没有理由授予王如此庞大的权力。国会当然要把王置于神之下，人之上。他们当然拥有比王更大的权威和智慧，除非所罗门重返地上王位（借用马屁精的话）。制定法律的权力归国会；人民有权抵制

> **问九** 最高统治权来自人民,并依然以某种形式留在人民那里,在必要情况下,人民可以收回这一权力,这是否可能?

专制法律。神从未将国会权力给王。国会在本质上是和王一样的法官。因此,当他只听他的那些大大小小的顾问们的话,而没有尽到王的职分时,他的作为就会被取消。这就像眼睛离开身体则不能看见一样。国会的同行和成员比国王拥有更大的权力,因为他们作为部分和专职而拥有权力;同时,他们在国会中居于高位,这是人民同意或默许的。

3. 我们不允许国会的武断权力。国会的正义法律是不可撤销的。制定正义法律之不可撤销权力对抗的是法律上的武断权利,而不是不可撤销权利。在人民或凡人中不存在武断权力①。从今以后,只有人民与国王之间的契约。

教士(c. 10,p. 105):如果最高统治权约定俗成地在民众那里,那么,只要人民高兴,他们就可以将这权力拿走。这样,国王便成了空壳。民众得到整个帝国与最高统治权。他们用这权力来决断所有事关个人或公共利益的事件,既是王又是臣民。

驳:这种赤裸裸的结论证明不了什么。我们反对这种论断。我们认为,君王从国家那里一起接受王权,制定好的法律,由他的属下去执行这些法律。这权力由人民下放给君王与国会。此外,民众为自己保留了抵制暴政的权力,且强制执行。大卫一直是扫罗的臣民,没有和他面对面,没有夺下歌利亚的剑,也没有解散他的军队,虽然王可以命令他如此行。

教士(c. XVI. pp. 105—107):所有的王、政治家、地方官员因他们存在的特殊性而彼此有别。但是,在他们口中,这些人却没了区别。不!地方官要比君王所处的环境更好,因为地方官员由众所周知的法律法规来审判;而且,他们不会受到任何指责与惩罚。王是可被民众随意指责,被制止作为。最底层的人也可在民众非源生性的权威前指责与数落王。王还可能遭受关在民众心灵深处黑箱里的主观法律的审判,并非因王有真正的不法之举,乃是因为他们心中虚幻的嫉妒。可以说,正义之王身处险恶;越优秀的王越是身处穷凶极恶之中。除了柏拉图的理想国,没有地方

---

① 卢瑟福关于"不可撤销权利"(Irrevocable power)与"武断权力"(arbitrary power)之间的区分并未展开。它们之间的关系也说得不清楚,似乎涉及程序的绝对性和判决的可错性。我们基本上是直译。

会想要这种糟粕。那些狡黠的小人却诱使人民理解并接受这些东西。可怜的人民中了魔咒，跟随阿布萨侬（Absalom）的叛国之举。他们起初并不攻击整个王权，只想把王子从地方议会与伟大的政治家那里孤立出来。

驳：君王与下级地方官是否在本质上有区别？我们拭目以待：

1. 这位教士说，所有政治家都承认这点。他显然在撒谎。他扯出摩西与士师（审判者）的权力来证明王权。照此，要么是以色列的士师（审判者）与王并无本质区别，要么就是这位教士更改了神，将《圣经》中的《列王记》与《士师记》两卷合成了一卷《列王士师记》。

2. 地方官员所处环境并不会比王所处优越。他们以众所周知的法律法规为依据来审判，王却不如此这般。神立最初的王时，诫命他登国位后，要学习律法书，要平生作为自己统治的标准（《申命记》17：18—19）。现今，跟随神的律法权力比跟随人的罪恶意志权力要好。这位教士把王的处境置于比地方官员更差的位置，不是我们。相反，我们认为王应当依据正义的法律法规行使审判。

3. 关于某位王是否要被人民指责或罢黜的问题，他无法从我们的主张中看到。

4. 人民的法律就是本性之律，非他们的随意欲望。

5. 这位教士的叛国行径恕我不能跟随。他说我们中间有积极信仰的人不足十人。我们的信仰是消极的。他的信仰却是否定性的、教皇主义者的、索奇尼教主义的、亚米尼主义的，甚至更差。他本是我们所属信仰里的一员。和所有的改革宗教会一样，我们对信仰的宣誓是积极的。他认为所有新教教会的信仰宣誓都是消极的。我们在改革之前，政府的无用已成了大家认同的事实。整个天主教体系都是消极的。这一点在英格兰—苏格兰联合教会（the Church of Scotland and England）的教义宣告中明确指出。那位博学与受人尊敬的教会弟兄在他的《坎特伯雷信纲》（*the Canterburian's Self-conviction*）一文中也证实了这点。英格兰国会绝不应背负叛国之罪。那些所谓的伟大政治家的好顾问，他们在英王权柄下组建的两国议会只不过是那些发假誓的教皇主义者、教士阶级、耶稣会士、爱尔兰割喉党与变节者的一支，是对所有法律、神性、人性、神、教

> **问九** 最高统治权来自人民,并依然以某种形式留在人民那里,在必要情况下,人民可以收回这一权力,这是否可能?

会、国家的背弃。

教士(c. 15, pp. 147, 148):无论谁掌管统治权力,他只能是弥补缺陷的良剂,去纠正在国家与教会中那些背经叛道之事。这监管之权的主体必须在所有审判与实践中远离错误。这便是现在的皇权。如果国会犯错,民众须有方法纠正之。若非如此,神就置教会与国家于无可救药之境。

驳:1. 这一主张也是从巴克利那里偷来的。巴克利说①:"王若要卖掉他的国家,或使他的国受奴于外国势力之下,他就是不义的。"问题是:由谁来执行那抵制他如此行的法律呢?不是人民,不是贵族,也不是国会;这个奴隶如此说(p. 149):"除了全能的主,我不知道还有什么权力能惩罚和制约君权。"

2. 在这世上,我们没有发现有任何管理权力是不会犯错的,无论是君王的还是人民的;也没有处理将国家置于他国奴役之下的王的最后权力。我们将这权力归于人民,因为他们不会犯错。那些宫廷的谄媚者,鼓吹王的意志在一切法律之上,是正确与错误、合法与非法的衡量器。他们将君王视为俗世的教皇,也是教会事务与民间事务上的教皇。他们不会如此欣然地去自毁(本性之律给了他们相反的自我防卫原则)。暴君只会关心自己,而非民众。

3. 紧要关头,如在亚哈与耶洗别毁坏神的教会,暴治祭司、先知及以色列民的身体与意识之时,以利亚设法与以色列达成一致,在以色列民的帮助下,将所有巴力的祭司杀死。毫无疑问,王只能违心地旁观。我认为这一事例足以证明人民可以收回他们的权力。

4. 我们并没用教导人民应弥补政府所有的失误,也没有教导一旦君王犯错,他们就当动用该权力。当人民拒绝拜偶和犯法时,王却要砍下神的子民的头颅的情况下,人民才运用该权力。人民在忍无可忍之时收回他们的权力。这宫廷的奴隶却要人民去做他自己不做的事情:王与国会召见他时,他却拒绝露面。当受合法的、权威的、尊贵的权力召唤,没有比

---

① 巴克利:《反君主制》,lib. 5, c. 12, idem. lib. 3, c. ult. p. 2, 3。——原注

弃家奔逃更大的抗拒了。

教士：民众监督权可以因一些鸡毛蒜皮的小罪过或不义之举便传唤君王，并实施惩罚。若如此，为何以色列贵族与犹太大议会（Sanhedrin）不召唤大卫王于他们面前、审判并惩罚他呢？他不是与拔示巴通奸，谋杀乌利亚了吗？众所周知，暴政是指对国家有意的、普遍的、全局性的、明显的毁坏。除疯子外，无人会如此行。以尼禄为例，与其说是一种补救办法，还不如说是煽动性激情的表达。

驳：这位教士此处言论跳到了他著作内容的对立面。之前他都在讲最高统治主体以及王位，认为其不在一切规则内。此时，他却踉跄跳入了反抗大军的"泥潭"，且毫无新颖之处。

1. 在苏格兰，国王若以他继承而来的财产与权力侵犯法律，苏格兰的法律授权每个苏格兰人抵制这入侵者，并会将这些人押解到法庭，审判其不义行为。难道这违背了神的道？抑或违背了人的良心？

2. 犹太大议会确实没有惩罚大卫王，所以，因着任意不义行为去挑战王是不合法的。这种从犹太大议会的实际行动来推断一件事情合法或不合法的逻辑，恕我们不能接受。

3. 依据这位教士的教唆，拔示巴不能在律法下被处死，而谋杀无辜的乌利亚的最直接凶手约押也不能判死刑。因为拔示巴所犯的通奸是王所犯的通奸，她这样做只是顺服王的要求；约押的谋杀也是忠贞的谋杀，如对查理一世支持者的屠杀一样，因为他是因王的手谕而为之。谋杀就是谋杀，凶手就得死，不管有没有什么王的秘密授权。因此，犹太大议会本应该取了拔示巴的命与约押的头。英格兰的议会，如果他们是法官（我想是神、古代的律法与卓越的国家使他们成为法官），就应该斩杀这些约押。王命不能使谋杀变得合法。

4. 作为王的大卫所言更多地倾向我们，而非这位教士。大卫对那人甚恼怒，对拿单说："我指着永生的耶和华起誓，行这事的人该死！"（《撒母耳记下》12：1—12）

5. 任何不义之事都不会使王在神面前不成王，正如任何不洁行为都不会使妻子在神面前不能成为妻子一样。

> 问九 最高统治权来自人民,并依然以某种形式留在人民那里,在必要情况下,人民可以收回这一权力,这是否可能?

6. 这位教士为尼禄辩护,认为他不应该受到抵制。如果"整个罗马有一个头,他会将之斩首结果"(卡里古拉如是讲,如果这位教士比我更清楚历史,我便罢口)。

7. 他说,完全暴政的思想除了疯子之外,无人会有。试问:英王宣布苏格兰人为叛徒(因他们拒绝举行弥撒),并组织由割喉党组成的军队将他们剿灭,这难道还不是暴政吗?如果全英人民都拒绝拜偶呢?英王已在这种解决方式上沉睡了好几个月了:一时的激情并不会长期留存。虽然这不比太阳那样明显,却是白纸黑字发出的公告。另外,军队紧锣密鼓的调动,割喉党大张旗鼓的前进,以及对苏格兰海陆两路的封锁,对五感齐全之人来说,事情是再明显不过了!

大律师抠瓦图为亚斯(Covarruvias)说①:所有民事权利归国家所有。人天生是社会性的受造物,在社会团体中人要自己保护自己是不可能的;于是组成集体,个人将权利转交给这个集体的首领。他接着说:"对于市民社会,与其让它自己发展,有人领导其发展是更好的选择。但是,这领导者需公正地被设定,且杜绝暴力。神确实没有给予具体的规章制度;在市民社会中,人民也不曾完全直接地选举王与王子。"亚里士多德也说(polit. 3, c. 10):"选举产生王要比世袭王更好;继承来的王国才有真正的王室(vere regia),而这些世袭的王却更暴虐、更作威作福。他们适合那些未开化的国度。"抠瓦图为亚斯(tom. 2, pract. quest. de jurisd. Castellan. Reip. c. 1, n. 4)继而说:"世袭的王是通过人民不言而喻的赞同成为世袭王的,因而也是通过法律与习俗而成为王。"

斯巴拉多主教说②:"假设社会拒绝有一个高高在上的统治者。他们有如此的自由吗?不可能。有许多方式可迫使人民去承认一位统治者。那样就没有人可以违背他们意志地统治这个集体。本性却有别的安排,每个人都不满足他们所拥有的(ut quod singuli nollent, universi vellent),而是想要他们所没有的。此乃社团的本性欲求。"这位教士说:

---

① Covarruvias. tom. 2, pract. quest. c. 1, n. 2-4.——原注
② Spalato de rep. eccles. lib. 6, c. 2, n. 32.——原注

"神不仅是秩序的创造者,也是存在的创造者。我们的主创造了一切也保存着一切。没有了政府,人类社会将会消解,走向毁灭。那样的话,政府必定是合乎本性的,而不取决于人的自愿与主观规定。在本性链条上,通过不言自喻的赞同与缄默方式,次一级的存在物给予高一级的存在物以统治权。这高一级的监管者对次一级存在物有强有力的影响。在依附的链条上,我们从一个高级的长官到另一个更高的长官,最后是一个最高的统治者。这证明了君主制的优越性。在天使那里也有一个顺序,到人这里如何就能说神给了人简单的赞同权去确立上下级关系呢?这既不符合本性也得不到福音书的授权。如此随意,将之建立在这种臆想的原则上,人类将会没了政府。这种悖论不能让它存留。就本性而论,神早已给了高级些的受造物以固有的优越性,这绝不可能像叛贼所宣称的那样通过下等存在物的交通而得到,也不可能像这些下等人梦想的那样,紧要关头他们可以回收这权力。所以,神并没将最高统治权留给民众、团体、集体、代表或实际性的人民主体。最高统治权也不可能从他们而出,无论是一个人、几个人或很多人都不可能掌管这权力。无论在什么方式上,他们也不可能随意地回收这统治权。"

驳:回应斯巴拉多主教的论断:没有政府,社会没有自由可言。抠瓦图为亚斯说[①]:"神将之给予了每个社会,即保护自己免受暴力与不公正待遇的能力。为此目的,他们不能不将他们的权力转交给一个或者多个管理者。"这位教士在这错误假设之上建立的所有东西都是他的幻想与诽谤,并非我们的主张。例如:"对个人而言,没有政府出自他们的自愿,自愿将他们的权力转赠给一个或多个统治者。"这不过就是胡言乱语。

1. 我们认为政府是符合本性的,并不是意愿的结果。但是,政府的产生方式与行事方法则是可选择的。没有政府则社会不能存活;但不能由此说,神直接立王,中间没有人的意愿的参与;也不能说,人民便不能主观地选择他们的管理者、建立一种君主制度或选举更多的管理者,抑或建立一种贵族制度。这是不能成立。人民用声音表达自己的想法是本性之

---

① Covarr. tom. 4, pract. quest. c. 1, n. 2.——原注

> **问九** 最高统治权来自人民,并依然以某种形式留在人民那里,在必要情况下,人民可以收回这一权力,这是否可能?

事,不在乎用人的制度来规定说那种语言,希腊语或拉丁语(如亚里士多德所言)。对人来说,吃饭是本性之事,选择吃这种或那种肉难道不是出自他们的选择吗?这有何道理呢?这样的推论也很拙:最高统治权本性地居于人民,以他们喜欢的这种或那种方式让渡或收回这权力却不在他们的权力范围之内。推论不能这样进行。如果最高统治权的遗传是必然的,那么,偏离或将这权力给予一个或三个人,不管这种决定是否是绝对地、不可更改地、有条件地做出,必是主观武断的。这正如,一个父亲有六个孩子,且深爱他们,但没有表达他感情的自由。以儿子要好好使用财产为前提,他也没有将他大笔财产留给他儿子的自由。这等于是说他的财产处理不能随他的意思。

2. 本性中有一种天然的附属关系,那就是上下级关系。这里没有选择自由。地不会有意识地给天高于自己的优越性。人不会给天使在自己之上的优越性。万有的创造者直接创造了万物,也创造了它们之间的上下级关系,其中没有选择自由。神却没有将扫罗创造成天生的以色列王,大卫也不是。通过神的创造,他成为一个人。不然的话,大卫就应该出母腹便为王,而不是接受神的恩典后才是王。大卫由人到王,其中有神的恩典与人的认可。诚然,神在人的尊严之上创造了王的职分与权柄,神却借着以色列民的认可而立大卫为王,而非以利押。大卫就职为王,以色列民便与他立约。大卫有非常大的权力,但这权力是作为父亲的权力,而非暴君的权力;是为人民战斗的权力,而非离弃摧毁百姓的权力。低级受造物并不能给高级受造物任何权力,因为他们不能让渡此类的相应权力。对正面秩序的否认实际上是对较高与最高权力的否认,从而丧失了所有的权力。所有想成王或统治者之人的诡计是理性与自主行为,而非本性行为。本性行为如神创造比人更高贵的天使,创造比野兽更优越的人等行为。这位教士此处之论点实在无聊与愚蠢。低级受造物是相对于那些从本性上更高贵与高级的受造物而言,而不是从主观选择意义上讲,不是如保皇党所言的纯粹认可这种主观随意行为。

3. 这位教士称赞秩序,认为我们达到了秩序的最高级别。他还称赞君主制政府是最好的政府,因为它是神的政府。我并不反对这点。我也认为经营好的君主制政府确实是最好的政府,当然这是十分成问题的。神是不可能犯错与否认自己的君主,由此推导出罪人也能做这样的君主。这真是可悲的逻辑!他要给出可靠的证明才行!如这位教士所言,他是不是也要在天使中立一位君主,何不称之为"天使王"?他的话要是还有半点价值的话,且照他所讲的路走下去,恐怕天使中也要有带冠的王了!

问十

王室出生是否就等同于有了神圣的膏礼？

西蒙认为，出生作为王位继承者的一个头衔，与所有神授一样重要①。这一论断如何成立？我看不出来。除非我们先讨论清楚下面这个问题：国家是否是子承父业的财产。我认为，父传子的东西与非传递性的东西间有很大的差别。一个人被选为王来统治一国人民，他的家族或家庭便被选为王室。一个国家起初选择某人做他们的王，同样也就将他们与这族人的头生子本性绑定了。当他们因安全与和平的缘故将他们的权力交给这父之时（条件是这被选的王不使用这权力给他们带来破坏），他们以同样的方式将他们与这王的头生子绑定，认他为王。人民选这父为王不是单单因为他这个人，而是因为他拥有王室恩典与王治能力。因此，他们把自己与这王的头生子绑定，认他为一个有统治能力恩典的人。如果这头生子是个蠢货或傻子，他们便没有义务立他为王。人民对这头生子的义务不比他们对他父的义务大。对这父的义务是之后所有义务的基础、尺度和始因。如有导师被指定去统治这个民族，那么，这些人定是有王权之人，而非傻子，也不是只能统治他人却无法约束自己之人。我认

---

① 爱德华·西蒙（Edward Symmons，生平不详，17世纪中任Raine教区主管，保皇党）。出处见他的著作《忠诚臣民信念》（*Loyal Subjects Beleefe*），sect. 3，p. 16。译者无法找到关于这本书的信息。

为，王职并非父传子的遗产：

1. 出生若能给人神授的头衔与权力登上王位，神就不会在《申命记》第十七章中令以色列民选立一个跟随神、言神道的人为王，坐神的宝座。这样的人应是他父遗产的继承人。儿子却不是他父王冠的继承者，除非他是"这样的人"。在所有的道德律法与司法法律中，神并没有要求，继承人需要如此这般的品质，否则他就不能成为继承人。神却规定了一个人或一个家族需要如此这般的品质，否则他们将不能为王。我将此归纳如下：最初立王的神圣规定是之后立王的规则、类型和标准，如基督在《马太福音》(19：8)中以最初的婚姻为所有婚姻给出标准一样。保罗由主最后的晚餐而得到正确的圣餐仪式(《哥林多前书》11：23)。最初的王并不因为出生而被选立为王(《申命记》17：14—15)，接下来，神在讲述了为王的规矩以及他应具有的品质之后，他要求我们要找前任王的头生子或合法儿子为王。鉴于神最初立王是通过人民的选择，而后来神则通过应许将白白的恩典给予大卫及其子孙王位，并且也应许一些王，只要他们遵循神的诫命，他们的子孙及子子孙孙都要坐王位。依我看来，这并不是一条强制性的律法，认定唯出生是王(现在我将讨论良心的问题)以及唯出生是王的膏油礼。

2. 依据神圣惯例，如果神立誓约将赐予那至高者的权力交由人民之手，他们就可以将国家给予神所喜悦之人，并立他为王。这样，出生便不是王位的正当头衔。前者确有其事。神在《申命记》(17：15)中明确诫命道："你们总要立耶和华你神所拣选的人为王。"如果选立不是人民的权力，神怎么会在指派了扫罗为以色列王之后，又明确指示撒母耳将以色列民召集到米斯巴神的面前立扫罗为王呢？(《撒母耳记上》10)神又怎么会明确指示以色列民那为王的人在哪里呢？(《撒母耳记上》10：22)因为没有得到所有以色列民的同意，于是神要重新对扫罗进行加冕，"撒母耳对百姓说，'我们要往吉甲去，在那里立国'"(《撒母耳记上》11：14)。于是，"众百姓就到了吉甲那里，在耶和华面前立扫罗为王"(《撒母耳记上》11：15)。这也是为什么神膏大卫之后，以色列民在希伯伦立大卫为王之前，大卫并非以色列的王，而只是一个普通的个人。

3. 如果有了王室出生就等于有了王的加冕礼,且是最好的头衔;如果出生能向我们表明神的旨意与任命;那么,就如西蒙和他的同党所言,王的头生子应该继承王位。由此可以推论,所有通过征战而得到的王位,只要被战败的王还健在或有继承人,这些头衔就都是非法的了。显然这与保皇党的所有宣称相左了,包括阿尼索斯、巴克利、格劳秀斯、乔·罗斯主教(Jo. Rossensis Episco)、斯巴拉多主教、弗恩博士、西蒙先生,还有那被革除教籍的教士。如果他那贫乏的知识能带他跟上讨论,愿告诉他征服者拥有合法王的头衔!我对此有看法如下:(1) 如果出生表明了神所启示的旨意,即王的后嗣也是合法的王,那么,征服所代表的不能与神的旨意相左,即征服者不能成为合法的王。事实却是,征服者成了合法的王。如此,神的启示与神不就自相矛盾了吗?"出生"表明神的启示的旨意是叫前任王的后嗣为王,而征服者也成了神所启示的王;他们却说那些后嗣不应为王。(2) 如果出生代表并揭示了神的旨意,即王的后嗣当为王,那么,对于一个被征服的民族而言,同意征服者为他们的王就属非法了。他们的赞同违背了神的启示旨意(出生才是王正当的头衔);而这赞同也就没有合法效力。

　　保皇党辩说,那直接立王的王中之王可以将国家转给他所拣选之人。当神将剑交在尼布甲尼撒手上去征服犹大国和犹大王时,西底家和他的子孙就不再是犹大的王了,尼布甲尼撒才是王。神在他的律法之上,在这个实例中彰显了他的旨意,正如在此前通过王室出生来彰显他的旨意一样。

　　驳:他们也以此来解释叛国。如果耶利米受神感动明白地告诫犹大王与犹大国都要被巴比伦王征服,且要以色列侍奉巴比伦王如他们合法的王一般,为他祈求。对以色列民来说,这与反抗暴君一样正当,也同反抗非利士人与亚玛力人一样。在神的法庭上,如果出生是成王的正当与合法头衔,且是唯一证明神的旨意的东西,不需要任何人民的选举,王的头生子是人民合法的王,那么,征服就不能反方向地表明神的旨意了。是否神给了暴君权力去征服那些合法王室统治下的国家呢?征服者将他们推下王位之前都一直合法地统治着这个国家。这并不是问题的所在。问题在于：当没有一个耶利米直接受神派遣来告诫百姓的时候，如不列颠顺服于外来的侵略者，他们驱逐了不列颠王室的合法后裔。此时，这种暴力方式上的侵略是否能表明神的旨意？或者说这旨意叫入侵者在所有道德律令上统治我们，让我们抛弃合法王室血统的后裔，向征服者发誓效忠，如入侵者拥有不列颠王的所有正当权力一样？有人辩称征服也是王冠的合法头衔，而王室出生代表神的既定旨意，其间不需要人的选举，王的头生子出生便是合法的王。我们不能因为这些言论就忽略问题的实质。神不会说与神的启示之道相反的话。如果出生是神的已定旨意，在神的法庭上，王的后嗣就是合法的王；对我们而言，征服者的任何行为都不能使神的启示无效。人民虽然可以十倍地顺服在征服者脚下，但这不能使他们合法地对征服者发誓效忠与忠诚，或合法地反对由出生而来的应得权力。保皇党揭示的关于神的旨意的教条充满矛盾。很多情况下，神的旨意由事件来彰显，征服者会坐王位。但这种旨意不是我们要遵守的规定；而人民也不能违背神的约，宣誓对之忠诚。这约才是约束我们的、在神的话中揭示出来的神的旨意。

4. 父子间传承的东西，法律上仅指那些异教徒所说的财富（bona fortun），如土地、房屋、钱币以及遗产之类的东西。而那些本质上属于心智上的禀赋与恰当的荣誉，指那基于德性的荣誉（在亚里士多德那里被当作永恒德性[proeminum virtutis]），则是没法因出生而由父传子的。王室尊严本质上由三部分构成，而这其中没有任何一部分能因出生而传递。（1）统治的王者能力是神在本性之上的特别礼物，是属神的。所罗门向神祈求这份礼物，而后他拥有了它，却不是从其父大卫王那里继承而来。（2）民众之上的王者荣誉是因为其王者美德，而非从母腹带来。若非如此，圣灵便不会说："邦国啊，你的王要是贵胄之子……你就有福了。"（《传道书》10：17）这种荣誉来自德行，不会有人生而有之，亦不会有人生而具有成为法官的天赐或荣誉。神将人划分高下并非以出生为标准。生于富贵人家便为贵族。如果判断能力能够作为遗产传递，那可就要为之立法了。接下来我要谈良心问题。（3）成王前，人若有外在合法头衔必定是神的旨意，属于神的指定与授权。这外在标记显示神的旨意，用来规范我们

问十 王室出生是否就等同于有了神圣的膏礼？

的意志。不过,经上说,任何东西都不能规范我们的意志,引导人民无误地依照神的旨意立王,只有自由选举出来的人,才被认为具有神赋予王者天赋,即神在圣经中晓谕的对王的要求(《申命记》17)。只有这些能规范人民,或者说,它是对人在神的法庭上合法升为王的规范。(a)神通过先知或受圣灵感动之人的膏油礼而直接指派某人为王,如撒母耳膏扫罗与大卫;这样的事我们现今无法指望了,保皇党也不敢如此说。(b)基于征服属暴力行为,还有神因人的罪而实施的报复性正义。在神的法庭上,征服不能为在位者提供一个合法头衔以让被征服人民将他们的良心顺服于他之下,除非神通过直接由天而降的声音晓谕他的这种旨意,如神借耶利米之口命令犹大国顺服在尼布甲尼撒之下,待他如自己的王。现在,这不是我们该守的规则。若非如此,西班牙王像尼布甲尼撒一样来入侵英国,毁坏神殿与器皿、废除对神的崇拜方式、废止对神的真正崇拜;他一旦征服了英国,对他进行抵抗就是非法的了。对此,无论是神的话还是本性之律都会禁止之。现在,虽然有罪的人在神的法庭之内配得暴力对待,但神却不对任何民族施以暴力行为。对我们而言,这就可以作为神规范旨意的见证。除非他们从法律和神约那里得到保证,否则,要我们从良心上承认他们是合法统治者无任何作用,因为他们登上王位的唯一法则是使用愤怒的嗜血手段——剑。对此,我想我们的敌人也会赞同。依据神的话,犹大国服从在尼布甲尼撒脚下。假设耶利米没有命令犹大国民服从巴比伦王,他们的良心以及对犹大国最权威的呼唤就是他的剑。(c)纯粹的王室出生不能成为神的规范旨意的外在标志;只有神的旨意才是王的良心的保证。保皇论认为,王室出生与神圣膏油礼等同。大卫由撒母耳所膏,也就是为神所膏,而非由王来行膏礼。撒母耳为神行膏礼多年,虽然大卫由神所膏,他也不是行膏礼的人。以色列民基于神圣膏礼在希伯伦选立大卫为王。这并非我们读到的大卫登上王位的唯一外在、合法的呼召。王室出生最多也就等同于神圣膏礼,因此,它不比神圣膏礼更高级,也就没有更大的力量去立王。如果王室出生等同于神圣膏礼,那么,拥有王室出生的约押需要什么条件才能让以色列民立他为王呢?扫罗和大卫不仅有好的出生,还有神圣膏礼,他们又需要什么才能使以色列民立他们为王呢？扫罗有先知口头与明确的见证，所以并不需要以色列民的选择。他们一个在米斯巴与吉甲被立王，另一个则在希伯伦被以色列民立为王。

5. 如果王室出生与神圣膏礼一样是王冠的合法性标志，那么，人民的选举就缺乏合法性标志了，从而现今世界的民选王就是非法的了。后者是荒谬的，前者亦然。我们可以考虑这种情况：没有征服者，当下无王，而人民在统治。这样的困惑出现了：他们无法任命王——因为在神面前的合法标志是征服（当然我认为这是不合法的，不过这里已经假定了没有征服），也没有由神而来的先知宣告（因为如今没有预言了）去合法地指定王；而且这里没有王室出生（因为政府是民众的），那么，你就只好想象这个社会在良心驱动下去寻找一个外国国王的儿子来做他们的王了。不过，我想这种王室出生在神面前没有合法标志，因为他与这个社会没有任何关系。他仅仅是一个陌生人。因此，在这种情况下，没有合法标志可以立他为王。我们说，这里只有人民的选举可以立王。如果说在民众政府中的人民因为没有王室出生而不能合法地选王（选王是要找一个合法的统治者，并得到神的许可），那么，这是极不理性的。

西蒙先生认为①，王室出生是王冠最好的标志，因为该家族最初的王受过膏礼，此后该家族不再受膏。除非国内发生了大的冲突，如所罗门与亚多尼雅、约阿施与亚他利雅之间那样的冲突，继承人中的长子后来都被神拣选为王。他在神那里与生俱来的权力与他父受膏一样明显。

驳：1. 一个家族里最先的王受膏礼后，此后该家族不再受膏，除非弟兄之间发生了大的冲突。这是未证明的说法。《列王纪下》(23：30)记载，当义的约西亚死后，将王位给他钟爱的儿子并无争论。于是，以色列民就膏约西亚的儿子约哈斯为王，接续他父亲做王。《利未记》(5：22)讲到祭司们都受膏。《民数记》(3：3)也说所有的祭司都受膏了。历史上，我们并不清楚这个人或那个人受膏。

2. 关于所罗门的大哥不能为王一事，很显然这表明了神的指派与以色列民的选择使正确的人为王，而不是根据出生立王。

---

① Symmons, *Loyal Subjects Beleefe*（《忠诚臣民信念》）, sect. 3, p. 16. ——原注

3. 因为神对大卫家有特殊应许,所以出生确实对那人有规定。但我要问:一个特殊的大卫家血统以及其他一些有神应许的家族就能证明多年后的王室出生还等于神的合法呼召与王者权力吗?统治的天赋并非与生俱来,神赐王位标志亦非与生俱来。

西蒙先生:王子一旦因继承而统治一国,统治权就永远不会被任何人以任何手段剥夺,不管他有何不虔诚与非正义行为。王室膏礼具有古老的、擦不去的特征。扫罗直到他生命的最后一刻还保有神圣膏礼。大卫在接受膏礼之后,领受了灵;虽然有了继承权,却没有实际统治权。

驳:1. 究竟王子一旦接受了遗产是否就不能剥夺?如果他因出生而统治一国,如父传子业般,我只知道人在必要的情况下可以变卖自己的遗产;如果他变卖了自己的国家,他的巴克利和格劳秀斯弟兄会说,他的国家可以被剥夺,可以从王位上赶下来,收起他那擦不掉的特征。

2. 国家并非王子个人所有。所以,如果像从人那里拿走他的钱包那样从他那里抢夺国家,当然是不道德的;但是,在基督王国里,主的教会是神的遗产。王仅为牧者;在良心法庭上,羊群并非他个人所有。

3. 膏油礼并非王永不磨灭的记号。扫罗与大卫并非有了膏礼后就一直为王,膏礼后他们还作为个人生活了很多日子,直到以色列民立他们为王,他们才为王;除非你说以色列在同一个时期有两位王。扫罗因要杀大卫,就如同要杀他的主,杀神所膏的。

4. 大卫不敢接受实际统治权,恰恰表明了神圣膏礼不能使他为王。膏礼仅仅指派他为王。以色列民的选举才最终使他为王。

西蒙先生继续说①:"有天生的君王,就不会有未诞生的王子。考虑到出生,我认为,神膏他父一生为王——即便如扫罗死前的大卫,他的长子便从他那里继承了这权力。剥夺这继承权就好像废黜他的王位一样完全是非正义的。"

驳:只有基督才是天生的王。我确信没有人自出母腹就手拿权杖、头戴王冠。神圣膏礼给王冠一个不可擦拭的记号,出身却不能。人可以

---

① Symmons, *Loyal Subjects Beleefe*(《忠诚臣民信念》), sect. 3, p. 7.——原注

出生便为王位继承人,如那充满希望的亨利王子,却不能活到成王之时。如果王长子想弑父,如阿布萨依所为,召集军队反对合法王子,我想他必在战场上被杀,且无任何正义可言。如果他在其父在世时就为神所膏,那就是说有两个王了。这继承人可能也有儿子,于是就有了三个王;兴许还可能有四个。不可想象所有这些王都有神圣权力。

罗切斯特的教士说[①]:"人民与贵族不能给予生而为王者任何权力。他们只能宣告王的权力。"

驳:这种说法无法得到证实。对一份遗产而言,人可生来是继承者,因他并非作为工具为这些东西而生。相反,这些东西最终作为手段为这继承人而生。对国家而言,王只是工具性的存在,如同城市的守夜人,是保护神子民的和平与安全的活生生的法律。所以,王不是人的继承者(here hominum),而人才是王的继承者(heredes regis)。

阿尼索斯说[②]:"许多国家经正义战争而建立起来。依据继承法,它当然也可作为遗产由父传子,并不需人民的赞同。王子并不从人民那里接受做王的权力,而从他父母那里接受。他拥有的国家也不是人民的遗产。他挑起保护与管理人民的重担,是他父母给予他的合法性。他有义务进行保卫与管理,如父亲照看整个家庭的货物与福利一般。同时,他也是照看他自己的财富。"

驳:圣经告诉我们,是以色列民立所罗门为王,而非大卫。没有王能将国家以遗嘱形式赠与他的儿子。他说王子无权统治作为人民遗产的国家,但国家是根据法律由其父母给予他的财产。作为人民遗产的国家仅是一句美丽的废话!依据国家法律由父传子的统治正当性其实是人民法律给予的统治权力,也是人民的赠与遗产。国家法就是人民法,将王冠给予了某个王室。因为人民法使其父成为王,所以它先于王,先于王的统治权力,以及王从其父那里得到的东西。借着神约对他父的应许,如神应许大卫;在弥赛亚到来之前,大卫的子孙都要坐王位。若非如此,我想知

---

① Joan. Episco. Roffens. de potest. Papæ. lib. 2, c. 5.——原注
② 阿尼索斯:《论权威原则》(*De auctoritate principum in populum semper inviolabili*, 1612), c. 1, n. 13.——原注

问十 王室出生是否就等同于有了神圣的膏礼?

道:王子是如何继承他父王的王冠与王位的?圣经只说了以色列民立扫罗与大卫为王。我认为,这随犹太人国家的消亡一起消殒了。现今,我们亦无法找到任何将王位与某族人捆绑的直接神圣指令。

5. 父王的意志不可以立王子为王。因为:(1)经文并没有教导我们是父立子为王,只说了是人民立扫罗与大卫为王。(2)他的观点表明,在某种意义上,父亲是儿子继承王位的一个原因;但这父并非那将王权赋予这家族的原因。谁立第一位父为最初的王?不是他自己!现今也没有先知直接膏人为王了。那么,就必定是人民选举最初的王为王。人民的选举要比生而为王的法律古老。选举也是比出生更好的权力。问题在于:最初的父被立为王与人民通过自由意志的选择决定王位后继者,如丹麦与波兰那样,从何而来?人民不仅自由选择决定那最初的王,也自由决定王室的继承人。所有问题都由人民集体的自由意志决定。现今,我们没有神直接的或先知的立王行为。这就有力证明了由父传子的整个王位线性推移力量来自人民,而非王室父母。

6. 为了财产安全与和平,拿掉神和本性赐予了人的天赋与自然权利,以此作为最有效、最广泛运用的形成最佳政府手段,这是不能接受的。将王室出生作为王位的最佳标志,认为它优于人民自由选择,拿掉或阻止人民的自由选择这一自然权利,这样做不仅阻止人民选一位管理者,更是阻止人民选出一位最好的、最公义的、最公正的管理者;而且还约束了人民对他做作为智慧—正义者还是愚蠢—邪恶者的选择。所以,以出生作为王位最佳标志的观点是不能被接受的。

有人反对说[①]:父母可以约束后代在王室中选一位王。但按照上述说法,他们自由选出最好最合适的王这一自然权利被割断和剪除,从而后代违背了他们的祖先所发的誓,割裂和王室的某位王的纽带。这可以从《圣经与理性为自卫力量辩护》(*Scripture and Reasons Pleaded for Defensive Arms*)一书博学的作者那里得到印证。

驳:如果王储不幸都死掉了,频繁选举往往会在我们的堕落本性中

---

① Sect. 4, p. 39. 80.——原注

导致血腥悲剧。人民应该约束并迫使他们的后代选王室的一位头生的男性或女性为王,如苏格兰与英格兰所行的那样。我说过,通过选举而获王位的优越性大于王室出生标志。就本质比较而言,后代与某个王室的捆绑,首先是有条件的:头生的王室成员要合格,即有掌舵的头脑。其次,选择统治者需在神的视野下。以我的拙见,这人要接近神的法官,畏惧神,憎恶贪婪;对于摩西时代的王来说,就是遵循律法书的人(《申命记》17);而在当今时代,要的是高尚品质,而非神的直接指派。再次,选立王的真正目标不是简单的统治,而是采取最好的方式,和平地、真诚地、属神地进行统治(《提摩太前书》第二章)。那些被立为王的人必须是能最快达成这一目标的人。以我看来,缺乏高尚的人决不能为王。我这里仅仅是在比较合法标志。

7. 神若没有捆绑王的良心,人民也就不必捆绑自己的良心,也不必捆绑他们后代的良心。神并没有将一个民族不可更改地捆绑于某个王室或一种政府。没有一个民族能将他们或他们后代的良心捆绑于某个王室,或不可更改地捆绑于君主制。没有民族是被神圣律法捆绑在君主制之下的。巴黎的博士们已经证明,教皇的训诫是一种妄断,它永远无法与教会捆绑。教会是基督的身体,并不需要什么教皇。从他们本性出发,所有誓言都是一样的;而对那些争议中的东西,涉及利益和必要性,则是有条件地在法律上捆绑。这样做都是要实现那目标。如基遍人在约书亚时代起来杀了神的选民,我想,有智之人都不会认为约书亚和犹太人会在神誓言的捆绑下不去杀基遍人。他们是敌人;让他们或等于对抗誓言。这誓言是要保护他们活着,作为朋友而追求并祈求和平、顺服。这个常识是显然的。如果人民认为贵族制政府要优于那带来血腥、毁灭性、残暴结果的君主制政府,那迫使自由人成为穆斯林,或去拜偶的君主制政府,那么,他们在誓言的神圣捆绑下不能束缚他们的本性自由去为了他们的安全而选出一个政府和管理者,去过和平与属神生活。至于将他们后代的智慧不可更改地束缚于某个政府或王室,这显然与他们起初的誓言相左,也只能导致流血与毁灭。在这种情况下,即使是有誓言保证统治的君王也应该仿效奥索皇帝(Otho)那样;如斯皮德(Speed)劝诫理查德二世(Richard

Ⅱ)那样①,辞掉王位以避免流血。谁会怀疑富有经验的后人的第二智慧(the second wits)可以纠正他们父的最初智慧(the first wits)呢? 我也不相信:父辈能通过誓言奇迹般地留下由最好黄金打造的链条来约束他们后代的智慧,去选择毁灭而不是和平与真正属神的生活。

8. 继承人可以放弃继承他的头生子身份,因为他对他自己的遗产有支配权。王却不能放弃他的头生子王位身份。继承人可以在他十二个儿子中间平等地划分他的遗产;王却不能将他的王权划分为十二份,给每个儿子一份。这样的话,他就将君主制变成了贵族制,用十二个人来分享一个王位。继承人可合法变卖他的遗产,如果他被俘,他可以用他所有的遗产作为赎金来换取他的自由;因为性命比遗产重要。王却不能给王位定价当作赎金。

我不反对品性优良的王位继承人。由于人本性的堕落,和平继承可以阻止巨大的流血骚乱。这骚乱能导致人类社会灭亡。往长远处考虑,和平继承是有巨大益处的。作为人类智慧之花的亚里士多德(lib. 3. polit. c.10)也更赞同选举继承方式,他更倾向于迦太基模式而非斯巴达模式,虽然他们的王都是大力士。斯拉(Scylla)的普鲁塔克(Plutarch)认为国王要如狗,即最好的猎人,但并非那些生而为最好狗的人(Tacitus, lib. 1, Naci et generari a Principibus, fortuitum, nec ultra œstimantur)。

---

① 斯比德(John Speed,1552—1629,英国历史学家)。这里引用的是他的代表作《大不列颠国历史》(*Historie of Great Britaine*,1611),p.757。

问十一

是一个生而为王者有资格为王,还是一个由人民自由选举而成王的人更有资格为王?

主张一:为不耽搁读者,我就开门见山了。神以出生立王来建立一个国家,这样的政府最好。神确立大卫一支的统治地位,神就基本上分配了天下的王。无论是谁,不管他的身世如何接近这王权的根基,他都不能生而为王。这才是神的直接旨意。神基于特殊原因(博学之人的尊敬)有时也会以出生为标准立王。

主张二:以最初立王模式为标准,民选的王要比世袭王更合法。(1)第一位王通过民众的自由投票而被选为王,正是这一因素最终促使后来的王子都登上王位。因这最初的父,整个家族都被选为王,并且都同等类似地为王。(2)第一位王由神命定,这必是所有王被立的标准,他也比任何由他而来的王都更具合法性或更有资格为王。第一位王也是由人民选举出来的王,而非世袭之王。《申命记》(17:15)中规定:"你总要立耶和华你神所拣选的人为王,必从你弟兄中立一人。"(3)法律规定:继人之位,享人之权(Surrogatum fruitur privilegiis ejus, in cujus locum surrogatur)。世袭的君王从民选的君王那里得到为王特

问十一 是一个生而为王者有资格为王,还是一个由人民自由选举而成王的人更有资格为王?

权。所罗门从他的父亲大卫那里得到为王的特权,因为他父亲大卫王是一位民选王。这样说并不代表我认为王室出生是王位的正当头衔;而是说,当这王族中最初的王被人民选立为王后,就注定了那些真有美德的后裔要被立为王。(4)并没有什么天生的王权或其他方式的天然统治权;更别说有某只鹰是天生的鹰王,或某头狮子是天生的狮王;也不会有什么人是天生的君王。所以,一位人民选举产生的王必定比那些没有这一头衔却自出母腹便为王的人更有资格为王。

到此为止,弗恩博士与我们的观点还是一致的:先王的王权是建立在人民自由选举的基础之上。他说:如指定一位王,并要追溯他权力的渊源,我们承认它来自人民。但是,他又说①:你可以说这权利根源于人民;在另一种方式上,你又说人民为自己预留了废黜与替换行政官员的权力。人民有时立最高君王,自己却不保留任何权力。人民建立政府前,他们并无那种命令他人的政治权力;有的只是个人反抗权力,而这权力不能用来对抗行政官员。

驳:1. 君王可选择甲或乙为大使,并能限制其权力,命令他出使他国要如何说、如何行。连半傻的人也会说,是这王造了这大使;大使权力出自王。我们知道狮子的能力出自神,海洋与火焰的能力也出自神,因为神将狮子限制在他的能力范围内,那样它就不会吞噬但以理。神限制海洋,就会如耶利米所说的,只要他愿意,要让汹涌的海浪向任意方向或停滞不前;让火烧死那些将三个孩子丢入火坑的人,而不烧死那三个孩子。这就是弗恩博士所讲的君王的六维(six degrees)权力,而非五维。说这权力来自人民是对的,说它不是来自人民也是对的。

2. 人民可立最高的王,此乃绝对权力。但是,因此说可以抛弃与生俱来的权力,即自我防卫的权力;这种说法显然不合适。如果人民没有毁灭自己的绝对权力,他们也就不能将这权力委托给王公贵族们。

3. 民众还没有正式的统治者之前,他们没有政治权力。这样说肯定是错。如果民众仅是没有联系起来的单个的人,他们的确没有政治权力。

---

① 弗恩:《主要教义》,part 3,sect. 3,p. 14.——原注

但是，在行政官员被确立之前，他们就聚集起来并联合为一个整体，并指派行政官员了。如果他们完全没有政治权力，他们便没法如此行为。

4. 人民有实际的发号施令权力，只有如此，他们才能为自己指定能发号施令的管理者。

5. 民众集体无惩罚自己的正式权力，因为惩罚就意味着遭受痛苦，此乃违反本性的恶事。在指定统治者与制定法律时，他们同意：如果他们犯罪，他们会遭到处罚，就像学生还没上学时就必须同意遵守学校纪律一样。至此，可以肯定民选的王更有资格为王。巴克利显然错了，他说：无人能否定因出生而继承王位更符合本性。如果这还不违反本性的话，那么，一头狮子生而为狮王便是再本性不过的事了啊！

反：多数至圣之人都赞同世袭君王，而非民选君王。

驳：某些特殊情况下，我也持这样的观点。单从国家层面考虑，世袭君王制并不会比民选君王制好。考虑到当下情形，由于人已堕落罪中，所以最好考虑各样情况。接受一位在手的王子为王要比众里寻王的风险要小得多。就确立国家而论，民选要好。在制度化了的国家，世袭似乎更能减少恶。就自由而论，民选要便利得多。考虑到安全与和平，世袭更加安全，也最令人满意。（见：Bodin. de Rep. lib. 6, c. iv.；Thol. de Rep. lib. 7, c. iv.）

问十二

国家是否能以征服之名合法易手？

这位教士颇有自信地说(c.17，p.58)：经上明示我们，由征服而取得国家是完全正当的，并不需要人民的认同。但是，他没有引任何经文来证明这一观点。马歇尔(Marshall)先生也谈到(Let. p.7)：被征服的国家是一种持续的伤害与延续的抢夺。征服的权力要从两方面来看：1. 没有正当理由的征服。2. 有正当理由与基础的战争。在第二种情况，如君王征服了一个本该死的国家，且这位征服者本身是一位非常和善的君王，因这位君王的恩惠，被征服的整国人民都得存活下来。对于那些伤害这位君王的人，由于他们本该死，我们将对这些冒犯之人区别对待。那些并没有行冒犯的妇女、儿童，特别是那些刚出生的婴儿当区别开来对待。前一类人交出他们的自由，以保甜美之性命。这征服者不能合适地成为他们的王。在我看来，他们是被迫认他为王的。这种看似没有暴力与暴虐的条件其实比死亡更凶残。依理性来看，专横与非正义压制不可能是神转移国家统治权的合法手段。从别种角度来说，征服者不能以王者之名来压制无辜者，尤其是那些未出生的婴孩。

主张一：在神特殊的诫命下，一个民族可能要屈服于征服者，某个尼布甲尼撒或恺撒，并以他为王。比如，犹太人在先知耶利米的告诫下屈服于巴比伦王的枷锁之下，为他祈求；犹太人把恺撒的东西归于恺撒。对那些不正义的征服者却不能这样：暴君并没有得到神的指令来压制和统治神的子民；百姓不必顺服于这些"王"。所以，不抵抗的屈服是正义的屈服，有神的指令在里面；而那种积极的、非正义的、暴虐的屈服则是神所禁止的。

主张二：通过征服得来的王冠，事后却得到人民的赞同，这也可以成为合法的头衔。正如恺撒时代的犹太人一样。我们的救主因此命我们顺服恺撒，向他纳贡，如弗恩博士所言（sec. vii., p. 30）。但是，在他的主张中有两点需要谴责：1. 神在这样的神工中向我们彰显他的旨意，借此来将国家易主。2. 此乃一种过度惊惧（over-awed）后的同意。

对前一个观点，我的回应是：1. 如果征服行为是暴力的且是非正义的，这就不是神的规范与赞同意志的彰显，也无法成为王位的正当标志。它不能等同于本丢·彼拉多与希律王将主钉死在十字架这事。那是神指定的事，是神的旨意之流露（《使徒行传》2：23，4：28）。在神的旨意中，他们杀害耶稣基督。2. 在一定程度上，虽然是过度惊惧后的同意，但也可以算作是对征服者表忠心并臣服的契约与协议，足以作为正当标志。如果人民不同意征服者，而征服者以暴力压制人民，这样便无正当的王位头衔可言。

主张三：纯粹的武力征服，也没有得到被征服人民的认同，这样的征服者无任何王位的正当头衔可言。

论点一：依据神的话对我们晓示的王位之合法头衔：除了神对某人的拣选与呼召之外，还有人民的选举（《申命记》17：15）。所有得到神呼召的人都得到了人民的呼应，如扫罗、大卫、所罗门等。最初的合法呼应是后面所有呼应的规定与模式。

论点二：拥有王者美德的王，对国家来说，他是父亲、精神领袖、守卫者、保护者、盾牌、领导者、先锋、牧者、丈夫、赞助人、守门人、保有者。对一国人民来说，这王者职分内核包含父亲般的喜爱、关心、爱、仁慈行为。只要保有与人民的这些爱的链接，王就不会行与人民意志相左之事，更不会使用纯粹的暴力。我们的父亲、领路人、赞助人会手握屠杀之剑行与我们意志相对之事吗？违背人民意志的好处就不是益处。借令人生畏的强权他能成为我们的父亲吗?我们也不会愿意成为他的儿子,这样的头怎么能成为身体的一部分呢?我的父亲、我的丈夫会不顾我的意愿强行使我屈服吗?仅凭借暴力,人无法成为我的支持者、盾牌、守卫者。

论点三:如果说神给王位的正当头衔在王的本质之中,仅是指残暴的尼禄那里只见暴力与血腥的交易,这想都不用想:最残暴的暴君与构成王的本质丝毫不相干。他没有任何英雄般的王者智慧与天赋去统治,也无神的任何赞同与规范意志。这意志是一定会为任何成王之人彰显的。相反,残暴只有愚蠢的暴怒和对神的启示的彻底背离。神的话,不可杀人(《出埃及记》20:13)。要不然神的律法应这样写:"杀人者,成霸业。"借着对第六条诫命(不可杀人)的违抗来实现,在这条诫命中神宣示了他的赞同意志以及对王者的合法呼召。

论点四:神的律法之下,无人能抵抗合法职分的合法呼召;但是,激起他们去屠杀一国中的大多数人和强壮者,从而能够为所欲为地统治那些少数的、软弱的、年轻的以及社会底层的人,对于这样的冲动,人可以拒绝这是神的感动。这种呼召是不合法的呼召。如果说,激起人行血腥的征服之事是一种神圣冲动,是在法律之上的正义之神的愤怒,是要宣泄在某个邪恶民族身上;那么,这是神非常冲动的行为。那是无人能够抵抗的。此类血腥征服一定有某些从天而来的非常启示,授权他们顺服这种非常冲动。果真如此,他们必须显示出一个合法而直接的非常冲动。可以肯定的是,那被征服了的民之罪,以及他们在神面前的那些缺陷,都不足以成为征服者的合法借口。虽然他们被异教徒毁坏和俘虏是罪有应得,但是,这些异教徒在征服他们之时也深陷罪中。如《撒迦利亚书》(1:15)中所言:"我甚恼怒那安逸的列国。因我从前稍微恼怒我民,他们就加害过分。"因着犹大与以色列的拜偶像及其他罪,他们罪有应得被俘。耶利米早已预言。而神对巴比伦王等不义血腥的王也极端不悦(《耶利米书》1:17—18,33—34)。神在《耶利米书》(51:35)中说:"锡安的居民要说:'巴比伦以强暴待我,损害我的身体,愿这罪归给他。'耶路撒冷人要说:'愿流我们血的罪,归到迦勒底的居民。'"对于人民自由选举出来的王,所有指向合法争王位的非常冲动,我们都认为肯定不是出自神。除了敌人赤裸裸的说教外,我们还知道,血腥的征服者威廉(William)封他自己为英格兰合法的王,且让他的后代一直为王;弗格斯(Fergus)征服苏格兰也一样。

论点五:王是神特别的礼物,用来喂养与保护神的子民。他们要带领一种属神与和平的生活(《诗篇》78:71—72;《提摩太前书》2:2)。以色列多年无君王则是神的惩罚(《何西阿书》3:4);那无士师(审判者)、无君王的局面是要使行恶者羞惭。如果某位由神拣选的王是通过血腥征服而来,是要惩罚那片他在那里做王的有罪土地,那么,他就不是作为特殊礼物和神的祝福而给予的。对于征服者来说,他不是和平之君,而是火与剑。如果神改变他的心,使他由一位嗜血的毁灭者变成了一位父亲、君王与神子民的喂养者,那么,他就不是一位暴力征服者,而是仁慈者。这是只有全能神才能做到的。人不拥有这样的能力,不能行这样的神迹。人无法做相反的两件事。如果征服是王位的合法头衔和常见呼召,敌对方也是这样认为,那么,每位血腥征服者都必须转变为慈祥父亲、君王和喂养者。而且,只要神呼召了他,就无人会反对。至于被征服土地的人民,则他们应该抛弃本土王(他们在上帝面前本来是有义务去保护他的),并接受这陌生王的血腥侵略,承认他是一位正义的征服者,如同他有王室出身和人民拥护而受召为王。当然,为这王室特权而征战不会给他们带来什么报酬。如果剑是王位的合法标志,那么,假如两个王国的两大将军要征服对方主要领土,且他们在这方面有很大权力,借此邪恶理由,其中一位将军便有了神的合法呼召而成为英格兰王,另一位将军则成为苏格兰王。这是荒谬的!

论点六:征服要么是王位的合法标志,要么是正义征服。如果只是作为征服,那么,所有的征服都是王位的合法标志了。亚扪人、西顿人、迦南人、以东人等曾使神的子民屈服,他们也因此拥有统治神子民正当头衔。如果阿布萨侬比大卫更有力量,他不就有了神所膏的以色列王的合法标志了吗?如此,力量成了神对王者合法呼召的衡量标准。但是,得胜的力量不是法律也不是理性。不然的话,希律王砍施洗约翰的头是理性的;罗马皇帝杀耶稣基督的见证者也是理性的。如果正义征服在神的法庭上是王位的合法标志和宣告，那么，更强的王（潜在的国家损害）就可以合法地压制并统治那些尚未出生的无辜后裔了。但是，神说了什么话来保证这未出生的后裔会一起放弃对那征服者的抗争？除了原罪，他们如何违背自己意志而顺服一位征服者？这征服者除了流血的剑，无权统治他们。因此，征服本身不是正义的，并使他作为王而统治后代。

或者说，父辈可以通过誓言要求自己的后代忠诚地委身于征服者，因他以正义之剑使父辈让出土地了。

我要说的是：父辈确实把遗产给了后代，因为那遗产既属于父辈也属于儿子。但是，后代拥有与生俱来的自由（人人生而自由）。父亲没有权力放弃后代的自由，正如他无权交出他们的生命一样。父亲没有掌管他的孩子生命的权力。而对于行政官员来说，他比一位父亲拥有更多权力；他可以判处生死。

格劳秀斯说①："未出世孩子没有任何属性，因而没有权利（Non entis nulla sunt accidentia）。因此，未出世孩子既没有权利也没有自由。"有些人可能会说：没有出世的孩子没有所谓的伤害，尽管他们的父亲把他们的自由转交给征服者——无法使用法律的人，不会因违背法律而受伤害。

驳：对于合法出生的孩子们来说，这种说法仅仅因为他们未出生而在根本上分离他们的权利和生命。说未出生的孩子无法使用法律因而不受伤害，随着这种说法变成事实，等于说，亚当并没有因为他的原罪而给他的后代们造成伤害。这和神的话显然相反。试问：那些誓言每年给怪物弥诺陶洛斯（the Minotaur）献七个无辜孩子的人，以及那些为嗜血摩洛杀害未出生孩子的人难道没有给孩子造成伤害吗？同样也不能说：父亲可以将自己与其后代捆绑于那世袭王。我是这样说的：将自己捆绑于合法的王并非让出他们的自由，而是让渡一种权力以便正当管理，以免受各种暴力侵害。

论点七：合法的王不能被拉下王位，合法的国亦不能被分解。但是，

---

① 格劳秀斯：《战争法权与和平法权》（*De jure belli ac pacis libri tres*，1625），第2卷第4章第10条。译者自译。

律法与理性都证实：暴力征服必被暴力分解。

反：反对的说法认为，神的子民以手中的剑征服迦南七国；大卫因他的使节在亚扪人那里被羞辱而征服亚扪人；神因埃及的继承者总和犹大国作对而将它交在尼布甲尼撒之手。这些都不足以为证吗？大卫难道没有统治亚扪人与摩押人的权力吗？而只能眼巴巴地期许他们的同意吗？你们会说：大卫对他们的土地、货物以及生命有统治权，却没有挑战他们道德良心的权力。我们并不否认征服者需获得被征服者的道德认同。如果人民拒绝，那就没有办法了吗？难道天恩不给予权力？弗恩博士①与阿尼索斯②都如此说。

驳：不可由行为来推导正当权力（A facto ad jus non vales consequentia）。对本该满满地拥有世界的人，神应许亚伯拉罕及其子孙享有迦南地，且可以用他们的谦卑与剑捍卫他们对这地的实际占有。大卫对以东人与亚扪人也有此类神圣的权力，虽然大卫以武力占有这两地，也缘起偶然的危急与伤害，但是，不能由此推导，当今那些缺乏应许的国王们，拥有对所有土地的神圣权利，仅仅通过血腥之剑而登上他国王位。神的意旨才是最大的标准，神禁止他的子民征服伊索，或者说巧夺以扫的福分；他却命令他的子民去征服亚扪人。我敢肯定，如果约书亚与大卫没有血腥之剑更好的标志，不管征服是否由伤害引起，他们对这些国家毫无王权可言。如果由剑而得的成功乃神赐权利，那诫命便毫无作用可言。缺乏诫命和应许的神的旨意可以这样做结论，事情做了，或事情可以做了。但是，它无法下这样的结论，这事是合法地有保障地做了。否则，你就可以说，约瑟被卖埃及，基督被钉十字架，约伯的苦难等都是合法地做了！征服者即使强迫人民的同意并表忠，这并不会使他们的后代同意对他们享有王权。虽然亚扪人的后代对大卫造成了巨大的伤害，但是，任何伤害都不得以对暴力者的顺服为条件来正当的交易。如果大卫不是从神那里得到了更大的授权（并不仅仅以信使受到伤害为借口），他便不能征

---

① 弗恩：《主要教义》，part 3，sect. 3，p. 20. ——原注
② 阿尼索斯：《论权威原则》，c. 1，n. 12.

问十二 国家是否能以征服之名合法易手?

服他们。众人皆知,亚扪人是神教会的敌人,且他们先犯人害人,积蓄力量与大卫为敌。大卫若被冠以暴力征服者之名,所有的征服者便都可以效仿大卫合法地行征服之事。那样,他们就可以"将城里的人,拉出来放在锯下,或铁耙下,或铁斧下,或叫他经过砖窑(或作'强他们用锯或用打粮食的铁器或用铁斧做工或使在砖窑里服役')"。(《撒母耳记下》12:31——译者)保皇党会说,所有通过利剑征服封自己为王的人都会让自己变成人民的父亲、首领、保卫者以及喂养者。他们也会行这世上最为残酷的暴行,如大卫对亚扪人行的那样。但是,大卫如不是接受了神更高的诫命以惩罚他的敌人,他绝不能仅以征服之名行这些事。我要说的是:征服的王若成了合法的王,神会让他拥有这两者:作为王的父亲样式,和作为冷漠狮心的征服者。这样,神赐他王权(《撒母耳记下》12:30—31)。可以这样说吧:对于那些民众而言,他是父亲和统治者;受折磨者也是折磨者。作为折磨者,他将他们拉到那些残酷的刑具下、锯下、铁耙下,或铁斧下。

问十三

王室权威是否来自本性？这如何可能？论"人人生而自由"以及君权如何与本性相对立。

我认为，不经过人民同意，神并不直接给予王室权威。征服与暴力并非王位的正当标志。对这几点，我想已经论证充分了。现在的问题是：如果王权出于本性，如果王权不仅仅是本性的事情，那么，对王权的顺服就不仅仅是本性了。前者更多的是民事的而非本性的。换句话说：顺服或奴役是否属于本性的？

我认为，在本性上顺服我们之上的权力有不同种类。这里试将它们分门别类：1. 作为自然存在的顺服，如结果对原因的顺服。即使亚当未犯罪，第五诫命的道德观也必成立，即人在本性上顺服他的父亲。这并非任何人为法律规定。因为从父亲那里，儿子得到他自己的存在，作为自己存在的第二因。不过，我要质疑从父与子的关系推出君权或王权；以及依据本性之律推出，父亲对子女有生死大权。理由如下：（1）人为法律赋予生死大权的前提是人的犯罪与堕落。我怀疑，没有上帝之法，亚当在无罪状态能够合法地杀他的儿子，即使他儿子犯了罪。（2）我认为王权和父亲对孩子的父权建立在不同的基础之上；父权建立在本性之律的基础上，而王权则建立在纯粹的人为法律之上。

| 问十三 | 王室权威是否来自本性？这如何可能？论"人人生而自由"以及君权如何与本性相对立。|

2. 本性上的顺服有程度或秩序之别，涉及才能和年龄。亚里士多德说："有人本性上是奴隶。"①他说得很清楚，有些禀赋是天生的，如智慧或统治才能；有些人是黄金造的，适合发号施令；有些人是铁或泥造的，适合当走卒与奴隶。不过，我要谈的则是人生而为王的标志。以扫罗为例，神的特别恩典拣选他为王，母腹或本性似乎对他成王有帮助。他对神的祭司的凶残也是纯本性的。柏拉图也许说得对，他给出了六种秩序："1. 父亲对儿子；2. 贵族对平民；3. 老人对青年；4. 主人对仆人；5. 强者对弱者；6. 智者对愚民。"②阿奎那③和丢尔德④依据亚里士多德理论⑤，认为，即使人没有犯罪，也会有统治与管理的存在；更具才能和智慧者会对愚弱者实施管理。这并非合适地源于本性，而是为了弱小者的效用与益处。不管怎样，在强者领导下是对弱小者有益。这确有些本性根基。不过，这里并无天然为王的根基。

（1）那些呼喊王室出生是王位的最佳标志，认为它等于神圣膏礼的人，即使这些观点正确，试问：一母所生的哪一个儿子生而能当王呢？哪个最后能为王也仅仅是偶发事件，而非本性事件。这儿子能为王，在于人民自由选举了这一脉王族最初的父为他们的王；在他里面选择了这个家族的头生子为王。这对父亲与儿子来说，纯粹是偶然事件，绝非本性事件。

（2）对于争论双方来说，王者天赋并非为王的特殊本质。如果人民为某人戴上王冠（我们的观点）或者母腹注定为王（对方的观点），他就本质上为王了。即使在本性上他几乎没有多少王者天赋，他也要如神所膏的王一样受人尊敬。有人会说，如果他是王的头生子，即使他是个白痴，他都正当为王，但必须要有辅政者或领路人带领他实践他从母腹中带来

---

① 亚里士多德：《政治学》，第1卷第3章。
② dialog. 3, de legib.——原注。柏拉图：《法律篇》。作者没有给出更具体的出处。
③ 22, q. 57, art. 3.——原注。
④ de libert. Christ. lib. 1, p. 8.——原注。丢尔德（Johannes Driedo, 1480—1535, 荷兰神学家）。出处为《基督徒自由》（*De libertate christiana*, 1548），第1卷第8章。
⑤ 亚里士多德：《政治学》，第7卷第14章。

的王者权力。还是布坎南说得好①:"不能约束自己的人必不能统治他人。"

主张一:人生而为政治社会的一员,生而必须服从社会法律。但这并不能使他生而去服从某位王,如顺服他的父那样,如不能要一头狮子生而顺服一头狮王。由父母所生而顺服君主制君主,或者民主制与贵族制的统治者,这完全是一件偶然事件。该隐与亚伯就并非生而在政府之下。如果人出生在新殖民地的旷野中,那里还没有建立任何形式的政府,他就不会在任何形式的政府之下。

主张二:仆人对主人的奴役状态,古代犹太人那里也有。但是,这并非本性要求,而是反本性的。(1)奴役是违反本性的,是一种惩罚的恶,对罪的惩罚。(2)人若没有犯罪,奴役就不会存在,也没有对人的买卖。它本身是罪的可悲果子。人被置于长时间的痛苦劳作之中,寻找阴凉避暑,还需掌犁握锯和开渠挖沟,这都是因为他们犯了罪。这是一种死亡。(3)最初的奴役是,在战争中被俘,为了逃避死亡这更大的恶,俘虏愿意接受小一点的恶而成为奴隶。(4)人依据神形象所造,是神圣之物。就本性之律而言,人不能买卖,就像给神献祭的祭物和神圣之物一样。

主张三:人人生而自由,依本性规律,没有人自出母腹就屈服在君王、贵族、法官、主人、领导、征服者、师傅等之下。

论点一:除顺服父母之外,人对万物都是自由的。政治顺服仅仅是偶发的,源自某些人为法律;因为他们身处政治社会中。他们和许多其他自然物一并出生,但却是出生在单一家庭中(世上唯一自然的原初的社会)。

论点二:父子顺服或孝顺,以及婚姻中妻子对丈夫的顺服,是最仁慈和自然的;除此之外,人生而自由,不受任何制约。特别地,人对王是自由的,因为在法律程序中听从法官和国王,也就是顺服在法律程序中的惩治法之下。博学的国会议员瓦斯克斯(Ferdinandus Vasquez)认为,每一种顺服都是将生命置于王者之下。如今,没有人是生而顺服在惩治法中或

---

① 《论苏格兰政治》(*de jure Regni apud Scotos*)。原注无更详细出处。

> 问十三 王室权威是否来自本性？这如何可能？论"人人生而自由"以及君权如何与本性相对立。

为王而死了。

论点三：人人生而自由，在这方面与兽类无异。自然界，没有狮子生而为狮王，也没有马、牛、鹰是生而为马王、牛王、鹰王的。除了刚出生的狮子对老狮子、驴驹对窝的顺服外，没有任何天生的顺服。依据这本性之律，无人生而为王，也没人生而要顺服他人。当然，这里不包括孩子对父母的天然顺服。因此，瓦斯克斯①说，国家与帝国都由民族之法带出，而非本性之律带出。在别处，他将本性之律归于派生性法则，否则，对于人来说，原始民族之法便是本性之律了。如果有人说，兽类与鸟类的天生自由是在罪中的人不可能拥有的；它们没有罪。我要说的是：因为罪，如将兽类和鸟类与人相比较，人在本性上的悲哀顺服要比兽鸟类多。但是，把同一种类之中的个体拿来比较，如狮子对狮子，老鹰对老鹰，人对人。在这种比较中，因为人生而不在政治顺服中，但无论何人，即使生而为王，在本性上和所有其他人一样，都在罪中。因此，他一出生就在罪的惩罚下（除非他生而无罪）。于是，王的出生不会比其他人更自由，除非他是戴着王冠出母腹的。

论点四：能为王是神白白的恩典。神将这恩典赋予某些人，如经上所明确记载的那样②。如果有人生而为王，有人是生而为奴；那么，同样可以说，所有人都是生而为王。只是有些人因着神的恩典而被立为王，他们并非天生为王。对一人成就的事，必对所有人也能成就。经上已明示，所有人都非生而为王；所有人并非要在政治上顺服王。借我们的对手的逻辑来说，那些生而为王之人不可能是生而为奴的。

论点五：如果人在本性上不能摆脱政治顺服，那么，逻辑上，必有一些人是生而为王的。但没有人生而为王，因为君王的本质构成并非与生

---

① 瓦斯克斯(Ferdi. Vasquez，英国上议院议员?)：illustr. quest. lib. 2，c. 82，n. 6.——原注

② 《撒母耳记下》(12：7—8)：拿单对大卫说："你就是那人，耶和华以色列的神如此说：'我膏你作以色列的王，救你脱离扫罗的手；我将你主人的家业赐给你，将你主人的妻交在你怀里，又将以色列和犹大家赐给你；你若还以为不足，我造就加倍地赐给你。'"《诗篇》(75：7)：惟有神断定，他使这人降卑，使那人升高。《但以理书》(4：32)：你必被赶出离开世人，与野地的兽同居，吃草如牛，且要经过七期。等你知道至高者在人的国中掌权，要将国赐予谁，就赐予谁。

俱来。他们不可能生来就有神的呼召、治国才能、人民的自由选举、对他者的征服等。既然无人生而为王,也就无人生而为奴。律法规定:人人生而平等且自由。我们生而自由。

论点六:政治家认为有一种不可否认的事实,即国家是一种自然现象,建立在人类的本性直觉之上。因此,政治社会是一种自愿行为,建立在人类认同基础之上。因此,政治社会也是本性的,根本上是人类的自愿与自由行为,方式上则是人民的联合。圣经已显明,人们的自由认同造就王(《申命记》17:15);无人生而为王。

论点七:那出母腹的是如此天然因而是永恒的,不会和人类社会相冲突。但是,君主制和人类社会相冲突。数百年来,直到尼禄时代,世上无王。这个世界由家庭管理。到了摩西时代,我们才确立了王制(《创世记》7)。人口的不断增长催生了君主制。否则的话,父亲式管理是最先有的,并且也是其他政府的尺度,因而是最好的。我由我父亲来管理我,总比由一个陌生人来管理我要好得多。因此,神才禁止他的子民选陌生人为王。

这教士却羡慕它的反面(c. 12,p. 125):"人人都是生而顺服于其父,父亲直接给予了他的肉体。如果他的父亲顺服于另一人,那么,他就生而要顺服于他父亲的上级。"

驳:这一推论,即人生而顺服于父亲因而就生而顺服他父亲的上级或王,是很牵强的,不成立的。他的父亲生而顺服于他父亲的父亲,因而他只是偶然性地顺服于某位王。后一种顺服是以人民自由认定制度为基础的。他们自由选择了这一政府。因此,只有父亲式或在婚姻中的管理才是天然的,但政府不是。这位教士观点的反面才是顺理的。

教士:对于世袭与遗留下来的帝国,每个人都可随己意,不受羁绊而来去自由。不经其自由意志则不能使之受奴役。但是,神把政府统治的必要性加在人身上,本性也将这种必要性置于人中。因此,除非政治权威得到完全授权并行使保护,我们就不可能得到公正而诚实的保护。

驳:1. 这位教士抛弃自己原有立场了,且自相矛盾。照他之前所说,试问:如果人生而要顺服他父亲的上级,为什么奴隶的儿子不要天然地

> 问十三 王室权威是否来自本性？这如何可能？论"人人生而自由"以及君权如何与本性相对立。

去顺服他的奴隶父亲的上级或主管呢？2. 人若不同意，则不可能让出自己的自由。因此，人不能自己同意让渡自己的自由而顺服某位王的惩治法，无论是他父亲的王还是他生活时代的王。3. 接受管理的必要性通过神和本性而进入人的生存，从母腹而来，如父亲式的管理，这是事实；但受制于政府权力之下，则不然。可以这样问：他为何要受制于君主制而非贵族制？我相信，这三种政府形式中的任何一种都要经过人民的自由选择。4. 人除非有整体性权力，否则不能保卫人民，这种言论是谬论。那就等于说：他无法行善，除非他拥有行善与作恶的大权。

教士：人为奴属偶然事件，或因暴力或因极穷。但是，顺服政府则是与人的生存境况相一致的，是人的幸福所必需的，是自然而然的，是必然的，是神与本性之不可侵犯的律令。

驳：1. 根据这位教士的逻辑，父亲是奴隶，儿子也就是奴隶。这属于本性，并非偶然。2. 顺服君权之下属于偶然，而非本性。不然的话，贵族制与民主制政府就是非本性的，也是非法的了。3. 他的话若有意义，就一定是：适合人的生存状况的就是属于本性的；相信神、成为卓越的数学家、在深水中游走等，都符合人的本性，因而属于本性的。4. 人在本性上接受父亲式管理，而不是政治性管理，但却是通过他的意志自由认可。

教士（p. 126）：《路加福音》（11：5）中，基督说他自己就顺服（ὑποτασσόμενος）在他父母之下。这个词在《罗马书》第 13 章中也出现过。因此，无人能居于对合法政府的顺服之外。

驳：我们从未说过人能居于合法政府之外。这位教士以及他那些耶稣会的同伴们倒是四处如是宣讲：教士可游走在行政法规之外。这与我们无关。基督曾顺服于他父母之下，同样的词在《路加福音》第 11 章与《罗马书》第 13 章中都使用了，但这不能由此推论：因为人生而顺服于父母，他们就人生而顺服于王。

教士：父亲有管辖子女的权力，这有神的律法与本性之律保证。为了将偿还自己的债务或更惨淡的情况，人将他所生的孩子卖人为奴也是可以的。如果这一权力还不属于本性和神的认可，我就不知道别的什么了。父亲与子女之间不可能有什么相互自愿的契约。

驳： 1. 请示我们本性之律，父亲就可将孩子卖他人为奴！在神圣律法中，因着罪性，父亲倒是可能这样行。我认为那是值得质疑的。它并非是一种许可，也非一项律法，倒像是离婚的账单。但它绝对不是本性之律。

2. 这位教士此时眼中只有本性之律而看不到人为法律；是因为他是瞎子还是因为他不愿意去看呢！他的逻辑是：不是依据相互间自愿的契约就是依据本性之律。他诅咒他的父死于神的律法。这项法律若并非由父亲与儿子之间相互认同而制定，那么它就必定是本性之律。本性教人为了避免死亡而将自己交由他者奴役，但说人卖儿为奴也是本性指令，我不能同意。

3. 依据本性之律，儿子可以为着父亲而被卖为奴，奴隶的儿子也可生而顺服于奴役之下，这是符合本性之律的。显然，这位教士在前面讲的与在此说的自相矛盾。

这位教士的这一论点是为了回应苏亚雷斯（Suarez）。苏亚雷斯认为君主制并非本性之物，而是来自自由认同；因为君主制在各民族中大不相同。这是耶稣会士的观点，与我们无关。那就让耶稣会士和耶稣会士相争吧！

问十四

立某人为王是有条件的还是绝对的？是否有使君王和臣民都受约束的契约？

有自然契约、政治契约、民事契约等。君王与臣民之间无政治与民事契约，因为他们之间无平等性可言（保皇党语）。王不可能被带往人的法庭而接受民事和法律约束；君王也不必要对他的臣民宣什么誓言，更不会因违反誓言而得到惩罚。他们说，君王只在神的法庭上有遵守誓言的义务。他若违背自己的誓言，也仅对神负责。

主张一：君王与人民之间有誓言，通过相互交换信物而生效，并使君王与人民间相互负责。《撒母耳记下》(5：3)中说："于是以色列的长老都来到希伯伦见大卫王。大卫在希伯伦耶和华面前与他们立约，他们就膏大卫作以色列的王。"《历代志上》(11：3)中也说："大卫在希伯伦耶和华面前与他们立约。他们就膏大卫作以色列的王，是照耶和华藉撒母耳所说的话。"同样，《历代志下》(23：2—3)也记载道："他们走遍犹大，从犹大各城里招聚利未人和以色列的众族长到耶路撒冷来。会众在神殿里与王（约阿施）立约。"《列王纪下》(11：17)中讲道："耶何耶大使王和民与耶和华立约，作耶和华的民；又使王与民立约"。《传道书》(8：2)中记载："我劝你遵守王的命令，既指神起誓，理当如此。"很明显，君王与人民之间有契约存在，并没有一种契约只将君王与神捆绑，而不与人民捆绑。因为：(1) 王与民之间的约很明显与王与神之间的约不同(《列王纪下》17：2)。(2) 如君王在与人民的约中不与人民捆绑并对人民负责，他又何需在人民面前立约呢？并且，他并没有在神殿里在神面前立这种约啊！(3) 经上分明记载了约阿施与以色列民立约；大卫在他的加冕礼上与以色列的贵族以及长老立约，借此以色列民才立他为王。根据这约，大卫必须遵循如此这般义务。经上记载的所有约都是如此明确。即使是神与人立的约也是双向的："我要作你们的神，你们要作我的子民。"(《利未记》26：12)这约很明显是双向的。如果人民违背了约，神便不能继续守他的约了①。这约给予信徒一种法律权利(jus quoddam)来恳求神保守这约，以自己对这约的恪守为条件。这个约不会给人民和自由国家提供反国王的行动基础，不会帮助邪恶阴谋引诱下的反国家的战争，也不会帮着阴谋家对着最高神起誓说他将成为神教会的保护者。

主张二：如果神的誓言不在了，所有的人与人之间的契约和协议都应郑重规定立约双方必须遵守法律条项或宣告，如亚伯拉罕与亚比米勒之约(《创世记》21：27②)；约拿单与大卫之约(《撒母耳记上》18：3③)；以及探子对喇合所承诺的："你若泄漏我们这件事，你叫我们所起的誓，就与我们无干了。"(《约书亚书》2：20)双向契约并不是建立在某些条件之上的。但是，如果这些条件没有得到履行，受损的一方也能从约的束缚中解脱出来。

巴克利说："这约是王对神负责而不是对人负责。"

驳：如果说大卫通过与以色列民立约只对神负责，而完全与民无关，那么，说大卫与以色列民间有约，或者大卫与以色列贵族以各支派长老立约便无用了。同样，说这约是与以色列民立的，还不如说是与迦勒底人立的；如果是这样，这约将大卫与以色列捆绑的程度，和它捆绑大卫与迦勒

---

① 《撒迦利亚书》(11：10)：我折断那称为荣美的杖，表明我废弃与万民所立的约。
② 亚伯拉罕把羊和牛给了亚比米勒，二人就彼此立约。
③ 约拿单爱大卫如同爱自己的性命，就与他结盟。

| 问十四　立某人为王是有条件的还是绝对的？是否有使君王和臣民都受约束的契约？

底的程度就没有区别了。阿尼索斯说①："两方立约,一方履行义务,另一方也要履行相应的义务。"弗恩博士说："因为立约双方都有对神的完全义务,誓言是对神所起,君王与人民都必须履行他们对神所起的誓言。任何一方都必须坚守义务。若君王有悖誓言,人民的顺服并不能使他免于惩罚。若人民有悖誓言,君王的顺服也不能使他们免于惩罚。每个人都只能是因着自己的罪而接受惩罚。双方并没有一种迫使对方去履行承诺的双向权力,因为在契约确立之前,那种权力属于执行官或者行政人员。如果人民违背誓言,君王有对他们的司法权；相反则不成立。阿尼索斯给出的理由如下：（1）君王并不是与人民立约的一方。大卫王与以色列民间似乎有相互的义务,一种双方的共约权力（co-active power）。（2）宗教关怀并不属于人民,因为经上并没有此类记载。（3）如果契约是双向的,人民就会命令或强迫祭司与君王改革宗教或抛弃拜偶；我们在历史中看不到此类情况。（4）耶何耶大（《列王纪下》11）用一种类似法律的规定使自己、君王与以色列民侍奉神。在此,立约的并非两方而是三方：大祭司,王子,以色列民。但愿这件事能说明点什么！（5）君王与人民若违背了他们的誓言,他们都难逃神的报复之手。君王与人民都必须依誓言顺服于神,君王为他自己,人民为他们自己。但两者有差别。君王如其他顺服者一样必须对神完全顺服,同时又要依据对神的真正信仰管理人民（《申命记》17;《历代志下》29）。这样,君王的顺服与人民的顺服便区别开了。同理,人民必须顺服神与君王以得拯救（《撒母耳记上》12）。除此,君王有义务统治管理人民,以使他们顺服于神。人民却不能管理王,以使他顺服于神。不然的话,人民便有对国王的统治与司法权了。这显然有悖于神的话,也不符合犹大国的先例。这绝对不是来自任何君王与人民间的契约或承诺,而是来自一种特有的义务；借此君王是作为一个人而非作为王去顺服神。"

论点一：我们在下文反驳这些"神话"。

主张一：君王为着真正的信仰不得不顺服于神,百姓与王子也必须

---

① 阿尼索斯：《论权威原则》,c.1, n.6, 7。

为着真正的信仰而坚守他们的岗位。百姓因在邱坛上烧香献祭而受到责难(《列王纪下》17：11；《历代志下》33：17；《何西阿书》4：13)。至于邱坛还没有被废去,在《历代志下》(20：33)中讲得很清楚,因为"百姓也没有立定心意归向他们列祖的神"。但有人可能会说,这里表明,维持真正信仰的行为是以命令的方式指派给百姓的。现在的问题是：这种关乎信仰所指定的行为是没有的；有的只是官员们依据自己的意思命令百姓怎样敬拜上帝。一般而论,官员(不仅仅君王,还包括所有王公贵族)与法官应依据他们所领受的诫命(《申命记》1：16；《历代志下》1：2；《申命记》16：19；《传道书》5：8；《哈巴谷书》1：4；《弥迦书》3：9；《撒迦利亚书》7：9；《何西阿书》5：10—11)来维持真正的信仰,来关怀信仰。我们发现,当法官们从神的道上堕落,腐化了神的律法,却是百姓在接受惩罚饱受指责。如《耶利米书》(15：4)中所载："又必使他们在天下万国中,抛来抛去,都因犹大王希西家的儿子玛拿西在耶路撒冷所行的事。"又如《撒母耳记上》(12：24—25)中所言："只要你们敬畏耶和华,诚诚实实地尽心侍奉他,想念他向你们所行的事何等大。你们若仍然作恶,你们和你们的王必一同灭亡。"我承认这个例子很特别；但正如朱尼厄斯·布鲁图(Junius Brutus)所强力证实的那样：信仰不是只给了君王,也不应由他一人来保持；而是交由所有下级管理者与人民,由他们一起来保持。国家从来不会赋予君王腐败信仰的权力,也不允许他强迫人民去进行那错误与偶像的敬拜。因此,君王一旦推行错误的拜偶信仰,人民便不在君王的管辖之下了。此时,他们可以没有王,自己就拥有最高统治权力,就像他们从未膏过任何王一样。身体授予右手一项权力保卫其免受攻击与保护身体,如果因为瘫痪或其他什么疾病使这右手无法履行其义务并逐渐枯萎,而在疾病威胁到整个身体之时,保卫身体的权力将交给左手或身体的其他部分,就如同没有右手一样,也绝不会赋予右手任何权力。如果一群人面临叛国的起诉,并有死刑的危险,他们可以指派律师为他们辩护。他们的辩护律师若被迫缄口不言,使他们失去合法机会,此时,无人会同意他们失去这本性赋予他们的权力。依本性之律,他们可以为自己进行公正合法的辩护,也可指定其他律师为其辩护。王作为人并不比其他人更有义务

| 问十四　立某人为王是有条件的还是绝对的？是否有使君王和臣民都受约束的契约？

对真正信仰进行公众的国家的捍卫。他是由神与人民共同选立为王。为着神教会与子民的益处，他当为所有人的利益与拯救去捍卫真正的信仰。可肯定地推出：神的子民将依本性之律来关怀他们自己的灵魂，以自己的方式捍卫真正的信仰，关怀自己的生存和永恒的福祉。

主张二：约的一方是神，另一方是君王、祭司和人民。这话不假。如果有人履行了对神的全部义务，那么其他人便无罪了。比如，两人欠一人一万英镑，其中一人偿还了全部欠款，那另一个人也就无债了。但君王和人民并不是这样与神立约的，就好像他们都亏欠神同一个等量的顺服似的，似乎君王偿还了对神所有的顺服后，人民就无事了；或者人民偿还了对神的顺服后，君王便无事了。他们每一位都只能为自己而顺服神。如果君王背弃神，人民就必须完成他们一方的所有义务以便将他们的王从他的王者义务中解救出来，这样他们便能使自己与王都免于惩罚。君王不能以自己的顺服来免除人民对神的义务。阿尼索斯相信，我们可以把君王和人民当作一方与神立约。这是在做梦。契约一方的两个合作伙伴是无法强迫对方履行义务的！我们坚信，这约是在君王与人民的，双方都是凡人。在神面前，他们彼此捆绑在一起。阿尼索斯说："君王与人民之上的是高位统治者，能迫使两者履行各自的义务，即君王履行其在约中对人民的义务；人民则履行人民在约中对君王的义务。君王与人民之上的统治者只有神。"对此，我的回答是：这个结论并无用处。它等于说，犹大王与以色列王立了一个约要求彼此履行义务，且在犹大王与以色列王之上还有一个更高级的统治者，保证此二王各自履行自己的义务。君王与人民在不同方面是上下级关系。人民立某人为王，于是，他们在君王之上，拥有强迫君王履行义务的实际性的权力。而君王作为王，拥有管辖人民的权力；他拥有正式的王权（而在原始上和根本上仅属于人民），因而可以强迫人民履行他们的义务。因此，在这两者之上并不需要一个尘世权威的存在，强迫他们履行义务。

主张三：我们接下来要证明：依据神的旨意，人民权力在君王之上。认为双方无相互的共约权力的观点是错误的。

主张四：在契约中，君王的义务是君王与国家之间特有的国家义务，它把君王作为王而不是人加以捆绑。1. 这是以色列民与大卫之间的约，并不是以色列民与耶西的儿子之间的约，要不然它就当捆绑以利押，或者大卫的其他弟兄了。而且，如果它只是将大卫作为一个人捆绑，那么它就应捆绑任何人。这约是将大卫作为一位君王或将来的君王加以捆绑的。捆绑的指向是要明确君王行为：以王者权力统治以色列民，施行公正与信仰。阿尼索斯的"王作为一个人，而非作为一位王，在约中对神负责"这话是错的。

2. 他说，君王作为个人通过约与神捆绑，而非作为王。他又说作为王的王，不在一切神的律法之下。那样，王要么在神之上，要么和神在平等位置上。渎神之心昭著啊！保皇党也不会否认，王之为王对他的臣民背负责任。在神前，这是天然义务。只要他破坏了与民之约，他就在神前犯罪了。不过，他们否认，在政治与民事事务中，君王有义务维持与他的臣民之间的约。这可是保皇党昼夜宣扬的东西！

3. 他认为，这约只要君王对神负责，无需对人民负责。然而，反过来说才是对的。除了国王约阿施及以色列民与神立约外，约阿施还与以色列民另立了一个约。大祭司耶何耶大作为一位见证人在场。他以神之名行膏油之礼。他不是作为一位臣民对约阿施表忠诚；否则，约阿施就是他的君王与主人了。谁要与民立约，誓言将以神的话来治理他们，在这些条件之下，他才能从人民手中得到王位与王冠，并且有义务恪守所许之诺。凡人对他人承诺，就当放弃某些权力而给予他人以裁定权力，践行诺言。以色列民与大卫的约，如仅使以色列民对大卫王表忠诚，而不是大卫作为君王以公正治理以色列民，那这约便为虚幻。先不谈大卫对以色列民的负责，如这约仅将大卫与神捆绑，那这约就仅是神与大卫之间的约。但经上分明说，这约是大卫与以色列民之间所立之约（《列王纪下》11：17；《撒母耳记下》5：3）。

论点二：被立为神牧者之人，必须为百姓谋福利，且以神的律法为纲要，以神的旨意进行统治。满足这些条件后他才能由神拣选为王。他若对臣民行了恶事，没有依据律法书的诫命作为王道来治国，他便不再是神所指派的君王与统治者。神有条件地拣选的王：神借此来拣选

| 问十四 | 立某人为王是有条件的还是绝对的？是否有使君王和臣民都受约束的契约？ |

王与统治者①。这个论点不能用来说明为什么耶罗波安与扫罗在违背约的某些条款后依然能为王。或者说，他们行某些恶后，却依然顺服一些事，他们是否就不是神的代理人了？扫罗一出场，以色列民同意他为王，授予他王冠。扫罗成王时仅与百姓立约要以神的律法治理他们，并没有附加其他成王条件。所许条件的履行是行为结果，是君王在实际加冕礼和坐上王位后的后续行为。这一论点的假设前提是神与人民授予王位属同一行为。如，神正式立大卫为王是发生在以色列的贵族与长老在希伯伦选他为王之后。以色列民以契约智慧有条件地立大卫为王；大卫须依神的律法治理他们。以色列民为着安全与和平属神的生活而将他们的权力让渡给大卫；大卫不得以暴政待他们，毁灭他们。神授予王位与人民选立王属同一行为。王若行暴政，我不能判定，这不是出自神立他为王的意图，也不能说这不是神要对过犯给予公正处罚的打算。对我而言，善恶无不出神的旨意，他"就按着自己旨意所喜悦的做一切的事情"（《以弗所书》1：5）。人民有条件地立王是为了自身的安全，而非毁灭。神借着人民的自由选举立王。神立他为王时也是有条件的，即以约束缚。神对大卫的儿子所罗门应许王位（《撒母耳记下》7：12；《历代志上》28：7—9）也不是无条件的。神立王并非像神兴起先知和使徒那样，无需人的赞同。神对某人应许王位需要以色列民的同意、选举与立约等行为的存在。神给出的条件以及所立之约，这与人民和王所立之约相同，即"谨守遵行这律法书上的一切言语和这些律例"（《申命记》17：19）。

反1：所罗门娶外邦女子为妻，这便没行神的律法，丢掉了王族权柄与王者权力，以色列民便可不认他为王了吗？！因为他的王权是人民有条件地加给他的，而他却没有履行这些条件。可见，神与作为神立王工具的百姓都没有赋予所罗门任何权力。

---

① 《罗马书》(13：4)：因为他是神的佣人，是与你有益的。《历代志下》(6：16)：耶和华以色列的神啊，你所应许你仆人我父大卫的话说："你的子孙若谨慎自己的行为，遵行我的律法，像你在我的面前所行的一样，就不断人坐以色列的国位。"现在求你应验这话。《诗篇》(89：3)：我与我拣选的人立了约，向我的仆人大卫起了誓。《撒母耳记下》(7：12)：你寿数满足，与你列祖同睡的时候，我必使你的后裔接续你的位，我也必坚定他的国。《历代志上》(28：7—9)：他若恒久遵行我的诫命典章，如今日一样，我就必坚定他的国位，直到永远。

驳：无论是在天堂法庭上还是在人的法庭上，我们都不能因所罗门娶多名异族女子便宣布他已丢掉了王者权柄。人民加在他身上的约的条件必须符合神拣选他的律法（《申命记》17）。一两件暴政之事不足以剥夺神与人民赋予他的王者尊严。大卫犯了两件暴政之事：一件是强取他臣民之妻，另一件是杀害臣民，这两件足以剥夺他的王者权力。大卫犯通奸与谋杀之罪后，人民就不认他为王了！这是荒谬的！一件不贞洁之事确实违反了婚姻契约，但不会剥夺一个女人妻子的名分。同样，对为王契约的违背也会使王非王了，能使为立王契约失效。能剥夺王者权威与权力的条件必定是行了违背对神誓言的恶事。如果是对神誓言的违背，人民就不该给予他王冠。如果是对国家的毁害，人民就永远不要给予他王位。

反 2：至少可以说，扫罗拒绝听从神的命令将亚玛力人尽数灭绝（《撒母耳记上》15）。如此，扫罗就不再被以色列民敬奉为王了。至少可以说，扫罗干下那些专横的事情后（《撒母耳记上》18：12—15），他就不再是以色列的王了。或者，扫罗毫无理由地残杀神祭司与迫害无辜的大卫后，无论是在神的法庭还是在人的法庭，他都不被认为是君王了。即使他完全违背了与以色列民的神圣契约，大卫依然承认他是王，且是神所膏的王。

驳：1. 先知撒母耳的警告（《撒母耳记上》17）并不能当下便夺了扫罗之王位。在那之后，撒母耳在人前继续敬待扫罗为王，为他祈求神，为他在神面前悲恸（《撒母耳记上》16：1—2）。不过，警告在神的时间中还是有作用的。当他如预言所说要把大卫送上王位时，是在扫罗犯较小的罪之时，即扫罗在献燔祭时没有等到神所命定的时间（《撒母耳记上》13：13—14）。

2. 扫罗行了对神圣之约的破坏暴行后，即使以色列民与大卫都承认他是神膏的王，这也不能证伪扫罗是神与以色列民有条件地选立的王，且立他为王是为了给人民带来裨益与安全，而非毁灭。相反，这却证明了：(1) 扫罗所干的那些流血与暴掠之事，并非作为王的扫罗所干，或者说不来自神与以色列民给予他王者权力。(2) 在这些行为中，以色列民并不以王视他。(3) 这些流血之事与扫罗就职时所发誓言相悖，也与他们在立约

> 问十四　立某人为王是有条件的还是绝对的？是否有使君王和臣民都受约束的契约？

时规定扫罗需践行的条件相悖。（4）这只能说明立他为王之人可以合法地将他废黜，并膏大卫为王。只要人民没有收回他们让渡出的王权，大卫就有理由敬扫罗为神所膏的王。不仅仅大卫，每个人都要敬人民所立之王为王，即使他比扫罗更加血腥与暴戾。只要人民和国家立他为王，且还没有收回王权，任何暴君都可以继续坐王位（in titulo）；无论是大卫还是其他人都不可摘掉他的王冠或拒绝顺服他，即使他有六百勇士跟随可以轻易废王。即使暴君们违背了国家和王所立之约，也不能使人民成为非臣民——这也是此约的双向性要求。

论点三：1. 人民若是作为神的工具有条件地将王冠授予王，条件是要他以神的话语治理他们；结论：神借着人民有条件地立王。该推理前提为真，结论也正确。论证如下：人一旦为王便是国家的养育父亲、导师、政治仆人与忠诚的看门人。王者尊严是作为一种奖励给他的，即对他的劳作与雇佣的一种回报。这是保罗所倡导的，他在《罗马书》(13∶6)中说道："你们纳粮也为这个缘故；因他们是神的差役，常常特管这事。"这是一项工作，他若没有履行所承诺的义务，他所得利益就当被收回（Qui non implet conditionem a se promissam, cadit beneficio）。立王的可能性有：（1）人民有条件地立某人为王，而他依据法律统治。（2）绝对统治，依据自己的意志与欲望而统治。（3）没有任何口头的转交仪式，仅简单地宣布"治理你们的是神预留的王"；那样，对双方都没有附加条件。（4）君王对神负责，必须履行关涉人民的誓言，但他是否履行这誓言与人民无关；人民低于他，他作为"小号"的神，仅直接在神之下；人民对他无权，也没有任何由契约而来的在王之上的法律。第一种可能性是我们所寻求的。第二种与圣经相悖，君王不是依据他的意志与欲望而统治的绝对的王（《申命记》17∶15—16）。不然的话，"治理我们"的意思就应该是"王来到我们这里，施以暴政，以他的欲望与意志作为我们的法律"。这显然违背本性。第三种可能性也与本性和神的旨意不符。人民给予某人王位不可能不带任何书面的或口头的契约，由他随意统治。这位教士，欧鲁斯（Mancipia Auloe）以及那些大肚便便的法庭人士说，英格兰与苏格兰必须要有最初君王与当时人民的书面的真正契约，这才有效。若是拿不出来，便没有这法律的存在。这显然是胡扯。书面契约成立，而依据民事或市政法律、本性的二级法而来的合约也成立。一般意义上的本性之律是立王的前提。对此，我们并无留下口头或书面契约。基督教的君王与人民之间若没有任何限制性条件存在，那么，依神的律法而来的公正与正当之物，以及神给最初君王制定的统治模式，便可以用来统治君王与人民。正如经上所记，在这里，我们有《申命记》（17：15）、《约书亚记》（1：8—9）与《历代志下》（31：32）。而在那里，我们有书面的契约。这对君王与人民都有伤害，对前者伤害更甚。如果最初的王不能以书面的真正法律来证明，王位是授予他以及他的继承者的话，那么，他的后嗣就会没有任何约束地行统治，只能以他的意志为法。那样，他的统治便丧失根据了（如他们所言）。这样的话，君王一旦无约束地绝对持有王权，你必须用法律把他与他的占有加以分离了。我想，这再荒谬不过了。（1）即使君王信仰败坏，非公正地占有权力，但当遇到性命、生活与灵魂之忧时，本性之律会确保人民废除君王的权力。（2）英格兰与苏格兰国会拥有制定法律的权力。这显然已证明君王不绝对地占有王权。因此，君王应该依据某项法使自己与国家分离。虽然我们没有书面契约，但国会的数以百计的实际决策和现行法律，它们等同于书面契约。

2. 人民膏某人为王，虽然没有口头或书面契约留下，但本性之音已表达了他们的行为。立王乃是道德与法律的行为，受神的话语与本性之律的规定与保护（《申命记》17：15；《罗马书》13：1—2）。他们立谁为王等于给予他作为父亲、喂养者、医者、保护者的权力。这是有条件地立王，而被立者就是一位父亲、喂养者和领导者。赋予王以绝对权力，而非有条件的权力，乃是违背圣经与本性之律的。如果人民给予他无条件的绝对王权，那么，在给予他作为父亲、保护者、导师权力的同时，也给予他作为暴君、杀手、嗜血之狮权力。这等于要毁灭神的子民。

3. 法律规定：利益给予者需阐明他给予利益的目的。君王与国家在指派大使时必须阐明使命。因此，国家需要说清楚，是有条件地，还是绝对地，授予王冠。

4. 人民若对起初选出的王之王权不加限制，仅将此留给神与王的认

| 问十四　立某人为王是有条件的还是绝对的？是否有
　　　　使君王和臣民都受约束的契约？

同；那么，人民无疑是给了王毁灭自己的权力。所谓的条件就成了幻象。这等于说："我们赋予你王位，条件是你对那创造天地的神起誓，你会以神的律法治理我们。不管你是履行了誓言还是违背了誓言，你只对神负责，而非我们。"我实在不明白：君王与人民立约，君王却只对神负责。这种说法的假设前提是，为王之君不会犯罪，也不会对人民施加暴政，只可能违背神。试问：如果君王只对神负责，那么，他为什么要在无义务之处背弃义务呢？如果君王不对人民背负义务，如义人在《诗篇》（51：4）中所讲"我向你犯罪，唯独得罪了你"，但我没有对乌利亚犯罪。如果大卫王并非对乌利亚犯罪，那么，他要去保护谁的生命呢？作为君王他并无君王义务去保护乌利亚的生命。没有罪就没有义务不去犯罪；没有义务不去犯罪就没有罪。依此，一日为君，便可不爱邻如己；因他在邻舍之上，只在神之下。

　　论点四：如果人民将自己交给君王，如小学生将自己交到老师手里，走投无路之人之于看护人，信徒之于牧者等；他们在神的教会里继续做神的子民、信徒、组成、传人、葡萄园、被赎者等；那么，他们就不可能像牛羊那样而给予君王。就好像是无偿的礼物，如交给他一笔金银，供他使用，他不能对这些给予他的牛羊、金银做错事，而是要把它们安置好。但是，对于人民，君王须引导与保护，使之保持神的子民身份。如果人民只是君王的财产（异教徒语），那么，君王对人民所行之罪就如同对黄金所行之罪了。人若喜欢金子，挥金如土，那他可能会开罪神，而不会得罪黄金。他不会与金子立约，或对金子负责。人对那些无生命与无理性的东西不会有任何的义务与罪性。他可能用他们来犯罪，却不可能对他们犯罪。他们只会对神犯罪。所以，出于必然性，君王对神的子民必须有不同于此的义务。他不能仅仅面对神，好像人民不过是他手中的属世财产，而他作为王只需努力根据他的本性之律就可以行使王权。也就是说，他必须从仁慈和真理出发，从和他的兄弟们守约出发，来行使王权。

　　论点五：在契约中，王若对臣民享有特权，那么，无论他违背了哪项规定，人民都不可合法地惩办他。即使他向他们借了钱，不能成为借债者。于是，人民向他追讨债务是非法的；以法律起诉他更是犯法了。但是，苏格兰的民法规定国王必须要偿还他的债务，与百姓无异。如果契约规定所罗门王不比对以色列民背负义务，只对神负责，那么，所罗门王与他的臣民之间的交易、买卖就该被视为非法之举！君王也不能娶妻，因他不能立约只与她一人有肉体关系。他若通奸，也不是对妻子犯罪，因他直接受管于神。在对人的一切义务之上，他不会因违反了与人的约而对人犯罪；他只对神犯罪。

论点六：如果"凡不寻求耶和华以色列神的，无论大小、男女，必被治死"（《历代志下》15：13）是亚撒和犹大国与神立下的合法之约，这就意味着君王、贵族与人民互负义务。在约里，君王要对贵族与法官负责，反之亦然。巴克利反驳道："学校校长制定一项校规：凡未得到他允许而离开学校之人都要处以鞭刑。如果校长在没有得到允许的情况之下离开了学校，这规定是不能使他也接受鞭刑。这规定也不能约定君王，那至高的法律制定者。"

驳：1. 如果学生与校长在制定校规方面有同等的权力，如犹大国的贵族与亚撒王有同样相关权力一样，那么校长也当受同样校规的约束。

2. 如果离校是对学生与校长来说都是在道义上的疏忽，就好像不寻求神对于亚撒王是死罪，对以色列民也是死罪，那么，校规对校长的约束与对学生的约束相同。

3. 这里谈论的是校长是否受制于他强加给学生的校规，但我们却看不到亚撒置身于寻求神的律法之外。迪欧鲁斯·斯库鲁斯（Diodorus Siculus）（l. 17）说：波斯的君王们受一种誓言的约束，即他们不得更改法律。埃及与埃塞俄比亚的情况亦是如此。亚里士多德所说的正义的斯巴达诸王们，每月都得重温他们的誓言。罗穆卢斯（Romulus）也要与元老院、人民立约。奥地利的查尔斯五世（Carolus V. Austriacus）宣誓在没有选民同意的情况下，他不能变更任何法律法规，也不得立新法，更不会处理或抵押任何帝国的财产。色诺芬（Xenophon）（Cyroped. lib. 8）认为塞勒斯（Cyrus）与波斯人之间也有约的存在。贵族加冕君王之时，他们自己亦被加冕，置身同一誓言下。英格兰、波兰、西班牙等国也一样。奥布

> 问十四　立某人为王是有条件的还是绝对的？是否有使君王和臣民都受约束的契约？

里（Alber）①与格劳秀斯②证明君王确实被绑于他们对人民所立之誓言与契约。"尽管有约，也不能由此推出：如果王子违约或施暴政，人民便可自由行事，不把契约或协议当回事。"③——**驳**：契约事实性地破裂时，王还是王，臣亦为臣。但是，当国家宣布双方事实上与形式上都破裂时，人民就可不再顺服王。这待后面讨论。

论点七：主人若对仆人起誓：他不得索取如此这般的利益与服务。主人要是背约，他所起的誓必给这仆人以法律权利来质疑他的主人，且不必提供相应的服务。军队指定领导者与司令的条件是：这被指定之人必起誓不得背叛他们而倒向敌军。他若背叛了他们，士兵便不再受所立之约的约束。某人如被指定为船长，他却将乘客卖给了土耳其人；仅凭他所起之誓，乘客便可指责他。显而易见的道理有：（1）如某人拒绝以神的律法治理人民，且要以他个人的意志为法律，国家可以拒绝授予他王冠。很明显，宣誓的目的是要为统治加上条件。（2）君王宣誓，表明他是一位誓言之下的王，而非国家之上的王。一人为王并不能使他置身于对臣民的民事义务之外。这誓言表明，只要神的誓言在，王就必须居民之下。

论点八：如果神的誓言要求人民阻止君王以法律治理他们，也不以他的意志与欲望治理他们，那么，任何宣此类誓言都是无效之誓。如保皇党所言，如果一种法律之上的权力本质地认同某位君王为王，他却立下此类誓言：宣誓对一国人民为王，同时又宣誓不为王。这种誓言其实表明他在宣布放弃王位。

阿尼索斯反对说：只有为数不多的几个王与人民立约，如大卫与约书亚。我们并不能由此说，王与民立约是一项宇宙通法。——**驳**：《申命记》第17章规定这约是所有约的总则；公正如此的大卫都要受约的限制，又何况其他王乎？

---

① Alber. Gentilis in disput. Regal. lib. 2, c. 12, lib. 3, c. 14—16.——原注
② 格劳秀斯：《战争法权与和平法权》，lib. 2, c. 11—13。
③ 阿尼索斯：《论权威原则》（*De auctoritate principum in populum semper inviolabili*，1612）c. 1, n. 7, 8, 10。

问十五

王是否是那唯一的父,还是类推出来的父?还是只能部分地被称为父?

亚里士多德说①,君王权力乃是父亲式的权力。贾斯丁(Justin)②也认为:父亲即使蔑视法律,邪恶之极,他依然还是父亲。我反对保皇党的这些说辞,即认为王权是本质上的、唯一的权力,与家长或父亲的权力相同。或者说,作为父亲的亚当既是父也是王。假定亚当活到诺亚的时代,在没有地上王国与民众的同意下,由神圣规矩,亚当依然是王。不需其他的理由,就凭他是最初唯一的父亲,他就是当时世界的王,君临天下。假定亚当活到今日,所有的王都要从他手里得到王冠;他们并不比其他下级的苏格兰官员有更大的王权,也不在查理的最高统治之下;这样,我们今天所有的所谓合法君王就都成了不公义的篡位者了!父权若是最初指定的国家权力,它显然违背了本性。帝王并非生养我的父,却从我那里夺走了我父的权力,作为王统治我与我的子孙。

1. 我主张,虽然神的话要求我们敬王如父(《诗篇》49:23;《士师记》5:7;《创世记》20:2),但他们并非本质上与形式上代

---

① 《政治学》,1.3,c.11。
② Justin. Novell 12, c.2.——原注

> 问十五 王是否是那唯一的父,还是类推出来的父?
> 还是只能部分地被称为父?

代相传的父。比如,《民数记》(11:12)中所言:"这百姓岂是我怀的胎?岂是我生下来的呢?"君王仅为比喻上的父,即职分上的父,因为他们关怀百姓当如父亲关怀子女。如此,第五条诫命才以父之名称君王。凶残的统治者如凶豹、残狮与豺狼(《以西结书》22:27;《西番雅书》3:3)。如果暴君本质上与形式上都不真是凶豹与残狮,而仅是比喻上的,那么君王也就不能是形式上的父。

2. 不仅君王,所有的法官都是父,为他们臣民抵制暴力侵害,为他们征战,并引导他们。保皇党争辩道:君王本质上就是父。父权与君权出自同一个本质与本性。所以,一日为父终身为父,子女不能拿起武器来反对他。但这是违反本性与第五条诫命的。同理,一日为君终身为君,拿起武器反抗君王也违背了第五条诫命。

驳:这种论断的假设前提是君权与父权天然地是同一个东西。但是,它们本性上讲是不同的,只是部分相似。神的牧师也被称为父(《哥林多前书》4:15)。但不能由此说:一日为牧师就终身为牧师。牧师若变成了豺狼,以邪恶的教条腐化神的子民。他们岂能不被扔出神的教会?

3. 父亲并不掌控子女的生杀大权。《罗马书》第13章告诉我们,君王与官员的所有权柄都是神给的。亚当若有杀死他大儿子该隐的权力,因该隐杀了他的弟弟亚伯,这权力就该是作为政治权力由神赐予亚当,与父权不同。父权本质上是用来保护子女,而不是来夺子女之命。如果亚当和他的后代都没有犯罪,亚当就会是一位完美的父亲,也会拥有现今父所拥有的权力。如果这世上没有罪,没有暴力,没有流血,神就不会赐予罚恶的权柄,因那是多余的。正义战争与剑的权柄在罪的世界中给予人。

4. 家长式的政府和权力是本性之律开出的花朵,是其本质的展现。但是,王权并非源于本性之律,更不是源于贵族制或民主制的权力。弗恩博士说①:君主制并不拥有神圣权力(对此我并不赞同),也不来源于本性之律,但由本性指引(ductu Natur)。可以肯定的是,君主制来自神超验的诫命,处于本性之律的首位,以确立父亲式的权力。

---

① 弗恩:《主要教义》,part 1, sec. 3, p. 8.

5. 孩子从父母那里得到本性的生命与最初的呼吸,他们与父母的联系比他们与君王的联系紧密得多。臣民从君王那里得到民事的、政治的、和平的福利,而非自然存在。

6. 父亲给予孩子自然存在,是一种本性领导与根源,不需要孩子的同意与投票表决。父亲本质上是孩子独一的父,就如亚当是该隐独一的父亲。王就是王,由人民自由投票产生。君王不可能仅是某人的王,而是社会群体的政治领导。

7. 只要子女活着,父亲就永远是父亲,即使他可能是疯子或极度残忍,也可能是这世上最邪恶之人。任何力量都不会使过去的成为非过去;父亲就是永远的父。但巴克利、胡果·格劳秀斯、阿尼索斯等保皇党宣讲,如果君王为着扩展领海与领地而将他的臣民卖给他国,如果他变成了凶残的尼禄,那么,他就会被赶下台。造王的权力在如此这般的条件之下,君王要是以自己的意志背逆它们,就会被拉下王位,不再为王。如果他国之王征服他国之君与民,保皇党宣称这征服者就成了合法的王。被征服之王必须走下王位,摇身一变成为一名坐在尘埃之上的合法奴隶。

8. 罗斯卢斯(Bartholomeus Romulus)、乔纳斯·亚拿尼亚(Joannes de Anania)等博学的政治家教导我们说:"父亲没有揭露儿子对君王所行之密谋;如定要起诉儿子,他宁愿自己被起诉,因为父爱子甚过爱自己。"(D. Listi quidem. Sect. Fin. quod. met. caus, et D. L. fin. c. de cura furiosi)如儿要死,父愿替儿去死。父对子之爱是一种不朽的爱。但君王对臣民的爱不会是父亲对儿子之爱。如果爱不同,那么基于这爱的权力也必相异。自然存在与社会福利(well-being)必须相应地区别对待。

这位教士从阿尼索斯[①]那里偷得一些观点来反驳我们:1. 君王被选为最高统治者,他就成了普遍意义上的父。《出埃及记》(20:12)中说:"当孝敬父母。"一位自然的父亲不是从儿子那里得到家长式的权力或权威,而是从神与本性之律那里接受这权力;因而君王不能从社会群体那里获得他的权利。

---

① 阿尼索斯:《论权威原则》,c.3, n.1, 2。

> 问十五　王是否是那唯一的父,还是类推出来的父?
> 还是只能部分地被称为父?

2. 法的箴言为：从他取特权,从他继承位置与权力（Surrogatus gaudet privilegus ejus cui surrogatur, et qui succedit in locum, succedit in jus）。替代者拥有从他继承者那里而来的所有特权,继承他位置,继承他权力。养子或私生子占据了合法儿子的位置同样也会享有他的权力。被拣选的王完全享有本性君王与父亲的所有权力,因为：取代模式与自然权利相分离（Modus acquirendi non tollit naturale jus possidendi）（阿尼索斯要比这浅陋的教士说的好得多）。获得事物的方式并不影响自然权利的占有；但被获之物,如果头衔正当,占有就符合国法。被拣选的王就是父；父有本性赋予的神圣权力,君王也定有那权力；又鉴于君王是正当的业主,由神与本性赋予他权力,怎么可能对王的指派来自那混乱的民众？对此的确认直接来自神,来自他神圣不可侵犯的指令。现今,神已不再派遣撒母耳或以利沙这样的人来膏王或宣示谁是王了。我们是在他的一般恩典中,认为一个人的设计就是神的旨意之彰显,称为 voluntas signi；用经院里的话说,就好像教会指派某人圣职无异。

驳：1. 人类法律明确规定：人若替代了他人,这人便享有所替代之人的权力。这话不假。人若受委托管理一笔钱,他就作为责任方而掌握了所有权力。人如成为一市之长、一军之帅、一船之舵手,他就享有法律规定的所有权力与特权,与他的前任者相同。我想这法律未有此意：那替代自然父亲之人应享有他所替代之人的所有自然权利与特权,并宣称自己是个神圣之物。收养的儿子接替了自然儿子之位,就拥有了父亲对儿子的自然喜爱。如有人收养这位教士,他就当如克莱尔（这位教士的父亲）那样爱这位教士？——我看不见得。这养子是否有原儿子的生活、存在、形体以及行事方式？他是否如那亲生儿子那样天然地相像于他的养父？这位教士完全没有从法理学家已证的角度来考查法律。他只是偷取了阿尼索斯的观点,甚至还盗取了他对荷马与亚里士多德的引用,仅做了一些微小的变动。自然而生的儿子并非在父母的赞同下被造为儿子；他是亲生的。养子必定也是在无养父的自由赞同与恩典之下被收养的。君王在这种情况下登上本性父亲的位置。我认为,这法律并非意指：被拣选的王是没有臣民赞同的王,就像父亲是在没有儿子赞同的情况之下就为父亲的一样。这样的法律是不正确的:"一日为父终身为父";所以一日为君就终身为君;即使他在恶灵的指引下变卖他的臣民也依然还是王。君王若只有父亲式的权力,无其他特权,在自由国家里,父亲就不掌管儿子的生杀大权,也没有君王对臣民的生杀大权。这不是法律。这条格言很好地证明了君王本质上不是生养父亲,而是比喻意义上的父亲。借用一句话:王非生养之父,只是政治上喂养、保护与引导之父(non generando, sed politice alendo, tuendo, regendo)。拣选的君王不能占有父亲的所有自然权利与权威。

2. 这位教士以神的教会为耻,称之为混乱的民众,好像他自己是君王出生似的。神称君王为他的牧者,称人民为"神的随从、遗产与子民"。他们并非在本性上而是在罪性上是混乱的。在这种意义上,这位教士可以称君王、祭司与人民都在神的愤怒之下,除了他一如既往地作为亚米尼主义者之外。如果我们生活在一般恩典中,因为没有撒母耳或先知来膏王,坚持认为某人为王乃是神的旨意的彰显,并称此为"签署"(voluntas signi),那么,这就是背叛。如果苏格兰与英格兰认定(签署)这位教士接替查理为不列颠的最高统治者(做个先兆似的比较吧),那这位教士便可成为合法的王了。这便是依照神的意志行,是出于我们的神圣性,叫"显灵"(signified will)——这无知的教士认为这种说法不是出自经院学者。这就是我们的规则!哪里还有比这更叛逆的文字!

问十六

因为他是王,就可以对人与物的占有与霸占?

本章我要讨论为王之人是否拥有对人与物的奴役权力。在此之前,首先要简短地讨论他对臣民的统治权问题。

神的律法晓谕:奴役是对罪的惩罚,是反本性的。人生而在本性上拥有同等条件!

主张一:君王对臣民并无固有的、主人式的统治权。他的统治权是受委托的、管理性质的,而非主人性质的。

1. 君王的本质任务是喂养、统治与防御,以和平与属神的方式统治子民,如父亲对子女那样(《提摩太前书》2:2)。《诗篇》(78:71)中说:"为要牧养自己的百姓雅各和自己的产业以色列。"《以赛亚书》(55:4):"我已立他作万民的见证,为万民的君王和司令。"《撒母耳记下》(5:2):"你必牧养我的民以色列。"以及《历代志上》(11:2;17:6)等处。所以,为着人民的益处,作为喂养者与管理者,王把幸福带给他们。阿尔图修斯①与所罗门纽②论证说,

---

① 阿尔图修斯(Johannes Althusius,1563—1638,德国加尔文主义者),这里引用的是他的《政治方法论》(*Politica Methodice Digesta, Atque Exemplis Sacris et Profanis Illustrata*,1603),c. 1, n. 13。

② 所罗门纽(Marius Salomonius,16 世纪初),这里引用的是他的《论原则》(*De principatu*,1544),c. 2。

为着被管理者的益处，王才被确立，且要保证他的安全。但是，主人对奴隶与仆人的主人权力则是为了主人的好处，而非奴隶的好处①。正是如此，所以才有仆人如商品般的买卖行为(jure belli. F. de statu hominum l. et servorum)。

2. 没有统治者与政府官员是神的审判(《以赛亚书》3：1，6—7；《何西阿书》3：4；《士师记》19：1—2)；但不做人的奴隶则是一种祝福。自由是神的祝福(《约翰福音》8：33；《出埃及记》21：2，26，27；《申命记》15：12)。杀迦特之人(《撒母耳记上》17：25)的父家在以色列都自由了(《耶利米书》34：9；《使徒行传》22：28；《哥林多前书》9：19；《加拉太书》4：26，31)。所以，王权不可能是主人式的权力。不然的话，在王权之下的生活就既是祝福又是受咒，还是对罪的正当惩罚。

3. 臣民被称为君王的仆人(《撒母耳记上》15：2；《历代志下》13：7；《列王纪上》12：7；《出埃及记》10：1—2，9：20)。但是，他们不是君王的奴隶，而是他的弟兄，"免得他向弟兄心高气傲"(《申命记》17：20)；也是他的儿子(《以赛亚书》49：23)。神将王作为一种福气赐予他的子民(《列王纪上》10：9；《何西阿书》1：1；《以赛亚书》1：26；《耶利米书》17：25)，且"将你从埃及地为奴之家领出来"(《出埃及记》20：2)，走出那悲伤之地。在所引经文中可以看出，君王的臣民并非是王的奴隶。

4. 为着自己的所得，主人在某些情况下可以变卖自己的仆人，放弃自己的仆人(《尼希米记》5：8；《传道书》2：7；《列王纪上》2：32；《创世记》9：25，26：14，20：14；《列王纪下》4：1)。仆人是主人固有物品与财富(《传道书》2：7；《创世记》30：43，20：14；《约伯记》1：3，15)。但是，君王却不能因为钱或者其他东西来变卖自己的国家或臣民。保皇党认为，君王一旦沦为暴君，就当被废。这样的君王可能变卖自己的臣民。君王不能因伤害或对继承者的偏见而放弃或毁害王冠的给予者②，更不能变

---

① l. 2, de leg, l. Servus de servit. expert. Danoe polit. l. 1, Tolossan. de Rep. l. 1, c. 1, n. 15, 16.——原注

② l. ult. Sect. sed nostr. c. Comment. de lege, l. peto, 69, Sect. fratrem de lege, 2, l. 32, ultimo, D. T.——原注

问十六 因为他是王,就可以对人与物的占有与霸占?

卖他们,也不能为伤害继承者而放弃整个国家。那样其实是对圣灵或神殿的买卖。阿尼索斯①说奴役是本性状态之外的形态。他应该说是反本性才对②。臣民的顺服是合符本性的。这在蜂与鹤那里也能见到。因此,统治权被界定为:依据自己意志使用你所有之物的一种能力。人对牲畜的命尚无绝对的统治权,不能随意处置,因为义人顾惜他牲畜的命(《箴言》12:10)。人对自己的财产也没有任意处置的权力,不能用它们来做损害国家之事,也不能用它们来行对神不敬之事。神在他的使用权上加了条款。神没有将王造为非理性之物,他就必须在法律之下行事。他的意志与欲望不能统治他的权力,统治他的只能是法律与理性。如果神给予君王管理人民的统治权,那么,保皇党口中的他的那法律之上的统治权就应当是作为理性之人对人的一种规范。这规范是:人民顺服君王之下要比屈服于野兽之下好。人当顺服于理性行为之下,并非出于善与忠诚,而是他们的王命令他们如此行。如果这不能成立,那么,在涉王的政治行为中,无人会倾向于王权政府。那样的方式是在主人统治之下的奴隶所为。

反1:这位教士借用斯巴拉多主教、阿尼索斯与格劳秀斯等人的观点反驳道(在他的书里就没有一行是他自己的观点,除了那些不重要的装饰):"统治与统治者的优等性都不是主要目的,都仅为了臣民的益处。有些统治是为着上下级双向性的不可分的益处,由神与本性自定的,如夫妻、父子间的统治。在主人对仆人的统治中,仆人的益处与利益是次要的。他们的益处是派生的目的的延续,并非首要目的,而是外在的与附加的。比如,医生所得的益处并非他医术固有的内在的结果,而是他用药行为的附属结果。"

驳:1. 这位教士的逻辑是:一些政府致力于上下级双向性的利益,如王权政府。显然从大前提中推不出这样的结论,或从这两个前提中也推不出任何东西。2. 事实若果真如此:即所有的婚姻统治与主仆统治都

---

① 阿尼索斯:《论权威原则》,c.3,n.7。
② l.5, de stat. homin. Sect. 2, Inst. de jur. perso. c. 3, et Novel. 89.——原注

是为着上下级间的双向性利益,王权政府亦是如此。这个假设显然错误,无法证实,我在下文中要对此给出说明。

反 2:所罗门将迦步勒给推罗王希米,可见被征服之国享有征服者特殊的益处。

驳:所罗门给推罗王一些特殊的头衔;这是作为君王,同时是作为先知的特殊行为。这并不能使英格兰王将英格兰变卖给他国的行为合理化。威廉是通过战争占有英格兰的。这种推论简直荒谬至极!这位教士从格劳秀斯那里剽窃观点,而格劳秀斯是谴责变卖国家的啊!

反 3:一个人可以无条件地完全屈服于主人的权力之下,为什么一个民族却不可以这样?为了和平和安全,人为什么不能向王权投降而顺服在一个王的权力之下?除非把自己和后代都完全交给主人,在这个条件下,庄园主才可能让他住在他的土地上。塔西佗指出,这在古代德国人那里是稀疏平常之事:战败的德国人就完全顺服于罗马人之下。

驳:那些迫使人们为保命而放弃自由的理由不是这里要讨论的。那违背人民意志地成为父亲与丈夫的暴力征服者不是人民合法的王。说人们可以出售他们未出生子女的自由,这是不能接受的。一位由暴力而来的父的确是父,但也不是父。对于后人来说,他们当然可以捍卫那未出生就被非法出卖的自由。

反 4:弗恩博士说:那些曾经是我们的,后来转赠给了他人的东西,其实是通过捐赠一种特殊利益最后回馈给神了。将东西捐献以供神圣之用,虽然它日后可能招致滥用,但我们却不能将它们要回来。所以,人民一旦让渡了自由,就不能收回了,就更别说自愿将自由让渡给君王的情况了。

驳:1. 这是谬论。权力被给予保卫国家,最后却被用来毁灭它;显然要回收这权力。人民绝不会给予君王毁灭国家的权力。这不可能是自然理性之行为。由人为法律规定的供宗教用途的供奉可由更神圣更强大的本性之律召回,如:"我喜爱怜恤,不喜爱祭祀。"(《马太福音》9:23)假如作为大卫的遗产,他曾给祭司一个金面包;当大卫与他的子民挨饿之时,他当然可以不顾祭司的意愿将这面包拿回。假如基督曾买了麦穗来装饰祭坛,当他与使徒饥饿之时,他们当然可能拿来吃。装饰教堂的银质器皿也可以拿来赠与受伤的士兵。

2. 一个民族不可能也不应该基于某位王的善良而对他完全让渡自由。因为:(1)自由是人生而所处的自然状态,它不可能给予某位王,除非他们能得到更好的和平与公正。这对他们来说更好。(2)如果人民信任君王的善良,而将自己委身他之下为奴,而后来王却变成了暴君与莽夫;这显然不是顺服所应得的,那是愚昧无意识地促成了这样的事。如果人民知道温驯的君王也会变成烈怒的狮子,他们就不会将他们的自由交在他之手。因此,顺服的条件是君王要温驯,或者他们相信他是温驯的。如果契约确定是为了在一方那里生效,法律规定,人民是可以改变意愿而回收自由的。但是,如果人是为了金钱让出自由,那就不可回收。如果是暴力导致自由的丧失,那是奴役。奴隶是靠战争得来,只要他们能逃脱,他们就自由了。博学的瓦斯克斯说:"被捕的鸟一旦逃跑,它就自由了。"①被俘的民族一旦挣脱了他的暴力征服者,他们的本性就使得他们自由了。用瓦斯克斯的话说是:"如果时间能使顺服合理化,那它更容易使自由合理化。"②

主张二:臣民的财产非君王所有。假定财产的分配并不必须从本性之律来,在人堕落之前,神就叫人无限期地做万物的主人。什么东西是彼得的,却不是保罗的呢?我找不出。假定人有罪,虽然阳光与空气对所有人都一样,并没有什么神圣的地方,但是,道德上严格区分你我也是不可能的。摩西十诫禁止偷窃与贪婪他人的妻子(但一女子是彼得之妻,而非托马斯之妻,这是自由选择,而非自然法之工)就足以向我们显明,财产的分配(人已深处罪中)与本性之律相去甚远。这便是国家法律的坚实基础,已远离本性了。我从我外套与披风上得来的暖和与从肉中摄取的营养是没法在物理上传递给任何人的③。我要证明这个论题。(1)必要的

---

① illust. l. 2. c. 82. n. 15.——原注
② l. 2. c. 82, n. 6.——原注
③ Quod jure gentium dicitur. F. de justitia et jure, l. ex hoc. — Quod partim jure civili. Justi. de rerum divisio. sect. singulorum.——原注

时候，如果在神的律法之下的万物都是共有的，旅行之人便可摘吃他邻舍葡萄园里的葡萄，即使没有得到许可。我怀疑：大卫缺钱之际，他是否需要花钱去买那金面包或迦特之剑。如果这些都是纯粹的私有财产，那就只能在买卖中交换。在自我保护的紧要关头，在所有国家法律或民事法律之上只有本性之律，而非王室特权，更不是某个可朽的君王。依据民事法律，在紧要关头，万物归君王所有。在这种意义上，为了整个国家的益处，人有义务献出自己的所有，当然也包括君王的所有，只要他还是国家的头与父①。(2)"万物归君王所有"是指君王运用他的公共权力保卫百姓以及他们的财产不受非正义暴力的侵犯。(3)"万物归君王所有"是指为物主的使用，他保护万物的行为。(4)"万物归君王所有"在国家利益受损时的法律限度。因过犯而充公的财产属公正行为，但充公的财产需要用来帮助国家与君王，这里的君王是指作为王的王，而非作为人的王。还有些东西叫"易损财物"(bona caduca et inventa)，如船难或其他自然灾害中损失的财产。

论点一：个人成为他们财物的正当主人或业主的原因有：根据自然秩序，财物的分配比世上任何王或做官的更接近于本性之律与必要性；人用自己的羊毛取暖，吃肉果腹，这是符合本性的。因此，为了保护财物在正当拥有者之手，为了保护集体不受暴力的抢夺与偷盗，于是才有王与官员的出现。很明显，人才是他们财物的正当拥有者，在本性与时间的次序上都先于王与官员的产生。在王产生之前，如果人人都作为正当的业主，享受他们的财物，那么，谁会是财物的业主呢？君王是神作为福气赐予人民的，为着保护人的财物，而不是为了给人带来伤害与损失，更不会使这财物变为他人所有，也不会将人的东西抢来归自己。

论点二：神起初造人，并为了人而造万物。它们被造而为人所恰当地拥有。那时并没有王。亚当在为王之前只是一位父亲。没有人是生而被造为王的，更不用说头生的狮子或老鹰了。神创造它们只是让它们成

---

① L. item si verberatum. F. de rei vindicat. Jas. plene. m. lib. Barbarius. F. de offici. Prætor. ——原注

问十六 因为他是王,就可以对人与物的占有与霸占?

为类的开端。在本性之律中,所有的狮王与鹰王都是后造的。依本性之律,无人能成为万物的特定所有者。国家法建立在本性之律基础上,有了你我区别。这对个人来说是需要的。王的引入不能摧毁本性之根基。礼仪与恩惠都不能撼动本性之完美。如人不能生而为王,同样他也不能生而就是我财产的继承者。

论点三:暴君的特征与含义是什么呢?暴君是压迫人的王,是没有履行王者义务的王。抢占臣民合法财产归己所用,这便是暴君与压迫者的特征与含义。结论很明显:君王与暴君相互矛盾。证明如下:《以西结书》(45:9—10)中记载:"主耶和华如此说:'以色列的王啊!你们应当知足。要除掉强暴和抢夺的事,施行公平和公义,不再勒索我的民。这是主耶和华说的。你们要用公道天平,公道伊法,公道罢特。'"如万物都归君王,他就不能勒索与抢夺了。神怒斥了君王的暴力行为,在《弥迦书》(3:1,3)中,神斥责道:"你们不当知道公平吗?……吃我民的肉,剥他们的皮,打折他们的骨头,分成块子像要下锅,又像釜中的肉。"《以赛亚书》(3:14)与《西番雅书》(3:3)中所载的暴君行为不正是亚哈王抢占拿伯的葡萄园的故事吗?扫罗对神的子民也是"必取你们最好的田地、葡萄园、橄榄园,赐给他的臣仆"(《撒母耳记上》8:14)吗?希布里亚斯(Hybreas)反驳安东尼奥(Antonius)强迫一年纳两次贡所说的话不就很正当吗?他说:"如果你一定要求我们一年纳贡两次,那你一年给我们两个夏天,两次收获吧!"如万物归君王所有,他取自己的东西,这话就不可能正当了。

论点四:君主制下,臣民不能放救济,也不能行慈善①。行慈善必须用自己之物。《以赛亚书》(58:7)中说:"不是要把你的饼,分给饥饿的人。"《传道书》(11:1)也说:"当将你的粮食撒在水面,因为日久必能得着。"法律规定:"将他人之物给予穷人与盗窃同。"但是,在君主制之下富与穷当无区别;人只能是富有。

论点五:保罗要我们为王公纳粮,因为他们是神的差役(《罗马书》

---

① Species enim furti est de alieno largiri, et beneficii debitorem sibi acquirere, L. si pignore, sect. de furt. ——原注

13：6)。保罗所言的意思是：除了臣民给君王交纳的东西外，君王一无所有。

论点六：君王之职要求君王以公正保护每个人的权利，让他们待在自己的无花果树下。所以，国家并非君王的殿。

论点七：即使埃及法老用金钱购买粮食，他也不能使国家的粮食尽归自己所有。万物都是自由的（allodialis，自由土地），除非君王能证明这是他所买。

论点八：如臣民对自己财产无正当所有权，万物都归君王所有；那么，无君王许可，人民就无法进行买卖，且人人皆为奴。法律规定（L. 2. F. de Noxali. act. l. 2. F. ad legem aquil.）：仆人并不需要民事受约，因为他不是独立的。对国家而言，他们与兽类无异。虽然据本性之律，生为理性之物有必须遵守的本性义务。所罗门告诫：不可禁止臣民为朋友作保（《箴言》6：1—3）。同样，不应指责那些因懒惰而来的贫穷（《箴言》6：6—10），也不能因富有就不敬拜神（《箴言》3：9）。不因失去（《诗篇》15：14）、不因善良与周济（《诗篇》37：26）、不因借不到就不守约，也不因借贷不还而该愧疚（《诗篇》37：21）。在君王制下，臣民在财产问题上不用履行义务，也没完成不了的义务。如果万物归君王，臣民对君王之物又何来占有权或处置权呢？

问十七

王是否是固有的受托人？是否拥有作为导师、丈夫、赞助人、牧师、首领、父亲等的管理权而非主人般的统治权？

王权委托给君王，是因着信任神直接的授予。保皇党对此也不否认。但是，我们认为这信任是由人民给的。我们否认人民将自己作为礼物给予君王，白白给予而不能收回。人民将自己作为抵押品放在君王那里，如这抵押品遭到滥用，或不符合条件地被使用，那么，被委托的一方便丧失了信誉。

主张一：与其说君王是父亲，还不如说他是导师。1. 缺乏是导师的根源。父母双亡留下的孤儿及其后代会怎样呢？他不能自己教导自己。本性造出导师来填补父亲之位，并管理导师。父亲是遗产的主人，如他不悦便可卖了它。这遗产便到不了儿子手中。若儿子罪恶满贯，他也可剥夺他的继承权。但是，作为借来的父亲的导师不能变卖学生的遗产。即使学生罪恶滔天，他也不能以正当管理之名剥夺学生的遗产，而将之送予自己的儿子。人民群体由于一直深处罪中，有能力伤害这原始的社会，争食自己弟兄的血肉。所以，神指定一位王或统治者来照看他们，以和平来治理他们，使他们脱离相互间的暴力争斗。但给予统治者的信任并不是他的遗产，他不能随意处置它，因为他并非这遗产的真正拥有者。

2. 学生长大成人后，他可以向原导师咨询实践问题。我并不赞同阿尼索斯①的下列言论："国家永远是处于领导之下的较低级之物，因为他总是需要管理者与统治者，且永远不能离开其统治者。但是，学生会长大成人且有智慧。只要他可以在没有导师的情况下引导自己，他就会开始挑战导师。不过，学生终不能成为自己的法官，他必须接受更高法官的审判。因此，人民不能审判或处罚他们的王。神才是他们的审判者。"

这是本末倒置了。没有这样的社群，其中只有领导。它可以自己任命导师。虽然它不能总是没有统治者，但还是可以没有这个或那个王或统治者。因此，它可以回收权力。它为了自身安全和益处而有条件地把权力给予统治者。只要这条件遭到破坏，被赋予的权力用于破坏国家之事，这权力就可视为没有给予而收回。人民虽然不能在关涉自己事件中来做法官，但要是出现压迫，本性就赋予他们以抵御性的暴力来制止暴力。在政治有机体中的人民团体也在统治者之上，亦可审判那些毁灭性行为。

反：学生没有权利指定自己的老师，更不要说给他权利。同理，民众也不可能给予君王权力。

驳：学生形式上的确没有指定老师的权力，但他有从他父而来的合法权益。父亲可为儿子指定教师。人民实际上以一种不朽与永恒的形式拥有王权。他们可以为自己造许多的王。

主张二：王权本质上不是婚姻式的夫权，只是与之类似而已。1. 就本性而论，妻子比丈夫弱小，附属于丈夫；但国家却在君王之上。2. 妻子要协助丈夫，相反，父亲却该协助国家；这角色本属于妻子。3. 夫妻间的夫权是本性的，虽然并非原生性本性，但它却出于自由选择，如彼得为安娜之夫。即使人从未犯罪，这也属自愿行为。王权却是一种政治构造，即使世界只有民主制与贵族制政府，人类还是会存活下来。让这位教士在他从巴克利那里偷来的逻辑中自鸣得意吧："即使是邪恶之事，妻子也无

---

① 阿尼索斯：《论权威原则》，c.3, n.5。

> **问十七** 王是否是固有的受托人？是否拥有作为导师、丈夫、赞助人、牧师、首领、父亲等的管理权而非主人般的统治权？

权拒绝丈夫；她永远与丈夫捆绑，也不可如丈夫那样提出离婚。人民发誓效忠君王，即使自己吃亏，也不得更改。"①——**驳**：除了带出了巴克利与这剽窃大王所说的王权本质上是夫权外，这里等于什么也没说。这点不能依据相似性得到证明。一位有条件的民选君王，如出卖人民，他将失去王冠。但是，本质上与作为夏娃之夫亚当那样的君王，若非经双方同意，人民不能与之离婚，也不能拉他下王位，即使他出卖了人民。然而，妻子是可能与丈夫离婚的。这一贫瘠的论断也是从弗恩博士②那里盗窃而来。虽然自己受到伤害，也当守约；这仅是惩罚性的伤害，只是利益丢失，而非道德性伤害和对信仰的丢失。

主张三：君王本质上更像某类赞助人、牧师或公共的令人尊敬的神的仆人（《罗马书》13：4）来帮助人民防卫敌人。显然，神与人民都不会给予他伤害人民的权力。他是神的佣人，与人民有益（《罗马书》13：4）。1. 君王客观上是国家的仆人，因为所有君王的服务都是为着人民的安全、和平与拯救；在此，他是仆人。2. 从代表性上讲，君王也是仆人。人民将自己典押在君王手上，让他代理自己的所有权力来行使王者的服务性职分。

反1：王是神的仆人，而非民众的仆人；相反是他们的主人。

驳：推理错误。君王对神所行的服务，都是王者或王者服务行为，都始于人民，止于人民。这只能推出：王的统治只是充当了仆人与看门人的角色。

反2：神创造了王；王权仅属于神，而非民众。

驳：1. 王权直接且仅仅来自神，直接通过宪法，神指定世界应该有王。2. 但是，就把王权尊严给这个人而不是那个人而论，王权不在神那里，也不仅来自神。

反3：即使王权给了人民，它也不能因此而称为人民的王权，不能称为神的王权。它不会被完全地给予人民，而只能是像一束光、一道光那样给予。所以，君王不是人民的仆人。

---

① 《诗篇》(15：4)：他发了誓，虽然自己吃亏，也不更改。
② part 2, sect. 3, p. 10, 11. ——原注

驳：人民不是王权的首因，所有王权的首因只能是神。在人民那里的王权只是工具性的。以色列民在希伯伦立大卫为王，通过这一行为，神借着人民的选举与赞同在希伯伦立大卫为王。神能降雨，外邦那些虚无的神岂能讲甘霖（《耶利米书》14：22）。乌云也能带来雨，作为自然的容器与载体，神将雨撒向干涸的大地（《阿摩司书》9：6）。神的所有器皿本质上都叫器皿，是神的代理的因。因此，神叫以色列民作为神的器皿指定大卫为王，而不立扫罗之子为王；指定大卫统治他们而行王者服务，从而侍奉神，所行之事为那些深陷罪中的人所无法行。我不明白：无论是客观上还是从主观上，这如何不是对人民的服务？王者服务指向人民的益处、和平与安全，又因为他能使用的王权来自神的子民，作为神的器皿的人民。所以，君王与国会是以全国人民的名义颁布法律法规。这些谄媚者背离圣灵，竟敢说人民不能选立王。难道以色列民不是在米斯巴与希伯伦分别立扫罗与大卫为王了吗？

反 4：以色列民立大卫为王指：以色列民赞同神拣选大卫为王这一行为，从而指派了叫大卫的这个人为王；但他们并不是使大卫为王之人。

驳：我并没有说人民造就王者权柄。这权柄是神给的（《申命记》17）。保皇党必须要告诉我们，神是这样作为的，即在以色列民于希伯伦立大卫为王之前，非王的大卫正式被立为王；然后，人民是这样做的——赞同神的作为，从而立大卫为王。不过，这是保皇党无法做到的。神在此仅仅做了两件事：（1）以撒母耳之手膏大卫；（2）在希伯伦立大卫为王；并无第三件事。第一件行为本质上不是正式地将大卫从一个纯粹的非王个体转换为公众的士师（审判者）、至高的主或王。膏大卫为王之后，在神的时间里，他被认定为王。膏礼后，他与多益或拿八一样都不是王，只是臣民，依然称呼扫罗为神所膏礼的王，与其他臣民一样顺服于扫罗。除了以色列民在希伯伦选大卫为王，让他带领神的子民外，神并无其他行为来立大卫为王。这与神降雨的行为相似，除了用乌云来降雨，神并无其他方式降雨。如果说以色列民在希伯伦立大卫为王仅是验证并赞同神在此前拣选大卫为王这一行为，这就等于是说：扫罗说预言只是在赞同神的灵的先前预言；而彼得的讲道（《使徒行传》2）只是在赞同圣灵的讲道。这样

问十七　王是否是固有的受托人？是否拥有作为导师、丈夫、赞助人、牧师、首领、父亲等的管理权而非主人般的统治权？

说实在幼稚！

主张四：说君王是国家的头，这仅是形象的说法。意思是说，在政治上，这个政治有机体的所有活动与功能都受君王的管理、指挥与引导。但他不是国家的独一的最重要的头。1. 就数量而言，头与身体是同一个生命；但君王与臣民却是截然不同的生命与灵魂。2. 在本性上，头并非由身体的臂、肩、腿、趾、指等部位的自由选举与赞同而成为头；但君王只能通过他人民的选举才能成为王。3. 在本性上，只要人活着头就永远是头，只要它还在两肩之上就不能不是头；但只要君王出卖了他的臣民与灵魂，他就不再是王与头了。4. 在本性上，头与身体同生共死；但君王与臣民却非如此。君王可能死了，但人民依然活着。5. 在本性上，头不能毁灭身体而保存自己；而尼禄却废弃毁灭他的人民。弗恩博士、西蒙先生与这位教士从人的头出发来勾勒一种政治理论，这只是黄粱一梦！在本性上，身体不能反抗头，虽然手可以从头里拔出一颗牙，但这种暴力实属微不足道。政治的身体却可以反抗它的头。某位王不可能成为国家完整的头，你可以砍掉它的一个头，这并不违反本性。如果你砍掉王室所有王的头，以及贵族制的所有管理者包括君王与国会议员的头，这却是违反本性的。国家如砍掉所有管理者的头，这就是违反本性，并会迅速走样灭亡。理性人的社会不能缺少管理者！6. 在本性上，头与它的身体交流生命、感觉与情感，是内外感觉的中心；但君臣并非如此。

主张五：本质上，君王不是家庭的头。斯洛萨努斯（Tholosanus）① 说，本性创造拇指有其用意；创造整只手也有其用意；它们一起组成身体也有其用意。所以，一人统治、统治一个家庭或者统治一个城市都有神与本性的旨意。家庭管理显然与君主制政府相异。1. 母亲与父亲一样拥有为人父母的权力（《箴言》4：3；10：1；31）。因此，第五条诫命才说："当孝敬父母。" 2. 家庭管理是属于本性的；而君主制则属于政治。3. 家庭管理是普世的；而君主制则是特殊的。4. 家庭管理出自本性本能而非父

---

①　Petrus Grégorius Tholosanus（也称为 Pierre Grégoire, Pedro Gregoire, 1540—1597），法国法学家，著有《论共和国》（*De Republica*，1578）。卢瑟福引用此书。原注：de Rep. l. 5, c. 5。

亲的指令；而君主制来自选择，选取某一统治形式而排除其他。

因此，王权属受托权力或托管权力。这种受托的东西本质上并不是他的财产或礼物。他不能像处理自己财物那里任意使用这种权力。君王不能任意处置人与法律，也不能任意统治人民，屠杀或保留他们的生命，惩罚或奖赏。我的生命、信仰与灵魂在某些时候交由君王如同是交由看门人，也如羊群交由喂养者，城市交由守门人。他可能背叛。他有生命与信仰的托管权，有法律保证他的监护权，断定他人是否守法。但法律并非君王家私有，只是委托于他。君王有条件地接受一个国家，如果他将国家变卖或让渡给他人，他就可以被赶下王位。他只是一个受托人，也只以受托的形式拥有国家。

问十八

王的法律是什么？他的权力又有哪些？

《撒母耳记上》(8：11)中说："管辖你们的王必这样行"等。

他们用这里(《撒母耳记上》8：11)的君王法律与行为来证明君王权力的绝对性以及反抗的非法性。我请求暂停解释，以澄清圣经经文此处并非在言说此事。格劳秀斯对此说①："此处表明人民即使是受到暴君之害也只能任由其摆弄，除了向神哭诉与祈求外别无他法；不能进行暴力抵抗。"巴克利②首先区分君王职分与君王权力之别，接着，他说这里的经文表明了王权在法官权力之上，而不是表明君王职分，与人民在神面前的行为。只要人民无权反抗，就会对人民施以暴政。他认为《申命记》第17章在说君王的职分，而《撒母耳记上》第8章是在讲人民当无反抗权力。

对此，我说：1. 区分君王职分与王权无意义。王权要么是一种依神的律法统治的权力，如神所诫命的那样(《申命记》17)。这正是万王之王的神给予他之下的王的职分与正式权力。这是王者职分的权力，为创造的主而统治。要么就是一种作恶，对神

---

① 格劳秀斯：《战争法权与和平法权》，lib. 1, c. 4, n. 3。
② 巴克利：《反君主制》(*contra Monarchom*) lib. 2, p. 64。Potestatem intelligit non eam quæ competit ex præcepto, neque etiam quæ ex permissu est, quatenus liberat a peccato, sed quatenus pænis legalibus eximit operantem.

子民施暴政的权力。君王具有暴君品质属偶然现象，并非来自神。此时这君王的法律必是君王的暴政。2. 君王若无统治权，法官便无法控制百姓①。很显然，巴克利的意思指以色列的士师（审判者）与王在本质和本性上都不同。王本质上要有统治权，你不能想象一个没有统治权的君王。但以色列的士师（审判者）是没有对人民的统治权的。我认为，君王与士师（审判者）的本质区别来自神。将君王与士师（审判者）从本质上区别开的是压迫人民的统治权。所以，统治权与行暴政之权都是压迫臣民的东西，且来自神，必是一种合法的权力。这结论是荒谬的。

这种臆断只是巴克利的教条。我的主要论点如下：1. 君王与士师（审判者）都来自神，神给摩西、以利、撒母耳等人士师（审判者）的合法称号；君王亦是神的合法指令（《申命记》17：15）。如果王与士师（审判者）都是神合法的指令，他们又有本质上的区别（巴克利语），那么，使他们相互区别的那种东西，即统治权与毁灭人民的权力，必也是来自神。这显然是渎神的：神不可能给予任何行恶的道德力量。这就是一张对神的律法犯罪的准许证，完全与神的神圣性不一致。不然的话，这就等于说神在否认自己，分配罪。神会如此渎神吗!?

2. 如果王权来自神，那本质上构成王的特别因素就一定来自神，即王的职分来自神。巴克利明确地说②：王权来自神；同样，君王的构成形式也必来自神。但是，他却认为王与士师（审判者）有本质的区别。因此，君王以这种方式和法律去暴掠与压迫人民，也是来自神的。于是，这就成了一种合法的权力。从巴克利而来的结论是：神创造了暴君与王。

3. 巴克利对君王与士师（审判者）做这种区别，认为士师（审判者）是可以抵制的，因为他没有扫罗所拥有的统治权力。这显然与《罗马书》(13：2)、《出埃及记》(12：28；20：12)等经文相悖。

希伯来文טפשמ ךלמה③（君王行为）一词不能解释为"法律"（טפשמ）。莫

---

① 巴克利：《反君主制》，lib. 2. p. 56，57。
② 巴克利：《反君主制》，lib. 3, c. 2。
③ 注意希伯来文字母的次序：从右到左。

问十八 王的法律是什么？他的权力又有哪些？

塔努斯（Arri. Montanus）认为，它是"系统"（ratio regis）①的意思，我赞同七十士译本圣经将之翻译成"τὸ δικαίωμα τοῦ βασιλέως"（王的义行）。亚兰文解释为"法令"（Statutum regis）。海洛尼姆（Hieronimus）将这个词翻译为拉丁文的"王权"（jus regis）；加尔文亦如此。在希伯来语中，这个词（משפט）的词义与语法都已约定俗成，它并非总是意指"法律"，如《约书亚记》（6：15）中"他们把城（כמשפט）绕了七次"，七十士译本译为"κατὰ τὸν κρίμα τουτὸ"；《列王纪下》（17：26，33）中载：他们"不知道那地之神的规矩……又侍奉自己的神，从何邦迁移就随何邦的风俗"，此处"כמשפט הזיום"不可能是依从异教徒的法律或权力，除非"משפט"是以恶的方式使用；七十士译本将《列王纪下》（17：34）处译为：κατὰ τὸν κρίμα τῶν ἐθνῶν，即"他们直到如今仍照先前的风俗去行"；《列王纪上》（18：28）言巴力的祭司"按照他们的规矩用刀枪（כמשפטם）自阉、自刺"，七十士译本译为κατὰ τὸν ἐθισμὸν（他们的规定）；《创世记》（40：13）中讲到，你仍要递杯在法老的手中，和先前作他的酒政一样（כמשפט）；《出埃及记》（21：9）记道："就当待她如同女儿"；《撒母耳记上》（27：11）："无论男女，大卫没有留下一个带到迦特来。他说：'恐怕他们将我们的事告诉人，说大卫住在非利士地的时候，常常这样行（משפט）'"。在这里，他们不可能说这是世人无可比拟的大卫的法律、权力或殊荣；《撒母耳记上》（2：13）："这而祭司待百姓是这样的规矩（הכהנים ומשפט）"，这是极恶的规矩，而不是什么法律；七十士译本将之译为"καὶ τὸν δικαίωμα τοῦ ἱερέως"，希腊文的"δικαίωμα"（义行）一词并非只表好的意思，殉道士彼得（P. Martyr）说②，"这里指强盗逻辑"，加尔文③说，"撒母耳在这里所说的神的律法仅指暴政"；利维图斯④说"משפט"一词所指并非全是正义之法，还指"行为方式与习惯"。朱尼厄斯⑤

---

① 莫塔努斯（Arri. Montanus）Hæc erit ratio Regis。
② P. Martyr, comment. 1 Sam. viii. ——原注。殉道士彼得（Peter Martyr Vermigli, 1499—1562），意大利新教神学家。阐释了君王之真正权力。
③ Calvin, conc. 1 Sam. viii. ——原注
④ Andr. Rivetus in decal., Exod. xx. in 5, mundat., p. 165. ——原注
⑤ Junius annot., in 1 Sam. ii. 13. ——原注

与丢大图斯①解释"权力"(jus)时说：这种法律"是在国家的同意与神的容忍之下成长为了当下的习俗"。格洛萨②在论到保皇党时，说他们"强迫与操纵"与"扫罗的敲诈与勒索同"。尼拉若斯③将之阐释为"暴政"。托斯塔图斯(Tostatus Abulens)④说："撒母耳这里的君王意味着无止境地以税收与供奉来压榨人民，如所罗门一类的王。"科尼利厄斯说⑤："这是一种不正义之法。"卡耶坦纽斯⑥称之为"暴政"。赛瓦纽斯还说"他们可以照正义之法而行，他们也要勇敢前行，但他们却暴掠地违背所有本性之律与人性"。托马斯·阿奎那⑦也持这种看法。门多萨⑧也将之称为"暴君之政"。古代教父克莱蒙(Clements Alexandrinus)⑨在阐释此处时说："撒母耳并非在应许一位仁慈的君王，而是威胁要降一位傲慢的暴君给他们。"贝德⑩也持这种看法。卓越的律师阮巴菲斯(Pet. Rebuffus)⑪说：撒母耳在说一位非神拣选的暴君，撒母耳所言之扫罗专横篡权并非神在《申命记》第17章中所晓谕的律法。

我要指出：1. 撒母耳这里谈到的是，那权力和对应行为是一致的。但是，这里所言行为纯是暴君之行为。《撒母耳记上》(8：11)："管辖你们的王必这样行：他必派你们的儿子为他赶车、跟马、奔走在车前。"现在，使他们的儿子为奴乃是一件暴政行为。

2. 现今，君王若把人民的田地、葡萄园、橄榄园赐给他的臣仆，这与亚哈强取拿伯的葡萄园无异。依神的律法，拿伯的地产只有在极度贫乏下才能合法出售，并在禧年间可以赎回(《列王纪上》21：2—3)。

---

① Diodatus annot., 1 Sam. viii. 3. ——原注
② Glossa interlinearis. ——原注
③ Lyra in locum. hic accipitur jus large sumptum quod reputatur jus propter malum abusum. Nam illa quæ dicuntur hic de jure Regis, magis contingunt per tyranidem. ——原注
④ Tostatus Abulens. in 1 Reg. 8, q. 17, de q. 21. ——原注
⑤ Cornelius a Lapide, in locum. ——原注
⑥ Cajetanus, in locum. ——原注
⑦ Thom. Aquinas, l. 3, de Regni Princip. c. 11. ——原注
⑧ Mendoza, jus Tyrannorum. ——原注
⑨ Clemens Alexand. p. 26. ——原注
⑩ Beda, l. 2, expo. in Samuel. ——原注
⑪ Pet. Rebuffus tract. de incongrua. prert. p. 110. ——原注

3.《撒母耳记上》(8：15—16)：将神的子民置于捆绑之下,使他们为仆;以前的法老就是这样对待他们的。

4. 撒母耳指的是这样一种法律,借着它的执行,"使以色列民因着他们王的行为而向神哭泣"。但是,君王正义法律的实施(《申命记》17)是神的赐福,并非一种使人民为其精神苦楚而恸哭的枷锁。

5. 很明显,神并没有借着先知规定要立之王的职责,如拉比利瓦伊·本·格森(Levi Ben. Gersom)①所言：神"因他们执意要立一位王而恐吓他们,提前告知他们将要在暴君之下遭受的恶的惩罚"。在此,神没说,他所悦纳的好君王将对他子民所行的舒服的行为,如《申命记》(17：15—16)所描述的那样。他在说完全相反的事情。他想劝阻以色列为自己立王的意图在文本中很清楚地表达了。(1)神的话,就依从他们的意思行。这是要警告他们的非法行为(《撒母耳记上》8：7—9)。(2)他吩咐先知指出,他们想要的王将会行各种暴行与压迫。这正是扫罗在他统治时代所行的,如后来的情况就是这样的。(3)无论撒母耳如何劝诫,也没有产生效果。《撒母耳记上》(8：19)中说："百姓竟不肯听撒母耳的话,说：'不然,我们定要一个王治理我们。'"如果撒母耳没有劝告他们打消立王的念头,他们又怎会在此申明拒绝听撒母耳的话呢?

6. 巴克利与保皇党的论证基础是脆弱的。他们说,以色列寻求一位王治理他们,像列国一样;所以,列国的王便是绝对的王,暴君也是。而且,神承认了他们的非法欲求,给了他们一位暴君治理他们,像列国一样②。恰好相反,他们并非寻求一位暴君。他们寻求王的一个特别原因就是要摆脱暴政。《撒母耳记上》(8：3—4)中记载道：撒母耳的儿子不行他的道,贪图财利,收受贿赂,屈枉正直。以色列的长老都聚集,来拉玛见撒母耳,要求立一位王。

---

① Ben. Gersom. in 1 Sam. viii, Pezelius in exp. leg. Mosai. l. 4, c. 8. Tossan. in not. Bibl. Bosseus de Rep. Christ. potest. supra regem, c. 2, n. 103. Bodin. de Rep. l. 1, c. 19. Brentius, homil. 27, in 1 Sam. viii, Mos regis non de jure, sed de vulgatam consuetudine.——原注

② 弗恩：《主要教义》,sect. 2, p. 55.——原注

7. 借假先知之口讲出的预言都没有比《论积极与消极的顺服》(Active and Passive Obedience)这书的作者讲得更直白了。他说,撒母耳在此处是在描述王,继而说:"你们要摆脱神的枷锁,却犯了一个错,即寻求一位王。现今,你们要弃掉王的束缚,却不要掉进第二个错误中去啊!王是神根据你们的愿望加在你们身上的,仅神有权立王与废王。所以,准备好耐心地承受与忍耐吧!"

驳:1. 人若被劝说耐心忍受君王的枷锁,前提是这枷锁是神的启示与神的旨意。但从撒母耳的讲道来看,他在劝阻以色列民不要立王,而以色列民却定要立王,说:"我们定要一位王治理我们。"(《撒母耳记上》8:19)此处经文的上下文中没有一个词是暗示人民需耐心忍受王的枷锁。2. 这里描述的是暴君,而非君王。3. 这里只有威胁与预言,没有任何宗教劝诫。

反:很明显,神在教人民如何在他们君王的非公正压迫下循规守矩,除了对神的眼泪与哭诉以及忍耐外别无他法;所以反抗是非法的①。

驳:虽然不是讲论反抗教条的时候,还是得澄清一下:1. 圣经中没有提到过任何合法的纠正方式,仅说过"你们必因所选的王哀求耶和华"(מלככם מלפני ההוא ביום וזעקתם)此类的话。这并不只能解释成"哀求神"。《约伯记》(35:9)中说:"人因多受欺压就哀求。"《以赛亚书》(15:4)记载道:"希实本悲哀的声音(ותזעק)到达雅杂,所以摩押带兵器的高声喊嚷。"此外,再也没有用别的词汇来形容拜偶的摩押人的哀求了。在《哈巴谷书》(2:11)中有"墙里的石头必呼叫(תזעק)"。《申命记》(22:24):"用石头打死、女子是因为虽在城里却没有喊叫(צעקה)。"但是,她因为向神祈求,所以不被石头砸死②。《诗篇》(18:41):"(大卫的敌人)他们呼求,却无人拯救;就是呼求耶和华,他也不应允。"

2. 即使先知此处的意思是"哀求神",但并非指一个谦卑虔诚的民族对神讲述自己遇到的麻烦。《撒迦利亚书》(7:13)中说:"他们呼求我,我

---

① 弗恩:《主要教义》,part 3, sect. 2, p. 10. ——原注
② 她不被石头砸死的故事在《约翰福音》第 8 章。

也不听。"作为在暴政压迫之下的民族唯一的补救,保皇党一定会向神哭诉自己的苦楚,但不存谦卑和信心。神不会听这种罪人的祈求(《诗篇》18：41;《约翰福音》9：31;《以赛亚书》17：12)。很确定的是,对在苦楚之下受压迫的人民,并无任何非法的意思。神在此仅讲到了惩罚的恶,如哭诉麻烦①,神却不听。神在此没有说到任何义务,更没有讲补救方式。

3. 新教的良知认为:"从一处经文出发,不要给出否定性结论(Ex particulari non valet argumentum negative)。"上述补救的做法没有在这些经文中,因而也就不在其他经文中。如《提摩太前书》(1：19—20)中所言,驱除出教会的目的是使被驱者学会不亵渎神,因而目的并不是使教会不受污染。两者没有因果关系。事实正好相反(《哥林多前书》5：6②)。弗恩博士与其他保皇党一起教训我们说:我们可以对暴君哀求祷告,我们可以脱离暴君。但是,从他们的论断出发,哀求君王并从他的烈怒下逃离,都不是合法手段;因为这些方式并没有记载在经文中(保皇党对此会说,圣灵表达过对抗暴政手段的意思);暴力反抗也没记载在经文中。

巴克利、弗恩、格劳秀斯、阿尼索斯这位教士等人沿着他们的老路,继而主张:"坏君王是神对人类罪的惩罚,人民除了耐心忍受别无他法。"

驳:这是不择不扣的变态言论。因以色列民的罪,亚述人来攻打他们,乃是神的一种惩罚(《以赛亚书》10：5)。但是否就由此推出:以色列民奋起反抗亚述人就是非法行为了呢?他们只允许敞开手臂向神祈求,不能做任何其他的抵抗吗?除了祈祷与忍耐,对惩罚的恶就没有其他的合法抵抗形式了吗?因以色列的罪,亚玛力人出来攻打他们;西拿基立因犹太人的罪攻打玛拿西;亚撒的敌人因亚撒和以色列民的罪而与之对抗。难道摩西与以色列民,玛拿西与亚撒面对外敌来犯除了祷告与忍受外什么都不能做了吗?用武力抵制外敌是非法的吗?我不敢苟同。饥荒是神

---

① Learned authors teach that God's law, (Deut. xvii.) and the משפט a manner of the king, (1 Sam. viii. 9,) are opposite one to another, so Gersom. in trinprinc. sac. adu. lat. par. 4, Alp. 66, lit. 1. cons. 8, Buchan. de jure regni apud Scot. Chasson. cat. glo. mundi cons. 24, n. 162, cons. 35. Tholoss. l. 9, c. 1. Rossen. de polus, Rep. c. 2, n. 10. Magdeburg. in trac. de off. ma. ——原注

② 岂不知一点面酵能使全团发起来吗?

对一个国家惯用的惩罚手段(《阿摩司书》4：7—8)。此时,难道我们不应该通过自己劳动找寻面包吗？难道除了哀求每日之面包外就什么也不能做了吗？这个观点太荒谬。

看看巴克利的恶毒。他说:"对人民作恶的权力来自神,且不会带来任何人对它的惩罚。我们的法律不惩罚作伪证者,须将他留由神处罚。摩西律法教导我们,丈夫可以休妻却不用遭受惩罚。卖淫与放高利贷在许多基督教国家都存在,在异教徒那里这被称为谋杀。所以,神给君王行暴政的权力,他们便不会受到任何人为的惩罚。"①

驳:这一论点来自这样的事实:一个邪恶的当权者可能允许伪证与谎言存在,却不给予任何惩罚。一些基督教国家,这里他指:他自己的罗马会堂(synagogue)恶灵之都,污秽的鸟笼,在这里男妓与女妓合法经营；他们每年给教皇缴纳大量税金。其他更大的罪也在这里成群结队。所以,神才给君王施暴政的权力,且他不用惧怕遭受人民的惩罚。如这个观点正确,神授剑罚恶的当权者(《罗马书》13：3—6)就会是那些作伪证之人,公开的男盗女娼之辈,且拥有从神那里来的合法权力,在国家内纵容罪与诽谤横行。就如他们所梦想的那样,君王有行暴政的神授权力。但是:(1)这是以利那里的大罪,作为父亲与士师(审判者)的他却不惩罚他儿子的不洁。这大大地震怒了神。于是,神将他一族从祭司中剪除(《撒母耳记上》第2章)。可见,神并没有给士师(审判者)如此这般的权力。(2)士师(审判者)(法官)应有的义务与之相反,他必须为受压迫之人寻公义(《约伯记》29：12—17；《耶利米书》22：15—16),审判那些作伪证的、容忍恶人罪行的(《民数记》5：31—32；《撒母耳记上》15：23；《列王纪上》20：42—43；《以赛亚书》1：17,10：1,5：23)。神并没有给当权者以权力放纵恶人行恶,不施惩罚。至于离婚之律,这确实是一项宽大的律法,丈夫可以休妻,且在人前不受惩罚。但是,他在神前却是有犯罪与愧疚之举。离婚是对神起初设立婚姻的一种背离。如基督所言,也如先知所说,神痛恨背叛(《玛拉基书》2)。要说神给了君王权力做任何他喜欢的

---

① contra monarch. l. 2, p. 56.——原注

事情,且不遭到抵制,这是有问题的。(3) 依保皇党所言,他们引用的经文并非鼓吹暴政,而是神圣律法,借此将以色列的王与士师(审判者)本质地区分开来。如是,犯罪与施暴政的权力,君王底下的警察与嗜血使者摧毁神子民的权力,也就都成了来自神的合法权力了。合法权力必定都来自神,不管是君王的,还是执行他命令的下属的。不管是促进行为的权力(如休妻之权),还是免除之权;无论是免除休妻之夫在人前免受惩罚,还是执行这丈夫之命起草与施行休妻行为的下属,全都免除惩罚。这些都来自神。我不能想象,神会以律法形式赋予一个人命令两万割喉党屠杀自己孩子的权力,且告诫自己孩子洗干净脖子不加反抗地等着这些巴力的后代来屠杀。当然,对于一个借着自由选择嫁给一个变化无常男人的女子,在法律上允许她离婚,这是两码事。我确定,神不会赐予像离婚法那样宽松的律法,让那些心硬之人,包括犹太人和在君主制之下的所有基督教与异教王国,依照像离婚之律那样的神的律法来屠杀所有民族,包括男人、女人以及未断奶的婴孩;还打着神的旗号,如反叛的爱尔兰割喉党。如果神的旨意就是要阻止这些普遍的罪,蒸干血海,那甚好。但是,说神给予了君王一项类似于离婚之律的神的律法,借此他可以行像《撒母耳记上》(8:9,11)中那样的事,割断所有民族的喉咙,如暴狮尼布甲尼撒所行的那样,那只是保皇党说的。

巴克利接着说[①]:神告知撒母耳关于君王的法律,将之写在圣书上,并放在神前。是什么法呢?就是以色列第一次要立王时,神宣示的那法。但是,那项法令是辱没性的戒律,不是为了王的令,而是为了人的顺服。要人在这些戒律下行,而非王。那些关于王的义务之事(《申命记》17),摩西放置于约柜之中。如果撒母耳写的只是重复摩西的诫命,那么他就没有做任何新的事情,而只是做了前人做过的事情。之前并无任何诫命叫人顺服、忍耐恶王。约瑟夫[②]也说:从此,恶事就要降临到他们头上了。

驳: 1. 两者非同一部法。虽然这法也是写给人民,却不是君王之法。

---

① 巴克利:《反君主制》,l. 2. p. 69。
② 约瑟夫:《犹太古事记》,l. 6, c. 5。

我问你：撒母耳是否在这一卷记载了所有暴政？且教扫罗与他之后的所有王（这卷也放于约柜之中，也是律法书）如何行暴政？有什么诫命会被写成一卷圣书来叫王如何做邪恶之君呢？山科提斯（Sanctius）在此处说，因人之狡黠，对公众造成伤害之事可以是不道德的，它被收藏于神龛之中，且作为律法书藏于约柜之中。科尼利厄斯说，这卷书作为律法书置于约柜中，对王与民同样有效。西奥多提斯（Theodatius）解释《申命记》第17章，明确说道：这是最基本之法，有神晓谕君主制的王，以自由待民，以公正待国，来阻止绝对权力的滥用。

2. 有人会期望撒母耳写一部暴政之法，还将之藏于神的约柜中，传于后世，同时却教君王与人民正确与善的道（《撒母耳记上》12：23—25）？

3. 惩罚无辜之人为法律在哪里？

4. 写一部规范君王义务的律法书，将之运用于王，这与教人民律法之外的正确与善，以及将一般法运用于特殊人身上一样，显得多余。

5. 律法（《撒母耳记上》8：9—12）中并没有讲以色列民的耐心，只说了他们躁动的呼喊，神不听也不给予帮助。依我们所知，这书里没有任何此类之事。约瑟夫认为《撒母耳记上》第8章中的律法与《撒母耳记上》第12章中的律法有明显的区别。

问十九

王的尊严与权力是否都在人民之上？

这个严肃的问题,我们需要从好几个方面进行分析。1. 散落于人间的个别性尊严。人分有了神性以及神的形象。君王也是,作为君王被委以行政与公众职权。所以,他在形式上更多地代表神。在这点上,这个或那个人要次于君王,因为人所分有的上帝形象,君王也有;而君王多了对天国之王的神的政治相似性,多了点神性。因此,在这点上,王在单个人之上。

2. 就个别性尊严而言,人民集合起来要比君王更多地代表神,因为多比一优秀。而就王所拥有的治理王权而言,君王要比人民更优秀,因为他拥有王权,人民却没有。

3. 工具或媒介低于目的,尽管一个物质性存在作为工具可以更优秀。对于目的而言,不管什么工具,只要他不断重复使用,那就一定有它的优势。天使就其作为工具(或媒介)而言,是管事的灵,在神那里认定为永恒生命(《希伯来书》1：14)。就个体性而言,他们要比人优越(《诗篇》8：5;《希伯来书》2：6—8)。

4. 从军事上看,君王或领导作为全军的统治者或保护者,敌得过万人(《撒母耳记下》18：3)。

5. 简单而绝对地讲,人民在君王之上,比君王优秀;君王在尊严上也次于人民。这基于如下的理由：

论点 1：君王是作为工具指派给人的,目的是要拯救人民

（《撒母耳记下》19：9）；作为喂养人民的公众牧者（《诗篇》78：70—73）；作为领袖主管并保护神的产业领袖（《撒母耳记上》10：1）；为了人民谋益处的神仆（《罗马书》13：4）。

论点 2：乘客的总和大于船长；整个军队也大于将军；所有小孩大于导师；病人的安危大于医生；校长或老师小于学生之总和；因为部分小于总体。君王只是国家的一部分，且是受人尊敬与高贵的一部分。

论点 3：基督徒特别是神之产业的组成（《申命记》32：9）；是草地上的羊，用他的血赎回来的（《使徒行传》20：28）。杀人的就是冒犯神的形象（《创世记》9：6）。因此，教会之死亡与毁灭，或数以万计人的死亡，要比一个君王的死亡要来的悲伤与沉重得多，因为王不过一人而已。

论点 4：王作为王，或者说正因为是王，他不是神的产业，不是神拣选与呼召之人，也不是神草地里的羊群，更不是基督用血赎回来的羊，因为那些美德与王不符。否则的话，如果神赋予人身上的那些美德永恒地代表尊贵与王权，以及世上的荣耀与辉煌，那么，所有王都拥有这些美德，而神则成了一个接受者。那些活生生的神之形象与代表，如世上的君王，就比神还更伟大、更堂皇。越是从靠近神的那最特别的爱而来的美德，较之那来自离神的爱较远处而来的美德，有更多的优越性。王权虽然是那万王之王、万主之主的伟大存在之一束光线，但它包含了永恒的因素。因此，神的爱，当他把他那表达神圣性的形象与人相交时，便是他的最特别的爱的拣选，是使人得荣耀的拣选。

论点 5：如果神把王当作他的教会的赎金，为此而处决那些伟大的王，如埃及的法老王（《以赛亚书》43：3），还有亚摩利王西宏，以及巴珊王噩（《诗篇》136：18—20）；如果他请那些王侯来毁灭他的百姓（《以赛亚书》3：12—14）；如果他使巴比伦和她的王成了打谷的场（threshing-floor），用暴力对待锡安的居民（《耶利米书》51）；那么，作为神的子民在神眼中就要比王更亲近更宝贵。他们只是王而已！用多少公义来毁灭一个人，也就用多少怜悯来救另外一个人。这个论点并不是说，王必须与他的人民进行对比；外国的王与外国的人民对比。这个论点是要说，神的子民比为王之人更加宝贵。就当时而言，尼布甲尼撒与法老就是神的子民的王。外国的王也是王,与本国王无异。

论点6:那些神作为礼物赐予来保护他子民的人,是要扮演护士-父亲的角色。他们在神眼中不如神的子民那般珍贵。他们是作为礼物给予人民的。礼物肯定不如被赠与者珍贵。很显然,王是为着人民的益处和保护而作为礼物馈赠的(《以赛亚》1:26)。神在他的烈怒中给他子民降下君王的。因此,除非神对他的子民发怒,君王就是礼物。

论点7:那在政治上不会死亡的永恒之物定比那些偶然的、暂时的、可朽的东西更优秀。根据神的应许,这永恒之物是伊甸园的延续。作为整体的人民是永恒的,因为"一代过去,一代又来"(《传道书》1:4)。人民是作为整体与神立约的(《耶利米书》32:40—41)。个体的人是有死的,但作为整体的人民与教会是永恒的。为王之人却是要死的。政治家说,作为君王的个人会死,但只要国家持存,王就不会死,因为不断会有人通过出生或选举继承王位。对此,我说:1. 人类会一代一代往下传,这是自然必然性;除非神审判的介入,使巴比伦无人,使某地永无人居住(我对此深信不疑,也期待先知话的实现)。但某人继承王位纯属偶然。自然并不必然地要求君王要存在到世界的末了。统治的核心在于保障人民的安全;尽管没有了王,这一目标在民主制与贵族制政府那里也能实现。人若不犯罪,君王本不该出现。我认为本不该有政府,只需要父子、夫妻与一些本性上的管理即可。在这点上,阿尔图修斯①说:在职分上,君王比人民尊贵;但作为个人的君王,要次于人民。

论点8:从职分上讲,如有人必须穷其一生捍卫人民的安全,这人必定比人民次要。基督说,人比衣物与粮食重,因为它们为人的生命而朽坏。野兽比人次要,因为它们为人的生命而死亡。大祭司该亚法预言得好,一人死要比举国灭忙好(《约翰福音》11:50)。有些自然界的元素背离它们的方向,不驶向它们的归宿;国家在一定程度上也是如此。重的元素上升,轻的元素下降,以防本性归于虚无。好牧人为他的羊群舍弃生命(《约翰福音》10)。扫罗与大卫被立为王是要替神打仗,为着神子民与教

---

① 阿尔图修斯:《政治方法论》,c. 38. n. 114。

会的安全身先士卒。从职分上讲,君王必须要为神子民的安危穷其生命。他有义务打这场仗,奔走于羊群与死亡之间,就像保罗那样以生命侍奉教会。有人会反对说,耶稣基督为着他的教会将自己作为赎金奉献了,以他的生命换取世界的生命。他是作为礼物给予这世界的(《约翰福音》3:16;4:10)。他是拯救我们的工具。因此,前面所说的论点便不成立了,即君王是作为人民的赎金、工具与礼物被赐予的,他比人民次要。对此,我回答:1. 首先要考虑这工具或手段是否在复制意义或形式意义上讲;其次考虑作为工具的事物,即那个事物乃是工具。2. 是否仅仅作为工具、赎金与礼物,还是除此之外尚有别的含义,属于更高的本性。基督形式上是一件工具,为天下大公教会的永恒生命奉献了他暂时的血肉生命,得到永恒的荣耀(并非他从他父的永恒那里来的受佑的神性与荣耀)。在这点上,基督是仆人、赎金与礼物,并在一定意义上次于神的教会。而且,父的荣耀作为工具也次于那目的。但是,就现实中的基督来看,他不仅是拯救教会的一件工具,而且,作为神,他有不朽的生命,就比工具多得多了。他是天地全能的作者与创造者。因此,他绝不是次于教会,而是绝对的头与王,比上亿个可能的人与天使的教会加起来还要高贵。不过,这种考虑不能用于任何可朽的王那里。君王只是一个可朽的人;他注定次于整个教会,仅为教会中的一个人。整个教会比他要重得多。就像拇指,要比其他手指强壮得多,但依然次于整个手掌,就更别说整个身体了。身体的任何部位都次于身体。考虑到王是复制的、形式上的王,他所拥有的职能不过就是忠诚的仆人,一个走向目的的、官方的工具,是用来保护和管理人民的。他是神赐予的礼物,给他职分以统治神的子民,且次于神的子民。

论点 9:人民可以是没有王的人民,也可以是没有他们就没有王的人民。前者比后者更贵重。这也显示神是自我满足的,其中,神永远就是这样,永远受佑,无需受造物。但是,受造物却不能离开神而存活。现在,人民在没有政府之前已近存活了很多年,并无王,仅有民主制或贵族制。相反,没有人民,王便不能成其为王。要说国家与君王唇齿相依,没有高低,这毫无意义。在纯粹的关系上他们是如此,父与子、主人与仆人也如此;可以肯定的是,他们在价值与独立性上有先后,父在子上,主在仆上,人民在君王之上；要是没有人民，狄奥尼修斯（Dionysius）也不过就是一个穷校长。

论点 10：人民在权力上优于君王。动力性的和构造性的原因要优于结果。工具在力量上低于目的①。人民是动力性的和构造性的原因；君王是结果；人民是目的。这都是神的旨意，是为了拯救人民，是为了成为他们的医治者（《以赛亚书》3：7）。人民因他们的需要而任命并创造了王，是用来保护他们，避免相互暴力损害。下属观点是错误的，即动力性的和构造性的原因是神，而人民仅为工具性因素。斯巴拉多主教说，人民确实通过选举而间接给予权力，因为神在他们的选举中授予权力。

驳：1. 经上明确说，人民选立王。如果他们所行不过是像次要原因的作用那样，当然，神作为主要原因立了王。这样，我们便不必在受造物中区分因果了。

2. 神借助人民选王的这一行为，借助这一工具而创造了王。但是，神并不是直接地、不通过人民选举行为而赤身显现，也不是在没有人民参与中赋予某人以王者尊严。用他们的话来说，在教会秩序参与中，神直接地，并不通过教会参与，将超自然能力浇灌给某人。在此过程中并无教会的积极影响。理由如下：(1) 通过君王来制定法律的王权，这是在国家中作为代表的管理他们的重要力量。它在人民中。如果最高王权的运作在民众那里，则权力也在他们那里。如然，人民手中有这权力，为何要从天上寻求一种直接浇灌给王的王权？(2) 人民可以对一位民选王的王权进行限制与绑定，因此，他们手中握有王权。那些限制权力的人，也可夺走部分权力；可以夺走权力的人也可给予权力。但不能由此得出：人民可以对一种直接来自神的权力进行限制。如果基督直接将使徒的灵浇灌给了保罗，可朽的人不能夺走一丝一毫的那被灌的灵。如果基督浇灌了九分灵，教会不能将他缩减为六分。但是，保皇党也承认，人民可以在某些条件下选王，并进行统治。如果他有十分王权，他的祖先在出生时就有十

---

① So Jun. Brutus, q. 31. Bucher l. 1. c.16. Author Lib. de offic. Magistr. q. 6. Heneanius disp. 2, n. 6. Joan Roffensis Epist. de potest. pap. l. 2, c. 5. Spalato de Repu. Ecclesiast. l. 6, c. 2, n. 3.——原注

四分。

3. 如果说人民在立王之事上没有任何主动影响,那么,圣灵给以色列民下指令立某人为王(《申命记》17)就变得不可理解了。当然,神曾在没有人民参与的情况下将王权独一地、直接地给某个特定的人,只需人民的赞同。神立王之后,人民仅仅通过事后点头承认就行了。

4. 如人民在其他统治者之下,如家族首领或被选之人,给他们带来了同样的和平、公正与信仰,与君王统治无异;那么,在人民那里就有与王权同样的权力。毫无疑问,这权力也与王权一样直接来自神,因为它们有同样的本性,是同一个类型。我要证明,君王与士师(审判者)在本质和类别上并无区别。在贵族制中人民可以统治自己。如果在人民选王之时,神不经过人民的参与而直接为某人浇灌王权,那么,在人民选区长与市长时,神必定也做了同样的事情。所有权力都抽象地(in abstracto)来自神(《罗马书》13:2)。神因而直接地设立次级法官作的权力(《箴言》8:16)。所有的晋升,包括区长与市长,都仅来自神,与王一样。保皇党说,从东或西的晋升不来自神;只有王位晋升才来自神。经上记载与这种说法相反(《诗篇》75:6—7;《撒母耳记上》2:7)。不仅仅王,所有士师(审判者)都是神的(《诗篇》72:1—2)。因此,所有当权的都是神以同样的方式模制的。除非保皇党能依据圣经指出不一样的方式。

我们说,作为立王的有效原因与作者,人民能够取消王权。那个英格兰的教士①反对这种说法,认为,神作为独一的、最高的宗教领袖,他才是真正的立王者。但是,我要说的是,基督作为最高的宗教领袖与教会的头,直接赋予人为牧师的能力。同时,人通过刻苦研修,也获得了这种能力。也许,因为教会不能工具性的赋予这些能力,它们就被说成是直接来自神的了。这些人在教会中称为传道人。然而,保皇党却说,神赤身显现于教会的呼求,直接浇灌了某种能力给这人,使他居于神圣位置,摇身一变,成为牧师。不过,教士们不否认这一点,即他们可以废除传道人。并且,他们确实在不圣洁的宗教法庭上这样做了。因此,神在没有人民参与

---

① Joan. Roffens. de potest. pap. l. 2, c. 5. ——原注。

中直接立了王,这不足以证明人民不能废除他们。至于教士们无法从传道人身上拿掉的那些不可拿掉的性格,这并没有什么了不得。当教会罢免一位传道人时,他的性格就与他本人一同进监了。我们只能宣布这理论无效:神直接选立了君王与牧者,所以世上没有权力能废除他们。这个结论犹如薄冰。

他们给出的另一个理论是,神在这世上没有竖起比君王的审判更高的审判了,所以这世上没有权力能废除君王。这里,前提与结论都要否定。这种理论是本末倒置。立王的裁断要在君王之上。虽然没有任何审判在形式上高于君王审判,但在暴政时期,有一种审判却实质性地永远在王之上,即国家与贵族拥有在君王之上的审判权。

主张:在这个问题上,组成成员作为原因在权柄和尊严上要超过结果,因而人民在君王之上。

这位教士从阿尼索斯、巴克利以及保皇党那里借来一些观点,说:如果我们懂法律或服从理性,那么每个成员,(阿尼索斯①与巴克利要比这位教士抄来的观点要说得精准得多)当他把所有的权力都交给他所在社会中的君王时,他比这个君王更有价值和权柄"。这样说法当然是错的。仆人以他的自由为条件选立了自己的主人,他并不会比主人珍贵。对这主人而言,他只是放弃了自由的奴隶。奴隶一旦放弃了自己的自由,他便不能控告主人,只能忍痛遵守契约。仆人作为组成因素支持主人的自由,不会比他的主人更有价值。当他放弃他的自由时,他不能后悔,即使受伤害也要遵守契约。没有主人,他连脚步都不得移动。阿尼索斯说:"不列颠总督因腓力(Philip)王蔑视,便臣服了英格兰王爱德华。这样做不会使他在爱德华之上。世界上,他不过是臣服于另一个在他之上的代表。人民在组织上造就了在他们之上的王,而不是在他们之下。人民如此所立之王只能在上,不能在下。"

驳:人民依据本性之律可以将全部的自由交在君王手中。这种说法是错误的。1. 人不能把他们没有的东西给别人(Nemo potest dare quod

---

① 阿尼索斯:《论权威原则》,c.1, n.1。

non habet);但人民没有摧毁自己的绝对权力,也不能行那些暴戾行为(《撒母耳记上》8：11—15)。无论是神的律法还是本性之律都不曾赋予这样的权力。

2. 那些被迫为奴之人,其实是被迫屈就于那些远离他自由的反自愿行为。这些事往往发生在战争、强制与极度缺乏的情况之下。因此,奴隶低于所有的自由人。人民为自己选王并没将自己变为奴隶。神赐君王给他的子民。能够成为这世上最好、最卓越的统治者,乃是一种特殊的、赐福的喜悦(《以赛亚书》1：26;3：6—7;《何西阿书》1：11;《诗篇》79：70—72)。如果置神的子民于奴隶境地,使丧失全部自由,这只能是神的诅咒(《创世记》9：25;27：29;《申命记》27：32,36)。人民有权从十个或二十个人中选任一人为王,并把他从平民地位升高为受人敬仰的王。同样,他们也有权将其他人升高为王,给他十分的王权,当然也可以给他十二分、八分或六分等。既然有这权力,他们就必比他们所立的王更有美德、更有价值,并授予如此的尊贵。这种根基之处的尊贵必比那衍生出来的王的尊贵要更优秀、更纯洁。君王的尊贵仅仅是一种被授予的衍生性的尊贵。仆人如果将他的自由给了他的主人,那这仆人首先必须拥有这被给出的自由。在这被给出的行为中,自由必定首先以一种更优秀的形式存在于仆人那里,作为根基性的自由存在于仆人那里。因此,人民那里的自由必定要比君王那里的自由更纯洁。仆人在主人之上;人民比君王尊贵。当人民有条件地以契约方式将自己附属于君王的时候,君王作为公共服务者、担保人与导师而存在。正如不列颠总督将自己臣服于爱德华,表现出明显的优越性。益处的给予者要比接受者更优越。虽然仆人放弃了使他更优越的自由禀赋,但他不能成为上级,因为他的给予使他成为下级了。人民立王在自己之上,根据王权的权力根基理论,将"supra se"解释成"在他们之上"是错误的。权力根基一直存在于人民那里,(1)他们将权力给予作为接受者的君王,是有限制性条件的。这权力无限地存在于人民。在君王那里,它只是受捆绑的、有条件的。所以,君王所拥有的权力要比人民少。(2)如果君王神志不清,如果神将所有恶灵降到扫罗身上,如果尼布甲尼撒丧失了理性,那么,人民便可能将管理者与领路人置于这些拥有王权的人之上。(3) 如果王位空着或君王被俘,人民可以将王权给予某人或某些人以使其能履行或监护整个国家(custodes regni)。并且,(4) 如果他死了,后面的王将由选举产生,人民可以另立他人为王,且给予权力的大小要由人民来决定。所有这些都表明:考虑到权力根基,人民不可能在自己之上立一位王。如果人民像奴隶般出卖自己的自由,让出自己的这种权力根基,他们便不能使用它。诚然,人民立王来治理他们,这仅指执行法律的权力与实际的治理行为。并且,这些行为的出发点是人民的益处与安全。这也仅表明,从某些方面考量,君王在人民之上。但是,最尊贵与根基性的王权只存在于人民。人民才是这权力的不竭源头。他们通过让这个或那个他们认为好的凡人继承王位使这权力之泉不竭。这教士除引用巴克利外,还引用了乌尔皮安(Ulpian)[①]与巴斗鲁(Bartolus)[②]的言论,但这都只能被用来证明君王权力是派生性的、次要的、借来的执行法律的权力,而非根源性的权力。这权力是人民所不能放弃的权力,正如他们不能放弃自己的理性天赋一样。这是自保的天然权力,本质性地属于受造物。如果人民放弃了自己所有的权力,那么,一旦这位君王死了,他们拿什么来另立新王呢?如果王室血脉断了又该怎么办呢?现今,神已不直接派先知来立王了。又如这王变成了暴君,用他手中的剑摧毁一切,又该怎么办呢?对此,保皇党说,人民可以逃离。据保皇党的理论,他们在立王的时候便放弃了自己所有权力,包括逃跑的权力。他们将自己捆绑在誓言之下,对王所有合法与荒谬的行为,他们都必须顺服。假如,君王站在他的庭上,召来英伦三岛的百姓,审判他们的不忠。用保皇党的话来说,百姓对这行为的顺服符合他们的誓言;因这誓言捆绑一切,逃跑肯定是与之矛盾的。

  学识渊博的法理学家阿尼索斯要比这位教士圣洁得多。他的另一句格言是:"目的比工具有价值,因为工具是由目的所规定的。就是说,目的

---

  ① 乌尔皮安(*Gnaeus Domitius Annius Ulpianus*,170—228),罗马法学家。无法追踪原文出处。原注:l. 1, ad Sc. Tubil. Populus omne suum imperium et potestatem confert in Regem。
  ② 巴斗鲁(Bartolus,1314—1357),意大利法学家。译者无法追踪出处。原注:ad l. hostes 24, f. de capt. et host。

是工具最后指向的全部属性。它们从目的那里得到它们的所有美德,且目的是它们美德的唯一来源。这正如医药之于健康一样。"格劳秀斯①说:"那些仅仅为了目的的手段或工具,它们完全为着目的的益处而非自己的,也要次于目的。但这种推论是错误。这些工具或手段除了与目的相连之外,它们自己也有天然的优点,并不总是次要于目的。依他所确立的原则,门徒要次于主人。如果他是君王的儿子,就要在主人之上了。照这种理论,那么牧羊人就次于野兽了,也次于羔羊。一家之主为整个家庭劳碌,尽他所能使整个家庭愉悦;但这决不能就说整个家庭在他之上。规则为了行为而设立,行为是否就比规则更优越呢?机遇是否也比主体或实体重要呢?"格劳秀斯说:"并不是每个政府(统治)都为他者的益处而工作;有些是为着自己的益处而工作,如主人统治仆人的政府,丈夫对妻子的管理。"

驳:我的回答简要如下:那些仅作为工具的人,且是为着目的的工具,他们要次于目的。为君之王,他有正式或相应的益处,且与目的相关。所有你能想象的君王益处都与人民的安全与益处相关,如《罗马书》(13:4)所言:"他是神的佣人,是于你有益的。"为王之人不能将自己的利益与荣耀作为最终目标。当然,君王作为一个人,和其他人一样会死去,因而他也可以兼顾个人利益。他拥有的优点,作为一个人,也即是一个凡人的优点,不能加在他的尊严上。也不能从绝对意义上来谈论他的优点,把他置于许多人和整个王国之上。好的东西是越多越好;它们是可以累加的,如百人之力要大于一人之力。另一方面,对于那些不能累加的东西,如一个神,累加只能使之变坏,如众神次于一神。如果保皇党关于王还能说点别的,我们就听他们的。在这两种情况下,王都是次于整体。

这位教士与他的同僚们当因这言论而失信于民。他们说牧羊人要比羊群低级;这话在此明显是错了,因为牧者是理性的人,而羊仅仅是无理性的牲畜。人必定比羊优越。如今,作为理性的人,他不是牧者,和羊群无关,不参与对它们的保护。因为受造物的难驯性、人的罪性以及神回收

---

① 格劳秀斯:《战争法权与和平法权》,l.1, c.3, n.8。

问十九　王的尊严与权力是否都在人民之上？

人在堕落前对万物的天然管辖权，一个人成为牧者纯属偶然。在这种工具与目的的关系中，在这种偶然关系中，人被放在仆人的位置上，侍候那野蛮的受造物，成为那低级的目的的一个工具。但是，这些都向他证明，由于人的罪，在偶然中，他作为一个工具而和那比他低级的动物发生职分关系，以之为目的。他不是一个理性人。

但是，君王之为王，他的职分和王权就是这样一种工具，目的是使人民可以在他的管理下过一种圣洁而和平的生活。这种职分关系是偶然的，其价值比起那些在其统治下的人民要轻。我想，从血统与出生上讲，王子要比他的老师优秀；但他是受教者，所以次于他的老师。但是，对于君王来说，在这两种考量中，他都要次于人民。或者，即使君王能指挥万民，拥有法律赋予的在人民之上的执行权力，但是人民在原权力（fountain-power）上高出君王——因为人民立他为王；而且，在神的旨意上，君王是因着人民的益处而被赐予的。如经上所言："你必牧养我的民以色列，作以色列的王。"（《历代志上》11∶2）

这位教士说："构成性原因（constituent cause）比政治目的重要。宪政是自愿的，基于意志的自由行为。君王任命总督或法官，完全基于他的自由意志，而非将自己的权力拿给另一个人。如果民众能给予王权，且能拿回来，那么契约里就无诚信与真理可言了。"

驳：这也是剽窃来的答案；且这与人民能彻底将他们的权力赋予君王观点相违背。它基于人是不能被杀害的论点。人民为着自己的安全给予君王政治权力，同时为自己保留了必要的自然权利，这是不能放弃的权力。为了保护自己，他们将这一权力付诸实施，并没有违背最初的契约。他们在放弃权力之时誓言不反抗。但是，君王若要屠杀他们（这显然违背了第六条诫命），他们当然就要自卫。而且，这种滋味不该使人的良心负重，因为这种杀戮是本质上地犯罪。人若宣誓不自卫，这与自杀无异。

这位教士偷用巴克利[①]的观点："人民，即构成性因子，若优越于结果，那么人民便在君王之上，因为他们立他为君王。那么，郡县与地方就

---

① Sac. Sanc. Maj. c. 9, p. 129, stolen from Barcla., lib. 5, c. 12.——原注。

可以使下议院议员的授权作废,并派遣他人来接替他们的位置,撤销他们颁布的法令。因此,布坎南才说,国会所颁布的法律和发布的命令只不过是预备性的意见(προβουλέματα),不具有法律效力,直到人民赞同和授予国会法规与行动权威。然而,这些评论家却说,国会具有完全立法权。当苏格兰打算采取这个请求并宣告时,他们却把所有权力放在联合体内,坚持他们的议会桌。"

驳:1. 这里并没有什么可讲的:郡县与地方为国会选派议员,当然可以废除他们的权力并宣布他们的行为无效,因为这些为议员是他们任命的。如果议员行事不公正,人民可以不服从他们,同样也可以废除他们。神并没有给予任何行恶的道德权力,郡县与地方也没有给予这行恶的权力,因为他们压根就没有这项权力。如果议员行事公正,人民便要顺服于他们,并不能撤销颁布公正命令的授权。公正统治的权力已由英伦三岛不可变更地授予不列颠的王了。这一权力乃是郡县和地方授予他们的议员的:在国会中颁布公正与善的法律。剥夺本属于君王的、公正的权力,那就是行大罪。但是,君王若滥用权力伤害他的臣民,那么,对他挥动手中的剑便合法了。这是我们手中该有的剑。为着善,我们有使用它的正当权力。所有委托权的滥用行为都应当制止。下议院议员如滥用了手中的委托权,给他们所代表的、并信任他们的郡县与地方造成了损害;对此,我们的评论员绝对没有说过,议会的权力是完全不可更改的;也没有宣称过,人民不可抵制他们,不可撤销他们的授权,不可废除他们的提议,进而完全取缔他们的代理权力,认为地方不能剥夺选派议员的原权力与自我保护的权力。在这点上,它与英伦三岛相同。

2. 这位教士没能完全理解布坎南。布坎南知道苏格兰的基本法,也了解苏格兰议会的权力。当他说"国会的宣告"时,仅仅是指律师与学者所说的,"没颁布的法律对民众无法律约束力"。他在另一处却成全了布坎南,即他说:"国会立法须有人民权威的认证,在它们成为正式法律之前,它们仅为预备性的概念。"当君王解散了国会,而内阁又陷入腐败之时,人民便可另设议会,建立英伦三岛的特殊司法权,如同无政府时期一样。

巴克利①对此说:"工具次于目的这种说不能成立。对于未成年人来说,导师和校长是工具,是为着他们益处被给予的。但不能由此说,老师在管理未成年人或学生的遗产时次于学生。"

驳:根据法律意向,未成年人要优于导师,即使导师在实践中要比未成年人做得更多。这是偶然的,而且未成年人的年龄不足。但是,导师行事是围绕未成年人的,是要教导学生,以便使他们成长。因此,老师只是在某些方面优于学生,不能简单如此说。同理,君王也只是在某些方面在人民之上。

这位教士从保皇党那里偷来了另一观点,即"我富有,我的给予者当更富有"(Quod efficit tale, est magis tale)。如果人民给君王王权,那么王权在人民那里当更饱满。以此类推。比如,(教士语)评论家将他的财产给我,使我富有;这评论家必须更富有。如果人民捐出他们的大部分财产支持叛乱,那么,人民凭着公共信仰而捐出他们的所有,那他们是更加富有。

驳:1. 这贪婪的教士藉着主教职分要比十个教区竞位者要富裕得多。由此可见,主教职分要比主教富有。它的财富是神烈怒的诅咒。

2. 那些作用于他者的有效因素,即使在效果产生后,产生该效果的性质会依旧保持在这原因中。就如太阳更亮所以能给万物光亮,火更热所以能给万物生热。但是,对于物体来说,在异化和转让这一点上却不是这样的。转让之后,如这贪婪的教士夺取了我们的财物,结果耗尽了原因。人民作为王权的源泉,正是这种原权力使他们立扫罗为王;他们一直握有这立王的原权力。当扫罗去世,他们便在希伯伦立大卫为王;大卫死,继而立所罗门为王;所罗门之后又立罗波安王。所以,与大卫、扫罗以及世上所有的王相比较,人民有更多的原权力。这位教士嘲笑人民为着善的原因捐出自己的财产,我期望,藉着神佑,他们能更富有。教士阶层藉着爱尔兰的叛乱祈求一口面包,他们的"阴谋"让数以万计的无辜爱尔兰人丧命。

---

① Barcla., lib. 4, conc. Monarcho., c. ll, p. 27.——原注

这位教士将这句话解释成"那使他人富有者必定是更富有者"。我在大学里所学到的,从形式因上讲,一种能产生有效结果的形式必定同时居于原动因与结果之中。这形式本身是有效的与多产的,正如火使冷水变热,火的热性必首先居于火中。又如酒是人醉,并不是得出酒中有更多的"醉"这种结论。醉性并不居于酒中,酒本身并不能醉。所以,亚里士多德对这句话做出如此限定:"有一种方式可使受赠者更富有,而赠与者贫乏(Quod efficit tale est magis tale, modo utrique insit)。当代理人本身是以接受馈赠的方式拥有这动因,那么他就不会更富有。如果君权是从人民那里转移至君王手里的,那么人民就不会是更多地拥有君权了。"除非君王是以借贷的形式拥有王权。这捐赠就将人民的所有权力都剥夺了。依据我的思考,绝非如是。最高统治权绝不可能在民众集体那里。最高统治权意味着生杀大权,没有人可以对他人拥有此权力。这权力在没有政府的情况下由社会孕育。在平等的天赋自由与国家自由的情况下被赋予出去。社会中无人拥有剥夺他人生命的权力。如果人民不是天然如此(tales),他们就不能给予君王王权。无人拥有对他者的生杀大权,无论是形式上拥有还是本质上拥有。在人民那里,不管是个人还是集体都不拥对他们自己生命的生杀大权,就更不用说对他们邻舍有此权力了。

驳:1. 这位教士用形式因解释了这句话,这是他从圣·安德鲁大学所学到的。显然他误解了学校的所教之识。他的这些东西来自愚人克雷尔(Crail):墙的白色来自白性,因此白性要比白更白。这些东西绝非圣·安德鲁大学所教。

2. 形式因的逻辑与质料因、目的因等同。这位教士此刻的逻辑倒是精确啊!他将所有因果关系揉捏在一起,解释发生的因果联系。他的逻辑也太牵强。

3. 他将原因的多重性与原因的单一性搞混了。这不是格言所指。并且,以这一理由,即出现在结果中的品质,也必定要以同样的方式出现在原因中,来证实这句话,亦无此必要。城市选立市长,城市是一个方面;而这个被立为市长的人则是另一方面。如我们说:人民选立王,那么,人民当更是王,并且形式上更多地拥有君权。这位教士的话倒有助于证实之。这位教士所打的明喻已经超出了我们的主张。酒让这位教士醉了,那么酒必定比这位教士更醉。我们可这样说:立六位王的原权力在以色列民那里;所以,以色列民比任一位王都有更多的王权之原权力。经上所记,以色列民立扫罗、大卫与罗波安为王。经上绝没有说过:立大卫为王的是扫罗,或这世间的王能立另一个人为王。

4. 这位教士说,代理人以获得捐赠的形式工作,这话显然错了。这与他过去所倡导的理论相反。君王授予他的部下权力,而君王拥有更大的权力。

5. 他认为所有问题的基础和关键在于:人民自己剥夺了自己的所有权力。这显然是谬论。

6. 要么是人民主动剥夺了自己的所有权力(教士语);要么是君王以借贷的形式得到王权。据我的理解,这绝不成立。这位教士的考量是肤浅的,对神职人员和法理学家并无规则可言。依据资深的法理学家的考察,君王的这种权力是一种受托的权力,不管这位教士意识到与否,它都是一种以信任、典押和借贷为基础的权力形式。"君王是他国家的终身租借人,而非主人或业主。"① "君王只是国家法律的服务者与守卫者,而非所有者,因为无权获得他所承担的帝国、城市、乡镇、国家以及臣民的利益。"② 另外,"所有加诸于管理者名下的财富最终都需物归原主;因为无权获得它们,也无权任由他的继承者的偏见来处置"③。这位教士所言并没有触及法理的核心,只是显得合理罢了。他只达到了他粗浅意识所能达到之处,所言也不过是隔靴搔痒。

7. 最高统治权不在人民那里(教士语)。它确实不在人民手里,也不能在人民那里;再多十个、千个、百万个人,加上整个国家的人,最高统治权也不能在他们那里,就更别说在某个人那里了。最高统治权是抽象的,也是实体的。多人不能成为一个王或君王;一位君王必须本质上是

---

① Parisi. Tit. 1, 9; 1 Gloss. 7, n. 9. ——原注
② Ferdinan. Vasquez, *l*. 1, *c*. 4; Bossius, de princip. et privileg. illius, n. 290. ——原注
③ per l. ult. Sect. sed nost. C. Comment. de leg. l. peto 69, fratrem de leg. 2, l. 32, ult. d. t. ——原注

"一",多不可能是一。那么,君权就不可能完全源自或根源于人民吗?我认为这是可能的,并且必须是。王并非一位下级法官:他形式上并非地方议会或法庭的主,因为他不只是这些。人民不是形式上的王,因为人民本质上要明显地多于王。以色列民立大卫和扫罗为王,而君王则立他的部下为地方议会和法庭的主(保皇党语)。

8. 一个集体没有生杀大权。君王有生杀大权(教士语)。所以,一个集体不是君王。人民有立王的权力,却没有生杀大权,多可怜啊!这很符合这位教士的逻辑。撒母耳不是王,所以它无权立扫罗为王,也无权立大卫为王。这是什么逻辑啊!如此推断:君王不是次级法官,所以他便不能任命次级法官。鬼扯!

9. 生杀大权完全地、事实性地存在于人民那里,且是非形式上地共同所有。虽然无人能夺去自己的生命,或形式上地拥有生命之上的权力;但作为血肉之躯的人,根本地、事实上地拥有他们生命之上的权力。这基于他们可以将他们自身交由管理者和法律的事实。如果他们违反了法律,他们的生命就处于危险之中。所以,人民事实上拥有自己生命的权力,为了社会整体的和平与安全,将自己的生命置于善的法律之下。

10. 这一结论很牵强:无人拥有自己生命的权利,就更别说他邻舍的了(教士语)。我反对这种言论。依据这位教士的逻辑,君王也没有他自己生命的权利,无论是依据本性之律还是依据民法,他都不能杀害自己。所以,君王就更没有权利处死他人了。这显然不成立:法官对他邻舍生命的权力就大于对他自己生命的权利。

11. 这位教士继续说,社会是在没有政府的情况之下被孕育出来的;每一平等的个体都被赋予了本性与国家的自由,因为人人生而自由。无人生而对他的邻舍有统治权。如若这样,请问教士先生:君王也是在没有政府的情况在被孕育出来的,作为一个自由人,他不具备对他人生命有统治权。君王与乞丐生而拥有一样的自由。作为人的社会集体,亦出自母腹,所以他们也不能拥有任何此类的政治考量。如果你认为他们没有任何行动方案,你就不能把行动方案加给他们。那么,如果你认定他们是这样的,本性上就不会有行动方案,那他们就无法对某人为王这事进行事

问十九　王的尊严与权力是否都在人民之上？

后认同和加以批准。事后认同是一种政府行为。如果他们是在没有任何政府形式下孕育出来的，那么他们便不能做出任何政府行为。这个结论既违背这教士的理论，也与我们的主张不符。

12. 部分的权力与整体的权力并不相同。王权永远不会将君王提升到比一个成员更高位置上。法理学家认为，君王只在某种分别意义上说在臣民之上，即他只在这个或那个臣民之上；但他居于臣民整体之下，因为他本身是为着整个国家而存在，就像是为达到某种目的的工具一样。

反：如果说君王只是国家的一个工具，那么他就低于整个国家了，因而在每个臣民之下；因为他只是为着每个臣民安全和整个国家而设的工具。

驳：每件工具都要服务于最后的、完整的、固有的目的。对君王而言，这个目的就是他的国家；但工具不会次于它非完整的、附属的、阶段性的目的。对君王而言，这个或那个臣民只是这种非完整的、阶段性的目的。

这位教士说，君王即神。他们的血统来自那至高者的儿子，是神的头生子。现今，这头生子已经不仅仅只是在他的几个弟兄中掌权；而是在成千上万乃至数不尽的人那里，他都要掌权。

驳：不仅仅君王是神，所有的法官都是神。如《诗篇》(82：1)中记载，神站在诸神的会中行审判。这会众不只是由君王组成。因此，那家的主人就当带到神前或法官前(《出埃及记》22：8)。而且，我们在《出埃及记》第22章第9节中能很清晰地看到，不只有一位法官。他们应该会谴责这种说法，那些承受神的道的人被称为神(《约翰福音》10：35)。基督就称他们为神。《出埃及记》(4：16)中说："(亚伦)他要以你当作神。"他们被称为神只是类比意义上的。神是无限的，王却不是。神的旨意即律法，王意却不能是。神是他自身的目的，王却不是。经上说法官是神，仅是从职分与代表意义上说，以及与神子民的交通上说。头生子在他们的弟兄中掌权，即使他们人数众多。这显然不能就字面理解。那只能说，作为单个的人，只能在众人之下。正如，头生子是他弟兄的政治领袖，他就政治性地低于他们。

反：人民团体是臣民、儿子，而君王是他们的父亲。这与某人是君王的臣民无异。臣民团体要么是君，要么就是君的臣。国家必须是这两者中之一。显然，他们不是君王，就只能是臣民了。

驳：在任何意义上，国家都不可能要么是君，要么就是臣。国家的集合既不能被合适地称为君，也不能被称为臣。政府只是国家的一个表征形式，是国家的一个附属品，君王拥有的只是某种调节性的权力。

反：团体受法律统治，君王却以法律管理众人。所以，民众在君王之下。

驳：团体在法律之下不会异于君王在法律之下。形式上看，团体是完整的政治体，赋予制定法律的功能；它不可能以暴力来伤害自身。确切地说，它并不在法律之下。

问二十

下级法官本质上是否是法官？是否与君王一样都是神的直接代理人？他们只是君王的部下和代理人吗？

在一国范围内，君王的权力在广度上要比下级法官的要大得多。如果君王的权力与下级法官的权力真的有区别，并且是不同的类，那么，就值得讨论法官的本性问题，即使它不是问题的全部。

主张：下级法官本质上是法官，与君王一样也是神的直接代理人。那些在神的法庭的行审判之人，本质上就是神的法官与助手。在这方面，下级法官与君王无异。君王之所以是法官乃是因为君王的宝座实则是神的宝座。《历代志上》(29：23)说："所罗门坐在耶和华所赐的位上，接续他的父亲大卫做王。"《列王纪上》(1：13)将王位说成是大卫的王位，这是因为大卫是神耶和华的代理人；审判是神的。在《历代志下》(19：6)，犹大王约沙法对众法官说，你们办事应当谨慎，因为你们判断的不是为人，乃是为耶和华。这样，在审判的形式与职分上，他们就成了神的代理人，而非君王的。紧接着，《历代志下》(19：7)记载道："现在你们应当敬畏耶和华，谨慎办事，因为耶和华我们的神没有不义，不偏待人，也不受贿赂。"

所以，我认为：1. 在犹大王约沙法那里的圣灵禁止这些下级法官篡取审判权、偏待人以及收取贿赂，这是因为审判是属于神的。如果神坐在法庭之上，他显然不会偏待人、收取贿赂，且他指定了这些下级法官来代理他行审判。如若这些法官收受贿赂、行不义之举、偏待人等，那么他们实际上是使得他们所代理的神如此行了。对神而言，这显然荒唐！

2. 如果这些下级法官行审判是约沙法的代表和部下，约沙法就当说：审判要公正。为何？因为：审判是我的，如我坐于法庭之上，我不会偏待人，也不会收受贿赂，我作为最高审判者，你们是我的代表，为我行审判。但是，约沙法说：审判不是为人，乃是为神。

3. 如果这些法官不是神的直接代表，而是约沙法的代理人和部下，那么，他们仅作为仆人，约沙法可以任意命令他们做一项判决。如果他们只是仆人和部下，约沙法便可以任意发布命令。但是，约沙法却不能限制这些法官的良心，因为审判不是他的，而属于神。

4. 君王不能命令任何法官如此这般行，因为他没有从神而来的行此命令的权力。君王也无权任意宣布审判，因为审判不是他的，而是神的。虽然下级法官由君王派遣，受他任命，他们得到了作为神助手的君王的外部呼召；但是，行审判是一件良心的行为，一人的良心不可能成为他人良心的部下；所以，作为法官的下级法官不能成为君王的助手。如果下级法官是受到君王的派遣而成为法官，他们也因此是君王的部下而非神的，那么，他们便不能为神的审判，而是为君王审判。《申命记》（1：7）中说，摩西指派法官，他们并不是作为附属于他的部下。摩西说，他们行审判并不是为我，而是为神。

5. 以色列的下级法官如果都是以色列王的部下，而不是作为神的助手，并直接附属于神；那么，即使他们做出不公正的判决后也不会受到神的话的训诫与谴责了——因为只要有君王的证实或证伪，他们的审判就没有公正与不公正之分了。保王主义者格劳秀斯[①]也如此说过：如果事

[①] Grotius de jure belli et pac. lib. 1, c. 4, Nam omnis facultas gubernandi in magistratibus, summæ potestati ita subjicitur ut quiequid contra voluntatem summi imperantis faciant, id de-fectum sit ea facultate, ac proinde de pro actu privato habendum. ——原注

> 问二十　下级法官本质上是否是法官？是否与君王一样都是神的直接代理人？他们只是君王的部下和代理人吗？

实如此的话，下级法官对最高行政长官就无可奈何了。届时，神命令法官执行审判时就应当如是说："行审判时，不要偏待人，除非你的王叫你如此做；不能压榨穷人，压迫孤儿，除非你的王命令你如此行。"我从不知道有这等事！我很清楚，法官作为至高者，神的诫命责难并威迫他们，使他们在良心中做审判。经上很明显地表明出来，如《耶利米书》（5：1；22：3）、《以赛亚书》（1：17，21；5：7；10：2；59：14）、《以西结书》（18：8）、《阿摩司书》（5：7）、《弥迦书》（3：9）、《哈巴谷书》（1：4）、《利未记》（19：15）、《申命记》（17：11）、《出埃及记》（23：1）。

格劳秀斯说①："在一个大的'类'里：居于中间的'种'，对于它的上级而言，它只是一个'种'；但对于它的下级，它就是一个'属'。所以，下属官员对于那些比他们更低级的官员而言，他们是行政长官或公众人物；但对他们的上级管理者而言，尤其是对君王而言，他们只是纯粹的个人，而非行政长官。"

驳：犹大王约沙法并不待他指派的法官为"纯粹的个人"。在《历代志下》（19：6—7）中，他说："你们审判不是为人，乃是为耶和华。"我们可以证实低级法官（under-judges）的权力亦为神授：在苏格兰，国王不能抢夺任何人的财产，因为他是国王。但是，如有人霸占了原属于王室的领地，国王需在他辩护律师的代理下，站在属神的法庭之上依据土地法提交有关土地案件。在财产问题上，如果国王能居于法律之外，蔑视法官（低级的），那么，我便不知道不列颠的人民还有什么人有财产可言。下级法官的宣判只要不符合君王的意思，不管其公正与否，就认定这种宣判不是审判。这样的叫嚣何止渎神啊！

他援引奥古斯丁的话说："如执政官发出一个命令，而皇帝却给出另外的指示，你不要藐视权力，你当选择最高者来顺服。"彼得说，他将无一例外地带领我们走向顺服那居于高位的君王。但是，那些由君王派遣之人，他们的权力来自君王。

---

① Grotius ib. species intermedia, si genus respicias, est species, suspeciem infra positam, est genus; ita magistratus illi, inferiorum quidem ratione habita sunt publicæ, personæ, at superiores si considerentur, sunt privati.

论点一：执政官命令一件合法或不合法的事情,君王同样也命令一件合法或不合法的事情;两者之间,我们会服从君王而非执政官。我赞同奥古斯丁的说法。但是,我们不在同一个意义上来顺服君王与执政官,即我们尊崇与顺服的深度不一样。我们更顺服于君王。深和浅并不能改变事情的本质。如果说,我们不顺服下级法官的意思是：法官命令了合法的事情,而君王却做出相反的指示。这显然是荒谬的！但格劳秀斯说："下级法官仅仅是君王的部下,他们的权力从君王那里来。因此,我们是因着君王而顺服法官。"驳：下级法官可以称作君王的部下（就君王可以任命法官的职能来说）,因为下级法官受命的外部呼召来自君王,且他们要以君王的名义和权威来行审判。但是,一旦在神面前被任命为法官,他们就在本质上成为法官。在他们职分活动中,与君王一样都直接效忠于神。

论点二：之所以这些权力（下级法官的）是我们应该顺服的,那是因为它们为神所授。他们本质上就是法官,这与君王本质上是最高行政长官是一个道理。而且,下级法官不仅本质上是法官,也是最高行政长官。使徒保罗将这个观点记在了《罗马书》(13：1)①中。我们依据此处的记载来证明,我们当顺服君王,因为他们的权力来自神。我认为下面这个观点也成立：下级行政官员的权力也是来自神,如《申命记》(1：17;19：6—7)、《出埃及记》(22;7)、《耶利米书》(5：1)所记。保罗也说过："凡掌权的都是神所命的。"

论点三：基督证实彼拉多拥有来自神的权柄。作为法官（保皇党语）,他所拥有的权力与皇帝恺撒无异（《约翰福音》19：11;《彼得前书》2：12）。我们受命顺服君王以及那些由君王派遣的人,是为着神的缘故,为着良心。《罗马书》(13：5)教导我们必须顺服,不但是因为刑罚,也是因为良心。

论点四：那些受到责难的有权柄之人,乃是因为他们不行公正的审

---

① 《罗马书》(13：1)：在上有权柄的,人人当顺服他;因为没有权柄不是出自神,凡掌权的都是神所命的。

问二十　下级法官本质上是否是法官？是否与君王一样都是神的直接代理人？他们只是君王的部下和代理人吗？

判,君王本质上应该是法官。但是,下级法官只有犯了这些事才遭受责难,如《耶利米书》(22：15—17；5：1,3)、《以西结书》(45：9—12)、《西番雅书》(3：3)、《阿摩司书》(5：6)、《传道书》(3：16)、《弥迦书》(3：2—4)中所载。

论点五：他是神的佣人,于你有益。他不是空空的佩剑,刑罚那作恶的,与君王无异(《罗马书》13；2—4)。他也是受神所命,行管理统治之事,本质上说就是行政管理者。

论点六：对下级行政管理人员的合法命令的抵抗就是对神的律法的抵抗。这是对第五条诫命的引申,可以说是不孝敬父母。不纳粮、不惧怕、不恭敬也是这同样的违抗(《罗马书》13：1—7)。

论点七：诸神、人民的首领、父亲、至高者的儿子、医生或治愈者、神智慧的统治或法令等这些给予君王的头衔,因为这些头衔,保皇党将君王解释成唯一的法官,并认为所有的下级法官只是君王的部下,只是审判的二手参与者；他们的审判也只是被给予的审判。那些在摩西之下被指派的法官(《申命记》1：16),在希伯来语或迦勒底语中被称为首领(《列王纪上》5：2,8：1—2；《弥迦书》3：1；《约书亚书》23：2；《民数记》1：16)、父亲(《使徒行传》7：2；《约书亚记》14：1；《历代志上》8：28)、医治者(《以赛亚书》37)、诸神以及至高者的儿子(《诗篇》82：1—2,6—7；《箴言》8：16—17)。我极度怀疑君王能否将神脑装入他们的主体。我认为,他们从那众神之神的唯一神那里得到了一些天赋,用以审判,指派法官。在此之外,他别无他权。这些被任命的法官与君王在本质上都是法官。

论点八：如果下级法官仅为君王的部下,而非神的,他们的所有权威来自君王,君王便可以限制他们的审判行为。假如一位下级法官判处一名杀人犯死罪,并将其押往刑场执刑。此时,国王横插一手将其解救。如果这位下级官员掌管神的权柄惩恶,执行神对杀人犯的惩处,那么,他便可在此刻抵制君王的命令将其处死。他罚恶是依照他的职分运用权柄的共约权力来处死罪犯。如果这下级法官仅仅是君王的部下,他就不能"打破不义之人的牙床"(《约伯记》29：17)；也不能"刑罚那作恶的"(《罗马书》13：4)；也不能"在他们身上施行所记录的审判"(《诗篇》149：9)；也不能"为孤儿寡妇申冤"(《申命记》10：18)。他能做的仅仅是为那人所创造的君王唱赞歌。在整个以色列时代，神从未因责难下级法官而阻碍他们的审判，如经上所记：《出埃及记》(23：26)、《弥迦书》(3：2—4)、《撒加利亚书》(3：3)、《民数记》(25：5)、《申命记》(1：16)。君王只是下级法官良心上的主。只有这样，他们才是进行审判并公正执行之人。绝不会如保皇党宣扬的那样，他们审判必须要与那唯一真正的法官——君王首先一致的情况下，他们才能如此行。

听听这教士的高论(c. 4，p. 46)！他质问说：君王在神的庭中作审判，却不从神那里接受权力，这何以可能?！君王确实在神的庭中审判(《申命记》1：17；《历代志下》19：6)。摩西与约沙法却各在一处对附属于他们的下级法官发话，我们不能让任何人在这里跌倒。这并不能削弱我们的论点，所有下级法官做判决都以那在上掌权者的名义与权威做出。它从君权那里流淌而出。这合法合理。

驳：说下级法官在神的庭中为神作审判(《申命记》1：17；《历代志下》19：6)，却不直接从神那里接受权力，也不需人的赞同或与人立约，这何以可能? 这位教士显然也应该这样来发问！说下级法官在神的庭中为神作审判，这有经文为证！且这位教士也承认。让这位教士自己去料理他那叫人跌倒的结论。他担心这会证明与他相悖的结论。他说《申命记》(1：17)与《历代志下》(19：6)两处经文证明君王在神的法庭上行审判，因为他的部下那些下级法官在神的庭上行审判。这位教士显然知道我们会否认这种令人跌倒的蹩脚结论；理由如下：1. 摩西与约沙法并不是在对他们自己说话，而是对那些下级法官说话，且是在众人面前告诫他们。摩西与约沙法在告诫那些可能妨碍审判的个人行为规矩。2. 在他领悟到他所受洗的教会的"福音"与"信仰"之后，他过度依赖他的"律法"："他人为君王所行之事，与君王亲为等同"。摩西与约沙法是否惧怕他们会妨碍下级法官所做出的一项不公正审判? 对此他们本不该插手。是否下级法官是以君王的名义与权威行审判，而不是以那唯一的主、唯一的王的权力来行审判? 或者说这审判本身就是君王的? 绝非如此！圣灵从未晓谕过这等事！有下级法官执行的审判是属神的，非那可朽的君王的。因此，世

问二十　下级法官本质上是否是法官？是否与君王一样都是神的直接代理人？他们只是君王的部下和代理人吗？

间的君王不得干预他们行神的审判。

反：君王不能宣示不公正的判决，命令下级法官宣布赦免割喉党的审判。但是，他有权干预任何抵制爱尔兰割喉党的判决。

驳：干预一项公正的判决与宣示，或命令下级法官给出一项不公正的判决，两者其实是一回事。对下级法官而言，他们既要依据自己的职分良心来做出公正的判决，也要借助神给予他们的执行权力（《罗马书》13：1—4）来执行判决。神已然命令法官要行审判之职，且禁止他们收受贿赂而僭越审判；除非君王强制命令他们要如此行。

君王受神恩典，而下级法官是受王恩典。即使人取了神的形象，但女人毕竟是取了男人的形象①。

驳：1. 这种区分无论是在律法上还是在良心上都是荒谬的。它并没有将"君王的仆人"（ministros regis）与"国家的仆人"（et ministros regni）区分开来。王的仆人是他的家佣，但法官是国家的佣人。国家的佣人和法官并不属于君王。在任命某人为法官之时，君王并没有什么恩典可言，因为他只是一个凡人。君王任命一个有资格的法官，乃是因为君王的公正。他从人民那里接受的王权以及对公正原则的践行。君王不得因着个人的喜好或贿赂任命国家的法官。

2. 个人能从纯粹的个人地位上升为法官，乃是藉着神的恩典。正如王者尊严就是神白白给予的一样。《撒母耳记上》（2：7）中说："神使人卑微，也使人高贵。"《诗篇》（75：7）也记载道："惟有神断定。他使这人降卑，使那人升高。"那些宫廷的谄媚者将神的恩典加到了君王的头上。成为一名下级法官和成为一位君王都是神的直接恩惠，虽然后者的恩惠要比前者大。大恩小恩都是神恩。

论点九：那些依次序区别的权力只是权力大小的问题。它们在本性与种类上并无区别；也不会使君王与下级法官之间有质的不同。君王与法官的权力就是这样的一些权力。所以，它们并没有质的不同。我认为这二者天然地趋同：1. 这两种权力在具体行为与真正目的上趋同。它们

---

① 西蒙：《忠心臣民之信仰》，sect. 1，p. 3。

都是神授的权力(《罗马书》13：1)。抵制其一就是抵制神的命令。2. 这两种权力职分都在于罚恶(《罗马书》13：3)。3. 两者都是神的佣人,为着人民的益处。虽然君王有权指派下级法官,但在本性与种类上,君王的权力与法官的权力没有区别。他们都是神的话的佣人,只是在具体职分上的不同。提摩太作为神的话的传讲人,在职分上与按手在他头上的长老并没有类上的不同,虽然他们的职分在范围上要比提摩太的大。人民选择一个人为他们的君王或最高管理者,与他们选择多个人组成贵族制政府来管理他们,并给予两者相同的权力。一个人或多个人被提升为最高统治者的真正目的是相同的,即公正与信仰。他们行使权力的方式与形式都是使用世俗手段(brachio seculari),通过共同约定与武力。君王与贵族制的众法官的实际用途相同,使穷人与需要之人免于暴力,保证集体过平安与属神的日子(《提摩太前书》2：2;《约伯记》29：12—13;《以赛亚书》1：17)。神的这些律法规定了王室政府该行之事,捆绑他们的良心,作为神的下手,为神审判而不是为人。在神天上的法庭上,所有贵族制的法官与下级法官,都以同样方式捆绑,分明有别地坐在他们的位置上。《提摩太前书》(2：2)讲到,不仅仅君王,一切在位的都有义务使他们臣民虔敬、安宁、无事地度日。所有在良心中的法官都要公正审判,无论是在弟兄之间,或在邻里间,还是与外人之间(《申命记》1：16)。审判时不要偏待人,一视同仁,也不要惧怕人的势力,因为审判仅属神(《历代志下》19：6)。人只当敬畏神(《申命记》17：19—20),守神的律法,不要在心中看轻了弟兄(《以赛亚书》1：17;《耶利米书》22：2—3)。若有人能根据神的话指出,君王在国家和其统治范围之内所行之事与法官在其特定的领域所行之事,除了在范围上,还有什么别的区别的话,我便撤销我的主张。下级法官就是小型的君王,而君王则是扩大了的听诉法官。正如一只紧缩的手或拳头,手一旦伸开便显出手指和拇指,但它们本是一只手。这里的道理相同。4. 神掌管下级法官就像神掌管诸神的会众一样(《诗篇》132：1—2)。如果说君王掌管审判,除非这些保皇党们能召集一个君主的集合体来进行一项审判。所有这些都要平等地被称作诸神——审判任何案件的法官(《约翰福音》10：35;《出埃及记》22：8)。所有的法官,包

> 问二十　下级法官本质上是否是法官？是否与君王一样都是神的直接代理人？他们只是君王的部下和代理人吗？

括下级法官，都是神直接的审判代理人。他们在审判中所做的判决就是神在这世上所做的审判。还有君王、贵族以及法官借以统治与掌权的智慧(《箴言》8：15—16)。

所有那些与之相悖的言论，宣扬英国的君主有大主教之权，所以与以色列的王不同，叫"英王权力"(jus regis)。巴克利①说：作为君王的英王本质上有统治一切、在一切之上的权力。因此，除神之外，无人能责难或惩罚他。除了神的宝座外没有任何人的位置在他的位置之上。以色列的士师(审判者)，如撒母耳、基甸等人，他们无统治之权，统治权在神手上。如马兰提斯(Marantius)②所言："我们可以抵制下级法官，否则就无进一步的上诉可言，且我们遭受的不公正判决也就不能得到纠正(阿尼索斯语③)。"且"地上所有的法官都来自神，但这种关系相对'偏远'(爱德华·西蒙语④)，即要通过作为中介的王与神相关(mediante rege)，正如那些更渺小的星辰是通过太阳这个中介而得到神的光辉一样"。

对于前者，我要说：以色列的王与法官之间有区别。这是毫无疑问的。但是，要说他们之间的区别是本质性的区别，那就得打个问号了。1. 以色列的法官是以一种超常的方式被立起的，他为以色列民辩护，宣示他们的自由，不在任何支派之下。神告诫地上的以色列王：扫罗之后，直到弥赛亚来临之前，以色列的王都要与犹大支派捆绑。神以王受佑的自由为条件将他立为众支派的王。2. 法官并不能由父到子的继承。但王位可以。弥赛亚王位所特有的永恒性在于一代一代的传承。3. 法官不是由人民选举产生。有人会对此提出质疑：因为约沙法就是如此立法官的。我认为，在以色列，这并不是一条立法官的律法。相反，最初立王的模式却是倚靠选举(《申命记》17)。如果王权是不可抵抗的，那么，神给予君王的就必是那刚愎自用、横征暴敛之权。我想，经上绝无此记载。保皇

---

① Inferiores Judices sunt improprie Vicarii Regis, quod missionem externam ad officium, sed immediati Dei vicarii, quoad officium in quod missi sunt. 巴克利：《反君主制》，l. 2，p. 56，57.——原注
② Marant. disp. 1, Zoan. tract. 3, de defens. Mynsing. obs. 18, cent. 5.——原注
③ 阿尼索斯：《论权威原则》，c. 3, n. 9.——原注
④ 西蒙，sect. 1, p. 2.——原注

党们能援引什么经文来向我们证明：如果法官对人民施以暴政，人民有权为保护自己揭竿反对摩西、基甸、撒母耳及其他法官；而反对以色列与犹大国最残暴的王却是违法的，这何以可能？巴克利与他同志们必定会说：如果王果真施暴政，那么，那派来的王的言与行（《撒母耳记上》8：9—11）就确实在本质上与以色列的王与法官相区别了。我们可以肯定，神绝不会将施暴政的权力给予君王或法官。那种意义上的统治不是来自神。

阿尼索斯的说法却与他有些不同，他说：我们可以反抗下级法官，因为我们可以继续上诉；但不可反抗君王，因为王权的神圣性不容我们反抗。

驳：掌权的王行使他们职分时，不要去抵制，因为他们的王权具有神圣性。这显然不是保罗的意思。保罗是说，神给予他至高的、绝对的、无限制的权力时，人不得对此有欲求。他的这种论断只是对问题的狡辩，所有的论证可以归结为：不能反抗君王，因为君王是不可反抗的。我们跟着保皇党的思路。君王的神圣性本质上是一种绝对至高的权力，借此统治世上一切在位的、掌权的以及审判的。但问题的核心是：不能反抗，因为这权力是属神的。下级管理者的权力也是属神的啊！不能反抗法官，因为这等于是反抗神的任命。下级法官同样是神的任命（《罗马书》13：1；《申命记》1：17；《历代志下》19：6）。西蒙说："世上所有的法官都来自君王，就如星辰的光芒来自太阳一样。"

对此，我的反驳理由如下：1. 依这种理论，贵族制政府便是非法政府，因为它的权力不是来自君主。难道非利士与荷兰诸邦除了从君主那里得到权力外别无他途？威尼斯有从某位君王那里得到权力吗？诚然，我们这位教士说他的理论源于奥古斯丁[①]：人当顺服于王，这是人类社会的一个普遍约定，也是一种本性要求。他说："我请求新教徒能指出贵族制与民主制此类的正当性。"现今，所有的其他政府与那些经法庭产生的政府一样都是人创立的东西。任何形式的政府都有同样的正当性，与顺

[①] 奥古斯丁：《忏悔录》，第3卷第8章。

| 问二十　下级法官本质上是否是法官？是否与君王一样都是神的直接代理人？他们只是君王的部下和代理人吗？

服于王比较起来，顺服于法官与其他管理者同样是本性的诉求。奥古斯丁在这里指的是所有审判者，虽然他使用的词是"王"。君王的政府在自然法程度上与贵族制政府和民主制政府等同。没有所谓天生的法官和臣民。所有这些形式的政府的目的只有一个，都是本性上的保护。

我们来考察一下下面这个观点：人都是天然地趋向政府统治，但只趋向于王权政府而非其他政府。这位教士绝不能指出父亲式的统治属于这两种政府形式中的哪一种：它既不是王权政府也不是贵族制政府。起初，世界由许多家庭组成，单个家庭为独立单位。一旦有共同的敌人来攻打这一个由单个家庭组成的地区，在本性之光的驱动下，他们会奋起反抗并组成一个政治共同体来保护自身的安全。这才是最本性不过的事情！此时，他们并没有一个王。这许多的父亲同样地爱着他们的家庭，保卫自己妻儿的安全，没有理由说其中一个父亲会在其他众父亲之上而成为王，除非是通过自愿的契约形式来确立。如果这位教士有能耐，请他向我们指出在众家庭的聚集区，在没有王之前，在这样的地区，是什么保证的君主制的合法性？如同保证贵族制的合法性一样？！对我而言，这两种形式都是神的指令，都是值得赞美的。它们之间的差别是偶然的。不同主体那里的权柄都来自神（《罗马书》13：1）。权柄若在一人手里，是君主制；若在多人手里，便是贵族制。在一人手里的权柄与在多人手上的权柄都是本性的诉求，掌握权柄的主体也只是很偶然地被选择来掌握权柄。

2. 星辰并不发光，只是反射太阳的光而已。它们并不是太阳自由意志之下的发光体，也没有接受直接从神那里发出的光，仅仅是太阳在发光而已。没有太阳光，就没有星辰光辉！

3. 星辰放射与发出光芒实际上是一种二手行为（actu secundo）。它们依赖于太阳。对于下级法官而言，他们虽然由君王来任命，但他们的统治天赋却不是来自这世上的王，而来自那唯一的王。

4. 君王死去，法官依旧还是法官。法官并不依赖于君王而做二手审判。他们为那些贫困的和有需要的人群给予实际的热量与公正的光芒。他们并不服务于君王的任何主观想法、指示或命令。他们唯一依赖的是顺服于神的良心。他们的审判也直接归属神,而非君王。对于这个问题,我们就此搁笔。

论点十:如君王将死,作为圣灵部下的下级法官依然还有由神而来的权力。他们就本质上是法官。如果一个国家的最主要代理者或领路人有权在某位君王死后另立新君,那么,他们就不是派生性、参与性或非实质性的法官或管理者。相反,与法官比较起来,君王才是派生性与参与性的统治者。如果法官的审判要直接依赖于这所谓的唯一的法官,那么,一旦这法官死掉,所有的法官就得停止审判。审判之源枯竭了,那支流亦当枯竭。扫罗死后,各支派的长老依据神的指示还是掌权者。他们依据神的律法与神的旨意立大卫为王(《申命记》17)。

论点十一:如果君王并非通过绝对权力来指派和任命下级法官,而是藉着人民的权力;如果神在确立下级法官上并没有像他在立王之事上的直接影响力;那么,说君王才是唯一的法官,而这些下级法官都是从他那里派生出来的作为君王的部下的法官,这是没有根据的。如果前者成立,那么后者也当成立。1. 很显然的是,君王不能依据自己的绝对意志来确立下级法官。从《申命记》(1:15)中可看出,摩西尚且不能根据自己的喜好来确立法官:神给他一条选立的法官的准则,要他在各支派中选有智慧、有见识、为众人所认识的、敬畏神的、不贪污的人为法官(《申命记》1:13—17)。这些资格鉴定并非来自摩西而是来自神,这与王的内在的天赋一样都直接来自神(《申命记》17)。因此,君王依自己意志立法官并非来自神的律法。如果这些神圣的品质存于七十长老那里,即使是摩西也无法将他们从他们的职位上拉下来。

2. 我反对这样一种说法:与宣布审判的功能与职能相比,君王更重要的职能是确立世袭法官。来自神的财富是父辈的,而不是通过积累。无论是在东方还是在西方都没有这样的人为法律:贵族天生的就是国会的主,法官靠血统确立。

3. 根据《以赛亚书》(3:1—4),在我看来,下级法官也是人民选举产生的。英格兰和苏格兰的所有城市都有权力选出自己的教区长、管理者和市长。这并不是所谓的"君王的过失"。

> 问二十　下级法官本质上是否是法官？是否与君王一样都是神的直接代理人？他们只是君王的部下和代理人吗？

4. 如果权柄是由神来保证的，神的合法呼召就是人民的选择；那么，对下级法官的呼召也就直接或间接来自人民民众。所以，我认为，说法官是君王的助手，是君王的代表，或者说直接与最高君权关联，抑或说他仅仅是一个人等，这些说法都是没有根据的。

论点十二：无疑，下级法官与君王一样在本质意义上就是法官。没有他们，国家的公正根本无法彰显。没了他们，无政府状态、暴力与骚乱将与国家如影随形。要是只有君王无法官，公正不可能实现。混乱、骚动等也将如期而至。

眼下，下面这个观点似乎更合理：有君王，却无下级法官，国家的公正与安全将成为不可能。有下级法官，没有君王，如贵族制政体中，或君王已死，新王未登基，又或君王年幼或不在位，又或君王被俘于敌人之手，在这些情况下，公正都是可能的，且国家能保存下来。这一观点的基础在神的话。据《民数记》(11∶14—15)中记载，当摩西一人无法审判众人时，七十长老与他一道行审判(《民数记》11∶16—17)。因此，众长老的加入帮助了他(《出埃及记》24∶1;《申命记》5∶23，22∶16，19∶12;《约书亚书》23∶2;《士师记》8∶14，11∶5、11;《撒母耳记上》11∶3;《列王纪上》20∶7;《列王纪下》6∶32;《历代志下》34∶29;《路得记》4∶4;《以西结书》8∶1;《耶利米哀歌》1∶19)。摩押人的长老没想过要君王。设立法官的本性原因是贫乏与脆弱。社会中的人通过违法使自己免于暴力的侵害。因此，他们在本性之光的帮助下，将他们的权力给一个或多个法官以帮助他们实现自我保护。本性会使用最有效的方式来达到自己的目标。在一个巨大的社会或国家中，有多个统治者来进行管理比一个统治者来管理更能达到这种目的。如果只有一个统治者，他不可能为所有人带来正义。孩子要是从他们的父亲或领导者那里被带走，他们就更近于暴力与不公正的侵害。正义应该与需要它的人紧密相邻。撒母耳每年都会到伯特利、吉甲、米斯巴等地巡视审判(《撒母耳记上》7∶15)，为穷人带去公正。因此，苏格兰的王也当像我们的先辈那样行。但现今，公正却像黄金那样稀缺。说下级法官仅仅是君王的代理和助手，这是一个很坏的观点。当君王想妨碍司法判决的时候，他们会谴责和惩罚法官：1. 在这样的惩罚中，法官并不是作为法官被惩罚，而是作为一个人来接受惩罚的。2. 人若犯法，君王能惩罚所有人。如此便可推导出"所有臣民都是君王的助手和部下"这样的论点来。

问二十一

人民与国会在国家中拥有怎样的权力？又拥有哪些在君王之上的权力？

君王是国家的头。国会却如头上的神庙，是头上最重要的部分；如同君王是这头上的王冠一样①。

主张一：国家秩序原本就存在民族中：在犹太人那里，由家庭里的父与支派中的首领进行统治。"民选五长官"（the Ephori）制度早在拉塞得孟尼人（Lacedemonians）那里就有了②。古罗马有元老院制度。英格兰、苏格兰、法兰西、西班牙等地有议会制度。押尼珥对以色列众长老说，叫他们将大卫带回来做王（《撒母耳记下》3：17）。以色列的长老不仅仅在士师（审判者）与王的时代给士师（审判者）与王提供建议与看法，而且他们本身就是法官，本质上与士师（审判者）和君王相同。这在下面经文中可见一斑。《申命记》（21：19—21）中讲到，顽梗悖逆的儿子要被带到本城长老那里受审，将被判处众人用石头将他打死。在《申命记》（22：18）中记载道："本城的长老要拿住那人，惩治他。"《约书亚记》（20：4）中说到，在本城的长老之外，还有以色列的长老与掌权的。他们与君王和士师（审判者）一样，拥

---

① Principes sunt capitis tempora rex vertex. ——原注
② Polyb. hist. l. 6. ——原注

有审定生死的权力。在《约书亚记》(22：30)中讲到,即使在约书亚为以色列士师(审判者)的时候,会众的祭司与首领也在行审判,判断流便人、迦得人、玛拿西人所说的话是否来自神,是否符合以色列的信仰。在《撒母耳记下》(5：3)中,所有的以色列长老聚集在希伯伦立大卫为王。在《民数记》的第34章中,这些长老受神的指派,不仅是摩西的谏臣,而且是他们的协助者。他们为摩西分担统治与管理,这样摩西的治理就更加轻松容易。《耶利米书》(26：10)谈到,在犹大的首领面前受审。《约书亚记》(17：4)说过,约书亚和首领一道听审。《约书亚记》(9：15)说约书亚与会众的首领也向基遍人起誓,容他们活着。以色列各家的管事人要是没有审判之权又怎么因欺压百姓而受到神的责难呢?(《弥迦书》3：1—3)很明显,在神那里,他们都是法官(《西番雅书》3：3;《申命记》1：17;《历代志下》19：6—7)。《撒母耳记上》(8：2)谈到,以色列民及长老拒绝大祭司撒母耳的劝导和警告,聚众要求立王来治理自己。在没有任何首领与君王在场的情况,他们聚集在希伯伦立大卫为王。在大卫被扫罗驱逐后,他们又将大卫带回。当亚他利雅施暴政,他们便聚集起来立约阿施为王(《列王纪下》11)。在《约书亚记》第22章中,我们能清楚地看到,在没有约书亚出席的情况下,他们会聚集商议事情,且决定设立新的神坛。苏格兰与英格兰的议会被召集起本是一件好事,尽管这不是英王授意而召集的。但是,他们与那些邪恶的教士一道发号施令,借此建立许多祭偶的坛。我们的教士当竭力来证明他们在违法才对。他们在我们的国家里召集了许多会议,设立了许多规定,将那些最粗俗的偶像带进了"他们的教会",即专门敬拜偶像的坛和面包。这面包仅出自那烘焙师之手,在他们那里居然成了比任何金银制的神都更易腐坏的神[①]。

在违背以色列王的意识与心愿的情况下,以利亚依据神的律法将侍奉巴别的先知全部处死(《列王纪下》18：19)。这只是在今天看来不寻常罢了!当恶人败坏神的律法,而最高行政长官又拒绝执行神的审判时,那

---

① 指在圣餐争论出现的"实体转换说"或"变质说",一种建立在亚里士多德的实体偶性说基础上的神学理论。

问二十一	人民与国会在国家中拥有怎样的权力？又拥有哪些在君王之上的权力？

些在神的旨意下立他为最高行政长官的人便要执行神的审判。他们对王位与国家拥有最大处置权。在《撒母耳记上》(15：32)，撒母耳将那神明确晓谕要杀死的亚甲处死，因为扫罗违背了神的话。我承认，只有在掌权者忽视其责任的情况下才这样行。对他来说，要么是不召集会众，要么是不执行神的审判。我看不出：为什么召集组成国会对一国而言是一件异常之事。一般来说，当君王死去或精神错乱，或被俘于他者时，无人有权来召集会众组成国会；人民能做的仅仅是依本性之律，将自己组织起来。但是，如果他们在本质上与君王一样是法官，正如我在前面一章中对那些忠实的读者所阐述那样，虽然国家为秩序的缘故立法规定，只有君王才能召集国会；但我们要在良心的法庭上对此进行辩驳：国家本质上有权来召集自己的议会（因为它们是国家，本质上有对自己领地的审判之权）。摩西依神的律法指定七十长老为以色列的大公法官后，无论摩西的主观意识如何，他都无权限制这些人行神赋予他们的审判之职。当神赋予法官权力去公正审判时，即使君王命令他做相反的判决，他也有权叫君王坐门口的冷板凳。无论何时何地，只要被压迫的穷困民众需要公正的审判，他就必须进行公正的审判。神命令所有法官当早晨秉公审判（《耶利米书》21：12）。这里宣示着所有自愿行为需遵循的戒律。没了它，秉公审判将不可能。也就是说，法官必须依这神圣戒律来行审判。他必须在公众场所审判，也必须传唤相关方和证人到庭，他必须考虑、了解、考察相关事件、相关人物和发生环境。因此，神规定了审判的明确行为，也赋予了法官能动权力，以及借助权力的强制性行为，如传唤当事人。即使是基督，他也要叫他的信徒传道。他叫传道者和人民去教堂，那样众人便可听见。同时，这也能给自己到教会之前以时间默想与思考。如果神命令一人来行审判，他也可以命令七十人来审判，也可以叫整个国家聚集起来审判。有人反对说："从一般与常规意义上来说，国会并不是法官；但是，君王在充足理由的情况下传唤他们，不是叫他们行审判而是叫他们提供如何行审判的建议。只有在这种情况下他们才能被称为法官。"

论点一：当公共事务需要这些国家的公共守卫者聚集到一起的时

候,他们与君王一样都是称为法官。君王也只是在遇到必要时才行审判。说只有君王在何种情况下进行传唤,国会才能勉强被称为法官,这纯粹是臆断。长老、家庭与部落的首领都是一般意义上的法官,是他们选立了王。

论点二:只要关涉到国家领土与教会、正义与信仰,这就不是君王一人之事,而是所有法官、长老与首领的事情。当他们在审判中欺压百姓时,他们被称为豺狼、暴狮和暴徒(《以西结书》22:25—29;《撒迦利亚书》3:3;《以赛亚书》3:14—15;《弥迦书》3:1—3)。因此,他们设立法官(《申命记》1:15—17;《历代志下》19:6—7),以便不再受君王的制约而不能聚集起来,也不再受君王主观判决的限制。当信仰与公正被弃之街头时,他们借此可以为不公正的判决向神上诉,或者为不公正的宣判与不能聚集之事上诉。

论点三:神依本性之律给予每个人自我保护和保护自己弟兄的权利与义务,该隐作为哥哥本该保护亚伯。所以,神以明确法律晓谕了,保卫国家的重任不只加在君王肩上,因为这是不可能的①(《民数记》11:14,17;《历代志下》19:1—6;《历代志上》27)。

论点四:如果君王果真有从神那里来的如此大的权力,那么,他便可以随意打断国会、内阁以及国内法庭的任何会议与审判;甚至当在大能者与众神的会众中为贫困的与受压迫的人行公义的审判之时(《诗篇》82),他也可以横加干预。这样,他们就只能照君王指示他们的那样去行正义,修改审判,剥夺义人的义(《以赛亚书》5:23)。这就是君王的命令。君王下达命令,穷人的案件也就无法不能到达法官那里。人若说,因为君王命令我们这样做,我们便不审穷人的案子,也不去击杀巴力的先知,也不去惩治拜偶的教士。这样的做法能得到宽恕吗?当法官在判决拿伯的葡萄园应该归还给他之时,他就会打断审判,并阻止国家反抗暴政。国人似乎可以这样说:这是我们以我们善的意志选立的王,我们欣慰他行暴政!神让他做王!我们很乐意他乐在其中!

---

① Junius Brut. q. 2, p. 51, vind. contr. Tyran. ——原注。

| 问二十一 | 人民与国会在国家中拥有怎样的权力？又拥有哪些在君王之上的权力？ |

论点五：巴克利和那些马屁精宣称，国会仅仅能充当君王谏臣的角色。君王才是唯一的法官。他是所有法官中的唯一的法官。经上的记载却与之完全相反(《民数记》11：16；《申命记》1：15—17；《历代志下》19：6；《罗马书》13：1—2；《彼得前书》2：13—14)。他们说，君王在派遣使节的时候，就将这使节与明文规定相捆绑。一旦他行了超出这规定之外的事情，他就不再是使节了。很明显，所有的下级法官也受君王的派遣(《彼得前书》2：13—14)。因此，他们只是作为信使意义上的法官，且与派遣他的王者的喜悦相联系。

驳：(1)使节不会接受那些与本性之律相违背的非法使节职分。(2)使节与法官是有区别的。使节在任命与使节事务上都是君王与国家的下属。只有这样，他才不能违反给他的书面命令。虽说下级法官与国会的高级法官都是王的部下，但这仅仅是就任命意义上而言。这并不关涉法官的授权问题。君王派遣法官依据法律、公正与信仰去审判。一般来说，君王不能代替行审判，也不能命令法官如此这般的宣判。下级法官在审判之时是完全独立的。他的良心只对神负责。因此，对每一项审判，君王只有恰当的投票权，绝没有指令权或任意投票权。

论点六：如果君王企图将外国军队引入而卖国，那么，为着国家的安全，全国民众当聚集起来采取必要的行动。

论点七：如果大卫与以色列的众长老商议协助所罗门治理国家，修建神庙；如果希西家在抵制亚述王入侵犹大国一事上与众长老和勇士商议(《历代志下》32：3)；如果大卫与千夫长、百夫长即以色列的一些首领商议将约柜从基列耶琳运来(《历代志上》13：1—4)；如果所罗门"将以色列的长老和各支派的首领，并以色列的族长，招聚到耶路撒冷，要把耶和华的约柜，从大卫城也就是锡安运上来"(《列王纪上》8：1)；如果在关涉信仰的时候，亚哈王要召集以色列人来商议；如果以色列的长老与百姓建议和命令亚哈王不要听亚兰王便哈达的(《列王纪上》20：8)；如果米母干没有在众首领的同意下下达诏书(《以斯帖记》1：21)；如果哈抹和示剑不是在征得全城男人的同意下，与雅各的儿子立约(《创世记》34：20)；如果赫人以弗仑不是在赫人面前征得同意，将那地卖给亚伯拉罕埋葬死人

(《创世记》23∶10);等等;在关乎全国性的信仰、正义与管理的事情上,国家议会一定与君王、长老有共同的审判权。依据圣经经文的记载,这个推论的前提肯定是正确的,所以,结论也正确。

论点八:以法莲人抱怨耶弗他在攻打亚扪人时没有叫上他们,于是引起了以法莲人与基列人的战争(《士师记》12∶1—4)。同样,以色列国的人猛烈攻打犹大国的人,乃是因为他们将大卫王请回家却没有叫上他们,令以色列国的人非常沮丧(《撒母耳记下》19∶41—43)。这足以证明,事关整个国家的公共统治之时,举国都有权利和义务插手其中。在国家没有君王的情况下,以色列全国的长老和首领便带领人民出来应战便雅悯人(《士师记》20)。

论点九:在暴政下,立王之人也有权废王。这样,他们必须拥有在君王之上的统治权力。比如,以色列的长老和首领能立大卫和扫罗为王。

论点十:以色列的百姓与首领将无辜的约拿单从死亡那里救出。这与扫罗的意志与法律相违背(《撒母耳记上》14)。谁能说他们这样行不对呢?

论点十一:保皇党有一个奇怪的论断:君王有绝对的至高权力,他给予国会以生命和权力。国会的召集仅表明了君王的恩惠。这正是弗恩在《主教要义》①一书中的观点。这个观点显然是错误的。君王的权力是受托性的权力,是基于信任而交付于他之手。它只是执行性的权力,从那些信任他的人那里借来。所以,君王的权力必定要小于国会的权力,是从国会那里分流而来。但是,国会并不从君王那里因信任而获得权力。早在君王拥有王权之前,国会就有它此刻拥有的权力了。并且,即使君王从他们那里接受了权力,他们仍然拥有在此之前的完整权力,即制定法律,给予君王执行法律的权力。君王召集议会是他的王者义务。这是他以他的君王职分所向国会担保要行之事,而绝非什么施恩之举。施恩纯属自由意志行为。如果要让君王进行自由意志的选择的话,他可能永远不会召集议会。当大卫、所罗门、亚撒、希西家、约沙法、亚哈斯等召集会众,他们

---

① 弗恩:《主要教义》,p.69。

| 问二十一　人民与国会在国家中拥有怎样的权力？
又拥有哪些在君王之上的权力？

是以王的身份来召集会众。可见，这是一种债务式的权力（ex debito et virtute officii）。如果君王作为王本身是一项具有生命的会呼吸的法律，那么君王必须要行法律规定该行之事。这与自发的、随意的恩惠无关。如果经上提供了证据证明，以色列的某位王与立他为王的一两个长老和首领掌握生死大权的话，那么，以色列是否就有与贵族制相调和的君主制呢？如果每个城市都有自己的长老和治理者，正如经上所说的，那不也正好说明了有民主制与贵族制吗？为了给出国家议会权力的证据，推荐读者看看下面这些法理学家们学的书①。

反：与国家议会相比，君王在一种更尊贵的意义上代表人民；因为国会的长老与执事的所有权力都来自人民，而人民的权力由都集中于君王。

驳：国家议会在职分与人格两方面集体性代表着人民；他们为人民行审判。多人代表多人总比一人代表多人强！在实际法律执行的权力方面，虽然君王比议会有更多的权力，但是议会在立法权上却比君王有更多的权力，所以说君王代表人民是不恰当的。也不能说国会除了给君王提供咨询外别无他用。他们提供的法定的具有司法效果的意见可以成其为法律并规定君王的行为，其中无需君王意志的参与。他们的意见并不是促使君王给出一项成文的法律。否则的话，我们就不得不假定，君王是唯一的法官，没有君王的意愿就不会有法律。

---

① 卢瑟福列举了这些书。这里原文列出，不做翻译。其中特别需要一提的是加尔文的《基督教要义》和布坎南的《论苏格兰政治》。
Arg. l. aliud. 160, sect. 1; De Jur. Reg. l. 22;
Mortuo de fidei. l. 11, 14, ad Mum. l. 3, 1, 4;
Sigenius De Rep. Judœor l. 6, c. 7; Cornelius Bertramo, c. 12;
Junius Brutus, Vindic. contra. Tyran. sect. 2;
Author Libelli de jur Magistrat. in subd. q. 6;
Althus. Politic. c. 18;
Calvin Institut. l. 4, c. 20;
Pareus Coment. in Rom. xiii.;
Pet. Martyr in Lib. Judic. c. 3;
Joan Marianusde rege lib. 1, c. 7;
Hottoman de jure Antiq. Regni Gallici l. 1, c. 12;
Buchanan de jure Regni apud Scotos.

反：人民要保留什么权力？他们是在团结中给自己保留这权力，如团结在国会中。因此，在议会之外做事便是制造骚动。

驳：我不同意这种结论。人民在议会之外保留了自我保护的权力，以及为此召集议会的权力。这样他们才能在一个共同体下进行自我保护。

问二十二

君王的权力是绝对的吗？是否依赖或受限于神最初立王的模式？

弗恩①告诉我们，他绝不想要为一种主观命令权力的绝对性辩护。君权不能居于神的律法所加于其上的道德约束之外。他仅仅是想强调，君王有一种臣民不可抵抗的权力。就君王没有在神的律法的道德规范之外的绝对权力这个问题，我们与保皇党都没有异议：1. 任何神的律法加在君王身上的束缚都直接完全地来自神与神的律法的要求，绝不会来自任何君王与立他为王的人民之间明文的或默许的条款或契约。因为，当他无法遵守这契约时，即使他的所为已经超出了作为王或人的残忍程度，成了一头烈狮、一个尼禄、一位弑母者，穷尽了残暴之举，撕裂天下的约等，他也只对神负责，而不对世间的任何人负责。

2. 跟保皇党争论究竟神是否把道德约束加在君王身上，等于要问：君王是理性之人还是无理性之人？君王是否要在神的烈怒下痛哭？如果他是一个作恶的统治者，他就会期盼山岩倒在他身上以遮蔽他（《启示录》6：15—16）。托菲特是否已为所有的行不公正做好了惩罚的准备？在这里我借用经院学者的描述：神是否造了这样的一个理性物，天生毫无瑕疵，且在神面前

---

① 弗恩：《主要教义》，sect. 3, p. 12。

不会犯罪？如果保皇党要用他们的绝对君主来回驳这个问题，那么他们就是邪恶的圣人了。

这位教士说：在这里，我们并不是要为主人式的或专制的又或者是奴隶式的君权做辩护，这乃是一种绝对权力，正如今天的奥斯曼帝国在他的臣民那里所行的那样，又如当今的西班牙在其国内以及欧洲之外的领地所拥有的权力那样；我们所强调的是一种从他父那里来的王权（regiam potestatem，quœ fundatur in paterna）是一种父亲式的王者权力，在它之下，我们的生活犹如我们受佑先辈的生活一样。他接着说，这王权与生俱来的就有主教治理权，它们两者不可分，这由合法与公正的司法来保证，并且居于期间。〔需要指出的是：这里（c. 14，p. 163）的论断显然是偷取格劳秀斯、巴克利、阿尼索斯等人的观点，只不过他们要讲得更符合逻辑罢了。〕

驳：1. 这是另外一件不列颠王所没有的绝对权力：他没有像土耳其王所拥有的那种主人式的绝对自由。为什么呢？这位教士以如此高调且温柔的方式指出的，看似关涉于英伦三岛百姓灵与肉的事情，你当教导我们啊！在君王与百姓间的契约或协议给君王带上了何样的脚链或手铐？作为君王他为何没有奥斯曼王所拥有的那样的权力？我来告诉你！为了保证臣民对法律的顺服，奥斯曼王会命令他的百姓跳入火海迅速烧死。百姓如不服从又当如何呢？如果土耳其王是合法的王又当如何呢？你肯定不会否认他是合法的王。西班牙王是否也会命令被征服的外国奴隶做同样的事情？依照你的逻辑，两者都不能反抗暴力，只能祷告或逃跑。他们都只能对着石头求乞，正如一个身处海难的人只能在对着海浪的祷告声中献身，而不能钻进自己的床底溺死。但是，基督教国家的王不能有这样的权力。为什么呢？因为他有比这更大的权力（依据保皇党的逻辑）！他有权命令他的百姓跳入地狱之火中焚烧自己，即强迫人民在永生神的土地上崇拜那出自人手的工。这要比奥斯曼王命令身体上的焚烧恶劣得多。在这种情况下，留给基督徒百姓的选择只能是逃亡到奥斯曼、土耳其或西班牙的海外殖民地。要么逃亡，要么祷告，别无他途。

2. 保皇党认为英格兰是一个被征服的民族。那么，依征服者的法

| 问二十二　君王的权力是绝对的吗？是否依赖或受限于神最初立王的模式？

律，在何种意义上，西班牙王对他的奴隶所拥有的权力会与英格兰王对他百姓所拥有的权力相同？对保皇党来说，通过征服而得来王冠头衔与通过继承与选举而得来的王冠头衔同样合法。如果我们要考究合法性的核心，据神的律法，它是置于某物内的不可分点。所以，对英格兰而言，新教徒除了对他们的新教徒君王宣誓保卫真正的新教信仰外，他们别无他途了。新教徒归顺于他们的王不能让这些教士、保皇党以及无神论者染指，不能留下一个空空的国家给这保皇党与无神论者。

3. 所有的权力都是受制的，不能从十度的权力升到十四度的权力，即不能从扫罗的王权（《撒母耳记上》8：9，11）升到奥斯曼王的王权，即十四度的王权。制约的因素要么来自神的律法，要么来自人为法律，要么来自管理者天生的神性与恩惠，要么来自神的启示。说制约因素来自神，这显然是无用的。我们与保皇党都承认是神将道德约束置于人与君王身上，所以他们都没有对神犯罪的道德权利。那么，是人为法律在制约王权吗？又是什么法呢？保皇党说，君王作为王在一切人为法律之上。因此，没有什么人为法律能阻止王权由十度上升至奥斯曼王所拥有的十四度王权。所有人类法律的执行都需要合作行为，要么是教会或属灵协助，如革除教籍等；要么民事或世俗权力，如在侵犯情况下进行武力干预。但是，保皇党否认教会或世俗权力能反对君王。人为法律当出自我们这位博大精深的法理学家啊！他应当嘲讽英格兰的所有理学家和律师：君王在加冕礼时并没有与人民签订任何契约；即使有这样的契约，也只能将君王与神捆绑，而不是使之与人捆绑。我们看不出，一项人为法律如何能为二度的王权设限，或在法内取消王权；就更别说对付十度或十四度的王权了。如果西班牙王对那些欧洲之外的人有合法的君权，（如保皇党所言）对那些被征服的百姓有十四度的王权，我就不明白他对西班牙的百姓怎么就没有这相同的权力。作为君王（王权来自神），他对所有人都有此权力。除非这种权力对某些人不管用，或者由神的律法只赋予他对某些人以这样的权力。现今，人是不可能制定这样的法律的。管理者的神性与恩惠不能迫使不列颠的王放弃自己的权力，也不能促使他盗用西班牙王对海外殖民地的权力。保皇党为王从神那里来的应有的权力进行辩护，如扫罗所拥有的权力(《撒母耳记上》8：9,1；10：25)。但是,这种权力作为神性与恩典存在于作为一个善的君王那里,而不是在作为君王的王那里。否则,君王就有了从神那里而来的做暴君的合法权力。如果他想做暴君,我们就应当藉着他本性中的善良为他的权力设限,而并非因为他不是一个暴君才设限。按照保皇党的理论,君王作为王,他首先是一个暴君,从神那里得来这十度的暴掠的、压制的权力,如扫罗一般(《撒母耳记上》8)。那么,为什么不是如奥斯曼王或西班牙王那样的十四度的权力呢？如果君王不去使用他的善良,那只不过是他的个人德性而已,并不是职分上或统治上的权力。对神在作恶权力上设立启示性限制,只能阻止这些权力的使用力度,不让它像西班牙王或土耳其王使用其权力那样膨胀。诚然,神的启示给出了明确的限制,主要在道德领域。它有时会对魔鬼或这世上的极恶之人的行恶权力上给予限制。如这种限制成了,保皇党们必须对我们阐明,神的启示到底对王权做了何种限制,从而使王权成为父亲式的,而非主人式的权力。而且,当王权超出了父亲式权力的界限,而沦落为专制的或主人式的权力时,人民便可揭竿反抗。对此,他们肯定会否决。

4. 保皇党宣称,这种家长或父亲式的权力是神授的。它并不根据于臣民的自由与财产,而是根据于合法与公正的司法权(教士语)。所以,它不是来自人民灵与肉的自由,而是根据于合法与公正司法行为。但是,这种司法行为是否合法与公正却无人能判决,除了君王自己外。君王是唯一的最好法官。他拥有绝对的权威与权力。如果君王命令将偶像崇拜强行加入我们祈祷书中,这也是一件合法且公正之司法行为。对保皇党而言,王权是绝对的,君王对百姓的所有行为都是正当的,即使他要命令偶像崇拜和伊斯兰教义,我们只能默默承受而不能反抗。

5. 这位教士认为父亲式的权力是绝对的。如果父亲杀害了自己的孩子,他也不用为此接受行政者的惩罚。父亲作为在自己孩子之上的绝对存在,除了世界唯一法官能惩罚他外,地上没有能惩罚他的权力。

6. 我们已经证明了王权只是类似于家长式或父亲式的权力,且这样类比缺乏合理性。

> 问二十二　君王的权力是绝对的吗？是否依赖或受限于神最初立王的模式？

7. 大主教法庭到底是什么，我们还会不断听到。

8. 除神的律法外，世上无法对君王的这种父亲式的权力进行限制，且神的律法的限制也只是道德上的限制。如君王要谋求土耳其王所拥有的那么大的权力，那也只是对神的犯罪，地上没有凡人能够加以制止。这正是保皇党所教导的。谁能知道保皇党为之辩护的权力是什么权力？是主人般的专制权力，还是父亲式的权力？如这权力在法律之上，无人能反抗，那么这权力是在二度的法律之上还是在二十度的法律之上，抑或在土耳其王的权力之上，就都无关紧要了。

下面这些是在法庭上的宣告。塔西陀："神给了王掌管事物的权力，臣民的荣耀就是服侍王。"(Principi summun rerum arbitrium Dii dederunt, subditis obsequii gloria relicta est.)以及塞内卡："无价的被当作有价的来考量，这样神造了王。如果有什么行事是免遭惩罚的，那便是王。"(Indigna digna habenda sunt, Rex qua facit; Salust, — Impune quidvis facere, id est, Regem esse.)一位君王与一位不会犯错的神好像是一回事了。很明显，这些作者在向君王执照进行课税，而非显示他们的权力。

我认为，神并没有授予王在法律之上的绝对的、无限的权力，理由如下：

论点一：那最初由神指定君王职分的人，当他坐王位，必须认真阅读成文律法书，使他能够"敬畏耶和华他的神，谨守遵行这律法书上的一切言语和这些律例"(《申命记》17∶19)。他并没有在法律之上的绝对权力。相反，君王作为王他必须行《申命记》(17∶16—19)上面所规定的一切事。至此，前提就很明朗了。这是君王作为王当遵守的律法，而不是作为人当守的律法。当他坐上王位，就当阅读这律法书。因为他是王，"免得他向弟兄心高气傲"(《申命记》17∶20)。作为王，他也"不可为自己加添马匹"(《申命记》17∶16)等。政治家坚定地支持这个观点：作为君王的王本身就是活着的、会呼吸的、会言说的法律。理由有三：1. 如果所有百姓都不会相互行凶，那么律法就可以统治一切。人们借助他们之间的默契便可以将法律付诸实施，没有必要设立一个君王来迫使他们行正确之事。但是，由于堕落，人天生喜好离弃好的律法，所以才需要统治者。这统治者将法律付诸实践。君王便是法律付诸实践的结果。2. 法律就是理性或心智，不受愤怒、欲望、憎恨等不安因素的干扰，也不会被引向犯罪。君王作为人是可能由他的情绪而导向恶。但作为王，他借助王的职分而超脱自我走向了理性与法律。他有多少法律，他就接近王权多少。离法律最远的地方便是暴君。3. 抽象的东西要比实体性的东西更接近完美和纯粹（Abstracta concretis sunt puriora et perfectiora）。正义要比正义的人完美，白要比白墙完美。因此，君王离法律越近，他就越是王。所以，君王作为人而受制于法律。而这种说法是错的：王应该自己保持与法律相一致。塞勒斯（Cyrus）的儿子冈比西斯（Cambyses）因为喜欢自己的妹妹，就应当"兄妹婚姻合法化"吗？艾纳克撒切斯（Anaxarchus）对亚历山大（Alexander）说，审判与公正的关系就如同神与君王所行之事的关系一样。在这种意义上，更好的表达是：法律才有生死大权，而非君王。

论点二：君王所拥有的权力（个人天赋不在其中）来自选立他的人民，正如我在前面所证明的那样。但是，人民本身并没有任何形式上或实质上的绝对权力给君王。君王所拥有的全部权力只是领导他们过一种和平与属神的生活，免于自己受不公正的暴力对待。法律之上的绝对权力其实就是作恶与摧毁百姓的权力。这种权力是人民所没有的。说人有摧毁自己的自然权利，或者说强加给自身恶的、致死的惩罚，这显然与本性相矛盾。虽然王权被赋予了，但要说人民将自己的所有权力都让渡给了君王，这是没有被承认的。如果君王用着被赋予的权力行暴政，给人民带来伤害或毁灭，这显然与本性的意图相对立。人民授予一人作为他们父亲与保卫者的权力，但他却违背人民的意图篡夺了一种这权力之上的权力，这是人民没有赋予他的。这权力也是人民所不具有的。人民不可能给予一种他们没有的、用以摧毁自己的权力。

论点三：所有王权都来自神，君王借此为王。这和他作为一个人是有区别的。但是，这权力没有赋予其行暴力的权力。对人民施暴政、毁灭人民的绝对权力不是来自神的权力。所以，不存在这样一种绝对权力。我们的这一说法是有根据的。神在立君王置王冠时（《箴言》8：1—16；

问二十二　君王的权力是绝对的吗？是否依赖或受限于神最初立王的模式？

《撒母耳记下》12：7；《但以理书》4：32），一定也创造并给予做王的权力。王因此才是王。1. 神造人，一定也创造了人的理性灵魂。如果神是万物的创造者，那神也一定创造了它们的形式，使他们成其自身。2. 所有权力都是神的（《历代志上》29：11；《马太福音》6：13；《诗篇》62：11，68：35；《但以理书》2：37）。但是，施暴政的绝对权力不来自神。首先，如果这种犯罪的道德权力（就其形式而言是邪恶的）来自神，那么，神就必然是罪的创造者。其次，道德权力来自神，其实行以及相关行为都来自神，从而它们必须在道德上是善与正义的。神是道德权力的创造者，也必是道德行为的作者。但是，暴政权力的行为是在罪中的不公义与压迫行为，因而肯定不是来自神。再次政治家宣称，统治者那里的权力都不是用来作恶的，而是用来保卫民众。因此，医生行破坏，船长驾船撞礁，导师浪费孤儿遗产，父母杀害子女，能者欺压弱者等，这些权力都不来自神①。

巴克利②、格劳秀斯、弗恩博士等人认为："那行恶的绝对权力，只要是人类无法合法地抵制它，那他就是来自神的。君王有他从神那里接受权力的独特方式。这是臣民不能抵抗的。否则，他就是在抵制神的命令。暴政的权力却不是只来自神。"

驳：法律规定：不合法的权力就不是权力。保皇党认为，暴政的权力如果能被抵制，接受人的惩罚，那么它就不是来自神。这种区分的隐藏意思是什么呢？暴政权力只（simpliciter）来自神，或者说它自身就来自神。如果他遭到了臣民的惩罚与限制，那么他就不是来自神的。现今，遭到臣民的惩罚仅仅是偶发事件。暴政权力才是问题所在。这确实是可分开的事件。历史上有许多暴君都没有遭到惩罚。他们的权力也从未被限制过，比如，扫罗以及迫害基督徒的罗马皇帝就是这样。如果暴政权力本身是属神的，那么，上述论断才是有效的。但是，这没有解决问题。按照阿尼索斯③的说法，只要管理者在法律之外行了任何违背他职分的错误事

---

① 参阅：Ferdinand. Vasquez illustr. quest. l. 1, c. 26, c. 45；Prickman d. c. 3, sect. Soluta potestas；Althus. pol. cap. 9, n. 25。
② 巴克利：《反君主制》，lib. 2. p. 62。
③ 阿尼索斯：《论权威原则》，c. 2, n. 10。

件,他就不是管理者。那么,上述论断应该作为谬误而摔在地上。我认为,他所行的权力并不是来自神。抵制君王的暴政行为也不是在抵制神的命令。只要既不能遭受臣民惩罚也不能被限制的权力是来自神的,那么,暴政权力本身也就必定是来自神的。这个结论很荒谬,且保皇党也不会赞同。这其中的逻辑为:如果君王拥有在一切限制之外的权力,大卫王的权力可使他杀死无辜的乌利亚、玷污巴示拔后,既不遭到人的惩罚也不限制其权力。所以,这权力本身要么来自神,要么不来自神。如果它来自神,那么它就必定是一种与第六和第七条诫命相悖的权力;这权力神只给了大卫一人。所以,大卫在对此悔罪时撒谎,不可能得到宽恕——因为在大卫那里这就不是罪。君王作为王与神的律法所要求士师(审判者)的一切义务相反(《申命记》1:15—17,17:15—20;《历代志下》19:6—7;《罗马书》13:3);而且,他不在诸如对他们臣民仁慈、求真、公正等义务的捆绑之下。说如果这权力来自神,不受臣民的限制与惩罚,那它就完全不来自神。神怎么可能给予一种不受人惩罚能行恶的权力而又不让那种权力去行恶呢?这种王权不可理解。神若仅仅给予了大卫这事(一种杀害无辜者的权力),在这种考虑下,他只能得到神的惩罚,而不是接受人的惩罚。神定是将它作为一种罪恶的权力给予大卫。这权力用来散播罪,从而既不接受神的惩罚也不接受人的惩罚。这显然与神的话所启示的相悖。如果这不受人限制的权力以许可方式来自神,就像一种在地狱中犯罪的权力,那么它显然不是王权,也不是神的命令;而人民对他的抵制也就不是对神命令的抵制了。

论点四:他们将王仅仅变成神审判的权力;除此之外,王对百姓毫无益处。他迫使所有人成为其奴隶,如罗马人和犹太人中的奴隶那样。这种权力不受基督徒拥护。他仅是作恶与施暴政的权力。作为王的核心组成部分,它使王与法官加以区别;于是,王对以色列是无益的,仅仅作为神的审判而降下来奴役以色列民。对此我们无法苟同。经上明确记载道:1. 有王是神的佑福,无王是神的审判。《士师记》(17:6)中讲:"那时以色列中没有王,各人任意而行。"(《士师记》18:1;19:1;21:25) 2. 为以色列民立王是神的善举的部分(《撒母耳记上》16:1;《撒母耳记下》5:

问二十二　君王的权力是绝对的吗？是否依赖或受限于神最初立王的模式？

12)。大卫受命于神而立为以色列的王；他要为以色列民的益处高举他的国家(《撒母耳记下》15：2—3、6,18：3；《罗马书》13：2—4)。如果君王本身是好的，那么，他就不可能首先是诅咒与审判，本质上也不是对人民的捆绑与奴役。君王被立的真实与内在目的是善的(《罗马书》13：4)，是为着一种安宁平静的、属神的、敬虔的生活的益处(《彼得前书》2：2)。君王在职分上真正目的是要保护法律免受暴力破坏和神子民的安全。无论是在战争时期还是在和平时期，无论是在国内还是在国外，他在神的话里是保证人民的一切潜在幸福生活的债务人。

绝对而任意的权力就是王法，如保皇党所言，扫罗接受神的命令行暴政(《撒母耳记上》8：9,11；10：25)。这种在一切法律之上的任意而不受限制的权力是这样的权力：(1) 属于神的；(2) 对以色列的王和法官进行本质上的区分，如巴克利、格劳秀斯、阿尼索斯等人所言；(3) 君王的构建形式，因而首先是一种益处和神的祝福。不过，如果神给了君王这般权力，那么，1. 他的意志就是法律，或者去行，或者去忍受狮子、豹子、尼禄、朱利安等的暴行与残酷。于是，神首先给了君王一种权力去奴役神的子民和羊群；通过神的鲜血回赎，如在罗马人和犹太人那里的奴隶一般，完全在他们主人之下，被神的瘟疫所绑；又如生活在法老掌控之下的神的子民，被迫做砖窑之工。2. 即使君王割了神子民的喉，如血腥玛丽所行的那样，并且派军队来烧毁城池，屠杀男人、女人和孩子；他也只是在做他分内之事。你们不能像反抗一个人那样来反抗他。对君王的服从就是将脖子伸出去让他砍，因为他的绝对权力是神的指命。除了神的允许，无人有权残杀无辜者。

保罗在《罗马书》(第 13 章)中是这样认为的：我们怎么相信那些庭上的先知和撒谎的幽灵！他们说服不列颠的王对自己的英伦三岛开战。君王与法官的界限很明显，即使是在众暴君统治下的以色列依然可见。这在犹太人被掳于亚哈随鲁王之下亦是如是(《以斯帖记》7：4)。那么，神的子民在自己君王统治之下与被掳于他国暴君之下又有什么区别呢？同是伐木搬石，侍奉假神。如果君王受神的命令拥有同样绝对权力，他首先是一位暴君。这等于说，如果他被赋予了绝对权力，即有施暴政的权力,那么,神的子民就必定一开始就是奴隶,在绝对的服从之下。他们的关系就是主人与仆人,征服者与被俘者的关系。确实如他们所言,君王在职分上扮演父亲的角色,他们不可能行摧毁之事。君王若不将神给予他们的绝对权力用来行摧毁之事,乃因为他们本性中善的因素。所以,若要感谢当感谢他们本性中的善。由于这善,他们才在派生中不去行暴政。依据保皇党的教导,神借着君王的职分给了他们可行摧毁的王权。所以,神的子民就是君王的奴隶。即使君王不以奴隶待他们,这丝毫不影响他们的奴隶身份。所以,许多古代的征服者对待在战争中所捕获的奴隶如对待自己的子女一般。这算是仁至义尽了。不过,征服者有权变卖他们,宰杀他们,让他们在砖窑之中劳作。由此,我只好说,王权与君王不可能是福祉和神对人的厚爱。当人民想要一位王时,他们祷告便可能得着一位王。他们有了王就当感谢赞美神。但是,君王一定是诅咒与审判,只要他在本质和倾向上符合自身,他就在职分上拥有对王权进行毁灭的权力。这都是来自神。人民当如是祈祷:"主啊,赐予我们一位王!使我们为奴为婢!剥夺我们的自由与权力!把无限的绝对权力赐予他!让他任意摧残毁灭我们!如同所有那些嗜血的罗马皇帝对神的子民所行的那样行!"当然,我看到的是,这种祷告在祈求试炼,请求神赐王让他们进入试炼。因此,这种权力是虚幻的。

论点五:和正义、和平与人民的利益相悖的权力,作为统治权,可以不依赖于任何法律。这是荒谬的,是神的律法与人为法律所禁止的。这种权力不可能是合法权力,也不可能是构成法官的要素。但是,绝对而不受限制的权力正是这种权力。如果法官有君王般的神所授予的摧毁人民的权力,他怎能同时又是为人民益处而作神的佣人呢?(《罗马书》13:4)

论点六:绝对权力违背本性,所以是非法的。它会使百姓放弃抵制非法与残酷暴力的自然权利。同时,它使一个本该依据本性来统治的人篡居于一切法律与习俗之上,为非作歹。它还会帮助一个本性上只能对自己弟兄犯罪的人变得只对神犯罪,成为一头狮子,不合人群的人。尼禄是多伟大的一个人啊!他的一生就只是在吟诗作画!那么,多米田(Domitian)就是一个弓箭手,而瓦勒拉(Valentinian)就成了画家,法国的

>问二十二　君王的权力是绝对的吗？是否依赖或受限于神最初立王的模式？

查尔斯九世（Charles Ⅸ）只是一位狩猎者，阿方索（Alphonsus Dux Ferrariensis）只是一位天文学家，而马其顿的腓力（Philip）便成了一位音乐家等，所有这些都只是因为他们是王。当我们的君主说（第13款）："国会本身有一种合法权力来阻止和限制暴政"的时候，实际上是否认了这种说法。如果这些人没有行暴政的权力，他们绝对不会就只是音乐家、狩猎者等。

论点七：神通过立王来保护他的子民，就不会给予他没有政治限制的自由。一人毁众人。这是违背神的第五条诫命意图的。一人拥有毁灭成千上万人的绝对权力，这也违背了这条诫命。

论点八：以色列与犹大的诸王要接受先知的谴责与责难。他们若违背了这些责难并残害先知的话，他们就是对神与人民犯罪了。他们也必须在"不要贪恋人的妻子、葡萄园等一切"的律法之下行事。并且，下级法官也必须在"不可偏待人"的诫命下行审判。尽管君王乃为王，但他还是一位弟兄（《申命记》17：20）。那么，君王所拥有的权力就不是在一切法律之上，也不是绝对的。这样说有什么道理呢？1. 君王为什么要在某项由人执行的神的律法之下行事，而不是其他什么法律？保皇党关于此处神的话的解释与我们相去甚远。2. 君王的邻舍、弟兄与臣民都能以暴力的方式收回被他们的君王所抢夺走的葡萄园和贞洁。拿伯可以使用暴力收回被亚哈强占的葡萄园。依据苏格兰法律，人若得到了王或他人要强占自己财产的知会，他有权投以暴力将那些强占者送入监狱，完全不用去理会王的个人命令。如果君王要强占落难女子，她就能以身体性的暴力来坚决反抗这种施暴，以保全自己的贞洁。先知可谴责以色列王，这在经上明地记载着：撒母耳谴责扫罗，拿单责难大卫，以利沙指责亚哈等。耶利米受神的吩咐，预言犹太的君王要遭人攻击（《耶利米书》1：18—19），并且由先知来践行（《耶利米书》19：3，21：2，22：13—15；《何西阿书》5：1）。君王如不将他们的王权和能力顺服在先知的责难之下，反而迫害先知；那么，在神面前，他们就是有罪的。

《申命记》（17：20）明言，坐于王位之上的君依然居于弟兄中。这一点在《诗篇》（22：22）中也表现得很明确。所以，法官和英伦三岛的议会不能因为君王的尊贵就在审判中偏待他。《申命记》(1：16—17)中也明确诫命，审判是属乎神的，不应有任何的不公正。行审判当是神亲自坐在庭上宣判一样。法官是作为神的助手代表神来行审判的(《申命记》1：17；《历代志下》19：6—7；《诗篇》82：1—2)。在神那里不会偏待任何人(《历代志下》19：7；《彼得前书》1：17；《使徒行传》10：34)。在此，我并不是教唆由君王任命的那些下级法官来审判君王。但是，那些将君王扶上宝座，立他为王的人却是在他之上的，要来审判他，且不带任何偏见，正如神亲自坐在庭上来行审判一般。

神是人为法律与政府的创造者。他要借此使他的教会和子民过和平、安宁与属神的生活；并且，所有的法官依据他们职位要做教会的养父(《以赛亚书》49：23)。神也必定为这种局面的形成指定了有效的方式。就目前而言，我们看不到任何有效的方式，只有混乱与骚动。如果给一个人绝对的、毫无限制的权力，那么，他便可以依据自己的喜好任意堵塞正义之泉的泉眼，命令律师与法律背离神的旨意，即正义、公正、安全与真正的信仰，跟着他的欲望与喜好走。如果他对国内所有代表正义之机构有绝对不可抵抗的控制权，那么，他就可以借着这种权力将国家带入混乱状态，将人民推入一种比没有法官状态更糟糕的状态。政客们借此宣称专制状态要比无政府状态好。我永远不会承认下述谬论：给予一个人绝对权力是神为和平统治给予的有效方式。绝对权力首先是一种暴政权力。当巴克利①说："雅典人使德拉古(Draco)与索伦(Solon)为法律的绝对制定者。我们不能根据结果来否定权力 (a facto ad jus non valet consequentia)。"他实际上并没有提出任何反面论证：让一群流民立德拉古与索伦为王，成为他们的神，并且给他们制定法律的权力。不同的是，这些事并非用墨水记载下来，而是用人民的鲜血记载下来的。世界上其他的王是否也有从神那里获得的嗜血暴政之权力，且以此来制定血色的法律呢？

论点九：不列颠的王要受法律的制约，且在三国议会宣誓他接受法

---

① 巴克利：《反君主制》，lib. 2, p. 76, 77。

| 问二十二　君王的权力是绝对的吗？是否依赖或受限于神最初立王的模式？

律的制约，从而才能接受以契约智慧（covenant-wise）为基础的王冠。他没有从神或者人民那里来的不受限制的绝对权力。如果他拒绝宣誓，或三国议会断定他将违背自己的誓言，那么，三国人民就可以拒绝接受他作为他们的王。只有这种双向性的、有条件的契约才能给予一人在他人之上的法律与权力。从上述可以看出，不列颠的王要向三国议会宣誓接受法律的约束，即他接受王冠是在双向性的契约基础上的。如果他宣誓为王，那就是说，他有法律之上的绝对权力，但要受法律的约束。他应该对这矛盾的两方宣誓！换句话说，他作为王就该有绝对权力，且依据这权力来统治百姓；同时，他就宣誓不是他们的王，承诺不依据绝对权力而是依据法律来统治百姓。如果绝对权力本质上属于王，那么，君王就无法在法律上宣誓做王。也就是说，他应该宣誓不做王。这样，在缺乏神所赋予的使王为王的本质程序下，他如何成王？！

问二十三

君王是否有王室特权？是否有法律上特赦权力？其他一些反对绝对君主的理由。

我认为，特权有两种表现方式：在理性与法律之外或之上，仅凭意志与喜好而行动；在法律条文之外或与之对立而进行赦免。

主张一：保皇党认为，王室特权实际上是绝对权力的核心；它属于君王的至高权力。君王在法律或理性之上行事，可以说，这是没有理性、违背法律的，也是不可理解的。1.《申命记》（17：15—17；1：15—17）等地方在阐述君王与士师权力的时候，并没有给这种权力提供任何基础和说法。因此，从人的良心上讲，世上就没有这种东西。保皇党对此给不出任何合理的理由，因而应予拒绝。2. 王室特权必须是为人民行善举之权力，并且要建立在法律与理性的基础之上。它是一般的有限权力的一个方面，但没有任何在法律之外或之上的特权。任何一种不以理性为基础而仅凭意志与喜好的权力，都是一种非理性的野蛮权力。所以，他可能正好是君王作为人（jus person）的权力，而不是从王冠而来（jus coron）的权力。君王的所作所为无非如此。作为王只能这样做，他不能超出他的权力与法律规定，去做

问二十三	君王是否有王室特权？是否有法律上特赦权力？其他一些反对绝对君主的理由。

以外的事情。3. 每个君王是否都有这样的特权？或者问，神是否将所有人在他们自愿的情况下置于某位君主统治之下为奴？这问题实在滑稽。那些主张如此特权的人认为，君主是这世上不受限制的、绝对的神。他要么依据法律，要么在法律之外依据自己的喜好，指定方案去有规则和有理性地推动社会车轮，而他那不受控制的意志便是车轮的轴。4. 只有那唯一的神才绝对在受造物之上，任何法律都无法捆绑他，限制他的意志。如果地上的王有了这样的特权，那肯定是将唯一的神的花环与特有的花束都给了这凡间会死的王。也就是说，将神所特有的权力给了一个有罪的人。这无疑是在立偶像啊！在法律和理性之上行绝对的王者之事，这只是神的权力。这一点可以在人为法律和神的随意行为中证明。没有全能者，我们找不到理由该做这或该做那。比如，神禁止吃智慧树上的果子，偷吃是罪；但这是违反理性的。对于这棵树没有道理可讲，因为如果神命令吃树上的果子，不吃就是罪了。神选择荣耀彼得，拒绝犹大，这是一件善的且智慧的行为。但是，这并不是从客体行为角度来说善或智慧，而是指神特有的智慧和喜好。如果神选择荣耀犹大而拒绝彼得，这样做与之前的做法一样是善的和智慧的。考虑到在客体那里没有法律，只有神的旨意，所以行为就是善与智慧。无限的智慧不能离开神完美的意志。但是，任何一位地上王的行为，仅仅有意志，缺乏法律和理性，都不可能是合法的、智慧的、善的。

主张二：我们也可以从特赦的角度谈论特权。主要有三个方面的特赦：一是权力的；一是正义的；一是恩惠的。1. 特赦权指的是，法律给予者(law-giver)凭自己的意志使某些有罪行为无罪化。这种意志未参与之前，这种行为是有罪的。就像神的诫命意志是不可阻挡的，要是以色列人从埃及人那里借来首饰珠宝不归还给他们，那就是对第八条诫命的违背。在这种意义上，任何君王没有特权给予法律上的特赦。2. 还有一种法律和公义上的特赦，它并不来自任何特权，而源自法律的真实目的。因此，君王与法官不能夺走一个受法律条文惩罚的人的生命，因为法律的正义性就是法律的目的与生命。只要没有违背法律的目的，就不算是对法的触犯。3. 第三种特赦与第二种有所不同，即君王以恩惠的方式来回应法律判决。这种特赦要在两个层面上讲：(1)君王以他的智慧与仁慈本性来回应，这就倾向于仁慈与公正了。依据公正的目的，天生的情感与法律的适应范围，考虑事件的内容与环境，并将这两者与法律规定进行比较。这里的君王恩惠式的特赦，只有当涉及人确实可怜，且事出理由正当时，君王才可以弃"习俗"不用①。(2)法律规定，在疑点重重的案件中，君王可以进行特赦，因为这样做表明法律的执行不能违背法的总原则与目的。

保皇党所进行辩护的是另外的一种特赦，那就是君王的一种权力。它来自绝对王权的纯粹恩惠，用以赦免那些神的律法规定要处死的罪犯。他们称之为"恩典的权力"，但它绝对不是什么纯粹的恩惠权力。

1. 虽然君王可以出于某种恩惠而做些事，但没有什么纯粹的恩惠。因为君王所行必须基于他的王者职分，也就是说要基于他们职分的权力与"债务"来行事。他们不能任意妄为，只能做他们职分上范围内的债务性行为(ex debito officii)。如果他们要仅仅凭借恩惠来行事，那么，他们只能作为好人如此行，不是作为王；而且，他们也可以这样做。例如，有些君王利用他们那虚假的特权给一个犯了四次杀人罪的人进行了四次赦免。他也许可以不做此事而与罪无关。但是，仅仅是出于恩惠，他将一个杀了四人的杀人犯赦免了。实际上，这个君王杀了那后三位受害者，因为在良心上他无权去赦免杀人犯(《民数记》35：31；《创世记》9：6)。这些所谓的对一个人的纯粹恩惠式的宽恕行为，实际上是对集体的谋杀行为。

2. 君王是为着臣民的益处而做神的佣人的人，法律规定："君王不得赦免或释放那应遭受惩罚的有罪之人。"②理由充分：君王只是神的佣人，是执行降到那作恶者身上神的烈怒的复仇使者。正如经上所记，审判是神的，不是人的，也不是君王的。所以，君王不能拔剑指向无辜的百姓，也不能赦免那有罪之人，除非那人想篡夺他主人的权力。神才是本质上的独一的法官(《诗篇》75：7)。神也是本质上独一的王(《诗篇》97：1；99：

---

① In re dubia possunt dispensare principes, quia nullus sensus presumitur, qui vincat princip- alem, lib. 1, sect. initium ib. ——原注

② Contra l. quod favore, F. de leg. l. non ideo minus, F. de proc. l. legata inutiliter, F. de lega. 1. ——原注

> 问二十三　君王是否有王室特权？是否有法律上特赦权力？其他一些反对绝对君主的理由。

1）。在神面前所有人都是佣人、仆人、代理人与助手。就相对于神而言，法官与君王都是可替换的且不完全的，都是造出来的，是那万王之王的活影子。正如书记员根据指示而写下他所乐意看见的判决，然而，他不是庭上官员，不是法官的笔杆和仆人。同理，所有世间的君王和法官，如果他们对人的审判不是出自那万王之王之口，尊他坐在宝座上，那么，他们的审判都假冒的、混账的。

3. 如果君王依据所谓的特权，可以在没有任何法律的保障下做一些纯粹出于恩惠的行为（因为他在职分上居于法律之上），那么，他也可以出于纯粹的、苛刻的正义来残杀无辜百姓。这样做同样出自这特权。神让他居于行善的佣人位置，同时，也让他居于罚恶的位置（《罗马书》13：3—4）。有人会说，君王必须要在这两个位置上都拥有绝对权力，因为神把他和职分与地位平等地捆绑起来了。这样，他可以赏善罚恶。这种权力使用在道德上有随意性，是借着君王的职分来实现的。王室特权就属于这种权力。"特权"这个词本身是指不受一切法律捆绑的绝对至高权力。它根植于法律与理性，依赖于君王纯粹的、赤裸的喜好与意志。而且，"王者"或"君王"这个词是表示位置或审判的词。君王是被创造的、有限的法官，所以神必定将这种特权捆绑于法律、理性以及职分上的合法义务之上。保皇党宣称，我们的先辈借此让神构造了一个理性受造物，称为"王"，从而构成了善的、合法的王者行为。它依靠于君王的纯粹意愿以及他在法律与理性之上的至高统治权。在此基础上，这些行骗的谏臣让詹姆士二世（他本人的智商就不高）和查理一世居然对詹姆斯·格朗特（James a Grant）这样一个嗜血的杀人犯给予特赦。更荒谬的是，1633年，查理一世在爱丁堡议会高调宣布了一项宗教令：主日崇拜的牧师当穿着他所挑选出来的服饰践行礼仪。其实，所有他规定的服饰和礼仪就是教皇主义者崇拜巴力的偶像崇拜，也可堪称是最古老的偶像崇拜，即崇拜饼。正是借助这种君王特权，查理一世在1637年居然强行颁布了苏格兰的祈祷书（*the Service Book*），践踏了所有法律与理性。我请求读者与我一道追问：君王的特权是否可以在两个维度上跳过法律和理性？君王是否可以用特权在教皇主义的祈祷书上规定天主教的体？如果出现像朱利安一样的君王,难道他不可以借这特权来扶持伊斯兰信仰,印度人和其他异教徒的信仰吗?愿神阻止这一切,赐予我们的君王灵的启示,阿门!保皇党宣称,王者特权不是排除一切理性,也不会使君王成为残酷的野兽,它只是让君王能依照王者意愿来行事,而不用在法律条文面前缩手缩脚。君王在使用特权行事时,他也会听取他的智慧内阁的建议和意见,即使他们的意见不能阻碍王者意愿。

驳:1. 我相信许多博学的学者与我一样,都认为这个问题十分重要:任何理性动物,业已堕落,包括被诅咒的天使,当他们凭自己意志进行选择时能否不指向善?人的意志所指向的对象都是善的,或者真的是善的,或者看上去是善。对魔鬼来说,除非它伪装成光明使者,否则无法进入人的灵魂。除非在善观念形式下,罪也不能自我推销而将自己强加于人。土耳其王命令无辜者从百丈悬崖跳入大海而溺死,以此为乐。我想,这位土耳其人的理性(如果他是理性的,是一个人)指向了他的快乐,对他来说,他的命令是善的①。

2. 王的那些所谓谏臣只会拍王后的马屁,所说无不空洞无物,愉悦了王室却害苦了百姓。他们以谎言逗君王开心,全都在理性与法律之外。

3. 非理性特权的绝对性也不排除顾问和法律。从实际情况看,没有人比巴比伦王和波斯王有更大的绝对权力。但以理是这样描述其中一位王的:"因神所赐他的大权,各方各国各族的人都在他面前战兢恐惧。他可以随意生杀,随意升降。"(《但以理书》5:19)但是,这些王都会听取大臣与属下的建议,也不能冒犯法律法令(《以斯帖记》1:14—17,21)。大利乌王着实是一位绝对权力的王,但依然不能救但以理,因为法律一旦通过便不可更改。他只好将但以理丢入狮坑(《但以理书》6:14—16)。

4. 圣灵所谴责的尼布甲尼撒那里的暴政权力并非意指王者特权,而是将其作为一种暴政来谴责。他叫人生,叫人死,叫人起,叫人下。这一

---

① "人皆向善"是柏拉图在《米诺篇》中提出来的一个命题。尽管人皆向善,但是,让你在选择时,由于自己的善恶观念缺乏真正的善,因而在选择时难以避免以恶为善。这便是这个社会充满恶的原因。柏拉图的这个命题在西方思想史上影响深远。卢瑟福是在这个思路上提出问题的。

> 问二十三　君王是否有王室特权？是否有法律上特赦权力？
> 其他一些反对绝对君主的理由。

切与神所行无异(《申命记》32：39)。对此，波兰鲁斯(Polanus)①与阿罗克斯(Rollocus)②说：尼布甲尼撒其实是在滥用立法权。在关涉生死的事情上，他的意志就成了他的法律。而且，他在法律之上任意妄为，所行之事绕过甚至违背法律。那些君王的谄媚者以乌尔皮安(Ulpian)的理论为依托来编织君王特权，认为"法律对统治者是有益的"。但是，乌尔皮安的意思并不是在说，统治者意志是好坏的评判标准。他还说了完全与之相反的话："法律统治公正的王。"

5. 桑切斯(Sanches)③将绝对权力定义为权力的充分与完满，它不是现实需求的产物，也不受任何公众法律的捆绑。巴德斯(Baldus)④在他之前也宣传过此类观点。这一观点值得商榷。但是，所有政治家都以此谴责卡里古拉(Caligula)，如苏维托尼乌斯(Suetonius)⑤对亚历山大大帝说："切记你必须要做所有的事。你拥有对所有人行你所意愿之事。"法学家认为这就是专制。作为古希腊七贤之一的洽龙(Chilon)说得更好[瓦迪吉(Rodigi)⑥也这样认为]："君王如神一般，因为他们只能行那些公正之事。"这种仅仅作为专制权力的权力不能成为王者特权的根基。桑切斯认为，还有另一种绝对权力是君王可以在人为法律范围内任意支配的(人们可以抵制这种权力)，即：虽然所行是不对的，但君王依此权力行在法律上是有效的。在耶稣会士看来，有效的就意味着王者行为。我们认为，没有理性与法律根据的行为不能是王者行为。王者行为来自君王从法律出发，因而不在法律之外或法律之上。君王可以赦免人对某项人为法律的违背。如果法律规定爬上城墙的人当处以死刑，一个人因窥探敌情而爬上了城墙，也因此拯救了整个城市，那么，君王当然可以赦免这人的死罪。

---

① Polanus in Daniel, c. 5, 19. ——原注
② Rollocus, com. 16, ib. ——原注
③ Th. Sanches de matr. tom. 1, lib. 2, dis. 15, n. 3, est arbitrii plenitudo, nulli necessitati subjecta, nulliusq.; publici juris regulis limitata. ——原注
④ Baldus, lib. 2, n. 40, C. de servit. et aqua. ——原注
⑤ Suetoni. in Calign. cap. 29, memento tibi omnia, et in omnes licere. ——原注
⑥ Cælius Rodigi, lib. 8, Lect. Antiq. c. 1. ——原注

但是，我们要说：(1) 下级法官也可以根据法律本意与灵魂要求对法律进行善意调节，赦免这人的罪行。(2) 所有独立特权行为都在某项法律条款之上，而自由意志行为不以法律为据。否则，特权便不是建立在绝对权力基础之上，而是受法律和理性约束了。根据法律本意和善意处理来赦免某人对法律条款的违背，这属于法律义务行为，因而属于所有法官的一般权力。如果君王或法官对一个因违背某法律条款的人判处死罪，而法律本意与这项严厉判决相悖，那么，这位审判者将要对这无辜鲜血负责。这博学的瓦斯克斯会遭人质问，说他混淆了普通权力与特殊权力的区别①。如果你赋予王在法律之上的特权，他便可以用这权力来合法地作恶与行善。但是，这世上绝没有作恶的合法权力。弗恩博士就陷入了这种矛盾的泥潭。他说②："请问，帝王们何时任意地抢夺财产、杀戮生命了？那权力是神所命的吗？决然不是！只是非法的意志与暴政而已(p.61)。那权力虽然在邪恶命令下遭到滥用，但它依然是神所命的。"

反1：关于绝对君主的合法性问题，东方的、波斯的与土耳其的君主使绝对君主合法化，认为它是法律义务的誓言。当犹大国背弃对巴比伦王的誓言的时候，神就已经宣判了(《以西结书》17：16,18)。这审判是神的誓言。无疑地，它也是一种绝对服从的誓言。它是绝对的(《罗马书》13)，但保罗称之为"神所命的"。主人对仆人的权力是绝对的，保罗并没有因这种权力过于严格宣告废弃它，但劝诫要谨慎使用。

驳：1. 波斯的君主制确实是一种绝对的君主制，但它只是一种事实行为上的(facto ad jus)绝对，而非一种合法绝对君主制的规定。许多人认为大利乌是一位绝对的君主。我想，他很乐意将但以理救出，如经上所记："王听见这话，就甚愁烦，一心要救但以理，筹划解救他，直到日落的时候。"(《但以理书》6：14)并且，当他知道他无法打破法律时，甚是惆怅，且晚间禁乐器娱乐(《但以理书》6：18)。如果他能随时使用他的王者特权，此刻他定会使用这特权；无奈他无能为力。对于那些在法律规定之外的

---

① 瓦斯克斯，illust. quest. lib. 1, c. 26, n. 2。
② 弗恩：《主要教义》，sect. 9, p. 58。

> 问二十三　君王是否有王室特权？是否有法律上特赦权力？其他一些反对绝对君主的理由。

事情，我想大利乌有绝对权力，如《但以理书》(6：24)中所记；但这种绝对权力不是由神的律法来保证的，而是事实上的绝对权力，由人为法律来认定(de facto, quod transierat in jus humanum)。如今，它反倒成了一项法律了。

2. 神的誓言将犹大国捆绑在绝对的顺服之下，于是以色列民也将自己捆绑在了这绝对顺服之下。除非你能很好地说明下列推论，否则我们认为这项结论不成立：(1) 神是绝对的，因而巴比伦王也是合法地享有绝对权力。这个推论是渎神的！(2) 犹大国对迦勒底王所宣的绝对臣服之誓，我们可以看到，依照迦勒底的法律，他们的绝对性实际上就是谋杀和拜偶像(《但以理书》3：4—5)；还有制定邪恶的法律(《但以理书》6：7—8)。我相信耶利米不是谴责这种意义上的绝对顺服，而是其反面(《耶利米书》10：11)。他们宣誓接受苦难。但是，如果迦勒底王以他的王权命令神所有的选民，男人、女人和孩子都同时将他们的脖子放在铡刀之下，难道他们有义务去接受这死亡吗？难道他们唯一能做的就是流泪和祈祷吗？试想，这是否违背要以武力保卫自己的神的誓言？我认为，这誓言并没有必然地包含这种绝对顺服。即使他们依据本性之律拿起武器来捍卫自己的合法权益，也不能被视为对神誓言的违背。这誓言同样也不能被视为给每个个体都加上这种绝对顺服，要么崇拜他们的偶像，要么逃离或接受惩罚。今天，祈祷书(the Service Book)以君主的绝对权威，命令所有苏格兰去崇拜那粗俗的偶像。在巴比伦王那里，我们尚且看不到他压着神子民的良心去进行偶像崇拜。在今天，我们若不去崇拜偶像，要么就得逃离我们的国家，将我们的财产留给这些教皇主义者或教士；要么就要在这些教皇主义者或无神论的刺刀下摇尾乞怜。

3. 神可以发布与本性之律相反的命令，神能使顺服合法化。在神的律法之下，人不可自我防御。这能得出什么结论呢？难道我们所顺服的绝对权力就因此而成了合法权力吗？显然不对！神借耶利米说出的诫命使犹大国的顺服合法化。如果没有神的命令，他们完全可以拿起武器反抗巴比伦王，如他们反击非利士人一样。神的命令使顺服的誓言合法。爱尔兰人该在西班牙王的带领下带着武器来摧毁苏格兰，依据这种理论，我们是不能反抗的。

4.《罗马书》第13章中所说的"神所命"的权力并不是一种绝对权力。我也坚决反对宣扬基督与他的使徒教导不反对罗马皇帝绝对权威的言论。

反2：从《彼得前书》(2：18—20)可看出，有人因行善而遭到某位绝对君王的审判而受苦。但是，统治者的意志依然是理性意志的命令，因而需要顺服。这受苦的人是受法律之苦，而君王的意志是这项法律，在这种情况之下，需有某些权力来审判。在绝对君主制里所有审判都是君主的意志。他的意志就是最高法律。如果我们的先辈宣誓要顺服，这誓言就不得废除与撤销。

驳：无论谁是这论调的创造者，他都不是英格兰自卫战争的支持者。战争的合法性必须依据下面几点：1. 英格兰民族是否在一开始就是一个被征服的民族？2. 如果某位绝对君王的法律意志是理性意志，如尼禄，对此我们必须顺服而受恶吗？众所周知，我们只能顺服于理性意志。如果行恶的是理性意志，那么受恶的也就是理性意志了。3. 绝对君主的绝对意志不是权力意义上的审判，而是一种非法的、篡夺的审判（《彼得前书》2：18—20）。仆人并非简单地被命令去受罪。（我确定正式的受难并非神的律法所要求的事情，神的律法仅要求忍耐。基督不在此内，他得了神受难的特别诫命。）如果主人不断地、非公正地折磨仆人，在使徒彼得的教导下，这仆人便需忍耐。如果主人毫无理由地侵犯仆人并追杀他，神的律法并没绑住这仆人的手而不让他去拿起武器反抗。否则，当神叫他忍耐时，他就得像基督一样毫无怨言地受难。4. 在我看来，为王与做一位绝对主人是相矛盾的。君王本质上是活的法律。如果他拥有绝对权力，那么他就是暴君，而不是合法的王。我的意思不是说，任何占有绝对权力的王都在变成不是王；而是说，就他拥有绝对权力时，他不再是王而是暴君。英格兰王在他的声明中说得更清晰：（1）法律是君王权力的标准。（2）国会本质上是世上的法官，拥有根本上的立法权；所以，君王作为王不在法律之上。（3）玛雅·卡特(Magna Charta)说，君王不能行法律规定之外的事，臣民依据法律来顺服于他。（4）发布指令说明征服者头衔已经

问二十三　君王是否有王室特权？是否有法律上特赦权力？其他一些反对绝对君主的理由。

消失了。

反3：神指定了君王，而没有指定议会。

驳：议会与诸神的会众同质(《诗篇》82：6)。

反4：议会在庭上承认自己的行为要得到最高君主的认可。

驳：他们并不是谈论最高君主的绝对意志和命令。他是在个人意义上做他们的君王，而非在议会形式上做他们的君王。不是君王造就议会，而是议会在君王成为君王之前就已经拥有权力，并选立君王(《撒母耳记上》10：17—18)。

反5：在绝对君主那里，并没有所谓的人对意志的顺服，只有对君主理性意志的顺服。这意志在理性之法的带领下，避免受到伤害。

驳：除了理性之外，如果神并没有给予那些合法的王任何其他制约，那些行政就会跛脚，在神那里成为多余。整个人类都是用理性来保护自己免受伤害。如此，无论是行害还是受害，人民都不需要君王或法官来保护他们。同理，下面的推理也当成立，作为本性的创造者的神，当立狮子为众兽之王，而狮子还保留着吞噬的本性。同时，本性还要命所有的羊与羔前来将自己的身躯献给狮子，而狮子依自己的本性当吃这些羊羔。然后，他们可以说，狮子的野兽本性便可以有效地约束它去吞噬羊羔。诚然，作为罪人的王，除了理性外并无其他什么对自己权利的约束。那么，在他眼中，将那些反叛之人杀死、溺死、吊死或折磨致死都可以是合理之事。那万人之众的新教徒、男人、女人、腹中的婴儿以及吃奶的孩子，也当如是对待。这些事在法老，玛拿西等一些君王那里为人熟知。

反6：没有在君王之上的法庭与法官，所以君王是至高无上的。

驳：这一推论的前提是错误的。1. 那由自然人组成的选立王的庭便在君王之上。在这里，君王加冕，同时就接受了必要的限制条件。2. 国会也在君王之上，它能谴责君王。3. 在严酷的暴政条件下，虽然国家没有时间来召集议会，但是，如果君王从西班牙或其他国家引狼入室，镇压人民，那么，在他之上的良心和英国人民的良心，我们称之为"普世良知"(conscientia terra)，就审判他，并起来保卫自己。

反7：在此(c.14，p.144)我们的这位教士又偷取格劳秀斯、巴克利、阿尼索斯等人的观点说:"贵族制中君权被削弱了,它无法行它的功,这样国家便离无政府状态与混乱不远了。当西底家的君权被贵族超越后,他既不能救他自己,也不能救他的子民,亦无法救神的仆人,先知耶利米。当大卫被他自己之前所定下的条件束缚时,他便无法惩罚约押。手要是不顶事,全身就会受束缚。如有明君或王室祖先因为受骗或武力征服而丧失了自己的神圣权利,那么,他可以在合适的时候将之取回。抢夺本属神或君王的权力是多大的罪啊!"

驳:贵族制与君主制都是神所命的(《罗马书》13∶1;《提摩太前书》2)。

1. 所有当权者都是神的助手、议员与领事,与皇帝无异。神所命的一事不可能削弱另一事。除了那些无法无天的畜生能说贵族制要带来混乱外,无人会说此类的话。只能这样说:秩序与光如同亲姐妹,而混乱与黑暗同伴。

2. 虽然西底家被他的贵族给吓倒了,以至于无法救耶利米,但不能由此推出:君王不行如此如此的善,其权力就用来行所有的恶。如果他们用他们的权力来行所有的善,他们便会找到解救受迫害的耶利米的方法。行善与作恶的权力都是来自我们苏格兰巫婆,那也不能借此说苏格兰就应让英王拥有暴君的绝对权力。

3. 国家给君王的权力肯定比给百姓的多,特别是在执行法律方面。这需要非凡的智慧。君王不可能总是依赖他的秘密内阁给他出谋划策。(1) 王权是借来的,并非君王所固有。因此,国会收回以信托方式借贷给君王的权力并没有犯亵渎罪。(2) 王权是用来行善而非作恶的。大卫有惩罚作为杀人犯约押的权利,但他并不依据世俗的憎恶来使用它。同时,他也滥用了这项权利,杀了无辜的乌利亚。这是神与国家绝不会给予他的权利。这位教士是如何证明的呢:国家是如何从大卫手中夺得权利,或约押是如何从大卫手中夺得权利将一个杀人犯杀死的。我看不出来。(3) 如果君王行善的权利被剥夺了,那么,当神给予机会的时候,他就当重新夺回。对这位教士而言,人民如宣誓将自己的权利给君王,在君王滥用这权力后,人民若要收回这权力便是亵渎神圣了;而如果君王想收回他

> 问二十三　君王是否有王室特权？是否有法律上特赦权力？
> 其他一些反对绝对君主的理由。

被剥夺的权力，却不算亵渎神圣。这权力本身是不是君王的还需打一个大大的问号！这位教士的教导无疑是说，作伪证与亵渎神圣对君王来说是一件合法的事情。如果君王的权利用来作恶，要将整个国家都杀戮，这种权力将被国会剥夺。很显然的是，这种权利绝不是君王的，也不会是人民的。无人能拿掉原不是君王所有的权利。我同样可以肯定的是，君王永远不可能重获一种不公正的权力，即使他此前误有了。

教士：那些对法律一知半解的人宣称，人为法律之外无特权。这种转换多乏力啊！他们没法区分什么是法律公布，什么是法律构成。国家法律只是宣布了什么是王者特权，但它不构成或构建王者特权。全能的主亲自制定了王者特权。要说摩西十诫在神写下它之前并非律法，那是件多么可笑的事情啊！

驳：这位资深的律师称呼那些人为法律上的白痴，因为他们不承认这样的一种王者特权存在。这种特权杀戮和毁灭无辜的人，与一切人为法律与神的律法相违背，不可能直接来自神。我不是律师，但我要坚决抵制这位教士的谬见。世上没有法律可以构建作恶的权力，也没有任何法律来构建或宣布这种虚幻的王者特权。摩西十诫在它被写下来之前的确是律法。相比之下，无论是在写下之前还是被那些庭上的鹰犬撰写下来之后，这项特权都不会是法律。如果它有如此尊贵的血统，它必定与摩西十诫一样具有永恒性。试问，全能的主在何处提过这虚幻的王者特权？

教士（p. 145）：特权并不居于本性，而是在君王那里。神说，顺服那为王的。如果神所膏的与他的教会错了，我们会好吗？

驳：这位教士可能还记得一句与之相反的箴言：他（他们所谓的教会，其实就是人渣的集合，本不是什么教会）与他的教士阶级就像是愚人的两条狗，是好伙伴，与君王等级交错。看看这假先知吧！他说：专制权力与教皇制度得以确立的国家不是什么好国家。

教士（c. 16. p. 170, 171）：君王的权力从神那里而来，不能将其让渡给人民。恺撒的归恺撒。王的各种称谓，他们的命令，他们的权力，他们的权威，他们的特权得到圣经、先辈、法理学家以及圣者的确认；它们与王位不可分，不可能被分离出去。如将这些权力给了下级法官，这并不会使君权减弱，只会放纵他们。

驳：君王从神那里接受自己的权力，那么，这权力就不是来自人民了吗？据经上所记，是人民立王，而非王立人民。所有这些与王位密不可分的东西都是他以特权偷窃而来的东西，古代的"恺撒的归恺撒"这条规定现今也是值得商榷的了。这位教士居然借此要求顺服在特权之下。这特权实际上是赦免和出卖民众鲜血的绝对权力。难道这种嗜血的权力要么是君王的，要么就是王冠所固有的吗？恐怕这教士会将鲜血变成他宝座所固有的命运吧！当君王接受公共权力坐上宝座，并任命法官的时候，他就是给了他们为神审判的权力，而不是为人审判（《申命记》1：17；《历代志下》19：6）。现今，他们既不能让渡某种权力也不能保有某种权力，法官的良心并不受君王枷锁的捆绑。法官在自己管辖范围内的审判权与君王在他管辖范围内的审判权等同，尽管他们活动的范围与管辖的领域有大有小。如果君王不能赋予自己王权，那必是神与人民所为。不然的话，君王如何能将这权力的部分转移给下级法官呢？更甚者，在许多事情上，君王还不能享有普通百姓那样的权力：

1. 王不得任意婚配。如君王迎娶了一位伤风败俗的妇人，将会对国家造成损害。2. 不得行所罗门与亚哈所行之事，迎娶异教女子，立她为后。行事必须遵循参议院的意见。不得使百姓卷入战争。3. 不得擅自离开王位，漂泊海外。4. 英格兰与苏格兰国会都需执行法令，禁止教皇主义者踏入君王十英里的范围之内。5. 一些邪恶的谏臣需依照法律流放。6. 不能任意吃肉。7. 不得挥霍财富。8. 不得怠职。9. 不得任意更改王位的第一顺位继承人。10. 宣誓不得追随邪神和异教信仰，甚至不能参加弥撒。11. 如教士为君王行弥撒，需依据法律将其绞死、溺死或五马分尸。12. 不得与教皇通信。13. 不能赦免蛊惑人心的教士和耶稣会士。14. 不得任意服药，不得讳疾忌医。15. 不得随意教导王位继承人。16. 对自己的子女没有普通父亲般的权力。不得任意干涉太子的婚姻。17. 不得与叛徒交友。18. 除自己的合法妻子外，不得与其他女子有染。19. 不得置议院的建议不理，不得为自己建造奢华的宫殿。20. 不能随意为自己选常

| 问二十三 君王是否有王室特权?是否有法律上特赦权力?其他一些反对绝对君主的理由。

居之地。21. 不得任意去乡间狩猎,更不得杀戮百姓离弃议会。22. 无议会参与,不得授予高官厚禄。23. 不得任意废法官。24. 不得任意决定自己的埋葬之地,只能与他的列祖同眠。在这二十四条的大多数条款中,普通百姓要比君王享有更多的自由。

问二十四

在人民与法律面前,君王有何样的权力? 如何区别君王与暴君?

西蒙说①,权力根植于君王而非法律。君王设立法官,也赋予法律权威。整体要高于部分。因此,君王要大于法律。也有人说,君王是法律的源泉,是独一的法律给予者。

主张一:1. 我们从这两方面谈论法律:(1)人所强加的惩罚(Secundum esse panale)②。(2)法律自身作为善的存在(Secundum esse legis)。就前者而言,毫无疑问,赏罚是由人来执行的,来自君王和法律给予者的意志。这便是人类法律得以存在的理由。西蒙说对了。人不能赏罚法律,只能制定法律。统治者都将自己的意志印在了法律上。因此,当他们违反法律时,他们就会感到内疚。但是,这并未把君王置于法律之上。统治者之所以将自己的意志加在法律的惩罚条款之中,乃是法律有一种先于法律给予者意志行为的内在价值。这价值乃是真正促使法律制定、使之拥有善与公义之权威的力量。君王把政治法律标志在法律上。神在法律中形成了趋向目的的道德态度,都是为了人民的安全。君王意志既非君王之善性的尺度,亦非

---

① 西蒙:《忠心臣民之信仰》,sect. 6, p. 19。
② 巴克利:《反君主制》,lib. 4, c. 23, p. 325。

问二十四 在人民与法律面前,君王有何样的权力? 如何区别君王与暴君?

其原因。

2. 如果说君王是使法律拥有善与公义的原因(因为他比自己还多),那么,鉴于法律不可能撒谎、犯错、犯罪,君王就不会犯罪、不会犯法。这种说法是亵渎。所有人都是说谎者,但法律作为法律是不会撒谎的。

3. 他的根据是:君王有其王者尊严,他的意志必须落实在我们中间。多么伟大的谎言啊!亚哈的意志既没有因以利亚而落实,因为他的命令是非正义的;也没有落实在以利亚身上,因为以利亚合法地逃避了。我们可以合法地逃离暴君。因此,亚哈要杀害以利亚的意志未能落实在以利亚身上。

主张二:1. 说君王仅有制定法律的权利也是不对的。这等于说,君王拥有惩罚臣民的绝对权利,不管人民是否赞同。这种权利是主人式统治权。主人可以任意发布命令,任意予人惩罚。人民之所以同意处于一个人的统治之下,也是有条件地同意惩罚法律的。自然理性告诉他们,作恶者当受罚。因此,在制定法律方面,人民必须有自己的权利。

2.《耶利米书》第26章中很清楚地说,君王与百姓一道进行审判。司法权与立法权只是在次序上有所不同罢了;它们都是政府统治的辅助工具,为了确保人民安全的工具。既然审判权归国会,他们就与君王一道享有立法权。

3. 国会在君王之上,如此他们才能防止暴政。在国家的最高事务上,他们拥有与国王的同等权力。

4. 如果王室血脉中断,如果君王年幼或被俘,便由那立王的国会来立法。所以,国会作为第一臣民拥有立法权。

反:君王是法律的基础,臣民不能为自己立法,更不能说可以惩罚自己了。君王才是最高统治者[①]。

驳:既然人民是君王的基础,他们就更当是法律的基础了。人不能为自己立法也是错误的。即使讲道是一件权力行为,但那些讲道之人也为自己讲道(《提摩太前书》2:12;《哥林多前书》14:34)。人民只是在第

---

① 西蒙:《忠心臣民之信仰》,sect. 5, p. 8。

二层次上同意接受法律惩罚。同理,作为父亲的君王亦不想惩罚之恶降临到自己孩子身上;其惩罚意志乃是次一级意志。君王仅仅在法律执行上拥有至高的权力,但这权力是一种派生性权力。就此而言,无人在他之上。然而,就王权的原权力而论,国会在君王之上。

5. 民法讲得很清楚了,帝王之法之所以有强制力,在于人民将其权力转移给了帝王①。皇帝要被传唤到候选王面前②。法兰西王也需在巴黎的议会接受问询。国会可以抵制暴君,如波修斯(Bossius)③所言。先贤们都认为,以利亚谴责以色列民在神与巴力之间徘徊;他们的首领允许巴力的祭司与以色列的王交谈。以色列民容忍他们的王拜偶。这难道不也是他们的罪吗?因此,以色列国因玛拿西的罪而受罚;诺克斯(Knox)在与莱辛顿(Lethington)的争论中谈到,苏格兰国会不应该允许苏格兰女王去举行那令人生厌的弥撒。我认为,对一个昏沉或神志不清的船长而言,他导航轮船撞在礁石上的权利或船上特权是受到乘客限制的。试想,一个情绪失控的父亲要将他的房子烧掉,要将自己连同他的十个儿子一起烧死。我想,这种所谓父亲特权并非神和本性给予,而儿子们应将这父亲捆绑起来。阿尔图修斯④对此说:"民众不能既发布命令,又接受命令。"确实,人民不能在同一件事情上在同一时间如此行。但是,阿尔图修斯说,民众可以接下来选择政府官员。对此,我认为:(1)人民可以年年更换统治者以消除嫉妒。但那是,一年一度的君主要更危险,君王几乎都在妒忌之上。人民更趋向去取悦君主而非妒忌君主。(2)亚里士多德⑤认为,人民能做出最明智的判决。

反 1:奥所里(Ossory)的威廉(Williams)主教在《君王复仇》(*Vindic*

---

① Lib. 1, digest. tit. 4, de constit. Princip. leg. 1, sic Ulpian. Quod principi placuit, (loquitur de principe formaliter, qua princeps est, non qua est homo,) leges habetvigorem, utpote cum legi regia, qu? de imperio ejus lata est. populus ei, et in cum, omne suum imperium et potestatem conferat. ——原注

② Aurea Bulla Carol. 4, Imper. c. 5. ——原注

③ de principe, et privileg. ejus, n. 55. Paris de puteo, in tract. syno. tit. de excess. reg. c. 3. ——原注

④ 阿尔图修斯:《政治方法论》,c. 39。

⑤ 亚里士多德:《政治学》,l. 4, c. 4, l. 6, c. 2。

问二十四　在人民与法律面前,君王有何样的权力?如何区别君王与暴君?

Reg)一书中说:"说君王比任何一个人都好,并不能证明他会比两个人好。如果他的最高统治权仅在于此,那么任何人都可以挑战王权了,因为君王只比每一个人厉害。一个领主在所有骑士之上,一个骑士又在绅士之上;所以,人民将君王置于他们之下,而非他们之上。"

驳:两者并不能等同:1. 所有骑士联合起来也不能立一位领主;所有绅士加起来也不能立一位骑士。但是,以色列民一起却能在希伯伦立大卫为王。2. 君王拥有派生性权柄,因而作为看守人实际上统治人民。但是,在原权力上,他要在人民之下,如同因果关系。

反2:威廉主教说:"国会不能对君王发布命令。如果他们的选票就是法律的话,那么,他们为何还要恳求君王呢?"

驳:人民祈求的是不要让君王的职位变得不体面与不方便,就像一个城市来祈求他们的市长一样。他们并非像乞丐祈求施舍那样祈求人归还义务性的债务。要是那样,他们便同蝼蚁无异了。受压迫臣民向他的君主要求公正时,君王有义务给予他公正。他聆听这受压迫者的诉讼并不是一件恩惠或仁慈的行为,虽然君王这么做缘于他心中的仁慈之心(《诗篇》72:13)。这只是一件偿还王者债务的行为而已。

反3:这位教士反驳说[①]:你们的要求集中体现在,国会要拥有与君王同等的权力。在法律与理性的范畴内,这种权力只能在同等条件下执行。在同等意义上,一个主体不能审判另一主体,更不用说那些篡权的下人来审判他的主人了!我们的救主虽然在可视范围内知道那通奸的女人是有罪的,但他却不审判她。这就告诉我们,一个人不能同时既为法官又为目击证人。国会在他们反对君王的案件中,他们既是法官,又是原告,还是目击证人。这显然违背了帝国法律。

驳:一般而言,我们说国会与君王在立法上有同等权力。但是,君王的同等权力是派生性的,而国会的则是原始性的。通常意义上讲双方权利是等同的;但当君王变成暴君时,国会便可使用这种原权利。这种关于平等主体的论断与巴克利、格劳秀斯、阿尼索斯、布拉克伍德等人的观点

---

① 马克斯韦尔:《基督教君主的神圣王权》,c. 9, pp. 103, 104。

没有什么两样,都是些僵死发臭的观点。我们认为,在希伯伦立大卫为王的会众(国会)要在他们所创造的事物(即君王)之上。

对此,巴克利说得更露骨:"说百姓既顺服于君王又对君王发号施令,这无疑是荒谬的。"①

驳:1. 就一位血缘的父亲作为个人而顺服于他的儿子,这并不是什么荒谬的事情。而且,即使是耶西、他的长兄、其他人的主人等,他们都顺服大卫为王,也很正常。保皇党说到,作为我们最高统治者的女王可以因为通奸和谋杀而把她的丈夫送上绞首架。

2. 国会在涉及自己的案件中不能既是原告与法官,又是证人。(1)这是信仰、神、新教徒与全民族的案件。(2)是受压迫的人民在控告。如果有人拿起武器压迫人民,便不需要证人。(3)这位教士不能以"违反帝国法律"为理由来反驳我们。君王在他自己的案件中才既是法官又是当事人。在他那败坏了的内阁支持下,他肆意妄为地使用权力,走到了基本法的对立面,拿起武器对准他的臣民,将外国敌人引入他的国家等。眼下,这是关涉君王的案件,如一个人的案件一样,绝不是神的案件。这里不会有任何自然法、理性与帝国法律允许他同时成为当事人与法官。(4)如果君王是唯一的最高法官,无人与他共享这权力,那么,首先,他在法律上没有义务接受忠告和服从国会,因为忠告不是命令。其次,不能限制君王行使其权力。不管弗恩博士如何宣传,这种观点都无法成立。这位教士说,君王的任何权力遭到限制,就等于神遭到了打劫。

3. 君王便可依法拿到行暴政的免费入场券。

弗恩反驳说:君王是国家的基础;这基础不能受干扰或移动。

驳:君王作为王的地位由法律确定,具有基础性的地位,且他的权力不能受干扰。但是,君王作为一个人,他荒废他的臣民,那么他就是这建筑和群体的毁灭份子。在这种情况下,他就不是基石了。

另一些人反对说:英伦三岛的百姓,作为人,他们都有自己的目的,不把法律和公众益处当回事。他们不是国家的基石,须由君王来审判。

---

① 巴克利:《反君主制》,l. 5, p. 129。

问二十四　在人民与法律面前,君王有何样的权力？如何区别君王与暴君？

驳：要由人民与人民的良心来审判。

反：人民进行审判时,是作为堕落的人,而非作为人民整体或政治联合体来谋求自己的安全。

驳：我同意这种说法。神警告要对耶路撒冷发怒,那里的王与百姓反应冷漠。如今,三种政府形式都是神造的。在所有具有民主因素的政府中,有一些人被选,如贵族；有一个人被选,作为在民主法庭上的秩序主持人,如国王。荷兰的贵族制有一些民主因素,如人民都有自己的委员代表；一个公爵或总领,如奥林奇(Orange)的首领还有王权的影子。在君主制国家中,英伦三岛就各自有自己的国会,并在这个基础上三岛形成了各自的政府,都具有三种政府形式因素。没有一个政府是完全不包含民主制、君主制和贵族制因素的。绝对权力与绝对君主制是暴政,纯粹民主制是混乱,肆意的贵族制则是派系统治。一个由民主制制约的君主制尊重公众利益,消除混乱。贵族制有尊重民众安全利益的优点,如果有各种商议机制,便可排除派系斗争。由多人联合的权力是对暴政的一种有力限制。君主制是由一个父亲下的多个孩子的联合,其优点也显而易见。所有这三种统治形式都是神的祝福下的甜美果实。人的堕落使它们染上了病。理性与圣经经文都无法保证一种毫无杂质的纯粹形式。神为堕入罪中的人预备了最好的政府形式并让他们幸福,这一定是三种政府形式的混合体。比如,人体有四种元素,相互混合而形成合适的性情,消解了四元素的那些极端性质,融合其中善性①。

依据巴克利的观点②：1. 君王是不会犯错的活的法律,是最优秀者,拥有从美德和神性而来的高贵。父亲的、导师的、头的、丈夫的所有优点都集于君王一身；所以,君王就是法律本身,行命令、统治与拯救。2. 君王的意志或王者意志就是理性、良心与法律。3. 即使君王不在场,他的意志也政治性地临在国会、法庭与国内司法的全过程。4. 君王不可能对他人

---

①　这里的人体四种元素,大概是指柏拉图在《蒂迈欧篇》中谈论的作为万物原始构成的水土火气。柏拉图在这篇对话中提到,健康是人体内四种元素的平衡状态。

②　Barcl. ad versus Monarcho. lib. 1, p. 24.——原注。这里似乎是指巴克利的另一部著作,不是前面一直引用的《反君主制》(*contra Monarchom*)

发难或行暴力。5. 在罗马帝国,君王和暴君在这事上是共同的:(1)有些罗马皇帝事实上是暴君,乃基于他们的统治,而非作为王。(2)那些事实上的暴君应该是且曾是君王。6. 反抗或抵制君王是不合法的,这如同说合法地抵抗一项善的法律。7. 在君王的统治行为中夹杂的暴力、不公正与过度的愤怒都只是偶然的。依照人的内在善性,人是不会,在道德上也不能,做那些对人是合法和公义的事情。人的堕落使人在本性上只对他人行使暴力。因此,如果没有罪,就不需要王。父亲没有去世,孩子就不需要导师;没病就不需要医生;没有罪,就没有死亡和病疼。罪进入了世界,作为暴力和不公的修补,神设计了活的、理性的、动态的法律,并召唤君王、法官、父亲。如今,这活的、理性的、动态的法律让偏差、暴力与压迫取代了。神与自然不会用它们来消除暴力。如何能以暴制暴?所以,没有公义的王,就其不公义而言,不是神的真正命令。不公义对王来说是偶然的。因此,我们可以抵制君王的不公正,但不能抵制君王本身。8. 如有王摒弃了君王的本性,成了一种惯常性的暴君,那么他就不是来自神。他的职分也不是神所命的。要是暴君的职分与君王的职分相违背,那么他就不是来自神。他的权力也不来自神。9. 当法律(在此,神的律法与王法无异)变得对人民有害,就质料而言(cessant materialiter),它们便不再是法律了。法律并不依据文字而成法,而是依据精义(non secundum vim verborum, sed in vim sensus)。当人民宣告君王为暴君时,谁(保皇党问)来在君王与人民中间行审判呢?

驳:因必要而生的法庭与因正义而生的法庭等同。国家的基本法必定与人民站在一起。此时,仿佛国家从来就没有统治者。

反1:当法律不确定时,人权法、民事法、市政法等都将争论不休。此时,我们需要强制性人物对法律进行解释,这人必须是最高的法官。他不可能是人民,只能是君王。

驳:1. 在基础问题上,圣经是明明白白的,自己就能解释清楚,在根本上谴责异端。因此,所有人为法律在根基上便是本性之律与民族之法。这是清楚的。2. 与异端相比,暴政更明显和容易理解,因而很快能辨认。比如,如果君王带入两万人的土耳其军队来治理他的臣民,并由君王领

问二十四 在人民与法律面前,君王有何样的权力?如何区别君王与暴君?

导;那么,很显然,这些军队不是来进行友好访问的,且不会和平离开。人民的良心有本性上的政策判断力,警告君王,并对暴君实施惩罚。这是在本性上保护自己。如果暴政一时难以分辨或线索模糊,被人忽略,那么,君王继续他的王位。不过,我认为,暴政不会总是模糊不清的。

反2:弗恩博士说①:君王不可以或不能轻易更改基础法的框架,但可以插入一些过渡性或不确定的条款。与那些挑起内战、反抗国家首脑的做法相比,这要安全得多。

驳:如果君王能修改某一整条法律,他就可以修改整个法律体系。2.这样做实际上是给了独断专行的君王一双短小的翅膀。如果君王不能跳过全部法律而颠覆国家基础,按照你的想法,那么:(1)君王有独一的立法权。君王自己立法;国会与内阁仅仅提供意见。他可以依照法律很轻易地拒绝这些意见。同样,他暂时地终止所有禁止拜偶像与天主教的法律,并通过变节的内阁在他的统治范围内发布命令,立教皇为基督的代理人,将他的所有教条确立为大公教会的真正信仰。同样,赦免那些屠杀了二十万无辜百姓的保皇党。这也只是过渡性条款。(2)如果你立他为王,那么在任何情况下都不可反抗他,即使他颠覆了整个基本法系统。他也只对神负责。他的子民除了祷告与逃跑外,别无他法。

反3:弗恩博士继续说②:对君主制的限制与混合并不意味着民众有强制性的限制权利。作为一种阻止国家解体的力量,它只是一种法律上的约束权利。如果臣民的这种约束性权利是预留的,那么,它必须在政府宪法中,以及在君王与他的子民间的契约中,有所表述。这显然是非法的,因为它对君权造成威胁。这于君于民都无益,是煽动与妒忌的温床。

驳:1.我想,这里所谓的强制性限制与合法约束之间是没有区别的。他所说的"合法的"定是指人为法律,因为他说在君主与人民间的契约是法律。如果这不是一种强迫性的实际的限制力量,仅为君王的道德自律,那这就不过是虚幻和自大而已。神将这种良心的约束力置于君王,而非

---

① 弗恩:《主要教义》,p. 3, sect. 5, p. 39。
② 弗恩:《主要教义》,p. 3, sect. 5, p. 39。

百姓，叫他不要压迫他的子民！但君王完全可以对神犯罪啊！这约束是苍白无力的：作为罪人的君王，他的善性自然倾向于所有罪行，所以完全可能导向暴政。因此，这约束等于一张白纸。

2. 这种在君王与臣民的契约间的预留权利与夫妻间的婚约权利同质。夫妻间，妻子除了有权继承逝世丈夫的遗产之外，婚约中还应有这样的规定：夫妻中如有一方试图杀害另一方，另一方有权离婚。弗恩博士说①："如果君王在违背法律的情况之下对人民发起突袭，此时，人民的个人抵御则是合法的。"但是，这种预留的抵御权利却不是君王与人民契约里的固有内容。本性之律所含的紧急权利并不会明文写在契约之中，因为它们是前提条件。

3. 弗恩博士说："这预留的权力威胁到君权，因而是非法的。"借此可以说：放弃抵御与选立绝对君主的权力也是非法的，因为它的直接后果使人民陷入了危险。一个人借此将神的剑握于手中，作为王的他完全可以以此来杀戮成千上万的百姓，且只对神负责。如果对君王所构成的威胁成了判定是否合法的根据，那么，对国家、教会和真正的信仰（它们的价值肯定无限地在单个人的价值之上）造成的威胁就更能成为判定是否合法的根据了。

4. 至于对君王进行法律限制所带来的伤害和在君王与百姓间产生的妒忌之风等问题，它们绝对比对人民进行限制带来的坏处少。如对君王毫无限制，因着原罪，则更容易导致暴政和对信仰的颠覆。比如，外邦的女子引诱所罗门拜偶。百姓可能借着法律对君王的限制进行抵抗。与这种抵抗相比，暴政要危险得多。众百姓的生命与真信仰要比一个人的安全及那虚假和平要重要得多。

反 4：绝对君主不受任何强制约束。他是绝对的，因而人为立法的所有法内约束对他无效。在有限君主制里，人民可以谈论合法约束。限制不等于强制约束。绝对君主不在民事约束中，而受制于本性之律和国家之法。这是他不能合法地跨越的。也就是说，如果绝对君主在轨迹之外，

---

① 弗恩：《主要教义》，p.3, sect. 5, p.40。

问二十四　在人民与法律面前,君王有何样的权力?如何区别君王与暴君?

当他跨越本性之律时可以不受到限制,那么,我们如何说,受制君王因跨越民事法界限而受抵制?

驳:1.法律约束是强制约束。如果法律不以强制力为后盾,它就仅仅是一项赏善条文,不具任何约束力。这实际上是对行恶的鼓励。如果对君王不加任何强制力的法律约束,等于没有任何限制。这相当于如此请求:做一个公正的王吧!我们每年给你双倍的王的庄严!2.我完全反对这种说法:神曾认定过绝对君主这样的反理性之物。如果说,一个民族在违背本性指令的情况下,将他们的自由以及他们子孙的自由一次性地非公正地让渡出去(他们子孙的自由实际上是他们无权处理的),使他们及其后裔成了最卑微的奴隶,接受这绝对权力的人成了他们王,且他们不能实际性地抵制他。这是不可接受的。3.弗恩博士说,绝对君主也是有限的,但只相对于本性之律而言。博士大人啊!这不就等于说,君王并不是作为一位绝对君主受到限制,而是作为亚当的儿子受到限制。他在本性之律的限制下,作为人,应该承受作为罪的奴隶的限制啊!所以,他就不能被抵制了吗?大博士啊!依你自己的理论,百姓是可抵制君王的:如果他在违背法律的情况下突袭无辜的臣民,因而他违背了本性之律。你说一个受限的君主不能因为违背了民事协议就遭到抵制。但是,如果这受限的君主违背了本性之律,颠覆了国家的基本法,当如何呢?对此,你可能会说,此时可抵制君王。受限的君主及其权利与绝对君主一样都是神的任命。现在,你却认为所有的抵制都是非法的,因为加在他身上的神的权力与命令,不是由他与人民之间所立之约规定的。

为了弄清君王与暴君的区别,我们有必要先区别:对一个人犯罪与对一个国家犯罪是两码事。大卫杀了无辜的乌利亚,他便犯了杀人罪。但是,大卫并没有因此受到惩罚,因为他并没有对他的国家犯同样的罪。反而,他为国家带来大大的好处。于是,他从一个暴君转变成了一位合法的君王。暴君是那些经常性地损害人民与国家的利益、颠覆法律的君王。如果国家不将这些穷凶极恶的暴君惩办了,神也会在烈怒中追讨他们。如多米田(Domitian)被自己的家人所杀,他的妻子证实了这事;奥雷利安纳斯(Aurelianus)则被雷劈死;大流士淹死了;迪奥克罗斯(Dioclesian)受害于极度恐惧,以至于将自己关起来;萨鲁斯(Salerius)、希律王与安条克(Antiochus)都被虫咬死了;马克提斯(Maxentius)在湍流中被吞噬;朱利安被飞茅穿心而死,这飞茅不知是来自人还是天使;阿里乌斯派的瓦伦(Valens)被哥特人在一个无名的小村子活活烧死;优迪克主义(Eutychian)的纳斯塔西斯(Anastasius)皇帝被神降下的雷击毙;汪达尔人(Vandalus)的甘德瑞科(Gundericus)起来要反对神的教会时,被魔鬼杀害了。某些时候,百姓直接将国家从皇帝手中夺回来。维迪利乌斯(Vitellius)、黑利阿迦巴鲁斯(Heliogabalus)、马希尼流(Maximinus)、蒂迪斯(Didius)、朱利安(Julianus)等人便是例子。还有,思格柏图斯(Sigebertus)、搭加柏图斯(Dagabertus)、法国的罗德艾维克二世(Luodovic Ⅱ)以及丹麦的克里斯鲁斯(Christiernus)、血腥玛丽,她杀死了自己的丈夫然后在全国兴起血雨腥风,波兰的亨利克里(Henricus Valesius)亦是如此,他叛变了自己的国家,而波兰的戈芒特(Sigismundus)则违背了自己对国家的誓言。

问二十五

最高法律在君王之上有何强制力量？人民安全法称为"人民福利"。

十二铜表法（*The Law of the Twelve Tables*）规定：人民福利是最高法律（salus populi，suprema lex）。人民的安全是最重要、最高级的法律，其他一切法律为其服务。理由如下：

1. 从起源意义上讲：在神的管辖之下，如果人民是法律和君王的选立者、根基和推动力量，那么，人民安全便是最主要的诉求。而且，他们的安全必须远在君王之上。原因的保障，特别是普遍原因的保障肯定要比个别人的安全更为重要。正如亚里士多德所说①："整体大于局部。"（οὐ μήτι πέφυκε τὸ μέρος ὑπερέχειν τοῦ παντός）结果也不能先于原因。

2. 就最终目的而言，如果律法、政治、治安官与当权者都以人民的益处为目的（《罗马书》13：4），指向他们的属神与虔诚状态下的安宁而愉快的生活，那么，这就是最高法律的立场。因此，这一点比君王更重要，因为目的比导致此目的的工具更重要。目的是工具之善性的评估标准。如果某位君王是善的，那是因为他为人民的安全生活贡献巨大。所以，人民的安全更为重要。

3. 就限制而言，在人民安全受到威胁时，法律就丧失其力

---

① l. 3. polit.，alias l. 5.——原注。应该是指亚里士多德的《政治学》。

量。如果法律与君王对人民带来毁灭性的影响,它们就当被废除。暴君与恶人对此也心知肚明。

4. 就圣者意愿而言,作为统治者的摩西寻求神子民的安全。不然的话,他情愿将他的名字从生命簿上抹去。大卫祷告说:"吩咐数点百姓的不是我吗? 我犯了罪、行了恶,但这群羊做了什么呢? 愿耶和华我神的手攻击我和我的父家,不要攻击你的民,降瘟疫于他们。"(《历代志上》21:17)这便是这两位圣者的意愿。对象本身才是真实的。神子民的安全和快乐要比摩西的拯救与大卫的性命及整个王室重要得多。

我要对他从弗恩博士①那里偷来此观点进行反驳。他本就没有任何想法,他说②:臣民的安全是政府法规的首要目的。但是,对于君主制政府而言,这并非唯一的、完全的目的。君主制政府的全部目的在于保障君主与人民的共同安全。为保障他们的益处,君王需分摊他的法律。臣民则需要以他们的顺服、行为等来竭力完成君王的安全、荣誉与快乐。如君权受损,人民的安全将变得不可能。

驳:这位教士该证明政府的另一半目的,即为什么王需在国家之上? 他的安全与快乐又怎么能与人民的安全等同? 这的确是一个全新的逻辑:同一个东西既可以是手段也可以是结果。问题是:对高贵的君王而言,要使其如此愉悦会是一种什么样的政府目标? 对此,这位教士说:立那些可为王的人为王,使那些可愉悦的人愉悦。那么,是这为王之人要履行这一政府目标吗? 他是否承担他那王者之肩上的重担? 为着这目的他不仅要使人民快乐,也要使他自己富有且在他的弟兄那里享有荣耀? 我想答案是否定的。他的职责应该是喂养神的子民。如果他意欲使自己获得荣耀,这种打算就是作为君王的个人意愿,或者说是具体操作者的意愿(intentio operantis),而不是君王的意愿或君王之工的目的(intentio operis)。君王作为王在形式上和本质上是"神的佣人,是与你有益的"(《罗马书》13:4;《提摩太前书》2:2)。他只能是作为手段,而不是目的,

---

① 弗恩:《主要教义》,sect. 7, p. 28。
② 弗恩:《主要教义》,c. 16, p. 159。

问二十五 最高法律在君王之上有何强制力量？人民安全法称为"人民福利"。

且不能寻求他自己的利益。我认为，神在最初选立王时对此明令禁止（《申命记》17：18—19，26）。从职分上讲，他是佣人。他也可以因着他的工为自己攒得名誉和财富。但是，他必须首先喂养神的子民。这位教士却宣扬人民当为君王的荣耀和财富服务。我只赞同人民可以荣耀他们的王。问题在于：是民是否应以君王和他的政府为工具来荣耀君王？我想答案是否定的。人民顺服于君王，受统治于君王的目的是"使我们可以敬虔端正，平安无事地度日"（《提摩太前书》2：2）。神给予君王的目的就在于人们的益处和安全。

教士①：用君主制政府的一部分目的来质疑其另一部分的目的，即用臣民的安全来限制和削弱君权与王者特权，这实际上是一种分裂的说辞。如果君王不快乐，且没被赋予作为头的全部权力，身体肯定也好不了。即使是反君主制主义者也承认，百姓起初将他们的性命与财富交付君王统治下，乃是因为他们没有足够的智慧和能力来实现这一目的。于是，他们授予君王以荣誉与权力。没有这权力与荣誉君王便不能完成其职责。对此，君王并没有选择的余地。他只能竭力来实现这种目的，即他个人与他的子民的快乐。百姓的安全寄托于君王的安全，如本性的性命寄托于灵魂一样。虚弱的政府与无政府状态只有一步之遥。清教徒也不赞同，最痛苦的存在比虚无好。经上所说正好与之相反。有些从未诞生的东西要比已存在的东西好。所以，暴政比没有政府好。

驳：1. 他不知道诡辩论者的逻辑。他们称这种论断为断章取义。君王的荣耀并非君王政府的目的。君王只应追求国家与教会的安全，而非他自己的。如果他要追求他的一己私利，他便向暴政迈进了一步。

2. 当这位教士指责我们以百姓的安危来摧毁君王时，他显然在撒谎。弗恩、巴克利、格劳秀斯等人说只有那些饥饿的学者才如此推理。这位教士是从哪里抄来的这一观点呢？即百姓必须要受到保护，这是最高法律，因此，必然毁掉君王！魔鬼和这位教士都不能将这屎盆扣在我们头上。我们的推理如下：当君王无法竭力实现他王位的目的之时，反而借

---

① 马克斯韦尔：《基督教君主的神圣王权》，c. 16，p. 160。

着邪恶的内阁，将法律、信仰与国家的道德都颠覆。此时，自由的国会就当与君王一道来保卫人民的安全。这是根据神在将他们立为个支派的首领时的诫命。如果君王拒绝与他们一道来捍卫人民的安全，也拒不履行他的义务，我看不出来：在神面前，人民如何不能在良心上也拒绝履行他们的义务？

3. 这位教士将人民以合法的自卫战斗来抵制君王说成是对头的摧毁。这种言论只能出自那被逐出教会与将自己奉献给撒旦之人的口！

4. 君王的安全与快乐亦是我们的最高追求。这种快乐并不是叫他去毁灭他的臣民、颠覆信仰、武装那屠杀了二十多万无辜新教徒的教皇主义者，而是要他去保卫他曾宣誓要捍卫的真正的信仰；也不是要他举起武器对准这些将君王看作普通人的人民，而是要对准腐蚀君王灵魂的狡徒。

5. 所谓的王者特权就是神所命的君主制的终结。它既不能被圣经与法律所认可，也不能被理性所承认。

6. 人民要捍卫君王与其他法官的安全。国会一旦被毁，它本是来制定法律与立王的，人民也就不能确保安全与自由地服侍基督，亦不会快乐。

7. 说人民在起初必然性地将自己交与了君王，这是一个谎言。经上告诉我们，宁禄兴起之时，世上本无王。各家族的父亲长者（他们并非王）一直统治着世界。

8. 并非因为智慧的缺失才造就了君王与法官（在众人与百姓那里的智慧显然比一人所有的智慧大），而是因为人本性的堕落与冤冤相报才有了君王与法官。

9. 君王当使用适度的权力且在其他官长的协助下（《民数记》11：14，16；《申命记》1：12—15），规划好人民的安全问题；而不是将这个问题交由一个手握绝对权力的人来处理。一个罪人的头不可能盛得下这么多的新酒。极权就是这样。

10. 君王别无选择，只能真诚地、小心翼翼地为他自己与百姓的快乐竭尽所能。这种说法纯粹是阿谀奉承。这就等于是说，君王是天使，不可能犯罪，也不会渎职。犹大国与以色列国的众君主中，有多少是如此呢？

问二十五　最高法律在君王之上有何强制力量？人民安全法称为"人民福利"。

所有那些称职的君王都在金环中记载了下来。

11. 人民的安全确实依赖于君王。但是，人民绝不会接纳那想象中的王者特权。

12. 弱政府意味着君主只拥有有限的权力，但比他自己本身有更多的权力。这其实是一位强大的君主。这样的政府离无政府的混乱状态相去甚远。

13. 我无法理解这位教士的意图。他的老师亚米尼却有言在此[①]："那些受到诅咒、接受永久折磨的存在物是毫无益处的。不存在要比接受永久折磨好。"他们的这种主张实际上是对神的永恒抛弃之教义的一种背叛。在这一点上，我们认为，对那些遭受神极度谴责的生命存在而言，不存在更好，如犹大。但是，我们并非将存在与非存在普遍意义上来做比较。如可鄙事物的存在是为了彰显造物主的绝对自由与权威。他要用那有罪的器皿来荣耀他的公正与权能（《罗马书》9：17，22；《彼得前书》2：8；《士师记》5：4）。这些存在是神的谴责，也是他那神秘智慧的残酷惩罚（以此来避免对那绝对纯洁与神圣者的亵渎）。他也借着这亚米尼派的邪见来继续他对某些生命与存在的惩罚，给那永恒的地狱增添燃料来宣扬他公正的荣耀。这位教士理当对自由恩典之公敌的亚米尼致敬！只有如此，他才能推出，人民拥有随意生杀（《但以理书》5：19）的暴君要比无君主好。君主若少了他作恶的绝对特权与权力，他便会沦入可遭惩罚的凄怜之境。保皇党的法理基础是：（1）君王如果没有用破坏与毁灭的不可抵抗的绝对权力，君王便不是王，仅仅是一个蹩脚与可悲的法官。（2）如君王不能享有无上与无限之暴君权力，这权力可欺压贫困无助之百姓，也可摧毁神国的山丘；那么，君王便不能高兴，人民就不能得救。君王也不能对那有需求者实施拯救。这些殿上的乌鸦吞噬世上君王的灵魂，要比那自然界的乌鸦与秃鹰残酷得多，它们吃的仅仅是尸体！

奥所里的威廉主教在回答"人民福利之上"（Salus populi）时，说："君王除了要尽心照料人民的安全外，别无智慧可言，因为一损俱损、一荣俱

[①] Jac. Armini. Declar. Remonstrant. in suod. dordrac. ——原注

荣。"李泊思（Lipsius）说心灵长时间遭受压迫是不好的。押沙龙造反时就被说服，认为这世上本无公义可言。这位可悲的教士跟着他的步伐，长篇累牍地宣扬所有的益处、生命、仁慈与名誉都依赖于君王的安全。君王就是我们鼻孔里的呼吸，就是抚养我们的父，就是我们的头，就是那拐角的石头与法官。教会与国家里所有的混乱并不是因为没有法官与政府。无人会如此愚昧地这么去想。真正的原因在于：1. 他们想要无瑕疵的政府。2. 贵族制就是脆弱的，无权力可言；就更别说祭司了。他们要么不能侍奉神，要么就不值得敬畏（《何西阿书》4）。士师（审判者）的年代也是如此。祭司和士师（审判者）在流氓民众那里摇摇欲坠，无法实施统治。因此，最符合圣经的说法应该是：君王的健康是人民最高的拯救（Salus regis suprema populi salus）。君王的安全与特权是人民最安全的庇护所。正如《何西阿书》（3：4）与《耶利米哀歌》（2：9）中所记载的那样。

驳：1. 问题的关键在君王的权力（而不是指他的智慧）是否不受任何法律的制约？

2. 这谄媚的教士也当知道这世上蠢王比智慧之王多。许多君王甚至受拜偶王后的误导，以亚哈之名毁了自己，以及他们的后代和国家。

3. 人的拯救与快乐在于赞美基督的王位与福音。因此，君王与每个人都当赞扬他的王位。让他们去掌管无限制的权力吧！不受法律约束，任意妄为，君王绝对至上！他们自己的智慧便是带领他们通往天堂的律法！

4. 现在的不列颠人并不是押沙龙带领的疯狂的不满者，对新教徒毫无公正可言。不列颠充满了对教皇主义者、天主教、亚米尼主义等的纵容。拜偶行为在不列颠大行其道，得到当局者、议会与教会集团的授权。公正与信仰的保障遭到抛弃、抵制与挤压。

5. 这位教士将王理解为君主，如扫罗一般拥有绝对权力的君主，而非法官，这是错误的。在士师（审判者）年代，以色列并没有王，统治形式直到撒母耳晚期才发生改变。

6. 这位教士辩解说，他们有法官。我选择相信神而非他。人都在行自以为正确之事，因为无人将那作恶者绳之以法。以色列国王的统治在

| 问二十五 　最高法律在君王之上有何强制力量？人民安全法称为"人民福利"。

某种程度上是出于实际需要，而非缺少一位他们本该有的最高法官。他们的统治是松散的。这并非因为他们缺少一位王。经上已明言并无这样的统治。

7. 我认为，那适中的受限制的君主制是受人尊敬的。如果说那绝对的无限制的君主制比贵族制优越，只要保皇党能证明这种绝对的统治是来自神的，我便恭敬之。

8. 我不认为现在的贵族制是脆弱的，因为神高调地认同了贵族制，并且称之为他自己对其子民的治理（《撒母耳记上》8：7）。滥用贵族制权力而使其削弱并非其目的，况且这滥用不会超过君主制权力的滥用。

9. 这位教士认为，《何西阿书》第 4 章明言，以色列人以前确有祭司与法官，但他们被过度敬畏了。现在的情形亦如此。他本该援引《何西阿书》（3：4）这节经文。但是，他却迷糊地做了上述的引用。这里说的是敌基督的祭司过度地、超出世界承受力地被敬畏。我认为，受限制的王是不会被过度敬畏的。他得到了神的律法与人为法律的赞同。

10. 君王的安全不仅仅是纯粹的安全问题，它亦是对教会与信仰的一种祝福。但是，凭这句话，这位教士与他的同伙们就该在太阳底下被绞死。这实际上将君王引向了摧毁自己与新教子民的路上。通过攻击法律与信仰的随意、不受限制的权力而得到君王的安全与荣耀，实际上是毁灭人民。它不是人民的安全，也不是君王灵魂的安全；而这些恰恰是作为神祭司的人该真正关怀的东西。

这位教士突然转而攻击博学的、令人尊敬的奥布瑟维特（Observator）：人民的安全是最高法，因此君王要义务性地实现他所有臣民的快乐。奥布瑟维特并没有这样的引申意义：君王，作为王，可以将一些臣民送上绞首架，尤其是爱尔兰的叛党与那些血腥的作恶者。如果一定要如此，这位教士需要让神圣的神严峻无情：即使是那最为慈悲的父也无可能让每个人都实际地得到快乐！君王坐在公正与审判基础之上的王位，就当朝着实现他所有善的子民的快乐的方向努力，这才是那受人尊敬的奥布瑟维特要表达的意思。

他的第二项辩解实际上是对他之前言论的重复。我已在我的那本共计94页厚的小册子里做出了反击。我从未见过如此空洞的重复，对一件事要重复二十遍以上。有一点需要回答，他说（p. 168）："君王与他臣民的安全，道德上可以当作是一回事，如身体和灵魂结合而使人活着一样。"

驳：这个逻辑相当诡异。君王与人民被连为一体（ens per aggregationem）；而且，王是一个道德性存在，人民是另一个道德性存在。父与子，主人与奴隶是否也拥有同一个道德性的存在呢？这位教士在谈论一种存在，那么他必定指我们王的政府就等同于新教徒的生命、安全与快乐了；就是这个政府在不久前还是教皇主义者、亚米尼派、拜偶者的政府，他们割掉人的耳朵与鼻子，驱逐与监禁反对天主教的人，将教皇主义者武装起来残害新教徒，宽恕爱尔兰的流血事件；恐怕这样的政府很快就要被人民推倒。生命与死亡、正义与非正义、拜偶与虔诚的敬拜都合二为一了，好比这位教士的身体与灵魂本质相同一样。

这位教士的第三个论点也只是老调重弹。王者行为其实就是义务与责任的行为（奥布瑟维特语）。所以，称君王行为是恩惠是不恰当的。我们并不需要为君王的谦恭而感恩戴德。父亲对子女所行的是本性义务与恩典，但子女对父母当心存感激。人民对法律意义上优秀君王也当如是。但是，这仅仅是在礼仪上当如是。奥布瑟维特说，君王并非人民集合体的父亲；说君王是他们的儿子更好些。人民是造王者。谁来选立王？答案是：国家立王！神立王！

奥布瑟维特说得很对，人民的弱点并不等于君王的强项。这位教士说：对啊！他说过，王赐给了人民，是不会消失的。他的理由是（p. 170），君王在信任中从神那里得到的，君王不能丢弃它；要夺走它就会亵渎神圣。

驳：如果君王的王权是直接受神的委任与浇灌，如以利沙作为先知的灵一般，那么，他必不可推卸肩上的责任。保皇党梦想着神直接赋予王权，给王冠配备功能与权力，但他们找不到任何圣经依据。如果君王是通过人民的赞同而间接从神那里获得王权，那么，任何一丁点权力都来自人民就毋庸置疑了。权力既是烈酒，又是伟大的嘲弄者。他们知道一个软弱者的大脑能承受多少。权力并非从天而降的直接遗产，而是从人民的

问二十五　最高法律在君王之上有何强制力量？人民安全法称为"人民福利"。

生来权利那里借来的。他们可以因自己的益处出让它，也可因有人滥用而将其收回。这位君王将在良心上拥有这高于法律的权力，做梦也想讨伐和摧毁英伦三国。然而，教士们真正想做的是：推动君王、王室、荣誉、臣民和教会去服务他们的被咒的教皇。

这位教士①企图用反复强调的方式来封堵读者的心智。他宣扬：君王的统治必须要在人民的安危与他自己的安危和权力间寻求平衡。

驳：为王之人该如何行事，他该以人民的福祉为行事的标准。君王就是人民的亲人。他当为神子民的益处奋斗。当然，他也可寻求自身的快乐。这位教士说得更远。他认为，人民的安全也包括君王的安全，这是由"人民"(populus)这个词所规定的。他居然从帕斯拉字典（Passerat）中偷出这些粗糙滥造之词来佐证他的言论。他父亲肯定会因这夸夸其谈的词源学而用皮鞭抽他。

这位教士接着说②：最高法不能居于王者特权之上。君王特权才是真正的最高法。同理，法律不能在王之上。罗马教廷的民主拥有法律之上的至高权力，能立法亦能废法。他们会以此来胁迫君主，从而毁灭君权吗？！

驳：此论亦是从斯巴拉多主教、巴克利、格劳秀斯等人那里抄袭而来，极易反驳。人民的最高权力由自我保护的本性之律规定。它在一切人为法律之上，也在君王之上。它用来规范君权，而非毁灭君权。如果这种庄严的无上权力在君王产生之前只存在于人民中间，由此可以推出：1. 君王不会因人民的自由选举而丧失这一权力。选出君王是为了人民的益处而非害处。因此，他们必须习惯地、有效地保护这种权力，即使君王还健在。2. 这一庄严的无上权力并非仅属君王。3. 当人民事实上有了这最高权力后，他们便可以立或废王。这些都是这位教士所极力否认的。

他继续说③：这最高法律（当然，这也是从斯巴拉多主教、阿尼索斯、

---

① 马克斯韦尔：《基督教君主的神圣王权》，p. 172。
② 马克斯韦尔：《基督教君主的神圣王权》，p. 175。
③ 马克斯韦尔：《基督教君主的神圣王权》，p. 176。

格劳秀斯等人那里偷窃而来)拔高的是君王而非民众。这里的意思是,某些时候,君王必须能行使一些主观独断的权力,并非要满足人的个人利益,或者违反法律而保障个人利益,而是为了保全国家和公众整体,践踏所有法律。比如,外国势力突然入侵本国,且威胁到了君王与国家的存亡,如同医生切除感染肢体以保全整个身体免遭损坏。国家处于极度危险的境地,独裁者有权根据其自身的独裁权力来决定是战还是和,是生还是死,等等。不用与他人协商,更不用听从任何人的命令。

驳:1. 这并非什么主观独断之权力。它在本性上是捆绑并附属于这最高法律,即人民福利。在此,君王违背的并非法律本身,而是法律条文,为了人民利益这一最高目的条文。如在外科医生那里,并不是说医生有在外科医术之上的特权,而是因着实际需求,必须切掉感染的肢体。所以,君王救其子民脱离危险并非是借用独断专行的权力,而是在强迫式的人民安全之法的要求下,他必须这么做。相反,如果他拒绝如此行,他便成了害死民众的凶手。2. 君王可以根据人民安全的实际情况来断定是否依据法律条文而行事。好的法律不会相互抵触,即使他违背了某些法律条文,也不代表他就忤逆了法律。如果两万叛军入侵苏格兰,君王可命令全民反抗,即使依据国会的程序,他不能下达此类的命令。这里,君王命令全民反抗来保卫人民的安全,他并非依靠他所有的、不能转借他人的君主特权。

(1) 为君王及其不可让渡的特权之辩护的杂音如此响亮!不列颠的王在这种情况之下其实什么也没有做。其行为正好与之相反,他带领英格兰的军队来侵略苏格兰。本性之律呼吁我们抛开君王全部起来反抗。

(2) 君王发出这样的命令并非一项特定的明文法律。他只是作为一个人,作为整个国家的一分子,来如此命令。本性之律(其中并不包含这样的特权)促使他如此行。与其他国人一样,本性关心整体。

(3) 这位前所未闻的法理学家真是黔驴技穷了(他也是这样骂苏格兰人的):法律是为个人利益和好处而制定的。离开人民福利,法律就不是法律。

(4) 国难当前,如果君王只考虑个人的安危,对其他国民造成损害,

问二十五　最高法律在君王之上有何强制力量？人民安全法称为"人民福利"。

这显然是错误的！国难当前，好的君王应该想到牺牲自己来换取国家的得救，如大卫那样（《撒母耳记下》24：17；《出埃及记》32：32）。例如，皇帝奥索和英格兰的理查德二世（Richard Ⅱ）就得到了人民的普遍赞扬，为了避免国家血流成河，他们宁愿放弃王位。这位教士实际是在教唆君王可以越过本性之律，屠杀成千上万的无辜之人，摧毁基督的教会以及英伦三国，以保卫那毫无价值的、虚幻的君王特权。

1. 毋庸置疑的是，君王特权以及行善恶的绝对权力必须受到某项法律的约束，该法以人民的安全为目的。大卫唯愿瘟疫将他的性命夺去，那样他的王者特权与以色列民的性命也都得到了保护（《撒母耳记下》24：17）。特权用来行善，而非作恶。可以说，特权就是用以保卫法律与人民的工具。

2. 特权既不是行善的权力，也不是作恶的权力，更不是行善作恶之权力。如果第一项成立，那么它必须受限于相关法律及其目的。工具导向目的；否则，工具不再是工具。如果第二项成立，这无疑为暴政提供了合法执照。这不是来自神的。如果第三项成立，上面的两项理由都能用来反驳它，即特权就是英国国王在当前战争中的目的。

3. 特权是作为对人民的调节而被给出的。假设特权是由神直接给出（当然这种假设本身是错误的），这也绝不能让君王以此对他的臣民发动战争。神既然给出了这样的特权，就不会再要求君王如何行事了。神不会在没有播种的地方去收获。如果民兵团或其他类似的组织被组织起来从海上抵抗西班牙人或爱尔兰人的侵略，为了保卫国家，虽然君王个人无法调动民兵团，但还是会很高兴看到他的臣民受到了保护。在此，君王无法向神阐释他应承担的战争的正义性。这并不是一个涉及君王良心的问题，即君王当带头血溅沙场。那些有效保卫国家的下级官员并非他所挑选的人，而他中意的保皇党才会将国家毁灭。这个争论不会有答案，因为保皇党并非是为君主特权来毁灭不列颠，乃是基于更深层的阴谋。在近期的英格兰与苏格兰对峙中，天主教教士与那些心怀险恶的人士也在执行着这场阴谋。

4. 君王当像管理者那样来保卫他子民与自己的安全，而不是像现在的英王查理这人所行的那样。他的行为纯属自私。像大卫一样的君王便不会追求这种自私目的。当以色列民要取大卫的性命与王冠之时,他关心的是:"愿你赐福给你的百姓。"(《诗篇》3:8)他本可以专心于保住自己与其统治的安全。但是,大卫认为,如果国家被毁,那么,那代人在世上便不会新生出国家与教会来侍奉神了(《诗篇》89:47)。以色列民却能很轻易地另立新王。因此,某物的安全不能是他物安全的附带品。如要将一个人与君王对特权与绝对权力的使用,以及英伦三岛的教会与国家进行类比的话,这是无法想象的。不列颠的王为他那微不足道的幼稚的特权而哭泣,好过在天主教卷土重来以及英伦三岛权被保皇党因他们的私自目的所毁灭之后才开始哭泣!

5. 独裁者的权力:(1)它是一个事实,不是良心问题。(2)他的权力在国家处于极端的危险状态下使用。这位教士却想建立一种君王在法律之上的常态化的绝对权力,且将它神圣化(jure divino)。(3)独裁者是人民授予的。因此,人民作为他授予者拥有在他之上的主权。(4)独裁者并不在君王之上。罗马人驱逐过君王。(5)独裁者的权力并不能用来毁灭国家。他可能会这么做,如此将受到抵抗;也可能被罢免。

教士(p.177):人民的安全作为法律只是假象。据此,犹太人必须处死基督;扫罗怜惜亚甲①。

驳:1. 神的话无误。该亚法说预言,只是他不能理解他所说的是什么意思。犹太人因为思想作为选民而得救,才起心杀基督;扫罗因着民众利益才怜惜亚甲。这位教士谈论的神,与我无关。2. 有人滥用这以人民安全为基石的法律而诽谤好君王,这并不能因此否定这法律。同时,它并没有允许那些坏君王以这种独裁特权置于本性的公义判断之上。

在最后一章(c.16)中,这位教士没有提出新的论证,仅仅说了君王的神圣性,并且用伪经来证明这种神圣性。看来,他明白圣经的真意。很显然,这里的神圣性是教皇主义的神圣性。1. 他一定会对他自己宣讲:不列颠的王当以三座祭坛敬拜。君王的姿势必须是最神圣与最受人尊敬的

---

① 参阅:《约翰福音》(11:47—53);《撒母耳记上》(15:9)。

| 问二十五　最高法律在君王之上有何强制力量？人民安全法称为"人民福利"。

(p.182)。2. 不列颠王要极力保护那些神圣的东西,即基督罗马的偶像、图像、祭坛、仪式、拜偶以及教皇制度,即使牺牲他自己的神圣生命、英伦三岛、王位以及王室血统也在所不惜。3. 不列颠王也必须以同样的标准来保护那些神圣的人,即那些谄媚的叛教教士。至于他的书的其他部分,我懒得将它们都展现给读者了。它们都是狮子的裂爪（ex ungue leonem）。

问二十六

君王是否在法律之上？

我们可以从法律权威在君王之上这一角度来思考这个问题，比如，君王的宪政权威问题、方向问题、制约问题、协助和惩罚问题等。对那些坚持"君王不受法律管束"的人，如果他们的意思是："君王作为君王不必服从法律规定方向"，那么，他们其实什么都没说。如果他们的意思是：君王就是活的法律，那么，说"法律不必顺服法律规定方向"，就是很不合适的。说"君王作为君王不必顺服法律的公约行动"，这是对的。法律规定，君王作为活的法律不可能惩罚自己。

主张一：法律在宪法权威上拥有在君王之上的权力。1. 如前所示，君王并非自始有之。因此，他必定是在政治规章与法律的基础上成为君王的。从这个角度来看，法律就在君王之上了。民法认为，君主统治形式要比其他的统治形式好。2. 在成百上千人中选出某人为王，所依据的是法律。原因是：一件事物由某物组成，必因此物而存废。3. 因此，作为整体的人民会依据法律所要求的君王品质来检验这个将被立为王的人。因而根据法律立此人为王；同时，在法律基础上，亦可根据其缺陷而将他取缔。人在一定条件下自愿而为之的事，当这条件不存在时，人可以放弃。

主张二：不论君王在法律执行上享有多大的权力自由，他都在法律规定方向之下;但君王的民事法律共约权力则可免除。但是,如果君王对于法律没有顺服与不顺服之说,那么,我看不出法律对君王还有什么方向性的作用。所有法律方向都是顺服命令(in ordine ad Obedientiam)。就顺服而言,在民事法中的光是君王的道德与本性向导。不过,这属于法律的道德范畴。它可以启蒙和启示,而没有任何义务使君王敬畏。于是,君王只是在神的律法与本性之律之下。这对我们的目的而言等于什么也没说。

主张三:君王必须接受法律某些强迫性的限制。因为:1. 君王并没有被赋予一种行自己想要行的任意事情的权力。2. 神在拣选扫罗为王的时候,并没有给他犯罪的权利,也没有给他行暴政的执照。因此,我解释这些法律,强调对君王的法律限制①。君王能够做法律允许的事情。这法律同时也限制他(id possumus quod jure possumus)。因此,君王不能居于他在加冕誓言时与人民所立之法与约上面。否则,所有的约和誓言都只能将其捆绑在本性义务中,仅仅作为人;而不是捆绑在民事或义务中,作为王。所以:(1) 如果认为君王在他的内阁里宣誓就足够了,那就是在嘲弄他对人民所宣之誓。(2) 在代理国家所做的誓言,应该在本性上(in foro Dei),而非在政治上(in foro humano),受束于当地臣民。(3) 君王作为一个人是可以抵制的。

主张四:如果君王要遵循法律所规定的政治行为权利,那么,在神前,他也必须要承担法律所规定的道德义务。由此,君王便不能违背任何法律,否则便是对神犯罪了。律法对每个人都平等(《申命记》17:20;《约书亚记》1:8;《撒母耳记上》12:15)。同样的法律既约束人民也约束君王。君王只能以百姓中的一员的身份来守法。因为:1.《马太福音》(7:12)中说:无论何事,你们愿意人怎样待你们,你们也要怎样待人。这就

---

① 卢瑟福列举了如下法律条文:omnia sunt possibilia regi, imperator omnia potest. Baldus in sect. F. de no. for. fidel. in F. et in prima constitut. C. col. 2. Chassanas in catalog. glori mundi. par. 5. considerat. 24. et tanta est ejus celsitudo, ut non posset ei imponi lex in regno suo. Curt. in consol. 65. col. 6. ad. F. Petrus Rebuff. Notab. 3. repet. l. unic. C. de sentent. qu pro eo quod n. 17, p. 363.

是律法和先知的道理。2. 法律规定①：人人在法律之下。恺撒责令那个玷污他女儿的青年受法律规定范围之外的鞭刑。这青年对皇帝说："恺撒！你这是在私定法律啊！"恺撒对他自己极为愤怒，因为他违法了法律。那一天，他整天都拒绝吃肉②。

主张五：君王必须顺服基本法所规定的共约权力（the co-active power）。因为：1. 基本法规定，自由国家居于君王之上，人民给予君王的所有权力均在于保障人民的利益与安全；君王对他的臣民所行的伤害之举并不在其王权范围内。2. 基本法规定：有权立王之人亦有权废王。3. 君王所行之事，都是依他从国家和那些立他为王之人那里借来的权力而行之。君王惩罚他人，也只能是作为国家突出仆人而行之。因此，如果君王未受惩罚，并不因为他在法律之上，乃是因为一个人不能既是惩罚者又是受罚者；这只是身体上的不一致，并非道德上有什么荒谬的地方。神的律法授权于世间行政官以利剑惩治害人者。这只是他的职分使然。试想，在一项谋杀案中，法官能否把利剑指向自己？在情感的最本质与最深处，依据趋利原则，这种折磨并不是神的律法或本性所倡导的。如果，依据本性之律，即使是那些罪该万死的作恶者都不该逃离执法者的利剑，神仅仅诫命了要耐心地忍受恶，那么又会出现怎样的情况？我知道有这么一条法律，在关涉自己的案件中，行政官员既是审判者又是执行者。这是法官职分所要求的境界③。所以，我们必须对此做出区分：依据法律，君王是否是可受惩罚的？或者说，君王事实上受到实际惩罚后，他是否依然是王？而且，基于他王者职分，他自己还必须是惩罚的执行者。在有关财产的问题上，君王可以既是法官又是执行者。正如我们国家的法律规定的那样：每个人都有权为自己的财产与君王在法官面前为自己辩护。但是，如果君王是一个残暴的国君，多年来一直信仰异端，又会怎样呢？依

---

① 卢瑟福列出的条文：imperator l. 4. digna vox. C. de lege et tit. Quod quisque juris in alium statuit, eodem et ipse utatur.
② Plutarch in Apotheg. lib. 4.——原注
③ Magistratus ipse est judex et executor contra scipsum, in propria causa, propter excellentiam sui officii, l. si pater familias, et l. et hoc. Tiberius Cæsar, F. de Hered. hoc. just.——原注

据法律,他有义务依据国家法令来执行对他自己的审判,归还国家给人民,对人民所遭受的损害进行赔偿。从职分上讲,这是国王该做之事。在此,我认为君王该像惩罚不义之人那样惩罚他自己。鉴于肉体上的折磨仅仅是违反本性的,我不赞同君王对自己实施伤害肉体的惩罚。

主张六:有些法律是因着君王的利益而制定的,如纳税之法。君王必须在这些法律之上。如若某位纳税很多的贵族被选为君王,我想,这个人是否要给他自己纳税,作为对自己工作的回报?如果回答是肯定的,这显然与神的律法相违背(《罗马书》13:6)。基督明确地说过,恺撒的当归恺撒(《马太福音》22:21)。确实有些法律管不着君王。普里克曼[①]借这些来宣扬君王居于法律之上。其实,这些并不是法律本身,仅仅是某些法律事件而已。他藉着自己的律师身份进行阐释,将此推而广之,用以证明君王在纳税之法以上。马德鲁斯[②]则认为君王在税法之下。他依本性之律认为国民在诸事上均平等。但是,他否认君王需居于那些使臣民为臣民的法律之下,如纳税。他援引弗朗西斯(Francisc a Vict)抠瓦图为亚斯和特瑞科迈特(Turrecremata)等人为证。同时,他也认为君王应在实法之下,如不得倒卖粮食等。这并非由于法律作为法律如此要求他,而是因为此等要求是法律制定的条件之一,如"你讲说人不可偷窃,自己还偷窃吗?"(《罗马书》2:21)实际情况是,不得犯奸淫、偷窃及渎神等不过是本性之律所谴责的部分。即使以其他名义来对之进行谴责,也不能证明君王需受法律所规定的共约权力的约束。乌尔皮安[③]说:"王子站在法律之外。"柏丁[④](Bodine)说:"无人会对自己发号施令。"斯洛萨努斯[⑤]也乘势宣扬:"君王给出法律,不能接受法律。"唐尼乌(Doneau)[⑥]则对一般法律

---

① D. c. 3, n. 78.——原注。普里克曼(Prickman),本书仅此提及。译者无法追踪这个人。
② 12. Art. 4,5,9,96.——原注。马德鲁斯(Johannes Malderus,1563—1633)。译者无法追踪其著作。
③ l. 31. F. *de regibus*.——原注。这里提到乌尔皮安(Ulpianus)的著作:*de regibus*。
④ 柏丁:《共和国六论》,l. 7, c. 8。
⑤ 斯洛萨努斯:《论共和国》,l. 7, c. 20。
⑥ 唐尼乌(Hugues Doneau,亦称唐尼鲁斯:Hugo Donellus,1527—1591),法国法学家,对法学人文主义有特别贡献。卢瑟福引用的是他的《民法评论》(*Commentarioum Iuris Civilis Libri*),Lib. 1, c. 17。

与王者之法进行了区分,认为后者才能适应于王。特鲁斯(Trentlerus)[①]说:"君王站在法律之外",他之所以遵循法律乃出于他的诚性,而非出于必要性。托马斯·P(Thomas P.)[②]、巴伦西亚(Valencia)的格里高利·索托(Gregory. Soto)和一些经院学者则认为君王受制于法律指导性权利,却不受制于法律规定的共约权利。

主张七:如果君王变成了弑父母者、烈狮,抑或人民的摧毁者或践踏者,他就必须被视为平民来接受国家法律所规定的共约权力的惩罚。如有法律阻止暴君受罚,那一定是,除神之外,他没有更高者。保皇党的理论便建立在此基础之上。显然,这一基础是虚假的。

论点一:国家冠君为王,因而必定在王之上,因而可收回他们给出的王冠。从本性之律与神的话出发,如果事先就知道他会变成暴君,他们就不会为他佩上利剑。如果在与君王立约时不加上自己的意志,这约何其愚蠢!虽然这意志在约中不能面面俱到,但是,前提是这约不能违背他们的意志。人民给君王权力以换取自己的益处,经上已显明,如《历代志下》(23:11)、《撒母耳记上》(10:17、24)、《申命记》(17:14—17)、《列王纪下》(11:12;10:5)、《列王纪上》(16:21)、《士师记》(9:6),等等。另外,祭司的八十勇士以强力阻挡乌西雅王在神殿中烧香,将其赶出神殿,并将他与神的殿隔绝(《历代志下》26:18—21)。

论点二:如果君王的位置不能使他居于教会之上(《马太福音》第18章中,基督都没有做过如此的解释,人又何以能如此行?),如果基督的杖"要在口中击打世界,并以嘴里的气杀戮恶人"(《以赛亚书》11:4),如果以利沙、拿单、耶利米、以赛亚等先知,以及施洗约翰、耶稣基督并他的门徒等作为神的仆人都曾用过这杖来指责和责难过这世间的王,那么,一定有人掌管属灵的法律共同行动。一定程度上的肉体强制性共同行动也是神所允许的。当然,神的律法是另外一种本性,是一种类似的权力在起作用,对所有的人都适用。在神的律法中没有例外。

[①] 关于特鲁斯(Trentlerus),译者无法追踪其人其事。vol. I. 79, 80. ——原注
[②] 关于托马斯·P(Thomas P.),译者无法追踪其人其事。l. q. 96, art. 6. ——原注

论点三：假定神并不倚重部分的安全而看轻整体的安全，特别地，神使用部分，使之成为确保整体安全的工具。但是，如果神使作为国家一部分的君王免于任何刑罚，即使他是国家经常性的毁坏者，又因为神使这人成为父、导师、拯救者以及守卫者，且命定为守卫国家与人民安全的方式；那么，在保障整体安全而非部分安全这事上，神就是没有做得更好，而是较差。理由很明确，在《罗马书》(13：4)与《提摩太前书》(2：2)中，神指定统治者，赐予他们利剑以守卫国家与城邦的安全。相反，我们找不到任何经文表示，神赐予国家和人民利剑来守卫君王一个人，而这个人乃是行各种暴政来荼毒他的子民的统治者。这种说法合情合理：暴君完全可能组建一支由奥斯曼人、犹太人以及保皇党人组成的军队来摧毁神的教会，而不用顾虑任何法律与惩罚。

下面是一些与保皇党相左的论点：温扎特斯(Winzetus)①在谈到尼禄时说，尼禄是因寻求个人制定新法、摧毁罗马的长老院与人民，才最终丧失其对帝国的统治权力的。巴克利②谈到卡里古拉(Caligula)的暴君时，说他们在王冠权力上迷失了自己。同理，如果君王出卖自己的国家，他就得丢掉他的王冠。格劳秀斯③说，如果君王变成了国家的敌人与摧毁者，他就得丧失国家，因为统治的意志与心灵和毁坏的意志不能共存。如君王变成了暴君，他就得失去王冠头衔；不仅仅是在神的庭上失去其王者头衔，也在人前、在人的法庭上失去其王者头衔。1. 在神前失去王者头衔，他便不再为王了；人们顺服于他乃是因为他是"神的仆人"，拥有神赐予的权力。当他不再拥有这些东西之后，他便不能再为王了。2. 这些能者们想到补救的方式，即当人民遭暴政伤害时，他们宣称君王只是在神的庭上不再是王，而在世间的法律上还可以维持王的身份。这里所谓的补救措施是在辩称：那些违背神符合暴君条件的王依然是合法的王，只是后来变成暴君了而已。没有头衔的暴君与篡夺王位者无异，并没有对

---

① 温扎特斯(Winzetus)：《反布坎南》(adversus Buchananum) p. 275。译者无法追踪温扎特斯及其著作。
② 巴克利：《反君主论》, l. 3, c. ult. p. 213。
③ 格劳秀斯：《战争法权与和平法权》, l. I. c. 4, n. 7。

王位的合法权利。对此,巴克利①说:"人人都能以公敌之名将其处死"。如果他在人的法庭失去其头衔,那么,世间就有审判君王的法庭,说明王在某种公约权力之下。可以说:君王是可被抵抗的。那些抵抗他的人并非罪该万死。人民便有权废王。保皇党却竭力想通过《罗马书》第13章来证明与之相反的道理。谁有权将神圣性(θεῖον τι)从王那里拿走呢?他正是藉着这神圣性成为王,它就是那最神圣光的一束。保皇党嚷着说,民众既不能给予王者神圣性,也不能拿走这种神圣性。因此,民众无权废王。

论点四:瓦斯克斯②说,签署契约时体现的意志越多,所承担的义务也就越多。因此,法律条文双倍强调之事,执行起来就会更严格。君王作为理性的父,以法律作为理性的工具将我们引向和平与永久的喜悦。君王所有的法律都是与人民签订的契约。在与人民签订加冕—协议(coronation-covenant)之时,君王便以誓言的形式给予了最为彻底的赞同,即作为所有善的法律的执行者和保护者。这样,他便很难从法律强加的、极其严格的义务中抽身而出。如果君王在职分上要保护法律,那他就是维护法律的一项工具。众所周知,工具和手段不能高于目的,只能在其之下。

论点五:柏丁③证明,起初,罗马的皇帝仅仅是帝国的诸侯而已。最高君权掌握在长老院和人民那里。学识渊博的罗马公民,马里厄斯·所罗门,为此写了六本书以驳斥皇帝权力在国家之上。瓦斯克斯(illust. quest. part. 1. l. 1, n. 21)证实,从王者尊严上讲,王子并不能脱离公民身份。同时,他们依然是政治有机体的一部分,不能摆脱君王作为法律维护者的身份。

论点六:即使是王子,他也只是一个社会的人,君王亦如是。他只是一个可以做买卖、能承诺、契约并履行的人。因此,他不能在规则(regula regulans)之上,只能在法律之下。如果说一个政治上的王,作为社会的

---

① 巴克利:《反君主论》,l. iv. c. 10, p. 268。
② l. I. c. 41.——原注
③ 柏丁:《共和国六论》,l. 2, c. 5, p. 221。

一部分按照自己职分履行政治行为,可以买东西不付钱,处处给承诺,到处宣誓言,却从不践行;也无主动说明其誓言执行情况之义务,却专干些杀戮与残害之勾当;这显然说不通。如此,他在政治社会的法庭(curia politicae societati)上就有罪了。正如美德与行善之人要得到正当的回报一样,他必须接受处罚,让出他不该拥有的东西。好!要是这等罪是不能在人前受罚的,也就成了不是人前的罪。如果王子所有的犯罪与压迫都不在人能施与的惩罚范围之内,那么那些罪也就都不是人前之罪了。那么,君王就可以借助这些方式而免除在十诫第二组①中所犯的罪。换言之,法官在神的授权下,在人的法庭上谴责那有罪之人——这罪人或以渎神而得罪社会,或以恶行玷污社会。王子犯法与庶民同罪。

且听听这位被逐出教会之人的话:"他们说(耶稣会士),人类社会就是一个完美的共同体。它拥有一种内部力量以保障这个共同体不被毁坏,并借此惩治暴君。"②这位教士接着说:"没有头的社会就是一个混乱的群,不是一个政治体;因此也就不能拥有这种权力。"

驳:1. 教皇以他的弟兄耶稣会士的方式给每个社会以政治权力,以便赶走或废除暴君或异教的王。我们要质疑的是:保皇党与耶稣会士是如何沆瀣一气来修建巴别塔的?我轻易便能根据这位教士所宣讲的保皇主义教义来证明他就是教皇主义者;也可根据我们正遭受的极大不公以及这位教士对苏格兰的统治;同时依据他在爱丁堡的宣教来断定他与所有真正价值、与神道相背离。摧毁巴别塔乃是神的旨意。

2. 根据这位教士的言论可推出,任何自由城邦的贵族统治者,威尼斯的公爵以及它们的上议院都在法律之上,且是不可抵抗的。没有这些头,这些国家就只得沦为混乱的群。

3. 政治社会一般指定一个头或者多个头来管理他们。这乃是出于人之本性。如果他们的头或者头们变成了饿狼,神不会任由这完美的社会糜烂而不理。此时,人民有权抵制与惩罚他们的头或头们。他们接受

---

① 十诫可以分为两组:第一组涉及和神的关系;第二组涉及和人的关系。
② 马克斯韦尔:《基督教君主的神圣王权》,c. 15, p. 146, 147。

人民所给予的权力是为了人民的益处,而不是为了给人民带来损害。

4. 人民罢黜施暴的法令者时,他们依旧是一个有序的政治有机体。他们指定公正的管理者时也一样。这位教士说:"一个没有统治者的政治有机体如同一个没有头的身体。"他的意思是:这两者都是不可想象的。鬼知道他是如何思维的!扫罗死了,以色列依然是一个完美的政治有机体。这位教士的脑子若不是愚钝之极,他应该可以想象一个可见的政治社会践行一连串的政治行为。在《撒母耳记下》(5:1—3)中,以色列民在希伯伦这样一个可见的、可想象的地方立大卫为王,且在那里与他立约。以色列人不是要那些长老们都为王,但这并不是说他们成为不可想象的幻影。在宁禄之前,世上都以父亲为首的家族式统治。他们联合起来决定要么立一位王,或者众统治者作为他们的头或头们来管理他们。虽然在为数不多的几个家族里已经存在政府了,但这些家族的联合体并无政府,但还是一个看得见的政治有机体。要是这位教士出现在他们中间,称呼他们混乱的圈或无法想象的幻影,那么,他们会让他知道,这幻影能把教士击倒!君王不是政治有机体的生命,不是灵魂之于身体的作用。身体不能创造灵魂。但是,以色列民能立扫罗为王;扫罗死,他们又能立大卫为王。如此延续,他们在神的下面立了以色列的众王,直到弥赛亚的到来。没有身体能通过继承为自己造灵魂。

教士:耶稣会士与清教徒间有无限的差异。我们期盼神会推倒这巴别塔。据我所知,耶稣会士在民众中有监管人的权力。有些教派追随他们。他们授权百姓去驱赶那些有过失的王,并宣扬这种行为与杀死饿狼一样将得到回报。有人想将之运用到整个社会有机体上。怎么运用呢?这并没有最高权力的授权或命令,仅仅是一些想改革教会与国家的幻想。有人想将权力移至贵族或寡头;有些人在君王的指令之外将英伦三岛聚集起来;有些则聚集到一些下级官员旗下。除了那全能的神外,我不知道还有什么权力能限制君权。

驳:1. 的确,耶稣会士与清教徒间有无限的区别。耶稣会士否认教皇是敌基督者,坚持一切亚米尼教派的教义,将基督的追随者打入地狱。——这位教士的宣讲体现了这几个方面的内涵。我们对所有这些都持否定态度。

2. 我们也期望主能摧毁这巴别塔及它周围更多的地方,即包括苏格兰和英格兰的所有教皇主义教士。

3. 这位教士本该清楚,耶稣会士主张所有监管权在社会民众之中。这位教士还真是不了解他那些耶稣会士的弟兄啊!但是,将此归咎于缺乏善意(good-will)则纯属无知。他的那些同僚们,如贝拉明、比克鲁斯(Beucanus)的苏亚雷斯、巴伦西亚的格里高利等都相信全部政治监管权,在灵性上都属于人民。就凭这点,这位教士就得像亲吻主教礼帽那样亲吻他们的脚了。

4. 如果这就是所谓的差异,那就太少了!公众是最远和最后的主体。代表才是最近的主体;贵族是部分主体。法官来自君王也在这权力游戏中。专制君主任意确立法官之后,命令他们为民审判,但不是为神。民因此而顺服,并在这权力下接受处罚。如此各占位置。

5. 对于召集议会的真正原因,这位教士在此将之归咎于幻想。这与小偷与抢劫犯将正义的法庭说成是幻想是一样的。如果他将苏格兰议会说成是如此这般的一个幻影(他便与他父一样成了那沉沦之子,见《特撒罗尼迦后书》2:4),那么,我认为他应受到绞刑。他完全配得上这待遇!

教士(p. 147, 148):社会监管的权力主体必须在审判与实践中远离错误,民众和议会都应该是不会犯错的。

驳:这个推论毫无意义。这如同是说,绝对独立的君王是不会犯错的。相较于君王颠覆法律的专制独裁而言,人民自我专政与自我毁灭的危险系数要小得多。正是基于此,才必须有一种在君王之上的监管权。全能的神必须居于万有之上。

教士:议会要是犯错,就等于神将国家置于无药可治的境地;除非君王出面来对之进行医治。

驳:除非以君王无瑕疵论为前提,否则,这一结论不成立。站在后台的国会将纠正前台的错误。不会因为神对国家的救治掌握在罪人手中,且可能被滥用,国家就成了不可救治的。问题的关键在于:神是否给予了某个人权力以毁灭众人、颠覆法律与信仰;而且,没有任何权力能对他进行支配、限制与惩罚?

教士[①]:如果国会犯错,救治归于神的智慧。为什么君王犯错时不能将救治归于神的智慧?!

驳:这个推论的逻辑前提不真,结论也无效!理智正常的人都会拒斥之!一个拥有非神授的绝对权力的人来毁灭众人,要比众人毁灭自己来得简单得多。按这位教士的逻辑,乌西雅王闯入神殿祭祀,而祭司们进行阻挠与弥补就是在犯罪了!

教士:为什么以色列的百姓、贵族或犹太最高法院不召集起来惩罚大卫王所犯的通奸与谋杀之罪呢?罗马主义者与新法理学家认为,除了宣扬异端、变节或暴政之外,没有其他对王惩罚的案件是合法的。对于暴政,他们认为这是根深蒂固地普遍存在的现象,如阳光普照般。祷告对阻止暴政没有任何作用,如尼禄,他的意愿和命令与其说表达了他的顽固决心,还不如说是流放的激情。除了说他是疯子外,别无其他解释了。这不能拿来解释我们现今的王;相反,却能证伪上述的事件,即民众可以回收自己的权力,并纠正所犯下的错误。同时,依据他们教理,这适应于男性统治的所有事件[②]。

驳:这位教士逼着我来谈论王所犯之非正义谋杀的问题。大卫对神发忏悔(《诗篇》51)。对此,我认为:神接受了他的悔罪。如果以色列国或最高法院还惩罚大卫的通奸与谋杀罪,那本身也就成了对神的背叛。但是,他并未对此进行解释,也没有任何神的话佐证之。确实,在没有其他解释理论出现之前,这件事与神的律法(《创世记》9:6;《民数记》35:30—31)看上去是相抵触的。

6. 神的律法及其世间的法官,我认为,他们不会因为某些人的伟大就看高他们(《申命记》1:17;《历代志下》19:6—7)。我们坚信,神的律法没有做出的判断,我们不能给出。神对他的法官说:"你们施行审判,不可行不义,不可偏护穷人,也不可重看有势力的人"(《利未记》19:15);当

[①] 马克斯韦尔:《基督教君主的神圣王权》,c. 15, p. 148。
[②] 这是从阿尼索斯的《论权威原则》(c. 4, n. 5, p. 73)那里偷来的。——原注

然，也不能偏袒王侯。我们清楚"穷人"与"有势力的人"这两个词意味着什么。我认为，神的意思并不是要君王抽刀砍杀自己；但这也不意味着当我们谈论暴戾之性时，神的律法会接受任何这样的法官，无论大小。如果国家高于君王，如我一直坚持的，即使人为的政治宪政允许君王不受法律的公约束缚，它仍然会回归共和国的和平。然而，如果我把这事归为良心问题，我看不到神在这事上的作为。如果是人有所为，我愿意说：事实上法律不是这样的(facto ad jus non sequitur)。同时，我很容易得出这样的结论：如果这是良心问题，那么，国会在所有事情上都可以压迫君王。对此，那些马屁精会援引《诗篇》(51：4)中的"我向你犯罪，唯独得罪了你"来叫嚣君王要居于世间的所有法庭与法律之外。这世上无人能惩罚大卫王。他们还会引用亚历山大的克莱蒙(Strom. l. 4)和艾伦比(Arnobi)(Psal. l.)、迪迪穆斯、海洛姆(Hieronim)等人的观点来佐证他们的这一观点。对此，加尔文与几乎所有的教父站在一起：主啊！即使我丢失了整个世界，包括我自己的生命，只要还有你，还有你的审判，这就足够了！贝德(Beda)①、忧思缪斯(Euthymius)②、安布鲁斯(Ambrosius)③等人对此处经文也做如此解释，即无人能在大卫之上来惩罚他。持同样观点的还有奥古斯丁、巴西尔(Basilius)、西奥多(Theodoret)、克里斯多莫斯(Chrysostomus)④、西利尔(Cyrillus)⑤、海洛(Hieronimus, Epist. 22.)、安布鲁斯(Ambrose)⑥，以及格里戈利厄斯(Gregorius)等。

奥古斯丁在(Joan 8)中说：这里的意思是，除神外，没有人敢审判与惩罚大卫王。耶稣会士罗利奴斯(Lorinus)在详细考察了教父对该事件的 11 种解释后，说："说大卫只对神犯罪，乃是因为只有神赦免他。"红衣

---

① 贝德(Bede, 也拼写为 Beda, 673—735)，著有 *Historia Ecclesiastica Gentis Anglorum*《英国教会史》，731 年)，被称为英国历史学之父。
② 忧思缪斯(Euthymius)，377；d. A. D. 473。
③ Apol. David, c. 4 and c. 10. ——原注。应该是指 Saint Ambrose(330—397)，意大利米兰主教。
④ 应该是指 John Chrysostom(347—407)，君士坦丁堡教区主教。
⑤ 应该是指 5 世纪的法学家 Cyrillus，对查士丁法典的形成有重要作用。
⑥ Ambrose, Sermon 16, in Psal. Cxviii. ——原注。应该还是指 Saint Ambrose(330—397)。

主教雨果(Hugo)解释道："这乃是因为只有神能洗净他。""我向你犯罪，唯独得罪了你"这句经文的意思有：1. 惟独得罪了你，因为你是我罪的目击者和直接注视人。所以，大卫在后面还加上了"在你眼前行了这恶"这句话。2. 得罪了你，作为我的法官，你责备我的时候，显为公义。你判断我的时候，显为清正。3. 主啊！求你将我的罪孽洗除净尽，并洁除我的罪。如果这里的"唯独你"就将乌利亚、巴示拔与人为法律都统统排除在外了，好像大卫压根就没有对他们犯下任何的罪过一样。那么，君王便不仅仅逍遥于一切罚恶之法外。而且，他也不必履行一切法律规定的义务。因此，君王不在神的律法所教导的最美与最大的条例之下，比如，你要爱邻如己。他们不必求神饶恕他们的罪，如同他们饶恕别人的罪一样。从神的律法的本质与罪的本性来讲，这是讲不通的。为什么要说臣民与儿子对君王与父亲所犯的罪，要比君王与父亲对臣民与儿子犯的罪要重呢?! 依这种逻辑，君王如果杀了他的父亲耶西就只得罪了神，却没有违反第五条诫命，也没有得罪他的父亲。神未能禁止父亲激怒孩子啊！（《以弗所书》6：4）

（1）在君王对臣民行非正义之事上，依据这种上级不会对下级犯罪的逻辑，君王就只能得罪神了。他们只能得罪那些有权审判和惩罚他们的人。除了神外，任何下级官员和臣民都没有权力来惩罚君王。所以，君王不会对臣民犯罪。这不就没罪了吗？怎么会有法律呢?! 对此，保皇党会无言以对。

（2）我们认为终止暴政的方式是废王。但这位教士反对，他是一个彻底的政府控制论者。我前面已表明巴克利、格劳秀斯、温扎特斯等人也都持这种立场。

（3）这位教士会以病态的尼禄为借口。尼禄恨不得整个罗马帝国只有一个脖子，他一刀砍下就能了结全部人的性命。其他君王如果不如此疯狂，便是大行仁慈了吗？历史告诉我们，历史上的暴君要比良君多得多。他们更易接受阿谀奉承，而不行国家智慧。以他们的理论，所有君主都像是吃神的子民的主。食神的子民对他们而言如日食面包一样。

（4）权当他们都是尼禄、疯子或更残暴之辈吧！这世间没有限制他

问二十六　君王是否在法律之上？

们的权力。这位教士应当清楚，所有这些人都必把脖子伸向正义的剑柄之下。君王无论如何不能疯到毁灭自己臣民的地步。英格兰的玛丽却是这样的一个疯子。王子已将自己的权柄交予了野兽（《启示录》17∶13），发动与羊羔的战争。君王却在野兽精神的激励下，用巴别私通的杯子喝葡萄酒，变成了彻底的疯子。十位皇帝如此之疯癫，以致于毁灭了他们最虔诚的臣民。

教士：如果真在贵族那里存在着这样的一种权力，在必要时起作用，在教会与国家安全上的最后解救办法；而且，神与本性在所需事情上是不确定的；那么，这必定要在圣经中得到证明，而不仅仅依靠信任。"你得证明你说的。"(affirmanti incumbit probatio.)

驳：主教先生！你的证明优于我的证明？你可是那"说者"！1. 我可以证明，君王的权力仅限于喂养、管理和救治百姓；而你却声称神不仅仅给予了救治百姓的合法的王者权力，而且还有毁灭和屠杀他们的权力。人要问：神啊！你为何要这样行？我们该将这罪责归于那被驱逐教会的教士吗？（《申命记》17∶18；《罗马书》3∶14）我确信神在此给了君王行善的权力。任由这位教士去证明神是给了君王作恶的权力吧！2. 这位教士试图表明暴权是神的法令，不能抵制。我们要针锋相对地说，国家可以压制这种权力，且惩治暴君，但不是所有君王。本性之律告诉我们：如果我把我的剑给我的弟兄来保卫我免受他杀，倘若他沉沦了，要用我给他的剑来杀我，我会收回我给他的剑（如果我有这个能力）。

教士：1. 认为神不能帮助我们，失去等待神来临的耐心，这本身就是对神的不忠。在某位君王行压迫之事的情况下，在神为我们的安全启示一种阻止压迫的方式之前，我们便篡夺神的权力，这本身是违背神的智慧的。2. 这也是对神圣权威的冒犯。3. 这还是亵渎神的神圣性。4. 在我们的基督信仰里，我们的基督如此弱小却能背负人的罪。我们也在信仰里洒圣水以驱除不忠，阻止君王擅自宣布改变大公信仰。5. 我们不抢夺神的权力。

驳：1. 在此，除了弗恩博士、格劳秀斯、巴克利、布拉克伍德等人所说过的话外，我看不到任何新东西。这位教士只不过给他们的结论稍加润色了一下。他重复别人的观点,却不给出别人的逻辑。如果国家出面支配与压制一种神未曾给过君王的权力是一种罪,是违反信仰的行为;如果只有神直接限制这种权力才是合适的;那么,万事便真的美好了!2. 这位教士一直否认我们的新教信仰,而狡猾地搬出新狡辩以符合他的罗马天主教信仰。多明我会(Dominicans)、圣芳济会(Franciscans)以及巴黎的博士和学者们,都在跟随奥康(Occam)①、格尔森(Gerson)②、阿尔曼(Almain)③等教皇主义者后尘,宣称他们是改革的天主教徒。这位教士却以此为基础,花了三页到四页纸的篇幅重复一些术语,由此形成了他的第二点论点(p. 149),并令人恶心地玩弄它们(p. 148)。他的第三个论点也在他的第六个论点中得到不停的重述(p. 151)。他的这些理论基础其实都是抄袭别人的一些结论,继而以这些结论为理论前提,形成八条粗糙的、反复重复的论点来证明国会限制与抵制专制权力是叛乱,是对神的命令的背叛。但是,他却不敢直面《罗马书》第 13 章。当然,其他的保王主义者也没这么做。

对此,我要仔细打量以驳斥他的谬论。可以确定的是,所有保皇党的观点都是些琐碎之物,特别是巴克利在他的第三本书中所论之事。如果专权与暴权在法律之上,那统治便是以死亡之痛为代价,并有合法的和神的话保证。由此可得,专制权力在一切神的律法(如你不得杀人,也不可抢夺拿伯的葡萄园)之上,用以保持国家管理之秩序。按照他的理论,因为专权与暴权的合法性,所以,大卫杀所有以色列人、抢劫耶路撒冷,与大卫只杀了乌利亚、亚哈只夺了拿伯的葡萄园相比,便无异了,都具有合法性。罪的本质必须在所有事情上不论程度地一致。

在抵制专制权力问题上,神会给予补救。但是,这位教士这里提供的无序的引擎,无处可以置放。

7. 这位教士的第七个论点是:说神授权叛乱无疑是给了坏的先例。

---

① 奥康应该指的 William of Ockham(也称 Occam, Hockham,约 1288—1348),英国哲学家。
② 格尔森应该指的是 Jean Charlier de Gerson(1363—1429),法国神学家。
③ 阿尔曼应该指 Jacques Almain(? —1515),法国神学家。

神宁愿行非凡与美好的奇迹。正是因此,神才不授权以色列民自己擅自从法老手中逃出,而是立摩西为王子,以非凡之力逃出埃及。救出以色列民的既不是摩西的智慧,也不是以色列民的力量或按他们的方式所能做的,而是神的手和权力。

驳:我只是把这位教士的混乱说法简单归纳了一下。我不想谈论圣·斯蒂文(St. Steven)等人的教皇主义术语。他在那本洋洋洒洒149页的书中所说的其实在那三页纸中已说过了。当下问题是:面对专制权力,人民与贵族可以回收其给出的权力并惩罚暴君。如此,君王是否还能高高地在一切法律之上?这位教士对人民抵制暴权问题只是隔靴搔痒。以色列民没有武力反抗法老,这并不能否定自由国家有权反抗暴君。

(1)神告知摩西,法老是恶棍。摩西行神迹对抗法老,也许祈求对法老进行复仇。但是,神职人员和贵族们是否也这样祈求以对抗查理王呢?神禁止!

(2)法老的王冠不来自以色列。

(3)法老既没有宣誓要保卫以色列,也没有在保有和捍卫以色列神的信仰的条件下而成为以色列的王。因此,以色列民不能像自由国家那样,在他们的最高国会法庭上,以违背誓言为由,控告他们的王。他们也不能废除法老,因为法老本不是他们的王。

(4)法老既没有受过割礼,也不守以色列神的约。

(5)以色列人的土地仅仅出自法老的白白赠与。我期望,不列颠的王能在四方矛盾的关系中与苏格兰和英格兰同在。

只有法老的王子以及埃及人才是法老的贵族和百姓。以色列民不是他的臣民。他们只是一帮陌生人,依靠自己的君王之法行事,以约瑟的方式寄居于歌珊之地,得以侍奉亚伯拉罕的神,对耶和华祈求自己的命运(《出埃及记》1—2)。他们并不侍奉埃及的神,也不信仰法老王的宗教。这位教士的论证可这样说:一群在法老王统治之下的陌生人,他们不是法老的王子与贵族,也不能限制法老王的暴政;因此,不列颠的三个自由邦国也不能抑制某位不列颠王的专制权力。

(这位教士必须澄清如下几个问题):1. 他必须讲清楚:在神的王者

呼召下,神给予法老以王者权力(根据保皇党对《撒母耳记上》第 8 章的第 9—11 节的阐释)。法老用这权力杀掉以色列人的所有男婴,使他们为奴,强迫他们在砖窑和泥坑中干苦力,让他们生不如死。尽管天主教的玛丽宣誓要维持新教信仰,她却以女王之令,借教皇主义者之手,杀死所有新教徒的男婴,将新教徒中的所有贵族、法官并英伦三岛的所有人都变为奴隶。恰恰是这些人使她成为一位自由的女王。难道他们只能去忍受而不为自己抵抗吗?如果神给了法老杀死所有以色列人的权力,而他们却无法对之进行限制,那么,神也就给了君王以职分上犯罪的王权。这样,保皇党就使神成了罪的创造者,因为神给予了犯罪权力。

2. 他必须证明,以色列民将自己的男婴交到法老的刽子手的刀下。按照这位教士的理论,他们藏着男婴就等于抵制王权,从而不顺服神给予的王权,等于不顺服神。

3. 当君王的刽子手的屠刀砍向百姓及百姓子女时,百姓不得抵抗。抵抗君王的仆人就等于在抵抗君王(《撒母耳记上》8:7;《彼得前书》2:14;《罗马书》13:1)。

4. 他也必须证明下面这个问题:对于法老及其子民,如果以色列民和他们一样强大,在没有神特殊的诫命(即没有律法)情况下,他们就应该反击法老。现今,无论什么战争,我们都必须拥有从天而降的启示,犹如神没有在他的话语中向我们传达他的完整旨意,仍然像那些以色列人在所有战争中求神的旨意那样。参阅《士师记》(18:5,20:27)、《撒母耳记上》(14:37,30:5,23:2)、《以赛亚书》(30:2)、《耶利米书》(38:37)、《列王纪上》(22:5)、《撒母耳记下》(16:23)、《历代志上》(10:14)等。因为神没有回答以色列民,让他们去和法老战斗,难道我们现在就无权反抗侵略我们的外族了吗?答案显然是否定的。因此,他的这一论点是无效的。先知从未指责过人民不履行抵抗暴君战争的义务,因此,神的律法没有给予我们这种义务。先知没有责备人民不和他们的敌人进行侵犯性战争,但是,神却在他的神谕中给出了特别命令与回应,要人民进行战争。如果神愿意决不命令他的子民起来反抗暴君,那么,他们没有神诫命而起来反抗就是没有犯罪。不过,我还是期望有更明确的预言来指示我们。

5. 这位教士认为摩西行神迹,将红海断开,将以色列民救出埃及,是为了禁止且谴责以色列民对法老发动防卫战争。这显然有悖圣经与理性。这些神迹是为了封锁法老的追赶,展示神呼召摩西与亚伦将以色列带出这件事的真实性。《出埃及记》(5:1—4;7:8—10)就是这样记载的。同时,神也要将他的名传遍天下,如《罗马书》(9:17)和《出埃及记》(9:16,13:13—14)中所表明的那样。但是,这位教士在这里的推论却将圣经归于了沉寂。我们不能信这样一个被革除教籍之人的话。我认为,法老并不从以色列那里接受王冠。他与掳掠神子民的尼布甲尼撒王以及波斯王无异。

教士(p.153):在《士师记》中,当以色列民从他们敌人手中被带出,由于他们的罪性,神从未指定过任何普通的法官或民众作为救出行动的带领者。在他们忏悔时,神才兴起法官。同样,以色列民也不能将他们自己救出巴比伦。神直接地完全藉着居鲁士来行此事。这难道还不是神不用下级法官来纠正已错之事的真实证据吗?我们必须耐心地等待神赐予我们的合法的改变方式,即一些由神直接排除错误的至上权力,这些在他给我们的启示中已经实在地晓谕了。

驳:1. 这位教士的说法都在问题外围,除了说民众与贵族不能回收其权力以抑制专权外,别无其他内容。他言论的第一部分论证了,这世上既没有专制的最高法官,也没有合法的最高法官。2. 如果他论述的第一部分证明了些什么的话,那就是:若非由神兴起,以色列的下级官员与民众对外族王的抵抗是叛乱。对王发动进攻性战争,无论怎么都是不合法的;因为王终究是王,即使他们是其他人的王。就让索齐尼派教徒(Socinians)与再洗礼派继续说,所有战争都是非法的,即使这位教士帮不上忙。3. 在这位教士眼里,所有的下级官员都是邪恶的;他们并非由神派遣,包括所有非王的统治者或在上掌权者,还有教士的支持者。依据他的理论,这还应该包含这位教士自己。他们只能仅仅依靠君王带领与救治。这是唯一的合法方式。除非有特殊的神的启示或神圣的指定,民主制与贵族制,无论是极端意义还是通常意义上,都是违法制度。(1)某位君王死后,国家会选出一位新王。这种行为应当是神的启示所期望的吧!

（2）倘若君王年幼，或被掳，或神智迷乱，又或国家实际由恶毒之人所控，在这些情况下，百姓也只能等待，等待神直接从天降下一位王，如神在古代兴起扫罗一样。试问：现今还有神直接立王的情况吗？如扫罗？或有先知预言和膏油的王吗？如大卫？我认为，对现今君王的呼召与神在立扫罗和大卫为王时的呼召，两者有很大的差别。在一定程度上，现今的呼召和对一般牧师的呼召类似。牧师的天赋必须通过勤奋与好学而建立，并由教会所召；如使徒的呼召。（3）神通过直接激动居鲁士的心而将他的子民带出巴比伦。以色列民并没有插手此事，他们甚至没有祈求过居鲁士。所以，只有居鲁士奴役他们，如迦勒底所行的那样，以色列百姓和贵族才能起而克制其权力。天哪！因为神使用了一种救治百姓的方式，就否认其他方式的合法性吗？！这是什么逻辑啊！如果我们只能行被奴于居鲁士的以色列民所行的事，那么，我们逃跑与祈求都不能做了，因为以色列民那时并没有如此行！

教士：我们在《圣经》中找不到非王之人能与神立约（《出埃及记》34）。摩西在耶书仑立约，并没有什么所谓的内阁或国会之事。同理，还有约书亚（《约书亚记》24），亚撒（《历代志下》15，34；《以斯拉记》10），等等。在约阿施年幼之时，耶何耶大与神立约，但此时的耶何耶大是替王行统治的大祭司（《历代志下》23：16）。可见，没有一项与神之约是与王无关的，除非是假约（《何西阿书》10：3—4）。

驳：我们完全反对这种说法。1. 神的启示没有这样诫命，也没有这样应验，更没有这样宣布过。所以，这种说法没有合法性。不被圣经接受，就不合法。不然的话，请在圣经中找出，何处屠杀了用角杀了人的公牛？不为产业发动战争？将人投入兽群中至死？处死怂恿人民召妓和侍奉他神的先知？这里的他，神指的是那些烘焙师手下制作出的偶像神。这偶像是这位教士所熟识的：他在英伦三岛到处宣讲。如《申命记》第13章所记的，所有先前的律法都是神圣的诫命。难道因为这些诫命在圣经的某些地方没有被施行，就能说他们不合法吗？如若如此，我要问：你们这些教士啊！你们在经上的何处曾读到以色列民在履行与神的约时，同时又没有敬拜金牛犊和他们的王呢？那些伪称耶和华的祭司、侍人与教士,他们在拒绝履行与神的约吗?依据这种理论,君王和教士都不与我们共事,乃是因为经上缺乏如此实践的先例,这显然说不通啊!

2. 没有任何证据证明他的结论成立。

3. 这位教士所援引的经文只能证明一个道理:当君王或父统治下的百姓败坏了对神的信仰之时,君王应当与神重新立约并促使百姓按约行事。这乃是君王的义务,就如摩西、亚撒与耶何耶大所行的那样。

4. 如果君王不履行其义务,果真会如经上所记,百姓也会不理他们自己的义务而乐见其行吗?是因为统治者败坏了他们的道吗?(《耶利米书》5∶31)更新与神的约是对神的一种侍奉,是人民的义务,与君王命令无关。如若君王命令百姓不得侍奉耶和华,当如何?如若英王禁止丹尼尔祷告神,他就不祷告了吗?!百姓侍奉那万王之王的神必须得到尘世之王的点头和许可才行吗?经上已说得很清楚了。

5. 以斯拉并没有得到波斯王亚达薛西或大流士的任何详细的命令去建神的殿,他们只给了他一个大致方向。"凡天上之神所吩咐的,当为天上神的殿详细办理。"(《以斯拉记》7∶23)这位教士说,苏格兰内阁以及苏格兰与英格兰两地的国会更新了与神的约,但这约并没反对英王,仅仅是恢复古代基督信仰的纯洁性。这曾得到英王詹姆士与查理的首肯。国会的许多行为也只是为了保持信仰的纯洁性。亚达薛西对这约一无所知,因而不愿过多涉入,只是给以斯拉和众王子一个大致的保证,即凡天上之神所吩咐的,当为天上神的殿详细办理。显然,这样的一个对约的大体保证是没有王参与的。但是,以斯拉与以色列民对此约宣誓,却也不辜负对他们王的义务。这与我们现在的情况相同。君王不曾对他的副将或助手犯过罪,他们可以在他们的信仰中做任意之事,也不需要君王对他们的特别指令或对牧师的指示,那是因为君王与他的子民在同一信仰中。但亚达薛西却与犹太人及他们管理者信仰不一样的神。

驳:我们的王不能行他任意喜好之事,特别不能任意行教士(在天地之前,他们与我们就不是一个信仰)所喜好之事。根据对神的敬拜与信仰,对国家法律(这本身是君王意志的体现)我们宣誓效忠,即使君王无此宣誓也无妨。否则,我们便没了信仰,只是对君王的臣服,不是宣誓守神的约而是宣誓遵循王的规定。这恰恰是教皇主义者与新教徒的区别。

6. 寄居的以法莲人、玛拿西人和西缅人都归顺了亚撒，因为他们看到耶和华他的神与他同在(《历代志下》15：9—10)，且对神的约起誓。这并没有得到他们王的认可，因为他们的王本是反对这约的。如果人在没有他的王的赞同的情况下对一信仰起誓，是要得到声讨的，更不用说贵族、法官及国会做此类的起誓了。我们在这里给出了这位教士所寻求的否定的事例。

7. 约阿施年幼时，耶何耶大是国家的管理者与摄政王，且他藉这王权来誓约。这简直就是奇梦。以这种说法，他也可以立教皇与大主教了，如王位易主，他也可以立总督与君王了。与耶何耶大一样，诸贵族亦是这约的签订者。同样，全国的百姓在约阿施年幼之时，他们冲入巴力的神殿捣毁偶像等行为也表明他们是这约的签订者。显然，以色列民在没有王参与的情况下更新了约。

8. 权威解经家说，那与死亡和阴间所立之约(《以赛亚书》28：15)是犹大王与埃及所立之约。

9. 旧约(《何西阿书》10)绝不能解释成没有王而立的约。我听说这位教士将这种解释在不列颠王前宣讲，显然这种解释站不住脚。在这章的最后，这位教士给出民众改革失败的事例：以色列反叛罗波安归顺于耶罗波安，造了两支金牛犊。民众还与押沙龙密谋造反对抗大卫。——驳：如果第一个例子能说明什么，那就是：无论是大祭司，如亚伦，还是自称是从亚伦家而来的天主教教士都不能插手任何改革之事。显然，亚伦也会在此犯错。通过这两个例子，想通过证明人的罪性来否认人民的权力，这是不可能的。在这里，还不如说是证明了亚哈，耶罗波安等许多的以色列与犹大的王都犯了拜偶像的罪，继而彻底否认他们的王权。在这位教士这章的剩余部分，充斥的都是他之前反复讲过的一些他晨祷的琐碎内容。可以总结为如下三个特征：(1)这些观点都是他窃取的他人之观点；(2)反复念叨；(3)他所有观点都建立在错误的假设与窃取的理论之上，即没有君王，人民便没有任何权力。

问二十七

君王是否是律法独一、最高、最终的解释者？

这个问题并不能澄清有关君王绝对权力以及独一法律制定权的疑虑。这个问题其实类似于下面的问题：教皇与罗马教廷对律法和神的话是否有唯一独断的解释权？对法律的阐释有两层意思：（1）学院式的专门研究。在此，学识渊博的法理学家们对法律有阐释权。（2）实践领域，即法律在我们实践活动范围内的意义。这有两层意义：一是个人与公共意义；二是对于法官来说的审判和适度问题。后者乃问题所在。

对公众而言，律法有一个基本原则，即人民福利。就如行星之王——太阳，它把星光给予所有法律，并借此对它们加以阐释。偏离了政策的基本法、自然法，偏离了本性之律和民族之法，特别地，偏离了人民安全原则等，所有的阐释都是在破坏律法，应予拒绝。所以，当君王任意歪曲法律时，受压迫人民就可以求助人的本性良心（conscientia humani generis）。这是在这个世界上阐释法律的最终原则。法律不应该弄得晦涩难懂，使得平常百姓无法理解政策的最终真相。因此，我认为，法律本身就是规范法官进行审判的标准与规则。法官是法律在民众那里的实践阐释者。

主张一：君王并非法律独一与最终的阐释者。

1. 下级法官在本质上不亚于君王作为法官,因而是法律的阐释者(《申命记》1：17;《历代志下》19：6;《彼得前书》2：14;《罗马书》13：1—2)。他们的职分要求他们必须阐释法律,否则便无法根据自己的良心与公正来行审判。从司法上来讲,释法本身是一种审判行为,也是无法共享的个人行为。也就是说,我不能根据他人的良心来判断和阐释法律,就如不能用他人灵魂来理解这人所领悟的东西;或者用他人的眼睛来观看。所以,君王的意愿不能成为下级法官良心的准则。他行审判,无论是公正的还是非公正的,都直接对那作为审判之王的神负责。试想想,恺撒对比拉丢释法,说耶稣当被处死,而比拉丢本人的良心却不这么认为,那结局会怎样呢! 于是,如果下级法官从君王那里借来权力对君王进行审判,他们所凭借的并非君王的喜好、意志和命令。由此也可得到:君王并非法律的独一阐释者。

2. "智慧、明白,如不清楚,就要去搞清楚!"如果神不仅仅是对君王说这句话,也是对所有的下级法官所说,那么,君王就不是唯一的释法人。显然,神的这句话不只对君王所说,也对其他法官所说。因此,君王不是唯一的法律给予者。对此,《诗篇》(2：10)已经讲得很清楚了:"你们君王应当省悟,你们世上的法官应当受管教。"因此,对不公正审判的指示与责难更多地属于普通法官,而非君王(《诗篇》82：1—5,58：1—2;《以赛亚书》1：17,23,25,26,3：14;《约伯记》29：12—15,31：21—22)。

3. 说君王是唯一释法人有两种可能性:一是,他依据神的律法来释法,那么他便是一位法律的执行阐释者;二是,君王根据他所拥有的法律之上的绝对的超级统治权来释法。在第一种情况下,君王不可能成为独一的释法人,因为所有的法官都是法律的执行人;他们都依据神的律法来释法。第二种情况则是保皇党理论的要旨所在。

主张二:君王的释法权力仅仅是一种执行权力。他没有任何任意释法的绝对王权,绝不能凭个人喜好给法律以意义或要旨。

1. 扫罗立法:"凡不等到晚上向敌人报完了仇就吃什么的,必受诅咒。"(《撒母耳记上》14：24)依字面意思,这项法律是血腥的。但是,按照法律制定者的目的与该法的本质来说,它却是使人受益的。在这项法律

问二十七　君王是否是律法独一、最高、最终的解释者？

下,他们便可全力追敌。然而,扫罗以暴力方式释法,却是违背了这法的本意,即无辜百姓之安全(这才是万法之精髓与可贵之处)。扫罗释法后遭到百姓的抵制。他们奋力阻止约拿单之被杀。显而易见,是百姓与众王子领会了原本旨意。约拿单尝了一口蜜,即使这行为违背了扫罗仓促所立之誓约,但它并不违背这法的真实意图,即人民全速追敌。可见,人民以及众贵族可依据法律的真实意图来正确释法,并且拥有这种释法的执行权力。君王并无任意释法的绝对权力。

2. 君王的绝对喜好不是正义之法的真实含义,也不能使之成为法律。法律的真实含义只能是法律本身,正如一事物的形式本质和它自身实际上并无区别一样。教皇与罗马教廷绝不能任意解释圣经,也没有这种绝对权力。他们不能把他们的教条变成圣经。如果是这样,君王就不能倚绝对权力废法。(1)君王依法才能成其为王,无法便无王(Rex est rex secundum legem, sed non est dominus et rex legis)。(2)乌尔皮安说:"王意即法。"不过,这话并非说王的任何意志都是正义的法律。公正之法并非因王意而公正,而是在王意识到其公正之前,它便是美好公正的了。王只不过在其中发现了其公正,并在这法上贴上了人类标签。

3. 神的旨意与王意及任何受造物之意志,是有差异的。万物之所以公正美好,乃是因为神想要它们如此;尤其那些极度美好之物,更是神的旨意的产物。反之则不成立。受造物,包括君王与其他万物,也会在主观上欲求某物或某事。这是出自那些所欲之事本身的美与正义。君王对某事的意愿并不会使这事变得美好与正义。只有神的意志才是事物之所以美好与正义之原因。因此,完全可进行的推理是:君王的意愿不能使一项正义之法具有血腥与非正义之意义。同样,他也不能使用所谓的法律之上的超级统治权来使一项血腥邪恶之法变得正义。

4. 任何人居于王位或享有王者权柄,他依然还是一个理性之人。任何理性之人都不能藉着权力行为使自己变得至高无上或无拘无束,也不能将法律意义阐释成与法律本身相反。我怀疑,那全能者是否会创造一项拥有血腥邪恶内核的公正之法。这句话自身就是矛盾的。一项法律的真实意义是该法的核心形式。那些粗野的、猪一般的谄媚者叫嚣着说:

265

"君王是法律最高的、完全自主的阐释者,法律的真实旨意就是君王所说的旨意。"还曾有兽类如此叫喊,他有充足理由证明君王的大便比最优小麦面制成的面包还要营养。我倒是希望这论证者言出有理,让他一周七天都以君王的大便为食。这样做就是对他理论的最佳论证了。

5. 百姓的成文法不能违背圣经、理性与国家法。没有公布和发行的法律对百姓不具有法律约束力。无罪时期的亚当不必遵循那尚未刻在他心头的法律。神已晓谕的律法除外,《创世记》(3:11)明确记着神的话:"莫非你吃了我吩咐你不可吃的那树上的果子?"如果君王的绝对意志能藉着其独立的、不可抗拒的至高权力任意给法律增减本质上的意义,那么,颁布给百姓的法律便不能告诉百姓如何去行是正义的,如何去行是非正义的;因为法律必须要依据其真实含义为百姓指明何为正义,何为非正义。眼下,依据保皇党的理论,法律的真实含义不仅是晦涩难懂的,也是不可能知道的;同时还是自相矛盾的。君王不容置疑地迫使我们接受公正之法有着非正义的内涵。这些谄媚的保皇党比乌鸦还要残酷啊!乌鸦以死人为食,他们却咀嚼活人。谁才能阐释和代表法律的原生意义?对这个问题,君王与国会之间起了争执。保皇党说国会没有该项权力,因为国会成员都是臣民,而非法官;他们只是君王的顾问与谏臣。所以,君王定是最终的司法阐释者。"至于律师,法律也并未装入他们的礼帽中。"[斯特拉福德(Strafford)语]我记得这是理查德二世的指控条目之一,因为他说:"法律藏在他的大脑与胸间。"① 这势必会出现下面的情况:在充分的绝对权力维度上,君王成为不受限制的至高释法人;国会所通过的法律不能称其为法律。只有深藏在君王头脑与胸间的法才是真正的法,约瑟夫②如是反驳凯厄斯(Caius)。最后,天下之正义与邪恶均悬于君王的意识与绝对喜好之间。

6. 君王释法要么依靠法律本身来释法,要么藉着他那一切法律之外的绝对权力,要么依据他的伟大参议院的建议。如果是第一种情况,他与

---

① Imperator se leges in scrinio condere dicit. l. omnium, C. de testam. ——原注
② 约瑟夫:《犹太古事记》,lib. 19, c. 2。

其他法官没什么区别。如果是第二种情况,他必定是全能者或远不止全能这点本事。如果是第三种情况,即使参议院只为君王提供建议,君王也就是个司法者。君王经常性地表现出他在法律上的无知。那么,他必须要既拥有法律之上的绝对权力,也要有释法的独一与最终权力。只有这样才能拿掉国会的立法权和审判权。

反1:《箴言》(16:10)中说:"王的嘴中有神语。审判之时,他的口必不差错。"因此,只有君王才能释法。

驳:拉瓦图对此处经文的解释是,"这里的'王'是指所有执政官。"亚本·以斯拉(Aben Ezra)与伊斯多鲁斯(Isidorus)则认为这句经文使用的祈使语气。提革版本(Tigurine)圣经的这句经文为:"他们是口出神谕的贤哲;审判之时,口不差错。"瓦塔布鲁斯译本(Vatabulus)的经文则是:"他预言时,嘴不差错。"詹森版本(Jansenius)为"他们审判不易出错"(Non facile errabit in judicando)。米奇·杰明(Mich. Jermine)认为这里是指"如他祷告"。加尔文说是"他读神的律法,如同神在耳提面命"。此处所指到底为何?科尼利厄斯说:"神所指的是明君,而耶罗波安、亚哈、玛拿西等王不是会在审判时犯错吗?"默克鲁斯(Mercerus)继而解释道:"我们要明白,神只在言说君王之职分,而非他们的实际践行。"显然,这位教士观点不仅违背了神的话,也违反了人类经验。

反2:有些时候,万事系于一人。为什么这人不能是君王?

驳:这个推论的前提是错误的。议会的最后投票人并不是唯一的法官。否则,为何其他议员要和他一起投票?这种说法其实是取缔了其他法官。这显然与神的话相违背(《申命记》1:17;《历代志下》19:6—7;《罗马书》13:1—3)。

问二十八

为正当抵御君王的嗜血使者，臣民和国会为此兴起的战争是否合法？

阿尼索斯将这个问题颠倒后说："这个问题实际上是：臣民是否可以依据他们权力来审判王、废王？或者说：如果君王堕落，滥用了自己的合法权力，臣民起而武装反抗自己合法的王是否合法？"

1. 他对这个问题的陈述很不恰当。可以有这样的不同表达：国家能否废黜一个邪恶专制的君王？国家是否可以在无罪防卫中武力反对那作为王的人？前者是一种进攻性的、惩罚性的动作，而后者则是一种防卫行为。

2. 眼下的问题不仅仅是关涉臣民的问题，还包括国家以及国会议员。我强烈反对下面的观点：同为法官的法官与君王，前者是后者的臣民。最大的究竟是君王还是国家代表？到底谁依附于谁？我认为，法官之间不会有这种区别：号令的和在上的法官与受令的和臣服的法官。大法官可以纠正并处罚另一法官，但他是作为一个纠错者身份出场，而不是以法官的身份。

3. 这个问题的关涉点不在于战争的正当性，而在于正当防卫之权利。前提并非当下的君王不是一位习惯性的暴君，而是君王因误导而用武力打击他的臣民。

> 问二十八 为正当抵御君王的嗜血使者，臣民和国会为此兴起的战争是否合法？

阿尼索斯将君王分为两类："有些君主享有全权（integra majestatis）与最高君权；而有些君主则在实践中与臣民自愿地订立协约。"这种区分是无用的。有限君主之所以有限，在于他只能行公正与正确之事。因此，他不是全权君主，无法既做善事又行暴政。众所周知，行恶之权力决不会是合法君主的本质权力，也与那万王之王的绝对至上的权力相矛盾。所以，有限君主受自愿与完全的协约之限制。他只能依据法律与公正来行统治。只有这种有限君主才是善的、合法的、整全的君主。只有在他无权行善的与公正的事的情况下，他才不是完全的君主。相反，反抗绝对君主要比反抗有限君主要合法得多。反抗暴君和烈狮比反抗正义之王和羔羊更符合人类良心。当然，我也不赞同康涅雷乌斯（Cunnerius）的观点。他认为："在君王与百姓间的自愿协约中，君王的权力实际是被贬低了。这是站不住脚的。君王的权力来自神的话，无法根据人的协约而被合法地剥夺。"①站在这一立场上的还有温扎特斯，他认为："反抗君王永远不能是合法的，因为神使王不可抗拒。"②

对此，我认为：假如神藉神圣制度立王为绝对的王，在一切法律之上（当然，这种假设是渎神的，因为我们神圣的主不会给任何人以犯罪的权力，况且神自身就没有这权力）；那么，君王与人民间的契约确实不能剥夺神所给予的。但是，神已然对第一位合法的王进行了限制（《申命记》17）。以后的王都得以此为摹本。人民也应该依自愿的约来对王进行限制。神圣制度并未将君王行善之权力置于晦暗不可见的地方。人民从君王那里拿来一些权力并不算是罪，即使是行善之权力也不例外。这权力包括君王独自赦免过失杀人的权力；或在没有任何国家机构建议与司法投票之前就对那些强盗和臭名昭著的杀人犯进行赦免的权力。这并非抢夺神给予君王的为王之权力。同样，君王也不应声称对万物有行公正之独一权力，因为神没有强加给君王不可能完成的重担。神圣制度本已否认了君

---

① 康涅雷乌斯（Cunnerius），de officio princip. Christia. c. 5 and 17.——原注。译者无法追踪出处。

② in velit. contr. Buchan. p. 3.——原注。应该是指温扎特斯（Winzetus）的《反布坎南》一书。

王有行全善之能力。神的旨意要其他法官与君王共同分担这种权力(《民数记》14：16;《申命记》1：14—17;《彼得前书》2：14;《罗马书》13：1—4)。所以,在我看来,威尼斯王子以及我们所熟识的欧洲君王所拥有的权力事实上更符合神在《申命记》(17)中所制定的王的权力模式。从良心角度来讲,下级法官判决杀人犯或某个嗜血之人以死刑,蔑视君王的非公正赦免,乃是以神给他的公约权利来抵制君王。相反,他若不如此行倒是犯罪了。这是再清楚不过的事了。如不列颠的王无法公正明理地审判苏格兰的某个杀人犯,作为由神所认定的苏格兰的法官势必要做出审判。神也没有给君王这种不可完成的任务,即不列颠的王要去审判四百英里之外的某个杀人犯。那人应当由附近的法官来审判。在《撒母耳记上》(7：15—17)中已明示,君王当在各地巡回审判。但是,不列颠的王不可能在英伦三岛巡回审判,因而就应该任命那些忠信的法官来行审判,并且不受君王干预。

1. 如果君王命令某人去杀害他的父亲或牧师,而这人却未传讯,亦未受刑;那么,君王就要受到抵制。

2. 这位教士的提问是：如果君王被俘,被囚,或不掌权,或被教皇主义者唬住了;在这种情况下,他被迫发动了野蛮与非公正的战争,你们还要能合法地反抗你们的王吗？如果君王受到邪恶谏臣的攻击,在身体或道德上受到迷惑,从而发布了违反律法与良心的命令;这样的命令在他心智清醒时绝不会发出,如他会叫他的儿子们以他们的生命和财产为保证宣布对嗜血的信仰与教皇主义者的忠诚与顺服;在这种情况下,君王作为人可以不受到抵制,因为合法权力和有罪的人无法分离。但是,我们认为：君王派遣嗜血部将,使用暴力残杀他的子民;这既违背了他对神的誓言和他的王者职分,也违背了律法和良心;此时,我们应该对君王发动防卫性的抵制战争。当然,这需要国家的授权。

在证明人民抵抗的合法性之前,还有一些情况需要阐明：1. 弗恩博士承认①,如果君王没有任何法律和理性基础而对人民发动的惯常性的

---

① 弗恩:《主要教义》,part 3, sect. 5, p. 39。

> 问二十八　为正当抵御君王的嗜血使者，臣民和国会为此兴起的战争是否合法？

突然攻击，那么，人民的武力抵制便是合法的。尽管尼禄焚烧了罗马城，或整个罗马帝国的百姓，包括他十月怀胎的母亲都聚成一个脖子给他砍，他所行还带有一定的法律和理性色彩，当如何呢？人可以带着理性疯狂，也可以带着理性与法律侵犯和残杀无辜者。2. 阿尼索斯说："地方官如违反法律规定以暴力夺取超额司法权（extra-judicialiter），使国家陷入不可挽回（即使可以挽回）的危险中，那么，人人都有法律赋予的抵制权力。"① 如果官员所行与其职分相悖，他就不再是官员了。官员应该做合法的与正当的事，而非害人之事②。确实，官员依法行政，如造成了不可挽回的损失，法律学家们认为，此时，人人得以此法抗之③。对于那种可以挽回的损失，法理学家们认为，如果有证据证明其来自使用暴力，且其伤害为公众所知，那么，人民亦可抗之④。3. 对君王那些非正义的税吏以及税收却不易抵抗。（1）基督还给恺撒纳税，以免冒犯了他；即使依神的律法，基督完全不在这税之下。（2）我们对我们财物比对我们的生命和身体享有更大的支配权。在财物问题上最好是顺服而非诉诸武力。在无罪的恶中我们取其轻者。4. 人人都可以抵抗那些无头衔的暴君。以暴制暴，他也可被刺死⑤。

关于在君王侵犯人民的生活和宗教问题上的抵抗合法性，我们的观点如下：

论点一：用于命令和统治的权力必须要为着人民的益处被公正与虔诚地使用。只有这样的权力才能居人民之上，但不是绝对权力，不能只要求人民服从而不许反抗。当权力被滥用从而摧毁法律、信仰与百姓时，就势必开始反抗。所有律法的权力都必须如此受约束（《罗马书》13：4；《申命记》17：18—20；《历代志下》19：6；《诗篇》132：11—12，89：30—31；《撒母耳记下》7：12；《耶利米书》17：24—25）。它们曾经，也可以，被君

---

① 阿尼索斯：《论权威原则》，c. 2，n. 10。
② L. meminerint. 6, C. unde vi.——原注。译者无法追踪出处。
③ 马兰提斯（Marantius）Marantius. dis. 1, n. 35.——原注。译者无法追踪出处。
④ D. D. Jason. n. 19, des. n. 26, ad l. ut vim de just. et jur.——原注。译者无法追踪出处。
⑤ 瓦斯克斯（Vasquez），l. 1, c. 3, n. 33；巴克利：《反君主论》，l. 4, c. 10, p. 268。

王滥用,导致法律、信仰和臣民的伤害。这一点是很清楚的:1. 使我们顺服的权力只属于神。2. 抵制这样的权力就等于反抗神的诫命。3. 它们不会对善工造成威胁,只会打击恶。4. 它们是为着我们益处的神的执事。滥用的权力不属于神或神的诫命,而属于人,因而是善工的威胁,是恶的帮凶。它们不是为着我们益处的神的执事。

论点二:与法律相悖的权力是恶的,也是专制的。它不能使任何人顺服,仅仅是一种非法的专制权力。如果它没法使人顺服,那就可以合法地加以抵制。遭到滥用的君主权力与法律相悖,是罪恶与暴政,不能使任何人顺服其下。邪恶使人顺服这种说法是理性所无法想象的。神的诫命不会让人顺服于恶人欺压。这事只在我们救主身上发生。神没有正式的命令要求我们拥有被杀的激情。神在道德上从未对我说:你当被杀、被折磨、被砍头。神仅仅说过:如果神将你交在恶人手中,你要耐心忍受这些苦难。

论点三:父母与儿女、主人与仆人、赞助人与委托人、丈夫与妻子、主人与奴隶、船员与乘客、医生与病人、博士与学者等,他们之间的道德义务,与君王和臣民之间的道德义务,两者是相同的。法律规定(l. Minime 35, de Relig. et sumpt. funer):如果这些人背叛了加在他们身上的信任,他们就当受到抵制。比如,父亲迷失心智起而杀子;此时,儿子可以暴力拘捕之,捆绑其手,借器毁之;因为此时他已不再为父了。如果主人想以不正当的方式杀害仆人,此时仆人可反抗。妻子亦可依此反抗丈夫。如果船长想将轮船撞向礁石而害死所有人,此时,乘客可以暴力抢夺其掌舵权。正如阿尔图修斯所说:暴君乃是道德上迷乱之人①。

论点四:王权是作为福佑、恩惠与保护屏障赐予人类的,以保证人民的自由免受奴役。作为神福佑与恩惠赐予的王权要保卫穷人与有需要之人,维护神的律法与人为法律,保障人民的自由免受相互间的压迫与践踏。如果神赐予君王某项权力,就首先表明神授权他行暴政,那么,以最原始方式或自卫方式反抗他,这也就必然构成了对神的抵抗,也是对神的

---

① 阿尔图修斯:《政治方法论》,Polit. c. 28, n. 30, and seq.

> 问二十八 为正当抵御君王的嗜血使者，臣民和国会为此兴起的战争是否合法？

助手，这个人间之王的背叛。由此，神给出的王权并不受凡人的任何暴力控制或抑制，如他受到抵制，就如同神受到了直接的、切身的抵制一般。那么，这王权定是一种不可抵抗的毁灭之权力，且这权力本身即是瘟疫与诅咒。它不能既根据它本真的目的来保卫神的律法与人为法律、信仰与自由、人民与法律，又同时摧毁它们。保皇党说，王权是为暴政与和平统治而被赐予的。要抵制这在两种意义上使用的王权，即暴政与正义统治，也就是对神之诫命的抵制。这可从《罗马书》(13:1—3)处得到证明。而且，我们知道，抵制神的诫命和他在人间正式的助手就等于是抵制神（《撒母耳记上》8:7；《马太福音》10:40）。君王所行就如同神亲自所行一般。就是说，这些暴政乃是那万王之王的神亲自所为。神饮无辜人的血，毁灭自己的教会，且神身临行这些暴政行为。天哪！光是这么想就是亵渎神了：君王是作为神合法的助手与代理人来行暴政，神在通过王且在王中来行这些暴政，毁掉神可怜的教会！唯愿我主我神赦免这渎神之罪。我们说，行这些罪行的人并不是神真正的代理人。他只有在行善的合法的统治行为时才是神的代理人；只有如此，他才是不可抵制的；不仅因为这些行为的善与公正性，而且在于他的王者尊严。由此可推出：那些反抗君王暴政行为的人并非在抵抗神之诫命，仅仅在反抗作为神助手的这个人，因他并未行神助手该行之事。顺服一个是神的助手却不行助手之职的人，没有比这更荒谬的了！

论点五：没有这样的教导：神在给予教会一个君王时，和他的恩典与怜悯是相冲突。神将他的教会交给了君王，目的是叫他喂养教会，保护教会，使之过一种平安无事的生活（《提摩太前书》2:2；《以赛亚书》49:23；《诗篇》79:71）。神既然给了君王以职分来镇压强盗、杀人犯、压迫者以及圣殿山的毁坏者，他就不会给一个带着王冠的狮子以不可抗拒的权力，并依此而杀戮上百万的新教徒。而且，这些新教徒应该依着神的启示将他们喉咙向君王的那些嗜血使者与刽子手敞开。如果有人申辩说，我们的王不会如此残忍。我相信，依他的权力不会行如此残酷之事。我们得感谢他的善良意志——他还未屠杀这么多人。但是，我们不能感谢君王的天然而真实的固有目的。他们从神那里得到杀光这些人的权力，且任何人不得抵抗。我们也不能感谢神的启示（愿神赦免这渎神之罪！）。他对这样一个有无限权力的人的犯罪不加任何阻止,以致他可以滥用权力到如此残暴之境地！有人会说,如果君王去迫害天主教徒,国会议员都是天主教徒,也同样会陷入荒谬之地。那样,就会有许多为真理献身的殉道士了。如果神的启示也不对此做限制,那眼下的殉道士就当更多了。但是,在这种情况下,君王与国会议员都为神的法官,依其职分,首先要保障人民和平与属神的生活。我认为：如果神给予了君王与国会对数以百万计的殉道士实施同等残酷的合法职权,那么,他们自己以武力捍卫自己就为非法了。继而可以说,国会与君王首先在职分上应该是法官与父亲；基于这同样的职分,他们又都是杀人犯与刽子手。——显然,这是对那完全纯美的神的启示的最恶劣的诽谤！

论点六：如果王权是国家给予君王的,王权根源就在于人民。如果他们是为着自己的益处给出王权,当这权力被用于反对自己时,他们就有权对此进行审判,有权对他们给出的王权进行限制与抵抗。人民可以拿掉这权力。亚他利雅便是一个例子。诚然,她是无王冠的暴政者,无从神来的王位,但她有从人的法庭来的王冠。假定王室后裔全被害,而以色列民亦赞同,在大约六年的时间里,亚他利雅不是执政者；此时,无人坐大卫家的王位,即她并不被人尊奉为神的助手。即使她不是执政者,而此时约阿施被带上王位,谁才是王冠的真正拥有者在国内必然会引起争执：1. 亚他利雅实际掌权。2. 约阿施年方七岁,不能行审判。3. 约阿施是否真为亚哈谢之子还存争议；他是否果真没和其他王室血脉一起被杀害。

在此,我们面对两个强大的对手；胡果·格劳秀斯[①]说：他不敢对此做出指责。如果一小部分人能保持中立,他们该抵抗暴君。这是基于必要性的最后行为。当苏格兰被敌人从海陆两个方向封锁后,英格兰王在教士的挑唆下,首先带领一支军队截断苏格兰国会。接着,他修筑城堡,以进攻赫尔市,并将所有民兵都收归其旗下。显然,这理论值得深思。巴

---

① 格劳秀斯：《战争法权与和平法权》,de jur. belli et pacis, l. 1, c. 4, n. 7。

>问二十八　为正当抵御君王的嗜血使者,臣民和国会为此兴起的战争是否合法?

克利说①:人民有一种保卫自己免受异常残酷行为侵害的权力。眼下的英格兰与爱尔兰正受到嗜血的爱尔兰叛军的迫害,此时也得考虑反抗了。当然,我还能给出更多的事例。

---

① 巴克利:《反君主论》,advers. Monarch. l. 3, c. 8.

问二十九

在自卫战争中,能否对君王这个人作如下区分:作为一个人,对百姓实施恶毒的暴政;作为君王,拥有来自神与人民的王权?

在给出其他证明抵抗君王的合法性的圣经证据之前,我将澄清这一被保皇党所否定的划分。这是一个证据确凿且符合实际的区分:君王从实体上讲,他是一个人;抽象地说,他又是一个王者,身负王者职分。这一区分的理论基础来源于《罗马书》第13章。我们断言,保罗在这里说的好执事之职分与义务绝不是指一个绝对权力的君王,更不指暴君。保皇党在律法没做出区分的地方也做出了自己的区分,且是违反律法的①。因此,这个问题可以转化为,抵制一个为王之人的违法与专制意志是否就等于抵制君王与神的诫命?我们给出否定的答案。我们否认滥用权力行恶事的君王还能继续是王与神的执事,虽然他个人以及王职依然受人尊重、爱戴与顺服。神禁止我们行事如恶子,接受再洗礼派的教条,以及错误地加在威克里夫(Wicliffe)身上的教义,即统治权建立在超自然的基础上,一个处于世间之罪状态下的执政官不可能是合法的掌权者。我们绝不宣扬这样的东

---

① l. pret. 10, gl. Bart. de pub. in Rem. ——原注

> 问二十九　在自卫战争中，能否对君王这个人作如下区分：作为一个人，对百姓实施恶毒的暴政；作为君王，拥有来自神与人民的王权？

西！这位教士对教皇主义者表现出了极大的同情，还为那些嗜血与杀人的教士修墓立碑；同时，他拒绝为那些正义之事开金口，宣称不会为瓦灯派（the Waldenses）①、威克里夫②、胡斯（Huss）③等这些基督的见证开脱不忠之名。然而，对于那些从君主滥用权力这烂根中导致的行为，他认为要在积极或消极的顺服中予以认可。我们反对这种观点。

主张一：《罗马书》第13章明确只要顺服那掌权的，只是对执事者抽象上的职分与权力顺服，或者说是顺服于那个合法使用权力的掌权者。这章经文中没有任何神的话指出，要顺服那滥用权力施暴政的君主。我可以在这里或圣经其他地方给出证据。

1. 经上说"人人都当顺服他（在上掌权者）"（《罗马书》13：1）。没有掌权者可以非法发号施令，残杀神的子民。这绝不是那坐在上的掌权者，而是那位低者。他所命令的不是出自神。在他处罚与杀戮的地方没有神的同在，没有神的命令与惩罚。反而，神在这些行为中未被尊崇和顺服。当然，神仍然拥有上层权力，因为最高权力实质上参与了所有实际权力。阿尼索斯说："亚里士多德说得对，让更有价值与更优等的人顺服于较无价值与邪恶的人是违背本性的。"④当掌权者行邪恶，残杀无辜百姓，此时，那些不顺从者就比这掌权者实际上有价值得多（不管他们享有的是民间权力还是职分性的权力）。或者说，他们在这些邪恶行为中要比那些不顺从者要来得无价值与次要得多。这些不顺从者表现得更热衷于遵循神的诫命，而非人的意志。我不想被误解。如果我们讨论那些民间德高望重、属神的、神圣的人，作为基督事工的见证人，他们也要去服从邪恶的、

---

① 瓦灯派（Waldensians, Waldenses or Vaudois）是出现在12世纪70年代的一场基督教运动。发起人名为瓦灯（Peter Waldo），意大利的里昂（Lyons）地区的一位富商。瓦灯主张基督徒回归古代传统，过一种贫穷的生活。1215年，罗马教会宣布瓦灯派为异端。但是，当地基督徒一直秘密持守瓦灯的教导。宗教改革运动开始之后，瓦灯派要求加入新教运动，并受接纳。

② 约翰·威克里夫（John Wicliffe, 1330—1384），英国剑桥大学哲学教授，反对教皇无误论，主张回归圣经，并着手用英文翻译圣经；被罗马教会宣布为异端。对马丁·路德的宗教改革有深刻影响。

③ 约翰·胡斯（John Huss, 1369—1415），捷克改教者，主张威克里夫的思想和说法，发起了所谓"杯的改革"，即让信徒在圣餐中同时领受杯和饼。罗马教会在多特会议（Council of Trent, 1545—1563）上宣布他为异端。

④ 阿尼索斯：《论权威原则》，c. 4, p. 96。

异教的王与皇帝；在这种情况下，我们说，这些邪恶的王在职分上要高于他们。如果他们非法弄权，残杀无辜百姓，这些行为便不是出于他们的王者职分。所以，在这些事上，他们便不是那在上的掌权者，反而是位低者、软弱者。拉尔修(Laertius)对亚里士多德的解释也很到位。他对暴君的界定如下："不行暴政不会成暴君，不行恶事不能成恶人。"阿尼索斯谴责拉尔修，认为："因为，一个暴行导致一个暴君，不多于一个不公义动作构成一个不公义者。"不过，他要怎么说，我们管不着①。暴政的核心在于暴力统治。如某位合法的王行了一件或多件暴行，他并不会因此就成了一位暴君。但是，在这些行为中，他属暴君的。他并非以王的身份发出这些暴行。在这些暴行中，他是一个有罪之人，内心有属于暴君的东西。

2. 权柄都是神所命的(《罗马书》13：1)。神是它们的创造者与起始因。当君王命令不义之事，残杀百姓时，他仅仅是一个人，一个罪人。他们行这些事所借用的权力是罪恶的与篡夺来的。因此，这权柄不是神所启示并用来统治我们的权柄。抽象的权威与职分权柄是神所命的，如经上所明示的那样。当他们对"君王这个人所有的权力"与"王冠所具有的权力(或职位权力)"进行区别时，问题也很明朗，两者显然是两码事。

3. 人若是抵制王之为王的职位权力，那他就是在抵制主的权柄，在抵制神的诫命与神圣制度。人如若是抵制那为王之人，且这人在发布违反神的命令，并残杀无辜百姓，那么，他便不是在抵制神的诫命，而是抵制撒旦与罪恶的诫命。人非正义地发令与残暴统治的权力并非来自神。

4. 对于抗拒行正义与正确之事的王者职分之权力的人，他们要受到谴责。但是，如果他们只是在良心上拒绝顺服作为君王的这个人，而选择顺服神，就像所有殉道士所行的那样，那么，他们会得到拯救。祭司让八十勇士以强力阻挡乌西雅王在神殿中烧香，将其赶出神殿(《历代志下》26：18—21)。在神殿中焚香仅仅属于祭司。这些人的行为不会遭受谴责。相反，他们抵抗了君王的邪恶意志，履行了神的旨意，从而在拯救之列。

---

① Covarruvias. pract. quest. c. 1, and Vasquez Illustr. quest. l. 1, c. 47, n. 1, 12. ——原注

> 问二十九　在自卫战争中,能否对君王这个人作如下区分:作为一个人,对百姓实施恶毒的暴政;作为君王,拥有来自神与人民的王权?

5. 合法统治者的职分是不能抗拒的,因为他是赏善罚恶的。行善之人不会惧怕这职分或权力,反而可以指望赞美与奖赏。但是,身为君王之人可能命令百姓拜偶像、搞迷信,并因百姓的抗拒而派割喉党来对付百姓。他奖赏教皇主义者、教士和一些腐朽之人,提拔他们占据国家尊位,全因他们跪下敬拜那三角祭坛、面向东方祷告、敬拜"耶稣"这个词的组成字母和发音、讲授并传播亚米尼主义等。对于那些传讲和著述神的真理的人,他把他们下监、奴役、禁闭、割耳、劓鼻、毁面等。我们国家的法官和那些宗教改革的无辜捍卫者则会遭受由割喉党、爱尔兰叛军、教皇主义者、恶毒的无神论者所组成的军队的摧毁与杀戮。我认为,此时,这个为君之人便是善工的威胁,是恶的加速器。行善者会惧怕他,不会得到嘉奖,反而只有惩罚与忧心。这段经文旨在说明,王者若行与其职分相悖之事,人民便可抗拒他。在这种情况下,我们不必顺服他这个人。我们顺服的仅是那抽象的(in abstracto)权力与王者权威,只罚恶、不罚善的权威。

6. 合法的统治者是神的执事,或者说是神的仆人,于国家有益;抗拒他使用他从神那里得到来权力所行的仆人之职,这就是在抗拒神。如果这为王之人行非正义之事,残杀无辜百姓,此时,他便不是神的执事,也于国家无益;相反,他却是在为他自己、教皇主义者、教士服务,摧毁我们的信仰、法律和国家。因此,这个人当遭到抗拒,我们抵抗的并非王者的权力与职分。

7. 统治者,就其职分的本性和内在目的而言,乃是佩戴神的剑,执行神对恶者的惩罚。抗拒他就是犯罪。但是,那为王之人行非正义之事,残杀无辜百姓,佩戴教皇主义者与教士的剑,执行他私人对那行善者的不满,而非神对那作恶者的公正审判。因此,这个人是可以抗拒的,但不是他的职分。这两者完全是两码事。

8. 在良心上我们必须顺服王者职分。这是神的第五条诫命。但是,当为王之人给出不义的命令,我们就不顺服这个人。弗恩博士认为,如统治者对我们发动不可避免的突然袭击,且不具任何法律与理性依据,我们便有权进行抵抗。如前所述,温扎特斯、巴克利、格劳秀斯等人也认为我们当抵抗残酷的暴君。保罗在《罗马书》第13章中禁止我们抗拒的是抽象意义上的王权，而那具体意义上的为王之人，我们是可抗拒的。

9. 我们向谁纳税，我们就不可能抗拒谁。这是他们作为神的执事所长期肩负的繁重工作应得的报赏。对于作为人的君王，我们不欠他税金。不然的话，我们等于欠了所有人的税金。对于君王，在君王位置上，税金便是他的薪水，犹如他是一位在王位上的工人。所以，为王之人与为王之王是两回事。

10. 我们当惧怕、恭敬君王，乃是因为他是一个王，而非他是一个人。惧怕与恭敬君王是人世间最大的惧怕与恭敬。

11. 下级法官作为人与法官身份也不同。依这段经文，我们不能抗拒法官；否则便是抗拒神所命的。查理一世的保皇党抗拒下级法官，杀害了不少上下两院成员。他们把他们当作叛党而不是法官加以杀害。因此，如果叛党作为邪恶之人区别于法官，那么，作为人而犯下多项暴政的人，与作为最高法官的君王就也是两码事了。

12. 教众在给贵族的一封信中说："神所命的权威与掌握这权力的人有着巨大的差异。权威与神的命令绝不会有错。它只会让堕落与邪恶之人受到惩罚，让那些有德行且正义之人受到保护。那些堕落的人占据了这个权威位置，就会去冒犯或做一些与这权威相违背的事情。接下来，人跟着堕落，并通过理性宣称这就是权威。"①继而，他们以法老和扫罗为例。他们是合法的王，却又是堕落之人。无疑，个人与神圣权威是相互区别的，犹如主词与谓词有别一样。因此，为王之人在法律之下且能冒犯神，但权威不能违反法律也不会犯罪。

13. 君王是一个正义的受造物，依其职分，它是一项活的会呼吸的法律。作为王的意志就是公正之法。但是，坐王位的有罪之人并不是完美的受造物，而是一个能犯罪且会行暴政的人。作为一个有罪之人的个人意志是可以抵抗的。英格兰与苏格兰两地的国会联合起来反抗君王的个

---

① Knox, Hist. of Scotland, l. 2. ——原注。应该指的是约翰·诺克斯（John Knox, 约1514—1572）的《苏格兰改革历史》（*The History of the Reformation in Scotland*，5卷本，成书于1559—1566年）。诺克斯是苏格兰宗教改革之父。

> **问二十九** 在自卫战争中,能否对君王这个人作如下区分:作为一个人,对百姓实施恶毒的暴政;作为君王,拥有来自神与人民的王权?

人意志,并抵抗由他派遣来摧毁不列颠人民的邪恶割喉党;此时,他们是在为君王而战,顺服君王的合法意志,即他的君王意志(royal will)、他的王权。即使他在本人缺席于他的国会,他的法定权力依然在国会中出席。同理,不管君王是否亲自出席国会,国会也能合法存在。

  这位教士认为,所罗门说的"君王藉我坐国位"(《箴言》8:15),其中的君王指是那些拥有最高君权的、具体的王。所罗门并没有说"王权或君权藉我坐国位"。他又引巴克利的话说:"保罗在给罗马人的书信中使用了罗马惯用的措词:那些抽象上用权柄来修辞的人就是授权掌权之人。这是圣经中的方言问题,意思是藉着他创造了'王位、统治权和疆国',即使是天使,抽象地,他们也是神的创造(《彼得后书》2:11);他们也诋毁尊位者。《犹大书》(8)中讲的'轻慢主治的'就是他们在诋毁盖狄斯(Cajus)、卡里古拉、尼禄等人。我们的利未人却在诋毁神所膏的王,那世上最好的王。历史上的尼禄,其权柄也不是空空的佩剑(《罗马书》13:4)。"对此,阿尼索斯要比这位教士①(因为他是一个蠢贼)说得好多了:"《罗马书》(13:4)中说的王权,抽象地,并不握有这剑,但人握有。不是权力,而是王这个人握有这剑。"这贫乏的教士接着弗恩博士的话说:"(依你们的理论)可以在艾吉希尔(Edgehill)用大炮步枪追赶君王,而同时在伦敦或其他地方又维护君王的职权。这是多么荒谬啊!"弗恩博士说②:"有形的权力是我们顺服的客体,它无法自我运作,只能将之加于某些人身上;这样才说,那权柄是属神的。"于是,权柄若不在人手中便不能存在;弗恩博士接着说:"抽象中的权柄能嘉奖行善之人吗?我们又能纳税给那抽象中的权柄吗?可以肯定的是,权柄才是我们顺服于某人的真正原因所在。"等等。

  这位教士有能力从弗恩、巴克利、阿尼索斯等人那里抄来如此多的说法,却没有智力补上他们的论证。就凭这些东西,他还厚颜无耻地在他那本小书的前言中宣布这全是他本人的观点,大放厥词地宣称:"谁敢挑战

---

① 阿尼索斯:《论权威原则》,c. 2, 11, 17。
② 弗恩:《主要教义》,sect. 10, p. 64。

其中的观点尽管来。"在此,我对这本该驱除出教会的小册子的批驳,实际上是在与这些博学的作者们争鸣,——因为这位教士在这小册子里的观点几乎全是从他们那里偷窃而来。他还信誓旦旦地向英王保证,他是唯一能捍卫其王者权柄的人。朋友们的纠缠不休使得这梦想支离破碎,不禁让人感慨。他这些晦暗不明的神谕最好闭嘴。

1. 不仅仅是我们进行如此的区分,圣灵也进行如此的区分。《使徒行传》(5:29)中记载道:"顺从神,不顺从人,是应当的。"那坐于审判之位,对抗使徒法令且行暴政之人,便是神给出的对照。他们行不义的命令与惩罚,他们便仅仅是人。如果这样的命令也是属神的,那么,他们本身就是诸神了,而不仅仅是人。

2. 从提奥菲勒(Theophylact)与克里斯多莫斯(Chrysostomus)对《罗马书》第13章的注解来看,他们认为,保罗并不是在说"要对一切掌权之人顺服"。

3. 君权或王权并不是实际上掌管或佩带剑,亦无法接受赞美。这一属性并不佩剑。我们也不认为保罗在《罗马书》第13章中所讲的抽离出来的权柄与王权能离开它的主体而存在。我们从未想过王权的纯粹属性是我们惧怕或敬佩的对象;它并非和神所膏的王等同。为王之人才是佩带王冠的主体,手握权杖,我们当顺服于他。属性并不是人。他们实际上是在说废话,好像是说:无理性之兽类否认,君王该得的王者荣耀之所以归他所得,乃因他是王,因为这王者尊严是神所给予他的,而不是因为他是一个人。如果某位大臣的儿子篡夺了王位,戴上王冠,手握权杖,命令所有百姓顺服于他的至高权力;正因为他是一个人,苏格兰的法律才授权我们可将他绞死。这位教士喜欢教导女人,使人皈信基督;他所使用的客体理论①,在爱丁堡的神职人员中,屡试不爽。我们从未把抽象王权归于君王。古苏格兰王并不是一个二级观念。我们也不排斥君王的位格。不

---

① 这种客体理论在中世纪自然神学中讨论较多。简单来说,它认为作为认识对象的客体必须划分为两个部分,即客体本身(objectum quod)和客体辅身(objectum quo)。客体本身是指观看之直接对象,如这棵树、这块石头等;客体辅身则是指使被看客体能够被看见的其他因素,如光线、周边环境等。

> **问二十九** 在自卫战争中,能否对君王这个人作如下区分:作为一个人,对百姓实施恶毒的暴政;作为君王,拥有来自神与人民的王权?

过,我们还是要做这种区分(与这位教士分道扬镳),即(在广泛意义上)物理上的人(in linea physica)和道德上的人(in linea morali)。顺服、惧怕、纳税、恭敬与荣耀属于君王这个人,并非因为他的位格,或因为他是一个人(这样,这位教士应该能知道我们在什么意义上使用"人"这个词了);而是因为神借着人民的选举将这个人推到了王位。也正因为此,作恶者当耐心地、心甘情愿地将他们的喉咙与脖子,伸到神所膏的执行者或绞刑使的刀下。砍掉作恶者的头乃是执行了神的职分;他藉此坐国位。他若砍下了他们的头后,却派出了巴比伦的长爪秃鹰与长牙野猪,以及那些爱尔兰的叛党,去执行他自己的愤怒;就如一个受误导的人在行这些恶事,却想得到神的律法与人为法律的授权;此时,他将遭到人民的武力抵抗。不然,(1)按照保皇党的说法,如果君王变成了一个惯常的暴君,仅仅为了一己私怨将成千上万的土耳其人引入国内,毁灭他的臣民;此时人民当为着良心的缘故,不得抵抗,只能顺服与受难。我想,格劳秀斯会说:"如果君王出卖他的臣民,他就失去了王冠的头衔。人民当抵抗他。"①温扎特斯说②:"当抵抗暴君。"巴克利说③:"在暴政情况下,人民抵制极端残酷的遭遇是合法的。"我期望这位教士能告诉我们人民,在掌权者如此残酷的折磨下该如何继续顺服? 就因为他是神所命的,是一种属神的权力吗?他该如是说:在人民拒绝拜偶时,他派出爱尔兰割喉党野蛮地屠杀百姓;此时,君王便只是一个人,且是一个罪人。他运用的权力只是在邪恶谏臣怂恿下的一般权力,而非王权。这样,臣民对他的抵抗便不是抗拒神所命的。假设大卫王为保卫他的国家与人民不得不对抗他的生父耶西,而耶西带着庞大的非利士军队来摧毁他的儿子大卫王及他的王国;又假设大卫在战争中将他的生父杀死于艾吉希尔;那么,大卫如何依据第五条诫命"当孝敬父母"来在耶路撒冷给予耶西这种恭敬与爱? 除非在一个层面上,即抽象意义上,大卫视耶西为他当孝敬的父亲;而在另一个层面上,将耶西看作是一个背叛国家的恶人。可以想到,大卫会如是说:依据第五

---

① 格劳秀斯:《战争法权与和平法权》,l. 1, c. 4, n. 7。
② 温扎特斯:《反布坎南》。Winzetus Velitat. adver. Buchanan. ——原注
③ 巴克利:《反君主制》,lib. 3, c. 8。

条诫命,我会顺服于我们生父,像对待父亲一样对待他。但是,当耶西暴力侵犯国家时,我便不会顺服于他的这般行为之下。此时,我只能如对待一个侵略那般来对待他。保皇党该如何回答如下的经文:利未人又如何不识得自己的父母呢(《申命记》33:9)？他们也是罪人,也当认识和孝敬父母啊！当自己怀中的妻子引诱你去侍奉别的神,以色列人不得怜惜她,而要将她杀死(《申命记》13:6—8);但是,丈夫还是得"爱你们的妻子,正如基督爱教会"(《以弗所书》5:25)吗？如丈夫在圣地的山间将自己的妻子杀了,如上面经文所命的那样,那请保皇党来回答:此时,他该给妻子的夫妻间的爱何处去了？那是她作为一位妻子与帮手所应得的啊！(2) 保皇党不能以我所举之例诬陷我是在鼓动百姓杀王。合法抵抗是一回事,而杀王却是另一回事。前者是防御性的,也是合法的,只要君王还是神所膏的王;后者是进攻性的、非法的。倘若君王弑父或将其父置于可能被杀的危险之境,那他便做了不该做之事。正如押尼珥该死一样,因为他没有保护好他的王扫罗;他在熟睡之时,让大卫进了营帐有了杀死扫罗的机会(《撒母耳记上》26)。由此,那些没有劝阻陛下去行如此危险之事的艾吉希尔,或没有强力阻止他去那里的保皇党,就成了君王的叛臣贼子与谋杀者。在攻击人民这件事上,君王的安全与生命要比他们的意志重要得多(《撒母耳记下》18:2—3)。以色列人完全可以强力阻止扫罗自杀,因为君王自杀也是一种犯罪,是对自己的职分与臣民的犯罪。君王倒是可以在战争中死亡,而敌对方不用为此负责。如果这位教士至此还无法认识到为王之人与为王之职的区别,以及王者个人意志与其公众意志之间的差别,那他就是个瞎子！(3) 天使有时亦抽象地冠名以王位与统治权,但却是一个具体的受造物。或者可以说,天使及其权力是同时被造出。但是,作为耶西之子的大卫并非一出生就是以色列王。依这位教士的理论,他可能证明抵抗魔鬼也是非法的;因为抵抗魔鬼也就要同时抵抗神造的天使或诸侯。

4. 论到轻慢之罪(《彼得后书》2;《犹大书》8),皮斯卡托认为,这是在说那些统治者的职分和表现。西奥多提斯在阐释《彼得后书》第2章时,说道:"这些对统治者或主人的指责,是在说他们作为信徒不成样子。"我

> 问二十九　在自卫战争中,能否对君王这个人作如下区分:作为一个人,对百姓实施恶毒的暴政;作为君王,拥有来自神与人民的王权?

们时代的释经家如贝沙(Beza)①、加尔文、路德、布瑟尔(Bucer)②、马洛拉图斯(Marloratus)等人,都认为,这是对再洗礼派与放任主义者的一种特别责备。在那个年代,他们认为每个人在基督里都是自由的,因而不应该有君主、主人或任何统治官员。当然,抽象只能寄于具体中。我们并不辱骂尼禄;但是,我们说尼禄是基督徒的迫害者。我们顺服于他的正义命令,且一贯如此。

5. 弗恩博士说:"掌权柄的人就是我们当顺服的对象。"这是正确不过的说法。但是,他没有理解我们对"人"这个词的阐释。我们绝不认为惧怕、恭敬、税金等都必须给那王权的抽象主体,而不给这为王之人。同时,我们也不认为我们所说的抽象的王权是头戴王冠和被膏的王,而是那个人才能戴王冠和被膏油。再次声明,这样一个人并非像尼禄这样一个烧罗马、杀保罗、虐基督徒的人。我们顺服于尼禄这样一个具体的人,乃是要顺服于神的命令、神的执事、神的佩剑;但是,对于这个人,却是我们要加以否认的。在这种意义上,具体的尼禄对我们而言是没有神赋之权力的,也不是神的执事,反而是魔鬼的执事、撒旦的佩剑。所以,我们不必惧怕他,也不必恭敬他,更不用顺服或纳贡给这样的一个人。为王之人绝对是我们的顺服对象,是惧怕、恭敬、顺服、税金等必须要给具体的人,即那为王之人。这并非仅仅因为他是一个人,或是教皇的佩剑,而是因为他拥有王者职分,即神赋予这个人的受人尊崇的王者权柄。我们知道,抽象意义上的阳光和热并不能实在地发出光和热。作为具体形式的太阳和火才能发出光和热。这些元素在太阳与火中运作才能发光和发热。我们将照亮黑暗与温暖身体的功劳归于具体形式的太阳和火,不是简单地归于主体,而是因为它拥有如此这般的属性。所以,我们恭敬并顺服那为王之人,并非因为他是一个人(他已经叛教了),亦非他拿剑对准教会(他已经不敬虔了);而是因为他的王者尊严,因为他为神做工。

---

①　贝沙(Theodore Beza,1519—1605),法国人,加尔文的门徒,重要的新教神学家,反对绝对君主制。
②　布瑟尔(Martin Bucer,1491—1551),德国人,原为多明我会成员,对路德和加尔文都有影响。宗教改革后,加盟新教运动(1518),晚年流亡英国,对英国圣公会有深刻影响。

阿尼索斯、巴克利、弗恩等人说："君王用剑与权力反对教会与信仰时，他们依旧还是王。即使是最坏、最血腥的皇帝做国位，如尼禄，保罗还是强调对他顺服的义务，如顺服神所命的一样；谴责对他的抗拒，如同抗拒神所命的一样。就道德义务与在神前的良心而言，从原因与理性的角度来看，当君王变成了敌人与迫害者时，如尼禄，他们那由神所给的王者尊严犹在，所以，顺服的基础还是合法的，抗拒为非法。"

驳：一日为王，就要对他顺服，因为他是王。此话不假。不过，这不是我们这里要讨论的。问题是：当君王非法地、暴掠地使用权力时，是否还顺服于他？无论大卫行了何事，他都可行非君王所行之事。他不以君王之身份玷污巴示拔。此时，即使君王尊严还留在大卫体内，巴示拔也可以合法地抵抗大卫的侵害。要不然大卫当对巴示拔当如是说："我是神所膏的王，我对你进行身体侵入，如你反抗便是叛乱。你呼救亦是非法之举。如有人敢用强力将你救出我手，那他也就抗拒了神所命的。"对尼禄的顺服是给尼禄皇帝的，而不是给一个烧罗马、虐基督徒的人。你们需要证明尼禄做如此残酷行为时，所滥用的权力有如下特征：1. 来自神的权力。2. 神所命的。3. 在这些行为中，他是为国家益处而来的神的执事。有人相信基督徒当时不居于一切统治枷锁之下。那样，尼禄的王者尊严本身便不合法了。这位教士（c. 12）首先自制了合法教会领导，而在接下来的章节中，他又规定了兄弟相互间爱的义务。于是，他宣扬（c. 13），所有行政官员，包括异教徒中的官员，都当接受万物的顺服与朝拜，只要他们是神的执事便可。阿尼索斯反对布坎南时说："依此，如果我们在抽象意义上要使自己顺服于每一种权力，那么，我们也要顺服反真理的权力，以及超出君王界限的君王权力。圣经没有加以区分，我们不能自己去区分。"

驳：1. 律法明白地告诉我们要在神里孝敬父母。如果尼禄命令拜偶，这就属于一种过度权力。律法没有指明要我们顺服，那我们是否有义务顺服这权力呢？2. 经文告诫我们要顺服每一种来自神的权力，神的诫命以及所有为百姓益处而设立的执事。但是，不义与过度权力不属于这三者中的任意一种。3. 圣经没有区分在顺服上哪些是邪恶的，哪些是合

> 问二十九　在自卫战争中，能否对君王这个人作如下区分：作为一个人，对百姓实施恶毒的暴政；作为君王，拥有来自神与人民的王权？

法的。但是，我们却要去区分。

西蒙：权威是否仅仅在君王法律中而不在他的位格中顺服，尽管它是神和人加给他的？或者说，权威自身是否乃唯一主体，而位格只是运用这权威，仅仅作为一个属性，是可分离的，如同自豪和愚昧在人身那样？如然，一个在权威中的人，不根据法律而是依据自己的意愿发布命令；我不积极地或消极地服从；那么，我就不那么去抵抗那被滥用的权力。在这种情况下，这个君王因他的混乱意志已然失去了权威，与常人无异。但是，他的王权却尚未离开他。

驳：1. 准确地讲，遭到抵抗的不只有这为王之人，也不仅仅是他的权力。遭到抵抗的是一个穿着合法权力外衣的人。他在滥用权力的行为中遭到抵抗。2. 权威是否仅存于君王法律中，与他的位格无关，因为权力来自法律，而非来自人的位格？这个问题很无知。权威根本不来自位格，而是加在位格或主体身上的一种财产。君王被尊重乃是因为那权威，而不是因为那人而有权威。3. 权威与个人并非泾渭分明。君王不会因为一件非法行为就丧失其权威而不再为王。但是，王的每一行为都可以要求臣民的顺服，因为命令都有法律根据。如若行为非法，为王之人的行为与法律矛盾了，那么，这位格在这可恶行为中就丧失了该得的顺服，也同时丧失其权威。这一点在《使徒行传》（4：19，5：29）中是显然的。众使徒对统治者说，听神的话比听人的话要安全得多。这样说来，难道这些统治者不是由神赐的权力武装起来的官员吗？我认为：通常情况下，他们是统治者而非平常百姓；顺从在他们的合法行为下就是顺服神。但就实际情况而论，在他们的非法命令中，尤其是不再以耶稣之名发出的命令，使徒已然晓谕，他们仅为普通人。此时，他们的实际权威就与他们的位格相分离，如自豪和愚昧可以从人那里分离一样。

西蒙：这种区分对下级官员有利。他们被当作官员与个人来区别对待。他们唯一神圣的是他们的权力；现在，我们只是将尊敬加在了他们的人格之上，且它与他个人是可分的。这权力耗尽之时，他依然存在。但是，这不适应于君王。扫罗的位格与他的王权同样神圣。他的王权虽是加给他的，却与他的位格共生死。他的位格进而和他的权威相互为对方增添尊贵。

驳：玛拿西王确实没有流无辜人的血与行巫术。他个人并没行这些大恶之事，但却是作为王来行这些恶事。同样，所罗门行变节之事也是作为王而发出，而非个人。如果这样，他一定会把王变成比教皇更易犯错之人。作为人的教皇能犯错。教皇主义者叫嚣作为教皇的教皇不会犯错。但是，先知却不一样。先知本人就直接受神所膏油，如扫罗与大卫一样。因此，拿单与撒母耳犯错不是他们个人犯错，因为他们的位格是神圣的、受膏的。他们也不能以先知的身份来犯错。因此，他们压根儿就不会犯错。君王为王本是一项神的神圣之令，因此不能行不义之事。他们必须要以人之身份来行正义之事。1. 下级法官也是一项来自神之权力。2. 抗拒他就是抗拒神所命的。3. 他于行善的有益，作恶的当惧怕他。4. 他是神为着人的益处而设的执事。5. 他是神的佩剑。他行统治职分的权力，与王冠同在。君王的位格被赋予神圣性，仅为其职分，他受膏也仅为其职分。那么，当迦勒底人"吊起首领的手，也不尊敬老人的面"（《耶利米哀歌》5：12）时，他们不敬的就不仅是下级法官。他们还涉及这个问题：君王的实际权威是否与法官的实际权力一样，都不与其个人相分离？

西蒙（p. 24）：君王自己可以使用这种区分。作为基督徒，君王可以宽恕任何对其个人的冒犯行为。但作为法官，因着他的职分，他必须对此做出惩罚。

驳：当然，那些马屁精会接受这样的区分，即君王会赦免那些流新教徒鲜血的嗜血的叛党；但当君王行那些不义之事时，他就既不是人也不是王，而是某种独立绝对的神。

西蒙（p. 27）：神的话将我捆绑于君王的每条命令，视其为合法。我不会因为王法的事先确定性或其惩罚性而去顺服王法，也不会因为君王依法律行统治而去顺服君王。我顺服王法，乃是因为我顺服君王；我顺服君王，乃是因为我顺服神。我顺服君王及其王法，乃是因为我顺服神及其神的律法。为着恭敬首领而顺服其命令总比为着害怕惩罚而顺服要好得多！

驳：答复一个变态还真难！在那万王之王的神那里寻求其位格与职

> **问二十九** 在自卫战争中,能否对君王这个人作如下区分:作为一个人,对百姓实施恶毒的暴政;作为君王,拥有来自神与人民的王权?

分的区分,这本身就是亵渎神!就世间之王的位格而言,我们知道,是人就会犯罪。1. 除非我是他所驯养的,否则我无义务顺服其个人律令,更不会顺服其个人的不义命令,因为它们都是有罪的。2. 因为顺服王,所以顺服王法,这样的说法是错误的。这如同是在说:我之所以顺服王乃是因为我顺服王。其实,顺服就形式而言并非止于君王的位格。顺服一词与律令相关,指人在侍奉中遵守某项法规。它无关乎法的善性或公正性,但基于人的内在动机。它由人的意志控制。尊敬、爱、恐惧以及喜爱行为,这些都和法律无关,但却和法官的位格相关。它们会影响顺服行为,或成为顺服的可供称赞的特性,但它们不是顺服的动机和内在理由。它们仅仅说明,我是如何顺服的。保罗说过,惧怕刑罚是顺服的一个动机(《罗马书》13:4)。同时,他也说:"他不是空空地佩剑",因而要顺服王。但是,这并不能阻止对不正当命令的个人抵抗。

西蒙(p.27—29):"你说:'服从君王的个人命令(或译为位格上的命令)而反对他的合法意志,就是服从他而反对他。'我认为:'服从他的合法意志以反对他的个人意志(或译为位格上的意志),就是服从他而反对他。我认为,他的位格就是他自己。'"

驳:1. 服从君王的个人意志(当它为恶时)而反对他的合法意志,这是一种罪,也是对神与王的不顺服,因为法律就是王的意志。相反,服从君王的合法意志而反对其有罪的个人意志,则是对为王之王的顺服,也是对神的顺服。2. 你认为君王的位格就是君王自己。他的位格不能是物理上的存在,即其身体和灵魂的支架;而是指道德上的,即王是指他公正与最好的意志,及其对臣民的统治。如君王的意志是正义的,且以此治理百姓,那么,它就与其合法意志和法律相合。但是,它是可能犯罪的。因此,我们阻挠它不会违背神的第五条诫命。然而,阻挠他的合法意志则一定是对神与王的不顺服。

西蒙(p.28):君王的个人意志(或译为位格上的意志)并不意味着狂怒。即使伴随着狂怒,我们也当为着良心的缘故而接受。

驳:如果君王所命之事并非有罪之事,我们当顺服君王的个人意志。不过,百姓很少在这层意义上扯上君王的个人意志。这种个人意志牵涉的是他的随身仆人,因而是主人对仆人的指使问题,并不涉及君王与臣民的关系。我们说的君王个人意志是那与法律矛盾,与王之为王的意志相悖,也违反了神的第五条诫命;它不仅伴随着狂怒,还伴随着偏见。我们不必顺服于狂怒与偏见,或顺服这些从混乱权力出来的命令。它们不来自神,也不是神所命的,而来自人的血肉之欲。我们当然不必对此顺服。

弗恩博士认为①:恶行中须区分个人意志与合法意志,但在抵抗事件中则无此区分。我们不能割裂位格与尊严(或权威)间的联系。我们不能说:我们不能抵抗某种权力;但必须抵抗握有这权力的人。扫罗可以合法地指挥军队,但却不义地使用这权力来谋害大卫。试问:皇帝们任意杀害百姓、抢夺财物时所用之权力是否由神所命?当然不是,这仅为一种非法意志,即暴政意志。但是,百姓不可抗拒。不!应该说是不能抗拒!这权力与君权是神授的,并落实在他们中间来规范这些非法命令。彼拉多谴责我救主时,这是一种非法意志。但是,我主已明示,彼拉多之权来自天上。

驳:1. 我们提出的区分,虽然遭到保皇党的抵制,却得到了弗恩博士的认可。君王令我们去行恶,我们可以抵制他的个人意志。但是,君王令我们不公正地受难,我们却不能抵制其意志,不然,我们就抵制了王者的位格。天哪!这不等于说:君王的位格与权力都是神圣的,即使他令臣民行不义之事,受不义之难,他依然是王?!如果说君王令行一次拜偶,他就不再为王,这岂不可怕!如果尼禄命令不公正惩罚,我为着良心的缘故承受了;尼禄如此法令,他还是神的仆人?!何时尼禄令我去拜异教的神了?我岂不是以作恶的方式顺服一项恶的意志吗?尼禄令拜偶后依然还是神的仆人;他个人在颁发一项行恶的命令后还是神圣的,就如他强推恶的惩罚一样!我是否要在他所有命令中都不抵制他呢?在每件事上,神都同样地将他的权力与位格不可分地镶嵌在一起了吗?

2. 八十勇士强力将乌西雅赶出神殿,他们以身体暴力抵抗王这个人,同样也抵制了他的权力。

---

① 弗恩:《主要教义》,sect. 9, p. 58。

> 问二十九　在自卫战争中,能否对君王这个人作如下区分:作为一个人,对百姓实施恶毒的暴政;作为君王,拥有来自神与人民的王权?

3. 如果尼禄杀害殉道士的权力不是神所命,那么,抗拒他杀殉道士的行为就仅仅是抗拒暴政的行为。当然,如果这权力也是神所命的,那是绝不能去抗拒的,就像保皇党援引《罗马书》第 13 章想证明的一样;那么,这权力就成了一项合法权力,且非暴政了。如果不能抗拒的原因在于,这是一项神授的并加给他们的权力,或者是神设定的,从而不是暴政(除非神是暴政的创造者),或者是魔鬼设定的,从而可以加以抗拒。但是,经文告诉我们,没有权柄不是出自神的。

4. 我们不必顺服所有的特定权力(in concreto)。比如,我们不能既顺从合法权力,又去积极顺服非法的事情。有积极的顺服,即带着恭敬、爱、惧怕与税金的顺服,因而也有强制力量。因此,有些权力必定排除在外。

5. 彼拉多的权力仅仅是神允许的权力,而不是神所命的权力,如《罗马书》第 13 章中所讲的权力。格里戈利厄斯①明确说道:"这是给彼拉多的、用以反对基督的撒旦的权力。"尼拉若斯说:"这是由罗马皇帝给的,后来得到神允许的权力",加尔文、贝沙以及丢大图斯等人也持这种观点。他的权力绝对不是由神治理意志而来的合法权力。(1) 因为耶稣回答彼拉多所说的"你岂不知我有权柄释放你,也有权柄把你钉十字架吗?"其实不然。彼拉多有权下令敬拜耶稣、相信耶稣。弗恩博士②却说:"彼拉多有审判任何被告的权力。"这当然没错。但是,他应该相信基督是无罪的,因而既不能审判他,也不能接受对他的控告。他说他拥有对耶稣钉十字架的权力,那只是对彼拉多来说是一个法律权力,而不是在严格意义上指任何法律权力。法律权力来自神在第五条诫命中体现出的统治意志。任何受造物都无合法的或法律的权力来钉死基督。(2) 法律权力是与你有益的(《罗马书》13:4);而钉死基督的权力显然是恶的。(3) 法律权力对作恶有威胁,对行善有褒扬;而彼拉多钉死基督的权力与之相反。(4) 法律权力刑罚作恶的,而钉死基督的权力显然不是如此。(5) 法律权力劝勉

---

① Gregorius, mor. l. 3, c. 11.——原注。译者无法追踪出处。
② 弗恩:《主要教义》,sect. 9, p. 59。

人去恭敬与惧怕法官,而钉死基督的权力显然不劝勉这样的事,只让彼拉多颜面扫地。(6) 法律权力的真实行为一定是合法的;它是一种原权力,由此产生行为。善行不可能来自恶的权力。神不给予犯罪的权力,但允许除外。

问三十

消极顺服是否是一种手段，其中我们所依据的是神圣诫命中的良心？抵抗的工具？逃跑是抵抗？

一直以来，我们过多地赞美对恶的忍耐，指责对上级的抵抗。保皇党认为，《彼得前书》（2：18）旨在表明，神令我们为仆人，不仅要忍受好的主人的恶行，也要忍受那些看上去不值得的苦难。同样，我们也顺服那些乖僻的主人。对所有王，我们都当无抵抗地耐心顺服。显而易见，这处经文并没有反对百姓的抵制行为。对此，我将在我下面的主张中阐述清楚。

主张一：对恶人的忍顺与暴力抵抗并不是非此即彼的关系，两者可以很好地共存。以此为基础的理论实则聊胜于无：仆人被恶主不义地撕裂开或暴打，还要耐心忍受这一切。这样，仆人方能在良心上算得上不抵抗。圣经对此已说的相当之明白：1. 神的教会当忍耐主的烈怒，因为她犯罪了，要忍受恶敌，且必被践踏，如同街上的泥土（《弥迦书》7：9—12）。但是，他们并没有不能抵抗这些敌人的义务，同时亦没有反击他们的义务。如果这些敌人来自巴比伦，而神没有特别指令要求他们不去反抗，那么，犹大会起来抵抗并战斗。如果这些恶敌是亚述人或其他什么人，或两者混合，人民会奋起反击，同时也耐心承受神之烈怒。这在大卫的感恩中可以看得很清楚(《撒母耳记下》15：25—26，16：10—12;《诗篇》3：1—3)。但是,他为那些反抗他的人祈求祝福《诗篇》3：8)。然而,他还是合法地抵抗那些造反者,派出了约押和一支庞大的军队公开和他们作战(《撒母耳记下》18：1—4)。神的子民不是也在旷野中忍受亚摩利王西宏、巴珊王噩、摩利亚人等的迫害吗?我认为,神的律法教导所有人,特别是他的子民,得忍耐战争之苦(《申命记》8：16)。神还教导其子民耐心谦卑地服侍主人、忍受不义之难(《彼得前书》2：18)。同时,神的子民又在神的诫命下反抗并杀死他们那些不义之人,重获自己的家园,历史记载得很清楚,参见《约书亚记》(11：18—19)。

2. 恩典与德性之行为并非相互对立。抵抗是神子女一项纯粹的自卫行为,与忍耐苦难同,他们可存于同一行为中。因此,亚玛撒藉着圣灵说:"愿你平平安安,愿帮助你的,也都平安!因为你的神帮助你。"(《历代志上》12：18)这样,大卫与其帮助者都变成了扫罗王的抵抗者了。

3.《彼得前书》第2章的言下之意并没有禁止所有的暴力抵抗。这里的经文并没有提及任何方式上的暴力抵抗,而只是申令不能以复仇的方式以错报错。以基督为例,"他被骂不还口;受害不说威吓的话"(《彼得前书》2：23)。所以,他们的说法是荒谬的。弗恩博士①认为,如果主人毫无理由地突然以武力侵犯仆人,且有性命之危,且这种侵犯之举不可避免,那么,仆人便可奋起抵抗,且不用背负任何罪责。可见,在上述情况下,仆人可暴力反抗主人,即耐心忍耐与暴力抵抗可共存。保皇党会得出与此完全相反的结论。

4. 君王对其臣民并无主人式的统治权,拥有的只是朴实的、父亲般的、导师式的、为着人民益处而得的监管权(《罗马书》13：4)。在彼得年代,仆人如财物一样隶属于主人。

主张二：要是形式上的受难不是受难,则消极的不抵抗就不在神的道德律法中,除非满足如下两个条件：1. 在基督的消极顺服上,他既是永生的神又是完全的人,是他血肉之躯的主,借助他父给他的特殊命令,即

---

① 弗恩：《主要教义》,p.3, sect.2, p.10。

问三十	消极顺服是否是一种手段,其中我们所依据的是神圣诫命中的良心?抵抗的工具?逃跑是抵抗?

舍了自己命,背负世人的罪而安心受死(《约伯记》10∶8)。他要以其死作出贡献,且是乐意受死,直到自己离世归自己父的时候(《约翰福音》13∶1)。他并不只是逃走(保皇党认为这才是我们反抗的唯一合法途径),责备彼得被撒旦附身,因彼得劝他不要去受死(《马太福音》16∶22—23)且要为他而战。但是,基督并没有指责彼得拔出匕首来自卫和纯粹的抵抗,并没诉之非法;而是说这都出自神的绝对权力。2. 神的旨意让基督受死(《马太福音》26∶53—54)。因此,如果保皇党要以此证明抗王的非法性,即使他们暴力侵犯神仆人的性命之时(多数时候是不正当地侵犯),就凭基督这一极端和稀有事例(这是世上仅有的)来证明这点的话,我想,他们也当由此证明逃跑的非法性,因为基督没有逃跑(《诗篇》40∶6—7;《希伯来书》10∶6—9;《约翰福音》14∶31,18∶4—7)。他们由此得出的结论还有:(1)暴君所追杀的人当为着神的缘故将自己交到来逮捕他们的军队手上(《约翰福音》14∶31,18∶4—7)。(2)殉道士都是有意将自己送到刽子手那里受死,且很乐意地这样做,因基督如此行了(《约翰福音》14∶3;《马可福音》14∶41;《马太福音》26∶46—47)。依照此例,伦敦市的所有议员、无辜百姓、圣者都有义务敞开怀抱前往鲁珀特(Rupert)亲王与爱尔兰叛党那里受死。(3)根据这个事例,抵抗君王的割喉党也算非法——因为恺撒就其王室位格而言是最高祭司,并不是出来反基督的。当然,国会反犹大(从真理与神之神殿叛逃的变节之人)也是非合法的。(4)无辜百姓对任何上司的暴力侵害不能做任何合法自卫,而在弗恩博士那里只要满足三个条件便可以抵抗:第一,侵入是突然的;第二,侵入不可避免;第三,侵入无任何法律与理性基础。在后两个条件下,保皇党认可了自卫的合法性。(5)如将这个事例精炼:基督没有做这,没有行那,也没有通过身体反抗来保全自己的性命,所以,我们得放弃抵抗,放弃如此这般的自我保护。基督没有从下级法官那里上诉到恺撒皇帝那里。毫无疑问,比起文士与法利赛人,恺撒会更多地站在耶稣这一边。而且,基督没有向权威机关和恺撒表达任何低下的祈求,也没有为了他的生命而向掌权者彼拉多提出卑微祈求。所以,他是无罪的;他的事业是正义的。他既不需要智者为其公正性做辩护,也不需要他自己为此做辩解,更不需要为其安

危做任何合法与可能的文字辩解。他仅以静默来回应这许多的问题,并表示对法官的尊重(《马可福音》15:3—5),却也再三地宣告自己的无罪。如果基督没有为保全自己的性命而行这些事,那么,苏格兰与英格兰的百姓为自己的性命上诉到王那里,进行请愿或为自己辩护,难道这些行为就都为非法了吗?保皇党胆敢得出如此结论!但是,他们说,基督可以合法地行这些事,因为所有这些方式都是合法的,基督没有抵抗,因为武力抵抗是非法的。因"凡流人血的,他的血也必被人所流"(《创世记》9:6)。对此,我要驳斥到:1. 基督顺服于那更高的权威,所以他不做任何抵抗。他们的这种结论依然远离了基督的这个事例,而仅仅得出抵抗的非法性。这纯属无病呻吟!2. 这位教士在没有神的授权下,拿起了剑。这是彼得也没做的事情。彼得只是劝基督不去受死,便被基督责备为撒旦。在基督事件中,经上没有任何只言片语证明武力抵抗的非法性。如果不列颠王和他的爱尔兰割喉党不义地迫害百姓,武力抵抗还为非法吗?基督说,他的死是神借着天使传递特别的讯息,或父神确定要子尝死的味道。既然如此,人民就当拿起手中的剑。只有在给出了相反的命令之后,这种行为才算非法。我不想问基督为什么没有要求拿起剑。但是,他使那些来逮捕他的军队倒地后退,这就是自卫了(《约翰福音》18:6)。这就很清楚了,在基督这件事上,只能说明他受令受难。第二种情况(即受令受难),间接地与比较地,涉及耶稣的智慧选择。保皇党要么否认基督的真理或他的名,或因此否认其受死。这种选择是显然的,是迫害者强迫在我们身上的。对我们而言,这是神的旨意;我们必须选择为基督受难,拒绝对基督犯罪。但是,这个假设必须成立,即没有其他选项;而且我们没有能力拒绝为基督受难。否则,如果他还有可能的合法途径避免受难,却无谓地使自己受难,那么,他就别指望他的见证能得到报偿。我要证明,在这世上,人所经历的苦难并不内在地和直接地在任何神圣律法的要求中。本性之律——无论亚米尼教派或者被逐出教会的亚米尼教徒做何宣扬(他们教导:神给了亚当不能吃这样或那样果子的诫命,却给无罪的本性带来了痛楚和麻烦)——从不会教导受难,也不会教导任何与本性相悖之事;本性是无罪的。对此,我的证明如下:

> **问三十** 消极顺服是否是一种手段,其中我们所依据的是神圣诫命中的良心？抵抗的工具？逃跑是抵抗？

1. 在神的明文诫命之下,或者应当说,在任何神的诫命之下,就不在他人的自由意志或权力之下。就自然繁衍而言,我们并不出于这些人。他们是杀我的人。这些人(不包括亚当,他杀死了他所有的后代)的所作所为不在我的自由意志下。这些作为在运作时,好像我和他们有共同本性;或者好像我在唆使、赞同或许可中成了这行为的帮凶;——因为这是在他人的自由意志和权力下运行的,并非在我的自由意志中。因此,我是在受人之苦,不出自我的自由意志,从而也就不在神的命令之下。当然,这样的法律是非理性的,即神正式命令了安提帕去受难,却不在撒旦的处所里折磨至死(《启示录》2：13)。如果他们乐意不杀他,被杀就不是安提帕的自由意志来决定的。如果他们要将他置于他们的权力之下(除非有神的特别启示),他不被杀也不是他的权力所能决定的。

2. 所有赞美基督的追随者的受难经文,都不是硬性地命令我们去受难。因此,受难并非神的硬性诫命。在我们先辈的事例中,我们看到的是,相比而言,他们情愿选择受难也不愿意在人前否认基督(《马太福音》10：28,37,16：24,19：29;《启示录》2：13)。或者,就受难情本性而言,他们并非追求受难;但就其表现来看,我们是在乐意地、愉悦地、耐心地受难。因此,基督背负十字架,这不仅仅是受难情感(passion),而是追求忍耐美德的行为。基督徒的美德不仅仅由受难情组成,而且是一种值得赞美的习惯性行为,是善和高尚的行为。《彼得前书》(2：18—19)并非劝诫人依据基督的事例来受难,而是认可耐心忍受的德性。"ὑποτασσόμενοι"一词并非简单地命令,而是"凡事敬畏"(ἐν παντὶ τῷ φόβῳ)。"ὑποφέρειν"与"ὑπομένειν"两词也意指耐心忍耐,如《提摩太后书》(3：11)与《哥林多前书》(10：13)中的"ὑπομένειν"也是耐心忍受的意思。《哥林多前书》(13：7)中的"πάντα ὑπομένει"亦指"凡事忍耐"。《希伯来书》(12：17)所指的忍受悔过之苦,《提摩太前书》(5：5)中寡妇忍耐日夜不停地祷告。《希伯来书》(12：2)中基督受难背负十字架,以及《罗马书》(15：5,8：25)、《路加福音》(8：15,21：29)等。就原始意义而言,这里提到都意味着耐心。所有释经家如贝沙、加尔文、马洛拉图斯等,以及天主教的释经家如罗利奴斯、伊斯提纽斯、加尔西都会的教士们（Carthusian）、尼拉若斯、雨果·卡丁尼纳斯等，都将这里的经文解释为"耐心忍受"。其实，经上已明白指出，我们当像基督那样忍耐，不要以恶服恶，不要以骂还骂。

3. 就受难情感的实质而言（还说不上是一种行为），受难本身对于善恶都是一样的。对于恶者或受诅咒的人来说，受难是违背意志的。这种受难不是那种对上级权力、君王、父亲和主人的硬性顺服。受难者感受不到第五诫以及相关经文（《罗马书》13：1—2）的压力。就实质而言，恶人受苦和受诅咒都是违背他们意志的。

4. 对邪恶统治者的消极顺服是允许的（《罗马书》13），但这只是表现出来的样子。它建立在这种假设上：我们必须臣服，并承受他们强加给我们的、违背我们意愿的恶的惩罚。我们之所以必须忍受，乃是因为这出自神的许可意愿，即许可他们不义地惩罚我们。但是，这并非神的统治与认可意志（voluntas signi），让他们违背神的律法和人为法律而杀戮与迫害我们。无论是《罗马书》第 13 章，还是《彼得前书》第 2 章，抑或其他地方的经文，以及任何神圣的、本性的、国家的或行政的法律都没有强制性地命令我们消极顺服，或消极臣服，或消极顺服下的不抵抗。我认为，消极顺服（如果我们所谓的顺服本质上是与某项法律相关）实际上是幻想、迷梦或自相矛盾（repugnantia in adjecto）。我完全否认，在神那里，正面或负面意义上的诫命都没有关于消极抵抗或消极顺服的硬性要求。对于复仇方式下的非法抵抗，或对天主教与错误信仰的非法持守，还有出于对君主制或任何暴政缺乏耐心容忍的行为等，这些才是神的话所禁止的。《罗马书》第 13 章中记载的所有神的话都是教导行为的神的启示，都是神的正式指命，不是任何迷幻般的消极顺服。我们不会去积极抵抗神之所命，如他在《罗马书》(13：1—2)所命的那样，抵抗神所命的就是直接抵抗神。同时，我们不让统治者把我们吓到，那是在行善而非作恶（《罗马书》13：3）。我们摆脱了复仇之剑，那也不是作恶（《罗马书》13：7）。当然，我们应该交税，应该恭敬。这都是诫命所要求的行为，但不是消极顺服。如果神命了消极顺服，肯定不是在这里，也不是在这节经文的开头。从开头我们看到的是，要在神手下耐心忍受，或宁愿为基督而死也不要在人前

> 问三十　消极顺服是否是一种手段，其中我们所依据的是
> 　　　　神圣诫命中的良心？抵抗的工具？逃跑是抵抗？

否认他的真理。所以，我认为，《罗马书》第13章与《彼得前书》第2章仅仅是在阐释第五条诫命。我们知道，第五条诫命正式诫命了积极顺服、下级对上级的服从；也讲了受难的态度与方式，但没有诫命什么消极抵抗。这样诫命的理由，显然是，那些改信的犹太人在这种托辞下，即他们是神的选民，认为他们不该顺服于罗马人。一个加利利人让所有加利利人都相信他们不该给陌生人纳税，但他们还是只能以天上的神为主。正如约瑟夫①与希罗②所说，这时，出现了一群加利利人，一群被认为是加利利人的犹太人，在基督那里赎得了他们的自由，不再处于主仆、君臣间的秩序之中。为了消除这个看法，保罗强调权柄，在主那里的顺服。他想要强调的是，权柄的职分是属神的，而不是属其他什么的；他要说明什么是掌权者该得的，而不是要建立尼禄的绝对性，使之与神等同起来。我认为，此处经文的每个词都述说当权者的有限性而非呼吁其绝对性。我们在这个世界所顺服的是：(1)神的权力；(2)神的命令（神是叫行恶的惧怕，称赞性善的）；(3)神的仆人；等等。它们都是指向神的，是受控制的。

　　消极顺服不在任何神的诫命之下。对此，我的论证如下：所有相关于神的诫命的顺服，在道德上要求顺服者拥有与神的道德律法保持一致的意志，并且和不顺服者的意志相冲突。不顺服者纠缠于愤怒与罪恶。对法官审判的非消极顺服，在道德上并不表明这人没有受惩罚之苦。没有人会因为没有经受到惩罚之恶，便成了破坏了道德律的罪人。同样，一个人因为犯罪作恶而经受了惩罚之恶，他也不会因此在道德上被认为是善的。所有加于人身的惩罚之恶都有神善的旨意（voluntas beneplaciti），以及神的显明和隐藏的法令；善恶都照他旨意而定(《以弗所书》1：11)。消极顺服的规则和起因没有神的旨意与许可（voluntas signi），与神的旨意相反。我认为，伊皮凡纽斯③、巴西

---

① 约瑟夫：《犹太古事记》Antiq. Judaic. l. 20, c. 2, and de bell. Judaic. l. 7, c. 29。
② Hieronimus, Com. in Tit. ——原注。译者无法追踪出处。
③ Epiphanius, l. 1, tom. 3, heres. 40. ——原注。译者无法追踪出处。

尔①、拿兹阳②、黑拉③和奥古斯丁等人援引这段经文时所做出的解释与此相同。如果消极顺服并非神所命，消极的不顺服就不当被禁止。《罗马书》第13章与《彼得前书》第2章两处经文对保皇党的坏事业没有任何帮助。他们能做的便只是拒绝。至于那些关于消极臣服的论证，即使多如牛毛，亦毫无帮助。

主张三：从《彼得前书》第2章看，如仆人受到主人之不义殴打，仆人也不应以殴打反击，当如基督那样耐心忍受，骂不还口。这里的经文不是谴责自卫式反抗，而是指出，反击本身其实是一种再次侵犯，而非自卫。自卫本质上是躲开打击与攻击。如果我的邻居来杀我，我无法通过逃跑来保命；此时，我当自卫。所有圣者都认为，此时，我可以杀他而非被杀。依据本性之律，对我而言，在我被杀前可击杀那个要杀我的人。我自己以及我的生命要比我的弟兄及其性命更珍贵；但是，如果我因着憎恶与仇恨杀了弟兄，即使在方式上我是合法的，这行为也成了侵犯与谋杀。虐杀者的意志改变行为的本质，而非由事件的发展结果来决定。夺人性命单从其物理上行为上来讲，并不能构成谋杀或杀人罪——因为单纯的侵犯行为也不能构成谋杀。1. 亚伯拉罕可能杀了自己的儿子。他为着所命之事，也杀了他的弟兄，并非出于仇恨。但是，依神的律法，他却不被判为谋杀。2. 如下的推论是必然的：一项纯粹物理性的对弟兄的侵犯行为，甚至是夺取他的性命，常常在道德与法律意义上被视为合法的自卫行为。出于自卫意图而对他者的侵犯进行纯粹自卫行为，如大卫与其支持者在战争中杀了扫罗的人；大卫一干人等仅为自卫。所以，从大卫一方来讲，战争是自卫性质的。他们的杀害行为以天然的自卫原则为指导，真正目的是自卫，而其行为本质在于自卫，那么，这行为就可称为自卫行为。如果有人想取我性命，我也知道今日便是我的死期；此时，我去杀了那个杀手；那么，作为个人，如此行为不是自卫行为，而是杀人。——因为它不以

---

① Basilius, in Psal. Xxxii. ——原注。译者无法追踪出处。

② Nazianzen Orat, *ad subd. et imperat*. ——原注。也许是指 Saint Gregory of Nazianzus (329—389)，诗人，演说家。

③ Hilar, *li. ad Constant*. ——原注。译者无法追踪出处。

问三十 消极顺服是否是一种手段,其中我们所依据的是神圣诫命中的良心?抵抗的工具?逃跑是抵抗?

本性良知的无罪判断为指导。这个自卫的目的是,我知道我会被杀,所以去杀人。不是为了阻止死亡而做出的行动必是复仇行为。这不是自卫,在物理上不适用于自卫之意向目的。因此,仆人反击主人的打击,其实两者性质相同。反击并非为防御起初的攻击,而是更严重的攻击行为,很可能带来杀戮。这显然不是自卫行为。自卫行为必须本质上仅仅为着防御而发生的行为。纯粹的侵犯行为,便与自卫目的无关,完全不能被称为自卫行为。

主张四: 至于那些不严肃的事情,如纳税问题以及遭受乖僻主人侵害之苦的问题,即使这些行为不义,我们也不当行任何再侵犯行为。虽然我不是我财物完全的主,我也不那么乐意去交税或把钱交给那些伤我子女的人手中。同样,依神的律法与人为法律,我并没有交此税之义务。虽然我也不是我肢体的完全主人,不能任凭己意展露我的脸、颊、背,也不能任意捆绑与鞭打;但我们有神给予的相对自主权,去支配自己的财物和处理自己的肢体(毁肢当除外,这无疑是小型的死亡)。基督言传身教过此类问题。基督宁愿纳本不该他纳的税,也不愿陷入不忠顺于合法之王与帝的谣言中。在《哥林多前书》第9章中,保罗宁愿放弃原本属他的俸禄也不愿阻碍传福音。类似的事情在《哥林多前书》第4章中也有记载,哥林多人情愿损失财物也不去异教的法官那里受审;当然,这也是以此来阻止更大的不便、毁坏,甚至死亡。基督徒对他的肢体拥有这种自主权,即宁愿忍受侵害也不以暴力抵抗来避免侵害。但这并不能得出:无辜的臣民当被暴君处死,仆人被主人杀害,他们也不能依本性之律保卫自己;或者,在纯自卫的目的下,以再侵犯的方式自卫,因为我们没有掌管生死之权。所以,作为人,他是他弟兄的杀害者;胸中有刚愎的该隐,他不会去保全自己的弟兄。当他的兄弟不公正地得以保全时,他可以保全他的弟兄的生命而不丢掉自己的性命。所以,他可能保全自己的性命,也不做本性之律允许他做的事情(被杀前去杀他)。但是,这样他就得为自我杀害负罪,因为他没有充分履行自卫之义务。我承认,去侵犯与杀戮不是自卫战争的本质,但却是它的偶发现象。然而,杀死由君王非法命令指挥下的割喉党,却可以视为自卫的一项合法方式。对于惩罚的两项恶,我们对自身有一种相对行的自治权,如人可将财物丢进大海而保全性命,我们也可为了和平而忍受侵犯。——死亡是最大的惩罚之恶。我承认,去侵犯和杀戮不是自卫战争的本质;当合法自卫在手时,神也并没有让我们这样行。但是,对抗暴权以保护我们的性命,即使有侵犯与杀戮的做法,我们也没有抵抗神命。只此一事为非法:在自卫行为中杀君。自卫行为必须是国家行为,且公正理由之上。

让读者来审判巴克利吧!他说:"如果君王激怒了整个国家,或者他单方面地诉以巨大的且无法忍受的酷政,人民当何为?此时,人民有抵抗和保卫自己不受伤害之权力。但是,只能保卫自己,不能侵犯君王,不能拒绝被伤害,亦不能不给君王以当得的尊敬。"①

对此,我认为:1. 就让巴克利与这位教士(如他继续抄巴克利的观点话)等人夸大这两者之间的差别吧!人民可以抵抗暴君,却不可以抵抗由这暴君及其割喉党所强加的伤害。我真无法想象如何将这两者统一起来。抵抗某位君主的残暴就是以抵抗的方式避免伤害。

2. 如尼禄以他的残暴让整个国家都不能承受之苦,而他还继续是一位合法的王,且要像王那样被敬仰,试问:在保皇党的这种逻辑上,谁来抵抗王?相反,从《罗马书》第 13 章来看,这抵抗就等于是抗拒神命。抵抗不是一种受难,也不是通过宣布君王所违背的法律来进行道德上的抗拒。对保皇党这样意义上的抵抗,我们无话可说!或者说,这种对不义命令所表现出的抵抗性之非顺服不会进入我们的讨论话题。当然,教皇主义者除外,他们满腔热情地宣称:顺服人比顺服神好!

3. 接下来谈暴力抵抗的问题。如果君王拥有从神而来的绝对权力,这正是保皇党从《罗马书》(13:1—2)与《撒母耳记上》(8:9—11)所梦想得到的结论;那么,臣民有何从神而来的权力与命令来反抗君王呢?如果这种抵抗不能延展为自卫战争,人民如何能保卫自己免受伤害?如何避免那些可预见的最大的伤害?如割喉党与拜偶者集结而成的军队前来摧

---

① 巴克利:《反君主论》,l. 3, c. 8, p. 159。Populo quidem hoc casu resitendi ac tuendi se ab injuria potestas competit. sed tuendi se tantum, non autem principem invadendi, et resistendi injuriæ illatæ, non recedendi a debita reverentia — non vim præteritam ulciscendi jus habet.

问三十　消极顺服是否是一种手段,其中我们所依据的是神圣诫命中的良心？抵抗的工具？逃跑是抵抗？

毁信仰,树立偶像,抹平神子民之名,让神殿的山头变为废墟？如果他们能以自卫战争保卫自己,这战争又如何不带有侵犯性呢？

4. 本性之律教人以暴制暴,人受压迫与国家受压迫无异。巴克利应当为他此处的论断给出经文支持或本性之律的支持。

5. 假如君王作假誓,国家与臣民如何在巴克利的意义上不去触犯这样一位暴君的假誓言？他誓言要温和与仁慈,而今却成了一头烈怒的暴狮。难道神的子民当献身去保卫这烈怒的暴狮吗？

弗恩博士继续说:"对突发的非法侵犯所采取的个人防御是合法的,如以利沙所行的那样。即使是反对王子,限制打击,当抱住王子挥动的臂膀,也不能还以打击。一般意义上的武力反抗不可能不带来不义的暴力,并会直接伤害社会秩序,损害国家生命。"①

驳：1. 如果一个对君王所发出的侵犯进行个人防御符合本性,那么十万人或整个国家进行此类防御则亦为合法。2. 恩惠与政策都不得毁坏本性；一两万人被大炮火枪以被防御的方式从远处射杀能毁坏本性？（弗恩博士等人认为大卫如让基伊拉对抗扫罗,他就是不忠。）除非他们占领城镇以对抗君王,除非他们武装起来施行侵犯,在被杀前以武力杀他,如本性之律所教的那样。3. 抱住君王的手臂与砍掉王袍之外边无异。保皇党认为后者是非法的,因为这是对君王个人永恒权力的一种反抗。4. 即使是纯粹的防御性战争也必是侵犯性的。侵犯行为只是它们的附加情况,其"主观"目的仅为防御,如无战争,它们不会是有罪的侵犯。或者,没有现实世界的战争会如是。战争中必有无辜者被杀。战争不能因此而受谴责。5. 针对那些没有来自神的权力和命令的人的战争不是侵犯性的,如对待爱尔兰的割喉党和受诅的教士与武装起来的天主教徒。他们对神所建立的秩序的摧毁比起合法战争带来的破坏,要大得多。依他们的理论,苏格兰与英格兰的新教徒当留在家中等待那武装起来的教皇主义者与爱尔兰人闯进来任意割破他们的喉咙、践踏他们的生命、掠夺他们的财物,等等。

---

① 弗恩：《主要教义》,p. 3, sect. 2, p. 9。

我们并不认为,抱住君王手臂方式的抵抗是本性的。如他更强大,这便不是一种本性手段。本性已指派了无辜者以侵犯性暴力作为一种自卫方式来反抗不义之暴力。歌利亚手中的剑不是握住扫罗双手的本性方式,因剑不是手指。扫罗在毫无理性和法律的基础下,突然且不可避免地对大卫发起个人侵犯,要杀他;弗恩博士认为此时的大卫可以反抗。反抗的实质是对暴力的二次行为(re-action)。在圣经或理性中,我们找不到起于不正当的个人侵犯的暴力抱手行为,却不带有二次侵犯行为。沃尔特(Walter Torrils)在射杀鹿是误杀了W·鲁弗斯(W. Rufus)王;W·萨福克(W. Suffolk)伯爵无意杀了亨利八世(Henry Ⅷ);这里并无背叛之意图,因此也不算蓄意杀人。总之,自卫战争是侵犯性的,这是从实际效果上讲,而非从原因或意向上讲①。

他们会诘问:难道完全没有归于上级的消极顺服?——驳:勉强可这样说,纯粹的消极顺服是我们由于害怕暴力而行义务的行为。假设我们要忍受暴君惩罚之恶,他们以其他方式将这恶加在我们身上,在这种理念下,我们是在受平等之人所加的苦难。受同辈之苦在于没有任何在我们之上的父亲式的权威。当然,我们会受我们上司加在我们身上的苦难。我要问保皇党们:是否暴君不正义地强加在臣民身上的惩罚之恶,所用之权力是神所命的?是否抵抗一种暴政行为中的权力就是抵抗神?我们不会拒绝任何对上司命令的积极顺服,无论它们是善还是恶,这是我们从《罗马书》第13章所接受的。我们不否认对所有暴行的消极顺服,会如何呢?哪个是不义的?在这些暴行中君王是否事实上真正地为神行惩罚?或者说,他在这些行为中仅是暴戾地行惩罚,没有真正地或事实上地顺服在神下,我们该给予其消极顺服吗?我期待保皇党能对这些问题做出答复。

主张五:从滥用权力的暴政下逃跑,是对统治者非法压迫和错误判决的原始抵抗。

保皇党人都赞同那些受暴君迫害之人可以逃跑,认为这是一项合法

---

① ex eventu et effectu, not ex causa, or ex intentione.

| 问三十 | 消极顺服是否是一种手段，其中我们所依据的是神圣诫命中的良心？抵抗的工具？逃跑是抵抗？ |

之举，且他符合本性之律的基石。他们以基督的诫命为论据，即"有人在这城里逼迫你们，就逃到那城里去"(《马太福音》10∶23，23∶34)。还有，基督从犹太人的愤怒下逃离，直到他的时刻到来。以利沙、乌利亚(《耶利米书》26∶20)以及约瑟和玛丽都有过逃难经历。殉道士将自己藏于世间的山洞、地穴(《希伯来书》11∶37—38)。保罗在大马士革藏在篮子里从窗户逃走，等等。这肯定是抵抗。神给暴政者的合法权力，始终是神所命的，可以合法地召集百姓，可在审判席上审判神的仆人。他也可以杀害或不义地谋杀他们。这里使用的权力与前者相同。如果杀害无辜百姓的是合法权力，那这权力也是百姓良心应当顺服的。他们有义务在良心上屈服于这种审判之权力。它们是同一个权力。1. 如果抵抗一种权力是非法的，那么，抵抗另一种权力也必然是非法的。如果自卫之法或基督的诫命授权我不顺服暴权，因它令我去死；那么，这法就明确地授权我去抵抗，不要消极顺服那不公义的死刑惩罚。2. 如一杀人犯从那公正审判他的公正权力下逃跑，那么，他就是抗拒了神所命的公义的权力(《罗马书》13)。同理，如果我们从暴权下逃跑，我们便是抗拒了暴权；依保皇党的理论基础，我们逃跑便是抗拒神所命的了。不服从传讯罪犯的公正权力，便是阻碍那合法权力做出合法行为。如案犯逃跑了，法官便无法清理地上的血迹了。3. 以色列王派官长与五十随从捉拿以利沙。这些人有从王那里委派而得的合法权力。我逃跑便是给他们的权力带上了镣铐。这是自我保卫；它便授权我为着自己的安全做出无害的暴力反抗行为。4. 保皇党坚持认为，以要塞为阵地，并对君王进行抵抗乃是非法的，即使这堡垒并非君王的私人产业。大卫若保有基伊拉便不会侵犯扫罗。弗恩博士与保皇党认为这是非法抵抗。对王权的抵抗，以海洋和广袤的陆地为基础，要比以城墙为基础来得严重得多吗？两者都是物理性的抵抗，也都是暴力抗拒。

问三十一

从神的律法与本性之律角度看,以暴制暴的自卫是否合法?

受造物的自卫就是本性。不同本性有不同的自卫。牛用其尖角防卫;鹰用其利爪反击;这并不证明,面对狼,羔羊除了逃跑别无他法自卫。人,以及作为基督徒的人,也会出于本性自我防卫。但是,理性受造物的自卫是理性的,不总是采用纯粹本性式的自卫。因此,政治社会由不同本性所组成;恩典不会摧毁本性,更不用说那些政策了;神允许拥有不同本性的受造物采取自然自卫。如君王引入外国军队入侵国家,那么,政治联合体将以理性方式来保卫这个社会。为什么?自卫是人的本性,也是羊羔的本性,但其表现方式却不同。羔羊与鸽子在保卫自己不受野兽袭击时本性地会选择逃跑的方式,不会反击或再侵犯。但不能由此推出,人保卫自己免受敌人袭击时也只能选择逃跑这种方式。如一个劫匪抢劫我,要谋财害命,我便可以反击方式自卫。理性与恩典都会许可这种自卫方式。然而,保皇党宣称:个人抵抗君主只能逃跑,别无他法;而社会也是除了逃跑,别无他法。

1. 这个推论的前提为假!弗恩博士也认为,如君王将国家税收用在毁坏国家之事上,个人则可首先诉求;如若不成,便可拒绝向君王缴纳赋税。这是一种明显的抵抗,且是对掌权者的

问三十一　从神的律法与本性之律角度看,以暴制暴的自卫是否合法?

积极抗拒(《罗马书》13:6—7)。但这也就是对神命的抗拒!除非保皇党承认暴权是可抗拒的。

2. 其结论什么也没说!个人可为自卫而抵抗不义之暴力,但却不能凭己意采取何种方式。首先是申诉和辩护。在他申诉前,如果逃跑能救其性命,他就不能对君主的差役当面使用暴力,也不得有再侵犯。大卫依照这个顺序做了三件事。首先,他藉着约拿单这个中介以言语来自卫;言语不行时,他便逃跑;当逃都没处逃时,本性便唤起他自卫;理性与恩典之光教他自卫的方式,以及这方式的顺序。他最后诉诸第三种方法:拿起歌利亚的剑,聚集六百武士。之后,他便成了他们的主人。现在,使用刀剑与盔甲不是骑马和乘船逃跑;那不是逃跑。再侵犯就是政治行动的最后选择了。但凡有其他方式来执行法律,一个属神的官员都不会采用剥夺人命来完成法律使命的。剥夺人命是被迫的也是最后的必要选择。个人在自卫行为中不会使用反击或再侵犯行为来对抗他人,更不用说君王的差役了;反击或暴力只能在紧急或最后的必要关头才会使用。西蒙说得不错①:"无罪处,无自卫。"这一点是肯定的:需求渴求罪(《路加福音》14:18)。同样实在的是:比较而言,面临被杀而选择去杀,在本性的纯洁而无害需求之无罪法庭中,这种再侵犯是合法的和必需的;除非我在自卫上出现过失,从而犯了自我杀害之罪。个人可以逃跑。这是自卫的第二必要选择。暴力的再侵犯行为则是第三的选择。当作为第二种自卫方式的逃跑不可能时,或无法达到自卫之目的,暴力再侵犯就是必要的了,如大卫那样;如逃跑不成,那么,拿起歌利亚的剑,率领勇士自卫便是合法的了。某些情况下,如新教教会和社区里的男男女女、老人、吃奶的婴孩、病人所面临的,有人威胁他们放弃信仰与耶稣基督,否则将被杀掉。此时,逃跑就不是第二种方式了,甚至不是一种方式。这是不可能的方式。老人、病人、吃奶的婴孩以及子孙正确的信仰是不能逃跑的。这里,物理上,就本性的必要性来看,逃跑变得不可能了,因而逃跑便不再是合法手段了。在物理上对于本性来说是不可能的事,就不是合法手段。基督承

---

① 西蒙:《忠心臣民之信仰》,sect. 11, p. 35。

诺将地赐你为田产(《诗篇》2:8),且众海岛也要成为你的财产(《以赛亚书》49:1)。那么,所有新教教徒以及他们的子孙,还有他们的病弱之人,依据本性之律与神的恩典,他们都有义务进行防御;我就不能理解,本性上何种自卫会要让他们逃跑。我知道,有七个邪恶拜偶的国家被驱出他们的所居地,以便在那里建立神的教会。但是,请在任何本性之律和神的启示中给出理由,要求英伦三岛的所有新教徒,包括他们的子孙、老者、病者、吃奶的婴孩,应该逃离英格兰、苏格兰和爱尔兰,以便将他们的三岛和信仰留给某位王、教皇主义者、教士、嗜血的爱尔兰叛党以及无神论来居住与践踏。对于在神和人的法律支持下的教会与社会,暴力再侵犯是他们自卫的第二方式(在申诉和宣告之后)。逃跑不是他们必须选择的方式。可以说,逃跑也不是个人必须选择的第二自卫方式。它只是一种可能的方式。个人遭受无法避免的不公正暴力侵犯时,他可以暴力再侵犯方式来避免这种伤害。现今,这种侵犯发生在1640年的英格兰。他们拒绝接受祈祷书和拜偶的弥撒。最后侵犯不可避免地发生了。对新教徒而言,还有他们的老人、病者、女人以及吃奶的孩子,全部逃到海外;这是不可能之事。或者,在英王的军队与教士的弥撒祷书的夹缝中寻求生存;这也是不可能的。阿尔图修斯说得很好[①]:即使个人可以逃跑,但是举国的百姓却不能逃跑;否则,就是将自己的国家、宗教与一切都交给了一头烈狮。如果是那样,我们便不能实现《诗篇》(2:8)和《以赛亚书》(49:1)中的预言。如果实现的方式是我们自己犯罪的方式,那便可以逃离迫害,去往像新英格兰那样的殖民地。如果诉求之后唯一的自卫方式仅为逃离,那么,百姓就只得依自己的神圣义务逃到新英格兰。依据保皇党的教条,我们就该将我们的国家、信仰留给那个人、教皇主义拜偶者和那些无神论者,并乐意与他们一起崇拜偶像。在那里,我们如何捍卫自己生命?如何捍卫福音?

对性命的防护,其方式有远处有近处,有直接的,有间接的。在没有取人命的直接侵犯行为发生时,我们不应使用暴力性再侵犯行为。大卫

[①] 阿尔图修斯:《政治方法论》,Polit. c. 38, n. 78。

| **问三十一** 　从神的律法与本性之律角度看,以暴制暴的自卫是否合法?

在扫罗熟睡之时,在割下他王袍衣角之时,本可杀了扫罗;他若杀了神所膏的,便触犯了神的律法,因为扫罗是神所膏的。同样,杀人也是触犯神的律法的,因为人是照神的形象造的(《创世记》9：6),除非迫不得已。执法人在迫不得已的情况下可以杀那作恶者,即使他的罪恶不足死。此时,这作恶者此时缺失神的形象。可以说,智慧与恩典之光决定我们何时能使用再侵犯行为来自卫;这不取决于我们的喜好。自卫的远处方式或间接方式,乃是不使用再侵犯暴力的方式:在自卫的远处方式下,大卫握扫罗在手。此时,扫罗对大卫的侵犯并不是事实发生的,也不是不可避免的。而且,就人类智慧自卫而言,此时亦非迫不得已。扫罗并未事实性地迫害以色列的王公、长老、法官以及整个国家与教会。扫罗所做的仅是要取大卫一人之命,而非迫害信仰或侵犯全国。因此,在良心上,大卫不得对神所膏的染指。如果扫罗实际上要侵害大卫的命,大卫可用歌利亚的剑(大卫夺歌利亚的并不是为了在扫罗面前炫威——威胁王与侵犯王一样非法),去杀或被扫罗的手下所杀;此时,大卫处于直接的面对面的自卫行为中。英国现在的情况是,在英王与英格兰和苏格兰两地国会之间,英王并不是睡在营中。相反,他在英伦三岛上驻扎军队,从海陆两路日夜不停实际地追杀着英格兰和苏格兰两地的基督徒以及全国人民,摧毁他们的信仰、法律与自由。当下,在教皇主义者与新教徒之间,在专制暴掠的政府与合法政府之间,依据英格兰苏格兰两地政治社会的法律,依据神与本性之律,我们都应该使用暴力再侵犯式的自卫。现在就是那迫不得已的时刻。军队正在迫害英伦三岛的所有新教教会,正在屠杀所有的新教教徒;此刻,与其我们束手被杀,眼看我们法律与信仰被糟蹋,不如起而反击。

保皇党依据大卫说的"我的主乃是耶和华的受膏者,我在耶和华面前万不敢伸手害他,因他是耶和华的受膏者"(《撒母耳记上》24：6)这句话,得出一个普遍性的结论:即使是处于最为暴戾行为中的君王都依然是神所膏的王,我们不得抗拒。

驳：1. 大卫说的是,他不能伸手去害扫罗这个人。英伦三岛中无人胆敢有如此企图去害英王这个人。他们的这个论点自相矛盾,如果君王亲自去侵犯某位无辜百姓,且这种侵犯是突然发生的、不可避免的、没有任何理性与法律基础的,那么,那个被他侵犯的人便可以身体暴力来反抗他。很显然,在该侵犯行为中,君王依然是神所膏的王。2. 依照这种理论,法官也不能夺走杀人犯的性命了,因为他始终继承着神的形象,且一直都享有人所有的本性。这绝不能由此推出:因为神授予了某种尊贵性,即神圣形象,他的性命就是不能被剥夺的。授予神形象而成人,得恶的惩罚而成作恶者;这两者不能类比。成王与成恶者亦相互有别。

（1）自卫的基础是:如果君王强迫一个女人去通奸与乱伦,迫使一个男人去行鸡奸之事,那么,这个女人和男人就可以暴力反抗君王。那些宫廷的谄媚者却说,君王有其绝对性,他是生与死的主。却没有人说,这君王拥有像妻子那样的对丈夫的贞洁、信仰与誓言。

（2）某种特定本性当让位于普遍本性中的善。这种东西使重的身体上升,轻飘飘的身体下降。如一头野牛或狂奔的野牛,不当放于人头涌动的街头。又如一个神智混乱的人用石头敲打自己,且杀死所有经过他或来劝阻他之人;在这种情况下,它当被捆绑住,双手戴上镣铐;所有被他侵犯之人也能抵抗他,即使那些被他侵犯之人是他自己的儿子,他们也有权拿起武器捍卫自己的生命。如王变成了尼禄,人民更有理由来捍卫自己性命了。扫罗受恶灵的左右,他遭到了以色列人的抵制。君王本该理性治国,却对百姓施以暴力,残杀自己的儿子与所有继承者;他就应该受到抵制。依本性之律而施的暴力侵犯可以是用于防卫,也可以是抑制暴力。我们需要抑制一个只能伤害他人之人,抑制一个不能事实上给国家带来利益、却专门摧毁人民和社会、将百姓作为自己的嗜血使节而派出征战、瓦解国家的人。

（3）切除受感染了的且可能继续感染其他部分的肢体是符合本性的,因为整体的安全被视为比局部的安全更重要。保皇党宣称,君王是头,毁掉了头,作为身体的整个国家也就不在了。正如一个人的头被砍掉,这个人的生命也不存在了。这种说法显然荒谬,因为:1. 神砍掉暴君的灵后,国家依然还在。一头豹子或野猪穿梭于孩子中间,可能害死国家所有的孩子,杀了它当然无事。2. 君王对于国家,不能不加限制地当作在

问三十一　从神的律法与本性之律角度看,以暴制暴的自卫是否合法?

君主制中的头。挪开君王,一个君主制政体,就其结构而言,就不再是君主制了。但是,它仍然是种政体,因为其中还有其他法官。自然身体没有了头,就不能存活。3. 这个或那个暴君,作为一个时间中的凡物,不能与不朽的国家相对应。两者不是对应的。他们宣称"君王不死",但君王是要死的。一个不朽的政治体,如国家,必然要有一个不朽的头,即王;但他可以是这个或那个人,也可能是个暴君。他只是时间中的一位王。

（4）福齐纽斯·加西亚①作为西班牙的资深律师,对此做出的解释很有道理。他说,神给每个受造物注入了保卫自己的天然倾向与情感;我们要为神而爱我们,热衷于保卫我们自己而不是我们邻舍。本性之律教我们首先要爱神,其次爱我们,然后爱我们邻舍。因神的律法教导我们"爱邻如己"。马德鲁斯也说:"我们对自己的爱是衡量我们对邻舍的爱的标准。"②规则与标准比那些被衡量事物更完美、更简单,也更主要。确实,我爱教会的拯救,因它更接近神的荣耀,比我自己的拯救更重要,正如摩西和保罗所愿所证明的那样。我爱我弟兄的拯救胜过爱我的短暂生命;但是,我爱我的短暂生命胜过爱他人的生命。所以,我宁愿去杀他也不愿去被杀。这是危机中的必然倾向。当性命攸关时,本性(无罪状态)实实在在地拥有这一倾向。正如《以弗所书》(5：28—29)中所说:"丈夫也当照样爱妻子,如同爱自己的身子;爱妻子便是爱自己了。从来没有人恨恶自己的身子,总是保养顾惜,正像基督待教会一样。"因此,鸟儿筑巢保其幼鸟,狮子护其幼崽,丈夫保护其妻。他们有时使用再侵犯式的方式,以免其妻与其子被杀。人如不去帮助缺乏的弟兄,如抢匪抢劫其弟兄时,那他就是他弟兄的杀害者。神属灵的律法要求我们既要保护我们自己,也要保护他人。被迫落难的女子有义务呼救,不仅是对执法者呼救,还对离她最近的男人或走近的女人呼救。这是第七条诫命所规定的神圣义务。人可以使用暴力而拯救那落难的女子;甚至你的敌人的牛和驴落入粪坑时,也要去救。如果一个人在保护邻居的生命和贞洁时,宁愿放弃自己的

---

① 福齐纽斯·加西亚(García, Fortunius, 1494—1534,西班牙律师), Comment. inl. ut vim vi ff. de justit. et jure。

② 马德鲁斯: com. in 12, q. 26, tom. 2, c. 10, concl. 2。

生命和贞洁而忍受两倍的身体性惩罚,那么,为了他的生命,他可以发出四倍的暴力,比他自己的生命多得多,甚至去杀人。当一个带着致命武器的抢劫犯要对一个无辜的旅行者谋财害命,在这种情况下,如果这抢劫犯不被杀,那么这个无辜的旅行者就要被杀。此时的问题是:依据神的道德律法和启示,以良心为根据,这两人谁更该被杀?撇开神允许恶存在的永恒维度,谁能处死无辜的神的荣耀。神圣律法绝不会允许一个不义强盗杀害一个无辜的旅行者;因此,在紧急关头,这个旅行者应该杀了这个强盗。如有人说,神的律法不许任何杀人;杀人一定是违背道德律法的罪。对此,我说:在强盗与旅行者相互厮杀时,如果来了另一个人,依据第六条诫命的内容,这第三人可以上去砍下这强盗的胳膊以救那无辜的旅行者。有哪条神的律法规定他可砍下人的胳膊,甚至夺取人的性命而救他人性命呢?如果用私人权威去不义地伤人,或伤人肢体,如同伤人性命,这便是谋杀;如果这第三人因此砍下这强盗的胳膊,甚至夺取其命,且他并非带着恶意与复仇之心在行这事;如果他是在这原则下行事,即"爱邻居如爱自己",因为人有义务更多地保护自己而非邻舍(《以弗所书》5:28);那么,他就可以对强盗施加暴力。两人溺水,没有神的律法规定另一人有义务冒溺死之险去救落水之人。即使是眼睁睁地看着他人溺亡,他也有义务保护自己的性命。在战争中,如果士兵们在一条海峡隧道下被敌人追赶,人的本性会叫他们逃跑。此时,有一个人跌倒了。在这种迫不得已的情况,他的同伴不仅没有义务将其扶起,而且其他人都应该尽快逃跑,即使踩在他身上而致其死亡。他们不会被判谋杀罪,因为他们在此事件前并不恨他(《申命记》19:4,6)。谦米特①谈到,在如下条件下可以私人防卫:1. 暴力侵犯是突如其来。2. 且这暴力明显地不可避免。3. 执法人员不在场,不能提供必要的帮助。4. 反击时的自我节制达到律师所要求的标准:(1)反击不得失控;如对对方造成伤害后依然继续,这就是复仇而非自卫;(2)不能以报复为目的;(3)要有适当的武器参与成分,即如果暴力侵犯者并没有借助致命武器来侵犯,自卫者也不当以致命武

---

① 谦米特(Chemnit, *loc. com. de vindic.* q. 3). ——原注。

问三十一 从神的律法与本性之律角度看,以暴制暴的自卫是否合法?

器来反击。神的律法有关于抵制入室行盗之贼的法律说明(《出埃及记》22):A. 如果他是夜间来,肯定就是贼了;B. 如果他用武器挖破房子,前来杀人,人可以为保护妻儿而对之进行反击;C. 只能伤他,不得取他性命;如他因伤势而死亡,这防卫者无罪,因着防卫者并不想置他于死地,仅为了自救。

(5)如果依据本性,狗可以反击狼以自卫,牛可以反击狮子,鸽子可以反击老鹰。相反,在没有合法法官在场情况下,人却不可以反击那不公正的暴力;而某人却可以聚结教皇主义者的军队,到处残杀无辜百姓。对人而言,这是多么有缺陷的天恩啊!保皇党反驳说:"君王就在他的位格中,也不能不在他所派遣的侵略者中。这样,即使你宁愿杀了那人也不愿被他杀死,考虑到你必须选择自卫方式,以及你会使自己在君王的审判中身处危险,因此,你不会去对君王行暴力。人的身体在自卫中不会和头作对。那是对整个身体的破坏。"

——驳:1. 即使在对百姓战争中君王就在一个不义侵略者身上,他也还是以一位王、父亲与守卫者而缺席。他仅仅以一个不义的征服者身份出现。因此,君王不能、也不愿保护百姓;此时,无辜的人民可自卫。2. "如果没有法官给他以公正和法律,本性造就一个人"①,就是他自己、他的判断、管理者和自卫者。臣民当为君王奉献自己的生命,因为君王作为君王,他的安危就关系到国家的安危。但是,君王如对其臣民行不义之暴力,他就不再是君王了。正如宙尼特②所说:"臭名昭著的法官早已自己除了自己的审判之职,其行为只代表他自己。" 3. 如果政治体只是反对这个头,他就不是"头",仅将其作为一个人民的压迫者来反对,那就不用担心本身被瓦解了;如果政治体反对所有的执法者与法律,那才会使整体分崩离析。国会与下级法官也是头(《民数记》1:16;《申命记》1:15;《约

---

① 参见这些法规:Gener. c. de decur. l. 10, l. si alius. sect. Bellissime ubique Gloss. in vers. ex magn. not. per. illum. text. ff. quod vi aut clam. l. ait prator. sect. si debitorem meum. ff. de hisque in fraud. credito. , even a private man, his own judge, magistrate, and defender, quando copiam judicis, qui sibi jus reddat, non habet.

② 宙尼特(Zoannet),part 3, defens. n. 44. ——原注。译者无法追踪出处。

书亚记》22：21；《弥迦书》3：1；9；《列王纪上》8：1；《历代志上》5：25；《历代志下》5：2），且本质上与王一样；对他们实施暴力也是非法的。不过，我倒觉得，一个人如果选择过一种个人生活甚于公共生活，那么，他将被君王杀，而不是去杀王。

（6）本性之律规定，统治者当保护人民。从本性角度来看，腹中的婴儿在其父母能保护他之前，就已经在自我保护了；当父母与执法者都不能提供保护时，人人可自卫。

（7）对本性之律而言，暴力就是暴力，无论是掌权者施加的还是普通人施加的，都一样。不过，统治者施加的不义暴力具有双重的不公正性。1. 他以个人的身份行不义。2. 他以国家一员行不义。3. 他对抗他的职分而犯下了一种特别的不公正之罪。或者说，依本性之律，我们可以在较小伤害中自卫，而不能在较大伤害中自卫，这是荒谬的。瓦斯克斯说："如果教皇下令剥夺圣职合法拥有者的职分，而那些去执行者命令的人却拒绝执行。他们会写信给教皇说，这命令不是出自教皇的神圣性，而是来自教皇贪欲。如教皇继续施压促使实现这项命令，他们会再写这样的信给教皇：虽然无人在教皇之上，但所有人都有自卫之权力。"①众所周知，"性命攸关时，必要抵御乃是自然权利之流淌"②；"人之对身体所做的保护当被视为权力之举"③。瓦斯克斯说："在自卫途中，即使以暴制暴而行了伤害之举，亦无妨。"④福齐纽斯·加西亚说："自卫属本性之律，国法赦免无罪之自卫行为。"⑤诺沃（Novel）认为："王子与暴君行恶，当视其为杀戮的威胁。"⑥格劳秀斯认为："如身处险境，已无路可退，战争就合法了。"⑦巴

---

① illust. quest. l. 1, c. 24, n. 24, 25. ——原注
② L. ut vim. ff. de just. et jure 16. ——原注
③ C. jus naturale, 1 distinc. l. 1, ff. de vi et vi armata, l. injuriarum, ff. de injuria; C. significasti. 2, de hom. l. scientiam, sect. qui non aliter ff. ad leg. Aquil; C. si vero 1, de sent. excom. et l. sed etsi ff. ad leg. Aquil. ——原注
④ l. 1, c. 17, n. 5. ——原注
⑤ Comment. in l. ut vim. ff. de instit. et jur. n. 3. ——原注
⑥ defens. n. 101. ——原注
⑦ 格劳秀斯：《战争法权与和平法权》，de jure belli et pacis, l. 2, c. 1, n. 3。

问三十一　从神的律法与本性之律角度看，以暴制暴的自卫是否合法？

克利也说："抵御野蛮暴力是人人生而有之的权力。"①

保皇党谈到：有什么理由能使人民拿起武器来反对王呢？嫉妒与猜忌显然不足为由。

驳：1. 在我们拿起武器之前，君王首先就派出了一支军队来进攻苏格兰，并从海路上将我们封死。2. 天主教徒在英格兰武装待发。他们早已宣誓了他们追随的天特信仰②，认定天特的圣洁性无与伦比，并要彻底根除新教信仰。3. 英王公开宣称，自从上一次国会会议以来，我们已彻底破坏了他的王室尊严。4. 英王宣布两个王国都是叛党。5. 派遣使者企图破坏国会。6. 引入外国军队。我们的法律规定："面对近在眼前的危险，人民完全可以拿起武器，它不仅仅是对百姓的打击，且要么是武力的威慑要么就是威胁。"格罗斯特（Glossator）说："强力本是要被滥用的，但它本身就是武力威慑或威胁，是一种当下的危险。"③

在大多数穷凶极恶的罪中，即使结果不如预期，内在动机（包括所做的努力和目的）都是可惩罚的④。

在那些邪恶谏师的怂恿和帮助下，英王旨在毁灭其臣民。我们不仅要考察这些人的意图，还要考察那些工作的本质和目的。武装起来的教皇主义者、他们的信仰、天特阴谋、他们的良心（如果他们有的话）、他们对苏格兰公约的恶意（彻底放弃了他们的信仰）、他们的仪式、他们的教士等，这些是要铲平新教信仰和刺死新教君主所必需的。如果武装起来的教皇主义者取胜，我们的王就将不再是新教徒，不会遵循他在苏格兰与英格兰两国加冕礼上的誓言，不是他自身的主，也不能再做新教臣民的王了。

英王被迫走向了自己的誓言及他所宣誓要维持法律的反面。教皇派来了他的特准军队、训谕、命令还有勉励。英王已然与嗜血的爱尔兰人言

---

①　巴克利：《反君主制》，advers. Monar. l. 3, c. 8.
②　指的是"天特主教会议"（the Council of Trent, 1545—1563）。这次会议是要对路德发起的宗教改革运动进行回应，明文规定了"教皇无误论"，以及其他相应教义条文。
③　in d. l. 1, C.——原注
④　Bartol. in l. "Si quis non dicam rapere."——原注

和，又将国内的教皇主义者武装起来。如今，在神的誓言下，他要维持新教信仰，心里却打着小算盘，加固对神迹的信仰，相信武装起来的教皇主义者和教士们会维护新教信仰，相信那些教士已经不是教皇（ὁαντίχριστος，敌基督）的合法儿子的人。法律说：仁慈不相信恶意，因而仁慈并不是一个相信所有事情的傻子。法律接着说，一旦为恶，那恶就止不住了。萨拉莫纽斯（Marius Salamonius）①说：我们不会空等着遭受打击及武力威胁，等到所有人同意。"如果我看见敌人拿起那颤抖的箭时，不用等他弯弓，我就可以合法地给予他一击——稍加延迟便会带来危险。"英王带着武装人员闯进众议院捉拿五议员是一个很具标志性的事件，它标志着战争。"让他边走边读吧。"②他带着军队来赫尔市（Hull），宣称并不是没事瞎逛，却去询问关于时间的事。威尼斯的博学律师诺维拉斯（Novellus），在一篇关于自卫的檄文中谈到，持续不断的谩骂就足以成为暴力防御的理由。他引用寇尼特尔博士（Dr. Comniter）③的话，认为醉酒、过失、疯癫、无知、粗鲁、迫不得已、缺乏、长时间的羞辱、气急败坏、遭受威胁、对眼下危险的恐惧、极度悲伤等，在这些情况下，都可以被免于故意杀人之罪，且惩罚要轻微。正如本性与法律所规定的那样："当所造成的损伤无法修复时，如死亡、断肢、破处等，即诸如此类的伤害一旦做出就无法取消，对此，我们便可主动阻止它的发生。"④如果君王派一个爱尔兰叛党突然将我扔下桥，淹死在水里，我做不出任何反击。但是，当君王的使者开始将我扔到桥栏杆上时，我会进行防卫。本性与自卫之法都授权我如此行，即如果我确定来者的目的，我会首先将其推到桥栏杆上，然后随自己的意志处置他。保皇党反对说：大卫在自卫时从未侵犯与迫害过扫罗。当他走进扫罗的帐篷，他们正熟睡时，他没有杀任何人。苏格兰与国会的武力却不是在自卫，而是在侵略、冒犯、杀戮、抢劫。很明显，这

---

① Marius Salamonius, l. C. in L. ut vim atque injuriam ff. de just et jure. ——原注
② 原文出自《圣经·哈巴谷》(2：2)。英文原文是："he that runneth may read"；和合本译文为："使读的人容易读。"
③ Dr Comniter in L. ut vim. ff. de just et jure. ——原注
④ l. Zonat. tract. defens. par. 3, l. in bello sect. factæ de capit. notat. Gloss. in l. si quis provocatione. ——原注

问三十一　从神的律法与本性之律角度看,以暴制暴的自卫是否合法?

是一场进攻性战争,而不是一场自卫性战争!

驳:1. 从纯技术的角度来讲,自卫战争和侵略战争在种类与本质上没有不同;仅有的不同就在于发动者心里的想法和目的。如在一件杀人事件中,因其当事人情感与目的不同,可以判其为故意杀人,也可判其不是。(1)如果一个人因仇恨故意取了他弟兄的性命,那他就是杀人犯。如果他在劈柴时手中斧子脱落了而伤了他弟兄的性命,此前他并不恨他的弟兄,也不想杀他,那么,他就不是一个杀人犯。这一点神的律法早已明示(《申命记》4:42,19:4;《约书亚记》20:5)。(2)至于英王与两院间的事件,它同大卫与扫罗间的事完全不同。对此我们非常清楚。保皇党说,如大卫早知道进攻有利于自卫,那他早就杀了扫罗一干人等。他们又辩称,大卫的事例具有很强的特殊性,我们不能尽数模仿。他们如此说的理由在于:进攻性武器,如歌利亚的剑,还带领一群武装起来的人;这些都不是任何平常理性之人能想象的(大卫有神的智慧)。但是,对于进攻,只要神的旨意如此,他才会去做。我们说,在自卫中对大卫合法的,对我们也合法。他可以合法地反击,我们也可以。

2. 如果扫罗与非利士人誓言要在以色列地设坛祭大衮(dagon),攻击大卫与那些立扫罗为王的众首领与王族;如果大卫带领那些武装起来的人,他与以色列众王子在扫罗与非利士人熟睡时进入;在这种情况下,大卫为保卫神的教会与真正的信仰,他砍下非利士人的头是否为非法?他被非利士人杀是否就不合法?还是缓解一下读者的良心压力吧!对我们而言,教皇主义者和教士打着英王的旗号,他们其实就是非利士人,将面包崇拜与教皇主义的拜偶宗教带到不列颠,如大衮崇拜(dagon-worship)一样可恶!

3. 扫罗并不想建一个专制政府,也不想征服全以色列民,更不曾想砍下所有那些宣誓真正敬拜神之人的头。扫罗事实上也没有攻击那些立他为王的众王子、长老及百姓。他只想取能将他拉下王位之人的命。教士、教皇主义者与那些用心邪恶之人,他们却在不列颠王的庇护下,意欲将不列颠王的意志变成法律,摧毁那反对他们拜偶行为的国会与法庭。他们的目的就是征服新教徒。他们企图毁掉不列颠王与国会,处死新教徒。他们手握武器,散布在大不列颠各处,攻击各地的王族与首领(这些人在神面前与英王一样都是法官)。如果我们不杀了他们,他们就会四处残杀我们、掠夺我们。现在的情况正如是两军对战,或被不义侵犯的人与那侵害他之人对垒。在本性的自卫行为中并不需要政策的支持;人不可能在自己涉及的事件中充当法官,这就像人既是球员又是裁判。这如冰火难容一般。其实一个没有完全脱离本性的社会并不需要自己的法官。在法官缺乏的时候,本性就会做出审判,可以是演员又是被告,以及一切角色。

最后,人不是自己身体的主,也不是生命的主;他们都在神面前对此负责。

问三十二

圣经能否证明自卫战争的合法性,考虑大卫、以利沙、八十勇士抵抗乌西雅等事件?

大卫抵抗扫罗王,1. 带着歌利亚的剑;2. 指挥六百勇士。如经上所记(《历代志上》12:22—34),前来帮助大卫的人结成的大军,和神的大军一样,超过了四千人。这支大军来帮助大卫防御扫罗是正当的,理由如下:1. 因为经上记载,"大卫因怕基士的儿子扫罗,躲在洗革拉的时候,有勇士到他那里帮助他打仗"(《历代志上》12:1);接下来他们被数点如下,"又有便雅悯和犹大人到山寨大卫那里"(《历代志上》12:16);又有玛拿西人来投奔大卫,"大卫往洗革拉去的时候,有玛拿西人的千夫长押拿、约撒拔、耶叠、米迦勒、约撒拔、以利户、洗勒太,都来投奔他"(《历代志上》12:16);"这些人帮助大卫攻击群贼。他们都是大能的勇士,且作军长"(《历代志上》12:21)。"那时,天天有人来帮助大卫,以致成了大军,如神的军一样。"(《历代志上》12:22)关于他们来帮助大卫对抗扫罗的描述,在《历代志上》第12章的第16节、第19—23节中不断重复。2. 他们前来帮助大卫的行为显然是正当的,因为:(1)是圣灵令他们在战争中运用他们的英勇与技术(《历代志上》12:2)。在非法的战争中,圣灵从不发出这样的命令。(2) 圣灵感动亚玛撒,于是他才说:"大卫啊!我们是归于你的;耶西的儿子啊!我们是帮助你的。愿你平平安安,愿帮助你的,也都平安!因为你的神帮助你。"(《历代志上》12:18)如是不法的战争,圣灵不会感动任何人祈求和平的。3. 如果说他们来到大卫这里仅是为了受难与逃跑,而不追击与侵犯,这显然是荒谬的。(1) 经上说:"大卫因怕基士的儿子扫罗,躲在洗革拉的时候,有勇士到他那里帮助他打仗。"(《历代志上》12:1)如果说他们在战场上的能力与帮助仅说明他们与大卫同病相怜,他们以前服侍扫罗,现在从扫罗那里逃出来了,这种说法显然是对历史的蔑视;说他们还带着武器逃跑,这是对神的话的一种嘲弄。(2) 这里的经文很明显是为了表明:神为了帮助他无辜的仆人大卫抵抗害人的王子与主人扫罗。圣灵感动这么多能人异士,且使他们带着武器来在战争中帮助大卫。神命的"都是大能的勇士,能拿盾牌和枪的战士。他们的面貌好像狮子,快跑如同山上的鹿"(《历代志上》12:8),都能征善战。这里的用意十分明显。神令他们帮助大卫。如果这对大卫是不法的,那些能人扛着武器追击扫罗及其军队,难道他们这样做仅是在逃跑吗?如圣灵说"他们善于拉弓",且"能用左右两手甩石射箭"(《历代志上》12:2)。这些人集成的大军,都是能人,成百上千地投奔大卫,来自东西方的都有。大卫接受了他们,命他们成百夫长、千夫长。如果他们并不是为战争和侵犯而来,要他们何用?如果他们来仅是为了受难与逃跑,而不想大卫立他们为百夫长、千夫长,不为战争,那么,这些所谓的帮助者就不是来帮助大卫,而是对大卫的拖累。西蒙先生说:"《撒母耳记上》(22:2)所记的那些跟随大卫的人强壮了大卫,大卫却没有加强他们。如果他的良心在帮他,大卫会很容易对西弗人怀恨在心;他们在良好意愿下想将他交到扫罗手上。"

驳:1. 按此可推出:这些人带着武器来帮助大卫是与大卫的良心相悖;在这件事上,大卫是一位病人。但是这与经文的记载相左:《撒母耳记上》(22:2)中说:"大卫就作他们的头目。"《历代志上》(12:17—18)中又说:"你们若是和和平平地来帮助我,我心就与你们相契……大卫就收留他们,立他们作军长。" 2. 确实,大卫本该对西弗人怀恨在心。但是,说

| 问三十二　圣经能否证明自卫战争的合法性,考虑大卫、以利沙、八十勇士抵抗乌西雅等事件?

这种心理曾阻碍了大卫,却在经上找不到证据。是否追捕一撮敌人,这取决于战争委员会的决定。大卫很清楚,如追捕西弗人只会树敌更多。这对他自己的事业毫无帮助。3. 至于大卫趁扫罗与众人熟睡时杀了他们。我们知道,这些人的良心被误导了才出来征战。他们中的许多人都是为了帮助他们合法的王剿除那试图弑王篡位的叛党。杀了他们完全不符合智慧与正义——因为杀敌人属正当防卫,但其必要条件是敌人在事实上进行侵犯。如果不进行防卫,则性命不保。沉睡的敌人并没有在事实上迫害无辜者。如果是由教皇主义者这些非利士人组成的军队,如果他们在田野中熟睡并不是来攻击一个对王有过犯的某个大卫;如果他们在田野中安营扎寨是要对整个国家与信仰造成威胁,伺机建立专制政府、教皇主义与拜偶信仰,摧毁法律、自由与国会;那么,在这种情况之下,大卫便有义务将这些熟睡的人杀死。

有人说,在本性的自卫行为中,不管起因为何,无论敌人是谁,自卫就意味着不要侵犯;除非那不公正的入侵者事实上有侵犯行为。这里,熟睡的敌军并没有事实上的侵犯。

驳:1. 当一个人带众人追捕另一人时,后者便有足够理由来自卫。我们法律规定:"威胁与武力恐吓导致了迫切的危险。"在被追杀情况下,自卫是合法的。因此,如果有爱尔兰叛党与西班牙人组成的军队在他们的营中熟睡,我们不列颠的王也在其中;这些叛党实际上在围攻国会与伦敦城,要以极为不公义的方式取缔国会、法律与信仰自由;在这种情况下,埃塞克斯(Essex)将军应该不杀熟睡中的英王陛下,因他是神所膏的王。但是,是否他也不能杀那困着英王但在熟睡中的爱尔兰叛党,以便将英王这个人从爱尔兰叛党与教皇主义者手中解救出?正是他们困住了不列颠王,将他引向教皇主义,利用他的权威来捍卫教皇主义,践踏新教议会与法律。当然,仅此为例还是不够的。在事实上侵犯国会、国家与信仰的军队(即使在熟睡中)是可以被侵犯的和杀死的,因为即使熟睡,也是在行动中。大卫没有从良心的角度谈论他为什么没杀扫罗的军队(我想他当时并没有那么多人手来这么干)。如果大卫这么干了,他会给自己树敌过多,给自己和他的手下带来性命之忧。因为私人恩怨而杀死众多被误导的神的子民，从而使大卫与全以色列民为敌，这是不明智的。但是，大卫确实从良心上解释说伸手害神所膏的王是非法的。我认为，只要扫罗还是王，只要那些在希伯伦立他为王的民众没将他拉下王位，伸手害他性命就是极度非法之举。一个人在睡觉时不能对另一个人实施事实侵犯，因此自卫者可以合法地将其杀死在梦中。不过，战争完全是另一回事。非利士人在耶路撒冷城外扎营，企图摧毁耶路撒冷，耶和华的信仰以及他的教会。以色列明着就可以杀了这些非利士人，即使他们在睡觉。即使扫罗王利用去权力将这些人引入，并睡在这些没行割礼的人中，对于这些集结的武装敌人，即使他们在熟睡，依据自卫之法，他们有足够的理由被杀；以免他们醒来后将我们杀死。但是，单个的人且他是王，则不能被杀的。
2. 我想，可以肯定的是，大卫要是杀了这些熟睡之人，那就是十分不明智的。这会给他和他的手下带来生命危险。对于大卫、希米勒、亚比筛三人来说，要杀熟睡中的大量敌军是不可能且无法完成的工作，反而会害了他们三人的性命。

弗恩博士重复阿尼索斯的观点说："大卫身上的事是非凡之事，因为他是神所膏的、所指定的、扫罗王位的继承者。因此，他可以使用特殊的方式来保卫自己。"阿尼索斯引用奥布里说，此时的大卫从臣民中突出起来了；他已不再是一个臣民了。

驳：1. 以色列此时是两王并存时代。（1）大卫承认扫罗是神所膏的王、他的主人与君王，并表明他对扫罗的顺服。因此，大卫此时还是一个臣民。（2）如果大卫用非凡的方式宣示他的王者头衔，那么，他以非凡方式杀歌利亚，也就可以用神迹来杀扫罗。但是，大卫使用的是最为普通的方式来自卫：遭迫害、没吃没穿、啃粗面包求生，以歌利亚之剑抵御攻击。（3）大卫本可杀了他的敌人扫罗，依据神的律法，是他赦免扫罗的吗？那些非凡的和在法律之上的事是如何运行的呢？大卫说这是一种道德义务：扫罗是神膏的王，我不能杀他。这非凡之事在法律之上吗？那么，依据神的律法，他本该杀了扫罗。想必保皇党不敢这么说。说大卫对扫罗之行为是非凡之举，这有何根据呢？还是完全没有？大卫逃跑也是非凡之举吗？当然不是！在扫罗要迫害大卫时，大卫询问神谕也是非凡之举

| 问三十二 | 圣经能否证明自卫战争的合法性,考虑大卫、以利沙、八十勇士抵抗乌西雅等事件? |

吗?(4)在一件很平常的事中寄寓着非凡元素,如神让扫罗和他的人沉沉地睡去(《撒母耳记上》26)。依据这事的实质,它本是一件极普通之事。(5)下面之事也就不是非凡之事了:身为卓越勇士的大卫成了一个忧伤之人。但是,他却得到六百勇士的帮助。他们因着慈悲帮助一个无辜之人免于死亡。其实,所有以色列人都有义务保卫这杀了歌利亚的人。(6)保皇党认为从大卫不伸手加害神所膏的王一事可看出:不抵抗是一项再平常不过的道德义务;但他武装起来却是一件非凡之举。我不得不承认这确实一条捷径,即挑出一些对自己有用的东西来将其一般化;同时又将一些对自己不利的东西非凡化。(7)依本性之律,这些人有义务加入大卫的队伍,因而不帮助一个受压迫之人就一定是出自神的普通律法。这是渎神教义。(8)如果大卫在非凡之灵的作用下没有杀扫罗,那么,耶稣会士的杀戮方针必定也是神的普通律法!

2. 大卫肯定想占据基伊拉这个地方以对抗扫罗(《撒母耳记上》23:2)。神不会在非法之事上回答大卫的。如果这是神对大卫的回答(《撒母耳记上》23:1),这看上去就像是,神在教大卫如何在他的王前扮演叛徒的角色。意思是说:他们不会将你送上去的,会救你出扫罗之手的。如果大卫相信神会这样说,或者相反,那么,大卫就会守卫基伊拉这座城。当然,大卫的问题预设了他要占据基伊拉。

先知以利沙的例子也有代表性。《列王纪下》(6:32)中记载道:"以利沙正坐在家中,长老也与他同坐。王打发一个伺候他的人去,他还没有到,以利沙对长老说:'你们看这凶手之子,打发人来斩我的头!你们看着使者来到,就关上门,用门将他推出去。在他后头不是有他主人脚步的响声吗?'"1. 这里谈论的是约兰王对无辜之人所行之不义的暴力。以利沙关上门将王的信使推出去,就如我们以城堡来抵抗英王查理的使者一样。他说:"你们看着使者来到,就关上门。" 2. 这里既有命令的暴力,也有抵抗,即"用门将他推出去"。对于这段经文,莫塔努斯的解释是:强行将他推到门外(Claudite ostium, et oppremetis eumin ostio)。迦勒底文的意思也是如此。杰罗姆:不要让他进来(Ne sinatis eum introire);七十士译本:将他堵在门与墙之间(ἐκθλίψατε αὐτὸν ἐν τῇ θύρᾳ)。依据瓦塔布鲁斯

(Vatablus),这是一个身体暴力性的表达。西奥多(Theodoret)认为这是要将约兰王挡在门外。3. 弗恩博士与其他保皇党在此并没有给出相应的回答,即以利沙并没有亲自抵抗约兰王,只是抵抗了约兰王派来取其首级的信使。他们说,抵抗王的信使是合法的。经上明确地说了,这暴力抵抗也是直接针对约兰王的,因为以利沙还说了:"在他后头不是有他主人脚步的响声吗?"照着他们的理论,我们在城镇外围装上铁门与栅栏,对君王的割喉党进行暴力抵抗也是合法的了。这样就可防止他们杀害英格兰与苏格兰两地的国会议员以及英伦三岛的所有新教徒。

某些保皇党人士厚颜无耻地说:这里并无所谓的暴力抵抗。以利沙是非凡之人。他可以称君王为凶手之子,但我们不可以。弗恩显然忘记了他就此说过:"如果只绑住君王的弓与抱住他的手,如此对君王的抵制是合法的。"①弗恩对此的解释是,强力绑住君王的手可以使他无法杀人。但是,这比大卫割下扫罗王袍衣角所行的暴力更大——因这是对王者身体的冒犯。王者尊体显然要比王袍珍贵。我认为,对大卫良心的这种反复扭曲本身就是一种罪。他作为一个臣民没有采取本性的自卫方式,仅仅将神所膏的扫罗的衣角割下一角。我倒要看看弗恩如何自圆其说。我认为,君王之身体,或任何作为神助手的法官的身体,都是神圣的。任何人想在不犯罪的情况下染指他们的身体都是不可能的,但本性防卫除外。王者尊严并不能使一个君王超出人的共性;王位也不能使他摆脱人的本性。人总会犯错的。所以,一个人要是对另外一个人的生命做出明显的、不义的暴力侵犯,即使这个人是他的臣民,他也要受到身体性的反抗。"谁才是君王与臣民间的法官?"这样的问题本身就是一个假问题。臣不能判君,因为无人能是自己案件的法官;下级或平级的法官也不能审判高级的或平级的法官。

对此,我的回答是:1. 这也涉及君王的案子。他不是作为王,而是作为一个人而行不义的暴力。因此,他与臣民一样不能作为法官出现。2. 人若对他人行了不义的暴力,他就在那无辜者之下,应该受到其他人

---

① 弗恩:《主要教义》,sect. 2, p. 9。

问三十二　圣经能否证明自卫战争的合法性，考虑大卫、以利沙、八十勇士抵抗乌西雅等事件？

的审判。3. 本性眼中是显而易见的事情，就不需要审判的正式形式与程序，如那些明显的不义暴力行为。在本性的自卫行为中，本性就是法官、涉案的一方、原告、证人等一切要素。如果法官出错，说明法官缺席。至于以利沙非凡灵性这个托词，先知称君王为凶手之子，这并非什么非凡之举。当他向长老抱怨他所受的压迫时，这无异于向原告陈述一个恶人真实的罪。如果以利沙的抵抗来自某种非凡之灵，那么，一个受迫害之人以门挡其追杀者便是一件很不自然的动作。同时，砍掉无辜先知之头肯定是非凡的事，而进行抵抗则是最平凡不过的事了。即使骂君王是凶手之子是件非凡之事（我认为这对整个事件没有影响），这也推不出自卫属于非凡行为。4.《历代志下》(26：17)中，祭司亚撒利雅（Azariah）带领被称为"勇敢的人"的八十位祭司。七十士译本用的是"υιοι δυναμεως"，希伯来原文为ליה-ינבה，莫塔努斯的解释是：胆量与勇猛之子。乌西雅王要在神的殿中焚香；这是违背律法的事情。他们就将他阻挡在外。西蒙先生解释道①：他们对乌西雅王的抵抗并没有使用剑或武器，而仅仅是劝说；唯一使用的武器是言语。对此，我认为：(1) 他们所使用的显然是身体性的抵抗。杰罗姆甚至认为，这里的人是最暴力的。圣经中的这种描述仅用来指那些骁勇善战之人。如《撒母耳记上》(16：25)、《撒母耳记下》(17：10)、《历代志上》(5：18)等地方所描述的人。希伯来文דוכנ לוה这个词的意思是"极度英勇"；以及שורא-לוח这个词在《撒母耳记上》(31：12)和《撒母耳记下》(24：9；11：16)中的表达。因此，这八十勇士不仅仅在用语言，而且还强迫君王离开圣殿。(2) 莫塔努斯将ודמעיו והזוע-לע一词解释为"对抗王"。七十士译本："他们抵抗王。"（και επεστευσαν）《但以理书》(11：16)中用这个词说，无人在北方王面前站立得住；《但以理书》(8：25)中又说这是毁灭（暴力）之举。(3) 经上又说"催（赶）他出殿"（《历代志下》26：20），莫塔努斯认为וליהחוכיו的意思是：Et fecerunt eum festinare。希罗解释说：急忙驱赶他（Festinato expulerunt eum）。七十士译本："祭司将他

---

① 西蒙：《忠心臣民之信仰》，p. 34，sect. 10。

赶出去(κατέσπασεν αὐτὸν ἐκεῖθεν)。"瓦塔布鲁斯译本①也认为是：他们将他扔出去。(4)经上接着说："(他)与耶和华的殿隔绝。"(《历代志下》26：21)

弗恩博士说②："他们是敢以一种邪恶方式来抵抗王的勇敢之人,藉着国内的谴责之声,藉着对他手上圣物的抢夺,特别是律法规定大麻风要在会众中铲除。"

驳：1. 他显然曲解了经文。经上说的并非语言抵抗。经上说："他们就阻挡乌西雅王,将他赶出去。"(《历代志下》26：18；20) 2. 弗恩博士实际上已放弃了他原有的论点。八十勇士用身体抢夺乌西雅王手中的神圣之物,强行将他手中的香炉夺走,以使他不能在神殿中焚香以激怒神。这就是抵抗。通过这个例子,在君王借着手中的剑与军队引入敌人以毁掉整个国家之时,我们也可行这类似的抵抗。君王拿剑害无辜百姓,违背人为法律；其中的非正义性丝毫不亚于夺香炉违神的律法的非正义性。弗恩博士承认香炉可以从乌西雅王手中夺走,以免他激怒神。同理可得,那些更大的剑、城堡、海港。民兵组织等也可以从他手中夺走。如果在会众中剪除大麻风是一项明确的律法,那么,君王就当顺服于他的教会检查员(church-censor)；而教会检查员要做的便是使君王顺服于臣民强加给他的惩罚之下。(1)君王受制于法律的共约权力。(2)百姓就可以审判他,惩罚他。(3)他不仅要顺服于所有的教会检查员,还要顺服于所有的百姓。(4)有明确的律法规定恶人(大麻风)要从会众中剪除。然后呢？马屁精们会说："君王在此类法律之上。"关于恶人(大麻风人),神有明确的律法。神还有更具约束力的律法,即杀人者偿命。保皇党认为,在剪除恶人法之上没有例外；但关涉神圣道德律法却有了例外,即那些在神在西奈山授律法前就已存在的惩罚杀人者的律法。(5)如果说一个恶王(患大麻风的王)不能在事实上坐王位,那就必须使他与神的殿隔绝。这是神的显明法律所定的。一个君王在神的子民中,行统治权,就应当与神的教会相

---

① Vatab. — Deturbarunt eum ex illo loco, compulsusque ut egrederetur, in not. Festinanter egredi eum coegerunt, hoc est, extruserunt eum. ——原注

② 弗恩：《主要教义》,sect. 4, p. 50。

| 问三十二 圣经能否证明自卫战争的合法性,考虑大卫、以利沙、八十勇士抵抗乌西雅等事件?

伴;但神圣律法要求把大麻风人(恶人)从神的教会中剪除;因此,恶人不能坐王位。我相信,君王如用手中的剑残杀成千上万无辜百姓,他就不能充分运用手中剑的权柄。残杀无辜百姓、非父亲式的统治与公正属神的统治之间的不一致性,比患麻风病却还在人民中行统治,其中间的不相容性更大。依神的律法,这和道德完全对立。(6)巴克利说①:"乌西雅王因大麻风被而脱离会众,但依然是王。"对此,我极力反对。首先,这触及的是废王问题,是因涉及暴力抗王而被带走。如经上所记,以色列民从乌西雅王那里收回了其所有权力,将它们交给"他儿子约坦,管理家事,治理国民"(《历代志下》26:21)。当不列颠王被证明比乌西雅王更不适合在道德上治理国家时,苏格兰与英格兰两地的国会就当收回他们曾给予他的所有权力。其次,如果八十勇士在乌西雅王那里执行了祭祀之法,那么,苏格兰三议会与英格兰上下两院就更有资格在不列颠王身上执行神的律法了。

如果人民宣誓要拯救那些被不公正地判处死刑的无辜百姓——君王之暴掠与残忍已经臭名昭著了,那么,人民便可抵制君王的所有非法行为。在约拿单之事上,以色列民便是如此行动的。西蒙先生(p.32)与弗恩博士(sect. 9,49)说:"在约拿单的事上并没有暴力,以色列民只是用祷告和眼泪救了约拿单;就像教会的祷告将彼得从监牢中救出一样。扫罗王可能在祈求下就打破他仓促许下的誓言,从而救他的长子。"

驳:1. 我并没有说,仅仅只有普通百姓来救约拿单,还有王族、首领及千夫长。2. 经上没有任何祈祷、祈求以及眼泪等字眼或表征。相反,他们立誓救约拿单,对抗扫罗所立之誓(《撒母耳记上》14:44—45):"我们指着永生的耶和华起誓,连他的一根头发也不可落地,因为他今日与神一同作事。于是百姓救约拿单免了死亡。"②教会也并没有立誓向神祷告解救彼得。无论神的旨意如何,他们都要救彼得出来。在这里,即使我们没有看到人民行使任何武力,他们宣誓的基础是有相当理性的:1. 没有君

---

① 巴克利:《反君主论》,cont. Monar. l. 5,c. 11。
② Chald. Par. — Manifestum est quod Jonathan peccavit per ignorantiam.

王的赞同。2. 与君王所定之法相对立(《撒母耳记上》14：24)。3. 与君王的审判与不公正誓言矛盾。4. 当着王的面说出誓言。所有这些条件都证明了，人民所立之誓言要对君王的明显不公正审判进行暴力抵抗。克里斯多莫斯①认为扫罗在对约拿单的审判时，他是一个杀人犯，并赞美人民。朱尼厄斯与殉道士彼得②（保皇党居然还无耻地援引了他来为自己辩护）二人也持这样的观点；科尼利厄斯、桑切鲁斯（Zanchius）、尼拉若斯、雨果·卡丁尼纳斯等人认为："扫罗行暴政，人民抵抗他是值得赞美的"；约瑟夫③、阿尔图修斯④等人也做过同样的表述。

同样，我们在《历代志下》(21：10)中也看到立拿人背叛约兰，因为他离弃耶和华他列祖的神。保皇党说立拿人背叛是变节，是不能称为义的。我们在经文中找不到任何此类的证据；相反，背叛起因于邪恶约兰的过失，因他背离了神。立拿人因此才背叛他，正如十支派因所罗门的拜偶而背叛罗波安一样。在神面前，因这罪而得背叛；而对十支派而言，他们因压迫而背叛。我认为，如果经文字面意思已经表现得很简单与明显，就当遵循字面意思。经上已告诉我们是什么原因使立拿人叛变⑤：这是利未人的一个镇，我们知道，他们比十支派更早居于真理中(《历代志下》13：8—10；《何西阿书》11：12)。拉瓦图说，约兰逼迫他们行拜偶之事，立拿人就反叛了。桑切鲁斯与科尼利厄斯认为，《历代志下》(13：13)所记载的正是立拿人叛变的原因。约兰迫使犹大人和耶路撒冷的居民行邪淫，当然也迫使立拿人这么做⑥。

亚比利城就很好地抵抗了大卫的将军约押。他受命要为取叛徒示巴

---

① 克里斯多莫斯（Chrysostomus），hom. 14, ad Pop, Antioch。
② 殉道士彼得（Peter Martyr Vermigli, 1499—1562），意大利新教神学家。P. Mart. saith with a doubt, Si ista seditiose fecerunt—nullo modo excusari possunt. Yea, he saith they might suffragiis, with their suffrages free him. ——原注
③ 约瑟夫：《犹太古事记》，l. 6, antiquit. c. 7。
④ 阿尔图修斯：《政治方法论》，Polit. c. 38, n. 109。
⑤ 殉道士彼得：Com. in 2 Reg. c. 8, saith Libnah revolted, Quia subditos nitebatur cogere ad idololatriam, quod ipsi libnenses pati noluerunt et merito: principibus enim parendum est, verum usque ad aras.
⑥ Vatab. in not. —— Impulit Judæos ad idololatriam, alioqui jam pronos ad cultum idololorum.

| 问三十二 圣经能否证明自卫战争的合法性,考虑大卫、以利沙、八十勇士抵抗乌西雅等事件?

的首级而摧毁整座城。亚比利城里的人进行了抵抗并保卫自己(《撒母耳记下》20)。一个智慧妇人告诉他,这城是以色列诸城之母,是神的产业(《撒母耳记下》20:19)。约押回答说,他不敢断然毁坏亚比利(《撒母耳记下》20:20)。那妇人说:"古时有话说,当先在亚比利求问,然后事就定妥。"(《撒母耳记下》20:18)这句话的意思是,古时候,亚拉比是先知与神谕的城,在这里可以解决人的疑惑。因此,约押在毁掉亚拉比之前,要先给它以和平解决机会。如《申命记》(20:10)所示神之律法,攻打一城,先以和睦劝诫。于是,亚拉比将叛徒示巴的人头交到了约押之手。约押便不视他们为以城抗王的叛徒,宣布他们没有做任何错事。

问三十三

《罗马书》(13：1)有没有反对自卫的合法性？

为反对自卫战争的合法性，保皇党从《罗马书》第13章中找到的一个"基础"是：保罗这里所指掌权柄的仅指君王。胡果·格劳秀斯①与巴克利②说："安布鲁斯在阐释《罗马书》第13章时说，这里仅指君王(说仅指君王显然是错的，而是主要指君王)，但不能由此说，这段经文表明所有执行官员都在法律之外。世间没有在君王之上的法官。因此，君王是不能受惩罚的。世间却有一个法官在所有下级法官之上，所以他们必须顺服于法律。"弗恩博士也赞同他们的观点③。我们的可怜教士必定是他们中的例外，所学尚有不及。

主张一： 自由的君主制国(如苏格兰)交由在上掌权者统治，主要指从尊严上来谈论王。但是，这里不仅仅指王。下级法官也都是那掌权柄的人。1. 这里仅指自由的君主制国家。有些国家根本就没有王，只有贵族制或由州政府组成的联合政府，如荷兰。那里的百姓就没有顺服于王的义务。我期望，这里的经文能捍卫所有荷兰人的良心；每个灵魂都要顺服那在上掌权

---

① 格劳秀斯：《战争法权与和平法权》，l. 1, c. 4, n. 6。
② 巴克利：《反君主制》，cont. Monar. l. 3, c. 9。
③ 弗恩：《主要教义》，sect. 2, p. 10。

者，不在荷兰的臣民就当顺服他们的王。2. 自由君主制中的君王主要从王者尊严方面来理解，而不是从行政的本质角度来理解。就行政的本质而言，君王与所有下级官员都一样。这一点我们在前面已有过论述。虽然有些官员是由君王来指派，并从君王那里承受行政权威，但这并不能证明下级法官就不能被合适地称为法官。我们可做一个非本质上的类比，比如，它证明了一个公民本质上不是一个公民，或一个教会职员（church-officers）本质上不是一个教会职员，或一个儿子本质上不是一个活生生的受造物。前者的权威来自整个公民共同体和教会职员整体，而后者的生命来自他父亲的繁衍，如神的器皿般。即使公民或教会职员会受到他们各自共同体的审判，难道他们本质上就不是公民或教会职员了吗？如使他们成其为自身的公民共同体或教会职员共同体一样。

主张二：不能将在上掌权者仅限于君王，或主要地限于君王，好像只有他们才是神所命的掌权者似的。

1. 保罗称呼"他们"为在上掌权者。如皮斯卡托（Piscator）在考查这段经文时说，这里指所有的在上掌权者。可以确定的是，罗马从来没有说过人人当顺服两个或三个王。如果保罗在此想说的是，他们当顺服一个尼禄，作为他们唯一的法官，那么此处的"在上掌权者"就当用单数。

2. 保罗这里所指的顺服应该包括对所有下级官员和皇帝的顺服。他们都是神所命的，佩戴神的剑；我们当为这良心的缘故顺服他们。他们是神的助手，不是为人行审判，乃是为神行审判（《历代志下》19：6—7；《申命记》1：16；《民数记》11：16—17）。税金与工资也是他们应得的。与君王一样，这也是他们作为神的执事与佣人而该得的。

3. 要是罗马人更改了他们的政府形式，废除了君主制，恢复他们没有王之前的祖先的统治形式，保罗就还会要求顺服由元老院指定的善的法律，以及统治者。

4. 这是圣经的权威章节，是对第五条诫命的清晰阐释；因而必然触及基督徒共和国中的每一个良心。在那里，没有君主制。

5. 与此相应的其他经文也佐证了这点。保罗在《提摩太前书》(2：1—2)为君王和一切在位的代祷；最根本的目的是使我们可以在敬虔、诚实、平安中生活。《彼得前书》(2：13)中也说:"你们为主的缘故,要顺服人的一切制度,或是在上的君王。"还有,《提多书》(3：1)认为当顺服尼禄。对于尼禄,德尔图良①认为:尼禄是一个受诅的最高善(Nihil nisi grande bonum a Nerone damnatum)。但是,在法律上顺服尼禄则是义务(无论是指抽象上的职分,还是指具体的皇帝,在这里都集于他身上)。然而,说保罗命令要首要地、唯一地顺服尼禄(他事实上只是一个人而已),对此,我相信,得轮到这反基督的教士成为保罗的主教才行(《提摩太后书》第2章)。当然,这还得靠奇迹!

6. 下级法官并非定要由君主依据神的律法派出,还可以由人民选出,如君王一样。事实上,英格兰和苏格兰两地的所有城市官员都是由人民选出的。

7. 奥古斯丁、爱任纽(Irenaeus)的克里斯多莫斯和希罗都认为,这里的在上掌权者指主人和官员;加尔文、贝沙、帕瑞尔斯(Pareus)的皮斯卡托、阿罗克斯、马洛拉图斯等人也持此观点;天主教的阿奎那、尼拉若斯、雨果·卡丁尼纳斯、卡图纽斯、皮瑞纽斯、科尼利厄斯、伊斯提纽斯等人也这样阐释此处的经文。所以,保皇党想以此处经文为借口反对国会对英王的抵制是徒劳的。而且,他们的结论强而有力地反对查理一世的支持者们对英格兰和苏格兰两地国会所发动的非法战争。这位教士再次唱反调:他们被称为受人恭敬的当权者,因而只能是指君王。——**驳**:1. 这个推论不成立。这里指的无非是"君王和一切在位的"(《提摩太前书》2：2)。这些人并不指君王,相反他们被划分为君王和王侯以及掌权的。2. 保罗这里说的"在上掌权者",很明显不仅仅是指君王,保罗还加上了"没有权柄不是出于神的"。因此,那种超级受人恭敬的王权并不存在;只有属神的权力。所有权力都是神所命的。这位教士此处的结论显然是错的,下级权力显然也属神。罗马元老院的、主人的、父亲的权力这些都是属神的②。

---

① 德尔图良(Tertullian,160—225),早期重要教父,思想家。Apol. 5.——原注
② Vatab. — Homiues intelligit publica authorite prædtus.——原注

问三十三 《罗马书》(13:1)有没有反对自卫的合法性?

教士:"彼得是在解释保罗。保罗的在上掌权者也就是彼得在《彼得前书》第2章中所说的'在上的君王'(βασιλεῖς ὑπερέχοντες)。"这比保罗解释保罗更有道理！在《提摩太前书》(2:2)中的"非君王的掌权者(πάντες ἐν ὑπεροχῇ ἔντες)"。这教士认为,"属神的"或"神所命的"不能完全地理解为派生性权力;它们并不直接源自神,而是直接发源于那在上掌权者的君王,间接地来自神①。

驳:1. 说大卫是一位直接来自神的王是极为荒谬的。这样就必须否认人民在其中的作用,即以色列民在希伯伦立大卫为王的事实。2. 下级法官也是神的直接代理与执事,与君王无异。他们的头衔与审判不是君王的,乃是神的(《申命记》1:16;《历代志下》21:6)。3. 即使它们是人民参与的结果,也不能就此得出,它们不真实地来自神。智慧书的说法是合适的:"王子和首领,世上一切的法官,都是借我掌权。"(《箴言》8:16)这与"帝王借我坐国位"(《箴言》8:15)相同。高举一事并非自东或自西而来,唯有神断定;他使这人降卑,使那人升高(《诗篇》75:6—7)。神借着法老的感激提升约瑟,又借亚哈随鲁提升末底改,借大利乌提升但以理;看上去像是神直接从天上赐予他们权力般。

教士:博学的释经家都如此解释。——**驳**:这显然不实。没有人认为此处经文的在上掌权者仅仅或主要地是指君王。

教士:保罗写这段经文时,尼禄为罗马皇帝。——**驳**:1. 那么,这段经文的在上掌权者必须被解释成仅指尼禄。2. 在尼禄行暴政迫害基督徒之时,保罗正撰写这段经文;这样,我们现在就不必顺服尼禄了。3. 保罗写这段经文时,罗马元老院还有权利宣布尼禄为国家敌人,而非父亲,正如他们实际所做的那样。

教士:"αἱ"必是一个先行词,"ἐξουσία ὑπέρχουσα"与"没有权柄不是(εἰ μή)出于神的"毫无疑问是指,除神外没有最高权力。最高君权与神相联系;神是它的直接创造者。《加拉太书》(2:16)中的"人称义不是因行

---

① 殉道者彼得：Varia sunt potestatum genera — regna, aristocratica, politica, tyrannica, olig- archica — Deus etiam illorum author. Willet saith the same, and so Beza, Tolet., Hammond.

律法,(εἰ μή)乃是因信耶稣基督"这句经文是新教的基础。那么,"神授"(εἰ μὴ ἀπὸ τοὺς θεοῦ)必定是一种完美的界定;不然的话,就丧失了他们的称义根基。——驳:1. 比"αἱ"更近的先行词是"ἑξσία",没有"ὑπέρχουσα"时,可单独使用。这种语法当然不被贝沙(Beza)所接受。2. "ἐαν μή"一词指神单独作为最开始的"唯一因"。神是降雨的唯一因,但却不是直接因;他利用水蒸气与云来降雨。如《申命记》(32:39)中所说:"我使人死,我使人活。"这是说,没有别的神,但并非指直接作用。比如,通过人的征战,他杀了巴珊王噩,赶走了七个民族;但他们征战使用的是弓与剑,如《约书亚记》中所记的那样。因此,神并没有直接杀噩。神以一种无限的、受人恭敬的、超验的方式做工,以他的方式独一地做工。太初,神在旷野做工。旷野并不是工的原因。神赐予知识与智慧,但不总是以直接的方式,而多数是通过系统的工作而完成。只有神才使人富有,但教士们却使他们自己成群地脂肥肚大。只有神才能使人贫穷,但这位教士的法庭却在神名义下剥夺了很多人的财富。3. 我们谈论属神事情时,"ἐαν μή"并非独一表达式。我们还会涉及两个受造因素,即做工与信心。新教徒从《加拉太书》第2章出发,证明我们"因信称义"。这位教士说这是我们的根据。这意思是说,这不是他的根基。看来,他必定是一个教皇主义者。他拒绝坚守新教徒的称义根基,即因信称义。

弗恩博士[①]:只要拥有灵魂,就要顺服在上掌权者;下级法官都拥有灵魂。

驳:1. 如果如此强调"灵魂"一词,那么,除王外,无人能被当作在上掌权者。2. 这就是说,他需要下令把他的命令除外。否则,因为君王是有灵魂的,所以就必须使君王顺服于他自己、他的王权命令,以及惩罚法令。3. 就这段经文而言,作为法官的下级法官要么顺服于作为法官的他们自己(同理,作为法官的君王也必须顺服他自己),要么顺服于法官,作为一个会犯错的普通人。我必须承认的是,下级法官们不能以法官的身份来顺服于自己,如他命令就是在顺服他命令,这本身是自相矛盾的。4. 如果

---

① 弗恩:《主要教义》,sect. 2, p. 10。

问三十三 《罗马书》(13:1)有没有反对自卫的合法性?

尼禄让父亲成为他们的母亲与孩子的统治者,并使用这一公共的正义之剑,命令他们去杀自己的母亲和孩子;如果这些父亲组成的元老院不顺服尼禄的这项命令,并以武力保卫自己的母亲与孩子;同时,一些法官以尼禄之命之名大开杀戒;那么,他们抵抗尼禄的这个混蛋的命令就是抗拒神的命令、抗拒神的执事了! 我没有兴趣去讨论这位教士所谓的法庭神圣性问题。弗恩博士说:"保罗在此禁止抵抗。没有其他抵抗在上掌权者的缘由了。这个邪恶的尼禄皇帝正在地狱之苦下挣扎呢!"我想知道:抵抗君王之仆人是否就是抵抗君王本身? 弗恩博士①告诉我们,在不可避免的袭击、且有死亡的危险情况下,不带侵犯性的个人防卫是合法的;无论君王或其使者是否入侵,有没有法律或理性基础。这样的话,即使割喉党有英王的亲手指令去杀害无辜百姓,就法律而言,我们对割喉党的抵抗都不是抵抗君王。——因为仆人所拥有的不过就是主人所给的;在非法命令中,君王不能给予其割喉党任何王者权威。这里,没有什么会涉及合法性问题。

---

① 弗恩:《主要教义》,p. 3, sect. 2, p. 10, and part 3, sect. 9, p. 59。

问三十四

保皇党是否令人信服地证明自卫战争之非法性?

前面的讨论中还有什么因素我没有涉及的吗?

反 1：阿尼索斯①说："我们孝敬父母,并不是因为他们是善的;无论他们是善是恶,我们都得孝敬。所以,我们必须顺服邪恶的君主。"

驳：我们顺服邪恶的君主与父母,乃是因为他们是君主,是父母。在实际的顺服中,我们只能顺服神。这里的问题并不是关于对君王之顺服问题,而是在暴力行为中,我们能否拒绝顺服这行为?邪恶的统治者与统治者不义的命令、惩罚,两者有很大的差别。

反 2：阿尼索斯②说："我们可以抵抗下级官员,从而可以抵抗最高行政长官。这种推理不成立。下级法官的权柄是虚构的,并非真实：我们说,叛逆只能对君王而言;因为下级法官唯独对王有责任。除了君王,无人神圣不可侵犯。"

驳：我们顺服父母、主人与君王的真实原因是：他们是神的助手,由神派下管理我们。我们顺服他们不仅仅是因为他们所

---

① 阿尼索斯：《论权威原则》,de authorit. princip. c. 2, n. 2。
② 同上书, c. 3, n. 9。

问三十四　保皇党是否令人信服地证明自卫战争之非法性？

命的是善与正义的(顺服于与其他平等或下级之人的联盟)，而且还在于第五条诫命——他们的尊贵地位。这种权威是我们顺服的真正原因所在。这个尊贵性是顺服的正式理由，在君王与长官中乃是同一种本性的东西，而在君王与其他法官中也只有量的差别而已。鼓吹君王位格中有不能某种独特的圣洁性，且不为下级法官所有，这种观点必须否定。认为下级法官与君王在本性上相互区别，说下级法官所犯的叛逆之罪也是下级的，等等，也必须否定。说下级法官与君王不同，他们并不与神有相似性，这是虚构的。可以肯定的是，在那些年长的和每一个优秀的下级法官那里无疑都有神圣权威；他们值得爱戴、惧怕与尊敬。假若世上没有君王，如经上所记载(《出埃及记》20：12；《利未记》19：32；《以斯帖记》1：20；《诗篇》149：9，8；5；《箴言》3：16；《马太福音》13：57；《希伯来书》5：4；《以赛亚书》3：3；《耶利米哀歌》5：12；《玛拉基书》1：6)，那么，这种敬重就给予坐高位的，以某种特殊方式与君王相连。

反3：可以抵抗那些有条件地选举产生的君主。

驳：选举产生的君主与继承而成的君主在本质上相同。这种君主与其他君主一样都是神所膏的、完全的王。如可以抵抗其中之一，就可抵抗所有的王。

反4：神的誓言捆绑人民，百姓必须顺服，而不是反抗。

驳：顺服与反抗总是相依相随的。以色列民确实对亚他利雅誓言效忠；但民众只是对王位的唯一继承人宣誓效忠。他们不知道，作为王位合法继承人的约阿施并没有死。条件性的誓言是可以破坏的，这里包含着解释上与事实上的无知状态。如果人民宣誓效忠一个假装为父的人，而这个人后来却变成了暴君，难道百姓此时便不能抵抗他了吗？当然可以！以色列民还宣誓效忠耶宾王(尼布甲尼撒征服犹大时，犹大誓言要效忠他们的王)，但亚比挪庵、拿弗他利、巴拉等许多人都带领他们密谋反抗耶宾。

反5：如君王变暴君，没有法律规定要取他的性命。经上也看不到臣民如此行过。

驳：关于无限君主特权的檄文说(p.7)："我们从来不曾听过，杀了孩子的父亲要反被孩子杀掉,这样是极坏极恶的。"神的律法罚人(《创世记》6：9;《利未记》24：16),就没将任何有罪之人排除在外。在《申命记》(13：6)中诫命我们最亲近的人也不能例外。

反6：反抗摩西的开可拉、大坍、亚比兰遭到了复仇的追捕。

驳：从合法官长在一件合法事上的抵抗并不能推出：抵抗君王之暴政行为是非法的。

反7：《出埃及记》(22：28)："不可毁谤神,也不可毁谤你百姓的官长。"《传道书》(10：20)："你不可诅咒君王,也不可心怀此念;在你卧房也不可诅咒富户。"

驳："elohim"(神)这个词意指法官,而"nasi"一词指在人群中被提升出来的人。利维图斯认为,它可指一个君主,也可指多个统治者。诅咒任何人都是非法的(《罗马书》12：14)。所以,我们不得以这种方式来抵抗人。同样,我们也不得蔑视君王。在知识上、良心上或思想上都不行。这可推出对富人的抵抗也是非法的。任何在言语或行为中羞辱君王之事都不能干。在自卫行为中抵抗他,作为本性之律中神的指令,不能与尊敬王的命令相抵触,就像第五条与第六条诫命不得相互对立一样。所有的抵抗都是对法官的挑战,是这个法官越过其职分限制,从而他不是作为一个法官而被抵抗。

反8：《传道书》(8：4)："王的话本有权力,谁敢问他说：'你做什么呢?'"因此,不能抵抗君王。

驳：特瑞密鲁斯(Tremelius)说得很好："起码的限制是,人不得以激情与反叛来背弃君王合法的命令。"瓦特伯(Vatab)也说："如果你带着羞辱离开王的面,那就努力和他很快和好。"卡耶坦纽斯还说："不要过多地冒犯你的王,不要太快地走向他,也不要太冲忙地离开他。"另外,普鲁塔克也说："君王要给你所求的,不要离这团火太近,也不要太远。"受君王宠爱过多的就得当心了：亚哈随鲁王杀哈曼①,亚历山大对待克利图斯

---

① 参阅《旧约·以斯帖记》。

问三十四　保皇党是否令人信服地证明自卫战争之非法性？

(Clitus)①，提比略（Tiberius）②对色加努（Sejaunus）③，尼禄对塞内卡（Seneca）④，等等，都是如此。这里的道理很明确，反叛是被禁止的，抵抗则不是。希伯来文כדכדת-לא עדמעת不是一个恶意的词，不是指反叛的意思；意思不是说要反叛君王，而是要从君王的权力角度尽力劝说他。君王这个字意味着权力。对于君王，你还能说什么？意思是说，就公义而言，他拥有的权力是不能抵抗的。撒母耳对扫罗说：你做了糊涂事了（《撒母耳记》13：13）。以利亚对亚哈王说了更多，且问到，你做了什么了啊？众先知也都责备众王之罪（《列王纪下》3：14；《耶利米书》1：28,22：3；《何西阿书》5：1—2）。所罗门给了他们权力，在谈论王时也认为他们事实上（de facto）是王；但是，就法律（de jure）而言，他们都是在律法之下的《申命记》（17：18）。如果这里经文的意思真如保皇党所期望的那样，指的是，作为君王，他想做什么就做什么；作为王权，他想做的就是他法律意志；君王本身就是活的法律（lex animata）；那么，我们可以此为真理。这里没有什么对我们不利的。但是，如果这里说的意思是，就法律而言，君王可以任意行事；王者意志便是绝对权威，在一切法律与理性之上，那么，约兰王就可依法取走以利沙的项上人头。而且，当以利沙责问王在做什么时，他是在抵抗神；而他下令将王的信使挡在门外那就是犯罪了。于是，八十勇士（祭司）责问乌西雅王：你在行何事？并强力阻止他焚香，这就更是犯罪了。进一步，法老说："这河是我的，是我为自己造的"（《以西结书》29：3）；推罗王说："我是神，我坐神位"（《以西结书》27：2）。对于这些话，先知就不能去制止了。无人能问他们：王啊！你在做什么？居鲁士王，不就是凭着从神而来的王权（jure regio），就因为这河溺死了他的一匹马，要对恒河发怒而将这河分割为一百三十渠？⑤当海列斯彭特

---

① 克利图斯（Clitus 公元前375—328年）是亚历山大大帝的宠臣，被亚历山大大帝所杀。
② 提比略（全名Tiberius Julius Caesar Augustus，公元前42—公元37），第二任罗马帝国皇帝。
③ 色加努（Sejaunus，又名Lucius Aelius Seianus，公元前20—公元31），提比略的宠臣并被提比略所杀。
④ 塞内卡（全名Lucius Annaeus Seneca，公元前4—公元65），尼禄的导师，后被赐自杀。
⑤ Sen. l. 3, de ira, c. 21.——原注

(Hellespontus)河冲垮薛西斯(Xerxes)建造的桥时,薛西斯不也是凭着神给的王权(jure regio),命令在那狭小的海面抽上三百鞭,还得要它带上镣铐?① 我们的保皇党会让这些疯狂的傻子仅做傲慢的渎神之举,把他们尊位君王,在王权中做这些事情。这些马屁精说,王权是神赐予的善的礼物,是合法与公正的权力!为王者,所言所行就是言法律与公正,行法律与公正。渎神之权力非合法权力,乃是人类之罪恶意志在说在做这些事情。如果这就是保皇党的意思,那么,王者当是: 1. 王是绝对的王,有限的与选举出来的王不是王。2. 神在《申命记》(17∶3)中所定之律法在王者之下。3. 王者意志乃是善恶之衡量标准。4. 依保皇党那些苍白的理论,对居鲁士说:"你在做什么?你不是神啊!"这便是犯法!

反 9:以利户说:"他岂能对君王说:'你是鄙陋的。'岂能对贵臣说:'你是邪恶的。'"(《约伯记》34∶18)因此,人不能反抗王。

驳:1. 与其说,这段经文证明了不得抵抗王,还不如说,富人、自由人、下级法官等都不得抵抗。"贵臣"(סיבידן)一词可指所有这类人,即自由人。《以赛亚书》(32∶5、8)中谈论慷慨或自由之人时也用这个词。2. 德奥达图斯(Deodatus)②与加尔文在阐释这段经文时说:"这里的意思是,这世间贵臣该得的尊敬与爱戴实则应归于至高的主。"(《玛拉基书》1∶8)用לעיבל(邪恶的)一词来谴责世上的王是不合适的。这个词(形容词)指称那该谴责的极端的恶。而且,我们也不能用שדע(那极恶者)来说一个人。这写字圣经在很多地方的用法是指那些穷凶极恶的人,如《撒母耳记上》(2∶12,10∶27)、《撒母耳记下》(25∶6)、《诗篇》(1∶1,6;11∶5;12∶8;146∶9)、《箴言》(14∶4)等。בליעל的词根由בלי和יעל组成(《士师记》19∶22),指的是那极其令人嫌恶之人;或者来自עיל,指无法无天之人,把神和人的法律都扔掉了。在这种意义上去谴责地上君王和在位之人是不合法的,而谴责这个不公义世界的法官就更不合法了。那又能说明什么呢?

---

① 参阅希罗多德的《历史》,7.34。
② 德奥达图斯(Deodatus)的拉丁文原意是"神所给的";作为人名还有其他两种写法:Adeodatus 和 Deusdedit。卢瑟福没有给出具体出处。历史上有多位"圣者"使用此名。译者无从追踪是哪一位。

问三十四 保皇党是否令人信服地证明自卫战争之非法性？

我们不可以像诅咒大卫王那样去诅咒君王,因而抵抗君王的暴政是非法的？我要否定这个结论。好！如皮内达(Pineda)①所观察的那样,如果保皇党坚持这种字面理解,结论就是,先知们不能谴责君王之罪。但问题是,基督称希律王为狐狸;以利亚谴责亚哈王使以色列人遭殃。

反 10:保罗在《使徒行传》第 23 章中,为自己说大祭司亚拿尼亚是粉饰的墙而道歉。

驳:利维图斯②很智慧地探讨这段经文。他认为保罗宣称自己并不知道他就是大祭司,乃是在讽刺;其意为,他无法想象这样一个人居然是法官。皮斯卡托③反驳说,如是讽刺,他就不会援引圣经说,"经上记着说"等。——驳:这些人通过不义地攻击保罗,坚持认为保罗是可被谴责的,从而使谴责他合法化。保罗不会愚蠢到不知道亚拿尼亚是大祭司。他肯定知道他就是大祭司:1. 他以大祭司的身份出现在保罗面前,这就表明了其身份。2. 保罗分明说了"你坐堂为的是按律法审问我"(《使徒行传》23:3)。依据常理,如保罗有错,错也只在于他称大祭司为粉饰的墙,以及保罗说"你竟违背律法,吩咐人打我吗？"(《使徒行传》23:3)这句话,表明他是在抵抗大祭司。3. 保皇党宁愿将错归于保罗,也不说他们的"神",即王,有任何的错误。他们想说的无非是:我们不能辱骂大祭司,我们也不得抵制他的非法命令。这种推论显然不成立;这正如说,在一场公开战争中,教士要去杀害无辜使徒保罗,使徒只能逃跑或抱住他的手,而不能做出任何反击性的抵抗。现今的教士便是古时候大祭司的继承人,而他们的卑鄙位格与神所膏的王一样神圣。苏格兰在 1644 年 7 月 2 日马斯顿战役(Marston)中,夺取了王冠与教士法冠,涂上"不要碰神所膏的"(Nolite tangere Christos meos)这样的话在上面。这样,敌基督的教士法冠与不列颠王的王冠一样是神圣的了。

反 11:弗恩(sect. 9,56)说:"即使罗马的元老院与人民在拥有罗马皇帝之上的政府权力前,百姓就选立他们为主了,他们也不能抵抗君王。

---

① 译者无法追踪皮内达以及这个看法的出处。
② 利维图斯(Andreas Rivetus),Exod. Xxii。
③ 皮斯卡托(Johannes Piscator)。英文本没有给出具体出处。

因此,更不用说英格兰的百姓拥有抵抗不列颠王的权力了。他们是正义的武力征服不列颠的征服者的后裔。"

驳:1. 即使罗马皇帝的权力是绝对的(对此我深表怀疑),即使是元老院与罗马人民使之拥有绝对权力,我还是要否认他们不能被抵抗的说法。保罗在《罗马书》第13章中所谴责的非法抵抗并不是基于权力的绝对性——因为它在神的法庭上什么也不是。它也不是神所命的,而是基于良心的原因。所有权柄都是神的,且都是神所命的。有人会说,如果一个民族对征服者以协约的形式完全让渡了自己的权力,且宣誓不抵抗,那么,他们是不能抵抗的。这种推理是不成立的:首先,这个协约是非法的,无人会对一个非法的协约有必要的义务。(1)人若让渡给他人自己本性之自卫权力,这显然不合法;如同我不能放弃神交给我的保护无辜者、妻子与孩子免于死亡的权力一样。(2)人不可放弃自然的自卫权力,否则他将背负自我杀害之罪,同样对国家与信仰之守护也不能放弃。(3)即使人民给予某位王绝对之权,但他却用这种超验之权力行毁灭国家之事而非保护人民之安全。众所周知,人民不可能给予某人一种神与本性不曾赋予他们的权力来毁灭他们自己。2. 保罗写这段经文时,罗马皇帝并不享有绝对的皇权。对此,优士丁尼皇帝(Justinian)[①]也赞同,他的言论也部分涉及我们讨论的这个问题。柏丁谈到[②],此时的罗马皇帝仅仅相当于共和国寡头;最高权力依然掌握在元老院和人民那里。马里厄斯·所罗门也写了六卷本的《论首领的地位》(De Principatu)来阐述这个问题。罗马人民怎么可能使他们的皇帝拥有绝对权力呢?李维(Livy)说:"'王'这个词本身就与元老院自由相对立。"战时为了迅速执行法律,君王被迫在没有元老院参与的情况下单独行事。在皇帝统治年代,即使人民已不再参与统治事务,但元老院问责制(Senatus-consulta)依然存在。一个很具有代表性的事件是,当时的元老院宣布尼禄是国家的敌人。恺撒在蓬佩战争(Pompey)时期,征服了罗马人和元老院,而在屋大

---

① 查士丁尼大帝(Justinian,527—565)拜占庭帝国皇帝。534年颁布了《查士丁尼法典》。Digest. l. 2, tit. 2. ——原注
② 柏丁:《共和国六论》,l. 2, c. 5, p. 221。

问三十四 保皇党是否令人信服地证明自卫战争之非法性？

维(Octavius)对卡西乌斯(Cassius)和布鲁图(Brutus)的战争期间,他们再次被征服。塔西佗认为①,罗马人当时陷入了被奴役状态,皇帝掌权只是事实性的(de facto),而非法律上的(de jure)。卡里古拉认为虽然在君王的旗帜下行动,他朋友们却能劝阻他。3. 看来英格兰是欠了弗恩博士的——因为他认为它是被征服民族。全世界都知道事实正与此相反。

西蒙②**说**：反抗就是不尊敬神,对君王亦然。

驳：1. 我否认这种观点。那些抵制君王个人意志的人,实则是不让君王跟随教皇主义而毁自己的王冠与后嗣,违反他在加冕仪式上的誓言,这其实是真正地尊重君王,敬重他的王位,珍惜他的王族,虽然这种抵抗会使王暂时不悦。2. 就乌西雅遭受抵制而言,他并没有受到不尊重待遇。3. 我们逃离君王以及他的法律,是对君王不尊敬。但是,抵抗是合法的,跟根据保皇党理论是如此,就真理而言也是如此。

反 12：最高权力不能受到下级权力抵抗,因为它们在最高权力之下。

驳：1. 嗜血的爱尔兰叛党在国会之下,那么,他们也不能抵抗国会。2. 作为法官的下级法官直接隶属于神,与君王相同。如果他们不以强力制止嗜血的保皇党与爱尔兰割喉党,他们就是在神面前犯罪。除非你说,下级法官没有行审判之义务,只需要执行君王之命令。

反：爱尔兰叛军是以君王之权力来武装的,因此,他们在国会之上。

驳：由此说来,那些以君王权力武装起来的西班牙人和土耳其人,他们在君王命令之下进攻苏格兰与英格兰；他们实则是不法勾当里的扈从；难道他们也在英格兰和苏格兰两国国会的最高法庭之上吗？君王与法律首先赋予了国会对抗叛党之权力,现今又给了叛军以对抗国会之权力。这在君王那里显然是混乱的意志与矛盾的权力。到底哪种才是君王的意志与权力呢？前者是合法与议会的,因为法律不能与法律相反。那么,后者就不可能同时合法了,也不可能来自神。所以,抵制它便不是抗拒神。

---

① 塔西佗：《罗马编年史》,Anal. l. 1, s. 2。
② 西蒙：《主要教义》,sect. 6, p. 19。

反 13：如果抵抗必须以是否拥有合法命令为准，那么，我们该如何解释：即使在暴政统治下，保罗依然禁止反抗；从他们政府的目的来看，那是善的；而百姓也多少乐于让他们的统治？

驳：这里除了证明人民与统治者的合作外，别无其他意思。只要他们能到达道德之善与和平政府这个结果，尽管是专暴统治，人民也会顺服法律。但是，保罗并没有命令要绝对顺服于暴政统治者的暴政。这才是问题的关键。

反 14：君王拥有仅次于神的最高托管权，因而应该拥有对他的位格和权力的最高保证。如果反抗合法，则君王之安全便岌岌可危。

驳：1. 拥有世间最高托管权，则最高程度地保证了他的位格和权力；从而依据他的托管权而去实现其原始目标，即公义、和平与属神生活。神没有允诺过任何人的绝对保障，也没有派过天使去保卫他们，除非他们在侍奉神的途中。另外，"恶人必不得平安"（《以赛亚书》48：22）。2. 一个最被信任的人应该有最大的保障；这个逻辑不成立。就神的教会与子民被委托之事来看，他们作为实现最后目标的工具就该有更大的保障。城市就应当比守城人有更大的保障；同理，军队要比领袖有更大的保障。"好的牧羊人为羊舍命"。3. 对于作恶的权力不加限制，那么这权力是没有保障的。

反 15：如神指派了执事讲道，羊群就不得在别处寻求安全。

驳：妻子有义务与丈夫同床共枕。但是，如果她怀疑丈夫会在床上将自己杀死，那就另当别论了。臣民对君王的那些明确义务需要顺服，但不能丧失自卫的本性之律，以及武装抵抗教皇主义者、保护信仰这一神的律法。羊群只会受托于保护它们的牧羊人。

反 16：如果武力反抗君王的自卫是一项合法义务，为何在神的话中没有任何相关的实践、律令或应许呢？

（1）无实践：亚哈将自己卖给了恶。他是拜偶者并杀害先知。他的王后也是一个嗜血的拜偶者，将他引入了极大的恶中。以利亚与你们一样拥有大权，但他从未激起民众来武力反抗君王。在我们这个时代，为什

问三十四 保皇党是否令人信服地证明自卫战争之非法性？

么神会更愿意使用非凡之手段来拯救教会呢？阿尼索斯[①]说："以利亚只是逃跑。尼布甲尼撒、亚哈、玛拿西、朱利安等都是暴君与拜偶者，但百姓并没有起而武装抗击他们。"奥所里的威廉（Williams of Ossory）[②]主教在解释《申命记》第13章时说："如果你的兄弟、儿子、女儿、妻子或朋友怂恿你去侍奉别的神，你就杀了他；不用这父亲说一句话。但爱父亲的孩子可以不杀。"这位教士语则说，基督在摇篮里就被教导逃离希律王的追杀。基督所有的行为与受难都充满着神迹，也是我们的生活指导。他本可叫众天使来守护他，但他宁愿行神迹，治愈马勒古被彼得割下的耳朵（《约翰福音》18：10），以此为对准恺撒的剑。如果这些分裂者要给我们新教义，它不会关心这些事：阻止基督下到地狱、圣徒的交通、在彼拉多底下受难等。我的解决方式是，因你们的罪，我要在眼泪与祈祷中溶解；并与我的主一起，时时刻刻地祷告：天上的父，宽恕他们！就因为撒玛利亚人不让基督寄宿而要从天上降火烧了他们，基督认为这是恶灵。先知对拜偶、渎神、谋杀、通奸等所有的罪都奔走疾呼。但是，他们从未谴责疏忽之罪，也没有鼓吹用谋杀行为以在捍卫教会与信仰，抵抗暴君。神的话从未允许过如此这般的叛乱。——**驳**：这段废话很伟大。在神的话中没有记载过这样的实践先例，我们没有这样的义务。实践在圣经中只是信仰的一方原则。否则，请指出，因妻子诱导丈夫信别的神，从而遭丈夫用石头砸死的例子。经上没有这样的例子。但是，这是经上所诫命的（《申命记》13：6）。一个人与野兽在一起就是等于死；这经上确有诫命（《出埃及记》22：19）。还有许多诫命的律法是在经上找不到例子的。

（2）耶户与以色列众长老，把亚哈王一族带来的偶像全部铲除。这是出于真诚和对神的爱。如果耶户行出了神所诫命的，那他当受到奖励。换个角度看，耶户有一非凡之举，杀了亚哈王——这是律法明确规定的：凡煽动人拜偶者当处死（《申命记》13：6）；而且，在律法上君王或父亲没有区别；再假设，这里不谈论神的父母；那么，这个行为显然是对抗神的爱

[①] 阿尼索斯：《论权威原则》，de autho. princ. c. 8。
[②] Deut. Xiv.——原注。威廉（Griffith Williams, 1589? —1672），奥所里的主教。

(《申命记》32：9)。有许多严肃的圣者认为,以色列民被命要立耶户为王,杀亚哈,击耶罗波安及其拜偶的殿;这些行为都是出自神的律法(《申命记》13：6—9),是他们当承担的基本义务。然而,这些人的行为都是非常之事。

（3）亚哈与耶洗别并没有组织由拜偶者与恶人组成的军队,如教皇主义者、教士、保皇党那样,来攻打英伦三岛,摧毁国会、法律与信仰。民众还与亚哈一起参与迫害与拜偶,弃绝神的约,推到神的祭坛,杀害先知。在以利亚的估算(《列王纪上》19：9—11)中,他们中没有一个义人,都是王的走狗和帮凶。现今,是否还有人拥有以利沙亚那样的权力,规劝他们拿起武器反对自己,告诉他们,他们有义务发动对君王和他们自己的战争,保护神的信仰？就理性而言,没有人相信以利亚能够劝诫成千上万（大概少于七千人,其中很大一部分是女人、老者、病患以及年轻人）的以色列人,起来用武力反抗亚哈和全以色列;除非神明确而非常的命令,给他们奇迹般的勇气与力量来反抗整个以色列。神并不总是以神迹来拯救他的教会。因此,本性自卫之权力授权弱者合法抵抗之权力,如同殉道士起而反抗迫害的尼禄及其军队一样。阿尼索斯当牢记,我们并不将我们的主与神迹相捆绑！

驳：1. 以利沙并没有逃跑,反而公开谴责君王及其党羽的拜偶行为。一旦神给予机会,他便现身带动人民杀死那些巴力的耶稣会士,以及那些蛊惑人心的拜偶者,如果君王拒绝这样做的话。以利沙单凭自己的双手无法如此行;但全以色列聚集起来便能成事(《列王纪上》18：19)。而且,众首领与士师也对他们的行为默许(《列王纪上》18：40)。这是一种授权,即当君王不以公义之剑来对付武装的教皇主义者时,其他法官将会如此行。

2. 关于耶利米从神那里受命,告诫以色列民不得反抗尼布甲尼撒这个例子,是否我们同样也就不得为自卫而反抗嗜血的教皇主义者与爱尔兰叛党？耶利米的这个例子还可以很好地用来证明(如果这个例子对我们是一条律法的话),不列颠的王不应当调动其臣民来反击入侵的西班牙舰队或外国王族。在尼布甲尼撒征服犹大国前(《耶利米书》27：1),约雅

问三十四　保皇党是否令人信服地证明自卫战争之非法性？

敬统治的开始(《耶利米书》36；37)，神就命犹大王不得拔剑反抗巴比伦王。我希望，在外国侵入者或奥斯曼王不义侵犯不列颠时，这个事例不会束缚我们和我们的王不去抵抗他们。这个例子和君王抵抗外国不义侵犯相左，同时也对我们不利。很明显的情况是：尼布甲尼撒是一位暴掠的入侵者，而犹大王是神所膏的王。

3. 以色列民与玛拿西同谋(《耶利米书》15；4)，如与亚哈一样。

4. 至于皇帝迫害基督徒，我们当参考后事。

5. 《申命记》第13章，惩罚引诱拜偶之人，无人能幸免，最亲近之人也不能例外："你的同胞弟兄，或是你的儿女，或是你怀中的妻，或是如同你性命的朋友。"当然，生父亦不能除外。同样，"你们做丈夫的，要爱你们的妻子"(《以弗所书》5；25)。但是，对他们的审判却不能心软(《申命记》13；8—9)。若子女托耶和华的名说假预言，生父就当刺透了他(《撒加利亚书》13；3)。因此，对君王的爱、敬畏与仇恨都是神所命；自卫战争也是神所命的。

6. 这可怜的教士说，基督逃离了希律王；基督的所有行为与受难都是神迹，并对我们是指导。基督明知道却亲吻那要背叛他的人。这里，基督并没有逃跑。他知道他的敌人将在哪里、什么时候来逮捕他，并欣然前往那里。所以，我们也不应逃跑。基督之行为是如此神奇，竟然让这位教士模仿基督的四十天禁食受试探，并要在四旬节禁食。如果基督的行为是我们的行为指南，那么，我们这位教士也必须要在海上行走，并行奇迹。

7. 他可以让几十个天使来保卫他。这是违背神的律法的；经上也没有任何这样的表达。尝神给他的杯乃是神的旨意。

8. 没有神的受命，拿起剑来制服那神位篡夺者，他将与剑一同消亡。彼得从神那里领受的是，基督必须受难(《马太福音》26；52—53，16；21—23)。神的旨意明确指出，基督当为罪人而死(《约翰福音》10；24)。而且，他的合法自卫之权力也被限制。但是，基督在其他地方是使用过的(《路加福音》4；29—30；《约翰福音》11；7—8)。

9. 我们并没有宣扬什么新的信条，倒是这个叛教者放弃了他在苏格兰教会受洗时的信条。我们也没有像这叛教者所说的那样，摒弃了基督下地狱、圣徒相通等信条。但是,对于教皇主义的狭隘的基督降临说,以及教皇在无圣经依据的情况下提升到教会之上,向圣徒求情与祷告,或者圣徒为我们说情与祷告等信条,则是我们所不能接受的。这位教士曾对苏格兰教会宣誓,却在爱丁堡的讲坛上明目张胆地用教皇(天主教)的这些教义讲道。

10. 我们相信基督在彼拉多手下受难。但是,我们坚决反对彼拉多有任何合法之权力来谴责基督。他有的只是一种限定范围内的权力(《使徒行传》4:27—28),正如神的旨意让黑暗掌权一样(《路加福音》22:53)。

11. 这位教士说,他最后决定让我们的本性自卫之罪在眼泪中溶解。据我所知,他在自己的主教辖区习惯于在酒杯中溶解罪。他与他的教士同僚习惯在主日里喝得酩酊大醉;而在主日晚餐喝醉后,他们通常在议事厅内以呕吐来溶解他们的罪。因此,他被剥夺了主教之职分。

12. 先知们为罪奔走疾呼,但从未就不抵抗(non-resistance)之罪而疾呼,即使他们的王极度专暴且拜偶。这说法相当牵强。(1)先知为所有罪奔走疾呼,他们没有明确疾呼盗贼、杀父母者。他们只是依良心谴责这些罪,也依良心谴责在战场上的不抵抗行为。他们疾呼:"就是先知说假预言,祭司藉他们把持权柄,我的百姓也喜爱这些事。"(《耶利米书》5:31)他们还抱怨说:"其中的祭司强解我的律法……首领仿佛豺狼抓撕掠物;杀人流血,伤害人命,要得不义之财……先知为百姓用未泡透的灰抹墙……"(《以西结书》22:26—28)又说,君王和臣仆,以及进入城门的百姓,都当听耶和华的话(《耶利米书》22:2):"你们要施行公平和公义,拯救被抢夺的脱离欺压人的手。"(《耶利米书》22:3)"请你看看,谁才是欺压者?我认为是那杀人的判官。"(《以赛亚书》1:21)"至于我的百姓,孩童欺压他们,妇女辖管他们"(《以赛亚书》3:12);而且,"长老和首领……搓磨贫穷人的脸"(《以赛亚书》3:14—15)。当他们不敢面对真理时,主会根据他们所行的赏赐他们,即"人被拉到死地,你要解救;人将被杀,你须拦阻。你若说,这事我未曾知道,那衡量人心的,岂不明白吗?"(《箴言》24:11—12)所以,主的先知奔走疾呼那些不抵抗之罪,即不执行

| 问三十四　保皇党是否令人信服地证明自卫战争之非法性？

审判,不解救受压迫者,不帮助与解救那些被君王不义地拉去处死之人等应不作为之罪。(2)当这些法官如掠夺财狼而加入君王压迫行为时,先知不能明确而正式地疾呼法官对君王的不抵抗之罪。法官派二十四人去保护旅客以免受某劫匪之抢夺,但这些人却与劫匪沆瀣一气将旅客抢夺一空。他们与这劫匪一样成了割喉党。那么,这法官就不能控告这些人疏于保卫之罪,而是要控告他们更大的罪。他们不仅仅是疏忽职守,既没有将受压迫之人从恶人手中解救出来,而且还行了抢劫与杀人之罪行。应该说,小罪淹没在大罪中了。下级法官是守卫者,是神教会的门卫。如果君王成了大盗,他们的职责便是"拯救被抢夺的脱离欺压人的手"(《耶利米书》22:3),留意国内国际敌人的动向,守卫羊群不受狼之攻击。"使被欺压的得自由,折断一切的轭"(《以赛亚书》58:6),"打破不义之人的牙床,从他牙齿中夺了所抢的"(《约伯记》29:17)。现今,如法官都成了烈狮与财狼,与君王一道专猎羊群,助君为虐。"他的王使他喜好他的谎言,不仅他们,百姓也加入他们。"(《耶利米书》1:18,5:1,9:1;《弥迦书》7:1;《以西结书》22:24—31)难怪先知面对那残酷血腥的压迫会公开地大力谴责并疾呼,而对那些不去解救受压迫者的消极谋杀,也必奋力疾呼。

13. 当整个国家都成为压迫者,就不能指控这个国家的不抵抗之罪。这等于控告他们不抵抗他们自己。

14. 依据保皇党,下级法官要是压迫百姓,君王就应当抵制他们。这种说法是在反驳他们自己。那就让他们在圣经中找到这样的事例、律令或应许,即君王兴起军队,守护信仰,以抵抗那些叛教的贵族与百姓。我们还是要用同样的经文来证明:国家与百姓在君王之上,他们立王,可以抗王。这是圣经真理给予的力量。

15. 保皇党要求有关自卫战争的先例与戒律才能证明其合法性。我想说的是:请举出例子来说明,以色列或犹大的王求助于恶人、非利士人、西顿人或亚摩利人组成的军队,来攻打以色列或犹大各族首领的人;他们召开会议,带回被人抢走的神之约柜,以澄清地上的法律;他们兴起与首领、王族、法官及整个民族相对抗的军队,为大衮设祭坛,敬拜西顿人的神;而且,所有贵族、首领、法官及百姓只能逃出神的圣地,或抹泪祈求君王不要毁了他们的肉体和灵魂以及他们无辜的后代；这仅仅因为他们无法在良心上拥抱大衮敬拜，也无法崇拜西顿人的神。难道经上也有这样的先例与神谕吗？经上还是有一些先例的。八十勇士祭司作为乌西雅王的臣民，可以对神所膏的王执行惩罚之法。在下位者或臣民可反抗在上位的。这些祭司与以色列的贵族可以免去王的实际统治。依据保皇党的理论，难道这不是下级给上级强加的惩罚吗？事情现在很明朗了，饼的崇拜以及弥撒是对抗律法的，是在教皇主义内阁影响下强加给苏格兰的。对我们来说，它们本身和大衮崇拜或西顿神崇拜一样穷凶极恶。苏格兰人应聚集起来祈求，抵抗这种强加的偶像崇拜。不列颠王起先宣布苏格兰人为叛党；继而，一支在敌基督恶灵激励下由教士与恶人组成的庞大军队起来了。他们要苏格兰人在灵魂与良心上顺服并服务于这些恶人。否则，他们便要毁掉整个苏格兰。

问三十五

早期教会殉道士的受难是否是对自卫战争之合法性的否定?

反1:保皇党推出教父和早期殉道士来反对我们,以为这样能够压倒我们。这位教士(第74—76页)为此还找出一些其他学者言论,包括阿尔马主教对《罗马书》第13章的讲道(第20—21页)和阿伯丁博士们①的言论。他还从亚历山大里亚的克莱蒙②与伊格纳修③的观点出发,证明君王由神任命。

驳:除非他能从这些教父那里证明,王是唯一直接从神而来的。否则,他说的都是废话。

反2:爱任纽④证明了神赐予国家,而魔鬼是在撒谎(《路加福音》4)。我们叫百姓立王,也让他们称为罪恶之子。

驳:如果有人否认神安置国家,那他就可将英格兰与苏格兰神的教会归于撒旦之子了。神在《申命记》(17:18)等地方明言:神叫人立王,而非魔鬼。反而,如果说这位教士立王,作为

---

① 阿伯丁博士们(the Aberdeen doctors)指的是六位在阿伯丁地区的马修学院(Marischal College)和国王学院(King's College)的学者(17世纪上半叶)。他们的神学观点相近,为英国圣公会的坚定支持者;领袖人物是福布斯(Patrick Forbes)。

② l. 7, c. 17.——原注。亚历山大里亚的克莱蒙(Clement of Alexandria, ? —215),早期重要教父。

③ 伊格那修(Ignatius, 大约50—117),安提亚教区主教,使徒后教父。

④ l. 5, adv. hær. c. 20.——原注。爱任纽(Ireneaus, 大约125—202),早期重要教父,著有《反异端》(*Adversus haereses*)一书。

教皇的替代者,用他们污秽的手来膏王,那么,这只能使王成毁灭之子。他们便成了国家的捐赠人。将一个手拿滴血宝剑的人扶上王位,这实际上是对"神是国家安置人"的否定。教士的教导包含了这两点。

反 3:德尔图良①说:神创造了君权,也创造了人的灵魂。

驳:只有神才以他的绝对统治权立王,创造了高与低,立市长、教区长、法警等。因此,没有权柄不是出自神的(《罗马书》13)。所以,教区长与法警并不由人指派。但愿读者不要被这剽窃者剩下来的话给弄糊涂了。他们想证明的,除了保皇党与教士反对外,无人否认君王不是来自神的授予性和管理性意志。他们说,唯有征服才是王冠的合法头衔。

其实他们更需要格劳秀斯、巴克利、阿尼索斯、斯巴拉多主教等人所给出的答案。

反 1:居普良②说,面对迫害,基督徒不得以暴制暴。

驳:如果严格按照字面意思来理解这句话,我们面对杀人者的自卫也都不合法了。居普良这里明确要谴责的是:民众对合法执法者煽动性的骚乱。

反 2:古人说,对扯破与撕碎迪奥克罗斯和马希尼流法令之人的惩罚是公正的③。

驳:扯破法令并不属于自卫行为,只是对皇帝明确命令的一种破坏,这是不能做的,尤其对个人而言。

反 3:居普良说④:要不断地祷告与祈求,它们是灵性与神圣弓箭的堡垒;且鲁菲努⑤也说:安布鲁斯(Ambrose)抵抗皇后(贾斯汀娜(Justina)的武力)不是藉着怒火,而是通过禁食与圣坛下的祷告。

驳:确实,居普良以祷告为其铠甲,但祷告并非他唯一的武器。实际

---

① Apol. c. 30.——原注
② 居普良(Cyprian,？—258,北非迦太基主教,主教制的积极提倡者),这里引用的是他的第一封信: epist. 1。
③ l. 7, Hist. Eccles. c 5.——原注。指的是尤西比乌(Eusebius of Caesarea, 263—339,早期教会历史学家)的《教会历史》(*Ecclesiastical History*)一书。
④ 居普良 epist. 56.——原注
⑤ 历史上有多位鲁菲努(Ruffinus)被加圣。译者无法确切追踪出处(l. 2, c. 6)。

问三十五　早期教会殉道士的受难是否是对自卫战争之合法性的否定？

上,安布鲁斯也没有使用其他武器来抵抗贾斯汀娜。但是,这不能证伪自卫之合法性。安布鲁斯说的武器与这些自卫之方法,对牧师合适,即祷告与眼泪,而非刀剑;因为他们背负神的约柜,这才是他们要看管的;而非权柄,那是执政官的事。

反 4：德尔图良明确指出①,基督徒可以凭着其力量与数量抵抗其迫害者,但要认识到这是非法的。复仇的火把在一个晚上便能行很多事,这是魔鬼在作祟。我们当远离这火与人类仇恨。不要害怕受难。如果敌人是陌生人,不仅是那隐藏的仇恨者,难道我们就失去我们的会众与神的力量了吗？

驳：我不会由此说,德尔图良认为武力抗皇帝是合法的。我必须坦率地指出,德尔图良陷入了这种错误之中。这可以从个人与基督徒两方面来说：1. 从个人而讲,德尔图良后来变成了孟他奴主义者②。2. 帕马拉斯(Pamelius)在论到德尔图良的时候说,他一生都在引用一些被后世斥为伪经的经文。3. 这是德尔图良对一件事的误解,而不是在一个问题上犯的错。他错误地认为,当时基督徒的数量已经庞大到足以对抗罗马皇帝。4. 潘瑞③很敏锐地发现,德尔图良不仅认为抵抗是非法的,而且逃跑也是非法的。因此,他才专门写了这关于抵抗的书。有人为了基督过度地行使抵抗权;也有人为了基督过度地受难。据我推断,在这个问题上,德尔图良即使不站在我们这边,也不站在他们那边。我们也可援引德尔图良的话来反击他们。对此,我们打成平手。福克斯(Fox)在他的告诫中说:"基督徒奔向火刑架将自己烧死,这种行为既得不到表彰,也不当受到谴责。"5. 我们大可引用西奥多(Theodoret)所说④的:"在那个年代,人们说恶人借百姓的怯弱而统治。"就像这位教士引德尔图良的道理。如果西奥多生活在我们这个年代,他必定是个反叛者。(1)在那个年代,基

---

① 德尔图良(apolog. c. 37)——原注
② 孟他奴主义(Montanism)是二世纪中叶出现一个基督教灵恩运动,在早期大公教会形成过程中,它被认定为异端。
③ M. Pryn, part 3, Sovereign Power of Parl. p. 139, 140.——原注
④ 西奥多(Theodoret), fol. 98. De provid.——原注

督徒向君士坦丁大帝(Constantine the Great)寻求帮助以反抗他们的皇帝利斯纽斯(Lycinius)并在战争中将其推翻。基督徒在受到自己的波斯王压迫时,他们向修斯(Theodosius)求助以抵抗自己的王。(2)作为个人的德尔图良,在上面所引处说:"皇帝下面的基督徒是陌生人";他们在外围;因此,他们没有自己的法律。直到君士坦丁年代,他们一直生活在异教的法律之下。他们也对朱利安宣誓做他的军队。反对皇帝,他们必定也良心不安。(3)众所周知,朱利安的军队里有大量的异教徒。反抗皇帝是一件相当危险之事。(4)领导人与指挥者的缺乏是他们的又一劣势。即使他们在数量上与军队人数相差无几,但数量在战场上并不起决定作用。勇猛指挥官的技能非常重要。(5)恐怕并非所有基督徒都认同德尔图良之想法。(6)如要拿人的见证来说事,这并不符合良心。我倒是有许多例证:法国与荷兰的实践,路德时代的诸圣者的实践等都说明了抵抗是合法的。加尔文、贝沙、帕瑞尔斯、德国的圣者、布坎南等很多人都持这样的看法。

问三十六

战争权力是否仅属于君王？

这个问题并不难回答。在一个国家里，权柄（剑）给了最高法官或下级法官。在帝国里，"他不是空空的佩剑"（《罗马书》13：4）。武装力量的使用权由法律规定给了皇帝。因此，法律规定：不得随意命令军队（lib. de Cod. de Lege. 1.）。不经我们的同意，伦泰党（*Valentinian*）不得调用军队（ad 1. Jul. Mai. l. 3.）。战争是特性，而权柄是共性。

主张一：神的律法所规定之权柄并非君王独有，也赐予了众下级法官。1. 因为下级法官与君王一样本质上都是法官，因此他们必定也是佩剑的（《罗马书》13：4）。2. 不仅仅是摩西，以色列的会众也有断人生死之权力。他们也是有权柄的。比如，《民数记》（35：12）："误杀人的不至于死，等他站在会众面前听审判。"《民数记》（35：24）："会众就要照典章，在打死人的和报血仇的中间审判。"《申命记》（22：18）："本城的长老要拿住那人，惩治他。"又，《申命记》（22：21）："本城的人要用石头将她打死。"《申命记》（21：19、21）："父母就要抓住他，将他带到本地的城门，本城的长老那里"，然后"本城的众人就要用石头将他打死"。《列王纪上》（21：11—14）中记载，那些同城居住的长老贵胄用石头将拿伯砸死。3. 下级法官如流了人血，他们也会被指为凶手（《以赛亚书》1：12；《诗篇》94：5—6;《耶利米书》22：3;

《以西结书》22：12,27；《何西阿书》6：8；《西番雅书》3：1—3)。因此,他们握有权柄。

主张二：发动战争与聚集军队之权仅属于君王。这是一项明确的民法。因为：1. 如果下级法官也有神给予的权柄,那么,神必给予了他们发动战争与兴起军队之权力。

2. 战争的所有权力都是为着国家的安全。君王拥有这种权力是累积性的,非私人的,不是用来进行破坏的。因此,君王不能剥夺任何人的自卫权柄。这是人之生存所拥有的权力。君王不能拿走任何群体或国家的自卫兴军权力。如果奥斯曼军队突然袭击不列颠,英王不得默许这种侵入。君王职分的本质要求是,王的所有权柄都必须为了百姓与国家之安全。或者,英王个人必须拒绝这种默许,也不得限制或制止军队的集结。虽然军队行动希望获到君王个人许可,但是,他们一开始就有王者许可。王者职分规定他有义务命令他们武装起来。

3. 君王或国家权力都不能夺走个人或人群的生而有之的自卫权。

4. 如君王出卖国家,引入嗜血的军队来毁灭他的百姓,并强加给他们拜偶的信仰；那么,人民在没有君王同意下,也可起而反抗这入侵的军队。保皇党说,百姓此时并不需要那驴一般的耐性,将自个的脖子伸到割喉党的刀下；百姓完全可以逃跑啊！需要指出的是,有些事阻止了百姓的逃跑：(1) 受第五条诫命的约束,人民有义务带着剑为神和王的城邑(《撒母耳记下》10：12；《历代志上》19：13)留下来以武力保卫国家、子女与神的教会,使之不受那不义侵略者与割喉党的侵害。这是神与本性之律对一个民族所要求的仁慈行为,如《箴言》(24：11)所明确诫命的那样。如果第五条诫命要求国家保卫年长父母与年幼孩子免受这些不义侵犯；第六条诫命又给我们类似的束缚,举国上下都行事仁慈与宽厚；那么,即使君王给出正好相反的命令,我们也不在乎。只有保皇党说我们不当履行神所下达的诫命。如果有世间的王禁止我们对性命危急的弟兄施手相救,而我们因此不做,那么,我们就是杀人凶手。照此理,如君王令我们去杀我们的邻舍,我们便去杀吗？这只是他们的宫廷信仰！(2) 君王的战争权力为人民的安全而设。如果君王在人民被毁灭前夕还制止他们兴起武

问三十六 战争权力是否仅属于君王？

装，那他就是暴君，而非君王。此时，本性之律会使他们武装自卫（在这种情况下集体逃跑无疑比死亡还难）。否则，他们就要背负自我杀害之罪。现今，英王禁止人民武装。这显然违背了他的王者职分。因此，他的命令如同出自一个普通人之口，与神之本性要求相去甚远。神之诫命要我们自卫，除非我们想背负自我杀害之罪，只想顺服人而不想顺服神。阿尔图修斯①、哈利卡纳②、亚里士多德③等人也都持类似的观点。（3）大卫拿起歌利亚的剑，成了一群在战争中武装起来的人的首领，为神的战役而战（《撒母耳记上》25：28）；亚比该在预言之灵下所说的话（《撒母耳记上》25：29—31,22：2；《历代志上》12：1—3,17：18,21,22）；不仅没有扫罗的同意，而且与扫罗王相对。这里，他们其实是与作为凡人的扫罗相对，而非与作为以色列王的扫罗相对。（4）如果暂时没有王，或王年幼，或坐王位的是亚他利雅般的篡位者，国家就可以在没有君王参与下合法地发动战争。《士师记》第二十章记载到，以色列子民中拿刀的步兵共有四十万冲上战场与便雅悯人会战。约西亚王八岁时犹大掌权柄，直到他统治的早期（《列王纪下》22：1—2）；约阿施被立为王之初，他也年幼（《列王纪下》11）；此时，耶何耶大带领成千上万的人起兵，包括犹大的子民，来保卫他们年幼的王。这些情况并不异于君王将死时、王权过渡期或更替期。特别地，在那些选举产生王的国家中，战争是常见之事。还有，君王被俘或专暴时也是如此。西蒙先生认为王室血统与神圣膏礼一样重要。他大概不会认为选举没有膏礼重要。选举与血统不具有同等的有效性，一个是本性遗传，一个是自由选择；于是有这样的推论：选举产生的王并非真正的王，只是类似的王。那么，扫罗便不是真正的王了；他是由选举产生的。我认为，靠血统而来的王才不是真正的王。神立第一个王的模式应该是范式。最初的王是靠选举产生的（《申命记》17：18—20）。

5. 如果人民立王，由他们决定此人而非彼人为王（《申命记》17：18和《历代志下》5：1—4 已明确表明这点），那么，君王统治权、战争权、掌

---

① 阿尔图修斯：《政治方法论》，Polit. c. 25, n. 9。
② 哈利卡纳 Halicarnas l. 4, Antiq. Rom.——原注。译者无法追踪具体出处。
③ 亚里士多德：《政治学》，Polit. l. 3, c. 3。

管军队权等都是人民给的。如果说,自由国家(如苏格兰)的人民或国会给予君王以这权力,却反过来创造、管理、限制、缩减、废除那赋予权力的人民或国会权力,那就真是奇怪与不合乎理性了!按照这种说法,神赋予了国会权力,去设立掌管统治与战争,并把它放在君王那里;它是国会的产物,目的是为了国会和国家的安全;这权力反而是用来毁灭国会与国家?弗恩博士说:"君王设立国会,给他们权力以成立国会,目的是给君王建议与忠告。"但是,经上(《申命记》17:18—20;《撒母耳记上》10:20—25;《撒母耳记下》5:1—4)记载说,国会设立君王。这是一个多么惊人的政治互换啊!神会叫母亲去杀害女儿吗?国会给予君王以王冠、军队、统治等,就是为了让他用权柄与战争摧毁国家,废除国会的权力?这世间还有什么比这更荒唐的啊!

反1:经上说,"到列王出战的时候"(《撒母耳记下》11:1)与"一个王出去和别的王打仗"(《路加福音》14:31)。这些话告诉我们的良心:所有侵犯性和自卫性战争之权力都在君王手中①。

驳:在语言和习惯上对一个人的良心说话,对其他人来说都是无所谓的。按照他的理论,没有王的国家便没有进行战争的权力了。例如,在荷兰或一些别的国家由人民统治;它们充其量只有政府。那么,它们就不能打仗了:什么时候那些非王的列王能出征呢?!如果基督说:"有些主人借钱给他的仆人",这是否可以推论,这个主人在放高利贷?如果基督说:"一个聪明的屋主知道贼什么时候来,他会看护的",这意思是屋里的儿子与仆人不看护房子?

反2:自然的身体只能遵循自然法则而动。因此,政治躯体必须遵循王的政治原则(由法律来规定)而进入战争②。

驳:1.这极易反驳。照此理,政治的头必须遵循政治原则而不得随意移动。因此,君王也不得出战,而要遵循相应法律,即国会之授权。显然,不会有法律规定头去毁掉肢体!2.如果割喉党的军队要毁掉国家(君

---

① 西蒙:《忠心臣民之信仰》,Symmons, p. 57。
② 弗恩:《主要教义》,Ferne, p. 95。

王背弃了他的义务),国家的其他法官、人民与国会因没有兴起武装镇压这些强盗,他们如何就成了杀人的共犯?因君王未能履行其职分,下级法官当为无辜者的流血而负罪吗?3.因为作为政治躯体而顺服于君王,它放弃了自卫的无罪本性原则,这就等于它不睡不吃不喝。4.英格兰与苏格兰的国会与人民依君王的法律赴战场,他们本身就是完全的政治有机体。

反3:弗恩①说,眼下对英王的战争所依据的理由是错误的,即所谓的国会协调(co-ordinate)君王行为。这实际是说,君王不是最高统治者;而国会之认同才是最高统治者;君王对国会没有否决权。两个平等或相互协调的最高权威无异于"有两个最高神"。诸神之说显然是无效的。有很多神就等于没有神。

驳:1.就原权力而言,君王权力低于国会权力,并非平等权力。制定者要高于被制定者。从国会行为的派生性权力与执行权力上看,它们指的便是全部君权。国会的最高权力,就习惯性和非派生性而言,它是原始的源生权力(这里将人民与国会不加区别使用),并不需要君王而自足。国会的行为包括:立王、立法与兴军。在君王年幼、被俘,暴掠与死亡的情况下,国会可以合法行所有这些事。反过来,离开国会,王权等于虚无。王权本质上是国会的一部分,无法从国会中割裂出来,就像一只被砍下的手臂不能书写一样。因此,这里就有两个相互协调的最高权威。无限之物不能同时有两个或多个;这是矛盾的。无限之物不能被造,否则就是有限之物了。王权本质上讲是派生性的被造权力,是依附性的最高权力,只属于单个人,并不与社会整体联系。它只是社会的产物。2.国会之最高行为需要君王之同意。这也不对!这无异于说,国会的司法行为不需要国会参与。显然矛盾!但是,国会之司法行为可不需要君王参与。3.君王在国会中拥有否决权。那就更错了!这样,君王便成了唯一的法官了;而作为君王之创造者或设立者的国会倒成了君王的传声筒!

反4:如果武装之权力不单单掌握在君王手中,而民众又是疯狂与喜

---

① 弗恩:《主要教义》,sect. 4, p. 13。

怒的;那么,最高者便得不到保护,叛贼得不到镇压,公共和平得不到保证,等等①。

驳:1. 剥夺人民之武装权力,原因在于他们可能虐待王子,使他们行暴力与压迫。这显然说不通!与人民相比,单个的君主更易滥用武力。单个人也比一个群体更易失败。2. 全体人民之安危显然比一个人之安全重要得多。即使同时有东方西方两个皇帝也是如此;皇帝是神为人民之安全与益处所命的(《提摩太前书》2:2)。3. 如果所有权柄和军队都由君王独占,那就不能如神所安排的那样,有佩剑的下级法官的存在了(《罗马书》13:4;《申命记》1:15—16;《历代志下》19:6—7)。

反5:西蒙先生论到战争之原因时②,认为这事不该让民众知晓。他们需要王对战争的合法召唤,而非战争的缘由!

驳:1. 如果国会、法官以及贵族都应该在对君王的盲目顺服下,参加战争与流人鲜血,而不要求任何法律与事实上给个说法;那么,他们必定会放弃对君王的良心,而改顺服保皇党了!2. 君王不可能借助王权使一场原本不合法的战争合法化,除非他能抹去第六条诫命。人民更看重战争之原因而非君王之权威。这种说辞可谓是,要在英格兰与苏格兰国会确立天主信仰,根除改革宗的新教信仰的最佳方式了;因为百姓只在乎君王之合法呼唤,而非战争之真正起因。

---

① 阿尼索斯:de jur. maj. de potest. armorum, c. 5, n. 4。
② 西蒙:《忠心臣民之信仰》,sect. 4, p. 9。

问三十七

苏格兰人民帮助在英格兰受压迫的弟兄、国会以及新教徒反抗教皇主义者与教士是否合法？现在，他们武装起来抵抗他们，杀死他们，且阻止本该由英格兰王阻止的天主教的建立，这是否合法？

1. 马里亚诺（Marianus）①说，人有义务帮助其弟兄；这里并没有强而有效的捆绑。对那拒绝帮助的人，一般来说并没有合法之行为来反对这个人。但是，人之对人是有义务的。只有这样，人们在文明社会中才能连接起来。

2. 另有人说，国家应间接地帮助他的邻国，抵御共同的敌人；因为这也算自卫。可想而知，外国军队侵占邻国后，必然会进而侵略这个拒绝给予邻国帮助的国家。这是一种己见。对我而言，它好像不是神之属灵律法。

3. 有人说，即使不在紧急情况下，这也是合法的。如果邻国有邪恶的目的，那就不允许这种帮助；这也不是合法和有效的。不过，在极度必要之情况下可以是合法的。比如，弟兄性命

---

① 历史上有多位马里亚诺（Marianus）。卢瑟福没有给出具体的指称。

或兄弟民族命运悬于一发。此时的帮助就当是紧急有效的。不犯罪原则可以使任何事情合法化。如一个深陷火或水中的弟兄，就需要我当下火速的帮助；即使是丧失我的财物也在所不惜。这种紧急有效性与否定性诫命的有效性相同，如不得杀人。

4. 有人认为，只有弟兄寻求了我的帮助，这种行为才合法，否则便无必要的义务。对此，我没法完全赞同。藉着理性与最神圣的力量，对有罪的弟兄的责难是对他灵魂宽容与仁慈之举。但是，我还是有义务以神之律法（《利未记》19：17）责备他。否则，我就是恨他了（《帖撒罗尼迦前书》5：14；《歌罗西书》4：17；《马太福音》18：15）。以理性思考，我对弟兄之爱的义务也不会让我不去顾虑他的自由决定。我要去帮助我邻人掉进渠里的牛，即使我们邻人不知情，我还是拥有他不言自明的事实上的赞同。眼下的情况便是如此。我不想在良心层面深入探讨这个问题。如果邻国对我们的帮助有猜忌，它会采取敌意的方式反对我们的帮助。赞美神！令人敬仰的英格兰两院没如此行，尽管那些恶灵极力怂恿他们这么做。在这种情况下，我们为基督身体受苦的肢体负担义务。如此，事情便很好决定了。

5. 第五个也是最后一个意见：如果不列颠王命令教皇主义者和教士对英格兰国会以及我们的英格兰兄弟发动战争，从良心上，我们有义务以誓言与协约的形式来帮助我们苏格兰的贵族起来反对他们——如果我们苏格兰王的理由是正当与合法的。对这种意见，我完全赞同。不过，我们必须很仔细地审视这里的理由，如同审视我们的良心一样，即我们必须的义务；并将具体的司法认定程序交由正直的英格兰国会去处理。我不能理解的是，国家的民法为何不将公民帮助受杀人抢劫之无辜人作为一项义务予以立法；如人不履行这项义务，当以凶手之名来起诉这个人。对此，索伦（Solon）①说得很好，在一个幸福的城邦里，每个人都会将自己弟兄受的伤害看作是自己身上受的伤害。埃及人有一项很好的法律，人若不帮助一个受不义之难的他人，这个人将受到起诉。如果他确实不能提

---

① 应该指古希腊时期的七贤之一。文中没有出处。

问三十七 苏格兰人民帮助在英格兰受压迫的弟兄、国会以及新教徒反抗教皇主义者与教士是否合法?现在,他们武装起来抵抗他们,杀死他们,且阻止本该由英格兰王阻止的天主教的建立,这是否合法?

供帮助,他也有义务起诉那伤人者。如果他不做这些,他的惩罚将是鞭刑或挨饿三天。可能正是基于这种原因,摩西才杀埃及人的。安布鲁斯赞扬摩西如此行动。

主张:教会的师父与法官都告诉我们,为了信仰以及敌人的不义压迫,为了英格兰我们亲爱的弟兄与那里的真正信仰的安全与抵抗,我们有义务给予帮助,即使冒着失去生命、财产、子女等一切的危险。《箴言》(24:11—12)中说:"人被拉到死地,你要解救;人将被杀,你须拦阻。你若说,这事我未曾知道,那衡量人心的,岂不明白吗?保守你命的,岂不知道吗?他岂不按各人所行的报应各人吗?"杰明(Jermine)先生对这段经文的解释是,只有两种人能对这人进行解救:一是牧师为这无辜者说情;二是君王给予赦免。这种解释不免过于狭隘!但"解救"是一件暴力行为,如大卫以刀剑解救他的妻子(《撒母耳记上》30:18);如《何西阿书》(5:14)中说:"我要夺去无人搭救。"《撒母耳记上》(17:35)中说:"将羊羔从它口中救出来。"要从狮子口中救出羊羔,这该是件相当激烈的事。《列王纪下》(18:34)中说:"他们曾救撒玛利亚脱离我的手吗?"因此,科尼利厄斯说,慈爱让我们以武力将那些被不公正地判死之人解救出来。安布鲁斯①则引用这段经文来阐明,摩西为救希伯来民而杀埃及人。解救是一项慈爱之举。当无辜者被不公正地判死时,即使法官禁止解救,也应该救!

反:当法官不义地判处某人死刑,如要解救这被判之人,个人必会对合法的执行官施行暴力,从而将这人从他手中救出。这将带来混乱与骚动。如果将那无辜者从法官之手救出乃是慈爱之举,那么,对于个人来说,不这么做便是犯了杀人罪了。我们对本性之律的顺服是绝对的;即使法官禁止这些行为,也不能例外。我必须顺服神而非人。

驳:1. 本性之律捆绑我们顺服于仁慈行为,而非超出纯本性形式与方法之外地执行这些行为,且必须在神的律法下行事。如我们父亲或兄弟被不义地判了死罪,我能以强力将其救出法官之手,但我救他之手必定

---

① 安布鲁斯,lib. 1, offic. c. 36。

是不带怜悯之情的。如我们兄弟或妻子亵渎神灵(《申命记》13：6—8)，我也当如此行，如智慧人的心"能辨明时候和定理(审判)"(《传道书》8：5)。现在，人冒生命危险救无辜弟兄并不是智慧之举，因他没有这样的力量。当他在理性中看到这是不可能时，本性之律就会令他不去行这仁爱之举。但是，一群人有能力救不当死的约拿单出扫罗王之手。如果扫罗与王族不义地判了约拿单，本性之律并不会只叫某个人去救约拿单。

2. 许多人帮大卫合法地对抗扫罗王(《撒母耳记上》22：2)；神的灵感动亚玛撒，他就说："愿你平平安安，愿帮助你的，也都平安！"(《历代志上》12：18)因此，平安必属于英格兰国会！属于他们的帮助者！还属于他们苏格兰的弟兄！

3. 据《民数记》(32：1—3)、《约书亚记》(1：12—14)等经文记载，虽然流便人、迦得人和玛拿西支派的人继承的产业是在约旦河以东，但他们还是越过约旦河，帮助他们的弟兄打仗，并依摩西和约书亚的命令取得了土地。

4. 扫罗与全以色列人帮助基列雅比人，与他们连成一气击败了亚扪人王拿辖所说的"剜出你们各人的右眼"这样不义之条件(《撒母耳记上》11)。

5. 耶弗斥责以法莲人，因他们没有帮他和他的百姓抗击亚扪人(《士师记》12：2)。

6. 如果圣徒相通表达了其中什么纽带的话——英格兰与我们有"同一个主，同一个信仰，同一个洗礼，同一个头与救主，同一个耶稣基督"，那么，我们就有义务帮助我们正在流血的姊妹教会去抗击这些共同的敌人，即教皇主义者与教士。这里的前提当然是真的。我们给予罗谢尔(Rochelle)地区以帮助(如果没有秘密背叛)，是要帮助恢复巴拉丁(Palatinate)的秩序；我们也帮助联盟首领去抵抗巴比(Babel)①的权力。这样做是合法的，虽然我们表现得闲散与冷漠。伊丽莎白女王(Queen

---

① 巴比(Babel)不知指谁。圣经有巴比塔的故事。这里的用法也许是象征性的，指的是教皇主义力量。

> 问三十七　苏格兰人民帮助在英格兰受压迫的弟兄、国会以及新教徒反抗教皇主义者与教士是否合法？现在，他们武装起来抵抗他们，杀死他们，且阻止本该由英格兰王阻止的天主教的建立，这是否合法？

Elizabeth)曾帮助荷兰人抵抗西班牙王。除了有统一信仰外，我们同乘一条船，同居一个岛，受命于同一个王。现今，我们与英格兰弟兄在神的慈爱下宣誓结盟。那么，我们应当荣辱与共。

7. 因英格兰与苏格兰的联盟关系，根据1583年的联合大会（the General Assembly）精神，我们有义务联合国内所有力量，并与国外的新教的王权与人民结盟，努力保持新教信仰以对抗嗜血的天特同盟。这些盟约包括1585年的苏格兰人民公约（the Convention of the Estates of Scotland）。该联盟协约于1586年在贝里克（Berwick）签订，并于1587—1588年更新。同时，在西班牙舰队侵犯之际，两国还签订了信仰公约（the Confession of Faith）。

8. 神的律法诫命我们要爱邻如己，要彼此帮助以抵抗不义暴力。对我们苏格兰而言，这是必尽的义务；除非我们把神的爱只当耍嘴皮子而已。但这是圣灵所谴责的（《约翰一书》2：9—10，3：16）。律法和先知总的精神告诉我们，在我们受不义之压迫时，人不能拒绝帮助我们；反过来，我们也不能不帮助受难的弟兄。

9. 每个人都是弟兄性命的保管人。人不进食或拒绝身体的必要物理需求，拒绝给奄奄一息的弟兄提供食物，这就叫自愿性的杀人。人并非生而为己。如果君王不抵抗敌人而保卫自己的臣民，那么，所有子民都可依本性之律、民族法、民事法、教会法，拥有特权相互保护。如果没有执政官在他们中间，那么，他们自己就彼此互为执政官。如果奥斯曼或异教的军队进攻不列颠，而英王此时死了，或他拒绝帮助其臣民抵抗（这等于他在关键时刻行政性死亡），那么，不列颠的各部分应当相互帮助。犹大王约沙帮助亚哈与以色列，得到了神的认可。如果左手受伤，或左眼被剜出，本性就自愿地把责任交给右手与右眼。它们是相互帮助的。

10. 我们彼此互助，就是帮助我们的敌人去同情陌生人。我们在基督身体中的人就更应该如此。

11. 他们不帮助耶和华，也不帮助神教会的其他部分与弟兄；所以，米罗斯在诅咒中（《士师记》5：23）。在锡安享受安逸，有能力却不帮助受苦的约瑟；这人要受苦了！

12. 感恩的律法叫我们必须这么做。在天主教的奴役与法兰西的烈怒中,英格兰曾派军队把我们的身体与灵魂都拯救出来。1560年,苏格兰国会得以在里斯(Leith)确立新教信仰与和平。之后,他们又帮助我们抵抗内部的一小撮天主教势力。在神的名下,我们祷告,寻求恩典,不忘恩情!

13. 在天主教武力攻克英格兰后(如果神这样成就了他们),他们接下来便会攻击我们。此时,抵抗之权力便不单握在君王手中了。我们的敌人正整装待发,距我们就两天的行程;而且,他们把持了我们的王和他的命令,从而把握了英格兰与苏格兰的现行法律。如果我们此时不起而为我们的君王、教会、国家与弟兄反击的话,我们只能被困在家中在睡梦中被屠宰了!

反:依据这种理论,如君王身处险境,他可以不把教皇主义者当作教皇主义者,而是把他们当作臣民来使用。这是君王的本性自卫。

驳:1. 即使是魔鬼,也不能乱说有任何人想害不列颠的王! 他在苏格兰是安全的;他在威斯敏斯特自己王宫里也是安全的。英格兰与苏格兰人民都不可能从他床头拿走水壶与长矛。撒旦首先将这种叛逆的谎言灌输给了教士,又将此逐渐灌输给了天主教徒。2. 英王掌管这些军队后,公开宣称他要维持真正的新教信仰。如果扫罗把军队放在巴力祭司手中,放在西顿人、非利士人、亚摩利亚人手中,承认他们和以色列人的争吵不是为了王,而是要保卫他们的大衮与邪神;那么,王手中的军队就不是王的帮手,而是他们自己的信仰的帮手。现今,英格兰与爱尔兰的教皇主义者迫使英王废除一切反对天主教制度的法律,并立法保证弥撒的自由以及教皇主义者的全部权力。接下来,英王就必须在诸战役中完全依靠教皇主义者了!

问三十八

君主制是否是最好的政府形式?

对这个问题,我不愿多说一个字。这是一条黑暗之路。在堕落本性中,能够做得最好的事情便是恶。对我来说,君主制自身,即合法而有限的君主制,即使是现在,在罪的堕落王国中,它是最好的。

我祈求西蒙先生与这位可怜的教士看看,他们为君主制大唱赞歌,歌颂世间只有君主制能行拯救,其他政府形式都是背经叛道。西蒙先生说(p.8):"如叫我为其他政府歌功颂德,那我就既不惧怕神,也不敬畏王,只是与那些煽动人心的叛党为伍罢了!"所以,关于君主制的问题可归结为:1. 在人堕入罪中后,哪种政府才是最佳政府?或者说,哪种是从政策上看最好的政府?2. 哪种政府是最好的政府,即最高效的、最令人愉悦的或最令人尊敬的政府?正如好事有三种一样:有用有利之物、愉快舒适之物、真诚坦率之物;这个问题的答案可能就在这三者之间。3. 这个问题也可转换为:哪种政府最符合本性?或者说,与本性相一致,与自然万物吻合,能够与自然界的鸟、兽、天使、人等交流,作为管理者将他们带向他们的最终归宿。或者,哪种政府最适合于人、罪人、这个或那个国家的有罪之人?有些民族更野心勃勃;有些民族更好生事端;有些民族更适合由一人统治;有些则更适合被多人统治。4. 这个问题可以涉及喜爱、惧怕、顺服、侍奉等的实行或困难。爱、惧怕、顺服一个君王总比多个主人要容易一点。我们的主说过,侍奉两个主人尚且困难(《马太福音》6:24),何况侍奉二十个或一百个主人。5. 这个问题可以是发令权力问题,或者是命令的正义和平等问题。我把这最后一点设为主题。

主张一:一个绝对不受限制的政府不仅不是最好的政府,而且是最差的政府。这与所有保皇党及我们这可怜的教士相对立。理由如下:

1. 这是非法的设立;神从未给予如此诫命。我绝不会将那最高权威归于这样一个我明确反对的东西。对一个有罪的且爱好和平的人而言,绝对政府无异于邪恶政府,没有从神而来的权柄——神绝不会授以犯罪之权柄。索斯纽斯(Sozenus Junior)①说,教皇权力不得犯错和不义(Plenitudo potestatis ad malum et injuriam non extenditur)。娄阿慈(Ferdinand. Loazes)和博学的瓦斯克斯议员也持这观点②。

2. 对城邦来说,当人民击鼓跳舞时,伊巴密浓达(Epiminondas)③最好别睡着了。他说:"我清醒的时候,你们可以安心睡觉去。"人民欢欣鼓舞之时,便是他为城邦利益而深思远虑之刻。亚当堕落之后,所有君王都在犯罪和行不义之事,从而需要法律指导。即使他们成王了,他们依然是人!"全能"置于一人之手,就成了受诅权力。所有圣者据理认为,救恩状态在第二亚当的生存中是不会从神那里失去(non posse deficere)的;这比起在第一亚当的生存——有能力不堕落(posse non deficere)——要好。我们自由意志在天上是不会犯罪的;而在地上,我们有能力犯罪。如在通向天国的途中,即在这世间,我们却有犯罪的权能。因此,神的子民处境优越。《何西阿书》(2:6—7)谈道:"我必用荆棘堵塞她的道,筑墙挡住她,使她找不着路……她必追随所爱的,却追不上。"神在说到以法莲人

---

① 索斯纽斯(Sozenus Junior),*causa occurrenti* l. 2. ——原注
② Ferdinand. Loazes in suo cons. pro March. de Velez. (p. 54, n. 65)和 Ferd. Vasquez p. 1, l. 1, c. 5, n. 17. ——原注
③ Epiminondas 应该指的是 Epaminondas(伊巴密浓达,Ἐπαμεινώνδας,约西元前 418—362),古希腊著名的政治家和军事家,底比斯(Θῆβαι,Thebes)执政官,与斯巴达(伯罗奔尼撒战争后成为希腊霸主)进行对抗,并打败斯巴达,成为希腊新霸主。伊巴密浓达死后,底比斯随即失去霸权。

时说:"以法莲亲近偶像,任凭他吧!"(《何西阿书》4∶17)所以,当最高权力握于某个有罪之人手中时,这不可能是一个好的政府。这个人的本性与他人一样倾向于行不义。当他处于这样一个独揽大权的位置时,他就更有可能行不义之事了。就其王者职分而论,他不得对其臣民行任何不义之事。按这些奉承的保皇党理论,君王之为王便可杀乌利亚,也可任意杀百姓,但不可能犯罪。这便是他们眼中世上最好之政府。如果这样,一头不带链子的狮子是最好的统治者;——因为不戴铁链,他才能任意将其爪牙伸向所有的兽类、绵羊与羔羊,以及其他动物;而且,这倚靠的是神之所命。

3. 一个不在任何约束之下的人会是什么呢?他是地上的被造之神,在罪恶滔天的壮丽景观中疯狂,在月亮与星云下无恶不作。人本可就自己的选择听取旁人之忠顾;但是,在无法律约束和无章可循的条件下,作为绝对权力的最高拥有者,他便成了一个高高在上、趾高气扬与毫无瑕疵的世间神。同时,与多个统治者在严肃且智慧的法律指导下比起来,这个人此时也更易犯错,更易行残暴的不义之事。与一群拥有更少对抗法律权利的罪人比起来,作为一个有罪之人,他迟早会犯罪,变成尼禄,残暴地杀害无辜百姓,颠覆法律、自由与信仰。就其职分而言,无人能对抗他。于是,他便可无恶不作;比较贵族制中的多人统治,这更具危险性与伤害性。

4. 恺撒伟大;但理性与法律更大。因此,他的政府不可能比理性与法律的政府更好。

5. 绝对君主制之下的自由民首先是处于被奴役状态的,因为君王享有如此绝对权力,便可任意杀戮而不加控制。对他们而言,除了逃跑、祷告与流泪外,别无他途。试问:暴君有更大权力吗?断乎没有!绝对君主是睡着的狮子,而暴君是醒着并猎食的狮子。这两者的差别只有或然性。

6. 这点是教皇主义者的说辞。贝拉明(*de pontif.*, *l. 1*, *c. 1*)、Sanderus (de visibili Monarchia, l. 3, c. 3)、图瑞尔(Turrere)(*in sum de Eccles. l. 2, c.* 2)等人想证明教会的政府当由绝对君主与教皇共同掌权,

因这是最好的政府形式，但麻烦不少。因此，保皇党尽力证明国家必须由绝对君主统治，因这是最好的政府；但律法告诉我们这是违背本性的，即使在某些时候，人民会选立绝对君主。

主张二：君主制就其完整意义（天地人都是其中的公民）上而言，由神在其中直接管理，因而绝对是最好的政府。但是，其他好的或很好的政府，就它们接近这个最好政府而言，则必须证明，天使也有政府并且就是君主制；在鱼、鸟、兽等动物中也有君主制；等等。而且，如果亚当没有犯罪，那在伊甸园里也必定是君主制。我无法想象，那种状态下的政府会是什么样的。我想，最合理的应该是父亲式或母亲式的管理吧！以他们的理论，这世上应该有个天主教的皇帝来统管这世间所有的王。对于世上所有的王来说，除非他们承认天主教皇帝在整个世界的统治，除非他们像奴隶似的匍匐在他们脚下，不然，他们就都是篡位者。如果众王是诸神，且不会犯罪，如大卫即早期的所罗门那样，那么，我要说，这种有限制的君主制比贵族制和民主制都好。理由如下：1. 它离不义最远，离和平与属神最近。2. 神在他的民中设立了这种政府。3. 依据经验，它也不那么拒绝改变，除非有人认为威尼斯模式是最好的。恕我直言，君王与威尼斯公爵是有差别的。

主张三：每种政府都有其强项。君主制在人前尊贵灿烂；贵族制善于纳言；民主制则有自由，也许还利于扩大财富。君主制更便于达到其目标，因为一人掌舵要比多人掌舵更容易让船驶向岸边。服侍一个人，我们也更易表现出惧怕、爱与顺服。并且，这一个人更容易执行法律。

主张四：我认为，受限制的、混合的君主制是最好的政府形式，比如英格兰与苏格兰的政府，国会与君王一道为英伦三岛谋求福利。这种政府从君主制那里继承了荣耀、秩序与统一；而从那最智慧的政府那里则承接了谏言的完全、国家的稳定与强盛；从普通民众的影响那里，它又得到了自由、特权与顺服的敏捷性。

反1：一人比多人有更多的权力，更易受到敬畏，更多地接受爱。

驳：权力不能再大了！恐惧来自罪。当在本性沦于罪这种条件下，君主制是最好的。

反 2：一人为主比多人为主更适合本性。

驳：无罪状态下确实如此，就像父亲对众子女的统治一样。

反 3：内阁的产生、执行，以及机密的保护方面，君主制明显优于其他政府。

驳：这存在于一些特例中，因为罪给我们带来了黑暗。因此，我们在发明上愚钝，在执行上缓慢；基于愚昧我们还需要沉默。这些都是本性的或然状态。一人命令所有人，不需要任何的顾问，仅相信自己的内心，这就是愚蠢！

反 4：君王远离嫉妒，因无人与之平等。

驳：当然如此！在许多事上君主制都有其优势。但是，这与保皇党宣扬的绝对君主制没有丝毫关系。

反 5：在民众那里，愚人多于智者，缺点盖过长处。

驳：纯粹的民众不能在贵族制或民主制中行统治。否则，所有人都是统治者，就等于无统治。但是，多双眼睛总比一双眼睛看得多——在特殊情况下，一人可能比百人看得远。不过，这种或然的状态不能进行常态统治。

反 6：君主制之所以最完美在于：它与混乱相对，与本性相符。对此，植物、鸟儿、蜜蜂便是很好的例证。

驳：无罪本性之管理并无理性。鸟儿与蜜蜂之社会的运行不会有罪人的政治民事政府的存在，特别没有绝对君主制的存在。蜂王与鹰王都没有绝对王权，如果它们要毁掉它们的族类，那些成群的蜂与鹰将自然地将它们的王杀死。蜂王行事不会倚靠内阁从它蜂臣那里借来权力。君王则必须这么做。他与内阁的交流就削减了权力的绝对性。我不明白，这怎么就比其他政府更离无政府状态或混乱更远了。其本质包括命令与顺服之秩序。"一"并不比"多"更与混乱状态相对。"一"更容易从君王滑向暴君，且不接纳正义的逆耳之言，他也有了违反公正的合法权力。因此，他的绝对权力实则与正义的秩序正好相反。所以，君王因其绝对性，离无秩序与混乱就更近了。

反：国会与君王一样无权否定人民对正义之事的声音，也不能阻挠神的律法。

驳：确实，国会与君王都不能反对律法与理性。但是，一个拥有极度权力的君王则可否决公正，并以此权力行不义。因此，它们都没有绝对权力可言。

反：在过度使用权力的情况下，谁来惩罚和控制国会？

驳：下一届（后面的）国会。

反：下一届国会与民众都是会犯错的。

驳：完全正确！此时，神定会给予纠正！

问三十九

君王究竟有没有法律之上的特权？或者，这种特权就是"最高司法权"（jura majestatis）？

君主之最高权力可从三个方面来理解：1. 严格意义上的绝对权力。他们可任意行事，他们的意志便是法律。这是暴君式的权力。有些君王事实上拥有这类权力，但这绝对不是出自神的律法。我想，人为法律也不会允许这种权力的存在。当然，奥斯曼与西班牙的王除外；还有一些其他的征服者；他们的征服打破了欧洲的国界。2. 神的律法限制的王权，即正当的王权（《申命记》17：18—20）。3. 还有一种中间权力，它不像绝对的与暴君式的王权那么厚重，却带几分人性。法理学家称之为"君王之权力"、"君王之法律"或"君王之王权"等。西塞罗（Cicero）称之为"陛下的权力"；李维叫它为"国家之法律"。这些王者特权很常见，享有极高尊严，且其他行政官员不能享有。这在所有王国中都很常见。因此，只有恺撒才能在钱币上刻上他名字。给基督的钱币，因上面有恺撒的像和号，就当纳税给恺撒，那是他当得的（《马太福音》22：20—21）。所以，为国家之安全，弹药与器械当在君王之手。君王当有此类的特权。他是共有的、最高的、公共的执政官员，也是为着举国益处而设的神的执事。在这些王者特权中，我认为，在立他为王时，便给予他这样的权力，即在很多事上，他并不需要拘于法律条文，也不需要地方议会的明确赞同。他不可能带着议会到处跑。没有国会之同意，君王不得兴起军队。但是，如果爱尔兰、丹麦或西班牙的敌人突袭苏格兰，此时，不列颠的王就不需要国会的正式召开与授权，便可发动人民武装抵抗侵略者保卫自己。这种权力是其他下级官员所不具备的。在许多情况下，公正与恩典要求对法律例外处理（pro re nata）。此时，当下急需法律执行之权力，有人认为这仅属于皇帝，有人认为所有王都有此殊荣。我认为阿尼索斯①的观点值得思考：这些特权并不是对君王所承受之巨痛的报酬；君王不会因这些报酬性的特权而统治国家，而是因他的王者职分将他与国家统治捆绑。给予君王这些特权，他们才能更容易地行统治。但是，我极力反对阿尼索斯下面的观点：这些特权并非本质上属于君王。君王创造侯爵、公爵、贵族，并设立其他统治官员等，不是因为王者尊严，而是出于其绝对权力。许多地方王拥有最高权力，但不能任命贵族。因此，这是绝对王权，而非一般权力（jura majestatis, non jura potestatis）。

驳：1. 有限君主可以并应该立贵族；他可用荣誉来奖励美德。法老是作为王而提拔约瑟为贵族，并不是因他拥有绝对权威。我们说，约瑟享有那份荣耀的美德与价值。大流士也不是因着自己有绝对权威，而是基于他该得的（这品质才是君王不得不公正地授予这项荣耀的原因），册封但以理为国家的首要总督；因为"他有美好的灵性"（《但以理书》6：3），所以，王公正地且单独地加封但以理为贵族。否则，他就是违背了授予荣誉的规则。众所周知，荣誉基于德性。因此，大流士如此行并不基于他的绝对王权，而是因为他是王！

2. 众王之所以为王，乃是藉着神圣律法，而非借着绝对之权威；而是为了使人智慧，敬畏神，远离贪婪，在人中行审判（《申命记》1：13；《历代志下》19：6—7；《诗篇》101：6—8）。

3. 假定君王是受限制的，如神所立的王一样（《申命记》17：18—

---

① 阿尼索斯：《论权威原则》，c.1, n.3, p.157, 158。

| 问三十九　君王究竟有没有法律之上的特权？或者,这种特权就是"最高司法权"(jura majestatis)？

20)。将荣誉授给那些最值得拥有的人是否属于他的职责？假如他没有绝对权力,他也不能违背原则地将荣誉授给那完全不配得之人。事实本身就是如此的。如果由人民来授予荣誉,那么,保皇党是否要说,人民有绝对之权力呢？为什么人民不能从君王那里得到这样权威了？为什么保皇党要一直说是神直接创造了王,中间没有人民的参与呢？

4. 在这种权力的绝对性下,王会变成暴君,如撒母耳预言扫罗的所行一样(《撒母耳记上》8：9—14)。我无法理解的是,为什么同一种职分性的绝对权力,即可以用来行恩典的、善良与公正的事,又可以拿来行暴政？好的方面表现在特殊情况下的法律例外处理,如授予那些恩典之下的卓越的好人以荣誉；在善的基础上赦免罪犯。坏的方面表现为极度的暴政。试问：同一个泉眼如何能喷出既苦又甜的泉水？所以,藉着这绝对权力,君王不能行那些善的、正义的、恩典的事情；他们只能以王职来行善。同样,他们只能作为人来行暴政；暴政同样也不出于权威的绝对性。

5. 下级官员没有绝对权力。依据保皇党的说法,他们也可在紧急情况下释法,行公义之事；不过,他们没有民事与政府法律的正式形式支持。可以说,他们也拥有法律之真实意图,可以赦免那在守城人睡着之时爬上城墙而发现敌人动向的人。尽管法律规定,爬上城墙的人当处死。另外,下级法官也可立更下级的法官和助手。

6. 这种区分既没有理性依据,也没有法律依据,更没有神的启示依据。至于前者,我们在前面已经证明过了,君王没有任何法律之上或违背法律之绝对权力。君王拥有的所有职分权力都是为了行善,为了保卫百姓之安全与他们的益处,依据理性与法律行事。除此之外,君王再无其他权力。

阿尼索斯论证说,《撒母耳记上》(8：9、11)谈到了王之行事方式与法律,认为那不是指君王的样子或样式,而是绝对王权的法律。(1)下级法官的做事方式,好像皇帝提比略谈论他的法官那样：教训一下那帮人！意思就是,法官接到命令把他们给宰了。(2)撒母耳的儿子强行审判,背离律法。这是他们压迫百姓的方式与习惯；以利的儿子也是那样。因此,没有理性之法称为之王权(jus regum)之法,也就是士师(审判者)之法。

如果这法来自暴君,那就是王权的滥用。这法对所有其他的最高权力都是一样的。依这同样的不义权力,他们都可以滥用他们的权力。必须承认的是,撒母耳此处的意思是,只要他们充分利用了他们的绝对权力,这就是一种君王所不能挑战的特权①。这里,撒母耳接触到一种在法的名义下给予君王的权力;而这种权力对百姓是有害的。格里高利(Gregory)称之为"暴君之王法"。暴君与君王之区别在于,君王不做那些被允许之事,或合法之事;而暴君只做那些他喜欢做的事情。

驳:1. 阿尼索斯暴露了他对圣经的无知!"משפט"这个希伯来字指的是一种习惯,一种坏的习惯。我根据经文对此论证过了。他的推论极其贫乏。以利与撒母耳儿子们这类下级法官屈枉正直的方式,与扫罗所行的无异。但是,王可行更大的压迫,且更严重、更普遍。撒母耳并不想那样区别以色列的士师(审判者)与王。不然,士师(审判者)便无神之所授权力了——百姓可审判他们的法官,并抵抗他们。同时,王有了行暴政之权力,且无人能抵抗。甚至不能质问王:你在做什么啊!圣经绝不做如此区分。抵抗摩西、约书亚和撒母耳,这与抵抗扫罗王与大卫王一样,都是非法的。保皇党并不会反对摩西为王这种说法。撒母耳的儿子们由最高士师(审判者)撒母耳派遣为神做审判,抵抗他们是犯罪,更不用对他们做人身伤害了。这与抵抗那些下级法官同,即使他们是烈狮与财狼。他们由最高执政官以色列与犹大的王派遣,也在为神做审判。他们间的区别在于:士师(审判者)是神在各支派中兴起的,所喜悦的,且都有信仰。他们在信中得救(《希伯来书》11:32),不依他们的权力压迫百姓。但是,这些下级法官,如撒母耳与以利的儿子,却屈枉正直。所以,在士师(审判者)年代,神赐予他子民以救主与士师;神便是他们的王。不过,王位是与特定的支派相捆绑,即大卫家要做犹大国的王。

2. 王是世袭的,但士师(审判者或法官)却不是。

3. 士师(审判者)是作为民族的王由以色列民选立(《申命记》18:

---

① 布伦修(Brentius,1499—1570,德国改教家、解经家)。原注:"正如布伦修所看到的一样:homi. 27, in Sam. in princ。"

> **问三十九** 君王究竟有没有法律之上的特权？或者,这种特权就是"最高司法权"(jura majestatis)？

14—15;《撒母耳记上》10：17—20;《撒母耳记下》5：1—3)。最初的王(即使也是神的合法命令)是向神寻求对其他国家的一种罪的模仿(《撒母耳记上》8：19—20)。因此,并非如士师(审判者)那样特殊的选择,王当中有许多人都是恶人,且所行之绝大部分都是神眼中的恶。他们的法律、方式与习惯就是压迫百姓;他们的下级法官就是小的暴君、烈狮、虎豹与豺狼(《以西结书》22：27;《弥迦书》3：1—3;《以赛亚书》3：14—15)。王与下级法官之间区别,事实上只有这一点:王是个普遍的压迫者,是老的烈狮,比下级法官有更多的技巧与力量去猎食;而这些下级法官仅是幼小而力量不够大而已。他们本质上都是压迫者;历代君王很少例外。撒母耳说,扫罗事实上(de facto)将如此行,但不是在法律上(de jure)如此行。扫罗之后的大部分王都将步他后尘。这种暴政很恰当地称为君王的行为方式(jus regis),而不是士师(审判者)之做事方式。那有信仰的士师(审判者)并不是这样做的。在扫罗之前,神就是管辖百姓的王(《撒母耳记上》8：7)。我们承认,在以色列民厌弃神的治理,要像列国一样立王来治理他们之后,所有的下级法官也都成了小暴君,而君王则是大暴君。这是对以色列民拒绝耶和华与撒母耳做他们的王与士师(审判者)的惩罚。阿尼索斯如何能说,这种君王行为方式乃是赋予权力(potestas concessa)？当然,我期望这是神之所授,而不是对王权的滥用。不然的话,保皇党必定会将所有的暴政行为归于扫罗这个人(《撒母耳记上》8：11—14)。理由在于,以色列人因自己受压而对神呼喊与抱怨,却没有指向扫罗的权力滥用。所以,这里是在谈论权力使用问题,是对神给予的王权的合法使用问题。其中没有这样的区别:合法权力在道德行为中使用和合法权力被滥用。阿尼索斯给出关于君王与暴君相互区别的核心在于:他们在本质与种类上是"一"。他说,暴君干那些法律规定他能做的事,而君王不行那些法律允许他做的事。这样便很明了:暴君必行法律所规定之事,这是合法的;而君王要想为王必不行那些法律规定之事,必须要对他的王者职分犯罪! 神给予这王权是为了肯定和赞美暴君,非难和谴责君王!

如果这种关于君王的法律是神所允许的法律,即君王可依其权力的绝对性压迫百姓,如离婚之法①等,那么,阿尼索斯、巴克利等保皇党必定会说,神给予了每个君王行暴政的法律,乃是因为君王心之坚硬。但是,我们需要对此有些讨论。离婚之法只是一项人为条例,允许人们在某种特殊紧急的条件下执行,即当丈夫出于内心与喜爱的偏离,不能继续爱他的妻子之时。所以,神允许他以免罪的方式让他离开妻子。但是,双方应该有自己的子嗣②。虽然这对有些妇女是一种痛苦,但这项法律的意图和目的对整个以色列国是有益处的。我认为,这是神允许他子民的一项严厉冷漠的条例,如主人对仆人、对陌生人(不包括主内弟兄)收取税金等。但是,说神应该颁布一项许可法(permissive law),规定耶罗波安去迫使全以色列民犯罪,强迫崇拜金牛犊等,那就是另一回事了。说君王当依靠这神圣的许可法像嗜血的尼禄那样杀戮神的子民,我们在神的话中找不到这样的支持。请读者来判断这情形:神赐予一国以君王,保皇党是否承认,这就是神为这国所赐之福?依神的某一律法,像离婚法那样,君王是否就如合法的绝对烈狮那样去残杀吞噬六国之百姓?他们已经公开宣称信仰基督及他的名了!如果扫罗有神的律法,授意杀无辜的约拿单,那么,抵抗他便是非法之举。扫罗以这一条例就可以变得比尼禄、朱利安或任何一个吃狮奶长大的王更嗜血、更残忍。有人可能会说,扫罗是吃虎奶长大,是神对以色列民的降灾,以色列民必须成为他的奴隶;尽管对百姓而言,王是神赐的礼物,是要带他们过和平与属神的日子。显然,这种说法缺乏理性。这等于说,神有一种许可法,允许君王杀害基督的教会。这与君王的共利本质和目的完全相反。同时,这也违背了那永恒不变的本性之律,即人可因手中的权力,依靠神的许可法,便可屠杀数以百万计的无辜者。

有些人反驳说:"这违背爱的义务,以及本性和神的律法规定:丈夫当爱自己的妻子(《以弗所书》5:25)。这里却说丈夫当让妻子走。神不喜离弃,但神又给了一项法律示意,丈夫可以和妻子离婚,打发她走。以

---

① 这里以"离婚"条例为例,乃是因为耶稣在回应法利赛人的休妻问题时,说:"摩西因为你们的心硬,所以许你们休妻。但起初并不是这样。"(《马太福音》19:8)
② 卢瑟福这里做了一个注释:在以色列,没有子嗣对于女人来说是一种诅咒。

问三十九 君王究竟有没有法律之上的特权？或者，这种特权就是"最高司法权"(jura majestatis)？

此类推，神当然可以立法，即使这法违背本性。规定君王可行杀戮而不得遭受抵抗。"

驳：1. 这里的问题并不是说：神是否可以立许可法允许压迫无辜者？我想他会。就如神可以命亚伯拉罕杀自己的儿子以撒那样，依神的律法，亚伯拉罕必须杀以撒，除非神撤回他的命令。或者，无论神是否撤回他的命令，他都要去杀自己的儿子；这是对神之爱与顺服的行为。这里就远不止于许可法了！

2. 经上对离婚的许可法规定已很明晰。这不是一项关涉到对一国或多国的普遍的毁灭法律，仅涉及几个怨恨的妇人。离婚法并不给所有丈夫离弃自己妻子的权力；它只是针对那些不能再爱自己妻子的丈夫而言。但是，关于君王的法律却是普遍地适用于所有的王——保皇党认为所有王都是绝对的，抵抗任何一个王都是对神的犯罪与不顺服——即王有神圣律法为后盾，可以杀戮自己臣民。如果教会出现了一个吸吮自己鲜血、且有绝对权力的喂养之父，那倒是没有他会更好！对这样的许可法，我们找不到任何神的话的支持。我们也找不到神因君王心坚硬而立此类法律的证据。这对他的教会与人类来说都是极大摧毁。这样的许可法，作为神的法律，如果有的话，我们肯定能在基督所说的话中找到只言片语。否则，我们无法接受。阿尼索斯①认为，专制君主在践行暴政时成了臭名昭著的暴君。在没有其他补救方式的情况下，人们可以在不犯大罪的条件下将其移出政府。我要问：人如何能废除神的律法？——即使是这许可法。如果神的许可法授权某个暴君去杀两个无辜百姓，这已经多多少少是暴政了。但是，神的律法没对这里的度做出区分。

3. 这许可法显然与那限制君王之神的律法（《申命记》17；16—18）相违背。我们如何能去信仰，神立了一项普世性的法律，却与他在以色列有王之前所立之法相违背？

4. 布伦特（Brentius）的说法倒有几分道理。他称之为许可证（执照）。使用者必定是缺乏节制之人。

---

① cap. 4. distru. Tyran. et princ. n. 16. ——原注

5. 阿尼索斯认为，君王可为公众益处而谨慎使用权力的全部，因而必须有公正地使用它的必要性，并确保这种使用是合法的。亚哈王不公正地占有亚伯的葡萄园。他的主要犯罪原因在此；而且，他特别地以谋杀的方式占有了葡萄园；对于犹太人来说，也不能将财产从一个支派转移到另一支派。即使如此，这种绝对权力也不是由法律许可的。依许可法，神允许离弃妻子；违背许可法是犯罪。但是，按照他的说法，权力的充分使用应该考虑到公众益处。我怀疑，什么样的公众益处能让暴政与杀戮百姓这样的行为合法化？人的主观意愿不能使内在为恶的东西成为善。

6. 这如何是神的许可法，而非神任命下级法官的认可法（approving law）？这里有神的认可意识啊！

7. 可见，阿尼索斯认同君王抢夺臣民的葡萄园和财产。他们之错在于抢夺的方式和方法上。如果没有法律规定，拿伯不得卖掉他的葡萄园；如果亚哈王要这葡萄园做什么公共之用，他就可夺得这葡萄园。亚哈犯罪的最大错误在于，他以谋杀为手段抢夺拿伯的葡萄园。因此，阿尼索斯说①，以君王之法（《撒母耳记上》8），"神给了君王管辖其子民的统治权，无论是其儿子还是女儿，抑或田地、葡萄园、橄榄园，或是仆人与羊群，都在他的统治权内"。他继而引据《但以理书》（2：38），证明地上走兽，天空的飞鸟，以及一切都在君王的权力之下。所以，万物都在君王的管辖下，臣民只是被使用。

但是，(1) 这种君王之法并不能成为君王有法律之上的绝对性的基础。这里也没有神的许可法，只是设定了君王对人与事的治理权，来自神的认可法。这并不是如阿尼索斯所说的，神允许恶的存在。

(2) 此处的经文并没有谈论任何法律，或合法权力，更不涉及扫罗王权的绝对性，仅谈论了他的邪恶手段，他的抢夺与暴政。"他必取你们的儿子、你们的女儿、你们最好的田地、葡萄园、橄榄园等。"（《撒母耳记上》8：11—14）扫罗取这些人与物并不依靠任何律法规定的管辖权，而是依靠赤裸裸的暴政。

---

① c. 1. de potest. maj. in bona privato. 2.——原注

| 问三十九 | 君王究竟有没有法律之上的特权？或者,这种特权就是"最高司法权"(jura majestatis)？|

（3）如我在前面所说的,对臣民要适度。否则,我们怎么可能依第五条诫命而给君王纳税（《罗马书》13：7）。我们的纳税与君王产生之前所纳之税一样。

（4）阿尼索斯说,万物归王所有。对于君王的普遍审判权而言,君王管理并命令万物朝着它们的统一目标前进,包括国家的全部财富。普遍本性关注种与类的保存；个别本性则关注个体的保存。因此,人关心个人财物；君王则要将个人财物用于公众利益,但不能夺走用于个人目的的个人财物。君王的管辖权并不仅包括这些。王对个人财物的占有；君王占有个人财物,不能像个人占有自己财物一样；他不是这些财物的主人与拥有者。君王对财物的管辖权仅在于规范财物的公共使用；如果财物使用仅仅用语私人目的,那就是滥用。君王抢夺我面包的权力不属于他的管辖权。他吃我的面包像吃他自己的面包一样,好像他才是我的面包的主人；那么,这就是所谓不合适地滥用管辖权。君王拥有信任和分配行的权力。他支配我的面包,但不得吃我的面包；支配我的房子但不得住到我家里那样。他只有管理性权力,如同一个公共而受尊敬的仆人与看门人,为了公众的利益而管理我的面包、房子、钱、天地。以适应公众益处。管辖权被定义为："在不受强力或法律阻碍条件下,对某物的任意使用能力。"(Justin. tit. c. de legibus in l. digna vox, &c)因此,我对我自己的衣衫、房屋、钱财有管辖权,只要不违背神和人的法律,我就可以任意使用。但是,我不能将我们的玉米地荒废了,既不让它生草也不让它长玉米。此时,君王可阻止我如此做,因这伤害了公共利益。作为主人与最高统治者的亚哈王,对拿伯的葡萄园并没有这样的管辖权。君王怎么可能成为万物之主人呢？

问四十

人民是否有在君王之上的权力？这权力是否以君王之誓言，他立的约或其他方式确立？

亚里士多德说①："暴君寻求个人利益；君王寻求臣民利益。一个不拥有善且不求善的人不能为王。"这句话的前半部分从职分上把君王与暴君本质性地区分开了。每个职分都要求在职者内在地履行其职分义务。有义务要求，就有责任。哪里有政治义务，哪里就有政治责任。1. 现今，对于平等个人间以及上下级间的政治义务而言，事实上，其运作不需要共约作用。但是，从权力上讲，有这种共约作用是存在的。两个相邻的君王与国家，相互之间独立平等，其中一个对另一个负有义务。亚扪人对大卫和以色列行了错事，即是羞辱了大卫派来的使者，因他们是事实上平等的个人与国家，一方不能惩罚另一方。但是，在权力上，大卫可以强迫亚扪人履行其作为政治联盟成员的政治义务——独立的国家间必定存在某些政治规则；一些政治性的或民事性的法律，例如，由两三个国家组成的社会团体如果没有必要的政治规则，他们就没法很好地共处。——此时，大卫和以色

---

① 亚里士多德：《伦理学》，Ethic. 8, c. 12。

问四十	人民是否有在君王之上的权力？这权力是否以君王之誓言,他立的约或其他方式确立?

列依本性之律可以暴制暴。如邻里或邻国之间的法律被打破,一方便可惩罚另一方,即使他们之间并无上下级关系。

2. 平等个人或上下级之间只要有契约或誓言的存在,契约或誓言的一方对另一方就有某种形式的强制力。如果父亲立约给儿子十万英镑作为他的继承财产,在他立这约前,他依本性之律给儿子财产,而没有这项义务。但是,立约后,他便有了承诺性、契约性与强制性的义务了。此时,他必须给他儿子这十万英镑。否则,他便是违背了国法与民法;儿子也拥有强制其父给他十万英镑之权力。一便士都不能少,即使父亲是他的上级。君王只是简单地站在国家与人民之上(对此,我永不苟同);一旦君王与国家立了契约,如我在前面长篇论述的那样,他就必须居于某种强制力之下而履行所立之约。其承诺如同债务。如果协约是政治性的与民事性的,如大卫与以色列的约(《撒母耳记下》5：1—3);以及约阿施与以色列民所立之约(《列王纪下》11：17—18);之后,君王就必须履行契约所规定的义务,即使世间没有什么东西在君王与人民之上来强迫他们履行他们所承诺的义务,但从权力上讲,国法与契约双方可强迫对方共同执行。理由如下:

(1) 依据国家间的契约,如一国对另一国行违背契约之事;即使两国是独立的国家,那被错误对待的国家也有共约权力(有时候,他们很弱,需要借助其他力量。但他们有权利进行制约),强制违背契约的一方遵守契约规定,或给予惩罚;因本性之律授权以暴制暴,这种暴力并不带着任何复仇和恶意。

(2) 承诺与契约之本质也证明了这一点。所罗门说:"我儿,你若为朋友作保,替外人击掌,你就被口中的话语缠住,被嘴里的言语捉住。"(《箴言》6：1—2)什么会使自由之人会成笼中之兽？——当然,所罗门说,替人击掌、表态、承诺与契约都会造成这种状态。当今社会,债权人有法律赋予他的强制担保人偿还其债务的权利;无论他与担保人是同等关系,还是下级与上级的关系;而且,法官有义务帮助债务人强制收回债务。显然,在法律共约权力之下,契约能使一个自由人屈于另一个同等或比自己弱小者。对于强者来说,他依友爱之法帮助弱者施行其共约权力,迫使契约双方的强者履约。如果不列颠王（就算——并非就是那样——他在国家至上）在约之下寻求不列颠人民的益处，而非自己的利益，保卫真正的新教信仰，那么，不列颠人民还是有权力迫使他履约；同时，苏格兰（假如英王比英格兰强大，破坏了他与百姓之约）还是有义务依神的律法（《箴言》24∶11）去帮助他们的英格兰弟兄增强他们的武力和共约权力。

3. 当主人首先破坏主仆之约时，法律应该授权奴仆脱离主人。皇帝与君王首先是国家的仆人，如果他们对国家犯了什么罪过，他们当像其他奴仆那样接受国家的惩罚。

阿尼索斯说[①]："这样势必引起骚动与叛乱。""埃及人将托勒密(Ptolemaeus)推翻，因他过度冒犯了自己朋友的名字，也就是罗马王。"狄奥尼修斯说[②]："阿卡但纽斯(Archidanius)因娶了比自己低下的女人而受到国家的惩罚。"普鲁塔克说[③]："古勃艮第人(Burgundians)认为，只要国事不如意便可驱逐君王。"马塞尔认为[④]："在西班牙的哥特人那里，只要君王使百姓不悦了，他们便会驱逐自己的王。"

驳：所有这些不会得到人民的赞同。君王不会因为每一次权力滥用而被废黜。人民不会因每一次的权力滥用而失去其权力。

阿尼索斯区分了三种誓约：第一种是君王誓言捍卫真正的信仰与教皇。不过，这并非表忠诚的誓言，或者是对教皇与教士所立的条约与契约；这仅仅是表示提供保护。而且，君王不是从教皇或教士那里得到自己的王冠。

驳：1. 阿尼索斯所拆开的誓约应当被连接起来。我们不曾听说，君王保卫信仰依一个誓约；而行审判与公正却靠另一个誓约。大卫并没有与以色列民立两个约，只立了一个。2. 立这类誓约的君王就不是君王。君王与国家之间必定是协议式的契约。诚然，他并不从教会那里得到王冠；但大卫因"喂养神的子民"这个目的来说，还是有条件地从教会得到王

---

① q. 6. An princeps qui jurat subditis, etc. n. 2. ——原注
② 狄奥尼修斯，Dion. l. 9. ——原注
③ Plutarch, in Ages. in pris. ——原注
④ Marcel, l. 27. ——原注

问四十 人民是否有在君王之上的权力？这权力是否以君王之誓言，他立的约或其他方式确立？

冠。马斯（Papir. Masse）①说："王在立誓约前一刻都不是王；并且，他不仅仅是首要的神的律法的守卫者，也是人为法律的守卫者。"经上所记这样的誓约都属于契约，如《申命记》（17：17—18）、《撒母耳记下》（5：1—4）、《列王纪下》（11：17—18）等处所载的誓约。

阿尼索斯认为第二类誓约是"君王誓言以平等与公正行统治"等这类誓言。他说："并没有宣此类誓言的必要。一个承诺足矣。誓言不会增加义务，仅能拓展了信仰范围。如果君王违背了誓言，仅能以违誓之罪来惩罚。王言与他的誓言有同等效力，除非他屈尊出于投其所好，取悦百姓而去发此类誓言。显然，这不出于必要性，而是出于迁就。君王并非宣誓才被立为王，而是因他是王才宣誓。正如，他并非被加冕而成王；他被加冕乃是因为他是王。王冠是由继承而来的，君王永不消亡。在他被加冕之前，他就天然地为王了。"

驳：1. 这类誓言实际上属于前面所说的第一种誓言，包含在君王与人民所里的契约里（《撒母耳记下》5：2—4）；阿尼索斯也承认绝对权力要宣誓行君王之义务，如柏丁（Bodinus）要向法国宣誓②：我以神之名，在法官面前宣誓，要尽我所能以平等、公正、仁慈来行我的统治。马斯③也有同样明确的表述。这个誓言要求君王宣誓自己不是绝对君主，他不得以君王之法进行统治，不行如扫罗那样的暴政（《撒母耳记上》8：9—12），正如保皇党对此处经文的阐释。

2. 这是企图混淆君王之承诺与君王之誓约间的区别。承诺、契约对所有人都一样，包括君王，使承诺人与契约人屈于守约之民事法律与政治强制力之下，这与誓约同。人对朋友保证会视其儿子如己出，替朋友尽父责。这种保证同样无民法约束；但他需要履行他所承诺的。从法律与政治义务上讲，他已经被他的承诺束缚住了，就像他曾为此宣誓过一样。流便非常小心地将便雅悯安全地带回他年迈的父亲那里（《创世记》42：37）；犹大也做同样的事情（《创世记》43：9）。但是，他们从未为此宣过什

---

① Papir. Masse, l. 3, Chron. Gal. ——原注
② 伯丁：《共和国六论》，de Rep. l. 1. c. 8. ——原注
③ Papir. Masse, l. 3, Chron. ——原注。

么誓。的确，誓约并未为承诺带来什么新内容，仅在神前增加了敬畏感。相应地，契约者若违背的承诺与誓约，他就在违约的罪名下必须受到人为法律的惩罚。如今，不列颠的盟约让英王居于政治义务之下，如同他对此宣誓过一样。这点是很清楚的，是得到神的话的肯定的："虽然是人的文约，若已经立定了，就没有能废弃或加增的。"（《加拉太书》3：15）即使按人为法律来看，无人能废除已生效的盟约。因此，立约之人就将自己带到履行契约的法律之下。君王在加冕礼上所宣的约，就将他自己置于人为法律之下了。虽然大卫被这群保皇党们诬陷为绝对君主，但在被选立为王前，他同样居于约下。

3. 无需誓约这种说法站不住脚。这一说法的实际意思是：法律不能制约那宣过誓的君王。对此，我坚决反对。这无疑是在说，法定的庄严承诺没有必要——法律无法制约君王（保皇党语），即使他违背了他所承诺的。照此理论，大卫就无需在他的加冕礼上与以色列民立约。即使大卫变成了如尼禄与朱利安那般嗜血的攻击教会的敌人，人民也奈何不了他。耶利米何必要求犹大王的誓约呢，保证他不被王所杀，也不将他交到他敌人手中？大卫又何必与约拿单立约呢？耶利米与大卫要求立约，并非想要对王或统治者在法律上采取什么抵抗行为。同样，君王若违反誓约，人民不能有任何反对行为。这是老调重弹！

格劳秀斯认为，在七种情况下，人民可以采取实际行动控诉或惩罚君主：（1）如果王与人民在财富问题上达成协议，如斯巴达的民事政府那样，人民可将王判死。（2）王可以普通人的身份被处罚。（3）如果王放弃他所继承来的国家，那么，他此时的行为无效；人民可以抵抗——因为国家只是终生租赁于他。用巴克利的话说，此时，他就得丢掉他的王冠。（4）王若恶意寻求摧毁国家，他便丢掉了对国家的统治权。（5）如果法律规定，王若犯某些罪或行某些压迫，臣民便不再受臣民身份之约束；那么，当君王如此行时，他就成了一个普通人。（6）如果王拥有一半的国家，而百姓与议会拥有另一半；而且，王在不属于自己的那一半土地上猎事；那么，人民便能以强力抵抗他，——因他并不拥有整个帝国。（7）如果王冠被授予之时，就明晰规定，某些情况下可抵抗王；那么，就存在一些本性自

> 问四十　人民是否有在君王之上的权力？这权力是否以君王之誓言，他立的约或其他方式确立？

由不在王权管辖范围内，而握在人民手中。

4. 关于他的君王宣誓理论的几点质疑。（1）那种认为君王的誓言只是取悦人民的仪式；认为王是天生的王，因而宣誓为王，成为王；这种说法是有问题的，必须否定。无人生而为王，也无人生而为臣。为王者乃是因为人民立他为王，所以他必须宣誓。托莱多(Toledo)议会规定：唯宣誓者能坐王位。（2）誓约属宗教性的义务与责任，不是主观性的礼仪。（3）王可只在内阁中宣誓，如大卫与约阿施那样。（4）他宣誓才能为王，而非他为王才宣誓。如果说，他承诺或发誓要做一位公正的王，乃是因为他本身是一位公正的王，这是多么荒谬啊！同理，百姓宣誓对新王忠诚，不是表明他们会在未来恪守忠诚，乃是因他们已忠诚！如契约在王那一方看来是出于迁就的仪式，而非出自必要性，那么，作为契约另一方的人民也必然是出自迁就的仪式才签订此约。

反：阿尼索斯说，虽然契约不能与法律混为一谈，但它毕竟是建立在契约双方同意基础上的东西，双方都有义务。因此，臣民在契约中表达了忠诚；如果他们违背了这一点，他们就当接受惩罚。

驳：契约双方都不能违背契约所规定之条件，双方同意，契约才能完成。在买卖协议等所有协议中，协议双方的任何个人意志都不得与协议相悖。这与法律相同。我要问保皇党：视察耶利哥的探子与妓女喇合间的约要是没有任何法律效力，探子会没有任何义务吗？如果喇合与探子没有明言违背约的条件，在以色列占领耶利哥时，喇合能不待在自己家里吗？法律告诉我们，奴仆若没有缴纳他该缴纳的租税，他就会失去他的田地①。现在，君王只是国家的奴仆；如果他变成了暴君，难道他不该失去他的王权吗？！

阿尼索斯在托莱多议会说，百姓祈求君王温顺与公正；这并非基于自愿契约与协议，而是因为百姓与君王如此做会喜悦神②。

驳：君王与百姓双方不得相互厮杀，这与买卖双方得相互诚信一样。

---

① Bartol. in l. 1, n. 4, de his qui not. Infam. ——原注
② 阿尼索斯：《论权威原则》，4. c. 47; c. 6, an princeps qui jurat subditis。

原因有二：其一，神说过，虽然自己吃亏，也不更改的人，能住在他的圣山上（《诗篇》15）；其二，双方如此这般地签订了契约与协议。

阿尼索斯：诸王都顺服于神，但非奴仆一般。主人要是身犯重罪，便丧失其土地；神能丧失其国吗？无合法理由，主人则不能剥夺奴仆之田地；神必须借助法律程序才能收回他赐予奴仆的东西吗？如有些法理学家所宣扬的，奴仆可违反主人意志情况而合法占有田地。试问：天下哪个王能在违背天上之神的旨意的情况下而合法篡取国家的？我们虽然承认这种类比，但百姓没有君王之上的法律。奴仆的强制权力在庄园主的手中，而惩罚君王之权力只属于神！

驳：1. 我们不将庄园主与天上的主进行比较。我们承认所有这些相异性。但是，作为神奴仆之君王，他是那立他为王的百姓的尊贵奴仆。2. 百姓选择立此人而非彼人为尊贵仆人的继承者。3. 百姓立他为王是为了他们自己，为了他们能过恬静、诚实与属神的生活。4. 在立王之初，百姓就对王进行限制。他要依法治理他们，为他们的益处而行使权力，除此没有更多权力。在这四件事上，百姓在王之上。因此，他们拥有对王的强制权力。

阿尼索斯：宣誓只能使君王之诚信受到质疑。律师说，当某人的诚信得到公认时，他便不需要对此宣誓。

驳：1. 我们也不需要下级行政人员、战争中的指挥官、牧师等宣誓了。他们被公认为诚信之人。让他们宣誓，只会让他们的诚信蒙羞。2. 大卫要比我们今天的王诚信得多，将他置于誓约之下似乎是对他诚信的质疑。大卫登上王位时，约拿单叫大卫宣誓善待其后裔。耶利米也让犹大王立誓约。这些事例因此在这些王身上刻上虚假印记了吗？

阿尼索斯：在圣经里，我们看不到君王对臣民表誓言。

驳：1. 君王宣誓履行其义务，比以契约之形式宣誓履行同样的义务，能更不合适吗？这是你无论怎样也不能否认的契约。2. 在宗教义务之契约中总是有誓言在其中（《历代志下》15：12—14）。因此，杀牛与发誓（《耶利米书》34：18）都是它的仪式或形式。3. 百姓给予君王的顺服誓约（《传道书》8：2），还有君臣间的共同盟约（《撒母耳记下》5：1—3）；我把

> **问四十** 人民是否有在君王之上的权力？这权力是否以君王之誓言，他立的约或其他方式确立？

这个问题留给那些贤明者。百姓在共同盟约中宣誓顺服，君王则不对百姓宣誓吗？！

阿尼索斯告诉我们，第三种誓约是那些有限君主所立之誓。丹麦、瑞典、波兰、匈牙利的君王就宣这样的誓言。没有议会的同意，君王不能做任何事情；所行只能依据法律程序。这其实就是先前两种誓约的再次精确。王子不能违背自己的协议。在这个意义上，法律认为，王子与普通百姓无异。大家都知道，皇帝是由贵族与选民来指定与选立，且受他们管制，更甚至他们可依法废黜皇帝。

罗切斯特的主教①从巴克利的理论出发，说："除了授予王权的人，或有授予者的明确指示，无人能剥夺王权；因为王权只是从这授予者而来。只有神借助人民给君王以王权；因此，必定只有神，以及手握神明确指令之人，才能剥夺王权。"

驳：1. 这同样可以证明，只有神通过其直接行为，或有神明确指示之人，才能剥夺一位身处丑闻中的牧师的职分。只有神与他的治安官才能取人命（《民数记》11∶14—16）。对于那些直接从神那里得权柄的下级官员（《罗马书》13∶1），如果论到职分乃神直接所授，那么，上级法官也绝不能剥夺任何下级法官之权力。藉着农夫的辛勤劳作，只有神才能使葡萄园硕果累累，并不是农夫使葡萄长过荨麻与石楠。2. 这理论必定可如此推演：百姓作为神的工具，神仅通过他们的行为立合法的王；那么，百姓作为神的工具，神仅通过他们的行为立王和废王。对百姓而言，立王是行神在他们面前所行之事——因神借他们行每件事；同理，百姓可废王。这两种行为都是依据耶和华的统治意志而行（《申命记》17∶14—20）。

这位很少讲出真理的教士接着说："依据神的律法与本性之律，父权在家庭父亲的手里。孩子出生前，在他们能移交自己权力或同意移交自己权力之前，父权就已经产生了。所以，君权（从父权而来）是对众多家庭或国家的统治，即与众家庭相关的那个父亲；在这众家庭能移交他们权力

---

① 指 Joan. Episco. Roffens 主教（时任 Rochester 教区主教）。原注：de potest. p. l. 2, c. 20。

之前，君权便存在了。君王直接神授，并非人授；人民只是对这个人坐王位表示了赞同而已；或者说，只是在某些时候选立某些人当王。即使君权主要是给百姓的，也不是像百姓自己之权力一样给予百姓的——因它只是神的权力。它并没以其他方式给予百姓，而是像给人一滩水、一束光、一件容器那样，只从百姓手中经过。"对此，安东尼奥主教[①]有更细致入微的分析："如果君王要通过仆人的手为某臣授予荣誉，这仆人并不拥有授予或不授予荣誉的权力与自由，只是依据君王之命令授予；那么，我们可以毫无顾忌地说，这臣所拥有的荣誉直接来自君王。地球是直接由太阳照亮的，地球是接受者；它在接受阳光时有很多中间物体与要素的参与，但太阳才是光的真正原因，具有给予光的足够能力和充分原因。因此，无论在谁手中，王权都直接来自神。虽然它由人民赋予这人或那人，但只有神才是王权的真正有效的原因，是其所是，行其所行。如人问：什么直接使树着火？稍有理性之人也不会说：它着火了，不是因为火，而是因为那把树放在火上的人。"要是这位教士也知道这个论证，他早用上了。

驳：1. 父亲在没有孩子前并无父权；在孩子的自由意志认可之前，父亲就是父亲了。无论孩子同意与否，从世代生物行为上看，父必为父。假定父亲是一极邪恶之人，没有任何道德尺度，但他被造为父。从物理上来讲，他永远不能摆脱父亲的身份。他可能没有做好作为道德上的父亲义务（non pater officio），但就自然血缘而言还是父亲（pater natur generantis Vi）。绝不需要小孩的自由认同而使基士为扫罗的父亲；他天生就是扫罗之父。由此类比扫罗为王与道德上为父是不恰当的。一个依善的法律在和平与属神的生活中统治、治理、引导、守卫以色列的父，即使在斯巴拉多主教方式上，我也期望有人民自由意志行为的参与。用我们的话说，人民必须认可他为王。他必须由人民来选立为王。对于自然之父，不需要儿子这种行为的参与。显然，这种类比不能采用。这种说法是错误的：在众家庭同意让度他们的权力并立他为王前，这个人就拥有君权统治着众家庭了。按保皇党的逻辑，在以色列民立扫罗为王前，他们并

---

① M. Antonius, de domini. l. 6, c. 2, n. 22, 23. ——原注

> 问四十　人民是否有在君王之上的权力？这权力是否以君王之誓言,他立的约或其他方式确立?

没有找到很好的中介证明,在扫罗那里就已经有了正式的王权并能做以色列道德上的父了。基士在扫罗同意前就已经是扫罗的父亲了;作为扫罗之父,他有他正式的父权。保皇党在此陷入了困境。在人民立这个人为王前,他就有了某些天赋;但这些天赋并非这人借此正式为王的王权啊！许多人比坐王位的人更具王者天赋,但他们都不是王啊！同样,在他们那里也没有正式的王权啊！在这种意义上,彼特拉克(Petrarch)①说,有许多的王与王国(Plures sunt reges quam regna.)。

2. 他说:"人民并不赋予王权,仅是认可某人的人格或选择了这个人。"这纯属胡说。以色列民在希伯伦选大卫为王,拒绝扫罗的后裔当王,这是什么行为？难道仅是神借着以色列民的自由选举授予大卫王权的一次行为吗？在此之前,大卫在伯利恒受膏于撒母耳(《撒母耳记上》16)。他只是一个普通人,扫罗之臣民,也无圣灵授之为王。在神借以色列民之认可并在希伯伦立他为王前,他不是王。撒母耳既没有荣耀他为王,也没有跪他为王。以色列民也没呼喊,神救大卫王！在受膏之后,大卫还敬扫罗为他的主与王。请保皇党指示我们,除了这次以色列民在希伯伦正式立大卫为王外,还有什么神立大卫为王的行为？如是这样,人民便是神的容器。只是在这次行动中将王权转移,同时选择某个人为王。保皇党宣称这属于不同的行为。

3. 立王之权力对于人民来说是根本的、本性的。就如有人认为蜜蜂有一种在本性上选择蜂王之权力一样,社会也有在本性上防御与保卫自己之权力。神在《申命记》(17：14—15)中已启示了选立统治者与王的行为与方式。这也是一种防御与保卫自己的特殊方式。人民作为王权的最主要主体与源泉,就如水之源泉一样。如有人将源泉变成神给予水的器皿,我保留进一步给予意见的权力,因所有受造物都是神的器皿。

4. 斯巴拉多主教所做的类比走得更远。人民从十个人中选王,在神的律法的规定下(《申命记》17：14—15),他们有选择任何人的自由意志。

---

① 指 Francesco Petrarca (1304—1374),在英国被称为 Petrarch;意大利学者和诗人,有"人文主义之父"之称。卢瑟福没有给出此言的出处。

选择即使犯错,错选了恶人;但这个被他们选出来的人依然为王,且是神的王。如果王令其仆人在 A 与 B 中选一个骑士;如果这仆人在 C 和 D 中选了一个人为骑士,那么,C 和 D 中的这个骑士就是无效的骑士。确实,这里的荣誉直接来自王,因王的仆人没有选立骑士的固有权力。但是,人民依天生固有的本性权力选此人为王,而非彼人。我认为,这被选为王之人当对人民心存感激;他们否决了其他人,他们用手中的权力选立他为王。

5. 光之为光,直接本质地来自太阳。王之职分也直接由神确立,无论这职分是自然的还是人为的。此人为王并非因他的王者天赋,即使这些直接来自神;而且,这些天赋的教育与教会对他的作用非常巨大。他正式为王乃是基于他王者的本质与内核,而非在于神的"直接性",如光是从太阳而来那样。这里需要经过人民的赞同这个中介(《撒母耳记下》5:1—3)。人民立他也不能仅因为他丢了块木头进火里;木头并非生火的本质原因,是火使之为火;并非因木头接近火,也非火接近木头。人民并没有把王权给某人;王权直接在神那里并由神给予为王之人。阐述这样一种给予,对我来说,是一种不可思议的事。王权根本地就在人民那里,如同源泉与原因。他们将它给予那被立之人。当然,在立大卫为王之时,他们将王权给了他。这完全是真实的事。保皇党忘记了,他们反复宣称的是,他们从乌尔皮安(Ulpian)那里得到绝对君主,却误解了人民为什么放弃他们富人的所有权力,把自由、生死、财产、纯洁、抢劫、杀人与不义战争等这些权力让渡给了一个绝对君主这样的受造物。格劳秀斯甚至说,人可将自由卖给主人而成为奴隶。如果人民将这权力让渡给了不列颠王,即使这是君王之超验的绝对权力,那么,这权力无疑在人民那里。否则,他们如何能将自己没有的东西让渡于人呢?如自由直接在神那里,人就不能让渡自由给主人而成为奴隶。按照保皇党的理论,如最高统治权直接在神那里,人民不得对这权力发出任何行为,不能将它给此人而非彼人。人民只有事后赞同权力,赞同这神已直接赋予王权的人拥有王权。另外,他们说,人民立王可以指定一些条件,如废王之七种情况,在这些情况下至少可抵抗。格劳秀斯说:人民可给予君王一半或整全,有限或无

> 问四十　人民是否有在君王之上的权力？这权力是否以君王之誓言，他立的约或其他方式确立？

限之王权；但如果这权直接在神那里，或来自神，人民如何能代管？以他们之需要以盎司为单位卖出还是以磅为单位卖出？或是随意而为？格劳秀斯①、巴克利②、阿尼索斯③等人都教导人民可以卖出或给出。阿尼索斯不知廉耻地引用亚里士多德④说，依法统治的人不会是真正的和绝对的君主。这显然与亚里士多德所说的相反。

---

① 格劳秀斯：《战争法权与和平法权》，l. 1, c. 4。
② 巴克利：《反君主论》，advers. monarch. l. 4, c. 6。
③ 阿尼索斯：《论权威原则》，c. 6, de majest. an princeps qui jurat subditis, &c. n. 10, n. se Aventium Anal. l. 3。
④ 亚里士多德：《政治学》，polit. c. 12, l. 3。

问四十一

在合法性防卫问题上，这位教士是否把我们捆绑于耶稣会教义？

在自卫战争的合法性问题上，这位教士毫无理由地将耶稣会士的所有教条都归于我们，如若我们成功地证明这是早在耶稣会士产生前就存在于圣经中的真理，这位教士便会从他的事业上滚落下来。

教士①：勃艮第人（the Begardi）认为，世上没有公正的政府与法律。对此，我从可拉和大坍等故事中就知道了②。于是，我就非常害怕我们的时代也会幻想这等邪说。

驳：这好诽谤中伤的教士，紧接着就开始掩饰自己，说：他们自以为与他们一道的人，都真心地认为政府不仅是合法公正的，而且对教会与国家都是必需的。但是，他指责的都不是我们所想的。

教士：有人说，统治权建立在恩典之上，无论是里昂穷人派（Waldenses），还是胡斯派（Hussians）都持这样的教义。此刻，我无法证实或证伪它。格尔森等人坚持认为，人们谈论的这些东西必须重新分类和认证。太多人对诸如此类的理论过于自

---

① 马克斯韦尔：《基督教君主的神圣王权》，c. 1, p. 1, 2。
② 可拉和大坍是两位抗拒摩西的利未人，最后活生生被大地吞噬。参见《民数记》第16章。

| 问四十一　在合法性防卫问题上,这位教士是否把我们捆绑于耶稣会教义?

信了!

驳:1.恩典是统治权得以建立的基础,是它的顶梁柱。因此,恶人因他们的世间之罪就不能掌权。——这种教义是教皇主义者栽赃给最早的新教徒、里昂穷人派、威克里夫派以及胡斯派的。今天,耶稣会士、苏亚雷斯、贝拉明、比卡努斯等人继续这样做。这位教士继续把这些诽谤留在他们身上,以免惹怒教皇主义者与耶稣会士,进而把这些罪名加在我们头上。但是,如果这位教士认为,统治权不是建立在恩典之上,那么,在权力上,统治者应该拥有那圣灵,即降落在七十长老身上的呼召圣灵;而他们就不应该是那些"敬畏神、恨不义之财的人"(《出埃及记》18:21),像格尔森那些人那样。他毕竟是相信圣经的啊! 2.格尔森认为,信徒对他们的财产当有属灵上的权力。这点是正确的。我们在圣经中也能找到依据,如《哥林多前书》(4:21)、《启示录》(21:7)等处。

教士:耶稣会士当以他们的诡辩谬误为耻!他们宣扬,教皇拥有直接统治与最高统治之大权,还有管理民事与教会之权。由此,他们给予教皇在君王与国家之上的间接性的正式强制权,而在属灵领域的权力就更不用多说了。所以,教皇便可任意废立君王。我们国家的长老会即使不完全这么行,所行也非常接近于此了。

驳:1.这空话连篇的人装着像一位经院学者。他应该指出,那些持此类观点的经院学者的姓名来! 2.君王必须是主教,因为他们要求君王顺服在福音之下,使基督在教会的权杖责备他。他们还认为,基督徒的王当受渎神与虐杀等罪的遣责。相反,教士则用地狱的魔鬼来杀死君王的灵魂。3.其实是教士在立王!我们的不列颠王加冕时,一个天主教的大教士将王冠戴到查理头上,将王者之剑与权杖交到他手中,并在他手上、王冠上、肩上、手臂上膏油。此时,英王必须亲吻大主教与主教。这不是在属灵的国度立王子为王吗?能立王者定能废王。看看大主教斯波茨伍德(Spotswood)与此事的关系。他给英王提供了那些天主教王的誓言,即公开宣誓保持宗教信仰(对真正的新教信仰只字未提),认真地连根拔掉所有的异端与敌人(即他们所认为的新教徒),回归对神的真正崇拜。神的教会应该把这些罪都判在他的头上。这位教士公开宣示,他们不从王那里接受主教之职,而是从教皇那里接受。试问:在属灵的国度,谁才最接近教皇的权利啊?4. 这位血口的教士又是如何诽谤长老会废王的呢?他专门写了一本小册子,是关于君主制与长老会制政府间的矛盾的;里面充斥着谎言以及对他受洗之教会的中伤。事实上,小册子中所有的观点只是证明了议会与君主制间的矛盾,以及如何将君王变成最绝对的暴君。单凭这点就当判他忤逆。

教士[①]:那位清教徒说,所有民事权都原初地、根本地根植于民众。这是与耶稣会携手共进的。

驳:他花了六页纸来反复重述这点。1. 如果一群人被天主教的暴政赶到了美洲殖民地;他们有权选择自己的政府;那么,这是否是这里讲的异端?整个以色列都是异端了。即使大卫受神的指派与膏礼(《撒母耳记上》16)后,他也不是以色列民的王,直到以色列民在行动中宣誓这权力,即在希伯伦选立大卫为王。2. 无论这位教士做什么样的演绎推理,他都是个不择不扣的二道贩子;与那坐在庭上的大腹便便的判官们的逻辑一样,最终只能让他们蒙羞并颜面无存地被赶出法庭。因为,现在英王与两院之间的论战,就如伊拉斯莫斯(Erasmus)[②]在谈论他的神观时,路德没有指控也没有辩护。不管你是谁,只要你外形像清教徒,你就得被赶出法庭,即使没有做过任何反对信仰与国家之事,也没有违背过任何与神的誓言与契约。他的逻辑是这样的:耶稣会士说过,政府的权力源自人民;清教徒也说过,政府之权力原初地来自人民;因此,清教徒就等于耶稣会士。依照这种逻辑,清教徒确实是耶稣会士,因为清教徒与耶稣会士都承认有一个三位一体的神。如要按这种逻辑推理,我们有更确切的证据证明:这位教士包括整个教士阶层,以及教廷的那些圣人们都是耶稣会士。

1. 耶稣会士宣扬:(1) 教皇并非敌基督者。(2) 基督下降到地狱是为了解救一些人出那监禁之地。(3) 从巴比伦式的罗马教会分离出来是一种罪。(4) 因功称义。(5) 禁食的美德不得遭到非议。(6) 弥撒不是拜

---

① 马克斯韦尔:《基督教君主的神圣王权》,q. 1,c. 1。
② 伊拉斯谟(Desiderius Erasmus Roterodamus,1466—1536),荷兰人,著名的天主教人文主义者。

| 问四十一 在合法性防卫问题上,这位教士是否把我们捆绑于耶稣会教义?

偶。(7)教会是争论的法官。(8)亚米尼教派的教义对信仰更安全。教皇制的本质是真理;天主教的教义应当被广为宣讲与印刷。

2. 教士与教廷的圣人,包括这位教士,在所有这些事上都与耶稣会士不谋而合。在那本叫做《坎特伯雷的悔罪》($αυτοκατακρίσις$, the Canterburian self-conviction)檄文里,这一点得到了斩钉截铁的证明。那些高级教职者与罗马教的任何宗派中的任何人都不能扪心回答。此刻,我们便知谁才是耶稣会士了。

3. 耶稣会士还未出生前,律师和新教徒就在倡导这一教义了。教皇主义者也从中吸取养分。博士从不谈论政策问题,直到近些年,他掌管政府之权力;他必须依本性之光,根本地、原生地根植于人民群体。这位教士认为①,耶稣会士并不是这种观点的首创者。那么,这谎话精如何就能说清教徒与耶稣会士密谋呢?耶稣会士的苏亚雷斯②认为,贝拉明大主教发现的不是什么新鲜事;而耶稣会士泰纳③认为,他们的耶稣会士不是这种观点的生产者,而是神学家与法理学家们毋庸置疑的共同意见。耶稣会士的托勒特(Tolet)以《罗马书》第13章为基础,认为民事权利来自神,只借助了人与社会之调节功能。

4. 耶稣会士说,没有合法的基督徒社会,真正的政治要有选择和任免官员的正式或类似的权力;这样就要承认顺服;但是,产生官员的合适过程只能属于罗马教皇。我们绝不承认罗马的主教是世界合法的主教与牧师。

这位教皇主义教士却认可这一点,他说④:"教皇的最高假定,把自己放在挑战的位置上,即教皇在神圣权力上作为基督在世上普遍代理人的头衔与权利。作为罗马的主教,与他的教区内的最卑微主教相比,教皇没有更多的神圣权力(通过教会法而享有的权力不是我们这里要检讨的),也没有更多的殊荣(除了程度上的大小)。"从他为此所列举的材料看,他

---

① 马克斯韦尔:《基督教君主的神圣王权》,c.1,p.12。
② 苏亚雷斯: de primat sum. pontifi. l.3, c.2, n.10。
③ 泰纳(Tannerus), tom 2, disp. 5, de leg, q. 5, in 12, q. 95, 96; Dubi. 1, n. 7.——原注
④ 马克斯韦尔:《基督教君主的神圣王权》,c.5,p.58。

唯独没引用圣经经文。圣经才能证明或证伪神圣权力。他对引用居普良①的说法，并为此自鸣得意。最后以这样一句话结尾："神会认可，争论的双方以古代圣教父的言论为准绳。"

驳：1. 从第四章开始（其他两章我在后面会涉及）在废王之事上，这位教士把清教徒说得比耶稣会士更恶劣。如君王有缺陷，人民就收回其权力，从而替君王行统治，也就是废王。贝拉明②认为人民不能废王，但有些情况除外，即君王滥用自己权力对公共领域行毁灭之事（如对某个城市）。不过，我要对此进行说明，如果教皇主义者认为教皇可以废王，那么，这位教士就刚好成了他们的代言人。因为：（1）我上面节引的他的话就是很好的证明。他在为教皇之最高权力辩护（他如今立王与废王只是他最高权力的一个环节与部分）。（2）这段引文也正好证明了他是一个教皇主义者，因为"教皇的最高假定，把自己放在挑战的位置上，即教皇在神圣权利上作为基督在世上普遍代理人的头衔与权利"。他为何不说这是无权可依呢？直接说：依神的权力，他就不是基督的代理人。很明显，教皇主义者仅依教会之权力认他为基督的代理人；他们所声称的教皇延续至今只能根据传统来证明，而非圣经。

2. 教皇主义者明确表示，教皇的至上权来自口头传统。他们认为没有必要从圣经来证明这种权力。

3. 这位教士明确地说："通过教会法而享有的权力不是我们这里要检讨的。"他很明晰地表明，在圣经与神圣权力之外，教皇借助某种权力而成为基督的代理人。他不对此做讨论，仅仅是担心惹怒了那些教皇主义者。

4. 他说，与其他主教相比，教皇没有更高的特权，但程度上的不同除外。作为职分的主教在本质上与长老会的长老不同（这是他需要强调的）；前者从神圣权力那里得到自己的职分。他的意思必须包含这一点，否则他对眼下问题所说的就都是废话了。依据神圣权力，教皇比一般主

---

① 居普良（Cyprian），de unitat. Eccles。
② 贝拉明，l. 3, q. de laic。

问四十一　在合法性防卫问题上，这位教士是否把我们捆绑于耶稣会教义？

教在程度上拥有更大的特权。罗马教皇的程度与范围有多大呢？应该是世上所有看得见的天主教教堂吧。所有的主教都是基督特有的使者（《哥林多后书》5：20），也是基督的使节与代理人。教皇则是依神圣权力在整个世界范围内的主教，就是那称自己是基督普遍代理人的人，如那使所有蛋彼此相像的那个蛋。这位教士所宣讲的教义完全是教皇主义的；他书中的材料及其暗含意义都是粗俗的天主教教义；他所有的小册子都反对长老会。关于教皇之至上权力等为题的争论，他欲将其决定权给古代教父们的观点，就足以证明他就是一个糜烂的教皇主义者。他为何要将这些争论的决定权归于教父呢？为何不在先知与使徒那里寻找根据呢？教父们能比神的话更好地解决结论吗？以教父为根据，而不以圣经为根据，我不理解其中理由何在；除非说经文晦涩难懂。教父的权威与光芒不能决定和审判争辩，除非他们拥有从教父与教会而来的权威。我们知道，这便是所谓的第四属性样式（proprium quarto modo）①。耶稣会士与教皇主义者在各种争论中都会呼喊：教父啊！教父！不过，如果教父的言论对我们比对他们更有利，他们就会做两件事：（1）对我们有利的言论，那就随教父们一起腐烂吧！（2）教父犯了错误，如孩子们拒绝这些错误，那就是儿子们的异端！

说我们与耶稣会士为伍，这实在是再错不过了。1. 我们宣扬抵制暴君，就运作意义而言，并不比格劳秀斯、巴克利和温扎特斯等人关于罢免君王之言论更甚。在这一点上，保皇党与耶稣会士勾结。2. 当君王变成异端时，我们否认教皇有权将臣民从忠诚之誓言中释放。3. 在教皇的命令下，人民有权以异端之罪名废王。——这位教士与他那些教皇主义的同伙就这样宣传的。所以，格里高利七世（Gregory Ⅶ）便如此践行了。阿奎那②也持此说。安东尼奥谈论道③："你要将万事放在教皇的脚下。"

---

① 第四属性样式是中世纪实在论的一个重要说法。它指的是一种实在的、自在的属性（不在三维空间中存在），可以被所有同类事物分享，但自己并不依赖于这些事物。不过，这些食物却要依靠它才取得那种性质。在近代文献中，这个词大多是指一种绝对确定性。译者无法追踪原始出处。卢瑟福是从讽刺的意义上使用这个词。
② 托马斯·阿奎那,22 q. 12. ar. 2.。
③ 安东尼奥,sum. par. 3. t. 22, c. 3, sect. 7.

基督徒是绵羊；犹太人与异端是公牛；异教徒就是牲口！纳瓦努斯[①]认为异教徒没有司法权。雅各·西门科（Jaco. Symanca）说[②]："异端男人的天主教妻子没有义务为其还债。很明显，异端不具备所有管辖权，包括本性的、民事的、政治的，等等。如父亲是异端，其子依法律规定便是奴仆。他们只能在侍奉神的事务中才能解脱。"教皇主义者认定，教会神职人员无需顺服在王法之下；这是教士的教会特权。现在，这位教士与他的同伙们一起让英王在其加冕仪式上宣誓：保持教士之所有教会特权，即所有天主教君王所宣之誓言和承诺！

教士：民众将王权直接给君王，通过协调与准许的方式，神只起间接之作用！耶稣会士与清教徒的步调地何其一致啊！见贝拉明[③]、苏亚雷斯[④]等。

驳：说我们宣扬王权是间接来自神，仅需要神的许可，这纯属诬陷。但是，他的一个同伙确实撰文反对过王的最高统治权，那就是安东尼·卡皮尔（Anthony Capell）[⑤]，他说：扫罗与其他王都是在什么允许下才被立为王，且与神的旨意相悖，神为此发怒？这并非我们教义。我们的教义是，神在真正的充足理由中，使人与社会具有理性和社会性；而对于人，他以同样理由使他们拥有本性直觉；通过理性中介，他创造了王。贝拉明与苏亚雷斯说，神并不仅仅以准许的方式造王。

教士：人民可以将君主制变成贵族制或民主制，也可将贵族制变为君主制。我怀疑他们甚至不能对两者进行区分。

驳：1. 这位教士并不知道所有的事情——仅从贝拉明与苏亚雷斯他们是耶稣会士，就推出，他们是彻底的耶稣会士。苏亚雷斯说[⑥]："权力的给予是绝对的，一旦给出便不能收回，无论是全部还是部分；特别是涉及那些重大权力时。"人民一旦将他们的权力给予了君王就不能无故将其收

---

① 纳瓦努斯（Navarrus），l. 1, c. 13。
② 雅各·西门科（Jaco. Symanca），de Catho. Instit. tit. 45, n. 25。
③ 贝拉明，l 1. de liac. c. 4。
④ 苏亚雷斯，cont. sect. Angl. l. 2. c. 3。
⑤ Tract. contra primatum Regis Angliæ.
⑥ 苏亚雷斯，De prim po. l. 3, n. 4。

问四十一　在合法性防卫问题上,这位教士是否把我们捆绑于耶稣会教义?

回。以苏亚雷斯等耶稣会士的理论为基础,我们的信仰便成了异端。他们的确牢牢地抓住了这点:"君王不是百姓良心的主,不能强迫他们去信仰异端邪说。"我们到处宣讲,西班牙王无权强迫他新教臣民的良心,使其信仰拜偶宗教;他们在灵魂上不是他的臣民,仅肉体上是他的臣民。

2. 君王堕落为暴君也不是什么大的罪。如果王室血脉断了,人民便有将君主制改为贵族制的自由。耶稣会士否认在没有教皇准许下人民有这项权力。我们认为,无论是作为大主教的教皇还是小主教都不该在立王之事上掺和。

教士:他们说王权来自人民,以交流的方式,而非剥离的方式。因此,人民不会完全丧失这主权。就好像英王在爱尔兰任命了一名中尉,他并不是从自己的王权中放弃这一权力,而是信任他让他任职。如果这是他们的想法,那君王可真够可怜的了!主要权力在代表团那里,所以人民还是法官,君王只是他们的助手。

驳:这位教士担当写手一职,却不知那不是我们的意见。王者作为王,拥有人民的权力;他不是人民的副手。

1. 人民并不是主要的法官,而是君王的下级。君王拥有法律执行权,是在人民之上的真正君主。副手一说纯属乌有。

2. 人民一次性地将治理、防御与保卫自己的权力转让给了君王,自卫之权力除外。这自卫权是人民不能让渡的。这是无罪本性的生而有之权力,与吃、喝、睡的自由与权力不同。除非君王施暴政,人民不能回收那些权力。君王并未对自己的仆人与助手不可取消地让渡过任何此类权力;他自己就可行使这些权力。

3. 一个代表,无论是行善还是作恶,都对那些给予他信任的人负责。君王在正义行为中并不需对任何人负责。如果他的行为没有受到暴政怀疑,无人会质疑他说:你在做什么啊?只有在不公正行为中才会发生这种事。那些非常暴虐之行为与置于君王身上的信任相矛盾。此时,君王就得对代表人民的国会进行解释。

4. 作为代表,无论他做得好还是做得差,只要被代表人高兴,他便可继续做代表。即使君王为王是根据神对王位的呼召,基于百姓的自由选举,但除了在暴政情况下,他都可继续为王,而不需简单依据民意。在这一点上,苏亚雷斯和贝拉明与我们所坚持的没什么大的区别。但是,他们所说的要比教士真诚得多。他们宣扬任何一个从地狱来的使者都可刺死一个新教的王。我们知道,教士宣称自己与耶稣会士相反,所行却与他们完全吻合。他们视教皇为基督在世间的代理人,认为神圣权力就是主教;让君王宣誓保持教士、主教以及他们所有的特权(在这所有的特权中,一项主要的权力是,罗马主教在属灵的国度有间接之权力,能废黜那些变为异端之王的王)。我发现,在对抗君王这事上,这位教士与教皇自己一样"深邃"。这位教士完全蒙蔽了世人的眼睛。

这位教士煞费苦心地要证明,在路德与加尔文之前,关于人民在暴政中拥有君王之上权力的理论,格尔森、奥科曼、雅克·德·阿尔曼与巴黎的博士们都持与他相同的观点。他这是自欺欺人。路德、加尔文与我们并不是从耶稣会士那里习来的这些观点。加尔文的思想便是一个很好的证明①。国家可以强迫并降低暴君的力量;不然,他们就糟蹋了神给予他们在国家与教会上的信任。这一教义正是保皇党在反对诺克斯,布坎南、朱尼厄斯·布鲁图(Junius Brutus)、阿尔图修斯等人时奔走疾呼的。路德在给牧师的书信②中提到了两种形式的抵抗:扫罗要杀自己儿子约拿单时,人民对他的反抗;亚希甘等众首领将耶利米从犹大王手中救出。基拉都斯(Gerardus)对此论证引用了许多圣人,他再次引用了路德以及贾斯特斯·琼拿(Justus Jonas)、尼古拉斯(Nicholas Ambsderffius)、乔治(George Spalatinus)、贾斯特斯·曼纽斯(Justus Menius)、克里斯托弗(Christopher Hofmanus)等人;以及新教的圣者们,如贝沙、帕瑞尔斯、波兰鲁斯、卡姆(Chamer)等人,还有法国、德国以及荷兰的所有圣者们对此的想法也是众所周知的。这位教士以罗谢尔这个城市以及那里的新教教会的叛变一事为托辞,他们带领下的法国新教徒的自卫战争最后却成了叛乱,与耶稣会士并肩作战。在这些战役中,耶稣会士阴谋杀害新教徒,

---

① 加尔文:《基督教要义》,Instit. l. 4, c. 4.
② 路德,tom. 7, German, fol. 386.

问四十一 在合法性防卫问题上,这位教士是否把我们捆绑于耶稣会教义?

毁灭新教。

这位教士已表明他对教皇废黜查尔迪瑞克(Childerick)一事的看法了(对此,我无言以对,只能说教皇只是个敌基督的篡位者,这可怜的人啊! 他就永不合适戴上王冠)。继而,他根据一些缄默的作者之观点确立了一个自己的想法。依这种方式,他本可臆想出千种想法啊! 他想让人相信他居于一个饱学人士的秘密世界中,永远看不到这辩论之底部。在那些大师们缺席的情况下,他被迫模拟成在跟屁虫的苍穹那里升起的一颗新星,揭示所有的梦想,并对所有那些新的文士说教,如布坎南、朱尼厄斯·布鲁图(Junius Brutus)等人。在这个众人皆睡的世界里,这个黑暗之子的撒旦粉墨登场,展示了新的法律与尊严,还有那诡辩家的神学。

教士:他们认为最高统治权主要地、自然地在民众那里;从他们那里,神直接地把它给予了君王。这种想法的理由是,我们无法收获政府的果实,除非我们给自己找些各种各样的麻烦。

驳:1. 谁说这位教士不能说"最高统治权主要地、自然地在民众那里"这话呢?! 根本地,最高统治权不在民众那里,却自然地、主要地在民众手中,如热在火中,光在太阳中一样! 我想这位教士定如此梦想过吧! 只有他会这样说。什么属性自然地在一个主体中,我认为,那就是可以直接地、自然地述说主体的东西。这位教士告诉我们一个非常自然性的断言:"民众啊! 令人敬畏的最高统治者,可以对这对那发号施令!"

2. 君主制不会比民主制更符合理性。我们只能顺服在政府下才能收获果实。

3. 他说,我们顺服在君主制下必须自寻麻烦。这话说说不打紧,却是对信仰、法律、教会自由与国家的颠倒。如引入教皇教、亚米尼教、拜偶教、圣坛崇拜教、弥撒教;赦免在爱尔兰残杀数十万无辜新教徒的凶手;杀害成百上千的贵族、男爵与平民;借助武装的教皇主义者攻击法制之地;将英格兰变为血染的国度,强行推动拜偶的祈祷书;用军队从海陆两方封锁苏格兰;等等;难道这些都是我们自寻的麻烦吗?

4. 这些事情的发生都只是可能的与偶然的吗? 如这位教士所行的那样,将君主绝对化与暴政化才是必要的吗? 这是罪人能所要的,即将自己神化。如人天生会犯罪一样,他们受到引诱,便会对荣耀与伟大行醉癫与轻浮之举。我们知道,以色列与犹大的王在权力上也不是绝对的。尼禄与朱利安是偶然现象吗?那头上长十个角,骑一血红野兽,身负撒旦之灵的女人,对羊羔与其同伴发动战争也是偶然的吗?

教士:他们推断:1. 只要不违背神圣诫命和破坏信仰,人民就无法回收他们放在君王那里的权力。2. 抢夺核心权力是大罪一宗。3. 这法令并非默言(άλογος)的,而是宣示性的(εὐδοκία),并且有紧急理由。

驳:1. 这些不知姓名的作者不能作此推断,那有条件地确立的誓言被打破了。人民给君王的所有权力都是有条件的,即他必须用它来谋求人民的安全。如果它被用来毁灭百姓,他们就要收回这权力。这并没有破坏他们的信仰,因为他们从未在这些条件下立誓放弃自己的权力。同样,也不能说,他们回收他们从未给出的东西。

2. 因此,这位教士要使这权力有能力去做前面所说的那些伤害,认为这便是王的核心。巴兰的预言便不值得拿那些钱;王的核心是流血的权力,以及对百姓、法律、信仰、国家与教会自由的摧毁!如果不是那样的话,我们就不会宣讲人民从君王那里收回权力,解除教皇主义者的武装,清除嗜血的爱尔兰叛党,就像他们对待我们那样,公正地侍奉他们。

3. 人民的这项法令,是给君王以合法权力采取和平与敬神的方式进行治理。这是神所喜悦的,有公正的理性与原因作基础。如果说,人民将这权力转让给一个人,乃是要行以上所谈到那些麻烦,即去行嗜血与毁灭,那就绝对与神和理性无关。

教士:这种意见的理由是:1. 统治权力如果不集中在一人手中,便没有足够的力量去践行政府的必要职分与行为。2. 要不也没法阻止国家分裂为许多权力。他们必须为促进更大的善、防止更大的恶而分享本来就有的全部权力。3. 收回或限制这权力的任何部分,即人民已完全放弃了的权力,就会使君权无法正常行统治,也会让整个社会失去活力。

驳:1. 除了这位教士在那里自言自语外,我从未听过这等谬论。第一种理由说得倒是押韵,但毫无理性可言。即使没有行善作恶的绝对权力,在君王那里限制性的权力也有足够力量去完成一个公正政府的所有

> 问四十一　在合法性防卫问题上,这位教士是否把我们捆绑于耶稣会教义?

行为,实现统治的目的,即人民的安全。但是,保皇党要的是暴君力量,行我们上面所说的那些暴掠嗜血。这便是他们强调的君王核心部分。好像软弱是力量的核心一样,君王如只能行善与保卫百姓,那他便不够拥有力量;除非他也能像暴君一样来作恶,摧毁与毁灭他的子民。这种权力乃是软弱的力量,与那伟大的万王之王的形象不沾边。

2. 他提供的第二个理由是谴责民主制与贵族制为非法,认为君主制是唯一的解救良药。这就好像神只命了绝对君主制,除此之外别无政府。神确实没有这样诫命,因它违反了合法王的本性(《申命记》17:3)。

3. 人民必须完全放弃他们的自然权利,以便制造一位绝对君主。这就好像是在说,整个身体必须与他们营养分离,等着受精卵膨胀。这无疑是对整个身体的摧毁。

4. 人民不能放弃他们的自卫战争权力,就像他们不能与本性分离一样。否则,他们就是把自己置于奴隶之下。况且,奴隶主要变卖奴隶,或不义地侵犯他,或要夺走他的性命之时,奴隶还是可以以暴力反抗这种不义的暴力。他的其他结论也是无效的。

问四十二

所有基督徒的王是否都依赖于基督?并可被称为基督的代理人?

这位教士努力想证明这一点的真理性。不过,他提问题的方式并不合适。这里实际上涉及的是另一个问题,即君王在教会事务上的权力问题。在此,我只是跟着他,检查他所说的。

教士:教内最近兴起一些惑言,说什么王是神在世上的副官,而非基督的副官。罗马主义者与清教徒在每个国家树立起了两个最高权威,即教皇的耶稣会士与长老会的清教徒。

驳:1. 神作为神为什么需要一个副官?——君王是诸神,佩戴着复仇之剑,反对那蛊惑人心的嗜血的教士,以及其他作恶者。但是,基督,他是神人、中保、身体—教会的头。基督并没有把教皇的头都压抑在他下面。那剑是可以给人的,但基督的头不能传给君王。它不会成为任何受造物的头。2. 耶稣会士将教皇塑造成王。这位教士在一定程度上将他自己塑造成主教中的主教;于是,如我所指出的那样,他同时也变成了王。但是,我们没有将最高权力给予长老会。他们只是执行权力的仆人。他们并不能制定法律和颁布宗教仪式规则。他们不像教士所行的那样,在神的殿里俨然成了法律的给予者。

教士:我们说基督是教会的头。有人说,基督过去因他的复活、新的头衔、美德等而成为王。我认为,从概念上讲,基督生

问四十二 所有基督徒的王是否都依赖于基督？并可被称为基督的代理人？

而就是王。

驳：1. 你宣称君王是教会执行的头，仅在基督这个头之下。我们的先贤们，在质疑教皇的领导人地位时，说道：没有人的肩能承受如此荣耀的头。你把这样的肩给了君主。为什么君王不能是基督的代理人，即中保、祭司、挽回者、先知、倡导者，即使是尼禄、朱利安、尼布甲尼撒、伯沙撒这样的王？为什么他们不能将我们祈求告诉给他在天上的父？请问，在基督之下的基督徒王能为我们做什么呢？能为我们从死里复活吗？他能派下圣灵吗？他能为我们准备（灵魂的）处所吗？无可置疑地是，中保才是身体—教会的唯一的头（《歌罗西书》1：18），是教会的救赎者与保护人。

2. 从概念上讲，基督生而就是王，他是一个从童贞女而生的人。这观点正好适合了教皇主义者的口味，他们认为，作为人的基督，是教会的可见的头。这个基督人（Christ-man）现居于天国，所以他需要一个可见的教皇作为所有基督教会的头。在这一点上，他跟随耶稣会士比卡努斯（Becanus）①及他的追随者。

教士：1. 证据。如果君王藉着、通过、并在基督里进行统治，作为神与中保的智慧，那么，君王就是作为中保的基督的代理人。前者我们能在《箴言》（8：15—16）里找到印证；受人尊敬的安德鲁（Andrews）博士也这样认为。

驳：1. 我基本否认这种说法。所有信徒都活在神的生命里，扎根在基督里如树里的枝丫（《约翰福音》15：1—2）。以此推理，所有信徒都是基督的代理人，是基督头上的天使（《歌罗西书》2：10）；也都是他的代理人。地上所有的法官与警察也都是地上的中保，活在并行在基督里。在基督里，所有受造物都是新的（《启示录》21：5；《罗马书》8：20—22）。2. 安德鲁博士这个名字本身就是这世上的诅咒。他的著作只能证明他是个教皇主义叛徒。

教士：1. 基督不仅是教会的王，而且为了他的教会，他君临地上所有

---

① 指 Martinus Becanus(1563—1624)，荷兰人，神学家。

的王与国家(《诗篇》2：5—8)。2.《马太福音》(28：18)："天上地下所有的权柄都赐给我(他)了。"所以，所有最高统治权都在君王身上。

驳：1. 如果所有这些人都是基督的代理人，都从基督那里得到权力，因为天上的父让他管理那凡有血气的人，将永生赐给他们(《约翰福音》17：1—2)，那么，所有的信徒都是他的代理人了；而且，所有那些受谴责之人和魔鬼，死亡与地狱等也都是他的代理人了。作为中保的基督，拥有给他作为教会之王的所有权力，也有作为他敌人君王的权力："我使你仇敌作你的脚凳"(《诗篇》110：1—2)；且"你必用铁杖打破他们"(《诗篇》2：9;《哥林多前书》15：24—27;《启示录》1：18,20;5：10—15)。同样的推理，这位教士的第四个与第五个论点也不攻自破了：基督是万物的继承者；因此，万物都是他的代理人。还有什么比这更徒劳呢？他是这世上众王的王，是巴珊王噩的王，也是他所有仇敌的王；因此，海洋与陆地都是他的代理人。

教士(p.58)：君王是教会的滋养者。因此，他们手中握有基督的王冠。圣人说，在神圣秩序里，基督借助人来管理他的教会，从而间接地参与那些主要有关救赎之事；借着君王的权杖与权力来保护他的教会，并教会的外在形象、秩序与尊容。在后者意义上，君王与主教、祭司与执事一样都是基督的代理人。

驳：1. 因为君王手握作为中保与救赎者基督的王冠，就能推出君王是次中保(sub-mediator)、地上祭司(under-priest)、救赎者与基督的代理人吗？作为王的基督，在他之下没有任何可见的王室代理人。

2. 神圣秩序中的人，只要沾染上了教皇主义那五项受佑圣物中的任何一项，基督都不会允许他以管理者进入他的圣所，如敌基督的教士、献祭的不洁之祭司、教皇主义的执事等；就像麻风病人不得进首领的帐篷，亚扪人与摩押人不能进神的会所一样(《申命记》23：3)。所以，我们才将这位教士与那些亚扪人驱除神的教会。什么东西才是主要地无关于救赎呢？这位教士是知道的，如教会里的画像雕像、圣坛崇拜、敌基督仪式；相反，这些东西都是受谴责的。

3. 我完全被这位教士弄糊涂了。他说，英王要在秩序和尊容上维护

问四十二 所有基督徒的王是否都依赖于基督？并可被称为基督的代理人？

政府的外在形象。1633年，在英格兰的国会里，他身着牧师白袍，命令使用祈祷书并进行弥撒。此时，这位教士成功地羞辱了英王，仅让他拿着教士的弥撒服。他们实则想将他变为教皇的仆人。这正是他们现在所言所行的目的。

4. 如果君王作为基督的代理人来规定崇拜的外表秩序，维持带着尊容的象征仪式，那么，教皇与教士在这方面的作用是什么？这样，他就在很好的保障下去讲道并主持圣礼。

教士：王冠上有十字架的标志。

驳：这都是些上不了台面的东西。教士还在君王的心上、他的王冠上、他的王座上放了个十字架。有些骑士、轮船、城市与乡镇都有十字架的标志。难道他们都在不久前成了基督的代理人了吗？古人基于什么用十字架象征基督的？对古人而言，这是基督徒的肩章，而不是一种宗教仪式。但是，他却因此说君王是基督的代理人。我们知道，教士崇拜十字架！当然，他们也崇拜王冠！

教士：即使承认了教皇是基督属灵事件上代理，也不能就此推出，王冠就必须在教皇之下。教皇主义者宣称，一切权力都在基督那里；但作为人，作为行神迹与制定圣礼的力量与权力都没有传递给彼得及其后继者。

驳：这是他们的基本观点。教皇是教会的头，君王则是一个多重身份的人；半个教会人士，半个基督代理人。他与教士一起才构成一个头。教皇主义者宣称，一切都在基督那里；但作为人的基督不能传给彼得。大公教会的执行首领从基督那里传下了，作为人与可见的头，传给了彼得与教皇。

教士：教皇宣称自己与基督有如此亲密的连接，我真希望他的心能温顺与谦卑。那样的话，对着自己的灵魂、教会与人民，他都得安息了。

驳：1. 格尔森、奥科曼、巴黎的博士们，还有康斯坦丁与巴塞（Basil）会议上的教父们都有这样的愿望。但是，他们还是承认教皇是教会的头。

2. 这被驱逐教会的人居然摇身一变成了宫廷牧师，对教皇布道了！新教徒对教皇的灵魂安息之愿望是："主耶稣要用口中的气灭绝他。"（《帖撒罗尼迦后书》2：8）但是，对于教皇主义教士而言，他们的愿望是改变属性,但主体(教皇)不变。就凭着一个好的愿望,恶魔还是恶魔,但仍然可以得到自己的灵魂安息。我们所祈求的是,找到自己在教会的位置,充当好作为教会肢体的角色。这位教士不做如此祷告。在长老会看来,他就是一个被按手认定的神职人员(《提摩太前书》4:14),即使现在他已成了一个叛教者。他能为他的吉利父亲(教皇)祷告。这确实令人欣慰。不管这位教士期望什么,我们祷告并相信,只有放弃教皇主义,他才能得到灵魂的安息。否则,神的复仇与他的殿都会倒在他与他的教士儿子们身上。

教士:他们否认君王是基督的代理人,其目的是想在长老会那里建立教会的最高统治权,制约君王,废除他的法律,更改他的命令,推翻他的审判,传讯、召见、审查君王!如果这世上没有执行长老会命令的力量,他们便呼吁并命令百姓给予帮助,认为他们才是原始权威。他们用财物、土地、运气来担保,去承诺、宣誓、立约以捍卫他们的幻想,抵抗人类。他们不承认分裂。这种主权结盟使每个人都成了武装起来的执政官。

驳:看看这被驱逐的叛教者!极力攻击改革的长老会教会。他忘记了他就是在那里受洗,接受信仰,被授予神职的啊!

1. 我们否认君王是教会的头。
2. 我们主张,教会的牧师、文士、长老有执行权力,作为基督的仆人,以基督的权柄与名义责备和检讨王;在福音中对不顺服的责罚(《哥林多后书》2:6,10:6);神的刑杖(《哥林多前书》4:21);"口中的杖"(《以赛亚书》11:4);基督的权杖与利剑(《启示录》1:16,19:15);捆绑与释放,开启与关闭的天国的钥匙(《马太福音》18:17—18,16:19;《哥林多前书》5:1—3;《帖撒罗尼迦后书》3:14—15;《提摩太前书》1:19,5:22,5:17)。这些权力是给予基督神殿里的执事的;至于如何称呼倒不打紧。
3. 基督教会撤销了那些旨在建立教皇制的法律,公布那些不义的和坏的法令,并要求那些法官,甚至女王,悔过(《以赛亚书》10:1)。这位教士对苏格兰教会的改革咬牙切齿。他曾经在他的讲道称赞这一改革,认为这是神右手荣耀的工作。格拉斯哥议会(the Assembly of Glasgow)1638年宣布,即使是通过国会行为设立的主教(仅仅由教士晋升)和教会委员及代理,如果他们背叛了他们的信仰,那就是非法的;并要求新国会

问四十二　所有基督徒的王是否都依赖于基督？并可被称为基督的代理人？

废除这些败坏决定。他们认为,无论是君王还是其他人,都没有神给予的免于教会谴责的特权。教皇主义教士监禁并禁言神的执事。正是他们在讲道中攻击那些发生在君王或王庭上的公开罪行、流罪、压迫、不义、公开宣誓、亵渎神的圣名,支持拜偶者等。

4. 他们攻击那最不公正的权威法,并未寻求人民的帮助。

5. 他们从未宣誓或立约捍卫他们的幻想。新教的信仰的认信和圣约被翻译成拉丁文,在欧美新教徒那里传阅。这居然被称为一种"幻想"。这就说明,这位教士是因为教皇制问题被公正地革除教籍的。

6. 这约由詹姆士王及其王室、整个国家、教士阶层等共同宣誓。这位教士就是根据这幻想以及我们国家法律,在大学拿学位时,有义务对此宣誓。

7. 我们的约反对分裂。这是有原因的。教士们推动英王命令全国宣誓此约,按照教士们的想法,而不是约的意图,只会带来分裂。看看教士到底是属于什么信仰！正是他们才是让整个国家对幻想进行宣誓,从而让神的名受亵渎！

8. 至于说,让每个人都成为执政官,以抵抗割喉党。这已经说够了。如果他能够回答,就回答好了。

教士：愿世人不要误解,以为我要给予君王在教会的方向和正义权力上某种特权。或者像乌西雅①那样,君王应该强行那些神圣行为,在神殿布道与主持圣礼。

驳：借着秩序,乌西雅并没有焚香。他不是祭司,而是因为他是神所命的王。教士并不能借着秩序,如暂时的神一般,坐在议会与国会的席位上。教皇不能借着秩序成为暂时的君主;他不过是闯入者而已。这位教士允许君王去执行圣事,这显然不是依秩序在行事。

教士：在神圣秩序中,对于那些内在地属灵的事物,人直接地对所有事情都在秩序上拥有方向性和权威性的权力。当然,只要是牧养方面的就只和基督有关。但是,这里没有在君王之上的强制民事权力,无论是直

---

① 关于乌西雅(又名亚撒利雅,和合本《列王纪下》14：21)的故事,见《列王记下》第15章。

接的还是间接的(per se 或 per accidens)。在这里,无论是用什么方式,在什么神圣秩序上,教皇还是长老都能够传讯和审查君王,能够联合、召集和宣誓抵抗君王,强迫他顺服基督之杖。这种在人事上的权力,连全能的神都没有使用过,就更别说他给了人多少了(《诗篇》110)。神的子民是愿意接受的民;这是说服而非强迫制的信仰(Suadenda non cogenda religio)。

驳:1. 为了基督的缘故,他说牧师在属灵事务上有牧养权力。如果是为了其他事,便没有牧养权了,而只有主人式的权力。所以,依这位教士的方式,拥有主人式权力的牧师在君王之上。我们说,牧师在所有事上的权力都是牧养式(仆人式)的,因为牧者不能像君王那样立法,只能作为使者来宣告基督的法律。

2. 我们并没有给予教会在君王或其他人之上强加强制性民事权力。这是在谈论教会权力。责备与谴责之权力从来就不是民事性的。

3. 在宗教上结盟发誓自卫性抵抗是一回事;一个法律誓约,如经上清楚记载的那样,那些在没有王授权情况下与亚撒立约的众人(《历代志下》15:9—12),宣誓要迫使王顺服于基督的权杖,则是另一回事。长老会从未宣过此类誓或立过此类约,也没有在此基础上举行圣事而胁迫君王。反而,教士让英王如此宣誓,并以此行圣礼,即不列颠的王需竭力根除清教徒,也就是新教徒;英王在他的加冕礼上宣誓铲除异端。如果天主教的教士不无耻地执行这誓言,亚米尼教徒、教皇主义者或这位教士也会去奋力执行。但是,我还是坚持认为,在英王竭力颠覆和破坏信仰与法律之时,苏格兰人民有权惩罚不列颠王。

4. 信仰是被说服的,而不是被强迫的。如果这位教士所使用的这个论断不错的话,这会对君王产生极大的不利。君王便不能强迫任何人在表面上宣示信仰,也不能强迫执行神的诫命。不仅仅君王愿意,所有人都当愿意接受才对啊!

教士:即使君王不能做布道等教会之事,但他对如下事情在他的国度里确实可以自由运作的,如做事得体且有秩序;教会外的人和政府行为;凭己意或不在意地委派事务;诸如此类的事都是王冠的特权。至于那

问四十二　所有基督徒的王是否都依赖于基督？并可被称为基督的代理人？

些教士们，只要不发生严重叛乱，君王不会剥夺他的什么。在国家与教会这两边，君王是混合性人物，既是民事的，也是神圣的。他们不仅是真理的宣示人，拥有基督徒的能力；而且，作为王，他们还是信仰的捍卫者。他们不仅仅是儿子，而且还是滋养之父。如奥古斯丁所言，他们不仅作为人，也作为王来侍奉神。

驳：1. 如果给予君王在他国度里行使神的话与圣礼的权力，那等于剥夺国内牧者（当然他不能限制他国的牧者），从而让他拥有呼召牧者的权力（要是他想要的话）。哪句神的话授权君王能封锁神子民的嘴了呢？基督都命令他们要以基督的名说话。2. 如果君王能从外部管理教会，鉴于君王是一个混合人物，有一半属于教会，那么，他就能够开除某人的教籍。这是教会管理的一项特别行为。如果他可以规定某种具有教育意义的仪式，教导那些牧师们必修的圣职义务，那么，我就不知道，为什么他不能布神的道？3. 弗恩博士等保皇党否认君王可以主观任意地统治自己的国家。其中的道理很显然，即这是对百姓的暴政。这些教士却厚颜无耻地在对神的崇拜事宜上任意发号施令。教会里的随己意统治难道不是对良心的暴政吗？对此，他们说："教会人士教君王在对神的敬拜事宜中，哪些是得体的，哪些是符合秩序的。君王照此传令。"

驳：1. 所罗门在没有教会人士的教育下罢免了亚比亚；大卫也在没有教会人士的教育下命令修建神殿。2. 神是否给了君王以统治教会的王室特权，但他们不知道如何使用，需要教会人士来教他们如何使用？3. 我们需要受神的话之启示，告诉我们这特权是什么，如何依据它来进行对神的外部敬拜。律师与保皇党告诉我们，对抗法律或在法律之上行事的权力一定绝对的。他们认为，《撒母耳记上》（8：9—11）的经文阐明了君王可以行压迫之事，无人能反问"你这是在做什么？"这位和善的教士，借助这么多的暴政，来告诉我们，如果君王凭己意来规定教会的外部崇拜与管理，谁能对此进行谴责呢？即使他命令不列颠进行罗马与奥斯曼敌基督的仪式，用摩洛的子女献祭（绝对王权是用无辜者鲜血堆积而成的）。如果有人反抗君王，说：先生，你这是在行何事啊？他便是在反对王者特权，也就成了这位教士口中的最大反叛。4. 我不明白，君王怎么就成了混合人物了？因为他是信仰的捍卫者吗，如教皇给英格兰王亨利八世的名誉那样？作为养父，他以手中的剑来捍卫信仰，而非以口中的气（剑）来捍卫信仰。5. 我想知道，朱利安、尼布甲尼撒、噩、西宏等王是否也是混合人物？他们也能以王者职分从外部管理神的教会？6. 奥古斯丁谈到君王的混合性，实际上只是在谈论君王的民事行为。这与希西家丢弃高地，尼尼微强迫百姓顺服约拿，大流士将但以理的敌人扔入狮群等事件是一回事。

教士：如果同时有两个独立的最高权威，国将永无宁日。早在利百加腹中时，雅各和以扫就开始争夺。

驳：1. 摩西与亚伦独立统治时，以色列需要斗争吗？如亚伦做了金牛犊，摩西不会惩罚他吗？如摩西变成了亚哈，将自己卖给了邪恶，难道八十祭司与亚伦不会起而责备、谴责与抵抗他吗？2. 这位教士说（p. 65）："不要误会我们给了君王教会直接权力之外的特权，他也不是强行闯入的乌西雅。"我要问这位教士：你嘴里的教会权力是什么？是最高权力吗？它在王权之下吗？如它是最高的，这位教士就在制造两个最高权力或王；如它次于一个混合性的君王，那君王便有在这权力之外的特权；他就是强行的乌西雅。如果没有在他之上限制他的权力，作为一个混合性的人，藉着这种特权，他便能主持弥撒与献祭。如真的没有这限制的权力，这位教士便梦想成真了。君王在教会权力之外享有特权。这就由这位教士去细心照料吧！我看不到两个相互制约的最高主体有什么不便。他们可以相互指责与审判。

反：不同原因，则无可能。如君王做弥撒，教会该以强行闯入为由审判和指责君王吗？这也是一种最高统治权柄！他可以因教会对他的审判与谴责之行为，反而审判与谴责教会。教会的行为是对王者特权的强行闯入（入侵）。任何人都不能审判最高法官。

驳：虽然一方并不臣服于另一方，但在失序统治中就改变了。无罪者因其无罪不服于任何上级惩罚；但他可能因被控或被传讯而服从于上级。在教会无法对抗君王及其民事法律的情况下，在这同一事件中，君王也不能反对教会之教令。保皇党必须对此给出说明。那样，这个问题便很容易解决了。

问四十二 所有基督徒的王是否都依赖于基督?并可被称为基督的代理人?

教士:信仰是快乐的根。如果君王执行长老会所命之令,那君王就处于尴尬境地,丧失了他在政府中的首脑地位。教会权柄是顺服中的灵魂。民事最高权对身体享有完全权力。那么,教皇与长老会的处境就要比君王好得多了。"信仰乃运动之源。"(omnes religione moventur——西塞罗语)迷信是激烈的,使人疯狂;王冠与主教法冠亦不能免。

驳:这位教士花了四页的篇幅慷慨激昂地为信仰之优点辩说;所说的只有冰冷和干瘪;迷信之疯狂对所要论述之目的无任何帮助。

1. 君王如滋养之父,以君王之剑维护神的律法与人为法律。他对教会事务有首长之权。这样,即使他不去编织与手握牧师白袍、教士弥撒服以及巴力教士的长袍,这些东西就已经使王者权柄蒙羞,让他的王者特权大打折扣。

2. 和我们在一起,君王不会对教皇与教士的命令盲目顺服。我们只能在教区明辨是非的知识之光指导下行事。他不会因此成为教会的仆人,就如犹大王与尼布甲尼撒不是耶利米与但以理的仆人一样。前者只是顺服后者口中说出的神的道。他们需要说清楚,为什么在纪律上执行了神的旨意就会成为仆人了?在圣灵藉着使徒与长老所给出的诫命中,他们惩罚那些藐视关于避免流血、不要冤枉正直等方面的诫命行为《使徒行传》(第15章);却不对谋杀、拜偶、渎神等行为加以谴责。这才是基督的牧师所宣讲的神的话语所要责备的。进一步,这个反对倒有些意思(在现实中则不然):王仅仅做那些教会以基督之名在教区内所行的事情。不过,君王可以对教区下命令,让教区召集会议,并做他们该做的事。他还有许多与教区无关的事要做,比如,赶出那些变节的教士。这些人多年来和魔鬼一起睡觉,忽视他们的羊群,躺在宫廷里与那些死的主教一同倒下,就像乌鸦啄食一匹正在死去的老马一样。迫使他们去看管羊群,不像这位教士在宫廷中所行的那样。

3. 与牧师相比,君王有更大的外在荣耀。在广度和深度上,他能更多地服侍基督。但是,就牧师的目的而言,他应更忙碌于那些高贵之事,如灵魂、福音与永恒等事。

4. 迷信使人疯狂。这不能推出:真正的宗教信仰就不能使人为保卫灵魂与身体去抵抗王冠与敌基督法冠的暴政。

教士： 在教士时代，不列颠享有和平与富足。

驳： 1. 这个论断很"肥硕"（belly-argument）。我们献祭给苍天之母时，我们也享有富足。在旅客争相拿回自己钱包时，抢匪是否该说"抢劫受佑享福"？这章后面也都是些谎言，不攻自破。不过，他对行统治的长老的谩骂除外。他们被他错误地称为"平信徒长老"（lay-elders，或低俗长老）。这种谩骂与他的论述无关。国会神职人员，即平信徒宫廷牧师都是"平信徒先知"（lay-prophet）。

2. 长老会干涉民事事务，这属诽谤。他们只干涉那些冒犯基督王国的公共丑闻。但是，教士借着自己的职分之便，在这两方面干涉得更甚；甚至君王的夜壶他都要管。

3. 他关于教皇篡夺君王权力的说法，只是在谈论他的教父中的一位。那就是那位伟大的不洁之灵，即大格里高利（Gregory the Great）。但是，如果他要用神的话来反击他，那就等于朝他自己的部族扔石头了。像他这样的教士都是从职分上踩君王的脖子的。

4. 他用了古代的一次宗教会议和一位教父之见证。这不能证明任何事情。亚他那修（Athanasius）说："神将大卫的王位给了君主。"对于教会的头呢？当然没有！对于教会的牧者呢？肯定不需要这被开除的教士来教导教会！"借着基督，君王行统治"，如亚闽（Armin）议会所为。于是，一名市政官员也是教会的头了。在《箴言》第 8 章已给出答案了。

5. 他说：自希尔德布兰（Hildebrand）以后，长老会比众教皇还更多地篡夺君王之权力。这无疑是谎言。历史只有教士在篡夺王权。教皇不过是一个膨胀了的教士。他论教皇的话，只是在谩骂他自家的殿。

6. 苏格兰的基督执事并没有与詹姆士王争夺权力，而是为了消除其罪。他与教皇主义者一起损人利己，引主教入不列颠，派教皇的专员视察不列颠。

问四十三

苏格兰王是否成了一位绝对君王,拥有在国会与法律之上的特权?苏格兰的法律、君王在加冕仪式上的誓言、君王信仰的宣誓等都会给出否定答案。

我想通过以下主张来进行否定。

主张一: 1. 除了最高统治权,苏格兰王没有任何法律之上的特权。如果人民必须依据君王自己的法律来被统治,那么,王国的法律法规只能在不顺服的痛苦下在国会行为中进行,君王就必不依靠其他法律来行统治,也不是依法律之上的特权。前者显然是正确的,即依国会之行为行统治。后者也为真。理由如下:(1)无论命令何种消极顺服都只能依靠法律;也需要君王积极地以法律来发号施令。依法统治的核心包括最高统治者仅仅以法律来行统治。(2)帝王统治行为就是法律行为;或者说本质上是一种法律行为。绝对特权行为与法律行为无关,是一种法律之外的行为;或者说它是一种仅出于个人喜好之行为。这种行为会遭到法律的抵制,属非法行为。如果臣民只能在君王与国会的命令下"依法"被统治,那君王又何以能在自己与国会的法律之下依法行统治呢?这点可从《詹姆斯一世国会第三次会议》第48条决议(Parl. 3, James I. act 48)处得到印证。这条法文规定:"陛下之各色臣民必须在国家的王法与法规被统治。他们不能被置于任何特殊法律或特权之下;亦不能被其他国家或民族的法律统治。"特权排挤法律。作为人之君王的绝对喜好,这与王之为王的法律是矛盾对立的。这在《詹姆士四世国会第六次会议》第 79 条法规(Parl. 6, James IV. act 79)中也有表述;同时也得到《詹姆士六世国会第八次会议》第 131 条法规(Parl. 8, James VI. act 131)的再次确认。

2. 不列颠王在他的加冕仪式上宣誓(Parl. 1, James VI. act8):"维持神之真正的苏格兰教会以及所宣示之纯真信仰,以王国所接受之法律法规来统治人民,不偏倚地施行公正与公平。"查理在他加冕仪式上也做过这样的宣誓;并在《詹姆士五世国会第七次会议》第 99 条决议(Parl. 7, James VI. act 99)那里得到认同。因此,依在神前的誓言,查理要在法律的限制下行统治,不具有在法律之上的任何特权。如果英王改变信仰以及他对信仰的宣示,即使得到了众多会议的授权(特别是 Parl. 1, Charles, 1633),他也违反了此处的誓约(言)。君王之王者特权,或者说最高统治权(在 Parl. 8, James VI. act 129; Parl. 18, act 1; Parl. 21, act 1, James; and Parl. 1, Charles, act 3 等地方得到确认)不能与查理在其加冕仪式上所宣之誓言相反。这誓言将君王特权拉下来,并定义为依国家之现行法律行统治,限制在不能违背议会的这些决议与法令,"臣民依国家法律来统治,无任何特殊法律与特权"(绝对特权是至上的特殊特权,或者说是无章特权)。这些决议至今依然有效。这些国会之法案在《1633 年查理国会第一次会议》(Parl. 1, Charles, 1633)那里也得到了认同。

3. 《詹姆士六世国会第八次会议》(*Parl. 8, James VI*)的前三条法文规定了君王之最高统治权,并将国会的权力与权威在同一标准下进行了平等地确认:"他们无论是在属灵或世俗事件中的司法、权力与审判都不需要陛下的再次认可。"时至今日,在法律、公平与公正之上的绝对特权从未得到苏格兰的任何国会决议的认可。

4. 《詹姆士六世国会第十二次会议》第 114 项决议(Parl. 12, James VI. act 114)认可了过去所有真正教会与信仰的正式国会法规;同时,他们对于秩序与礼仪立法之权力,还有神给予的属灵职分的担当者、教义、

> 问四十三　苏格兰王是否成了一位绝对君王,拥有在国会与法律之上的特权?苏格兰的法律、君王在加冕仪式上的誓言、君王信仰的宣誓等都会给出否定答案。

纪律,处理异端事务、革除教籍、确认与剥夺等神的话所授权之事,还包括召开长老会议等,都在这次会议得到了再次确认。从那次国会会议的决议来看,我们绝不认为,君王与英伦三岛应当立法以建立教会在过去政府诸头部之上的权力。在保皇党眼里,"这些都是君王绝对之特权的组成部分"。那么,我们国会之真实目的必定是给予君王以最高统治权与王者特权;但法律之上的绝对无限制与超验的权力是没有的。如果没有神的话的启示,也不能强行推行祈祷书与罗马教会的迷信仪式。

5. 国会以前的行为依神的话确认了真正的信仰。确认绝对最高统治权不是我们国会的真正目的。这种绝对最高权允许君王像暴掠的狮子一样统治他的百姓。这完全与《申命记》(17;18—20)相反。在《詹姆士六世国会第18次会议》的第1项与第2项决议里,基于詹姆士王的个人品质,给予了他在一切事件、人与物的最高统治权。那时,国会恭谦地承认詹姆士是"最高君主、绝对的王;是对所有国事、个人与案件的法官与管理者"。在我看来,将这两项说成是宫廷宣言,比把它们说成是法律条款更恰当。

(1) 个人美德不能将有限的王提升为绝对的王(在苏格兰历史上,绝对不会有这样的王)。大卫的个人魅力绝不会使他成为所有人和事的最高法官。同理,詹姆士也不能如此,即从苏格兰王提升为英格兰王;更不能行超出苏格兰王之外的事;或成为最大的最高法官。邪恶的君王与神圣的君主本质上都只是王。

(2) 如果将这国会之言论(这是历代都受责备的言论)运用来提升詹姆士王,因其个人天赋,而使之成为苏格兰绝对的王,这对查理王来说不能作为根据。即使我个人认为我们现在的王是最好的,我也不认为个人美德是可以由父传子。

(3) 从上面的第1条决议来看,没有在法律之上的绝对性。因此,国会本身必然更具绝对性。在第18次国会会议前,詹姆士六世已经做了好多年英格兰王了。如果国会在这次国会会议依法给了他这种绝对性,那就意味着詹姆士六世此前不具有这种绝对性;从而表明,国会就更有绝对性了。能给予他人绝对性者,本身必更具有绝对性。无人能给出自己并没有的东西。如果有人说，詹姆士在此前就有了这种绝对权力，国会只是合法地宣示了这权力；在这宣示前，这权力就存在于他那里了。对此，我的回答是：在宣示前，他所拥有的权力只是依法律与良心行统治；除此之外，并没有别的什么。如果他们宣示的并非他该有的王者特权，那就与我们所的说法一致了。如果这权力并非他们口中所谓的王者特权，只是一般的依法行统治之权力；那么，我们就没有必要基于詹姆士的个人美德而给他什么权力；只需以国会的名义对他进行表彰。

（4）如果这种特权的绝对性是给予君王的，臣民需对此宣誓顺服，即承认君王有从他们而来的摧毁他们的权力；那么，这既不是一个合法的誓言，他们根本就不该对此宣誓；而且，这誓言也不能约束他们。

（5）最高法官是他的所有孩子及其相关事宜的最高父亲。最高父亲与最高法官不能对着干。这是矛盾的：如果把这种最高性转给君王作为一种狮子的餐食权力，但是，依据王者特权和王者职分，他倒是要作为父亲去行拯救。或者，法官判死一个作恶者；对于这个人来说，这是毁灭性的；但是，为了共同利益，这就是父亲该做的事吗？最高绝对王权之行为对个人或国家而言，通常情况下，都是摧毁性的。例如，君王在其绝对权力下，赦免了一个杀无辜之人的凶手；在这同一基础上，君王再次赦免了他。此时，他已连续杀了二十人。这种绝对王权行为就成了一种谋杀行为，如同牧者将狼放在羊圈中。他当为羊羔的丢失负罪。这样的摧毁性行为不是审判行为，更不是最高审判行为，只是一种最高谋杀行为。

（6）詹姆士被称为"在所有教会与世俗事务中绝对的和最高的法官"。对此，我们从下面几个方面来考虑：① 国会在此并未宣示任何新的权力，只是继续旧权力，维持过去君王及其后继者所享用且践行的广度与自由度内。至于在什么程度上，则应该以国会的法令、传统以及苏格兰王所做的誓言为准。② 称詹姆士为绝对的王并非和法律之外的自由以及法律之上的特权相联系，而是指向统治的类型以及权力的衡量方式。君王受基本法与他自己誓言的捆绑，不受境外司法和原则制约。在《詹姆士六世国会第21次会议》的首条决议中，最高誓言认定了他的权力。③ 这里与《詹姆士六世国会第8次会议》第129条决议的表述相同，所授予权力

问四十三　苏格兰王是否成了一位绝对君王,拥有在国会与法律之上的特权? 苏格兰的法律、君王在加冕仪式上的誓言、君王信仰的宣誓等都会给出否定答案。

也相同。这权力就个人和议员作为分别的个体而言,是在他们之上的。但是,就法律与议员作为一个整体而言,这权力则完全不适用。当国会召集时,很显然,它们是国会(詹姆士六世国会第 8 次会议)的两个直接动作。这次国会确立了国会与君王的平等权力;在国王的同意下,解除了所有司法权;而且,准确记录这权力在案,并对决议给予认证。否则的话,国会中的与会议员,根据这决议,被召集在国王陛下和他的内阁(司法机关)面前,臣属于他们自己,并让自己审查自己。这是无法理解不合理性的。④ 最高法官在所有案件中都须依据相关与预设的法规、司法程序以及法律来进行审判。这是最基本的工作与原则,不能自作主张。⑤《詹姆士六世国会第 20 次会议》第 6 条决议很清楚地阐释了君王在属灵与教会事务上的司法权。君王能涉及的宗教案件仅限于离婚、遗嘱、私生、通奸、虐待等。这些案件在法庭上,由君王指定的委员与他的属下组成教会事务法庭的审判及执行人员。这是对他最高统治权与特权的预留。

(7) 最高法官在案件中不应当去判断"专业性"事务,如君王不得在两个水手、农夫、商人与艺术家间去判定谁的技艺更合适。众所周知,君王不能在两个画家间去判断谁才画出了最好的画,但他可以判定谁的画上使用了最多黄金,会对国家更有用。君王也不得判断所有的教会事务,即不得判断那些"专业性"事务,例如不能认定对神崇拜的弥撒不是神最后晚餐的圣礼。因此,君王只有最高司令权(actus imperatos),如崇拜中的王室政治活动,命令依据神的话来崇拜神,惩罚迷信与逃避神圣崇拜的人等。所以,在属于苏格兰众法官依法处理的事件上,君王不是唯一的法官,法庭上的众法官可单独处理这些事①,且只能依法来审判;不能有任何君王或国会的修改或干涉意见的介入②。在国会行为中,君王若强行以个人命令阻碍公正行为,即使这样的信件或命令送达,众法官也不得将其视为君王意志。他们只能继续进行审判,不偏不倚,依据公正。这是君

---

① Parl. 2, James I., act 45; Parl. 8, James III., act 62; Parl. 4, James III., act 105; Parl. 6, James I., act 83; Parl. 6, James I., act 86; Parl. 7, James V., act 104.

② Parl. 14, James II., act 62 and 63.

王与国会公开表达的意志,也就是他们的统治①。庭上的法官不得搁置他们的公义与审判的进程,不得根据王的私人信件来执行审判②。如果作为个人的君王意志和欲望,与王法以及作为王的君王意志相冲突,那么,这种意志与欲望不得纳入考虑范围。这点是非常明确的。国会从未立君王在所有专业性的事件中为最高法官;没有授权在关涉自己领地的案件中进行审判,更没有给予在苏格兰法律之上的特权。《詹姆士六世国会第8次会议》第1条决议就依此确立了王权;紧接着在第2条决议中就直接补充并宣布了国会之最高法庭之权力。它由我们这个古老国家的三岛之自由声音组成;在1606年的国会会议上被称为"国家古老而基本之规则"。它是如此之基本,以至于稍加改变便会带来混乱,比如,它不再是一个自由君主制。正如1604年的国会委员会所表述的那样:它在神之下惩罚叛逆之臣;保护和维持善的忠信之人。法律与国会之决议(以此来统治全民)需在此基础上指定与建立。在传统习俗中,不加不减,根据他们的人格和道德,它任命尊者、官员和议员;处罚任何肆意妄为或行"挑战国会之尊严与权威之人,或那些以叛变之名,企图改变或消弱国会这权力与权威之人"。所以,在第3条决议中,国会掌管所有司法权与司法机构(即使这些机构是由陛下之权威来任命,如司法高等委员会等),即使这些机构起初并没有由他们来授权与指派;审判所有与上述基本法相悖的案件③。借此,君臣均需在法律与国会通过之决议中行事。苏格兰国会之古老的尊严、权威与权力,现在依然毫无损伤地站立着。这将在后世或历史学家的记载中轻易找到;无论何时它们被提及,都能在旧有记录中轻易得到证实。同时,我们要记住的是,依据《詹姆士六世国会第11次会议》的精神,我们得到国会这样的命令:不行或不命令任何违背自由理性与国会投票的直接或间接的仓促决定④。此外,对那些不受限制的绝对君

---

① 参见:Parl. 5, James V., act 68; Parl. 8, James VI., act 139; Parl. 6, James VI., act 92。
② 参见:Parl. 11, James VI., act 79 and Parl. 11, James VI., act 47。
③ 参见:Parl. 3, James I., act 48 and Parl. 6, James IV., act 79。
④ 参见:Parl. 11, James VI., act 40。

问四十三　苏格兰王是否成了一位绝对君王，拥有在国会与法律之上的特权？苏格兰的法律、君王在加冕仪式上的誓言、君王信仰的宣誓等都会给出否定答案。

主之权力，苏格兰国会拥有自己的自由，即自由地抵抗他们的违背契约和外交协约行为。对此，可从下面几个方面来考虑：1. 苏格兰王在就职时必须宣誓并与神之真正教会签订守信之约，即他们要维持保护并推进国家的宣示与现有的真正信仰。他们接受神的律法约束，遵守在《申命记》及在《列王纪下》（第 11 章）中所启示的神的律法，如同他们渴求臣民之顺服一样。依神的话，君王与人民间的连接与契约在未来应当是互制互惠的；这在 1567 年 7 月的国会会议上得到了充分的表述。2. 历史上，国内重要的决议与判决（其中之一已经印刷出来，即《詹姆士三世国会第 14 次会议》第 112 条决议），以及与他国签订协约，在君王的巨大的签章后面，国会议员都曾经加上了几个章以再次确定。——对格劳秀斯、巴克利、阿尼索斯等人来说，这是有限君主的一个无法否认的证据；表明我们国会的类型，国会与君王一起行命令、批准与废除等。要是君王违背了约，他们有义务抵制他，动用武力也在所不惜。这并非违反了他们的忠诚，忤逆了君王之权力。至今，这些规定还存在于我们与英格兰及法兰西的古老协约中。继续前进，把那些高端秘密留给后人解答吧！

最后要补充的是：1. 这里所宣讲的只不过是苏格兰教会的信条。我期望读者留意《苏格兰教会之信条》(the Confession of the Church of Scotland)，其中包含了 1612 年的日内瓦信条，并得到詹姆士六世与国会的三国代表授权，收录国会决议中①。我们的信条的第二部分（第四项）是这样写的：尊敬父母、君王、官员和上级权柄；爱他们，支持他们，也顺服他们（不抗拒神之诫命为前提）；救无辜性命，平暴君暴政，护受压迫者，持圣洁神圣等。与此相反的是，不顺服或抗拒那神所命的掌权者（在他们没有越职行为时），动辄杀人，心怀仇恨，见死不救等。我们的这信条是《以弗所书》(1∶1，7) 与《以西结书》(22∶1—4) 的延续。这些经文以父以母之名宣告，所有下级法官与君王一样，特别是那些首领、管理者与国会议员都当是权柄者。

2. 流人血的城要被审判。他们不把受压迫者从那残忍首领之手中

---

① 参见：Parl. 15, James Ⅵ., anno 1567。

解救出来。这些首领逞凶、流无辜者之血(《以西结书》22：6)。

3. 抗拒在上掌权者,即人民之国会,如苏格兰的保皇党所行的那样,这是神所禁止了(《罗马书》13：1)。我们的信条也引用了《罗马书》第13章的经文,依据所有知名释经家的解释;我们的信条也阐释了这里的经文;具体表述如下:"我们宣示,对掌权者的抗拒如涉及的是属于他职分范围内的事务,这种抗拒就是抗拒神所命的,也肯定是有罪的。父啊!我们要说,掌权者在执行他们职分,且他的执行助手及其渴望与需要人的帮助时,无论谁拒绝给予他们协助、建议与帮助,他就是在拒绝给神协助、建议与帮助。"对这段宣示,我们要继续澄清的是:

(1) 君王与国会在积极执行他们职分范围内事务时,抵抗他们,就是宣示里所说的抗拒。当君王与国会违背神的律法与好的人为法律而行暴政时,他们此时所行便不是他们职分范围内事务,也不是在积极执行他们的职分。依我们的信条,在这些暴政中,我们抵抗他们就不是在抵抗神所命的。

(2) 抗拒首领、统治者以及下级法官,拒绝给予他们建议与帮助,就是拒绝给予神的建议与帮助。这些保皇党拒绝帮助我们的王反对教皇主义者、教士与恶人;这才是对神命的抗拒。他们却将反叛之罪不义地强加给我们。

(3) 在我们的信条中,我们加上了:神藉着他的人间助手渴望人的支持与拥护。但这话不能如此来理解,即在君王个人要求帮助时,我们仅为下级法官与国会提供协助与帮助。① 依王职,君王要求我们的帮助与拥护应该是抵抗教皇主义者与恶人;即使被误导,他也当命令与此相反的内容。如果法律规定我们要给予帮助,君王当从职分的角度来要求。② 这显然与我们的信条矛盾:除非君王个人主动要求,我们便无义务给国会与人民以帮助与拥护。我们的宣示明白地写着:救助无辜者性命,平息暴政,保护受压迫者;或者说,不让无辜者流血是神所喜悦的工,也会得到神的赏赐。如果君王在恶人的误导下行暴政,兴教皇主义武装对抗新教徒,我们不会理性地认为这是神藉着他所行;他也不能作为神的助手来寻求我们的帮助、拥护与援助,以协助君王行暴政、行压迫、流人血等。我们

问四十三　苏格兰王是否成了一位绝对君王,拥有在国会与法律之上的特权?苏格兰的法律、君王在加冕仪式上的誓言、君王信仰的宣誓等都会给出否定答案。

的信条迫使我们拒绝给予君王在这些恶事上给予帮助与拥护。我们的帮助仅仅限于王者职分与义务上。否则,我们当去平息所有的暴政。

(4)依我们的信条,救助无辜者性命,平息暴政,保护受压迫者等都是善工,是受神所喜悦的。因此,不认同无辜人遭人流血也是一件善工。如日月般明亮的是:依神的话和查理在他加冕仪式上的誓言,我们的信条要求我们必须在神及其圣天使前,兴起武装拯救无辜者,平息暴政,保卫受压迫者。在苏格兰人民不能从良心上接受查理强行推进的祈祷书时,他在恶人之怂恿下便兴起武力要从海陆两路来杀害与摧毁苏格兰。在此情况下,如果我们不去顺服神,放弃我们所宣示的信仰;这信仰是查理及其恶党都曾宣誓过的,现已证明他们就是基督及其教会变节者;那么,我们还能做什么呢?依这宣示,考虑到我们对我们亲爱的英格兰弟兄的义务,我们就行这样的善工,不让英格兰弟兄的血白流;当这些违背一切神的律法、人为法律、议会法和国法来杀害与毁灭英格兰弟兄时,我们更应该起而保卫他们。在我看来,如果我们不武装起来抵抗那些流人血的保皇党,保卫自己与英格兰弟兄,那么,这流血之罪就加在苏格兰头上了。我们宣示中的第24条是这样说的:"我们宣示,无论是谁拿掉或搅乱了长期以来形成的民事政体,他就不仅仅是人类的敌人,而且也是那对抗神的旨意的恶灵。"但是,对于那些拿起武器对抗苏格兰人民、首领和统治者的人,他们竭力拿掉我们的国会和基本法;因此,我们宣示又加上了(第16条):"我们宣示,被置于权位的人是值得爱戴、崇敬、惧怕以及最恭敬的评价。他们是神的助手,在他们的庭上,神坐着亲自行审判。法官与首领也握着神所授的权柄,赞扬与保护善者,报复与惩罚公开的恶人。"从我们的信条来看,国会、首领与地上的管理者本质上与君王一样都是神的助手。抗拒他们就是抗拒神所命的。

保皇党说这些人仅是王的助手,若他们做了与王意相悖的事情,便可抗拒他们,甚至杀了他们;此时,他们只代表个人,即使他们在行王意时被尊为法官。对此,我要说:

1. 说下级法官只要行了人间君王的意志便可正式成为法官了;这真是令人惊讶!是否成为法官居然不是以是否行那万王之王的神的意志为

标准！我们知道,他们行审判不是为人而审判,乃是为神而审判(《申命记》19：6)。

2. 前面,保皇党无法容忍将这种区分用于王,现在却双手赞成将这一区分运用于下级官员身上。我们知道,君王作为罪人,时而为神之助手,时而又是一个犯错的受误导的人。这与下级官员时而依王意而行,时而又依个人意志而行一样,乃是寻常之事。如果我们要顺服下级官员如顺服君王的助手一般,那么,当他变成什么样的人时,保皇党才可在艾吉尔(Edgehill)①或某地将其杀掉？考虑到君王的个人行为与其王者职分,我们将这区分运用在王身上。他们定会嘲笑这区分。在这一点上,我们的信条援引了《罗马书》(13：7)、《彼得前书》(2：17)、《诗篇》(82：1)等地方为证。这些地方很好地证明了下级官员也是神所命的：(1) 神的命令；(2) 神地上的儿子(《诗篇》82：6)；(3) 神的佩剑；(4) 他们不仅仅指定管理民事政策,而且要维持真正的信仰,制止偶像崇拜与迷信。显然,抗拒这些下级官员就是抗拒神,就是要强行拿下神手中的剑；(5) 我们的宣示所引经文,朱尼厄斯(Junius Brutus)也使用过,即《以西结书》(22：1—7)与《耶利米书》(22：3)。在此,我们像犹太人一样受命去"实行审判与公义,将压迫者手中的恶棍拿掉"。神的律法与民法都告诫我们,不阻止杀害的人便如犯了杀人之罪。我将引其他的信条,免得他们诬陷我们像耶稣会士！

瑞士信条(*The Confession of Helvetia*)②告诉我们,每个掌权者都当保护寡妇、孤儿与受压迫者。法兰西信条(*The French Confession*)③也说(第 40 章)我们要依照法律法规来交纳我们的税收；征服的枷锁我们也会承受；所有执政者都是神最高权力的完全代表,即使是非信徒,也要不

---

① 这里指的是查理王与英国国会之间因宪政之争无法和解,于 1642 年 10 月 23 日,在艾吉尔地区发生的一场战争。
② 瑞士信条(*The Confession of Helvetia*)包括两个信条：1536 年的初版和 1564 年修改版,属于新教教会信条。苏格兰教会于 1566 年认可这个信条。
③ 法兰西信条(*The French Confession*)也称：*The Gallic Confession of Faith*,或 *Confession de La Rochelle*,或 *French Confession of Faith*。1559 年,大约 72 间受新教影响的教会秘密开会并通过。

> 问四十三　苏格兰王是否成了一位绝对君王,拥有在国会与法律之上的特权? 苏格兰的法律、君王在加冕仪式上的誓言、君王信仰的宣誓等都会给出否定答案。

偏倚地服于他们的权柄。这里很显白地表明,当给予掌权者积极顺服,对消极顺服枷锁的忍受是有条件的,即只要掌权者没有违背万王之王神的诫命。并且,我们知道,那时法兰西教会已对他们的王发动了自卫战争。这位教士说,所有以苏格兰、瑞士、法兰西信条为代表的改革教会都是耶稣会士的! 他忘记了,里昂穷人派教义、新教教义以及路德、加尔文等人倡导的教义产生时,世上还没有耶稣会士。

英格兰教会信条(the Church of England's Confession)的第 37 章①没有竖立君王之绝对权力。他们很明确地将王者特权从高位与法律之上的超验之最高权力中拉下来;并将王者特权解释成仅仅是一种法律权利。"我们(他们说)给君王之特权仅仅是圣经赋予所有属神君王的权力。他们需对他们所托之信任宣誓;无论他是教会还是民事身份,他都必须尽其义务;并以他的民事权柄惩罚那些不顺服的冒犯者。"他们这样说,实际上是回答有些人认为是英格兰教会使英王成为教会的头的质疑。依这位教士言论,教士的聚集也必定是耶稣会士了。

比利时信条(the Belgic Confession)②的第 36 章说,所有的执政官与君王一样(我们知道,暴政的灵与肉就是对它们的王的背叛),当手持宝剑直接惩治恶人,实则在行保护。在此,不仅仅民事管理得到保护,而且神圣之服侍也得到了维持;所有的偶像崇拜以及对神的虚假崇拜都被排除了;敌基督的国家也被摧毁了等。由此可见,所有的执政官,包括下级官员必须履行神的律法给予他们的义务。释放受压迫者是他们义务;拿起宝剑对准杀人的教皇主义者、爱尔兰叛党以及专行毁灭的保皇党也是他们的义务。

有人说,在基督时代,这样恳求是好的:"我主耶稣啊! 如果你膏了这样的王,叫我们顺服可朽的王,而非那永恒的王;不要对压迫者进行审判,

---

①　Angl. Conf. art. 37. Sed eam tantum prerogativam aquam in sacris Scripturis a Deo ipso omnibus piis princibus semper fuisse tributam, hoc est, ut omnes status atque ordines fidei, suæ commissos, fixe illi ecclesiastici sint, sive civiles, in officio contineant, et contumaces ac delin- quentes gladio civili coerceant.

②　比利时信条(the Belgic Confession)于 1566 年在荷兰长老会教会大会通过,在新教教会中有广泛影响。其原始写作受法兰西信条的影响。

因为他说他们都是忠信的天主教臣民,那么,我们就会用你的剑来对抗杀人者了。"就让牛津与英伦三岛的所有博士在这种人的良心上自鸣得意吧! 不然的话,他们就会要人去顺服人而非神了! 在《阿根廷信条》(*the Argentine Confession*)① 就有这一点的长篇表述。有四城市联合起来,于1530年对抗查理五世(Charles V)皇帝陛下;当时他们正在进行自卫战争。这与苏格兰、英格兰与爱尔兰三地现今所处的境地相同。

撒克逊信条(*The Saxon Confession*)② 在主教会议(the Council of Trent 1551)中阐述了执政官员的本质职责在于维持神的律法与人为法律。我们能由此得到什么呢? 只要他保护杀人者,如果他是王,却以手中的权柄或武装阻止下级官员为捍卫神的律法和真正的信仰而去反对教皇主义者、杀人者以及那嗜血的保皇党;阻止他们执行神对作恶者的审判等(撒克逊宣示里列举各种可能性);在这种情况,他就不是执政官;我们就可以拒绝对他任何形式的顺服,无论是积极的还是消极的。此时的不顺服并非对神所命的抗拒。相反,君王此时才是对神命的抗拒。

波西米亚信条(*The Confession of Bohemia*)③ 也很明确地说(第16章):那些手握公职之人,无论其职分程度多大或多小,其工都不是他自己的。因此,所有下级或高级执政官,无论其职位如何,他们运用手中的权柄,都不是为自己做工,也不是为君王做工,而是为神做工。所以,他们当用手中的剑对准嗜血的保皇党,就算君王禁止他们这样做,他们也得为神如此行。这个宣示接着论到所有执政官,认为,他们的职分虽有大有小,但就其平等之执行权力而言,不论对象,他们都要平息恶,守卫民众,惩罚罪,行神之对罪恶的复仇等。这信条是波西米亚贵族与首领的宣示。他们都是执政官,于1535年呈递给他们的最高统治者,罗马皇帝,其处境与我们现今的处境并无不同。他们却能宣示,有义务在良心上保卫他们

---

① 译者无法找到卢瑟福这里提到的 *The Argentine Confession*。
② 撒克逊信条(*The Saxon Confession*)是1551年路德宗受邀请在天特会议上表达新教信仰而写成的。就其内容而言,主要是重复奥斯堡信条,并做了一些适应性的修改。
③ 波西米亚信条(*The Confession of Bohemia*),在奥斯堡信条的基础上,于1575年由捷克的胡斯派认定。卢瑟福这里谈到的信条可能是指 *The Unitas Confession* (1535),由路德引入。

> 问四十三　苏格兰王是否成了一位绝对君王,拥有在国会与法律之上的特权? 苏格兰的法律、君王在加冕仪式上的誓言、君王信仰的宣誓等都会给出否定答案。

下面的人不受皇帝或任何人给他们可能带来的打击或伤害。这是他们在神面前的职分,是必须履行的神的工。基督徒执政官所行并非自己的工,乃是神的工。君王不能有任何阻碍。如国会、首领与管理者要释放被压迫者,保卫孤儿、寡妇及陌生人等免受不义之暴力,而君王对他们的行为进行阻碍,当如何呢? 此时,他们当顺服人而不顺服神吗?

下面这点便不用多说了,苏格兰的教士竭尽其能了:1. 阻止他的陛下控告国会;2. 如果国会遭起诉,则先摧毁它的权利;3. 国会得以确立后,他们就关心如何将其拆散,如何阻止其工作,如何废除其公正性;4. 这位教士的总目标就是废除国会,消减其权力;5. 在粉碎英格兰国会上,他们可谓是机关算尽:命令法官不得行审判,即使开始审判也要阻挠其实施公义之进程,令其行那不义的审判(《耶利米书》22:3);6. 保皇党也花样百出地破坏国会以及现行的英格兰国会。

在威廉・罗德(William Laud)[①]的研究中充斥着对英格兰国会的担忧与希望。这证明了保皇党对公义之最高座位的痛恨,恨不得它不存于这个世界。它是对更高权威的最大反叛与抗拒。

1. 他担心这届国会将前赴后继地召开。

驳:无论手刃詹姆士王的廷臣多么可恶,他都需要在法庭上受审。

2. 他担心国会会牺牲部分人的利益。

驳:1. 如果国会无权处死叛党与堕落的法官,那么其存在根基就毁了。2. 如果他们是合法的法庭,除了罪人外,无人需惧怕他们。

3. 他担心磋商会议时间过长,而现在就需要给养。

驳:1. 保皇党要国会对君王补充给养,以煽动并推动对苏格兰的战争,而非为了正义。2. 他担心磋商会议过长过于严肃,会撕裂或切开教会与国家间的伤口,实则是担忧伤口会痊愈。

4. 他担心国会否决给君王补充给养。这给养的给予乃依据神的律法,本性之律与国家法律。国会不过是通过研究并同意给予。否则的话,那就不是给予给养,而是买卖了。

---

① 威廉・罗德(William Laud,1573—1645),保皇党,英国国内战争期间被送上断头台。

驳：君王的税收与长期收益的确需要由神的律法与国家法律来规定他的所得。不过，临时补贴只是在战争或特殊的必要情况下给予的偶然性帮助。它们并非以税收或永久收益的形式给予君王；而是由国家授予，是在当下战争或特殊需求情况下帮助国家而非君王。君王不得将其赠与王室、他的家庭或个人荣誉。所以，它不是由本性之律或国家法规来确定王者该得的部分。同时，在没有仔细研究与司法裁定的情况也不得草率给予。它们并不是卖给君王的，而是由国家在国会法规下给予国家而非君王的东西。君王不得为得到临时补贴而行不义行为。

5. 他不敢论及良心，是否君王该行恩泽之举，奉献其王位所得之利润。

驳：他不敢说人民当维护其自由，即变卖临时补贴以换取部分的王权或减少君王那虚幻绝对性的自由。教士巴不得君王是绝对的。这样，他们便可骑在虚假的、绝对的马背上践踏灵魂、钱袋、人格、国会以及信仰了！

6. 他担心国会将干涉教会事务。可是：（1）教会相当弱小。如果它有更大权力，君王在顺服与服侍上就该有更大之权力。（2）在事关教义方面的问题上，国会并无能力行审判。（3）在教会事务上，君王、教士与宗教会议共同组成法官团。

驳：这里抨击了国会权力之根。1. 这位教士仅给予了国会在补贴问题上的可怜审议权；也就是将君王意志定为法律之权力，将臣民之财产抢夺过来，煽动对苏格兰人民的战争。2. 他将他们所有的司法权拿掉，给那些黑心的叛徒。3. 给他们处理教会事务的所有权力；立他们为法官；连君王本人都要对教皇、教士以及这类光彩照人的牧师盲目顺服。这位教士却将这罪不公地归给长老会。试问：留给国会的权力还有什么呢？大卫与以色列的会众在讨论将神的约柜运回家的事情上，充当了鲁莽的角色。教会的软弱，即该死的教士的软弱，能等同于不列颠王的软弱吗？当然，这位教士定要将这种梦想实现，即没有主教与君王的梦想。

7. 如果君王只单独顺服他们，他"担心"好事之灵会找上他们。

驳：英格兰的首领与法官都是好事之人的同伴。国会、法庭都不会

问四十三　苏格兰王是否成了一位绝对君王,拥有在国会与法律之上的特权? 苏格兰的法律、君王在加冕仪式上的誓言、君王信仰的宣誓等都会给出否定答案。

捣毁国会,充其量只有几个君王的好谏之臣会尽破坏之事。国会拒绝给予临时补贴,而英王则会以非法手段来敲诈。

8. 他期望国会夭折,议员之间明争暗斗。

驳:他热衷国会夭折或无公义。他害怕他们改革神的殿,像神那样执行公义。现在却转而来谈苏格兰国会。

主张二:国会调节王权。传统法官控诉,君王在属于他们职分范围内的事务任命委员会来处理。于是,国会解散了所有此类的委员会①。同时规定,所有杀人者只能依据总的正义原则来审判。另外,一些国会决议还对君王赦免罪犯的权力进行了限制②。

詹姆士王在他的《宫廷礼物》(*Basilikon Doron*)③著作中阐述了一个错误观点。弗格斯一世(Fergus the first)作为苏格兰 107 任王的祖宗,他是苏格兰王国的征服者。福德曼(Fordome)、波爱修(Boethius)、布坎南、霍兰谢德(Hollanshed)等人所持观点正好与之相反,他们认为是苏格兰人民使他为王:1. 他们自由地选择了君主制,而非其他政府形式。2. 他们自由地选择了弗格斯为王。3. 弗格斯成王后随即召集了国会,并称之为:岛国的领导、部落的统治者、国家的集会、国家、社会、首领、王子、父亲等。正如霍兰谢德所说,他们立弗格斯为王。因此,在弗格斯之前就必定有国会的存在。弗格斯死后,国会在没有王的情况下召开,并制定了关于选举的基本法,即在王子年幼的情况下,任何弗格斯家族的人都可被选为统治者。这一习俗一直延续到肯尼斯(Kenneth)时代。第 7 位王雷都塔(Redotha)辞职后,政府权力转移到国会手中,部落首领们随即认可塞洛斯(Thereus)为第 8 位王。布坎南 (l. 4, rer. Scot.)称他为"Reutha"(雷塔),意指他专干伤害百姓之事。于是,王权再次回到国会那里。第 8 位王塞洛斯是一个邪恶之人,在他统治期间,到处是强盗。他担心国会会

---

① Parl. 6, James Ⅵ., act 82.
② Parl. 11, James Ⅵ., act 75.
③ 《宫廷礼物》(*Basilikon Doron*)是苏格兰王詹姆士六世写的一部《政府论》(1599)。就其写作意图而言,是以私人信件的形式,教导他的儿子,并由儿子保存。1599 年印了 7 本;1603 年则发行了数千本。

处罚他，于是逃到了不列颠。此后，国会便选立克拉纽斯（Connanus）为苏格兰王国的守护人。

第10任王费纳纽斯（Finnanus）颁布法令：无论多么重要的政策，在没有国家与权力机构的授权下，君王不得擅自行动。无论是王室事务，还是公共事务，抑或是对他国之和平或战争宣言，没有国会之磋商或部落之公正授命，君王不得施行。从这里，很明显，国会是君王统治的同僚，且拥有君王之上的权力。法律规定没有部落首领与国会之授权，君王不得行任何事情；仅仅一个秘密的内阁会议的授权，这在苏格兰是非法。第11位苏格兰王大司图斯（Durstus）对国会宣誓："他们只寻求人民的意见。"在没有国家的首领与治理者的意见下，他不行独自行动。

国会拒绝第19位卡波德斯（Corbredus）王的亲生儿子继承王位，因其年纪太小；而立马特兰斯（Metellanus）的侄子达旦纽斯（Dardanus）为王。这是古时候苏格兰国会之权力的伟大见证，他们运用手中的权力选立王而拒绝世袭的王。

第21位王达旦纽斯（Dardanus）又称甘达斯（Galdus），在他的加冕仪式上宣布放弃对国会决议的否决权，并宣誓他会依照国会指示来行统治；不废除法律，不与民众为敌。

第22位王卢卡推图斯（Luctatus）受国会谴责为"对长老会议的违背"，因他指派低俗之人掌管公共事务。

第23位王曼格达斯（Mogaldus）"回归古老的传统听从长老们的建议"，依据古代习俗，在国会下行统治。

第24位王卡拉鲁斯（Conarus）被国会关进监狱，因他行事关国家的大事前没有得到国会的司法认同。国会权力才是国家之最高权力，不得凭一己私意行事。此时，君王之否决权在哪里呢？

第24位王艾瑟迪思二世（Ethodius Ⅱ；艾瑟迪思一世之子），鉴于他的年龄，起初国会没有立他为王，而是立他叔父塞萃尔（Satrael）在他之前做王。他是一个头脑简单且无知之人，出于对弗格斯王室的尊敬，依然将他的名字刻于王座，但国会指定导师辅佐他。

第30位王奈斯卢卡斯（Nathalocus）以公正之承诺与装腔作势腐化

> 问四十三　苏格兰王是否成了一位绝对君王，拥有在国会与法律之上的特权？苏格兰的法律、君王在加冕仪式上的誓言、君王信仰的宣誓等都会给出否定答案。

贵族，从而得到王冠。

若曼克斯（Romachus）、费氏马科斯（Fethelmachus）、奥古斯纳斯（Angusianus）等人争位，国会召开会议审判骚乱。最后，洛马克斯（Romachus）被选为王。后来，他因行事却不遵祖法，不听长老意见，继而遭到国会的谴责。

弗格斯二世（Fergus Ⅱ）也是依常规方式被立为王。

第43位王康斯坦丁（Constantine）就受到国会的惩罚。

第49位王艾达努斯（Aidanus）在圣·克朗巴（St. Columba）的建议下，依国会而行统治，最后得和平。

第52位王弗查德一世（Ferchard Ⅰ）与第54位王弗查德二世（Ferchard Ⅱ）都受到了国会的谴责。

第59位王尤金尼厄斯七世（Eugenius Ⅶ）因杀妻遭到司法控告，最后只能由国会宣告赦免。

第62位王尤金尼厄斯八世（Eugenius Ⅷ）是一个邪恶之子，因其行毁灭之事，在国会一致同意下被处死了。

第70位王唐纳达斯（Donaldus）遭到一次国会会议谴责。这次会议被召集乃是出于对共和国之拯救，为国家之益处。第72位王艾瑟斯（Ethus）也不只犯了一个单纯的错误，而是将国家置于了毁灭之境。

第73位王格里高利（Gregory）誓言维持苏格兰教会与国会之自由。该誓言被定为所有苏格兰王在其加冕礼上必宣之誓。

国会控诉第78位王达福（Duff）蔑视首领之忠告，要么贵族离开国家，要么另立王。

第79位王库伦（Culen）被传唤到国会。在他之前，第75位王康斯坦丁三世（Constantine Ⅲ）宣誓将国家权力还给国会，因此被送到圣安德鲁斯（St Andrews）的一家修道院修道。

在布坎南笔下，第80位王肯尼斯三世（Kenneth Ⅲ）几乎让国会将选王的传统改为世袭。在这里，可以看到国会之权力。

格瑞姆（Grim）之后的第85位王麦克白（Macbeth）因听信个人逸言行统治而遭到谴责。在这个年代，君王由国会任命，且要宣誓维持国家社会之稳定。

第92位王马尔科姆四世（Malcolm Ⅳ）要承认一项对国家有害的条约。首领们便对他说，你无权做王了。苏格兰王没有任何拿走国家东西的权力，除非有人民之同意。在第94位王亚历山大（Alexander）时代，君王之法令必须要接受国家法令之确认才能施行。历史学家都知道，拥有否决权的是国会而非君王。

关于巴尔兹（Balzee）与布鲁斯（Bruce）争论之事，国会对爱德华（Edward）的回复是，这是在造一位唯一的王，而将国家之国会排除在外。这样，他们就不能规定举国之义务了。

第97位王布鲁斯（Bruce）的统治年代，王位之继承由国会法令决定。当苏格兰王继承王位受到质疑，争论最后只能在国会会议中解决。

第100位王罗伯特（Robert）在斯库恩（Scoon）议会上，他促使议会授予他第二段婚姻之长子克里克（Carrick）爵位，从而绕过了他第一段婚姻的孩子，而立克里克为王。在他要签订协议时，他被告知，除非他停止公众的争议，否则它便不能如此行。同时，在没有国会赞同的条件下，他不可能停止任何纷争。

詹姆士一世（James Ⅰ）不可能在英格兰施行其誓言。国会对在斯特灵（Stirling）地区对詹姆士三世（James Ⅲ）战争的准许已经发布，因他没有得到国会之允许。

至于我们最初的改革，那摄政的女王对人民食言，说："不能用信仰的承诺来束缚王子。"于是，国会针锋相对地宣布，他们没有义务顺服；并将她的政府束之高阁。依据1560年6月16日在利斯（Leith）签订的和平协议，它与王者之义务不协调。可见，无论是战争还是和平都离不开国会。

此后（1560年）的国会中，首领经常地对女王陛下说，苏格兰王是有限的王，不是任何时候都能满足一己私欲；现行之法规需得到君王与国会首领之同意。

1578年的斯特灵会议以及关于玛丽之宣示的1567年国会会议，我不用在此重述。1567年7月21日詹姆斯六世（James Ⅵ）加冕，莫顿（Morton）与休姆（Hume）伯爵以王之名义进行的法规、教义与仪式得到

问四十三　苏格兰王是否成了一位绝对君王，拥有在国会与法律之上的特权？苏格兰的法律、君王在加冕仪式上的誓言、君王信仰的宣誓等都会给出否定答案。

长时间的推广。三国议会撤销了在没有国会同意下，王所进行的所有离间行为①。

詹姆士二世时期的三次国会的召开完全没有君王的参与，即1437年、1438年和1440年的三次。国会命令君王这样那样行事，要在举国施行公正。《詹姆士一世国会第1次会议》的第23项决议，国会命令君王改善其经济状况。如有可能，请指出在哪次国会会议上，是君王对国会规定法律，或谴责国会？

《詹姆士六是国会第1次会议》认可了《苏格兰信条》。三地代表的决议指出，君王在其加冕仪式上必须如此宣誓："在永恒之神前，我当维持真正之信仰，正确之布道，管理在王国内接受与施行的圣礼，废除一切错误的信仰，以百姓之要求，根据神的旨意、好的法律与国家之宪法来治理百姓"等。1567年的《詹姆士六世国会第1次会议》通过了1560年国会会议的决议，以国会之名义颁布，而非以君王或女王之名义公布。这也符合这次会议的第2、4、5、20、28项决议。同样，在没有君王或女王的权威下，这次国会会议确认了1572年《詹姆士六世国会会议》第51项决议，还有1581年会议的第1项与第115项决议，这些决议宣称："他们在起初便有共同法律"；并确认了1587年国会会议和1592年国会会议的第1项决议；继而保证了1633年查理时期国会会议的正当性。1566年议会认定1560年议会是"国家历史上最合法也是最自由的国会会议"。即使是1641年的国会会议，查理亲自现身会议，在查理非法监禁兰顿议员（Langton）的情况下：在没有国会允许的情况下，君王不得逮捕监禁任何国会议员。如果国会通过了一项决议，它对臣民之自由带有极大偏见，也不该不被印刷与公布。无论君王是依据什么法律监禁一个国会议员，他可依此法监禁两个，二十个，甚至上百个议员。那么，他也可将整个自由国会吊起。试问，国家的最高法庭又何在呢？

所有的政治家都认为，君王是有限的王，而非绝对的王。君王颁布法令并非以其自己的名字，而是以他本人与召集之国会的名义。

---

① Parl. 2, James VI. c. 2,4,5,6.

在过去的国会决议中,国会议员被召集起来是为了讨论与制定策略。

依据苏格兰法律,国会之义务与权力见诸于《诺克斯史》(*The History of Knox*),已在伦敦出版(1643 年)。在贵族与玛丽齐头并进中,她弑夫再嫁波斯维尔(Bothwell)。她的这种行径在国会中受到控诉。大部分议员判她死罪,也有许多人认为该判她终生监禁。

在宣誓他父王詹姆士曾经宣过的誓言之前,查理不能接受王冠、宝剑与权杖。在英伦三岛的人民同意授其王冠前,他不能行加冕礼。在加冕礼前,他必须明确表明其义务。

查理宣誓:"在神的帮助下,我将以我的性命捍卫你们的安全,期望在我有生之年能得见幸福之花在我们的国家四处绽放!"此后,王在台上面对着人民。教皇主义的大主教说:"先生们!我将查理王,合法的王位继承者,示于众阁下。此地之王冠和尊严,得到了王国的父老乡亲的任命!你们愿意立他为王吗?为他的臣民吗?"查理来到前台,让众人能够看见他。他们表达了他们的愿意,喊到:"神啊!拯救查理王!万寿无疆!"

问四十四

对上述理论的大致概括；另外，简短的回答一些散落的问题。前面的学说一般来说可以不那么严格地归为二十二个问题。

询问1：所有其他形式的政府是否都是对君主制的破坏与背弃？

答：1. 非也！民选的由众人或几人组成的政府与君主制同样地拥有神的权威。我们无权不义地判断人的命令。我们都得为了主的缘故顺服人的一切（《彼得前书》2：13；《提多书》3：1；《提摩太前书》2：1—3）。2. 考虑到与万有的最高君主的相似性，即使君主制是其他政府的尺度，但它不能为其他政府犯错提供评判的道德标准，即不能判断它们是罪的背叛。

询问2：王权是否是本性的直接流溢？

答：不是！对于人来说，由于陷入罪中，在本性上就知道自己需要法律与政府；并且，在理性上，他可以设想一个或多个统治者。神的监管设制，在此基础上，进一步保障我们，即为人的益处指定统治者。按本性而论，众法官与统治者都在罪中；较之一个个体，他们在血气上似乎更近本性。鉴于人之软弱，两个人要强于一个人。在我看来，本性告诉我们，单独一人不可能是整个国家单独的、唯一的统治者。从经上可见，神总是派众多统治者与最高统治者一起进行治理。本质上（为神行审判），法官作为法官是平等。只有在一些预留行为或程度上涉及面更广的权力给予君王。

询问3：执政官是否是天然之物？

答：本性可被看作完整无罪的，或被看作是残缺堕落的。从前一种情况来看，人不需要他人拿剑逼自己履行义务；也不需压迫他人；这和一个没有生病或没被判死刑的人不需要医生和刽子手一样。在第二种情况下，父母式或丈夫式的政府是唯一符合本性的。执政官之为执政官可以从两方面来理解：1. 从此类命令的理解来说；2. 依据执政官职分的实际操作来看。从第一种关系上看，在本性之光下，人已经破碎与堕落了，即使在权力份额与灵魂能力下，我不得不承认，对报偿的承诺、对惩罚的恐惧、权力的强制性等都是驱动我们的本性力量，促进我们顺服与履行义务的天然翅膀；正如柏拉图所说的那样。从第二种关系上讲，也很难说君王要比其他统治者更符合本性。

询问4：在一个自由社群中，本性能否决定，我们需要一个最高统治者，即君王，或多个统治者？

答：非也！

询问5：每个自由国家内是否都隐含着某种最高权威，它可以本质性地置于某个或多个人那里？

答：可以肯定。

询问6：绝对与有限之王权是否是神圣权威的直接光束与光柱？

答：完全不是。这种东西不是神的创造。保皇党与君王的马屁精是这异物的父母。在神那里，没有作恶的任何权力影子。绝对权力本质上是一种法律之外或之上的行事权力，也是一种作恶与行摧毁之权力。所以，它不可能是神制定的道德权力，即使这种权力得到神的暂时允许。否则，非法与有罪之事便是来自神的了。

询问7：王者行为是否体现了王者特权与其绝对性？

答：无论从王者统治的最近还是最远目标来看，王者行为都不是为实现其特权与权力之绝对性。就前者而论，如果君王为着某种特权攻击与摧毁百姓，即摧毁百姓是为了得到毁灭百姓之特权，这纯属暴政！这从

> 问四十四　对上述理论的大致概括;另外,简短的回答一些散落的问题。
> 前面的学说一般来说可以不那么严格地归为二十二个问题。

君王统治的最远目标来讲也不成立。假设君王所谓的绝对权力是合法的,他的所有合法权力与行为都将指向一个更高尚之目标,即百姓之安全与益处。

询问8:人民不得抵抗国会权力,不能抗拒国会;他们也不得抵抗王权或抗拒君王。神已将君王与权力连接起来,谁敢将他们分开呢?

答:1. 如果国会滥用权力,人民便可抵抗他们滥用权力。这不是抵抗他们的国会权力。布瑞基(Bridges)先生很好地区分了王权与王意(在他对"王者转变"(Loyal Convert)的注释中)。2. 抵抗者不会将君王与其权力分离。相反,君王若只是基于个人原则、意志、激情与欲望行暴政,而非基于王者原则与王权,那么,他自己将他的意志与他的合法权力分离了。我们可以抵抗前者,而非后者。

询问9:如神可以在三子之抵抗中行神迹,他为什么要在这些消极顺服的人中显示全能呢?基督作为大卫家的后裔,犹大国是他生而有之的权力。他为何不带领众人与天使澄清自己的血统,而不以不抵抗取胜,在完全的受难中闪耀他全能的光芒?

答:你为何要与神争辩啊?!神以驴腮骨杀千人(《士师记》15:15);又用三百人击杀无数的米甸人(《士师记》7)。即使他们能以三人杀了尼布甲尼撒及其臣民,神也不将三子置于不法之行为下。这是"无因之因"(a non causa pro causa)诡辩。除非给出这个证明:抵抗是非法的;所以,神不会用奇迹般抵抗来救出他的三子,使基督免于死亡,把犹太人从捆绑中解救出来。因为耐心忍受是合法的,难道抵抗就是非法的吗?这个推论属强词夺理。对我们而言,两者都是合法的。我们认为,为到达神佑福之地,至少有十种合法的方式,神可能选取其中之一,而弃用其余九种。难道因为神选择了其中一种,就能推出其他九种是非法的,并拒绝它们吗?我可以反语发问:那抵抗并击败米甸人的三百人有罪了。为什么呢?若耐心忍耐米甸人的剑,殉道之姿态更能荣耀神。因此,基督与使徒可行神迹,以剑带来改革,毁灭压迫他的羔羊的诸王与皇帝。他们也可以通过受难来改革。所以,说以剑促改革是非法的,这样的推理不成立。基督所用的方式当然是合法的;但是,他没有使用的方式难道就是非法的了吗？这是缺乏逻辑的！

询问 10：加冕礼是否仅为一项仪式？

答：在加冕仪式上，可能有仪式性的宣讲与呼喊，并将权杖授予被立之王，等等。但抽象意义上的加冕礼，依据这行为的本质，并非一项仪式；也不是任命君王过程中可有可无的部分。1. 我们不能说，以色列民在立扫罗为王时，所执行的仅仅是一项仪式而已。以色列民的加冕行为是独特的，也是制度性的。这种行为将扫罗与所有以色列民相区别开来，并赋予他一种新的身份，即他从非王变成了王。2. 人民不能仅以一项仪式就立了一位王。他们必须事实性地给予他之前他没有的荣誉。保皇党所梦想的便是，加冕礼仅仅是象征性与宣示性的，而非制度性的；其中并没有赋予君王任何东西。

询问 11：人民是否可以限制他们没有给予君王的权力？这权力是直接唯一地从神而来的结果（无任何法律或人之行为的参与）。

答：1. 即使我们承认王权是神直接赏赐的结果（我们永不会理性地承认），其间没有人的行为参与；它还是受人之限制，以便确保它不会过度膨胀。即使是在没任何人为参与的情况下，神直接立彼得为使徒，保罗却在激烈的责难中限制了其权力（《加拉太书》2），即他不得在去犹太化问题上滥用这权力。保皇党否认这点。然而，当他们承认八十祭司勇士"阻止乌西雅焚香"限制了他的权力时，他们并未给予乌西雅王权。当君王要无端杀百姓时，百姓逃跑不是也在限制其权力吗？他们说，百姓不能给君王以任何权力。当然，这是那万王之王直接权力的证据，无人能逃出耶和华追捕的手（《诗篇》139：1—3；《阿摩司书》9：1—4）。但是，人却可逃离世间的王。如保皇党所宣扬的，尼布甲尼撒可以正义地征服他国，因征服是王冠的合法头衔。可以看到，征服者不仅可以限制被征服王的王权，而且可整全性地拿掉其王权，废了他的王位。但是，征服者不能给予被征服王王权。约书亚与大卫他们从未给予王权，却把王权给夺了。这怎么说得过去：人民不给予王权，也不能合法地对之进行限制或剥夺？

2. 我们也不能认同，神在没有任何法律行为的参与下直接授予王权。人民选出某人为王（《申命记》17）。这显然是一项法律行为。以色列

> 问四十四　对上述理论的大致概括；另外，简短的回答一些散落的问题。前面的学说一般来说可以不那么严格地归为二十二个问题。

民依法立扫罗、大卫、约书亚等人为王。若说是神亲自在百姓中，在这些条件下，行了这样的政治行为；这显然是荒谬的。神怎么可能在此类政治与法律条件下立扫罗和大卫为以色列的王呢？他们要以公正与审判来行统治；这就必然要有政治行为的参与。所以，他们并非由神直接选立的王。神以饼和玛娜喂摩西。神的喂养行为也是间接的，其间有第二因的参与。如果摩西四十天不吃任何东西，那么，神的这种喂养行为就是直接的。如果神立大卫为王，与他立大卫为先知的方式相同，那么，我便赞同神直接立大卫为王。神在以先知的灵充满大卫之前，并没有征得任何人、任何民族抑或大卫自己的同意。但是，神正式立大卫为王时，却是借助大卫与以色列民之间的政治和法律契约来完成的。我不认为神的约或誓言是一种仪式，特别是某项法律上的约或大卫与以色列民间的政治协议；事关重大的指令，关涉神道德律法第五条诫命中顺服的部分；事关信仰、仁慈、正义以及君王与人民间需相互履行道德义务等内容。誓言决然不会只是仪式！

询问12：国家是否是永不长大的小学生？青春期的少年能不需要导师吗？国家总需要导师、统治者或君王，并奉为导师。国家永不能指控君王，因为它永远都是个小孩。

答：1. 国家若永久地处于青春期，人民也不能起诉下级法官。国家不能缺少他们，即使有时候可以不要君王。2. 民主制与贵族制下的国家因永恒地处于青春期，那就会永远在政府形式上争论不休，且永不寻求王了？显然不会。3. 无论从哪个角度来看，君王都不是导师。国家以自己立场选立王，控诉王，抵制乌西雅，将他们选出的王以法律约束。小学生不能选导师。这要么是他将死的父亲，要么是现行的法律，为他做这种选择。他也不能抵抗他的导师，他更不能用某项法律来约束他的导师，或限制他。

询问13：相较于受托人与赞助人、仆人与主人的关系，臣民是否更令君王生厌？因为赞助人不能审判受托人，而是某种高级执政官来审判两方。奴隶对主人除了逃跑，没有别的避难所。相比于主人对奴隶，君王则给予臣民无限的更大益处；他为臣民的安危可舍弃自己的性命、欢乐、享受、荣誉以及一切①。

答：1. 这种观点是要否定的。相对于孩子的父亲，或奴仆的主人来说，儿子、受托人与奴仆既不能在本质上受他们审判，也不能在司法上受他们审判。原因在于：父亲、赞助人、主人虽然从不会如此暴掠，但他们在道德上是无能的；在政治上则是不协调的——因为受托人与赞助人，父与子的关系都在一个社团内，在他们之上有统治者和法官。假定世上无法官，只有受托人与赞助人这一层关系，那么，在政治上，下级惩罚上级不会带来物理上的不协调。因为父亲摧毁孩子是违背本性和谐的，也是最高的暴力，因此，自卫之暴力（具有最高的正义性），虽然违背本性，却是对另一种暴力的弥补。但是，对于一个缺乏在君王与人民之上的政治统治者的国家里，因为本性没有正式设立臣民与领导（一个君王而不是多位统治者）之间的政治关系，所以，本性就自行设立了必要的法庭与仲裁；其中，人民以无罪暴力去制止害人首领的不义暴力。这里，受伤害的人民在自卫中自己就可以是法官。

2. 我惊叹，居然还有人宣扬，那受压迫的奴隶对施暴的主人除了逃跑，别无他法。（1）法律规定，他们不仅可以逃跑，还可以更换主人。对原主人来说，这是巨大损失，因为奴隶就如他们钱袋里的钱一样②。（2）我在前面已证明，依本性之律与众博学的法理学家的言论，部下能以对抗性暴力抵制不义之暴力而自卫。无可辩驳的是，国家高于君主。

3. 多得多责（Qui plus dat, plus obligat）。那些得益多的人，就等于建立下了更大责任的基础。如果就利益与利益的比较，君王和生父，谁能给予更大利益？在神之下，儿子在生命和存在上欠了父亲的（如果我们考虑荣誉与财富的回报的话）；但是，人民欠了君王什么呢？我坚决反对，行暴政之权力是什么益处或义务回报。这也不是人民在理性上回报君王，作为他在王位上的劳苦报酬。我认为，这不是什么益处，而是巨大的伤害、破坏和坏事，对百姓和君王都如此。这等于人民应当给予君王以毁灭

---

① 阿尼索斯：《论权威原则》，c. 3, n. 6。
② Servi indigne habiti confugiendi ad statuas, et dominum mutandi copiam habent, l. 2. De bis qui sunt sui. Item, C. de lat. Hered. toll.

问四十四 对上述理论的大致概括;另外,简短的回答一些散落的问题。前面的学说一般来说可以不那么严格地归为二十二个问题。

他们的权力。因此,把最沉重的铁链与脚镣加在君王身上,使之不能施暴政,乃是给君王以尊重和荣誉。

询问 14:相对于仆人对他们主人而言,臣民应当更加顺服他们的王(与蜜蜂、鹤一样,顺服是我们的本性)吗?① 法理学家们告诉我们,奴役与本性无关,甚至是违背本性的。②

答:君王与父亲在神里下命令,人民对此给予积极顺服,那是无争议的;而且,他们要给予人所能给予的最高顺服。问题是:对恶与不义命令的积极顺服,或对暴政与滥用权力给予的刑罚式的、痛苦的消极顺服,是符合或最符合本性的吗?或者,百姓以暴力抵制不义暴力时,他们是否要宣布放弃对君王的本性顺服? 在蜜蜂与鹤的世界里,王冠与权杖在他们中间。我对此表示怀疑。顺服王是神的神圣律法。但是,顺服权柄下的强制力量却就不能说是本性的。治理与对父母的顺服是本性的。说君王是权力的本性(juris natur strictim),我对此保持质疑。我在神圣道德命令中顺服君王,从而在良心上顺服神。

询问 15:乌西雅是被以色列民拉下王位的吗?

答:乌西雅并没有正式被废或拉下王位。不过,如果王权是不可分的,如保皇党所说;如果乌西雅作为麻风病人被隔离到单独的屋子了,不能进行实际的统治;那么,可以说,他的很多王权是肯定被剥夺了。确实如此,阿尼索斯说③他既不能被迫放弃王权,也不能放弃其王者权威;但可以自愿放弃实际统治,而依然是王。犹如这种情况:君王疯癫、愚蠢或年幼,需要导师和监护人;但还是合法君王进行统治。但是,乌西雅并未自愿地放弃自己的王权,这一点是很明确的。乌西雅之所以住在别的宫殿(《历代志下》26∶21),不直接行统治,乃是因为他患了大麻风。于是,他"与耶和华的殿隔绝。他儿子约坦管理家事,治理国民"。神的律法已明示,他因患了大麻风,所以不能进入会所,且与神的殿隔绝;他被动地与

---

① 阿尼索斯:《论权威原则》,c. 3, n. 7。
② l. 5, de stat. homi. sect. 2, just. et jur. pers. c. 3, sect. et sicut Nov. 89, quib. med. nat. eff. sui.
③ 阿尼索斯:《论权威原则》,c. 5, n. 30。

神的殿隔绝。接下来,乌西雅是否变成了美德之人？对此,我不知道。经上明确告诉我们的是：神的律法除去了他对他权力的实际运用。在此,很清楚的是,神的律法已经告诉了我们所要问的：即使乌西雅空有一个君王头衔,他还是会被记在列王的目录上。如果神的律法切断了他的实际统治,不论他愿意与否,他就必须放弃这统治。我们说,疯子、傻子、蠢货与小孩必须在管理人与导师下才能行王者行为。他们是事实上的王,但需要有纠正力量监视。保皇党认为,神直接从天上把统治国家的王权浇灌给那些注定为王之人。我认为,神诫命他的子民立王(《申命记》17：14—17),并无注定为王一说。神并未将此作为律法捆绑在我们身上,要求我们接受诫命如此做。神立约阿瑟和约阿施为王便是典型。从终点上看,为着他对大卫家的承诺,即使他们是孩子,他也会立他们为王。但是,这并非要他当下就成为统治者,让一个六岁孩子行使王者职分。孩子是王,对我们来说,仅仅是在最终目的与委派上。至于白痴与傻瓜,他们连自己的手指都数不清;我认为,神不会给他们职分以统治人。或者,神指定人辅助这些蠢货如何做国家之王者,不让他们自行统治。我这里绝不是要和贝拉明①争论。他从乌西雅身体上的大麻风推出,王若精神上患了大麻风或变成了异端,就得当下将其拉下王位。除了那与王者职分不一致的暴政外,其他事情都不能废王。我也决然不会由此推出,今天的王只要犯了任何越界之事,便要割除他们的实际统治。确实,八十祭司勇士与以色列是如此对待乌西雅(他们的目的是神圣的)。这很好地证明了,依据神显明的律法,臣民可惩罚君王越界之行为;在有些情况下甚至可将他拉下王位。神诫命用石头砸死那在安息日劳作之人。我们不能由此倡导,将违反安息日的人处死。很明确的是,安息日的违反者可以被惩罚;他们并非不可惩罚的;也非在一切法律之上。我们说,乌西雅虽为王,也遭到了惩罚。因此,臣民是可惩罚王的。

询问 16：对非法事情之积极顺服的否定并非对王的不敬。王之为王,必须在神里发令;是否能推出,对使用不义暴力之王消极顺服的否定

---

① 贝拉明,de pænit. l. 3, c. 2.

> **问四十四** 对上述理论的大致概括;另外,简短的回答一些散落的问题。前面的学说一般来说可以不那么严格地归为二十二个问题。

也不是对王的不敬?

答:在发布命令和强行积极顺服上,君王必须依神的律法而行。在实施惩罚或要求消极顺服上,他也居于神的同样规范下。他不能由己意来发命令,只能根据那万王之王对他的授权来发令;他也不可由己意行惩罚,只能依那最高法官之授权来行惩罚。统治者若在他所得授权之外来要求我们的消极顺服,我们对此否决并非对陛下的不敬,同样,我们否定其不法命令所要求的积极顺服,就更不属于冲撞龙颜与不敬了。另外,从以利亚、基督以及主早期教会见证来看,我也不能明白,为何逃离暴政是合法手段。保皇党在此所说的纯是谎言:在合法事情上我们必须积极顺服;在非法事情上,则需要消极顺服。若我们在合法事情上要积极顺服,那么,在良心上我们便没有义务去消极顺服了。我们大可合法逃跑,也可合法地否定对君王的不义惩罚的消极顺服。

询问 17:为着国家之安全,君王是否可放弃部分领土,如某个岛或王国?正如在一个超重而面临沉没风险的船,船员可丢掉部分货物而保障全体乘客的安全。又如,一艘载有三千旅客的船遇到风暴将沉没,就丢掉一千人而拯救其余乘客。

答:国家并非君王之财产,他不能丢掉一部分而拯救整个国家;特别地,在没有这部分人的明确同意情况下更不能。在这种情况下,人并非商人的货物,也不是任何此类的东西。要将三千人中的一千人丢进海里以救其他人或整船人,要么得到所有人的同意,要么得到绝大部分人的同意,要么就去找其他方式。当毁坏在事实上不可避免时,如要将这么多人丢进海里以拯救全部或众旅客,或在君王为了和平或从其他君主那里得到帮助而割让部分领土;此时,我们要等候神的善的带领,把这事要交托在神手里。至少,我们可确定,在没有人民同意的情况下君王让出部分领土是不合法的。更何况,他可能在他国君主之帮助下来摧毁其余的部分。这是把人命当作商品①。

---

① 瓦斯克斯(Ferdinan. Vasquez):illust. quest. l. 1, c. 3, n. 8, juri alieno quisquam nec in minima parte obesse potest. l. id quod nostru. F. de reg. jur. l. jur. natu. cod. titul. l.

询问 18：在无君王授意下的人民集会是否是非法的？

答：人民集会就其本身而言是中立的。如果考虑集会原因和集会方式，虽然某些集会在没有君王同意下是被禁止的，但法律的理性与目的才是法的灵魂。暴乱方式下的人民集会，因其煽动性的结果，及其无法律依据下的战争意图；此类集会当禁止。但是，当信仰、法律、自由等遭到外敌侵扰，就必须要有人民集会；即使君王与普通司法者以腐朽方式作伪证，拒绝同意这样的集会。在这一基础上，爱丁堡的任何集会以及其他地方的集会（1637 年、1638 年、1639 年）都不能判为非法。不然的话，各种不同集团的集会，没有明确的国会行为支持，就判定它们是非法的；这是说，他们集会以扑灭一栋着了火的房子，或追捕一只闯入乡间袭击妇女儿童的狼等，也是非法或违背国会之决定的了！这种集会可是受本性之律授权的啊！

询问 19：臣民是否有义务偿还君王的债务？

答：如果是王作为王而签订契约之所规定的债务，人民当偿还。这受到本性之律与神的律法的支持，是侍者与执事当得的工资（《罗马书》13：5—6；《哥林多前书》9：9—12；《提摩太前书》5：18）。如果君王为保卫百姓而卷入战争并欠下的债务，那人民当正当地免去其账务。我们的法律也是这么规定的。但瓦斯克斯①说，君王若非为公共事务或发动战争，之前没有听从人民之意见或没有征得人民之同意，人民便可不对其进行补偿。现在的事情显然是如此。君王在发动战争时说："神是这么造我的，除了和平我什么都干！"他发动战争不仅违背了君王的誓言，也没有征得国会之同意。那时，国会已在他正式的命令下召集起来，虽没起作用，其权力甚至完全被稀释了；但依然有个正式的国会存在。如果他从他臣民与外国王公那里借钱发动针对臣民与国会的战争，那么，人民便没有义务为其还债：1. 因为他们只对为王之为王负有义务，而不对敌人有义务。如此发动战争的王便不能被视为王了。2. 如果人民同意，也承认他依然

---

① 瓦斯克斯（Ferdinandus Vasquez）：illust. quest. l. 1, c. 7, n. 6, Vicesimo tertio apparet, &c.

> 问四十四　对上述理论的大致概括；另外，简短的回答一些散落的问题。
> 前面的学说一般来说可以不那么严格地归为二十二个问题。

是王；他还能为百姓之王；而他们却不还他的债；这显然是不可能的。他们可以选择还合适的债务，而非法律上的债务；这样不算犯罪。但是，无任何神的律法或人为法律规定他们有义务地去偿还这些债务。即使这些都是真的，依据法律，君王有义务偿还自己的债务。这是极易证明之事。臣民与他国君王借给他来发动不义战争的东西，这并非本质上的债务，只是敌人对国家的加倍的不义花费。这不应由人民来支付。这有法可依。人若将一些不义的钱财以借贷之名给他的邻人，这笔钱并无任何借贷或债务的实质，而是会带来损害的；依神的律法，这不能被合适地称为债务。法律规定，人之借与贷的行为，与其他政治行为一样，如出于报复，我可借钱给强盗买炸药和燃料去烧毁一座无罪的城；或买武器以残杀无辜者等。我完全拒绝承认这些借出的钱是合法的债务。借债人没有义务偿还借款人这些不义借贷。我不敢祈求神：我们君王之债务会得到偿还。我无如此行的任何信心。

询问 20：临时补贴是否该给那为王之王？

答：补贴有两重含义：一是针对债务补贴，二是出于仁慈。对债务的补贴与其说是国家必需的开支，不如说是作为租金的一部分而给予君王。我们知道，税收是为王之王当得的部分。为良心的缘故（《罗马书》13：5—6），从未有一种补贴或税收是作为一种习俗给以色列或犹大的众王的。恺撒对全世界征税（《路加福音》2），为维持战争开支，这不是给作为皇帝的恺撒交的租金，而是给罗马帝国交的租金。交税只是个人行为。对君王的慈善补贴则出于纵容。君王对所受税金的不良管理，已经形成了债务。在这种情况下，我认为，给他补贴总比君王上街去乞讨要好；这是合法的，就如我需对我弟兄仁慈一样，也得对我父亲仁慈，当然，也要对我政治上的父仁慈啊！瓦斯克斯①渴望在上掌权者不要让仁慈掩盖了抢劫，他援引西塞罗（Cicero）很严肃地说（offic. l. 1）："公义是人类最大的祸根，那些人在好人的外表下欺骗了大多数人。"

询问 21：海洋、河流、道路、城堡、港口、公共传媒、民兵、武装、堡垒以

---

① 瓦斯克斯：illust. quest. l. 1, c. 8。

及要塞是否都是王家产业？

答： 在某些意义上，这些东西可以被理解成属于君王：1. 从监护权与公共持有角度上讲，它们属于君王。就像一个典押品属于典押给予的那个人。2. 从司法使用上也属于君王，但非他的私人产业。君王可指挥或以王者身份发布命令征用城堡、港口、公共传媒、民兵、武装、堡垒等产业以捍卫国家。从而，所有的道路、桥梁与公共设施都是君王的，只要他是一个公共守护者，保障臣民免受来自他自己或其他下级官员的抢劫或不明之杀戮。君王不得使用它们来对抗国家。3. 从王者职分与公共规则来讲它们也属于王。他拥有对所有这些东西的王者正当性。只要他依据法律来使用它们，这些东西就是他的。4. 从职分使用上讲，它们也属于君王。但下面几种情况除外：（1）从效果与成果上讲，它们是国家的；（2）从最终目的上讲，它们为了国家的安全而存在，所以属于国家；（3）从固有特征与法律上讲，它们属于国家，而非为王之人的个人财产。因为：① 他不能将城堡、要塞、港口、传媒、桥梁等物卖给一个陌生人，或他国的王。② 君王死后，他的子嗣与王室血脉断了，这些东西还属于国家。由人组成的国会不能将其丢掉或卖掉。这与对王的要求一样。任何公众之人或人民团体都不能丢掉能为后代带来安全的保障之物。"神造他的锡安，给城墙与城堡委派了行拯救之使命！"

图书在版编目(CIP)数据

法律与君王：论君王与人民之正当权力/〔英〕撒母耳•卢瑟福(Samuel Rutherford)著；
李勇译．—上海：复旦大学出版社，2013.10(2016.9 重印)
(西方经济社会思想名著译丛)
书名原文：Lex，Rex
ISBN 978-7-309-10038-9

Ⅰ．法… Ⅱ．①卢…②李… Ⅲ．法律-研究 Ⅳ．D902

中国版本图书馆 CIP 数据核字(2013)第 212963 号

本书由上海文化发展基金会图书出版专项基金资助出版。

法律与君王：论君王与人民之正当权力
〔英〕撒母耳•卢瑟福著 李 勇 译 谢文郁 校
责任编辑/鲍雯妍

复旦大学出版社有限公司出版发行
上海市国权路 579 号 邮编：200433
网址：fupnet@fudanpress.com http://www.fudanpress.com
门市零售：86-21-65642857 团体订购：86-21-65118853
外埠邮购：86-21-65109143
常熟市华顺印刷有限公司

开本 787×960 1/16 印张 32.5 字数 445 千
2016 年 9 月第 1 版第 2 次印刷

ISBN 978-7-309-10038-9/D•640
定价：59.00 元

如有印装质量问题，请向复旦大学出版社有限公司发行部调换。
版权所有 侵权必究